Neue Bärte für die Dichter?

Studien zur österreichischen Gegenwartsliteratur

Herausgegeben von
Friedbert Aspetsberger

Redigiert von
Hermann Möcker und
Brigitte Oberleitner

ÖBV

Österreichischer Bundesverlag · Wien

Schriften des Institutes für Österreichkunde: 56/57

Gedruckt mit Unterstützung durch das Bundesministerium für Unterricht und Kunst

Satzherstellung und Druck: Astoria, 1230 Wien
ISBN: 3-215-11147-0

Inhaltsverzeichnis

Kein Damenbart. Scharfe Rasur.

Im Westen nichts Neues: La querelle des anciens et des modernes

Nachrasur. Ein didaktischer Blick auf die „Szene"

Vorwort

Die im folgenden abgedruckten Untersuchungen zur österreichischen Gegenwartsliteratur bildeten die Grundlage der Diskussionen bei den Lehrer-Fortbildungstagungen des Instituts für Österreichkunde in den Jahren 1987 und 1988 in St. Pölten. Die Ungunst der Welt hat ihre Drucklegung lange verzögert[1]); nur der Nachdrücklichkeit des Generalsekretärs des Instituts, Prof. Hermann Möcker, ist es zu verdanken, daß sie nun doch im Druck vorliegen und Werken gleichen Bemühens zugeordnet werden können.[2]) Die Autoren haben angemerkt, wann sie das Manuskript abschlossen – zwar ist die Diskussion der Postmoderne inzwischen fortgeschritten und ist die Zahl der literarischen Repräsentanten und der Merkmale, die sich dieser Diskussion gewinnbringend zuschreiben lassen, inzwischen gestiegen, doch wurden die Referate dadurch nicht überholt. Manche beziehen sich mehrfach auf ihren Titel: das erklärt sich daraus, daß den Referenten – zum Teil vielleicht provokante – Titel vorgegeben wurden, welche Vorgabe sie mitunter beibehielten und in ihre Argumentation einbezogen. Es konnte aus diesem Grund auch der Titel der beiden Tagungen, **Die neuen Bärte der jungen Dichter,** weil er verschiedentlich in den Referaten als Bezugspunkt dient, für den Druck nicht durch einen sachlicheren ersetzt werden.

Die Formulierung **Die neuen Bärte der jungen Dichter** als Leit-Metapher für die Referenten ging von der Annahme aus, daß ein entscheidendes Abrücken von der Parallelisierung Literatur-Geschichte, wie sie für die 70er Jahre als „Live-Übertragung" *(Klaus Theweleit)* typisch erscheint, stattgefunden habe; daß – vielfach bedingt: von den Bedürfnissen des Literaturmarktes nach einem veränderten Produkt, von der stärker innerliterarischen Auffassung „des schnellen Alterns der neuesten Literatur" *(Hörisch/Winkels)*, durch die zunehmende Indifferenz gegenüber der stagnierenden politischen Situation, dann durch die Entwicklung der jungoppositionellen Dichter der 70er Jahre zu erwachsenen Dichtern usw. – verstärkt wieder Sinnzusammenhänge, Motivationen, Metaphern, globale bzw. anthropologische „Bedeutungen" für die Dichtung bestimmend geworden seien; sie verhängten, so die Annahme für den Titel, die im Licht ihrer oppositionellen Haltung einst so klaren Züge der jungen Dichter gleichsam mit Bärten der Bildung, Zeichen ihres Strebens aus dem Konkreten ins Unbedingtere des Literarischen.

Die Auswahl an Methoden und Schriftstellern durch die Referenten aber folgte dem modischen Trend dieser Titelvorgabe zumindest nicht bedingungslos. Die als repräsentativ empfundenen Züge der untersuchten Texte werden überwiegend an die emanzipatorische politische und soziale Haltung der 70er Jahre angeschlossen, anderseits wird die geschichtliche Lage der 80er Jahre als neue „geistige Situation" einer (nicht ganz) feststehenden Epoche bzw. als „Szene" im Kontext einer zunehmenden medialen Strukturiertheit betont. In einer Rezension der ersten der beiden Tagungen schon

---

1) Kurzfassungen der Referate wurden abgedruckt in den Tagungsberichten: 27. Literaturtagung 1987. In: Österreich in Geschichte und Literatur [ÖGL] 32 (1988) H. 1, S. 55–62, und: 28. Literaturtagung 1988. In: ÖGL 33 (1989) H. 1, S. 54–64.

2) Z. B. *P. Jandl / M. Findeis* (Hg.): Landnahme. Österr. Literatur seit 1980. Wien 1989. – *H. Kreuzer* (Hg.): Pluralismus und Postmodernismus. Beiträge zur Literatur- und Kulturgeschichte der 80er Jahre. Frankfurt/M. 1989. – *A. Kunne:* Heimat im Roman: Last oder Lust? Transformationen eines Genres in der österr. Nachkriegsliteratur. Amsterdam 1991. – *W. Zeyringer:* Innerlichkeit und Öffentlichkeit. Österr. Literatur d. achtziger Jahre. Bern 1991. – *J. Hörisch / H. Winkels* (Hg.): Das schnelle Altern der neuesten Literatur. Essays zu deutschsprachigen Texten zwischen 1968 u. 1984. Düsseldorf 1984 u. a.

stellte *Norbert Frei* fest, daß die „Abbildfähigkeit der Realität [. . .] gewissermaßen geheim“ weiter die Tagung dominiert habe, und begründet diese Abhängigkeit mit der Generalfrage, was denn „Literatur noch soll in einer Phase, in der die Wirklichkeit selbst triumphierend ihre Nicht-Authentizität behauptet, sie aber gleichzeitig [. . .] radikal exekutiert [. . .]“.[3])

Dieser von *Frei* angesprochene „Zeitgeist“ spielt in mehreren Referaten eine entscheidende Rolle, allen voran bei *Lethen* und *Burger.* Die Wirklichkeit wird augenscheinlich komplizierter, einsichtsreicher und aussichtsloser empfunden und darin widerständiger gegen die literarischen Strategien der Emanzipation, deren Stellenwert wenn nicht geringer, so jedenfalls verändert zu sein scheint. Nicht die „Live-Übertragung“ der Realität, das eigene „Bedeuten“ des Literarischen tritt stärker in den Vordergrund. Umso deutlicher wird aber auch der Ernst des realen gesellschaftlichen Bezugs der Literatur herausgearbeitet, wie das vor allem in den didaktisch orientierten Referaten, etwa bei *Laher,* in Erscheinung tritt. Sie wurden daher nicht alle gesondert zu einer Gruppe zusammengefaßt, sondern zum Teil in die Abfolge der allgemeineren und der dichtungsspezifischen Referate integriert. Die Spannung, in der die gegenwärtige Literaturproduktion und -rezeption steht, wird daraus deutlich.

Lethen, Burger, Ratschiller, Saxer, Moser/Pickl u. a. bringen nachdrücklich das ins Spiel, was *Theleweit,* durch den medial strukturierten Ölkrieg neuerlich gewitzigt, als „Echt-Zeit“ unserer „sog. Wirklichkeit“ beschreibt: „Von ‚ECHT-ZEIT‘ spricht man, wenn die Computersimulation eines Vorgangs zeitgleich und von gleicher Dauer mit demselben Vorgang außerhalb des Computers in der sog. Wirklichkeit ist“; es werde die „Differenz zwischen simulierten und wirklichen Geschehnissen, die Differenz zwischen geschichtlicher Zeit und technisch-elektronisch simulierter Zeit“ aufgehoben.

Sein Beispiel zeigt, was dann wie wahr sein kann: „Echtzeit käme es auch nahe, wenn George Bush und seine Militärs auf, sagen wir 7 Fragen, die der CNN-Reporter in Bagdad an Saddam Hussein vor laufenden Kameras richtet, die 7 wahrscheinlichen Antworten von Hussein vorausberechnet und dem Stabscomputer eingegeben haben, – und wenn nun (das Computerprogramm zugleich mit dem Interview gestartet), der simulierte irakische Stratege im amerikanischen Computer genau dasselbe sagt wie der Diktator Saddam Hussein in seinem Bagdader Bungalow in die CNN-Mikrofone. Das wäre ein idealtypischer Fall von Echtzeit“.

Und *Theweleit* folgert: „Unter Echtzeit-Vorgängen hören wir auf zu existieren als geschichtliche Wesen und geraten selber als Lebende unter die Computersimulation“[4]). Das Nicht-Reale der Literatur, ihre wesentliche Fiktionalität steht in einer bedrohlichen Konkurrenz mit der Unfreiheit des Fiktionalen einer totalen medialen Verwaltung, einer totalen Vorausberechenbarkeit als Authentizität nicht der Wirklichkeit, sondern der Macht in ihr.

Lethen nimmt sich solcher Fragen nach den Bedingungen der Ästhetik der 80er Jahre mit den Kategorien der „Wiederholung“, der „Simulation“, der „Zirkulation der Zeichen“ etc. an, *Burger* im „Quasi-Subjekt, das die Subjekte, aus denen es seine Substanz bezieht, unter sich begräbt und negiert“, *Doppler* weist auf die Form der Professionali-

---

[3]) *Norbert Frei:* Tagung zur Gegenwartsliteratur. In: Österreichische Hochschulzeitung 39 (1987) Nr. 12. S. II.

[4]) *Klaus Theweleit:* Neues und Altes vom Brennenden Busch. Zu Krieg und Arbeit und welche Krankheiten das Fernsehen überträgt. In: Almanach 1992 des Verlags Stroemfeld / Roter Stern. Frankfurt/M. 1992, S. 3–24, 21 f.

sierung durch die Literaturfördenmg als Integration eines ursprünglich Widerständigen als sein eigenes simuliertes Produkt, *Pickl/Moser* wählen die aesthetische Form der „Szene". Die literarische Opposition in den 70er Jahren – das zeigt auch ihre zähe Verteidigung in einem Teil der Referate – erscheint in Gefahr, als Teil der Simulationsvorgänge in der gesellschaftlichen und in der politischen Wirklichkeit zu fungieren. Sie riskiert das, wie *Palm* an der dramatischen Produktion zeigt, oder tritt verändert in Erscheinung – wenn nicht mehr als „Live-Übertragung", so in Form der literarischen Historie, der Grabung nach den Relikten des Realen mit Relikten der Bildung als Werkzeug, also in der textkonstitutiven, Schichten und Sichten abhebenden und aufschüttenden Archäologie wie in *Christoph Ransmayers* **Die Schrecken des Eises und der Finsternis** oder seiner **Letzten Welt** (die man auf den surrealen Konstruktivismus in *Konrad Bayers* **kopf des vitus bering** beziehen und damit Anschlüsse an die vor-realistische Avantgarde herstellen könnte). Dieses archäologische Interesse – als nur eine Form der Reaktion – ließe sich wohl auch im größeren Horizont, etwa mit *Bruce Chatwins* **In Patagonia** oder *Julian Barnes* **Flaubert's Parrot** beobachten. Die archäologische Suche nach dem Wahren und Schönen relativiert die Gegenwart der berechneten, aber unberechenbar häßlichen Simulation. Als programmatischer Höhepunkt der Reaktion der Literatur kann *Walter Gronds* Projekt **Grond. Ein Roman** angesehen werden, der als neue Odyssee „ins digitale und virtuelle" Zeitalter führen soll. Sein „Erzähler" wird „transindividuell" von zwölf Autorinnen-Paaren gebildet und schreibt unter Verzicht, „der Mimesis Herr zu werden", den Autor, „mich, der zur bloßen Nominatur geworden ist und der deswegen sagen kann: Dieser Roman heißt Grond". Die „Bedeutung Autor" wird konkret, *Grond* zeigt sich unter dem Titel Literatur als wirklicher Grund und sucht so auf die Frage von *Chatwins* letztem Buch **What am I doing here?** eine Antwort zu bieten.[5])

Die seit den St. Pöltner Tagungen eingetretene ideologische und wirtschaftsystematische Einheit der zwei führenden Welten scheint den Fortschritt aus Alternativen zugunsten einer Vielfalt von zufriedenstellenden Simulationen der Lebenssinne aufgegeben zu haben. Auch in diesem Rahmen wachsen die neuen „Bedeutungen". Sie kräuseln die Bärte der Dichter in der Rasierstube des bestimmender werdenden Kapitalismus – wobei jedenfalls der haarausreißende Epilady sich noch sicher in *Elfriede Jelineks* Händen befindet und sich die Frauen neuerlich als Hoffnung älter gewordener Männer erweisen.

*

Abschließend sei den hilfsbereiten Mitarbeitern des Instituts für Österreichkunde für die reibungslose Durchführung der jährlichen Tagungen und insbesondere Herrn Ministerialrat Dr. Wolfgang Unger vom BMUK für seine stets wohlwollende[6]) Förderung der verbindlichste Dank ausgesprochen.

F. A.

---

5) *Walter Grond:* Stimmen. Ein Roman als Konzept. Graz 1992, S 141–169.

6) Glücklicherweise entsprechen die Referate nicht seinen, die Tagungen einleitenden Worten: „Und vielen Untersuchungen, Aufsätzen, Beiträgen ist auch mit einem ganz weiten germanistischen Herz ihre absolute Sinnlosigkeit, Überflüssigkeit und Redundanz nach wenigen Zeilen anzusehen". (abgedruckt :[ÖGL 33, Anm. 1] S. 56)

Helmut Lethen

Die Vorherrschaft der Kategorie des Raumes und der Wiederholung

Wissenschaft und Literatur in den achtziger Jahren

I. Die Experimentalneurose des Hundes. Über die Konjunktur des Paradoxons gegen Ende der siebziger Jahre

Noch auf der Schwelle zu den 80er Jahren, für die im Titel die Vorherrschaft der Kategorie des Raumes angekündigt ist, steht ein Roman, der sich – im Widerspruch zu meinem Ordnungsprinzip – **„Kein Ort. Nirgends"** nennt.[1])

In *Christa Wolfs* Legende von der Begegnung zwischen *Karoline von Günderode* und *Heinrich von Kleist* in Winkel am Rhein kurz vor dem Freitod der Dichterin erzählt Kleist seinem Arzt von seinem Unglück in einem Gleichnis. Als sein Unglück begreift er, von Bindungen abzuhängen, die ersticken, wenn man sie duldet, und die einen zerreißen, wenn man sich löst.[2]) Im Zentrum seines Gleichnisses steht ein Hund. Dieses Gleichnis vom Hund wird kurze Zeit später vom Hofrat Wedekind, seinem Arzt, in einer Männerrunde als Anekdote zum besten gegeben:

Der Hund des betreuenden Arztes habe sich vom ersten Tag an mit dem Patienten angefreundet und ihn bald auf weiten Spaziergängen begleitet. Eines Tages habe beim Aufbruch zum Spaziergang der Hund sich zwischen zwei Befehle plaziert gesehen, deren jeder ihm zwingend habe erscheinen müssen; denn erstens habe die Frau des Gastherrn den Hund aus dem Küchenfenster gerufen, damit er das jüngste Töchterchen bewache; zum zweiten habe Kleist von der Straße her gepfiffen. „Da sei der Hund, entsetzlich unschlüssig, zwischen Küchenfenster und Hoftor hin und her gelaufen", sein Gesicht habe eine hippokratische Miene angenommen.[3])

Da aber keine der beiden appellierenden Instanzen das Tier von dem Befehl entbunden habe, sei es von der Woge des Konflikts überspült worden: „seine Augen hätten sich mit jenem Häutchen überzogen, das bei Hunden Müdigkeit" anzeige und, von unwiderstehlicher Schlafsucht bezwungen, habe er sich genau in der Mitte zwischen den Befehlsinstanzen niedergelegt und sei „auf der Stelle eingeschlafen".[4]) Der Hundeschlaf, von Kleist in magisches Dunkel gehüllt, unter dessen Mantel auch der Prinz von Homburg schlüpft, weckt als Zentrum der Anekdote in der aufgeklärten Männerrunde zu Beginn des 19. Jahrhunderts naturgemäß aufgeklärtes Gelächter.

Ende der siebziger Jahre des zwanzigsten Jahrhunderts scheint die magische Szene gänzlich transparent. Jetzt steht ein klinisch-leuchtender Begriffs-Apparat bereit, den Hundeschlaf zu erklären. Hinter den politischen Kulissen der sechziger Jahre getestet,

---

[1]) *Christa Wolf:* Kein Ort. Nirgends. Berlin und Weimar 1979, Darmstadt und Neuwied 1979. Im Folgenden zitiert nach der westdeutschen Ausgabe in der Sammlung Luchterhand, Darmstadt und Neuwied 1981.

[2]) Kein Ort. Nirgends., S. 41.

[3]) Kein Ort. Nirgends., S. 63.

[4]) Ebd.

Helmut Lethen, Dr. phil., Univ.-Prof. für Neuere Deutsche Literatur an der Reichsuniversität Utrecht.

kann jetzt der Hundeschlaf ins Neonlicht des Begriffs gerückt werden. Die unhaltbare Situation, aus der der Hund sich in den Schlaf flüchtet, ist ein Paradefall einer „double-bind"-Situation. Als *Wolfs* Roman 1979 erscheint, gehört dieses Wissen schon zur Standard-Ausrüstung des Pädagogik-Studenten, soweit die 1969 in deutscher Übersetzung erschienene Studie über die „Menschliche Kommunikation" von *Watzlawick, Beavin* und *Jackson* zum Pflicht-Pensum der Ausbildung gehörte. Kleists Gleichnis illustriert einen Sonderfall der „pragmatischen Paradoxie": ein Lebewesen in inferiorer Position (Beispiel: Rekrut oder Hund) wird in eine Lage versetzt, in der es nicht eine Handlungsaufforderung befolgen kann, ohne eine gleichgewichtige andere zu verletzen.[5]) Hunde, das hatte schon eine komplizierte Versuchsanordnung des sowjetischen Reflexologen *Pawlow* ergeben, geraten in solchen Situationen in eine „Experimentalneurose"[6]) – und nicht nur Primaten und Säugetiere unterliegen der paralysierenden Wirkung pragmatischer Paradoxien!

Es gibt zwar auch andere spontane Lösungen als den Schlaf; aber Kleists Hund gehorcht dem Zwang des Gleichnisses. Der Schlaf entspricht der Möglichkeit, den Konflikt durch physische Selbstisolierung, in der ihn keine der widersprüchlichen Handlungsaufforderungen erreicht, zu lösen. Ein Mensch würde mit dieser Lösung als autistisch erscheinen. „Praktisch dasselbe Resultat", bemerkt *Bateson*, „d. h. Flucht aus der Doppelbindung ließe sich auch durch hyperaktives Verhalten erzielen".[7]) Aber Kleist, erschöpft vom Abenteuer, das er unternahm, um in Frankreich auf den fahrenden Zug der Geschichte aufzuspringen, ist nicht nach hyperaktivem Verhalten zumute. Er läßt den Gleichnis-Hund schlafen. Außerdem wissen wir, daß es nicht in der Macht des Subjektes steht, sich für eine der beiden Lösungen – und es gibt, dank *Watzlawick*, noch mehr – zu entscheiden. Aufgrund dieser Unfähigkeit wird das Subjekt, wie *Bateson* schreibt, zu einem „selbstregulierenden System, das seinen Regler verloren hat".[8]) Die Verhaltensforschung kommt zu dem betrüblichen Schluß, daß es vor allem das V e r t r a u e n, das man der Befehlsinstanz entgegenbringt, ist, was das Lebewesen in die paradoxen Situationen schleust. Was aber träumt der Hund? Träume der Hyperaktivität?!

Die Hirnphysiologie hat herausgefunden, daß das Zentrum der Traumarbeit der Teil des Gehirns ist, der für motorische Aktivitäten verantwortlich ist. Im Schlaf tritt eine Löschschicht in Wirkung, die verhindert, daß die von diesem Teil des Gehirns ausgehenden Impulse in motorische Aktivität übersetzt werden. Der auf die Löschschicht treffende Impuls, der nicht ausagiert werden kann, wird in einen Traumtext übersetzt. Sollte es also im Zustand der physischen Selbstisolierung des Schlafes zu Träumen der Hyperaktivität kommen?

Die zweite Hälfte der siebziger Jahre ist eine Blütezeit der Paradoxie. Sie wird zur favorisierten Denkfigur, wenn es gilt, Individualgeschichten und Gesellschaftsgeschichte zu ergründen. In diesem Augenblick bieten paradoxe Formulierungen den leicht erkennbaren Rahmen der A u t h e n t i z i t ä t s f o r m e l n, mit denen ein Subjekt sich „e i n b r i n g t", wenn es Extremlagen seines Leidens bekunden will. Von *Adornos* Ästhetik als kleinem Orientierungshorizont bis zum mondialen des „Paradoxons der Abschreckung" *(Caspar Weinberger):* eine Denkfigur steuert die Köpfe. In allen Fällen bildet das „Gefühl der allgemeinen Paralyse" *(Nicolas Born)* sowohl die emotionale Basis als den legitimierenden Rahmen.

---

[5]) *Paul Watzlawick, Janet H. Beavin, D. J. Jackson:* Menschliche Kommunikation. Formen, Strömungen, Paradoxien. Bern – Stuttgart – Wien, 2. Auflage 1971, S. 171-213.

[6]) Menschliche Kommunikation, S. 200–-204.

[7]) Menschliche Kommunikation, S. 203.

[8]) Ebd.

Bei historischer Betrachtung taucht die Vorherrschaft dieser Denkfigur seit der Zeit der Romantik immer wieder wie in Wellenform auf: Immer wenn die großen Sinnsysteme der Progression zusammenbrechen, erfreut sich die Denkfigur des Paradoxes erhöhter Attraktivität. Fristete sie nach ihren fetten Jahren im Existentialismus der Nachkriegszeit in den sechziger Jahren eine bescheidene Randexistenz, so rückt sie Mitte der siebziger Jahre wieder ins volle Rampenlicht. Im **Philosophischen Wörterbuch** von *Klaus* und *Buhr*[9]), Ende der sechziger Jahre ein Leitfaden für manch einen, wird die „Paradoxie" noch vom hohen Roß der Dialektik abgekanzelt. Wenn die beiden Herausgeber bemerken, daß im psychologischen Sinne das, was für den einen Menschen paradox zu sein scheint, dem anderen Menschen durchaus einsichtig sein kann, so rechnen sie sich vor allem zu den anderen Menschen: „Paradoxien in diesem Sinne ergeben sich häufig dann, wenn bei der Betrachtung eines dialektischen Widerspruchs bei dessen Erscheinung stehengeblieben und nicht zu seinem Wesen vordrungen wird." In den siebziger Jahren wird der Spieß umgedreht: Was von außen dialektisch aussah, enthüllt der scharfe Blick jetzt als im Kern paradox. Diese Einsicht betrifft vor allem den Gang der Geschichte. Jetzt kann gesagt werden: „Mit jedem neuen Plan wird eine neue Unerfahrenheit eingeführt. Die Eigenmacht der Geschichte wächst mit ihrer Machbarkeit."[10])

Oder: Eine Gesellschaft, die in einem Gesamtplan ganz den Zufall des Marktes eliminiert zu haben glaubt, wird blindlings vom Zufall geleitet.[11]) Oder: Auf dem Gipfelpunkt der Entwicklung wird die Industrialisierung zu einer Schicksalsmacht, die Naturgewalt ausübt.

Kaum eine der angeführten Widersprüchlichkeiten entspricht im strengen Sinn der Definition des Paradoxes als logischem Skandal. In vielen Fällen wird man konstatieren, daß in den paradoxen Formulierungen die Schlüsselbegriffe, dem Wortlaut nach identisch, aus verschiedenen semantischen Kontexten gerissen, in eine Bedeutungseinheit getrieben werden. Aus „verschiedenen" Kontexten heißt häufig, aus zeitlich verschiedenen Kontexten. Die paradoxe Formulierung entsteht in diesem Fall durch ein „teleskopisches Verfahren" *(O. Werckmeister)*, das ferne Zeitebenen so nah heranrückt, daß ihre Differenz zur Jetztzeit vernachlässigt werden kann:

„Der dunkle Horizont des Mythos wird von der Sonne der kalkulierenden Vernunft aufgehellt, unter deren eisigen Strahlen die Saat der neuen Barbarei heranreift" (*Horkheimer* und *Adorno*). Das Paradox entsteht in diesem Fall durch „Eindampfen der Zeitachse" (*H. Geyer-Ryan*).

Paradoxe, die durch teleskopischen Blick entstehen, können auch „mit der Zeit" wieder aufgelöst werden. Ein Zeitfaktor ist ihnen eingebaut, der bewirkt, daß ein Phänomen, das einmal in lähmender Verstrickung erscheint, durch einen kleinen Ruck des Blickwinkels auf das Feld der lösbaren Widersprüche überführt wird. Dieser Prozeß ist reversibel. Vieles, was in den fünfziger Jahren als dunkles Paradox fasziniert hatte,

---

[9]) *Georg Klaus, Manfred Buhr* (Hg.): Philosophisches Wörterbuch. Leipzig 1974, S. 910.

[10]) „Die Übermacht der Geschichte, der paradoxerweise ihre Machbarkeit entspricht, bietet zwei Aspekte desselben Phänomens. Weil sich die Zukunft der modernen Geschichte ins Unbekannte öffnet, wird sie planbar – und muß sie geplant werden. Und mit jedem neuen Plan wird eine neue Unerfahrenheit eingeführt. Die Eigenmacht der ‚Geschichte' wächst mit ihrer Machbarkeit. Das eine gründet im anderen und umgekehrt. Beiden gemeinsam ist die Zersetzung des überkommenden Erfahrungsraumes, der bislang von der Vergangenheit determiniert schien, jetzt aber durchschlagen wurde." *Reinhart Koselleck:* Vergangene Zukunft. Zur Semantik geschichtlicher Zeiten. Frankfurt am Main 1979. Der Aufsatz, aus dem hier zitiert wird, „Historia Magistra Vitae", erschien bereits im Jahre 1967. Zu diesem Zeitpunkt befand er sich in Opposition zum Zeitgeist.

[11]) Vergangene Zukunft, S. 174 f.

taucht in den sechziger Jahren ins Licht des kinderleichten Widerspruchs, um sich Mitte der siebziger Jahre wieder in paradoxen Formulierungen zu verdunkeln. Das Schicksal, das die ersten beiden Sätze der „Dialektik der Aufklärung“ von *Horkheimer* und *Adorno* in diesem Zeitraum erleiden, illustriert diese Beobachtung.[12])

Welches Schicksal das weltumspannende „Paradox der Abschreckung“ durchlaufen wird, steht vorläufig in den Sternen. Gegenwärtig sieht es so aus, als ob der Zauber dieses Paradoxons verblaßt und damit Raum für erhöhte Handlungsfähigkeit geschaffen wird. Oder anders formuliert: durch Handlungsinitiativen verlor das Paradox an Überzeugungskraft. Einige der Ereignisse und Situationen, auf die hier angespielt wurde, können also nur episodisch einen paradoxalen Status beanspruchen. Eine solche Episode bildeten die späten siebziger Jahre, in denen die Enttäuschung über politische Strategien, die unter der Devise der Dialektik standen, die psychische Disposition dafür schuf, in Widersprüchen einen paradoxen Kern zu entdecken. Daß man im Paradox die, wie es damals hieß, „erdabgewandte Seite“ der Dialektik entdeckte, das heißt die Seite, die den Alltag betraf, bedeutete allerdings, daß man auf diese negativ fixiert blieb. Gleichgültig also, ob es sich im streng logischen Sinn um Paradoxe gehandelt hat oder nicht, gehe ich davon aus, daß sie als solche erfahren worden sind und Handlungs-Unschlüssigkeit legitimieren sollten. Das leisteten sie, – episodisch.

Den Paradoxien des gesellschaftlichen Rahmens entsprechen solche lebensgeschichtlicher Situationen. Natürlich hat es paradoxe Situationen in den Beziehungen während der sechziger Jahre ebenso gegeben wie in den siebzigern. Aber die Handlungs-Knoten z. B. zwischen der Generation schweigender Väter und fragender Söhne wurden in den sechziger Jahren mit Hilfe unterkomplexer Theorien des Agonalen durchschlagen. „Keine Theorie kann sich entwickeln, ohne auf eine Mauer zu stoßen, welche nur von der Praxis durchstoßen werden kann“, sagte 1972 *Foucault.*[13])

Was hatte damals näher gelegen, als – gleichsam mimetisch – der Theorie selbst die Form der „Stoßkraft“ zu verleihen, da die Praxis, an der Mauer wundgerieben, vor ihr liegen zu bleiben drohte? Wenig später wird der Knoten zwischen den resignierenden Müttern und den fragenden Töchtern zerschnitten. Aber in den späten siebziger Jahren werden die „K n o t e n“ wieder ästhetisiert. Tiefsinn fühlt sich nur im Paradox zu Haus. Handlungslähmung erhält ihre besondere Weihe: sie erscheint als Garant der Komplexität.

Das betrifft vor allem Situationen, in denen Ansprüche der Sinnlichkeit und Politik als gleichgewichtige Forderungen an das Subjekt gerichtet werden. Nun erscheinen Texte, in denen die Redner „entsetzlich unschlüssig zwischen Küchenfenster und Hoftor hin und herlaufen“ und wie der Hund im Gleichnis einen ganz unglücklichen Ausdruck herzeigen. Zwar gilt jetzt der „Körper“ als Garant der Individualität, aber „sobald er sich den politischen Ansprüchen entwunden hat und zur Ruhe gekommen scheint, tritt das verabschiedete Soziale als Krankheit wieder in Erscheinung“.[14]) Die Selbsterforschungstexte der siebziger Jahre leiden zudem an einem anderen Paradox: Man sucht jenseits der soziologischen Codierungen eine „authentische“ Sprache für

---

[12]) „Seit je hat die Aufklärung im umfassendsten Sinn fortschreitenden Denkens das Ziel verfolgt, von den Menschen die Furcht zu nehmen und sie als Herren einzusetzen. Aber die vollends aufgeklärte Erde strahlt im Zeichen triumphalen Unheils.“ *Max Horkheimer* und *Theodor W. Adorno:* Dialektik der Aufklärung. Frankfurt am Main 1969, S. 8.

[13]) Gespräch zwischen *Michel Foucault* und *Gilles Deleuze:* „Die Intellektuellen und die Macht“. In: *Michel Foucault:* Von der Subversion des Wissens, Frankfurt am Main 1987, S. 106.

[14]) *Hubert Winkels:* Einschnitte. Zur Literatur der 80er Jahre. Köln 1988, S. 20. Wie man im Folgenden bemerken wird, verdanke ich *Hubert Winkels* viele Beobachtungen zur zeitgenössischen Literatur.

die individuelle Körperwelt und schreibt in der Folge Texte, die den Körper sozialer Codierung zugänglicher machen als zuvor. Das Diskursritual des Geständnisses entbirgt schutzlos das, was sich als ein Diskretes „einbringen" wollte. Es hat sich eingebracht! Als Jargon der Intimität strukturiert es die Subkultur. Eine Authentizitätskultur, die sich in dieses Paradox verstrickt, erzeugt zwangsläufig – wenn sie sich nicht anschickt, buchstäblich in Körper zu schneiden – den Wunsch nach der Ankunft des großen Therapeuten. Anfang der achtziger Jahre wird *Botho Strauß* in seinem Stück „Kalldewey, Farce" einen satirischen Blick auf diesen Zusammenhang werfen und enthüllen, wie sehr die Figuren seines Dramas – die auf den Therapeuten warten, aber auch glücklich sind, als irgendein fremder Macho eintritt – an den Leitschienen ihres Idioms der Authentizität in ihre unhaltbare Situation schlittern.

Womit wir, mit einem kleinen Ruck, in die achtziger Jahre befördert worden sind. Das von den deutschen Gemeinschaftsideologien immer schon an den Rand gedrängte Pathos der Distanz verspricht Loslösung aus den Hitzekammern des Paradoxen. *Niklas Luhmann* 1982:

„Individualisierung der Person und Nahweltbedarf laufen nicht unbedingt parallel; ja sie tendieren zum Widerspruch, da gerade die Nahwelt dem Individuum weniger Entfaltungsspielraum läßt als die rechtlich oder monetär, politisch oder wissenschaftlich fixierten Makromechanismen unpersönlicher Art."[15])

Luhmans Untersuchungen zur Liebessemantik entdecken das „symbolisch generalisierte Kommunikationsmedium" ausgerechnet im Austausch der Intimität. *Michel Foucault* enthüllt in der als Befreiung empfundenen „Diskursivierung des Sexes" das Eindringen der Macht.[16])

Und schließlich kann auch – mit einer symptomatischen Verspätung von beinahe zehn Jahren – *Richard Sennetts* Polemik gegen die „Tyrannei der Intimität" im deutschen Sprachbereich gelesen werden (aber seine Stimme wird bis heute in der Alternativkultur überhört).[17])

Es dominiere, konstatiert *Sennett,* ein „Mythos", demzufolge sich sämtliche Mißstände der Gesellschaft auf deren Anonymität, Entfremdung und Kälte zurückführen ließen. Aus der Abwehr dieser notwendigen Erscheinungen sei eine Ideologie der Intimität erwachsen, die Züge der Selbstdestruktion aufweise. Es sei nicht menschenfreundlich, in einer harten Welt die Herausbildung eines weichen Selbst zu unterstützen. Es gelte, Formen der „Zivilisiertheit" auszubilden, ein Verhalten, das die Menschen voreinander schütze und lehre, mit den anderen so umzugehen, als seien sie Fremde; Gäste, denen der Abschied leicht gemacht werden müsse, wenn man sie lieb habe. „Unzivilisiert" sei es, so *Sennett,* „andere mit dem eigenen Selbst zu belasten".[18])

Das Pathos der Distanz bleibt auch in den achtziger Jahren marginal. Immerhin tauchen nun die Paradoxe in der Form des literarischen Witzes auf und bieten sich in *Watzlawicks* heilsamem Bestseller „Anleitung zum Unglücklichsein" an.

Im Rückblick auf die Zeit der Paradoxe sei hier zuletzt ein besonders schönes Exemplar der double-bind-Situation ausgestellt, das der DDR-Schriftsteller *Karl Mickel* auf einem Berliner Hinterhof notiert und der heiteren Reflexion zugeführt hat:

---

15) *Niklas Luhmann:* Liebe als Passion. Zur Codierung von Intimität. Frankfurt am Main 1982, S. 17.

16) *Michel Foucault:* Sexualität und Wahrheit. Der Wille zum Wissen. Frankfurt am Main 1977.

17) *Richard Sennett:* Verfall und Ende des öffentlichen Lebens. Die Tyrannei der Intimität. Frankfurt am Main 1983.

18) Tyrannei der Intimität. S. 293–304.

HOFGESCHREI

Wo ist der Ball?
Suche sofort den Ball!
Du sollst den Ball suchen!
Such den Ball!
Ohne Ball brauchst Du nicht oben kommen
Du sollst den Ball suchen! hab ich dir gesagt dort links in der Ecke.
Wo ist der Ball?
Der weiß nicht, wo links und wo rechts ist.
Komm ja nicht oben ohne den Ball! du
Sollst sofort den Ball suchen!
Hab ich dir gesagt. Wenn du den Ball nicht suchst
Brauchst du nicht oben zu kommen.
Du sollst oben kommen sofort mit dem Ball
Hab ich dir gesagt! Wo ist der Ball
Suche sofort den Ball du kriegst Dresche
Wenn du oben kommst ohne den Ball
Komm sofort oben du sollst
Den Ball suchen hab ich dir gesagt

(und so ad infinitum. Geschrieben 1968. Loyal sein und realistisch schreiben, naturgemäß ein Paradox!)[19])

II: Zwei Modelle der Wiederholung

„Wiederholung" – ein harmloses Wort. In den achtziger Jahren erzeugt es keine Spur der Irritation. Die Kategorie der Wiederholung ist mittlerweile in die Zentren der westlichen Kulturwissenschaften gerückt.[20]) Von der Mentalitätsgeschichte bis zur Systemtheorie konzentriert sich der Blick auf die Phänomene der Wiederholung.

Soziologen untersuchen die Interaktions-Rituale des Alltags – wie ja der Oppositionsbegriff „Alltag" erst über die Kategorie der Wiederholung als Widerpart der Progression definiert wurde. Die emphatische Aufnahme des „Alltags" in die wissenschaftliche Untersuchung rührte daher, daß man in den Phänomenen der Wiederholung eine Opposition gegen die „GESCHICHTE" begriff. Aber auch die Geschichtswissenschaft blieb von diesem Blickwechsel nicht unberührt. Sie geriet in den Bann der Ethnologen. Solange sie sich am rapiden Wandel orientiert hatte, war sie auf politische Geschichte zentriert geblieben, die rasch und episodisch verläuft, von häufigen Wendepunkten unterbrochen. Die neue „Mentalitätsgeschichte" entdeckte, daß unter dem schnellen Fluß der politischen Ereignisse eine Ebene sozialkultureller Zeit liegt, deren Frequenz durch den langsamen Gang des Alltagslebens moduliert ist. Sie richtet jetzt ihr Augenmerk auf die langfristige Stabilität von Denk- und Verhaltensgewohnheiten, die in wechselnden politischen Umwelten eine erstaunliche Trägheitskraft beweisen. Die Entdeckung der Gravitationskraft der Mentalität spaltet die Phänomene des

---

19) *Karl Mickel:* Eisenzeit. Gedichte. Berlin o.J., S. 12.

20) *Karl Mickels* Auseinandersetzung mit dem Denkmodell der Wiederholung habe ich zusammen mit *Gerrit-Jan Berendse* an anderer Stelle behandelt: „Im Zeichen der Kentauren. Überlegungen zu dem Gedicht ‚Die Elbe' von Karl Mickel." In: Jahrbuch zur Literatur in der DDR, Bd. 6, Bonn 1987, S. 119–143.

L e b e n s z y k l u s, der als Zirkel der Wiederholung begriffen wird, vom Konzept einer linearpolitischen Zeit, das in den achtziger Jahren marginalisiert wird. Die politisch aufgeladene Zeit erscheint jetzt als eine an dem Kreis des Alltags flüchtig anlehnende Tangente.[21])

Angesichts unseres entspannten Verhältnisses zu den Phänomenen der Wiederholung in den achtziger Jahren muß daran erinnert werden, welchen Schrecken der Gedanke, das Leben stehe im Schatten der Wiederholung, noch Anfang der siebziger Jahre auslöste. Hören wir den Schrecken im Originalton:

„Das wieder andere war schon wieder das Gleiche, das immer Gleiche, die kreisende Ewigkeit voller Bewegungen, die sich gegenseitig aufhoben in einem einzigen bedeutungslosen Rasen und Flackern. Nichts stieß da hindurch, so schien es, keine einzige lang anhaltende Willensanstrengung. . . . Angst.“[22])

„Die kreisende Ewigkeit“, die keinen Sinn mehr trägt, war auf der bis jetzt abgedunkelten Kehrseite des Politischen zu finden. Man entdeckte die Wiederholung auf der „erdabgewandten Seite der Geschichte“. Auf dieser hatte sich alles angesammelt, was nicht vom Scheinwerferlicht historischer Dialektik erfaßt worden, d. h. sinnleer geblieben war. Der Schrecken, mit dem *Nicolas Born* zu Anfang der siebziger Jahre die Faktizität des Kreisens registriert, zeigt, daß sein Blick moduliert ist von der Erwartung des linearen Progresses. Er steht damit in einer Kette literarischer Überlieferung. Seit Durchsetzung des Fortschrittsgedankens gegen Ende des 18. Jahrhunderts waren die Phänomene der Wiederholung in den schwarzen Farben der Verzweiflung und Resignation oder in den grellen des Zynismus gemalt worden. Wer sich der Beschleunigung des Geschichtsprozesses entzog, glaubte ins Dunkel der Geschichtslosigkeit auf das Niveau der Tierwelt oder in die dunkle Provinz der Wälder zurück zu fallen. Im Kreislaufdenken, so wußte man schon Beginn des 19. Jahrhunderts, habe der Mensch sowenig Geschichte wie ein Tier, das „in einen ewigen Cirkel von Handlungen eingeschlossen“ sei. Im Kreisgang müsse der Mensch sich „wie Ixion um sein Rad, unaufhörlich bewegen und unter continuierlichen Oscilationen und bisweilen selbst unter scheinbaren Abweichungen von der krummen Linie doch immer wieder an den Punkt zurückfinden, von welchem er ausgegangen war“ *(Schelling)*.[23])

Die Aufwertung des Denkbilds Wiederholung trifft also seit fast 200 Jahren auf erheblichen Widerstand. *Kierkegaard,* der Mitte des 19. Jahrhunderts mit einem polemischen Blick auf *Hegel* die „Wiederholung“ zu seiner zentralen Kategorie machen will[24]), steht auf verlorenem Posten. Seine Aufwertung bleibt – wie diejenige *Nietzsches* – ein Intermezzo. Als *Freud* gegen Ende des 19. Jahrhunderts entdeckt, daß der therapeutische Prozeß die Bewegungsform der Wiederholung früherer Kindheitsstufen durchlaufen muß, ist diese Entdeckung einem privaten Heilverfahren vorbehalten. Während der Diskurs der „Geschichte“ auf Progreß gestimmt bleibt, sind die Verfahren der Wiederholung in separaten Kammern sich selbst überlassen. *Freud* kehrt den fatalistischen Kreislaufgedanken um. Der Mensch muß selbstmächtiges Subjekt der

---

21) Einen guten Überblick über diese Entwicklung bieten die beiden von *Ulrich Rauff* herausgegebenen Bände „Vom Umschreiben der Geschichte“ (Berlin 1986) und „Mentalitäten-Geschichte“ (Berlin 1987).

22) *Nicolas Born:* Die erdabgewandte Seite der Geschichte, Hamburg 1976, S. 178. Vgl. *Stephan Reinhardt:* „Nach innen führt der geheimnisvolle Weg, aber er führt auch wieder heraus.“ In: *W.M. Lüdke* (Hg.): Nach dem Protest. Literatur im Umbruch. Frankfurt am Main 1979, S. 158–184.

23) *Friedrich Wilhelm Joseph Schelling:* Schellings Werke. Neu hgg. von Manfred Schröter. München 1927, Bd. I, S. 466.

24) *Sören A. Kierkegaard:* Die Wiederholung. Ein Versuch in der experimentierenden Psychologie von Constantin Constantius. Drei erbauliche Reden. Düsseldorf 1955.

Wiederholung seiner Kindheitsstufen werden, um den Wiederholungszwängen, die ihn der Fremdbestimmung ausliefern, zu entrinnen. *Freuds* Lehre bleibt folgenlos für die öffentlichen Diskurse. Im Denkrahmen der Progression war Wiederholung in jedem Fall „unheimlich". Die Wiederkehr des Verdrängten wurde im Horror stillgelegt und ästhetisiert. Zugelassen wurde sie nur unter Bewachung in den therapeutischen Pausen. Man darf – in Zuständen großer Erschöpfung, wenn möglich ohne Zeugen – aus dem Geschichts-Expreß für eine knapp bemessene Zeit aussteigen, um ihn, regeneriert, wieder zu besteigen. Das marxistische Denken bildete darin keine Ausnahme. Wo Dialektik des Progresses nicht erkennbar war, z. B. im „Alltag" mit seinen Rhythmen der Wiederholung, wurde die „Nacht der Teilnahmslosigkeit, des bloß Mechanischen und Instinktiven"[25]), gesichtet oder – wie der vormärzliche *Marx* mit einem Seitenblick auf das Landleben seiner Zeit konstatierte: „der Idiotismus des Landlebens". (Vier Jahre später wird er dann, durch das Scheitern der März-Revolte belehrt, seine Hoffnung für eine kurze Zeitspanne auf die Bauern richten.)

Dieser Einstellungswechsel wird sich im Laufe der Geschichte in beinahe periodischem Zyklus wiederholen. Die plötzliche Entdeckung des „Idiotismus des Landlebens" in den siebziger Jahren *(Innerhofer, Wolfsgruber)* ist die Kehrseite der Medaille, die „erdabgewandte Seite" einer Dialektik, die sich auf die Partisanen der Metropolen fixiert hatte. Erst im Neonlicht dieser Dialektik wurde aus zyklischen Abläufen der Alltäglichkeit das Bild einer „Nacht der Teilnahmslosigkeit". Das ändert sich erst in der zweiten Hälfte der achtziger Jahre. Jetzt wird Literatur geschrieben, die sich einen angstfreien Zugang zu den Phänomenen der Wiederholung verschafft.

Oder sollte Angstlust der Beweggrund gewesen sein, daß jetzt Wiederholung zum archimedischen Punkt der Ästhetik wird?

Auf jeden Fall scheint der Zeitpfeil der historischen Avantgarde in den achtziger Jahren zerbrochen. Die Panik, nicht Schritt halten zu können, ist einer Gelassenheit gewichen. Anachronismen sind einkalkuliert. Die Eigendynamik des künstlerischen Materials oder der literarischen Serie hetzt niemanden mehr. Alle Kunstgriffe sind erlaubt. „Recycling", „Stimulation", „Zirkulation der Zeichen" – diese neuen Zauberformeln weisen auf Spielarten der Wiederholung![26]) An der jüngsten Generation von Schriftstellern wird gerühmt, daß sie „Second-order-Reden in obszönem Kreislauf" vorführen. *Botho Strauß* konstatiert in den Texten der achtziger Jahre ein „Recycling des Bedeutungsabfalls". Tautologie und Metonymie – beides zirkuläre Verkettungen der Zeichen – gelten als auffällige stilistische Merkmale der neu entstehenden Literatur. Wie gesagt: W i e d e r h o l u n g.

Angstfrei?

Das wäre wirklich neu! Wir finden sie angstfrei nur bei der jüngsten Generation (nicht bei den Azteken in Wien oder ihren Gegenspielern in den Dolinen). Wir finden sie angstfrei z. B. bei einem jungen Schriftsteller wie *Thomas Meinecke,* der einen Geschichtenband mit dem Titel „Mit der Kirche ums Dorf" schrieb. *Hubert Winkels* erläuterte den Titel: „Der dem Mittelpunkt entwendete Sinn wird in die Bewegung um eine leere Mitte geschickt."[27]) Die Umkreisung einer leeren Mitte, ohne Pathos und mit der Lust an der Zirkulation. Das wäre neu und befände sich in so schöner Übereinstimmung mit neueren französischen Theorien, daß man es auch als deren n a c h t r ä g l i c h e Illustration feiern könnte. Eine der Geschichten heißt konse-

---

25) *Karel Kosik:* Die Dialektik des Konkreten. Eine Studie zur Problematik des Menschen und der Welt. Frankfurt am Main 1967, S. 72 .

26) Vgl. verschiedene Beiträge in dem von *Andreas Huyssen* und *Klaus Scherpe* herausgegebenen Band „Postmoderne. Zeichen eines kulturellen Wandels", Reinbek 1986.

27) *Winkels,* Einschnitte (wie Anm. 14), S. 211.

quent genug „Aktiver Beitrag: Das Kreisen". In ihr funktioniert eine Wohngemeinschaft nur so lange, wie ihre sechs Mitglieder in jeder Vollmondnacht mit Hab und Gut ein Zimmer weiter rücken. Wenn wir uns daran erinnern, in welche Horrorszenen das Rotationsprinzip eine Wohngemeinschaft noch in den siebziger Jahren schicken konnte, welche laokoonische Figur die Betroffenen bereits nach der zweiten Rotation zu bilden pflegten – ich meine, welch unübersichtliche Verschlingungen von Körpern, Arbeitsrhythmen und Mentalitäten einen hippokratischen Knoten bildeten, in dem aufgerissene Münder stumm wie die Fische (um die Katachrese schrill zu machen) nach dem großen Therapeuten schrien – läßt sich ermessen, welchen Vorteil diese Literatur verspricht. Aber gemessen an den weltumspannenden Räumen, in denen sich die Theorien von der Zirkulation der Zeichen ergehen, ist der Beitrag der deutschsprachigen Literatur zum Bild der Postmoderne im Vergleich zur amerikanischen wirklich so klein wie die Etage einer Wohngemeinschaft. Die literarische Szene wird von anderen Modellen beherrscht, auf die ich jetzt das Augenmerk richten will.

A. AZTEKEN IN WIEN

Bereits in den siebziger Jahren wurde die Abwehr der Phänomene der Wiederholung von zwei Seiten unterhöhlt: von der Faszination, die die sogenannten „kalten Kulturen" ausübten, und von der Notwendigkeit der Therapie, die die, wie gesagt, vom Zeitpfeil Erschöpften sich verschreiben mußten. Daß Wiederholung uns von diesen heimlichen Einbruchsstellen her erreicht hat, ist ihr heute noch anzusehen. Wenn wir ihr heute als einer in den Wissenschaften inthronisierten Instanz begegnen, sollten wir darauf achten, daß diese Majestät janusköpfig ist, daß ihr therapeutisches Lächeln die Kehrseite der kalten Kultur ist.

Der Terminus „kalte Kultur" muß in diesem Zusammenhang erklärt werden. Anfang der sechziger Jahre hatte der französische Ethnologe *Levi-Strauss* versucht, idealtypisch zwei Modelle von Gesellschaften zu unterscheiden.[28]) „Kalte Kulturen" nannte er solche Gesellschaften, die wie Uhren mechanisch funktionierten; „heiße Kulturen" dagegen solche, die wie Dampfmaschinen, also aufgrund thermodynamischer Prinzipien, betrieben werden durch das Gefälle, das durch verschiedene Formen sozialer Hierarchie entsteht. Die „kalten Kulturen" versuchen, den historischen Wandel einzufrieren, sie leisten dem Eindringen der Veränderung Widerstand. Mit Hilfe komplexer Sozialmechanismen haben sich diese Kulturen darauf eingerichtet, daß statt Fortschritt Wiederholung herrscht. In den heißen Zivilisationen unseres Zivilisationstyps wuchs nun im 20. Jahrhundert die Bewunderung für jene Kulturen, denen es gelungen war, „Geschichte" einzufrieren.

Der Züricher Theologe *Mario Erdheim* hat diese Theorie durch die Beobachtung ergänzt, daß auch die „heißen Kulturen" über Kühlapparate verfügen, „welche die Temperatur einzelner Bereiche regulieren und damit die Geschwindigkeit des Wandels kontrollieren können."

Solche Kältesysteme (*Erdheim* nennt die Institution der Armee) affizieren das Bewußtsein der darin lebenden Individuen. Diese verfallen „in eine Art Winterschlaf, in welchem die Lebensprozesse zwar weiter laufen, aber stark verlangsamt sind . . . Was Freud vom Traum sagt, er sei der ‚Wächter des Schlafs' gilt auch von den Phantasmagorien, die diesen Winterschlaf begleiten und ermöglichen: Traumbilder, umstrahlt vom Schein der Realität, gaukeln ein tropisches und aktives Leben voller Geschäftigkeit vor. Deshalb erscheint das Leben in diesen gekühlten Räumen gar nicht

[28]) Nach *Mario Erdheim:* „Heiße" Gesellschaften und „kaltes" Militär. Kursbuch 67 (März 1982), S. 59 ff.

als Leben auf Sparflamme, ganz im Gegenteil: es wird mit eindrücklicher Intensität erfahren . . ."

Ich habe den Ethnologen nicht nur so ausführlich zitiert, weil Ethnologen als Experten in Fragen der rituellen Wiederholung gelten und es ermöglicht haben, Phänomene der Wiederholung mit größerer Genauigkeit zu beschreiben, sondern auch, weil ich die Vermutung habe, daß die Literatur der achtziger Jahre dem Winterschlaf ähnelt. Ihr Kult der verlangsamten Bewegung, in dem die Schriftsteller aus den überheizten Räumen des Progresses wegtauchen wollen; der Kult der technischen Schreibgeräte, die eine Schrift erzeugen sollen, die als letzter Hüter des Winterschlafs, als Kühlsystem in Opposition zu den neuen heißen Medien aufgefahren wird! Schrift, in der Geschichte eingefroren ist und die gleichzeitig ein Leben in tropischen Temperaturen und großen Zeiten im Imaginären zu ermöglichen scheint. Sind nicht die „Langsamkeitsapotheosen"[29]) typische Phantasmagorien des Winterschlafs? Und ist nicht das Theater der langsamen Gesten, das Theater von *Wilson,* ein Theater des Winterschlafs? Ist dieser heilsame Winterschlaf nur eine „Gnaden-Narkose" des Ästhetizismus? Als solche bezeichnete *Thomas Mann* die Verführung zum Kälte-Schlaf im Schneekapitel des „Zauberbergs".

Mario Erdheim hat in seinem Buch über die „Gesellschaftliche Produktion von Unbewußtheit" die Adoleszenz in der kalten Kultur der Azteken beschrieben.[30]) Einer paradiesisch repressionsfreien Kindheit mit langer Stillzeit folgt eine Adoleszensphase, die von drakonischen Strafmaßnahmen wie von Stacheldraht eingezäunt ist. Die Initiation beginnt im Alter von acht Jahren. Nach der Initiationsphase werden regressive Rückfälle mit der Todesstrafe bedroht.

Initiation in eine wie mit Stacheldraht umzäunte psychische Binnenstruktur – befinden wir uns in der kalten Kultur der Klavierspielerin *Elfriede Jelineks*?

Der Vergleich ist an den Haaren herbeigezogen! Denn wurde nicht darauf hingewiesen, daß in *Jelineks* Roman die Initiation weit früher beginnt. Erinnern Sie sich an die Straßenszene:

„Der Kopf einer etwa Vierjährigen wird von einer mütterlichen Orkanwatsche in das Genick zurückgeworfen und rotiert einen Augenblick hilflos wie ein Stehaufmännchen, das sein Gleichgewicht verloren und daher größte Mühe hat, wieder in den Stand zu kommen. Endlich steht der Kinderkopf wieder senkrecht, wo er hingehört, und gibt schauerliche Laute von sich, worauf er von der ungeduldigen Frau sogleich wieder aus der Lotrechten befördert wird. Der Kinderkopf ist jetzt schon mit unsichtbarer Tinte gezeichnet, für noch viel Schlimmeres vorgesehen."[31])

Eine Passage im „Jahrhundert des Kindes"?

Der Gesichtspunkt des Kindes wird, wie Sie bemerkt haben, hier etwas stiefmütterlich behandelt. Aber ohne Einfühlung ist die Erzählung ja nicht, wenn sie fortfährt:

„Sie, die Frau, hat schwere Taschen zu tragen und sähe dieses Kind am liebsten in einem Kanalgitter verschwinden. Damit sie die Kleine malträtieren kann, muß sie nämlich jedesmal die schweren Taschen auf dem Boden abstellen, und das ergibt einen zusätzlichen Arbeitsgang. Aber die kleine Mühe scheint es ihr wert zu sein." Einfühlung in die private Ökonomie des Malträtierens wird also durchaus geboten. „Aufgerechnet wird die Lust zu malträtieren gegen die Mühe, die Tasche abzusetzen."[32]) Natürlich ließe sich die Abwicklung dieser motorischen Energie noch weiter taylori-

---

29) *Winkels,* Einschnitte (wie Anm. 14), S. 122.

30) *Mario Erdheim:* Die gesellschaftliche Produktion von Unbewußtheit. Eine Einführung in den ethnopsychoanalytischen Prozeß. Frankfurt am Main 1984, S. 284–296.

31) *Elfriede Jelinek:* Die Klavierspielerin. Reinbek 1983, S. 60. Mein Kommentar lehnt sich an Winkels' Analyse an.

32) *Winkels,* Einschnitte (wie Anm. 14), S. 61.

sieren, ließe sich die „kleine Mühe des Taschenabsetzens" ohne Zeitverlust beheben, wenn sie nicht als masochistischer Lustgewinn durchaus auf der positiven Seite der Lustökonomie zu verbuchen wäre. Wie Sie bemerken werden, sind wir im Handumdrehen engagiert.

Die Szenen haben, wie *Hubert Winkels* bemerkt, etwas von der Mechanik eines Kinderspielzeuges. Keineswegs wird der Eindruck erzeugt, es werde eine paradiesische Kindheits-Idylle jäh verletzt. „Der Horizont, vor dem das geschilderte Ereignis bedeutsam wird, ist nicht der einer unterstellten Welt ohne Schläge", sondern die Vorstellung einer Initiation in viel Schlimmeres[33]), in eine Welt, die quasi-maschinell nach immer gleichen Riten funktioniert, in eine „kalte Kultur" also, die den Wandel eingefroren hat.

Mit dem Denkmodell der „kalten Kultur" könnte auch ein Widerspruch gelöst werden, der die Diskussionen über „Die Klavierspielerin" im Augenblick polarisiert. Gestritten wird darüber, ob in *Jelineks* Roman die Realität als ein Effekt von Diskursen dargestellt sei oder ob ihr Buch einsichtig mache, daß diese Diskurse ihrerseits von einer sozialen Machtstruktur gesteuert seien.[34]) „Kalte Kultur" ist eine spezifische Machtstruktur, die sich im Kreisgang der Diskurse realisiert, die ihrerseits die Lebenden so im Griff haben, daß deren Handlungen nur noch als Operationalisierungen von Redefiguren erscheinen, wodurch sie die Machtstruktur wiederum stabilisieren.

Macht der Hinweis darauf, daß das Buch wie ein Uhrwerk der Diskurse mechanisch abzulaufen scheint, die Nähe zur „kalten Kultur" plausibel, so kann ein genauer Blick auf eine „kalte Kultur" die Analogie sofort wieder in Frage stellen:

Waren die erwachsenen Azteken immerzu bedroht, im Suff in ein Kindheitsparadies ohne Schläge regredieren zu wollen, so ist, wie bemerkt, dieses Phantom eines „anderen Zustands" aus der Binnenstruktur der „Klavierspielerin" entfernt. „Entfernt" – nicht als in ungeheuere Distanz geschoben und dort verborgen; „entfernt" auch nicht im theologischen Sinn der Frankfurter Schule, d. h. in peinlicher Negation anwesend, „entfernt" auch nicht als pädagogisches Verstecken von Ostereiern. „Entfernt": ausgetrieben, gelöscht, eliminiert. Die Kälte des Schreibakts soll vom Genuß dieser Austreibung zeugen.

Hat diese Unterscheidung, die die Kindheit der Azteken – verglichen mit der Klavierspielerin – in mildem Licht erscheinen läßt, den Vergleich mit den Azteken in Frage gestellt, so soll ihn ein letzter Versuch ganz vom Tisch schaffen:

Die Ethnologen der „kalten Kultur" berichten, daß Frauen und Kinder sich in den geheimen Teil der Initiationsriten nicht einmischen durften (wenn sie überhaupt anwesend sein durften, was in der Regel verboten war). In Männerhäusern wird das Geheimnis gepflegt, wodurch der Mann zum Mann wird. Der Initiationsakt verschonte also also zwei Instanzen: die Mütter und die Kindheit. An ihnen konnten sich im erwachsenen Leben die Wünsche erschöpfter Krieger orientieren. *Jelinek* besetzt dieses Wunsch-Terrain der Regression mit militärischer Gewalt. Sie zeigt Symbiose als Folterkammer.

Ihr Frauenhaus erscheint als eine Entsprechung des Männerhauses. Die einzige Fluchtlinie der Tochter aus der symbiotischen Mutterbeziehung bietet das Netz von Schule, Musik und Karriere. Doch gerade diese bieten ein ausgetüfteltes Überwachungssystem von Kontaktkontrollen. Wie *Hubert Winkels* bemerkt hat, laufen die „symbiosestabilisierenden Gratifikationen der totalen Versorgung mit Nahrung,

[33]) Ebd., S. 60.

[34]) Vgl. die beiden Beiträge über *Jelinek* in diesem Band, *Konstanze Fliedl:* Sinister-Sujets. Zur Rekonstruktion von Gewalt in den Texten Elfriede Jelineks, hier S. 185 ff., und *Irmgard Egger:* Vom zerstörten Selbst und den Ideologemen. Zu den psychosozialen Konstellationen im Werk Elfriede Jelineks, hier S. 195 ff.

Genußmitteln, Fernsehen und dumpfester Behaglichkeit [. . .] auf eine Art Wärmetod hinaus."[35]) Wärmetod im Stacheldraht der „kalten Kultur", die sich in Durchritualisierung und Überwachung realisiert.

In diesem Roman wird die Wiederholung zwar als Indifferenz zelebriert, als Nacht der Teilnahmslosigkeit in Szene gesetzt, aber das theatralische Erschrecken der siebziger Jahre ist entfernt. Opfer und Täter sind ununterscheidbar geworden, sind Rädchen desselben Uhrwerks der „kalten Kultur". Die Figuren treten in ein Spiel ein, „das auch ohne sie abliefe"; sie bilden „ein Echosystem, in dem sich unnützerweise verdoppelt, was längst schon im Raum steht".[36])

Ob das marxistisch sei, wird gefragt. Für mich ist es ein in der Körperwelt durchgeführter Althusserianismus.

Also handelt es sich doch um eine rituelle Initiation? Azteken in Wien?

In jedem Fall handelt es sich n i c h t um die Parodie eines weiblichen Entwicklungsromans, wie die Forschung gemutmaßt hat. Diese Wiederholung wäre zu schön, um wahr zu sein. Hier ist nichts zu wiederholen, „weil sich die Institution eines weiblichen Entwicklungsromans in unserer Geschichte nicht hat herausbilden können" *(Helga Geyer-Ryan)*. Es gibt nur die Tradition des Jungmädchenromans; es gibt den weiblichen Adoleszenzroman, den trivialen und den tödlichen Typus, wie ihn *Sylvia Plath* in „Bell Jar" entwickelt hat. Da es die Konstruktion des Genres „weiblicher Entwicklungsroman" nicht gibt, gibt es auch kein Futter für Dekonstruktion und Pastiche, die sich parasitär zum Reichtum einer Konvention verhalten.

B. IM KREIS DER DOLINEN

Wie verschieden von diesem aztekischen Wien die mütterliche Welt der Dolinen ist, in die uns *Handkes* Roman „Die Wiederholung" führt[37]), mag ein Gedankenspiel verdeutlichen: man lasse die beiden Engel über Berlin aus *Wenders'* und *Handkes* Film, die zwei, Bruno Ganz und Otto Sanders, die man hier als Machos jenseits des Triebschicksals besichtigen darf, auf ihrer Suche nach friedlicher Vererdung ihrer Existenz nicht auf dieses poetisierende Luftgeschöpf des Films treffen, sondern auf eine Frau vom Kaliber der *Jelinek*schen Frauen. Das Fiasko wäre beträchtlich. Sie gerieten wieder in das Zwangssystem der Wiederholung, aus dem sie der Hinkelsprung des Cineasten gerade retten wollte.

Aber bildet *Jelineks* Roman nicht die dunkle Kehrseite von *Handkes* „Wiederholung"?

Die Gegenüberstellung scheint mir auch aus einem anderen Grund gerechtfertigt. Während man *Jelineks* Roman mit einem gewissen Recht mit der „Ästhetik des Schreckens"[38]) in Verbindung gebracht hat, die eine theoretische Legitimation des sich dem Leiden verschließenden Blicks geboten hatte, so könnte man *Handkes* Buch der Philosophie der langsamen Heimkehr, die *Peter Sloterdijk* in den letzten Jahren entwickelt hat, zuordnen.[39])

Sloterdijk hatte schon in seinem Plädoyer zur Wiederherstellung der ptolemäischen Wahrnehmung eine Wunschvorstellung entworfen, die er später in seiner Frankfurter Poetik-Vorlesung ausmalen wird: wie schön eine „Entbindung" ohne Kälteschock sein

---

[35]) *Winkels,* Einschnitte (wie Anm. 14), S. 70.

[36]) Ebd. S. 78.

[37]) *Peter Handke:* Die Wiederholung. Frankfurt am Main 1986.

[38]) Vgl. *Karl Heinz Bohrer:* Die Ästhetik des Schreckens. Die pessimistische Romantik und Ernst Jüngers Frühwerk. München/Wien 1978.

[39]) *Peter Sloterdijk:* Kopernikanische Mobilmachung und ptolemäische Abrüstung. Frankfurt am Main 1987.

müßte. Im nachhinein entwickelte er Gedanken, die zuvor in *Handkes* Romanen in der Imagination von Körperwelten durchgespielt wurden. Gegen die desintegrierende Wahrnehmung der Moderne plädiert *Sloterdijk,* wie der kleine Mönch in *Brechts* Galilei, für eine lebensweltlich fundierte Rückgewinnung einer Wahrnehmung, die die Konstitution des Menschen nicht überfordert. „Dekonditionierung", „Entautomatisierung" – diese Zauberworte einer verschollenen Avantgarde gehörten der Welt der Mobilmachung des neuzeitlichen Denkens an. An ihre Stelle soll ein Auge treten, das mit Horizonten rechnet, die den alles durchdringenden, den mobilmachenden Blick begrenzen. Die ptolemäische Wahrnehmung hat die wunderbare Gabe, uns von der Vorstellung der Welt als stürzender Erdball zu entlasten und sie wieder als ewige Scheibe zu zeigen, als „von Horizonten scheinbar umschlossenes Fachrelief, als bewohnbaren Raum mit Himmelsrichtungen und einem logischen Orient, in dem seither die Sonne aufgeht".[40]) Dies hätte *Sloterdijk* in *Handkes* Karstlandschaft haben können, wo sich die Erde, wie es heißt, „statt als neuzeitliche Kugel noch als Scheibe darstellt".[41]) Beide haben Lust, die Welt einmal „mit weichen Rändern" darzustellen und das Wort „Welt" einmal „nicht als Schimpfwort zu benutzen und es nicht im Tonfall von Scheißwetter auszusprechen". Beide sind auf der Suche nach einer Gnadeninstanz. Von dieser soll der „Atem des Freispruchs"[42]) durch ihre Schrift wehen. Also müssen sie sich die häßliche Vergangenheit der Diskurse vom Hals schaffen.

Eine Anekdote soll den Einstieg in *Handkes* Welt der Wiederholungen erleichtern. Im Herbst 1984 ging ich mit *Baudrillard* durch Padua. Das mag bombastisch klingen, wird aber auf ein kleineres Format geschraubt, wenn man weiß, daß sein Ruf in Amerika noch nicht gewaltig war, wir uns deutsch unterhielten und er im übrigen Paduas Straßen in der Bahnhofsgegend überquerte, als habe er einen Schutzengel wie ein Katholik. So steuerte er zielstrebig auf *Giottos* Blaue Kapelle zu. Bekanntlich haben deren Fresken die Federn von Generationen von Kunsthistorikern in Bewegung gesetzt, die ihr Geheimnis enträtseln wollten. Was tut unser Anti-Hermeneutiker? Er strebt unverweilt auf die linke hintere Ecke, wo, wenn ich mich recht erinnere, eine Schadstelle im Sockel den Blick auf einen unverputzten Mauerstein freigibt. Hier nun beginnt er die Meditation. Das Neue – dachte ich damals – besteht offensichtlich darin, daß jetzt nicht einmal mehr die insignifikante Schadstelle des Gemäuers von der Hermeneutik verschont bleibt.

An diese Szene erinnerte ich mich, als ich im ersten Kapitel von *Handkes* Roman auf die Stelle traf, wo das „blinde Fenster" in der Hauswand erst den Erinnerungsprozeß ermöglicht. Und er, der ganz unsignifikante Ort, wird als Gnadeninstanz erfahren, die mitteilt: „Freund, du hast Zeit." Insignifikanz löst Reflexion aus. Das gehörte immer schon zum Pathos von *Handkes* Beschreibungslehre. Der leere Viehsteighang wird mit der Pyramidentreppe des Volks der Maja assoziiert, von der sein Lehrer erzählt hat: Stufe um Stufe reich geschmückt, doch auf der obersten Stufe nur noch „wirre kratzige Meißelspuren".[43]) Die Bedeutungsleere des Viehsteigs gibt für den Erzähler ein Bild der Vernichtung der friedensfähigen Wörter seines Bruders her.

Während der Held aber im Viereck des blinden Fensters und im Dreieck der leeren Viehsteige „Siegel des versunkenen Reiches" im trostlosen Heimatstaat entziffern muß, bietet sich im Kreis der Dolinen der Freispruch als Faktizität dar.

Viereck, Dreieck, Kreis – ein „geometrischer Heimatroman" jenseits von *Jonkes* Ironie? Die Erzählung kristallisiert sich in diesen Raumfiguren, spielt hier verschie-

---

40) Kopernikanische Mobilmachung, S. 112.
41) *Handke,* Wiederholung (wie Anm. 37), S. 271.
42) *Sloterdijk,* Zur Welt kommen (wie Anm. 39), S. 165.
43) *Handke,*Wiederholung (wie Anm. 37), S. 214.

dene Modelle der Wiederholung durch. Erst die kreis(s)enden Dolinen entbinden vom Wiederholungszwang.

Obwohl sich *Handkes* Phänomene der Wiederholung endlos weit von den Schrecken der „kalten Kultur" zu entfernen scheinen, sind diese doch von ihr eingekreist. Das Gegenbild der Dolinen erinnert den Erzähler daran, daß nach den Worten seines Geschichtslehrers „die Leute des Ur-Karsts das Umkehrvolk der Mayas [. . .] hätten sein müssen".[44])

Es gibt Gründe, in *Jelineks* und *Handkes* Romanen Komplementärerscheinungen zu sehen.

Bei *Jelinek* keine „Mulde", „Senke", „Nische", „Schlupfwinkel" – also kein „Ort" ohne die Torturen des Wiederholungszwangs. *Handkes* Beschreibung des mütterlichen „Dolinentrichters mit der roten Erde am Grunde" erscheint bei *Jelinek* als aztekisches Umkehrbild in der Szene mit der Rasierklinge.[45]) *Handke* zur Genese der Doline: „die unterirdische Höhle ist eingebrochen, von oben ist Erdreich nachgerutscht und hat den fruchtbaren Schüsselboden gebildet".[46]) Bei *Jelinek?* Die psychoanalytische Terminologie würde, die Äquivalente bei *Jelinek* erfassend, nur gegen deren Schrecken immunisieren. Also sagen wir: auf den Schüsselboden Stacheldraht.

Proust in Slowenien; die Suche nach dem verlorenen Raum, um der „Wut der Geschichte"[47]) zu entgehen, die die „Schutzdächer" von den „Orten" entfernt hat.[48]) In Opposition zur Beschleunigungsethik der Bourgeoisie rekonstruiert *Handke* ein feudales Verhältnis zur Zeit. Sie erscheint als Raum-Quantum, das man sich einteilen kann wie Grundbesitz oder das Zuflucht bietet wie die Nische neben dem Eisenbahntunnel. Er weiß allerdings, daß diese Zeitsenken Nebenschauplätze bilden. Die Ortlosigkeit der „kalten Kultur" bleibt immer präsent: die Mentalitäten seines Heimatstaates belagern seine Orte. So beschreibt er Einheimische als die „seit Ewigkeiten, samt ihren Hunden, auf der Lauer böse im Kreis Gehenden, die sich unbeirrbar, wie es die Art solch zum Kreisgang Verdammter war, bei dem allem am Platz und im Recht fühlten".[49]) Immer wenn die Fatalität des Kreislaufgedankens beschworen wird, mischen sich Hunde ins Bild!

Ein auffälliges Motiv der achtziger Jahre: Österreich als Kalte Kultur, in der Geschichte im Kreisgang der Diskurse eingefroren ist. Aber man hat auch beobachtet, daß *Handke* in osmotischem Verhältnis zu dieser Kultur bleibt, weil das Reinigungsritual seiner Schrift – wie die *Thomas Bernhards* – geradezu inquisitorischen Charakter annimmt.[50])

Es ist begreiflich, daß *Handkes* Versuch, einen archimedischen Punkt an der Grenze zu finden, auf Hohn und Spott stieß. Der „Evangelimann" kommt, hieß es; „Landpfarrerdeutsch" spricht er, hieß es. Als sei er ein zweiter Baron von Münchhausen, der, den Morast bereits am Kinn, erzählt:

---

[44]) Ebd., S. 269.

[45]) *Jelinek,* Klavierspielerin (wie Anm. 31), S. 135–137.

[46]) *Handke,* Wiederholung (wie Anm. 37), S. 167.

[47]) Ebd., S. 76.

[48]) Ebd., S. 45.

[49]) Ebd., S. 129.

[50]) Diese Beobachtung und die folgenden polemischen Urteile stammen von *Benjamin Henrichs:* Der Evangelimann. Glücksmärchen, Wanderpredigt, Lesefolter: „Die Wiederholung" – Peter Handkes neues Buch. In: Die Zeit (3. Oktober 1986).
Diesen Hinweis verdanke ich *Joachim Strutz,* der in seinem Beitrag sehr plausibel auf die politische Dimension von *Handkes* „Wiederholung" weist.

„Hier hätte ich unfehlbar umkommen müssen, wenn nicht die Stärke meines eigenen Armes mich an meinem eigenen Haarzopfe, samt dem Pferde, welches ich fest zwischen meine Knie schloß, wieder herausgezogen hätte.“[51])

Handke, den Morast der häßlichen Diskurse bis zum Halse, ruft: Hier hätte ich unfehlbar umkommen müssen, wenn nicht die Stärke meines Schreibarmes, samt der Schreibmaschine, welche ich fest zwischen meine Knie schloß, mich wieder herausgezogen hätte!

Immerhin landen wir, wenn wir uns gerettet in seiner Landschaft finden, die in das Licht der „Buchstabensonne“ getaucht ist, doch wieder in der uralten österreichischen Landschaft der Sprachskepsis, die ihre eigenen Liturgien kennt, sodaß das im Roman hundertfach beschworene Wort „Ort“ schließlich nur als Wort erscheint, dem das W(eh) fehlt.

Dennoch, hier sehe ich den forciertesten Versuch, Orte jenseits des historischen Wiederholungzwangs zu rekonstruieren, Wiederholung anamnetisch als Rückgewinnung von Kindheit zu denken. Daß dieser Prozeß mit Trennung einsetzt (der Bruder verschwand auf dem Terrain des Partisanenkampfes), durch die Abwesenheit lebendig gehalten wird, rückt *Handkes* Schreibtechnik in die Nähe von *Walter Benjamins* geschichtsphilosophischen Thesen. Beide denken, daß die Dinge sich dann erst einprägen, wenn sie „im letzten Moment vor dem Fallen bewahrt bleiben“.[52]) Das messianische Licht, in das *Benjamin* aber die Erinnerungsarbeit noch tauchte, ist jetzt unwiederbringlich entfernt. Statt dessen leuchtet, was ein Jahrhundert Sprachskepsis aus dem Messias gemacht hat: die „Buchstabensonne“. Das erklärt auch das biblische Pathos der Schöpfungsgeschichte in *Handkes* Wiederholung:

„Denn ohne die Wortwinkel ist die Erde, die schwarze, die rote, die begrünte eine einzige Wüste und kein Drama, kein Geschichtsdrama will ich gelten lassen als das von den Dingen und Wörtern der lieben Welt – eben Dasein . . .“[53])

III. Notiz zur Ästhetik des Historikerstreits

Handke hat in seinem Roman eine List aufgewandt, die ihn vom Verdacht entlastet, der Roman schwimme mit dem Strom des ZEITGEISTES. In der Gestalt des Geschichts- und Erdkundelehrers hat er diesen Zeitgeist objektiviert. Der muß zuguterletzt die Zeitenwende verkörpern.

Gegen Ende des Buches hat sich an ihm die paradigmatische Wende der achtziger Jahre vollzogen: „aus dem bleichen Historikergesicht ist wieder das gebräunte des Erdkundlers geworden“.[54]) Was zweierlei verheißt: der pensionierte Historiker ist zum Gärtner geworden, der Experte des Zeitensturzes zum Kultivierer des Raumes, der Kenner der Haupt- und Staatsaktionen zum Heger kleinformartiger Pflanzenwelt; – oder: der Geschichtslehrer entdeckt im Ruhestand die eigentliche Dimension der Zeit in der Landschaft wieder. Der Raum dominiert. Entspricht dem die Wende zu Geopolitik und dem Konzept „Mitteleuropa“? Hat die Geschichtswissenschaft eine Wende vollzogen? Sind in ihrem Zeichen die Erdkundler im Vormarsch mit ihrem Wissen um die langsamen Transformationen, die beinahe unbeweglichen, stummen Sockel der Ereignisse? Der Blick konzentriert sich nicht mehr so sehr, wie schon bemerkt, auf die politischen Mobilitäten und dramatischen Diskontinuitäten. Phänomene mit geringer

---

[51]) Zit. nach *Paul Watzlawick:* Münchhausens Zopf oder: Psychotherapie und ‚Wirklichkeit‘. Bern, Stuttgart, Toronto 1988, S. 135.

[52]) *Handke,* Wiederholung (wie Anm. 37), S. 142.

[53]) Ebd., S. 219.

[54]) Ebd., S. 331.

Geschwindigkeit halten in Bann. „Hinter der erschütterten Geschichte der Regierungen, Kriege und Hungersnöte zeichnen sich für das Auge fast unbewegliche Geschichten ab, Geschichten mit leichtem Gefälle: die Geschichte der Seewege, die Geschichte des Getreides oder der Goldminen, die Geschichte der Dürre und der Bewässerung, der Koppelwirtschaft, die Geschichte des von der Menschheit erreichten Gleichgewichts zwischen Hunger und Vermehrung."[55]) *Michel Foucault* konstatiert das schon zu Beginn der siebziger Jahre. Und noch wird man nicht behaupten können, daß sich in den zwei Jahrzehnten, die uns von dieser Feststellung trennen, diese Tendenz durchgesetzt hätte. Sie blieb in der Zunft marginal, hat früher Literaten fasziniert als – im deutschsprachigen Bereich – die zünftigen Historiker. Doch ging es auch im „Historikerstreit", mit dem die Medien die Aufmerksamkeit der Öffentlichkeit auf den Zustand einer Wissenschaft lenkten, um Probleme, die wir in unseren Beobachtungen zur Literatur der siebziger und achtziger Jahre berührt haben. Es geht um Erinnerungsmodelle und Therapie, Handlungslähmung und Moral, Schärfe der Datenerschließung und Identität, Wiederholungszwang und Erkenntnis. Auch hier geht es um Paradoxie und Handlungsfähigkeit: Wie kann es vermieden werden, daß, nachdem die Singularität der Verbrechen des NS-Staates bis zum „Mythos des absolut Bösen" aufgeklärt worden ist, die solcherart Aufgeklärten von einer „hypnotischen Lähmung" befallen werden? Wie kann andererseits vermieden werden, daß die relativierende Historisierung der Genese der Verbrechen, die neue und angstfreie Bewegungsräume für eine unbelastete Generation schaffen soll, sich mit der Schuld des Vergessens belastet, die eine Wiederholung des Vergessenen erleichtert? Wir können das hier nicht ergründen. Für mich offenbart der Historikerstreit ein Dilemma, das ich aus der Literatur kenne. Ich will darum hier nur flüchtig auf einen merkwürdigen Aspekt aufmerksam machen: auf die Ästhetik des Historikerstreits.

Gehen wir von den zwei gegensätzlichen Modellen der Wiederholung aus, die uns die beiden Romane vorgeführt haben, so erscheinen die Fronten des Streits weniger klar. Diejenigen Historiker, die im NS-Reich den vorgangslos-singulären Schrecken sehen, wollen mit ihrer Vergegenwärtigung der Ereignisse gerade einen therapeutischen Effekt verknüpfen. Gleichzeitig gehen sie davon aus, daß nur der m o r a l i s c h gefärbte Blick die Singularität des Verbrechens überhaupt zu rekonstruieren vermag. Die konservativen Gegner dieser therapeutischen Fraktion berufen sich bei ihren Überlegungen über die Vergleichbarkeit und Austauschbarkeit der Verbrechen (ihre internationale Konvertabilität, wie man im Finanzwesen sagt) auf den moralfreien Blick des Wissenschaftlers. Sie ziehen dabei Argumente zu Rate, die einige Jahre zuvor in *Karl Heinz Bohrers* Buch über die „Ästhetik des Schreckens" entwickelt worden waren. *Hildebrand* schreibt, als gelte es, *E. A. Poe* zu imitieren: „Wer dem Abgrund entkommen will, muß ihn aufs genaueste ausloten."[56]) Dafür spricht in der Ästhetik vieles. Aber auch hier ist dieser Gedanke belastet mit der Geschichte des „Vergnügens an tragischen Gegenständen", mit Gothic Novel und „Theater der Grausamkeit", mit der Idee des Erhabenen der Geschichtszeichen und des „Schiffsbruchs mit Zuschauern" – um einige Stichworte zu nennen, die darauf hinweisen mögen, in welche Verwicklungen die Haltung der Indifferenz im Reich des Ästhetischen führen kann. In der „Ästhetik des Schreckens" gab es einen eindeutigen Maßstab, an dem die Genauigkeit" der Beobachtungen am Abgrund gemessen werden sollte. Es war nicht die Fülle detailliert beschriebener Daten; es war nicht der Grad der Komplexität, in dem sich Handlungsstränge verflechten; es war nicht der Vergleich von Planung und unberechenbarem Abgrund-Resultat. Der Effekt der Wahrnehmungsschärfe stellte sich aus-

---

[55]) *Michel Foucault:* Archäologie des Wissens. Frankfurt am Main 1981, S. 9 ff.

[56]) „*HISTORIKERSTREIT*". Die Dokumentation der Kontroverse [. . .]. München 1987, S. 281–293.

schließlich in dem Maße ein, wie moralische Kategorien verletzt wurden und das Verbrechen auf anthropologische Konstanten zurückzuführen erschien. Für eine Ästhetik, die ablehnt, als Sinnstifter aufzutreten, ist das diskutabel. Eine Ästhetik des Schreckens, die sich im Historikergewand in den Dienst neuer Sinn- und Identitätsstiftung stellt, hat, wie *Jüngers* Kriegsschriften zeigen, die Rettung eines heroischen Ichs zur Folge. Wem sollte das nützen?

IV. Die Dominanz des Raums

Die Verräumlichung der Geschichte läßt sich bei den neueren französischen Historikern wie *Braudel* und *Le Roy Ladurie* schon an Titeln ihrer Arbeiten ablesen. Es geht z. B. um die „Tragödie des Gleichgewichts. Seuchen, Kriege und Moderner Staat"[57]), um die Stabilität eines Bevölkerungsvolumens in einer bestimmten Region, um den schleppenden Kreisgang von Mentalitäten. Selbst bei der Betrachtung der französischen Revolution von 1789 scheint heute die Beobachtung des unbeweglichen Sockels und der Langsamkeit der Mentalität reizvoller als die Beobachtung von Zeitstürzen, Brüchen und Rissen, die uns in den sechziger Jahren fasziniert haben. Das erklärt auch die Dominanz des Platzes auf der literarischen Szene. Literatur, so vernimmt man, ist ein Platz für Diskurs-Ereignisse. Wenn *Manfred Moser* zu Allerheiligen 1988 in Sankt Pölten deklinierte[58]):

> „10. Der Platz ist heilig [...]
> 11. Der Platz ist verflucht [...]
> 12. Der Platz ist gesegnet [...]

dann hieß das: wie dem auch sei – der Platz ist der neue Held der Geschichte, „Heldenplatz".

Der Jargon des Platzes ist, hören wir, der Sermon; die Bewegung, die man besichtigen kann, ist die Drehbewegung: die „links- oder rechtsdrehenden Säuren" der Diskurse. *Moser* hat die Rituale des Platzes beschrieben. Der Platzhirsch und das Platzkonzert sind Diskursereignisse.

Wollten wir von diesen Überlegungen aus *Peter Handke* mit *Thomas Bernhard* vergleichen, so kämen wir zu dem Schluß: Der polemische Ort der Wiederholung ist der „Platz". Der zelebrierende Platz der Wiederholung ist der „Ort".

Und was geschah mit denen, die vor 15 Jahren glaubten, auf dem Zeitpfeil zu reiten. Uns soll es nach Maßgabe der Historiker des Raumes ergehen wie den B a r b a r e n im Laufe der Geschichte. Spöttisch bemerkt *Fernand Braudel* über den „Mythos" von deren „Stoßkraft", daß sie lange antichambriert und wiederholt angeklopft hätten, bevor sie ins Haus eingedrungen seien. „Sie triumphierten nicht lange und wurden bald von den Räumen, die sie unterworfen zu haben glaubten, absorbiert". Und dann, so resümiert unser Raumexperte nicht ohne Hohn, „schlägt die Tür des eroberten Hauses wieder zu."[59])

---

57) In: *U. Rauff* (Hg.):Vom Umschreiben der Geschichte. (wie Anm. 21), S. 29–44.

58) *Dietmar Pickl* u. *Manfred Moser:* Literatur für eine Szene. In diesem Band S. 283ff.

59) *Fernand Braudel:* Sozialgeschichte des 15.–18. Jahrhunderts. Der Alltag. München 1985, S. 96–98.

V. Schluß

Haben wir uns so weit von der Handlungslähmung entfernt, daß wir das Emblem des Hundes, der, in paradoxer Situation, in Schlaf verfällt, der kein Heilschlaf ist, als Täfelchen über eine versunkene Zeit hängen könnten, während man doch im Grunde den Winterschlaf unsrer „Langsamkeitsapotheosen" nicht leicht von dem Schlaf des Hundes unterscheiden kann. Haben wir noch einmal entdeckt, daß die Menschen, „in einen ewigen Zirkel von Handlungen eingeschlossen," so wenig „wie das Tier" eine Geschichte haben? Ohne Angst, weil Nietzsche das Tierbild aufwertete, um einen angstfreieren Zugang zur Geschichte der Wiederholungen zu ermöglichen?

(Manuskript abgeschlossen im März 1989)

Rudolf Burger

Geist, Zeitgeist, Spiritus Austriae

I.

Zu Beginn der 80er Jahre, so sagen manche, habe der „Zeitgeist" sich gewandelt, er habe seine Inhalte geändert und seine Richtung verkehrt. Andere vermuten, er sei damals erst entstanden, denn bis dahin habe kein Mensch von ihm gesprochen, und wo für ideologische Formen das Wort fehle, dort hätten diese selbst auch als Sache keine rechte Wirklichkeit. So brächte man ihn zum Verschwinden, wenn man ihn schlicht verschwiege und seinen Namen mit einem Tabu belegte; umgekehrt rufe erst seine Beschwörung ihn als Schein hervor.

Worauf zu antworten wäre, daß es Geister gibt, die periodisch wiederkehren, auch ohne daß man sie ruft. Sie treten hervor, wenn ihnen die Stunde günstig ist, und das ist meistens um Mitternacht; bei Tageslicht bleiben sie verborgen. Freilich kann man auch sie beschwören, doch beliebig lenken kann man sie nicht. Und mit dieser Familie von Geistern haben wir es hier zu tun. Aus ihrem Eigenwillen ließe sich schließen, daß der je gegenwärtige „Zeitgeist", als irrender Wiedergänger vergangener Epochen, eo ipso, und also in Wahrheit immer, paradox der Geist vergangener Zeiten sei, der von der jetzigen Erlösung fordert. Als abgelebter Bote, dessen Ort das Dunkle ist, ruft er lockend zurück ins Reich der toten Formen.

Also tritt ihm der rationalistische Aufklärer gegenüber, der sich selbst bekanntlich mit dem Licht assoziiert, in dem die Schemen der Nacht verschwinden. Er ruft dann triumphierend: „Seht her, was Euch Angst machte und Euch auch lockte, es war nicht wirklich, es war nur Schein!" Doch täuscht er sich, wenn er meint, daß dort, wo nichts mehr sichtbar ist, auch nichts mehr existiert. Als bloß vertriebene und nicht erlöste kehren die Gespenster wieder, wenn ihre Zeit gekommen ist. Hüten wir uns gleichwohl, vorschnell von der „Wiederkehr des Verdrängten" zu reden, denn es muß nicht alles verdrängt worden sein, was wiederkehrt. Es kann auch einfach liegengelassen, vergessen worden sein, und bei Gelegenheit taucht es wieder auf: als ein Stück unerledigte Vergangenheit. *Hegel* sagt in der „Philosophie der Geschichte", daß alle großen Ereignisse sozusagen zweimal auftreten: das erste Mal als Tragödie, das zweite Mal als Komödie – und dies, damit die Menschheit sich heiter von ihrer Vergangenheit löse. Bekanntlich bemerkte *Marx* dazu – im „18. Brumaire" –, daß die Replik des tragischen Originals als inszenierte nicht zur Komödie, sondern lediglich zur lumpigen Farce gerate, bei der einem das Lachen vergeht.

Das wahrhaft Unerledigte der Geschichte aber hat verschiedene Namen: Von der Ungleichzeitigkeit und der Pflicht zu ihrer Dialektik hat *Ernst Bloch* gesprochen und *Jürgen Habermas* von den unabgegoltenen Potentialen der Moderne, die auch nicht alle von heute sind. So kann es kommen, daß Texte und gedankliche Figuren, daß Attitüden und Moden, literarische Gestalten und philosophische Probleme, die längst vergessen schienen und abgetan, eine neue, unerwartete Aktualität erlangen und in scheinbar alter Frische gespenstisch wiederkehren.

„Aber es gibt doch keine Gespenster", sagt uns der Positivist, „es gibt keine Geister, und also a fortiori auch keinen ‚Zeitgeist', was man so nennt, ist nur die Lüge derer, die man heute schon ohne alle Ironie ‚die Medien' nennt, also mit einem Wort bezeichnet,

---

Rudolf Burger, Dr. techn., o. Prof., Vorstand der Lehrkanzel für Philosophie an der Hochschule für angewandte Kunst in Wien.

dessen Herkunft aus dem Spiritualismus man beachten sollte. Was ihr als geheimnisvolles Fluidum einer Epoche erachtet, ist in Wirklichkeit bloß ein technisches Produkt – trickreich zwar und immateriell, doch fabriziert wie anderes auch. Kein Hauch aus den Tiefen der Zeiten, auch keine Ausdünstung gegenwärtigen Lebens, das dieses sekundär betäubte, sondern die Massenséancen der Massenmedien sind es, die den ‚Zeitgeist' machen, er ist Produkt einer interessierten Propaganda, eine reale Basis in der Erfahrung der Massen hat er nicht. Klärt sie auf dagegen mit Mitteln des Verstandes, macht aus jedem kleinen Angestellten einen großen Syllogisten, und ihr werdet keinen ‚Zeitgeist' mehr haben, sondern nur mehr die verallgemeinerte subjektive Vernunft – die sogenannte ‚wissenschaftliche Weltanschauung'. ‚Weltanschauung' ist heute ohnehin eine Wachstumsbranche, also investiert in ihre scientivisch avanciertesten Zweige, und ihr werdet bald ein Gegenmonopol erringen, das, in Anleitung zum Denken sich selbst verzehrend, die Menschen mit dem Segen der Autonomie beschenkt und alle Heteronomien des Geistes zum Verschwinden bringt."

„Scheinprobleme der Philosophie" hat *Carnap* sein programmatisches Büchlein genannt – und in der Tat, *Carnap* hatte recht, allerdings in einem Sinn, den er wohl kaum gemeint haben dürfte. Was er entlarven wollte, ist freilich nur Schein, doch ist der Schein als objektiver das wichtigste Problem der Philosophie in der Moderne und ihr perennierendes Thema – denn nichts ist heute realitätsmächtiger als der Schein, und gegen die Hoffnung der frühen Aufklärung wächst seine Gewalt geschichtlich an. Daher ist die moderne Philosophie, und nicht erst die moderne, in ihren wesentlichen Teilen Philosophie des Scheins. *Hegels* objektiver Geist einer Epoche, *Marxens* Begriff des Fetischs des Geldes und der Ware, um nur zwei besonders prominente Beispiele zu nennen, sind weder mit dem traditionellen Ding-Begriff, noch in Kategorien der Subjektphilosophie zu fassen, sie sind weder sinnlich erfahrbare Entitäten der äußeren Welt noch subjektive Setzungen eines intentionalen Bewußtseins. Sie sind Verdinglichungsphänomene gesellschaftlichen Handelns, Quasiobjekte und Quasisubjekte zugleich. Weil der Positivismus das nie verstanden hat, hat er auch nie begriffen, was „Ideologie", noch weniger, was „Kapital" ist. Dieses Unverständnis erbt sich fort bis zur heutigen Sozialdemokratie, die bezeichnenderweise ihre eigene Programmatik „Ideologie" nennt (womit sie in einer zweiten Drehung ironischerweise sogar wieder recht hat).

Obwohl der „Zeitgeist" gewiß nicht mit dem objektiven Geist *Hegels* verwechselt werden darf – er ist allenfalls dessen Modulation und Schaumkrone –, ist doch auffallend, daß der Begriff am Höhepunkt des deutschen Idealismus und der Niederlage Preußens 1806 seine erste große Stunde erlebt. Die „Phänomenologie des Geistes", den großartigen Bericht von den Abenteuern des Weltgeistes, schrieb *Hegel* bekanntlich vor dem Hintergrund des Schlachtenlärms von Jena, und im gleichen Jahr, 1806, beginnt *Ernst Moritz Arndts* „Geist der Zeit" zu erscheinen. Zwei Jahre später stellt der Hannoversche Kabinettsrat *Ernst Brandes* seine „Betrachtungen über den Zeitgeist in Deutschland" an; und abermals zwei Jahre später erscheinen gleich zwei Journale mit dem Titel „Geist der Zeit".[1]

Zu Beginn des 19. Jahrhunderts hat der „Zeitgeist" in Deutschland Konjunktur, er avanciert zum wichtigsten politischen Schlagwort, in seinem Namen wird gefordert und verworfen, wird die Gegenwart gedeutet, werden politische Ziele und gesellschaftliche Reformen zu rechtfertigen versucht. Seiner Herkunft nach aus der französischen Aufklärung eher deskriptiv-analytischen Charakters, nimmt der Begriff bei den deutschen Autoren nämlich bald einen metaphysisch-normativen Zug an, den er in der philosophischen Geschichtsschreibung eines *Montesquieu* oder eines *Voltaire* noch nicht

---

[1]) s. *Ch. Müller:* „Zeitgeist", in: Merkur 453, Nov. 1986, S. 982 ff.

gehabt hatte. Wenn sie vom „génie du siècle" – im Sinne von „Geist eines Zeitalters" – sprachen, so meinten sie damit eine gewisse Übereinstimmung in den Denk-, Gefühls- und Verhaltensweisen der Menschen einer bestimmten Epoche, z. B. des republikanischen Roms oder des christlichen Mittelalters, und innovierten somit eine lediglich empiristische Beschreibungskategorie, um in die verwirrende Vielfalt historischer Fakten und Begebenheiten Ordnung und Zusammenhang zu bringen. Das französische Original „génie du siècle" ist gewissermaßen ein Stilbegriff, der es erlaubt, in der nachträglichen Beschreibung geschichtlicher Ereignisse Zusammenfassungen zu bilden und Zäsuren zu setzen, während der deutsche Deszendent „Zeitgeist" bald zum selbständig wirkenden metaphysischen Geschichtsprinzip avanciert, zu einem fordernden, aparten Subjekt der Evolution, dem die Menschen und Staaten bei Strafe des politischen Untergangs oder zumindest des gesellschaftlichen Zurückbleibens sich zu beugen haben: man verpaßt den Anschluß an den Zug der Zeit, wenn man ihrem Geist nicht folgt. „Zeitgeist" bekommt so eine sowohl teleologisch-optimistische als auch zugleich objektivistische Note – er ist rätselhaft und schwer durchschaubar, er folgt seinen eigenen Gesetzen; und er wird gerade deshalb als progressiv sich entwickelnder zur Berufungsinstanz reformerischer Bestrebungen gemacht. Zum Subjekt substanzialisiert, taugt er zugleich als Parole.

Als Parole für die Zurückgebliebenen, wohlgemerkt. Zur Legitimationsinstanz derer, die zwar gegenüber ihren Herren gewisse Forderungen erheben, die sich aber nicht getrauen oder es sich nicht leisten können, zu sagen: „Ich will es!" oder: „Wir wollen es!", und daher listig auf den objektiven Gang der Geschichte, eben auf den „Zeitgeist", sich berufen. Die herrische Dezision, der subjektivistische Kern einer jeden Politik, bekommt so ein quasi-theologisches Mäntelchen umgehängt.

Legitimierten die französischen Revolutionäre den Terror von 1794 aus allgemeinen Prinzipien einer selbstherrlichen Vernunft, so rechtfertigten die deutschen Hauslehrer und Professoren um 1800 ihre Forderungen nach Reformen aus den Geboten des „Zeitgeistes" – der von anderen gemacht worden war. Die Negationsprinzipien politischen Handelns jenseits des Rheins kondensierten diesseits von ihm zur positiven Metaphysik, und deren Wolken fungierten ihrerseits als moralische Wegweiser für die geschichtlich Zurückgebliebenen. „Zeitgeist" ist daher in deutschen Landen und im deutschen Sprachraum nicht nur ein Entfremdungsprodukt des eigenen Handelns, sondern er ist als ideologischer Importartikel doppelt fremd und undurchschaubar – und das ist er bis heute geblieben. Gerade deshalb ist er in all seiner metaphysischen Pracht und Würde nur hierzulande wirklich zu Hause. Es ist interessant, daß das geschichtliche Volk der Neuzeit schlechthin, nämlich das britische, eher das deutsche Lehnwort „Zeitgeist" verwendet denn seine holprige englische Übersetzung „spirit of the age". In historisch avancierten und dynamischen Gesellschaften wie der damaligen französischen bzw. britischen, die ihre eigene Selbstentfremdung auch tatsächlich selber schaffen und politisch auch immer wieder einholen, um sie progredierend auf neuen Stufen verändert zu etablieren, bleibt der Entstehungsprozeß der je erreichten ideologischen Formen zumindest untergründig im Bewußtsein der Handelnden, wird niemals ganz vergessen, weshalb der Begriff des Zeitgeistes dort nie jene metaphysische Dignität erhält, die er in Deutschland erreichte. Er bleibt dort eher positivistisch farblos.

Umgekehrt aber hat gerade die schärfere Ausprägung der Differenz zwischen historisch Gefordertem und politisch Möglichem die geschichtsphilosophische Reflexion in Deutschland in die bessere Lage versetzt – nirgendwo sonst erreicht sie das Niveau eines *Hegel,* eines *Marx*, eines *Nietzsche* –: Die Objektivität des historischen Verlaufs ist dort deutlicher wahrnehmbar und theoretisch unabweisbarer, wo die politischen

Verhältnisse den Schein von Handlungsautonomie erst gar nicht aufkommen lassen oder schon frühzeitig ersticken.

Hatte die *Kant*sche Philosophie, die *Marx* bekanntlich die Philosophie der französischen Revolution nannte, noch bedingungslos auf die bodenlose Autonomie des freien sittlichen Subjekts gesetzt, so zeichnet sich dessen zunehmende Heteronomisierung mit der deutschen Spätaufklärung schon deutlich ab und wird bei *Hegel* absolut gesetzt.

Denn der Geist ist bei *Hegel* nicht nur zur Objektivität geronnen, er ist selbst Subjekt geworden, der die Subjekte, aus denen er seine Substanz bezieht, als gleichgültige Nichtigkeit unter sich begräbt. Freiheit ist, wie *Hegel* sagt (und *Engels* wird den Satz später zustimmend zitieren), nur möglich als Einsicht in die Notwendigkeit – d. h. als ihr eigenes Gegenteil, als ihr freiwilliges Selbstopfer. Paradoxerweise ist auf dem Boden der totalen geschichtlichen Immanenzphilosophie geschichtliches Handeln nicht mehr möglich, das absolute System hat alle Differenzen in sich aufgenommen und als seine eigenen Momente gesetzt. „Es kann niemand seine Zeit überspringen", sagt *Hegel*, „der Geist seiner Zeit ist auch sein Geist"[2]) – wenn dieser Satz in seiner ganzen Strenge gilt, so ist mit der Möglichkeit zur reflexiven Distanz auch alles Außen verschwunden, von dem aus ein E i n griff in den Ablauf der Geschichte möglich wäre. Wir sind immer schon die Exekutoren des Weltgeistes, willentlich oder unwillentlich, wissend oder unwissend sind wir bloß seine Werkzeuge, und gerade indem wir ihn erkennen, treten wir nicht aus ihm heraus, sondern erfüllen bloß seinen höchsten Zweck: durch uns zum Bewußtsein seiner selbst zu gelangen. *Althusser* hat nachdrücklich darauf hingewiesen, daß es genau deshalb keine hegelianische Politik gibt und geben kann[3]), der, welcher meint, die Geschichte vollkommen zu begreifen, kann sie auch nur mehr betrachten. Die absolute Philosophie der Praxis hebt diese auf in Meditation. Und der große französische Hegelinterpret *Alexandre Kojève* ist nur konsequent, wenn er in einer ungeheuerlichen Passage sagt, daß die Geschichte nur insofern offen sei, als sie sich noch nicht zwischen ihrer links- und ihrer rechtshegelianischen Variante entschieden habe.[4])

Daß es keine hegelianische Politik gibt, heißt natürlich nicht, daß *Hegel* nicht einen enormen Einfluß auf die Politik gehabt hätte – im Gegenteil, er hat nahezu alles, was an politischer Philosophie nach ihm kam, bestimmt, und jede politische Theorie, jeder politische Gedanke muß an seiner Philosophie sich messen lassen.

Daß *Hegel* und *Marx* hierzulande nie wirklich rezipiert worden sind – der kantianisierte *Marx* des Austromarxismus wurde gerade um sein Bestes gebracht: nämlich um sein *Hegel*sches Erbe –, ist wohl nur mit den gegenüber Deutschland noch einmal retardierten Verhältnissen zu erklären – es ist kein Zufall, daß Deutschland einen *Hegel*, Österreich einen *Freud* hervorgebracht hat, denn was dort zur allgemeinen Tendenz sich objektiviert und gesellschaftlich ausgetragen wird, tobt hier in den Individuen selbst sich destruktiv aus. (Die 2. Topik ist ja ein rein hegelianisches Staatsmodell!)

Und es ist ebensowenig Zufall, daß *Freud* heute weltweit in aller Munde ist (nur hierzulande hat man auch ihn verdrängt), während *Hegel* fast gänzlich vergessen scheint – zumindest Europa wird langsam „österreichreif", nicht umgekehrt, wie manche möchten.

Nach einer kurzen Konjunktur in der Studentenbewegung, die *Hegel* aus den Seminaren hinaustrug auf die Straße, weil sie wußte, daß man ihn nur praktisch widerlegen

---

[2]) *G. W. F. Hegel:* Vorlesungen über die Geschichte der Philosophie, in: Werke in zwanzig Bänden, Bd. 19, Frankfurt/M. (Suhrkamp) 1970, S. 111.

[3]) *L. Althusser:* Für Marx, Frankfurt/M. (Suhrkamp) 1986, S. 150.

[4]) *A. Kojève:* Hegel, Frankfurt/M. (Suhrkamp) 1975, S. 297.

kann oder gar nicht, wird er heute denunziert als „Meisterdenker", als ob dieses dumme Schlagwort gegen ihn spräche.

So ist es insbesondere einigen neueren Franzosen gefällig geworden, die *Hegel*sche Philosophie als versöhnlerisch zu denunzieren – weil sie emphatisch die Idee des Fortschritts vertrete, die doch spätestens durch die Katastrophen unseres Jahrhunderts hoffnungslos desavouiert sei, und dann, weil sie die Absicht der Versöhnung ja offen und programmatisch verkünde.

Doch ist der Fortschritt bei *Hegel* zunächst und vor allem ein „Fortschritt im Bewußtsein der Freiheit"[5]), er ist nicht notwendig einer der Verbesserung des materiellen Lebens, nicht einmal notwendig einer der realisierten Freiheit des Einzelnen.

Allerdings will *Hegel* mit der Wirklichkeit versöhnen, nicht aber konstruiert er diese als versöhnte. „Die Philosophie", schreibt *Hegel*, „will den Inhalt, die Wirklichkeit der göttlichen Idee erkennen und die verschmähte Wirklichkeit rechtfertigen. Denn die Vernunft ist das Vernehmen des göttlichen Werks."[6])

Hegels Versöhnung ist eine harte und bittere Versöhnung, sie ist eine im Geiste mit dem Geiste, der unmenschlich, weil übermenschlich ist. Sie besteht in der Einsicht, daß die Weltgeschichte sich notwendig „auf einem höheren Boden bewegt als der ist, auf dem die Moralität ihre eigentliche Stätte hat"[7]); daß sie eine „Schlachtbank [ist], auf welcher das Glück der Völker, die Weisheit der Staaten und die Tugend der Individuen zum Opfer gebracht [werden]".[8]) Und dies ausschließlich zur höheren Ehre der Idee, die der Weise als notwendig begreift (und nur darin liegt die Versöhnung), vor der er jedoch als Individuum verschwindet. Denn „das Partikuläre ist meistens zu gering gegen das Allgemeine, die Individuen werden aufgeopfert und preisgegeben. Die Idee bezahlt den Tribut des Daseins nicht aus sich, sondern aus den Leidenschaften der Individuen."[9])

Hegels Parteinahme für das Allgemeine hat nach dem Zusammenbruch des objektiven Idealismus im Umschlag all die theoretischen Revolten des Partikularen und Individuellen motiviert, die immer auch Revolten gegen die Geschichte selber waren und ihren vermeintlichen überindividuellen Sinn, von *Kierkegaards* christlichem Existentialismus, *Stirners* solipsistischem Anarchismus, *Schopenhauers* Philosophie der Solidarität alles Lebendigen, bis zu dessen Schülers *Nietzsche* vitalistischem Aufstand gegen den Nihilismus der jüdisch-christlichen Tradition, den er gerade in Gestalt der *Hegel*schen Geistphilosophie attackiert, und seinem aggressiven Atheismus gegen die überkommene Metaphysik der Werte.

Das Verhältnis von *Marx* zu *Hegel* ist demgegenüber wesentlich vermittelter und komplexer. *Marxens* eigene Metaphern vom „Umstülpen" und „auf die Füße stellen" werden ihm in ihrer änigmatischen Kürze kaum gerecht. Denn wenn man *Hegel* „umstülpt", bleibt man immer noch Hegelianer, das absolute System bleibt auch als gewendetes notwendig idealistisch, Materialismus ist als Systemphilosophie nicht möglich. Dem *Marx*schen Materialismus kommt es daher in Wahrheit darauf an, in den *Hegel*schen Hut ein Loch zu schlagen, denn Materialismus ist Nicht-Identitätsphilosophie par excellence, nur deshalb und nur solange er sich nicht ontologisiert und zum allgemeinen Erklärungsprinzip setzt, bleibt sein subversiver Stachel erhalten. Zum umfassenden Prinzip erhoben, wie beim späten *Engels*, schlägt er um in

---

[5]) *G. W. F. Hegel:* Vorlesungen über die Philosophie der Geschichte (wie Anm. 2), Bd. 12, S. 32. (Hervorhebung von *R. B.*)

[6]) ebda., S. 53.

[7]) ebda., S. 90.

[8]) ebda., S. 35.

[9]) ebda., S. 49.

einen Idealismus a tergo. Materialismus ist fragmentarisch oder er ist keiner. Mit Ausnahme der von ihm bekämpften Anarchisten, die sich aus guten Gründen weigerten, „das Ganze" zu denken, die aus subversiver Konsequenz inkonsequent dachten, hat das niemand besser gewußt als *Marx*, und doch tendiert seine Theorie als Geschichtsphilosophie selbst zum geschlossenen System, das sie als Revolutionstheorie untergräbt.

Tatsächlich ist die *Marx*sche Philosophie der Geschichte nicht nur geistvoller Materialismus, sondern auch eine materialistische Theorie des Geistes. Und als solche ist sie zutiefst von der Ambiguität gezeichnet, die diesem schon bei *Hegel* eignet.

So getraute die Revolutionstheorie des frühen *Marx*, die in den Parteien der 3. Internationale kanonisch wurde, dem materialistisch uminterpretierten Weltgeist in Form des vom Kapital als seine eigene Negation geschaffenen Proletariats noch einmal zu, nach dem Modell der hegelianischen Choreographie der „Phänomenologie des Geistes" seine Selbstaufhebung in einer proletarischen Revolution zu leisten.[10]) Erst 1844, vier Jahre vor dem Manifest, das diese revolutionstheoretische Figur am prägnantesten zum Ausdruck bringt, hat *Marx* sich systematisch dem Studium der politischen Ökonomie zugewendet und in Auseinandersetzung mit den Klassikern in den 50er Jahren seine eigene Theorie voll entfaltet, die in den „Grundrissen" von 1857/58 ihre geschlossenste und verbindlichste Darstellung findet. Zur Zeit des „Manifests" stand sie ihm noch nicht zur Verfügung.[11])

Gerade die Kritik der politischen Ökonomie jedoch, die empirisch aus dem Bannkreis der *Hegel*schen Geistphilosophie herausführen sollte, reproduziert deren kategorialen Zusammenhang auf der Ebene von materieller Produktion und geldvermitteltem Austausch von Arbeitskraft und Ware. In den „Grundrissen" vor allem „kokettiert" *Marx* nicht nur „mit der Hegel eigentümlichen Ausdrucksweise" (wie er es für einfachere Gemüter glaubhaft von der Darstellungsform des „Kapital" behaupten konnte), sondern er entfaltet dort in voller Konsequenz einen Kapitalbegriff, der den Gesamtprozeß von Produktion und Zirkulation als eine progredierende Totalität verstehen läßt, die jener des *Hegel*schen Geistes strukturell homolog ist.[12]) Darin drückt der realgeschichtliche Sachverhalt sich aus, daß das Kapital in der Phase der reellen Subsumtion der Arbeit das ihm in früheren Stadien der Produktion noch äußerlich gegenüberstehende Proletariat gleichsam in sich selbst hineinnimmt und als sein eigenes Anderes konstituiert. Das mit seinem Begriff identisch gewordene Kapitalverhältnis kennt kein Außen mehr und keine innere Dynamik, die über es hinausweisen würden.

Die Totalisierung des Kapitalbegriffs und seine strukturelle Identifizierung mit dem *Hegel*schen Begriff des Geistes bedeutet aber letztlich nichts Geringeres als die Selbstnegation der *Marx*schen Theorie als Revolutionstheorie. Mit seinem reifen ökonomiekritischen Werk formuliert *Marx* eine begriffliche Konstruktion der entfalteten kapitalistischen Produktionsweise, die malgré lui geschichtsphilosophische Implikationen enthält, welche seinen eigenen revolutionstheoretischen Intentionen zuwiderlaufen. Erst deren praktisches Scheitern freilich und die Erfahrungen unseres Jahrhunderts von der zunehmenden strukturellen Stabilisierung der kapitalistischen Produktionsweise, die einer von ihr induzierten politischen Destabilisie-

---

[10]) s. *R. Burger:* Dialektik und Erosion, in: Ökonomie und Gesellschaft, Frankfurt/M. (Campus) 1985, S. 55 ff.

[11]) s. *M. Nicolaus:* Konkurrenz und Mehrwert, Berlin (Merve) 1970.

[12]) s. u. a.: *St. Breuer:* Die Krise der Revolutionstheorie, Frankfurt/M. (Syndikat) 1977.
ders.: Subjektivität und Maschinisierung, in: Leviathan 3/79, S. 45 ff.
K. D. Oetzel: Wertabstraktion und Erfahrung, Frankfurt/M. (Campus) 1978.
H. König: Geist und Revolution, Stuttgart (Klett-Cotta) 1981.

rung und sozialen Desintegration bürgerlicher Gesellschaftsformationen parallel läuft, erst recht die katastrophalen Niederlagen der Arbeiterbewegung selbst und gerade dort, wo sie anfangs scheinbar siegte, haben die Voraussetzungen geschaffen, diese Implikationen aus der Theorie herauszulesen. Wahr bleibt sie als Theorie der Selbstzerstörung der bürgerlichen Gesellschaft, vom Geschichtslauf überholt ist sie als Wegweiser in eine bessere. Damit erscheint *Hegel* gerade als „umgestülpter" gegen seine Verächter ironisch ins Recht gesetzt, auch wenn es heute niemand mehr wahrhaben will. *Theodor W. Adorno* hat es noch notiert. So heißt es in der „Negativen Dialektik" von 1966:

> „Keine Universalgeschichte führt vom Wilden zur Humanität, sehr wohl eine von der Steinschleuder zur Megabombe. Sie endet in der totalen Drohung der organisierten Menschheit gegen die organisierten Menschen, im Inbegriff von Diskontinuität. Hegel wird dadurch zum Entsetzen verifiziert und auf den Kopf gestellt . . . Je mehr die Gesellschaft der Totalität zusteuert, die im Bann der Subjekte sich reproduziert, desto tiefer denn auch ihre Tendenz zur Dissoziation . . . Das Allgemeine, von welchem das Besondere wie von einem Folterinstrument zusammengepreßt wird, bis es zersplittert, arbeitet gegen sich selbst, weil es eine Substanz hat am Leben des Besonderen."[13])

Sechs Jahre später schreiben unabhängig davon *Deleuze* und *Guattari* im „Anti-Ödipus" Sätze, die sich wie eine höhnische Antwort darauf und Ergänzung dazu lesen:

> „Der Kapitalismus hat . . . mit seinem Selbstzweifel gebrochen, wohingegen selbst die Sozialisten davon nicht ablassen wollten, an die Möglichkeit eines natürlichen Todes durch Verschleiß zu glauben. Noch nie ist jemand an Widersprüchen gestorben. Und je mehr alles aus dem Leim geht, desto besser läuft es – auf amerikanische Art und Weise."[14])

II.

Aber die absolute Negativität ist mit der Positivität unmittelbar identisch, als differenzloses Einerlei ist sie von dieser nicht unterscheidbar. *Adornos* Denken, das sich in einer Zeit formierte, als die Hoffnung auf revolutionäre Befreiung noch Stützpunkte in der Wirklichkeit zu haben schien, hält auch noch die Erinnerung daran wach, daß es hätte anders kommen können, es verzeichnet als geschichtliches noch den usurpatorischen Akt der Selbstsetzung des Negativen als das neue Positive. Den Indifferenzpunkt zwischen negativer Dialektik und Ontologie der Negativität und zugleich den Moment des Innehaltens vor dem Absturz in Resignation benennt jenes berühmte Diktum in den „Minima Moralia": „Das Ganze ist das Unwahre"[15]), das als logisch unmögliche Umkehrung des *Hegel*schen Satzes nur in einem bestimmten historischen Augenblick möglich und wahr gewesen ist: als polemische Paradoxie. In den heutigen Theorien der Posthistoire aber schlägt Kritik um in Affirmation – nicht weil deren Autoren politisch das Lager gewechselt hätten, sondern weil in der gesellschaftlichen Realität auch noch die letzten Spuren verwischt sind, die einmal über den Immanenzzusammenhang hinauszuführen schienen. So ist sie als dialektische Totalität gar nicht mehr erkennbar, die total gewordene Vermittlung verstellt den Blick auf die Vermittlung und läßt das Vermittelte als unmittelbar Gegebenes erscheinen. Aus der „Negativen Dialektik" wurden positive Ontologien des negativen Zustands – was bei *Adorno* z. B. noch „Logik des Zerfalls" hieß, heißt bei *Vattimo* „Ontologie des Verfalls", der

---

13) *Th. W. Adorno:* Negative Dialektik, Frankfurt/M. (Suhrkamp) 1966, S. 312.
14) *G. Deleuze, F. Guattari:* Anti-Ödipus, Frankfurt/M. (Suhrkamp) 1974, S. 193.
15) *Th. W. Adorno:* Minima Moralia, Frankfurt/M. (Suhrkamp) 1971, S. 57.

nur mehr ein „schwaches Denken“, ein „Eingedenken“ angemessen sei, das sich möglichst nicht mehr rührt.[16])

Das mit dem Deutschen Herbst 1977 massiv einsetzende dumpfe Gefühl, daß nichts mehr geht und daß die endgültige Zerstörung unmittelbar bevorstehe, läßt jeden Willen zur Zerstörung von Bestehendem als pathologisch oder als verbrecherisch erscheinen. Gefragt sind Ideologien der Pflege und der Bewahrung, der Symbiose und der Friedfertigkeit, allenfalls ist von „gewaltfreiem Widerstand“ die Rede, nirgends vom Angriff auf das, was ihn erzwingt. „Keine Experimente mehr“ ist heute eine Maxime der Linken, die utopischen Fühler sind eingezogen, bloß die „Lebenswelt“ will man retten, als ob es sie im Ernst noch gäbe, und ansonsten achtet man auf die Gesundheit. Die „Idiotie des Landlebens“ *(Marx)* wird zur bukolischen Idylle verklärt, und seit AIDS ist sogar die Familie wieder schön. Wie schon im Präfaschismus hat ein ölig-ganzheitliches Denken Konjunktur, das analytisch-trennende steht unter Verdacht, vom dialektischen nicht zu reden. Da man das geschichtliche Bewußtsein verabschiedet hat, propagiert man die Versöhnung hier und jetzt. Mitten in der ökonomischen Krise singt man das Lob des Marktes, dessen Dynamik sie hervorgebracht hat, doch man gibt sich empört über die damit einhergehende Reprivatisierung der Gewalt; deren staatlichem Monopol soll man nur mehr bittweise begegnen. Unter seinem Druck plappert man die gedankenlose Phrase nach, daß man mit Gewalt nichts beweisen könne, als ob es nicht darauf ankäme, was man beweisen will und welche Mittel man hat. Im übrigen ist das Gegenteil der These schon dadurch erwiesen, daß man sie ausspricht mit der Pistole auf der Brust. Statt die Gewalt in der Moral zu kritisieren, kritisiert man die Gewalt moralisch; was aus empirischen Gründen ein Gebot politischer Klugheit ist, wird duckmäuserisch zum zeitlosen Prinzip abstrakter Tugend erklärt.[17]) Das nannte man einmal „erpreßte Versöhnung“. Mit der Verödung geschichtlichen Bewußtseins verkümmert auch die politische Phantasie, und gegen ihre Zeit aggressive Utopien werden durch nostalgische Bilder ersetzt. Gegenwelten sucht man allenfalls im Mythos, in den Erzählungen vom Immergleichen, aus sich selbst heraus erfindet man sie nicht mehr.

So sind sich heute alle im Bewahren einig und im Lob des guten Alten: Grüne Fundamentalisten, Friedensmarschierer und Händchenhalter, die Beschützer der Ungeborenen, die Denkmalpfleger und eine ranzig gewordene Linke, die auf einmal „wertekonservativ“ geworden ist, ja selbst Teile des Feminismus, jene, die wieder zu den Müttern wollen oder sogar in Gestalt einer ihrer exponiertesten Theoretikerinnen die Installation einer richtigen Göttin fordern, damit auch die Frauen etwas haben, woran sie sich emporbeten können; und das unter Berufung auf *Feuerbach*.[18])

Eine „Begierde des Rettens“ hat die Menschen erfaßt, und sie treiben es auch, von der Antiraucherkampagne bis zur zweiten Christianisierungswelle Europas, und was noch *Hegels* Spott herausgefordert hat, das ist vom Zeitgeist heute „angesagt“: das „ehrliche Bewußtsein“. Die Apokalypse, vor ein paar Jahrzehnten noch Thema verschlafener theologischer Seminare, ist heute nicht nur aus technischen Gründen ein Problem der Tagespolitik, sondern auch Sujet einer neuartigen, pseudophilosophischen Warnungs- und Erweckungsprosa, die weniger das Begreifen fördert, als die Ergriffenheit. Während aus behebbaren Gründen Millionen von Menschen ver-

---

[16]) s. *G. Vattimo:* Jenseits vom Subjekt, Graz, Wien (Ed. Passagen) 1986.

[17]) s. z. B. die Debatten um: *G. Anders:* Notstand und Notwehr. Das Ende des Pazifismus, in: Forum 395/396, Wien 1987, S. 24 ff., *ders.:* Reicht der gewaltlose Protest? in: Forum 397/398, Wien 1987, S. 48, in ebda. und folgend.

[18]) s. *L. Irigaray:* Göttliche Frauen, in: Kunst mit Eigensinn, Wien, München (Löcker) 1985, S. 29 ff.

hungern, denkt man verquast über das Ende „der Menschheit“ nach. Man läßt sich vom drohenden Tod der Gattung erpressen, als ob nicht ein jeder für sich allein stirbt. Im Schatten der beschworenen Apokalypse ist das Denken wieder fromm geworden, und die Philosophie, die sich von ihr bannen läßt, ist nicht mehr ihre Zeit, sie ist nur mehr der „Zeitgeist“ in Gedanken gefaßt.

Daher sind auch alle Philosophien der Posthistoire von einem anti-dialektischen Effekt getragen, dies aber nicht, weil sie, wie sie mit negativistischem Gestus vorgeben, geschichtlich belehrt alle Hoffnung auf Versöhnung verloren hätten und sie daher einer Pluralität der Sprachspiele das Wort redeten, sondern umgekehrt, weil sie, im Banne der absoluten Negation, die Kategorie der Negativität selbst tabuisieren und mit einem philosophischen Bann belegen.

In der versöhnlerischen Gefühlskultur der Posthistoire, die sich auf ihre Liberalität gegenüber Außenseitern so viel zugute hält, ist daher der d e s t r u k t i v e C h a r a k t e r, jener, der abreißen, zerstören und nicht bewahren und aufbauen will, der eigentliche Außenseiter. In ihr herrscht ein sublimer Terror des Guten.[19])

III.

Dies sind Tendenzen der Zeit, die heute in ganz Europa sichtbar sind – in Frankreich zumal und in Italien, und auch in der BRD. Doch daß sie hierzulande den idealen Resonanzboden finden, daß Wien den internationalen Fluchtpunkt posthistorischer Gefühligkeit bildet, ist dem Glück historischer Umstände zu danken: Hier ist die Posthistoire mit dem Postfaschismus identisch, d. h. mit der Zweiten Republik – das verschafft uns vor anderen Staaten einen Vorsprung von mehr als 40 Jahren.

Denn da die Wahrheit unserer Geschichte unerträglich wäre, leben wir hier schon seit ’45 nur mehr für den Schein und durch den Schein, er wurde inzwischen zu unserem innersten Wesen. Was anderswo Folklore wäre, dienlich bloß dem Fremdenverkehr und allen jenen peinlich, die keine Kellner sind, ist hierzulande ein Fundament des Staates. Das „Österreichbild“, das wir errichtet haben, ist nicht die Folge unserer jüngeren Geschichte, sondern deren Voraussetzung: auf ihm ist die Zweite Republik errichtet.

Wie der kleine Angestellte in *Siegfried Kracauers* berühmter Studie seinen Vorgesetzten, so wollten wir der Welt erscheinen: „moralisch rosa“: harmlos, klein und mittelmäßig; liebenswürdig, höflich und bescheiden; ein bißchen fröhlich, ein bißchen traurig, im ganzen nicht sehr ernst zu nehmen; ein bißchen blöd vielleicht, vielleicht auch weise, auf alle Fälle künstlerisch begabt. Wir haben die Moral in Ästhetik verwandelt, in eine Ästhetik der harmlosen Niedlichkeit.

Wir kleiden uns in Loden, in Dirndln und Trachten, um der ganzen Welt unsere Provinzialität zu zeigen, wir leisten uns keine Extravaganzen, in der Wirtschaft mögen wir Klein- und Mittelbetriebe, nicht einmal in der Mode sind wir frech und haben immer nur unsere Pflicht getan. An die Vergangenheit wollen wir lieber nicht rühren, worüber manche nicht reden wollen, davon müssen alle schweigen, aber im Club 2 kann man alles besprechen, da faßt man die heißesten Eisen an: Da wir politische Kultur in der Realität nicht haben, spielen wir sie uns selbst und den anderen als Simulacrum im Fernsehen vor. Da nehmen wir alle Partei, und dann gehen wir schlafen.

Sowas wie Ehrgeiz kennen wir nicht, wir sind auch für nichts verantwortlich. Im übrigen lieben wir die Ruhe, auch wenn wir im Rausch gelegentlich laut werden soll-

---

[19]) s. *K. H. Bohrer:* Erinnerung an die Zerstörungsmetapher, in: Merkur 439/440, Sept./Okt. 1985, S. 725 ff.

ten. Da kommt dann manchmal doch die Vergangenheit hoch, aber ansonsten schauen wir in die Zukunft. Das ideale Urlaubsland. Hier geht es gemütlich zu, niemand wird ein Leid's getan, wir werden keinen Richter brauchen, wir haben es uns schon selbst gerichtet: nach '45 z. B., als wir das ganze Land zum Opfer erklärten, zum kleinen Land, das sich nicht wehren konnte. Damals begann in Österreich die Posthistoire. (Damit konnten wir sogar ein Kulturgut retten, was ja immer unser Anliegen ist: Der Erfinder der Posthistoire war unter den Nazis hier Professor.)

„Österreich ist ein kleines Land" – diese Phrase konnte man jahrzehntelang in jeder Politikerrede hören. Auf einmal ist sie unerträglich geworden. Angesichts dessen, was jüngst hier geschah, wurde sie auch für stumpfe Ohren vernehmbar als das, was sie immer schon war: eine Formel zur systematischen Selbstinfantilisierung des Staates, die uns das gnädige Wohlwollen der anderen, der Erwachsenen, sichern sollte. Auf einmal fällt auf, daß es sich dabei nicht um eine trockene Information über die Größe des Landes handeln kann, weil vergleichbare Länder wie etwa Holland, Dänemark, Ungarn oder die Schweiz, nicht ebenfalls dauernd ihre eigene Winzigkeit betonen, obwohl es mit ihrer Größe auch nicht weit her ist. Kein Politiker käme dort auf die Idee, sein eigenes Volk oder seine ausländischen Berufskollegen mit penetranter Beharrlichkeit über einen quantitativen Sachverhalt zu unterrichten, der jedem Elementarschüler, der seinen ersten Atlas hat, ohnehin geläufig ist. Tatsächlich handelt es sich bei der Formel: „Österreich ist ein kleines Land" nur vordergründig um einen Hinweis auf quantitative Verhältnisse; dahinter verbirgt sich eine qualitative Botschaft: daß wir nämlich noch gar nicht so richtig erwachsen seien, daher weder wirklich verantwortlich für unser Tun noch in diesem wirklich gefährlich; im übrigen aber jedem gefällig. Dieses aus Kindchenschemata und Kellnertugenden zusammengekleisterte Österreichbild ist die offiziell propagierte Norm unserer nationalen Identität und die ideologische Basis der Zweiten Republik. Die Affären der letzten Jahre sind da wie eine Pubertätskrise hereingeplatzt. Bislang demonstrierten wir unsere Infantilität nach außen, indem wir den Großen unser Spielzeug schenkten, weiße Pferdchen zumal, sei es in vivo oder in Porzellan, für die Pädophilen sind die Sängerknaben da, und jeder internationale Kongreß, für den man sich als Tagungsort erfolgreich angedienert hat, muß beim Heurigen enden. Die Großen schauten uns zu und lächelten dabei – wie kann man einem Volk denn böse sein, und was kann es Böses schon tun, das so lieb und harmlos mit einem spielt? Doch die Kunst, die wir ausstellen, wurde von A bis Z gegen den hier herrschenden Geist gemacht, ihre wichtigste Produktivkraft war der Dégout. Heute prostituiert man sie dem Fremdenverkehr. Ihre Schöpfer mußten in die Emigration.

Nach innen aber zeitigt die Staatsideologie der infantilen Nettigkeit jenes politische Monstrum, das man hierzulande als „Konsensdemokratie" bezeichnet und das *Hegel*, der seine Vorstellungen von Demokratie von der französischen Revolution und vom britischen Parlamentarismus bezog, wohl als „eine Art Kotzebuescher Versöhnung, eine liederliche Verträglichkeit der Empfindsamkeit mit dem Schlechten" genannt hätte. Ihr Ziel ist die Unterdrückung all dessen, was lebendige Demokratie von der Seite ihrer Subjekte erst ermöglichen würde: Selbstbewußtsein, republikanische Strenge und zivilisierte Agonalität.

Gewiß hatten die stilisierte Unreife, Unschuld und Kindlichkeit, gewiß hatte diese Pose der harmlosen Niedlichkeit, die in alle Kapillaren der politischen Ästhetik, bis in die Gestik und Rhetorik der Staatsschauspieler dringt und als sinkendes Kulturgut zunehmend den Sozialcharakter des ganzen Volkes prägt, ihre außenpolitischen Meriten. Mit ihrer Hilfe ist es gelungen, unter den Konfrontationen der Weltpolitik gleichsam wegzutauchen und sich von der eigenen Vergangenheit als an ihr unschuldig zu distanzieren. Für den Abzug der Befreiungsarmeen von österreichischem Boden im sogenannten Jahr der Befreiung 1955 – (Einem Ausländer muß man diese Terminologie erst erklären. Der würde annehmen, daß wir damit das Jahr 1945 meinen und den Zusammenbruch mit 1938 datieren. Hier aber gehen die Uhren anders: 1938 war der Anschluß, und 1945 die Katastrophe) – war sie in höchstem Maße dienlich, wenn sie nicht überhaupt zu einer ihrer wichtigsten ideologischen Voraussetzungen gehörte. Daß die Mitschuldklausel im Staatsvertrag in allerletzter Minute noch fiel, ist wohl zu erheblichem Teil auch ihrer Wirkung zu verdanken.

Benjamins kanonische These, der Faschismus betreibe die Ästhetisierung der Politik, bleibt, mit invertiertem Inhalt, formal gültig auch für die postfaschistische Performance der Zweiten Republik. Tatsächlich betreiben deren Regisseure lediglich eine einfache Umkehrung der faschistischen Semantik und Symbolik, gleichsam deren algebraische Negation: dem dämonisierten Schrecken stellen sie eine leutselige Heiterkeit entgegen, der düsteren Emblematik eine kumpelhafte Vertraulichkeit, der Massenmobilisierung eine bornierte Fixierung aufs Private. Auf der gleichen Achse liegt die totale Personalisierung von Politik, nur daß man uns jetzt vom Typ her mittlere Angestellte als Vorsteher(innen) anempfiehlt, Menschen wie Dich und mich. Es fehlt nicht viel, und die ganze Nation würde sich duzen. Die angestrengte Umkehrung der faschistischen Ästhetik bleibt aber selbst eine bloß ästhetische Negation, welche vom Druck einer politischen Verarbeitung entlastet: Das zweite Biedermeier hat den zweiten Vormärz vergessen gemacht.

Wir lebten ganz gut in dieser Rolle des harmlosen Deppen, sie hat uns ein bescheidenes Glück im Winkel verschafft; ein Glück ohne Höhen und Tiefen, ein Glück der Kinder und Greise – obwohl gerade die hier am traurigsten sind. Wir waren Europas Disney-Land, für eine Insel der Seligen hat man uns gehalten – bis dann die Skandale der letzten Jahre weltöffentlich wurden, der Schein von Harmlosigkeit verflogen ist.

Waldheim, Glykol und Reder: eine Unaufrichtigkeit, ein gepantschter Wein und ein Händedruck – warum haben sie dem Ansehen der Republik so unendlich viel mehr geschadet als vergleichbare Fälle in anderen Staaten deren Reputation, obwohl dies im Grunde doch bloß symbolische Vorfälle waren, durch die letztlich kein Mensch ernsthaft an Leib und Seele zu Schaden kam? Hatte nicht auch die BRD ihren Kiesinger? Ist man nicht in Italien an Methyl gestorben? Warum wurde das Image dieser Länder dadurch nicht im gleichen Maß ruiniert? Weil es sich dort um politisch-moralische Fälle handelt oder um Akte von Kriminalität, die an Ort und Stelle als solche behandelt werden und die daher in das Bild, das die Weltöffentlichkeit von diesen Ländern hat, durchaus integrierbar sind. Das organisierte Verbrechen gehört zu den bekannten Problemen Italiens, und Deutschland konnte sich aus seiner nazistischen Vergangenheit nicht herausstehlen.

Hier aber zerstören vergleichbare Fälle, sollten sie selbst in ihrer realen Dimension geringer sein, das gesamte Image des Landes, weil es sich vor deren Folie um ä s t h e t i s c h e Entgleisungen handelt, die, einmal passiert, nicht wieder gutzumachen sind. Was sie so bedeutsam macht, liegt nicht in ihnen selber, sondern in ihrer demaskierenden Funktion: Sie reißen der Republik die moralisch-rosa Larve vom Gesicht. Sind dessen Züge auch nur ein einziges Mal sichtbar geworden, so hat die Larve für alle Zukunft ihre Wirkung verloren; man weiß jetzt, wie wir aussehen. Um sich über diese Wirkung klar zu werden, achte man nicht nur auf die Intensität, sondern vor allem auf die Q u a l i t ä t des ausländischen Urteils: die westliche Presse, die wir doch sonst immer die freie nennen, berichtete über diese Affären weniger im Ton der Sorge und der Empörung als des Ekels und der Verachtung. Die deutsche auch mit einem berechtigten Schuß von Häme. Denn im Grunde hat man es dort immer gewußt: durch unseren schmusigen Stil sind wir im Vergleich zu ihnen ziemlich billig davongekommen.

Was in anderen europäischen Demokratien ein politisches Problem wäre, ist hierzulande ein Problem der darstellenden Kunst; und was dort politisch verarbeitet würde, wird hier ästhetisch gemanagt. Das einzige, was interessiert, ist die ausländische Presse. In letzter Zeit hatten wir dort recht miese Kritiken, bezeichnenderweise vor allem im Feuilleton. Doch das Ballhausensemble spielt das alte Stück weiter, es hat auch kein neues im Repertoire. So kommen sie alle zugleich auf die Bühne und schreien vereinigt im Chor: Wir brauchen kein „Neues Österreich", wir brauchen ein neues Österreichbild!

(Manuskript abgeschlossen: Sommer 1987)

Klaus Ratschiller

Humanistische Gemeinplätze

Politische Erziehung und Gegenwartsliteratur

1

Der Mensch mit moralischen Grundsätzen verdammt die Energie, die ihm abgeht.
(*Georges Bataille*, Die Literatur und das Böse)

2

Man erinnert sich gerne an die unzähligen Kniffs und Tricks, die es einem als Schüler erlaubten, sich durch das Bildungssystem zu schwindeln, zum rechten Augenblick politische Bildung zu heucheln, ein schlechter Schüler gewesen zu sein, eigentlich unerziehbar gewesen zu sein. Diese reife Erinnerung an den Schwindel verhängt alles. Da war eigentlich nichts. Nichts zu machen: Hurra, die Schule brennt.

3

Selbstverständlich ist der Titel dieses Textes in dem Maße polemisch, wie der Song „Alle Menschen sind gleich" ein Gassenhauer geworden ist. Mittlerweile sind die Menschenrechte bekannter als die Beatles, und ihre pausenlose Verkündigung untermalt als Endlosohrwurm die Erziehung zum Guten. Menschenrechtsverletzungen sind der Treibstoff für den dialektischen Takt.

Im „Standard" vom 22. November 1990 ist die Pariser Charta für ein neues Europa im Wortlaut abgedruckt. Optischer Blickfang ist ein Bild, das den mit halbgeöffnetem Mund lachenden *George Bush* und den mit offenerem Mund lachenden *Michail Gorbatschow* zeigt. Beide sitzen so nebeneinander sich zugewandt (auf einem Sofa mit auffälligem Muster), daß ihre Oberschenkel einen sehr schönen rechten Winkel bilden. Bildunterschrift: „Die Supermächte wurden gleichberechtigte Partner, ihre Staatschefs offensichtlich glücklich". Zwei Textstellen aus der Pariser Charta sind hervorgehoben: „Wir verpflichten uns, die Demokratie als einzige Regierungsform unserer Nationen aufzubauen. Das heißt Toleranz gegenüber allen gesellschaftlichen Gruppen." und „Wir bekräftigen unser Bekenntnis zur friedlichen Beilegung von Streitfällen. Sicherheit ist unteilbar und die Sicherheit jedes Teilnehmerstaates ist untrennbar mit der aller anderen verbunden."

Die Pariser Charta ist ganz offensichtlich das Manifest einer Konzernzusammenlegung und das bedeutet ganz offensichtlich für alle – zumindest für alle Teilhaber – ein Glück. Die politische Gesellschaft mit beschränkter Reichweite (die jüngste UNO-Resolution zur Kuwait-Krise eröffnet ja nicht nur Verhandlungsspielräume) gründet also in einer Ethik, die sich einer Ästhetik der humanistischen Harmonienlehre und einer Ökonomie des klassischen Trust-Bildungsideals verpflichtet zeigt. Das utopische Potential dieser Ethik, allgemeine Glückseligkeit, kann gar nicht unterschätzt werden.

Klaus Ratschiller, Mag. phil., Univ.-Lektor am Institut für Philosophie der Universität Klagenfurt.

Die Universalität dieser Ethik ist notwendigerweise ihre regulative Idee, das heißt: es muß noch einiges geregelt werden, denn es gibt noch gewisse zu eliminierende Disharmonien und auszuschaltende querliegende Bildungsideale.

Selbstverständlich also ist der Titel dieses Textes polemisch, aber eine sich einfach weiter daran knüpfende Polemik verdient in dem Maße nicht mehr als ein (etwas gelangweiltes) „usw.", als der Gegenstand der Polemik gnadenlos und so weiter geht. Die Polemik ist nicht mehr und nicht weniger als recht und billig, doch ihre Operationsbasis bleibt stationär am Rande des humanistischen Gemeinplatzes positioniert. Der polemische Konsens beziffert seinen Preis genauso wenig wie der Logenbenutzer, der das ganze Theater vom Rande her verfolgen kann, für seine sichere Sicht angemessen bezahlt. Logenplätze sind prinzipiell zu billig.

Gegenstand der Polemik wäre der humanistische Gemeinplatz als rosaroter Platz des ewigen Friedens, auf dem im Namen des Humanismus alle Konflikte immer schon geschlichtet gewesen sein werden. Der Untertitel „Politische Erziehung und Gegenwartsliteratur" kompliziert die Dinge allerdings entscheidend, wenn man ihn nicht bloß als anschauliches Exerzierfeld für die bedingungslose Anwendung des Humanismus begreifen will. Er bringt ein Geflecht von „Themen" und „Begriffen" ins Spiel: die Politik, die Pädagogik (die Bildung), die Gegenwart (die Geschichte) und die Literatur (die Ästhetik), dessen Ordnung wohl nur der referieren kann, dem die Hierarchie der Begriffe, also die Zusammenhänge zwischen den Diskursen, nicht das Problem selbst sind. Jemand also, der eine Instanz angeben kann, in deren Namen der Streit zwischen den Diskursen immer schon geschlichtet gewesen sein wird, soll und muß. Seit der französischen Revolution dienen dafür die Menschenrechte als unhintergehbare regulative Idee.

Dieser Text geht nun (unüberhörbar disharmonisch, so hoffe ich) davon aus, daß diese Schlichtungsinstanz zum einen als hierarchisches Befriedungsinstrument (Humanismus als Terror und Vibrator) interpretiert werden kann, zum anderen aber auch als das selbst in den Streit Involvierte. Der humanistische Gemeinplatz in letzterem Sinne wäre dann jener „Ort", in dem Krieg herrscht nicht im Namen des Menschen, sondern um das Humane als Zerrissenes: der humanistische Gemeinplatz als Kriegsschauplatz, in dem sich die Diskurse der Politik, der Pädagogik, der Geschichte und der Ästhetik unversöhnt gegenüberstehen.

Es kann nun (in der gebotenen Kürze) gar nicht darum gehen, diese Diskurse inhaltlich zu definieren, um Ordnung am Gemeinplatz zu schaffen, um eine demokratische Regelung für die Diskurse zu installieren, denn es ist anzunehmen, daß auch die Demokratie selbst ein Streitfall ist. Vielmehr möchte ich im folgenden eine perspektivische Bresche schlagen, einen Einsatz ins Spiel bringen. Damit erübrigt sich jede Polemik. Der humanistische Gemeinplatz ist kein „umhegter Kampfplatz" *(Carl Schmitt)*, den man vom Rande her betrachten kann. Der Streit ist das Apriori.

4

Der Untertitel suggeriert die Vorherrschaft des pädagogischen Diskurses, dem der politische, geschichtliche und ästhetische bloß zugeordnet werden. Daß „alles politisch" sei, bedeutet nämlich keinesfalls den Sieg des politischen Bewußtseins bzw. das Primat des politischen Handelns, sondern stellt selbst einen Lehrsatz dar: Man muß lernen, daß alles politisch sei. Die Parolen von der Erziehung zur Mündigkeit, der ästhetischen Erziehung bzw. der Fortgang der Menschheit aus ihrer selbstverschuldeten Unmündigkeit hat nachhaltig die Vormachtstellung der Pädagogen zementiert. (Auf Unmündigkeit sind sie bekanntlich ja angewiesen – es ist ihre natürliche Ressource.) Ihr Weltbild hat sich als allgemeines durchgesetzt und damit eine fundamentale Tautologie: Erziehung heißt Erziehung eigentlich guter Menschen hin zum Guten. Der ganze Rest fällt unter Lernschwierigkeiten, Unterentwicklung, Nachholbedarf etc. (Eigentlich gut, daß die Quellen nie versiegen.)

Es gibt de facto keinen Rest. Die Schule ist universell, nur manchmal brennt sie ab. Das nur mühsam unterdrückte „Hurra" begleitet diesen „bösen" Satz, wovon gute wie schlechte Schüler gleichermaßen Gebrauch machen. Dieser Satz ist auch mein Einsatz. Er ist illegitim und bleibt als bloßer Widersatz dem universellen pädagogischen Satz: „Du mußt noch zur Schule gehen" verhaftet, was den Sprecher des „bösen" Satzes endgültig im Legitimationsnotstand fesselt. Dagegen steht allerdings die Einsicht, daß die Pädagogen alles legitimieren können. Aus jedem Schulbrand pressen sie noch erzieherischen Wert und versehen noch die Asche mit dem Prädikat „besonders wertvoll". Der „böse" Satz ist nicht imstande, auch nur ein Opfer zu legitimieren.

Das ist allein die Hausaufgabe der humanistischen Pädagogen. Jede Hausaufgabe hat Anteil am Allgemeinen und dient der Allgemeinheit. Es gibt nichts Allgemeineres als ein Bildungsziel. Seltsamerweise erzeugt die Verlesung der allgemeinen Bildungsziele etwa der allgemeinbildenden höheren Schulen Österreichs eine überaus intensive Rezeptionshaltung, wobei die Intensitäten zwischen Gelächter und Ehrfurcht herumstreunen. Es handelt sich mit einiger Sicherheit um die Intensitäten, die auch religiöse Glaubenssätze sowohl bei Gläubigen als auch bei Nichtgläubigen auslösen. Die Bildungsziele repräsentieren demnach säkularisiertes, notwendig falsches Bewußtsein, wobei allerdings anzumerken ist, daß sich mittlerweile jede Religionskritik im Labyrinth des falschen Bewußtseins verirrt. Der Faden ist gerissen, das gehört mit zum gegenwärtigen allgemeinen und kritischen Bewußtsein.

Das Problem ist, daß es sich sehr einfach über allgemeine Bildungsziele lachen läßt. Die Lacher finden sich am häufigsten bei jenem Stand, der nicht mehr selber Pädagogik macht, dieses Problem also los ist, stattdessen aber weiter Pädagogen macht – und zuletzt lacht. Eine ganz andere Sache ist es, das Risiko zu bedenken, das es bedeutet, keine zu haben. Wer so mittellos dasteht, ist selbst dem Gelächter preisgegeben, abgedrängt in die Ecke der Infamen und Feigen, aber auch der heißkalten Analytiker, vielleicht manchmal auch in die der Anschläger und Maulhelden. Allesamt jedenfalls keine guten Menschen und abgeschrieben für das Bildungssystem.

Was ist deren „infames" Fragen? Was verkörpern sie?

„Die Gewinnung von Kenntnissen, Fertigkeiten, Einsichten und Haltungen erfolgt durch die Erarbeitung eines Überblickswissens in Verbindung mit schwerpunktartigem Eindringen in Problemstellungen. So soll die allgemeinbildende höhere Schule zu einem Geschichts-, Kultur- und Umweltbewußtsein im Sinne einer von einseitigen Erklärungsmustern freien Bewertung der Vergangenheit, der Gegenwart wie der Zukunftsgestaltung hinführen."[1]) Deren Frage lautet: Was ist die Stellung einer von einseitigen Erklärungsmustern freien Bewertung im Falle von *Kain* und *Abel* oder *Jesus* und *Judas* (Antwort: Gottes Stellung), im Falle des Klassenkampfes (Antwort: Sozialpartnerschaftliche Stellung), im Falle der Geschlechterdifferenz (Antwort: Menschliche Stellung), im Falle der Deutschen und der Juden (Antwort: Abendländische Vernunft-Stellung), im Falle der Nord- und Südtrennung (Antwort: Zukünftige Stellung), im Falle, daß einem das alles egal ist (Antwort: Verantwortliche Stellung). Gesamtantwort: Alles echte Problemstellungen. Alles fraglich.

Die Infamen, Feigen, heißkalten Analytiker, Anschläger und Maulhelden verkörpern schwerpunktartiges Eindringen u n d Durchdrungenwerden von Problemstellungen

[1]) Lehrplan der allgemeinbildenden höheren Schulen. II. Sondernummer zum Verordnungsblatt für die Dienstbereiche der Bundesministerien für Unterricht, Kunst und Sport, Wissenschaft und Forschung. Jahrgang 1985, Wien. S. 258.

mit aller politischen und sexuellen Begierde, die auch der Gesetzgeber an dieser Stelle nicht hat verleugnen können. Sie verkörpern den Verlust von Kenntnissen, Fertigkeiten, Einsichten und Haltungen, den schwerpunktartiges Eindringen und Durchdrungenwerden eben so mit sich bringt. Sie verkörpern den Zusammenbruch der strategischen Verbindungen zwischen Überblicksstellungen und Problemstellungen. Sie kämpfen in der Region, „die den ganzen Menschen umfaßt"[2]), und erinnern an seine Zerreißung. Sie verhöhnen, verleugnen, diffamieren, meiden, zersetzen und bekämpfen die universelle Bildungsanstalt. Sie sind in ihr und bestätigen alle ihre Vorurteile. Geht es noch um Politik?

5

Der Untertitel suggeriert, daß es um Politik geht, um die Erziehung zu einem politischen Bewußtsein. Die Intensität des Glaubens oder der Ungläubigkeit verzieht sich, splittert sich auf in Interessen, Einseitigkeiten und Kompromisse. Sie durchzieht die Fähigkeit zur Rede, das heißt zur Sprache, als Grundvoraussetzung der Politik: „Wenn wir das Unbedingte in der Glaubenshaltung sehen, so ist es das Wesen des Politischen, daß es im Bedingten existiert. Politik kann immer nur von und mit Menschen gemacht werden, die mit sich reden lassen. Sie ist die Nachgiebigkeit scheinbar unnachgiebiger Überzeugungen, Interessen, Haltungen. Sie ist ein lautes Entweder, das sich auf ein leises Oder eingestellt hat."[3]) Diese Sätze von *Franz Blei* stammen aus der Einleitung zu seiner 1932 erschienenen Biographie *Talleyrands*. In Freundschaft und Verehrung widmet er das Buch *Carl Schmitt*, dessen „Begriff des Politischen" im selben Jahr erschienen ist. Im „Begriff des Politischen" wird die fundamentale politische Kategorie, ihre spezifische Differenz gegenüber der moralischen, ästhetischen und ökonomischen so definiert: „Die spezifische politische Unterscheidung, auf welche sich die politischen Handlungen und Motive zurückführen lassen, ist die Unterscheidung von Freund und Feind. [. . .] Die Unterscheidung von Freund und Feind hat den Sinn, den äußersten Intensitätsgrad einer Verbindung oder Trennung, einer Assoziation oder Dissoziation zu bezeichnen; sie kann theoretisch und praktisch bestehen, ohne daß gleichzeitig alle jene moralischen, ästhetischen, ökonomischen oder anderen Unterscheidungen zur Anwendung kommen müßten."[4])

Ein durch *Franz Blei* und *Carl Schmitt* markiertes Feld des Politischen bringt die Erziehung zum Politischen in eine unangenehme Lage. Politik ist – so eröffnet – eben nicht praktische Umsetzung pädagogischer Ideale. Sie ist vielmehr deren Zersetzung bzw. deren Setzung in Streit und Kompromiß. Freundschaft und Feindschaft streunen durch die Sprache, die diese aneinanderkettet. „Die Politik trübt immer die Wertquelle der Güter. Sie ruft für eine bedingte Meinung und Haltung menschliche Kräfte auf, die sie dem Unbedingten des menschlichen Glaubens entzieht und diesen um eben dieses Entzogene ärmer macht."[5]) (*Aristoteles*, der im Falle der Frage „Was ist Politik?" gerne zitiert wird, kann auf Grund des Aprioris der Gemeinschaft noch Kausalitäten zwischen „bedeutenstem Gut" und dem Staat als „bedeutenster Gemeinschaft" herstellen.)[6])

---

[2]) ebd.

[3]) *Franz Blei:* Talleyrand. Berlin, 1932. S. 7.

[4]) *Carl Schmitt:* Der Begriff des Politischen. (Text von 1932.) Berlin, 1963. S. 26 f.

[5]) *Blei* (Anm. 3), S. 7.

[6]) Vgl. *Aristoteles:* Politik. München, 1986. S. 47 ff.

Versteht man das Politische mit *Franz Blei* und *Carl Schmitt*, muß man eine Grundvoraussetzung mit in Kauf nehmen: Politik bleibt in diesem Ansatz an einen Raum gebunden, präziser: an das, was die „Nation" ist. Daraus folgt in letzter Konsequenz: Kompromiß (lautes Entweder, leises Oder) und Konflikt (Freund, Feind) bilden zusammen ein System, das aufs engste mit „Krieg" verbunden bleibt. Der Krieg wird von *Carl von Clausewitz* als „wunderliche Dreifaltigkeit"[7]) definiert, die sich aus drei Tendenzen zusammensetzt: dem „blindem Naturtrieb" (Volk), dem „Spiel der Wahrscheinlichkeit und des Zufalls" (Feldherr) und der „untergeordneten Natur eines politischen Werkzeuges, wodurch er [der Krieg, Anm. *K. R.*] dem bloßen Verstand anheimfällt" (Regierung). Politik als Prozeß des Lernens und Lehrens will diese Trinität entspannen, die „blutige Entladung der Krise"[8]), die Wunde, die in der Dreieinigkeit beschlossen liegt, zudecken. Der Begriff der Bildung hingegen begleitet pathetisch jede blutige Entladung, denn sie ist das Unverhinderbare selbst. (*Roland Barthes* schreibt über die politische Schreibweise der französischen Revolution: „Die Revolution war par excellence einer dieser großen Augenblicke, in denen die Wahrheit durch das Blut, das sie kostet, so schwer wird, daß sie zu ihrem Ausdruck nach Formen verlangt, die in ihrer Vergrößerung denen auf der Bühne des Theaters entsprechen. Die Schreibweise der Revolution war die emphatische Geste, mit der allein sich das alltäglich gewordene Schafott fortführen ließ. Was heute als Geschwollenheit erscheint, entsprach damals genau dem Zuschnitt der Wirklichkeit.)[9]) Pädagogik hat sich dieser Theatralik bis heute nicht entledigt.

Ebenfalls 1932 erschien ein Buch, das den Willen zur Erziehung als utopische Forderung fundieren wollte: *Paul Tillichs* „Sozialistische Entscheidung". Es legt Protest ein gegen „das ursprungsmythische Bewußtsein" als Wurzel allen konservativen und romantischen Denkens in der Politik, also gegen den ursprungsmythischen Begriff der „Nation" als wahren Ursprung. Der wahre Ursprung ist nach *Paul Tillich* immer schon zweideutig durch sein „Woher" und „Wohin": „Die Brechung des Ursprungsmythos durch die unbedingte Forderung ist die Wurzel des liberalen, demokratischen und sozialistischen Denkens in der Politik. [...] Die Forderung, die der Mensch erfährt, ist unbedingt, aber sie ist ihm nicht fremd. [...] Nun erfährt der Mensch eine unbedingte Forderung nur vom anderen Menschen [...] Inhalt der Forderung ist darum, daß dem „Du" gleiche Würde mit dem „Ich" zugestanden wird [...]. Die Forderung, die vom zweideutigen Ursprung losreißt, ist die Forderung der Gerechtigkeit."[10])

Paul Tillichs Buch wurde nicht nur 1933 verboten, sondern sein Inhalt wurde selbst durch den Faschismus dementiert. Das endgültige Dementi gegen utopisches Denken geht einher mit dem ebenso endgültigen Ruin konservativen Denkens, das sich in der Figur *Carl Schmitts* radikal verkörpert. Sein Aufstieg zum wichtigsten Rechtstheoretiker des Nationalsozialismus spiegelt den katastrophalen Irrtum radikal-konservativen Denkens, das hellsichtig das Politische in seiner illegitimen Grausamkeit zu denken in der Lage ist, aber blindwütig an der Seite der Macht zu stehen kommt, um sich letztlich durch nichts anderes als diese Stellung zu legitimieren. *Carl Schmitt* war nie bereit, sein Denken auch nur ansatzweise zu korrigieren, im Gegenteil: Er analysierte sein eigenes Ende, das heißt die reale Unhaltbarkeit des territorialen Denkens, der „Nation" und damit die Unführbarkeit „traditioneller" Kriege. Der Feind, dem man auf „umhegten Kampfplätzen" begegnet ist, das heißt in räumlicher und zeitlicher (Kriegserklärung, Friedenschluß) Begrenzung, mutiert zum absoluten Feind, der

[7]) *Carl von Clausewitz:* Vom Kriege. Reinbek bei Hamburg, 1984. S. 23.
[8]) ebd. S. 32.
[9]) *Roland Barthes:* Am Nullpunkt der Literatur. Hamburg, 1959. S. 24.
[10]) *Paul Tillich:* Die Sozialistische Entscheidung. Berlin, 1980. S. 18 ff.

immer und überall da ist. Der Krieg ist unführbar geworden, er ist führerlos geworden (eben schon im Zweiten Weltkrieg!), weil er immer und überall stattfindet.

Carl Schmitts Analyse und *Paul Tillichs* Forderung stehen sich unversöhnt gegenüber. Aber ihre Gegnerschaft bezeichnet doch den Kurs und den Kurswert, zu dem künftig ein Umtausch der wunderlichen Dreifaltigkeit von Naturtrieb, Spiel und Verstand gegen die entzauberte Dreieinigkeit von Bildung, Ökonomie und Technologie stattfinden wird. In diesem Sinne liefern der Humanismus das Programm und die Pädagogik die Technologie zur Vollendung bzw. zur Eröffnung des „ewigen Krieges" oder des permanenten „Ausnahmezustands" unter der Voraussetzung des „absoluten Tausches". Das heißt: Der Wechselkurs ist frei. Im Namen des Menschen wird jeder Streit geschlichtet und jeder entfacht. Alte Währung und neue Währung kursieren gleichzeitig. Der Humanismus ist das absolut Letzte, Stillstand, und der radikale Neuanfang, totale Beweglichkeit. Ununterscheidbar ist, ob er das Paradies verspricht oder die Hölle. Außerhalb dieses Legitimationsbezirkes des „eigentlich guten Menschen" darf und kann nichts geschehen. Der „eigentlich gute Mensch" ist der äußerste Grenzwert. Er ist da – und aus. Als Grundwert ist er zugleich außerhalb des Streits und doch das Schlachtfeld selbst.

Die moderne politische Forderung plädiert noch für die traditionelle Möglichkeit des Streits. Sie richtet sich realpolitisch an die Repräsentanten der Ideen. Die Menschenrechte wurden 1789 nicht vom „eigentlich guten Menschen" unterzeichnet, sondern von ganz gewöhnlichen Menschen: der Französischen Nationalversammlung. In dieser klassischen Differenz von Theorie und Praxis soll sich die Bestreitbarkeit der Ideen als Realität entfalten können.

1978 wird der Erlaß zur „Politischen Bildung" vom Unterrichtsminister *Sinowatz* unterzeichnet. Mit seiner Erarbeitung und Durchführung waren Gremien, Schulreformkomission, Pädagogen, Politikwissenschaftler, Zeitgeschichtler, Schulaufsichtsbeamte, Klubobmänner, die wiederum ein Expertenkomitee nominierten, und Lehrerarbeitsgruppen betraut. Sie alle sind im Sinne einer Demokratie belangbar. An sie richtet sich als Repräsentanten einer „Menschlichen Gesamtordnung", die sich durch die ewigen Werte von „Frieden, Freiheit, Gleichheit und Gerechtigkeit" auszeichnet, die realpolitische Forderung. Unantastbar bleiben demokratiegemäß die allgemeinen Menschenrechte. Diese Unantastbarkeit soll den Streit regulieren, durchführbar machen und Spielregeln unterwerfen. Unbezweifelbar ist der Zielwert des „Menschen als guten Menschen".

Diesbezügliche Bedenken, Zweifel, also diesbezügliche Hinweise auf das „Reale", befinden sich per se außerhalb dieser ideal gedachten territorialen Ordnung. Sie stehen nicht auf dem „Boden der Verfassung", sie sind das Unverstandene und als solches das zu Eliminierende. Daß wir alle auf diesem Boden zu stehen kommen, ist mittlerweile eine unmißverständliche Drohung geworden. Daß die Verfassung möglicherweise auch sich selbst nur durch einen definitorischen Selbstgeburtsakt legitimieren kann, daß in ihr schon ein fundamentaler Ausschluß gesetzt ist, kann nur außerhalb der Legitimität gesagt werden. Wer darauf anspielt, bezweifelt die Geschichte des Menschen als Prozeß der Selbstbewußtwerdung seiner Natur, das heißt als sein naturgemäßes Fortschreiten zum Guten.

Dieser Zweifel ist der politische Gehalt des „bösen" Satzes. Während der antipädagogische Satz sein „Hurra: die Schule brennt" nicht unterdrücken kann, diagnostiziert der politische kühl: Die Schule brennt. Der antipädagogische Satz provoziert Brandstiftung, der politische Satz analysiert Selbstentfachung. Der Übergang zwischen antipädagogischem Satz und politischem Satz ist die Tat bzw. die generelle Tatvermeidung: beides illegitim.

6

Der Untertitel suggeriert einen Zusammenhang zwischen Politik, Pädagogik und Literatur. Das Problem ist der Zusammenhang selbst, das „und". Gibt es eine Kausalität, oder handelt es sich um ein Nebeneinander im Sinne einer bloßen Aufzählung? (Etwa – um ein echtes Schulbeispiel zu nehmen – Äpfel und Birnen. Deren Addition funktioniert nur über ein Drittes: Obst, oder eine Aktion: Mus.) Aus dem bisherigen ergibt sich eine neue Frontstellung: Politik und Ästhetik. Das Bildungsethos überbrückt die Kluft, besser gesagt: die Ethik soll einen „guten" Zusammenhang zwischen Politik und Ästhetik retten.

Zwei kanonische Texte (kanonisch zumindest für die späten sechziger und frühen siebziger Jahre) stehen für die fatale Einsicht, daß die Front zwischen Politik und Ästhetik (mit oder ohne Ethik) sich zumindest in Hinblick auf die deutsche Geschichte, das schließt in diesem Fall die österreichische unheilvoll ein, längst aufgelöst hat. Politik und Ästhetik unterwandern sich gegenseitig, und man kann das „und" nicht mehr anders lesen denn als gefährliches Ineinander, als spannungsreiches Gegeneinander. Zum einen handelt es sich um *Walter Benjamins* „Kunstwerkaufsatz"[11]), zum anderen um *Theodor W. Adornos* Essay „Ist die Kunst heiter?".[12])

Benjamins Text endet mit den zwei bekannten Sätzen: „So steht es um die Ästhetisierung der Politik, welche der Faschismus betreibt. Der Kommunismus antwortet ihm mit der Politisierung der Kunst."[13]) Hauptargument ist, daß der Faschismus den Massen nicht zu ihrem Recht, sondern „bloß" zu ihrem Ausdruck verhilft. Höchster Ausdruck ist der Krieg. Unter der Hand des Dialektikers verschweißen sich so Ästhetik des Krieges und Krieg als ekstatische Form faschistischer Politik. Das ästhetische Interesse am Krieg wäre demnach allein politischer Ausdruck. Auch *Adorno* bemüht ein außerästhetisches Kriterium, um sein Verdikt über eine Ästhetik des Heiteren auszusprechen: „Kunst, die anders als reflektiert gar nicht mehr möglich ist, muß von sich aus auf Heiterkeit verzichten. Dazu nötigt sie vor allem anderen, was jüngst geschah. [. . .] Die Kunst ins Unbekannte hinein, die einzig noch mögliche, ist weder heiter noch ernst: das Dritte aber zugehängt, so, als wäre es dem Nichts eingesenkt, dessen Figuren die fortgeschrittenen Kunstwerke beschreiben."[14]) Die Ästhetik ist, folgt man *Benjamin* und *Adorno*, der Dialektik und einer verzweifelten Ethik überantwortet. Sie unterliegt einem rigorosen Begriff von Verantwortung, an dem sie nur scheiternd zerbrechen kann, was einem Strang moderner Ästhetik entspricht, der mit *Adorno* in *Samuel Beckett* vorerst gipfelt.

Der „böse" Satz ist bei aller Ähnlichkeit ein vorwiegend ästhetischer Satz geblieben. *Walter Benjamin* unterdrückt die Faszination, die ein ästhetischer Satz wie der von *Marinetti* ausüben kann, indem er ihn als Dialektiker übernimmt und sein eigenes politisches Programm daraus gewinnt. Er zitiert *Marinetti* ausführlich: „Seit siebenundzwanzig Jahren erheben wir Futuristen uns dagegen, daß der Krieg als antiästhetisch bezeichnet wird [. . .] Demgemäß stellten wir fest: [. . .] Der Krieg ist schön, weil er dank der Gasmasken, der schreckenerregenden Megaphone, der Flammenwerfer und der kleinen Tanks die Herrschaft des Menschen über die unterjochte Maschine begründet. Der Krieg ist schön, weil er die erträumte Metallisierung des menschlichen Körpers inauguriert. Der Krieg ist schön, weil er eine blühende Wiese um die feurigen Orchideen der Mitrailleusen bereichert. Der Krieg ist schön, weil der das Gewehr-

---

11) *Walter Benjamin:* Das Kunstwerk im Zeitalter seiner technischen Reproduzierbarkeit (2. Fassung). In: Gesammelte Schriften I.2. Frankfurt/M., 1980.

12) *Theodor W. Adorno:* Ist die Kunst heiter? In: Noten zur Literatur. Frankfurt/M., 1981.

13) *Benjamin* (Anm. 11), S. 508.

14) *Adorno* (Anm. 12), S. 603, 606.

feuer, die Kanonaden, die Feuerpausen, die Parfums und Verwesungsgerüche zu einer Symphonie vereinigt. Der Krieg ist schön, weil er neue Architekturen, wie die der großen Tanks, der geometrischen Fliegergeschwader, der Rauchspiralen aus brennenden Dörfern und vieles andere schafft [...] Dichter und Künstler des Futurismus [...] erinnert Euch dieser Grundsätze einer Ästhetik des Krieges, damit Euer Ringen um eine neue Poesie und eine neue Plastik [. . .] von ihnen erleuchtet werde!"[15]) Gerade als ästhetisches Manifest können diese Sätze faszinieren – oder eben nicht, aber diese Alternative geht nicht restlos in einer politischen auf. An einem politischen Manifest kann man Kritik üben. An Politik kann man alles ändern, die Vorzeichen. Aber an der Faszination kann man nichts ändern, man kann höchstens fragen, wie sie sich politisch einsetzen läßt, aber diese Frage ist eben „nur" ein politischer Einsatz. Mit Sicherheit hat gerade der Krieg die Möglichkeit ethischer Schreibweisen als Versöhnung politischer und ästhetischer Sätze vernichtet, die ethischen Schreibweisen, „in denen der Schreiber [. . .] das beruhigende Bild eines kollektiven Heils findet."[16]) Die Schule brennt. Die Ästhetik ist stärker. Der Übergang zwischen Tat und Ästhetik ist schwindelerregend unendlich klein und groß, in jedem Fall illegitim. Der antipädagogische, der politische und der ästhetische Satz haben denselben Wortlaut, aber in dieser Indifferenz lauert die absolute Differenz: Kein Satz kann den anderen legitimieren.

7

Erich Fried, ein Name, auf den sich polemische Antihumanisten problemlos lachend einigen können, zitiert in seiner Rede anläßlich der Verleihung des *Georg-Büchner*-Preises 1987 denselben: „Meine Meinung ist die: wenn in unserer Zeit etwas helfen soll, so ist es Gewalt. Wir wissen, was wir von unseren Fürsten zu erwarten haben. Alles, was sie bewilligten, wurde ihnen durch die Notwendigkeit abgezwungen. Man wirft den jungen Leuten den Gebrauch der Gewalt vor. Sind wir denn aber nicht in einem ewigen Gewaltzustand?"[17])

Letztlich suggeriert der Untertitel eine Geschichte von der Gegenwart als Teil der Geschichte. Noch eine Problemstellung, um die zumindest innerhalb der Philosophie die heftigsten Gefechte geführt werden, ist genannt: Wie verhält sich Gegenwart als Aktualität (und das meint wohl sinnvollerweise der Titel „Gegenwartsliteratur", als einer, die nicht nur in der Gegenwart geschrieben worden ist, was ohnehin in der Vergangenheit geschehen ist, sondern als eine, die gegenwärtig, in actu ist), also, wie verhält sich Gegenwart als Aktualität zur Geschichte als wie immer beschriebener Prozeß oder Fortschritt.

Diesen Begriff von Gegenwart als Aktualität verwendet auch *Erich Fried* in seiner Rede: „Ebenso wie *Heinrich Böll* und ich hätte auch *Büchner* selbst einen Aspekt dieser seiner Gegenwärtigkeit bedauert. Nämlich, daß es noch heute, 150 Jahre nach *Büchners* Tod, so viele grimmige Vergleichsmöglichkeiten mit seiner Zeit gibt. Gewiß, Analogien stimmen nie ganz, aber wo ein tertium comparationis überhaupt vorhanden ist, dort sollte man nachdenken und seine Gedanken nicht verschweigen."[18]) *Frieds* Rede war grimmig – die Reaktionen dementsprechend empört. Das muß so sein, wenn man einen Preis zweifelnd entgegennimmt. In *Frieds* Rede soll der Name *Büchners*

---

[15]) *Benjamin* (Anm. 11), S. 507.

[16]) *Barthes* (Anm. 9), S. 30.

[17]) *Erich Fried:* Von der Nachfolge dieses jungen Menschen, der nicht mehr alt wird. *Georg-Büchner*-Preis 1987. In: *Fried*, Gedanken in und an Deutschland. Essays und Reden. Wien, 1988. S. 276.

[18]) ebd. S. 271.

aktualisiert werden. Er soll nicht im literarischen Betrieb aufgehen, sondern „ein Leitstern sollte er uns immer noch sein".[19])

Der Erziehungsaspekt ist evident, denn Gegenwärtigkeit eines Namens heißt sowohl, daß sich nichts an seiner Aktualität geändert hat, also wirklich nichts, als auch, daß deswegen immer noch von ihm zu lernen sei. Wie geht *Fried* vor? Er macht Tote lebendig (*Böll* und *Büchner*), in dem er ihnen mit konjunktivischer Sicherheit gegenwärtige „Kenntnisse, Fertigkeiten, Einsichten und Haltungen" abtrotzt. (Die Rede lebt in der Folge davon, was laut Fried *Büchner* heute getan und gedacht hätte.) Er unterlegt den Toten gegenwärtige Lebendigkeit, später spricht *Fried* von „diesen meinen Toten"[20]), in dem er eine fiktionale Totengemeinschaft beschwört, die heute sinnstiftend wirksam sei. Er nimmt dem toten *Büchner* seinen Tod, indem er ihn der Zerreißprobe aussetzt, zugleich Subjekt und Objekt zu sein: „. . . hätte sicher auch Büchner [. . .] 150 Jahre nach Büchners Tod [. . .]". Aktualisierung heißt – so betrieben – gespenstische Fiktionalisierung von Geschichte als Gespenstererzählung.

Der heikle Punkt ist jenes „tertium comparationis", die „vielen grimmigen Vergleichsmöglichkeiten", die allein sinnstiftend wirken, so „daß Georg Büchners Schatten ein helles Licht wirft auf einiges Dunkel unserer von den ersten Atomexplosionen so herrlich erleuchteten Zeit".[21]) Was *Fried* in Balance halten will, ist geschichtliches Fortschreiten, wozu sonst soll ein „Leitstern" dienen, und radikale Gegenwärtigkeit. Er versucht diese Spannung im Bild des „jungen Menschen, der nie mehr alt wird"[22]) zu beschwören und zu entspannen. Dieses Motiv markiert die fatale Grenze der Geschichtlichkeit, die es noch retten will. Der ewig junge Mensch ist zugleich nämlich das Bild des Endes von Fortschritt: Dorian Gray. Aber diese ästhetische Aussicht hat sich *Fried* versperrt.

Ewige Jugend ist renitent gegen jedes Lernmodell. Konsequent gibt es keinen Namen mehr, der sich als Lehrmittel eignet. „Mit" *Büchner:* „es drängte in ihm, er suchte nach etwas, wie nach verlorenen Träumen, aber er fand nichts."[23]) Kein Name benennt den verlorenen Traum, was bleibt, ist ein Drängen: Aktualität als unreines Begehren.

Es ist nur zu klar, warum der Trivialroman der Studentenbewegung schlechthin, *Peter Schneiders* „Lenz", schon sein Motto gründlich mißversteht („Er ging gleichgültig weiter, es lag ihm nichts am Weg, bald auf-, bald abwärts, Müdigkeit spürte er keine, nur war es manchmal unangenehm, daß er nicht auf dem Kopf gehen konnte." *Georg Büchner*, Lenz), indem er das Motto schon im zweiten Absatz penetrant variiert: „Schon seit einiger Zeit konnte er das weise Marxgesicht über seinem Bett nicht mehr ausstehen. Er hatte es schon einmal verkehrt herum aufgehängt. Um den Verstand abtropfen zu lassen, hatte er einem Freund erklärt. Er sah Marx in die Augen: „Was waren deine Träume, alter Besserwisser, nachts meine ich? Warst du eigentlich glücklich?"[24]) Selten erübrigt sich ein Kommentar so von selbst. Statt des „bösen" Satzes genügt ein „schlechter": Die Kacke ist am Dampfen.

8

Man wirft den jungen Leuten den Gebrauch der Gewalt vor. Sind wir denn aber nicht in einem ewigen Gewaltzustand? „Es ist wahrscheinlich, daß dieser Zwanzig-

---

19) ebd. S. 282.
20) ebd. S. 277.
21) ebd.
22) ebd.
23) *Georg Büchner:* Lenz. In: Werke (zit. n. Tempel-Klassiker), S. 81.
24) *Peter Schneider:* Lenz. Berlin, 1973. S. 5.

jährige sich in unserer Zeit zur ersten Generation der Baader-Meinhof-Gruppe geschlagen hätte – wenn auch keineswegs sicher, daß er sich nicht wieder abgewendet hätte."[25]) *Erich Fried* versucht den Krieg, den er in seiner Aktualisierung entfacht hat, zu umhegen. Er domestiziert die ewige Jugend im Territorium der kritisch gewordenen Pastorenkinder. Aber der ewigen Jugend korrespondiert peinlich genau der ewige Gewaltzustand. *Fried* versucht zu retten, was zu retten ist, das heißt die Möglichkeit des „ewigen Friedens", indem er sich beeilt zu sagen, was *Büchner* meinte, nämlich „die Gewalt der Herrschenden. Er faßt die Gewalt der Revolutionäre als Gegengewalt auf."[26])

Aber *Fried* kommt zu spät, denn genau an diesem Punkt sprengt die ewige Gewalt, der Terror, jede Aktualisierung in geschichtlicher Absicht, denn der Terror ist die Aktualisierung selbst. In ihm geht es um eine „Zeit der günstigen Augenblicke und nicht [um die] Zeit der großen Uhr der Weltgeschichte".[27]) Ein solcher Terror bindet sich gerade nicht an eine kontinuierliche Zeit, in der die Tat ihren Sinn enthüllt. Er hat gerade keine politische Perspektive, die erst ein erziehbarer Dritter (die Verkörperung des „tertium comparationis"), etwa das Proletariat als revolutionäres Subjekt oder die Seele des Kindes, entschlüsseln wird, um sich zu bilden. Es geht gerade nicht um jenen terroristischen Moralismus der „ersten Generation", die in Vertretung der Massen das Leid dieser Welt auf sich nahmen, um die Massen zu erlösen.

Jean-Francois Lyotard bezeichnet jene anderen – nicht-missionarischen – Terrorakte als „minoritäre Gefechte". „Die Eliminierung des erziehbaren Dritten gehört ebenso zur neuen Perspektive wie die Eliminierung von Finalität, Wahrheit und Einheit."[28]) Minoritäre Politik begründet keine eschatologische Erzählung von einer besseren Welt, sie ist vielmehr das Drängen, das sich nicht ewig aufschiebt, sondern ihm im günstigen Augenblick nachgibt. Auf eine Legitimation durch Wirksamkeit in Hinblick auf einen „Ausgang aus der selbstverschuldeten Unmündigkeit", auf eine Legitimation durch Bildung als Fortschreiten in der Geschichte muß und kann eine solche Politik verzichten. Dieser Verzicht ist illegitime Gewalt, legitimiert sich nicht als Gegengewalt. Er zerreißt den Boden der Verfassung, auf dem der „gute Mensch" steht, die guten Sitten und Manieren, auf denen der „gute Mensch" besteht. Die Tat ergreift nur den richtigen Zeitpunkt. Nicht den wahren, nicht den guten, nicht den schönen.

9

Jeder erinnert sich gerne an die unzähligen Kniffs und Tricks, die es einem als Schüler erlaubten, sich durch das Bildungssystem zu schwindeln, zum rechten Augenblick politische Bildung zu heucheln, ein schlechter Schüler gewesen zu sein, eigentlich unerziehbar gewesen zu sein. Diese reife Erinnerung an den Schwindel verhängt alles. Da war eigentlich nichts. Nichts zu machen: Hurra, die Schule brennt.

10

STOCKHAUSEN: Sprechen wir über die guten alten Zeiten.
STAMMHEIMER: Wir sprachen über die guten alten Zeiten.

(*Rainald Goetz*, Heiliger Krieg)

(Manuskript fertiggestellt Nov. 1990)

---

[25]) *Fried* (Anm. 17), S. 276 .

[26]) ebd.

[27]) *Jean-Francois Lyotard:* Kleine Perspektivierung der Dekadenz und einiger minoritärer Gefechte, die hier zu führen sind. In: *Lyotard*, Das Patchwork der Minderheiten. Berlin, 1977. S. 46.

[28]) ebd. S. 45 .

Ludwig Laher

Die Medienöffentlichkeit für Gegenwartsliteratur als Voraussetzung des Literaturunterrichts

Einleitung:

Kurz nach dem Anschluß 1938 erschien das „Bekenntnisbuch österreichischer Dichter", herausgegeben vom Bund der deutschen Schriftsteller Österreichs (BdSÖ). In der Einleitung von *Max Stebich* heißt es u.a.:

> Die führenden nationalen Dichter Österreichs schlossen sich im Dezember des Jahres 1936 in der Zeit unerträglichster Verfolgungen und Verfemungen des deutschen Menschen ihres Heimatlandes zusammen zu einem Bund der deutschen Schriftsteller Österreichs.
> [. . .]
> Das Ziel ihres Kampfes [. . .] war [. . .] ein einziges, freies, glückliches und ewiges Deutschland, ein Deutschland, das alle umfaßt, die desselben Blutes und derselben Sprache sind; ein Deutschland, dessen Herrlichkeit und Macht alle Länder Europas überstrahlt und überdauert, [. . .].[1])

Exakt 49 Jahre nach dem Anschluß, am 11. März 1987, findet sich im offiziellen Organ der Vereinigung österreichischer Industrieller, der Zeitschrift „industrie", ein Beitrag *Kurt Diemans*. Der Autor erinnert darin an den BdSÖ und dessen Agitation gegen den Ständestaat. Dann kommt er auf österreichische Schriftsteller der Gegenwart – „wenn auch nicht von den dichterischen Graden eines Max Mell" – zu sprechen, bezichtigt sie ebenfalls „geistigen Hochverrats" an Österreich und fordert auf, „diesem mehr Widerstand entgegenzusetzen als vor einem halben Jahrhundert".[2])

1.

Was ist passiert? Welche Autoren haben Hochverrat begangen? Worin bestehen ihre Verfehlungen? Was soll die Strafe sein?

Kurt Dieman spricht im erwähnten Kommentar „Gott mit Dir, mein Österreich!" von den Namen *Michael Scharang, Elfriede Jelinek, Gerhard Roth, Peter Turrini.*

In anderen Beiträgen, aber in ähnlichem Zusammenhang nennt *Dieman* außerdem *Milo Dor, Gerhard Ruiss, Johannes Vyoral,* die Künstler *Alfred Hrdlicka, Hermann Nitsch, Manfred Deix,* die Regisseure *Fritz Lehner, Fritz Novotny,* den Schauspieler *Fritz Muliar* und viele andere „literarische Lemuren", „Linksextremisten", „Genossen", „Kulturschmeißfliegen", „Kassengreifer", „Linke Gartenzwerge" undsoweiter undsofort.

Was sie verbrochen haben? Sie haben sich in ihren Arbeiten und in öffentlichen Äußerungen der jüngsten Zeit zum Zustand dieses unseres Landes zu Wort gemeldet.

---

1) Bund der deutschen Schriftsteller Österreichs (Hg.): Bekenntnisbuch österreichischer Schriftsteller. Wien 1938, S. 7.

2) Vgl. *Kurt Dieman:* Gott mit Dir, mein Österreich! In: industrie (I), 11. 3. 1987. Bei regelmäßigen Kolumnen in Zeitschriften und Zeitungen wurde auf die Angabe der Seitenzahl verzichtet.

Ludwig Laher, Dr. et. Mag. phil., Prof. am BG und BRG Salzburg, Schriftsteller.

Sie haben – auf sehr unterschiedliche Weise – die Behauptungen in Frage gestellt, der Österreicher sei gemütlich, gastfreundlich, in politischen Zusammenhängen zumeist Opfer und sonst nichts. Sie haben das Erinnerungsvermögen Österreichs, inkorporiert in seinem höchsten Repräsentanten, und seinen Umgang mit der eigenen Vergangenheit bemängelt. Sie haben vor alten Vorurteilen und Ressentiments gewarnt und damit, wie *Kurt Dieman* bezeichnend ausführt, Geschöpfen mit Namen wie *Rosenzweig, Cohen* oder *Wiesel* Anlaß für Besudelungen unserer Heimat gegeben.[3]) Und schließlich: Sie sind dadurch nicht allein ins Schußfeld eines *Kurt Dieman*, des Vorsitzenden der Initiative *Dr. Kurt Waldheim* im letzten Präsidentschaftswahlkampf, geraten, sondern auch in jenes vieler anderer Journalisten, die den Gral zu hüten glauben. Sie werden von Politikern aller Couleurs kritisiert, wobei es nicht um private Wertungen eines literarischen Textes durch einen interessierten Leser geht, sondern um Stellungnahmen politischer Funktionsträger. Es ist nun einmal nicht so, wie vom Zentralsekretär der SPÖ suggeriert, daß er als Bürger *Keller* sagen dürfen müsse, *Turrinis* letzte Fernseharbeit sei stinklangweilig, und daß er als Bürger *Keller* nicht wisse, ob Bernhards „Heldenplatz" Kunst sei.[4]) Macht der Bürger *Keller* in einer Pressekonferenz des Zentralsekretärs *Keller* solche Äußerungen, so haben sie in einem Umfeld, das die Realisierung von *Turrinis* Arbeitersagaprojekt als Fernsehproduktion vehement in Frage stellt und *Bernhards* „Heldenplatz" den Rang eines Kunstwerks glattweg abspricht, demonstrativen politischen Charakter. FP-Parteiobmann *Haider* nimmt für sich die Freiheit der Kunst in Anspruch, wenn er *Karl Kraus* völlig widersinnig zitiert, und ist gleichzeitig mit einer Definition zur Hand, wonach die Freiheit der Kunst dort nicht mehr herrsche, wo gegen den Willen der Mehrheit in Theaterstücken subventionierte Staatsbeschimpfung geschehe.[5]) In dieselbe Kerbe schlägt VP-Vizekanzler *Mock*.[6])

Die Diskussion des Herbstes 1988 steht in der Kontinuität einer Entwicklung, die zumindest seit dem Bundespräsidentschaftswahlkampf 1986 zu beobachten ist. Österreichische Literaten, die sich natürlich auch schon früher kritisch mit der Wirklichkeit dieses Landes beschäftigt haben, fanden Gelegenheit, in großen bundesdeutschen Medien die Befindlichkeit unseres Staates zu illustrieren. Erhielten sie namhafte deutsche Literaturpreise, was zum Leidwesen vieler Österreicher immer wieder passiert, so hatten die Reden der Geehrten nicht selten ein wirkliches Thema: Österreich. Und mit *Josef Haslingers* „Politik der Gefühle" wurde gar ein Essay über Österreich im bundesdeutschen Luchterhand-Verlag zum Verkaufsschlager. Dies rief eine Unzahl von Journalisten auf den Plan, die außerhalb der Kulturseiten in Leitartikeln, Kolumnen, Glossen und Berichten mit den heimischen Gegenwartsautoren scharf ins Gericht gehen. Seither vergeht kaum eine Woche, in der nicht essayistische Äußerungen, Theaterstücke, Romane, Gedichte, Filme oder auch kulturpolitische Aktivitäten österreichischer Schriftsteller Gegenstand wütender Tiraden in den Printmedien sind.

2.

Was also ist schlecht oder verdammungswürdig daran, Schriftsteller zu kritisieren, die ihrerseits mit provokanter Deutlichkeit Meinungen formulieren, die Österreich und seine Bewohner zum Gegenstand haben?

---

[3]) Ebd.

[4]) Vgl. Die Presse (P), 8. 10. 1988, S. 2.

[5]) Vgl. Kronen Zeitung (KZ), 12. 10. 1988, S. 3, sowie Salzburger Volksblatt (SV), 12. 10. 1988, S. 2.

[6]) Vgl. KZ, 9. 10. 1988, S. 3.

Ausgehend von den bereits erwähnten Begriffen „Schreiblemuren", „Kulturschmeißfliegen", „Kassengreifer", „Genossen" usw., erscheint es sinnvoll, an dieser Stelle den soziolinguistischen Begriff persuasive Definition einzuführen. Dabei handelt es sich um eine Form manipulativer Sprachverwendung, bei der Wörter mit vager deskriptiver Bedeutung und großer Verbreitung auf konkrete Situationen oder Personen bezogen werden. Diese Wörter nun zeichnen sich durch eine intensive emotive Bedeutung aus, die unbewußt oder bewußt mittransportiert wird.

In seiner „Studie zur gesellschaftlichen Funktion faschistischer Sprache" geht *Lutz Winckler* ausführlich auf die Sprache der Neofaschisten (NPD, Nationalzeitung etc.) ein und beschreibt sie folgendermaßen: Sie

> evoziert Chaos und Untergang, ersetzt das Argument durch das Schlagwort und den Affekt [. . .] und setzt an die Stelle rationaler Kritik und politischer Praxis eine denunziatorische Sündenbockphilosophie. Zurückhaltend noch gegenüber den Juden [. . .] verfolgt sie ungehemmt scheinbar mächtige und gefährliche, in Wahrheit aber hilflose Minderheiten: sie verketzert Ausländer und Gastarbeiter als kommunistisch und kriminell; sie sieht Presse, Rundfunk und Fernsehen von Sozialisten und Kommunisten unterwandert; die Gewalt der angestauten Aggressionen entlädt sich gegenüber den Intellektuellen.[7])

Die von *Winckler* in der Folge genannten Beispiele (Pornographen, linksgedrallte Meinungsmacher, Gesindel, Radikalinskis, Linksfaschisten etc.) entsprechen z. T. wortwörtlich der Diktion jener Journalisten, von denen hier die Rede sein soll. Und sein Resümee, daß „zwischen solchem, eindeutig faschistischem Sprachinstrumentarium entnommenem Vokabular" und den Formeln etwa eines *F. J. Strauß* (*Wincklers* Beispiele: „intellektuelle Hanswurste", „Geisteskranke" etc.) „was Herkunft, Inhalt und Funktion der Sprache angeht, kaum noch Unterschiede" bestehen, soll im folgenden, bezogen auf besagte Journalistensprache, untermauert werden:

Eine beliebte Methode sprachlicher Diffamierung besteht darin, einige vom Angegriffenen selbst verwendete Begriffe aus dem Kontext zu lösen und in einer Weise vorzuführen, die den ursprünglichen Benutzer vor einer mit Erwartungshaltungen ausgestatteten Rezipientengemeinde zu kompromittieren imstande sind.

Peter Turrini etwa nimmt einen Satz der österreichischen Fremdenverkehrswerbung zum Anlaß, näher darauf einzugehen, wie sich Österreich seinen vornehmlich bundesdeutschen Gästen gegenüber prostituiert. „Wandern in Österreich", so dichtete die Fremdenverkehrswerbung, „unterscheidet sich auch dadurch, daß Försterstochter Resi dem Biologiestudenten aus Göttingen gern die Abkürzung durch den Wald zeigt, weil dadurch der Weg ein Viertelstündchen länger wird." In *Turrinis* Spiegel-Essay „Die touristische Bananenrepublik" kommt – Kurier-Kolumnist *Leitner* hat gezählt – das Wort Hure bzw. Hurerei dreizehnmal vor.[8]) Dieses Faktum ist *Sebastian Leitner* Anlaß genug, *Turrini* ohne Umschweife als Huren-Schreiber zu bezeichnen und anzumerken: „Er kann ganz einfach an nichts anderes denken als ans Huren."[9])

Was ist hier geschehen? Ohne auf *Turrinis* Argumentation differenziert einzugehen, beraubt *Leitner* den emotiv extrem negativ besetzten Begriff „Hurerei" seines Kontexts, versucht auch nicht, ihn zweifelsfrei zu definieren, sondern hängt ihn *Turrini* einfach selbst als Attribut um den Hals.

---

7) *Lutz Winckler:* Studie zur gesellschaftlichen Funktion faschistischer Sprache. Frankfurt/M. 1970, S. 96 f.

8) Vgl. *Peter Turrini:* Die touristische Bananenrepublik. In: DER SPIEGEL, 10.11.1986, S. 216 f.

9) Vgl. *Sebastian Leitner:* Die Huren-Seele Österreichs. In: Kurier (K), 11. 11. 1986, sowie *Sebastian Leitner:* Peter Turrinis Huren-Saga (2). In: K, 12. 11. 1986.

In der Interessengemeinschaft österreichischer Autoren lassen sich laut *Kurt Dieman* „literarische Lemuren von Linksextremisten politisch bevormunden". Gehäuft finden sich in dieser Formulierung jene nicht näher definierten, für die meisten Leser mit starken negativen Emotionen besetzten Wörter, die die fehlende Begründung des Vorwurfs vergessen lassen. Das von den Autoren selbst gewählte Präsidium *Milo Dor, Peter Turrini* und die Geschäftsführer *Gerhard Ruiss* und *Johannes Vyoral* werden genannt und als „Genossen" apostrophiert.[10]) Über Leute wie *Kurt Dieman* bemerkt *Lutz Winckler* in der erwähnten Studie zutreffend:

> Ihr politisches Denken, das sich mit Vorliebe in Machtkategorien bewegt, beschränkt sich auf die stereotype Wiederholung der herrschaftskonformen Klischees [. . .], auf die Personifikation gesellschaftlicher Vorgänge und eine strikte Einteilung der Welt in Gut und Böse.[11])

In der Salzburger Volkszeitung stellt Chefredakteur *Willi Sauberer* fest:

> Ganze Generationen von Legasthenikern (so der Fachausdruck) verlassen die deutschen und zunehmend auch die österreichischen Schulen. Ihre Leseschwäche hindert sie, korrekt zu schreiben, nicht aber, Lehrer zur werden.
> Oder Journalisten. Und Schriftsteller. [. . .] Aber nicht nur den linken Ideologen, auch den Sprachchaoten (zum Teil derselbe Personenkreis) ist der Marsch durch die Institutionen gelungen. [. . .] Ihre sprachlichen Unarten, die revolutionär wirken, aber nicht sind, weil sie nicht bewußter Überlegung, sondern schlichter Unwissenheit entspringen, erhalten dann vom Duden [. . .] die hochsprachlichen Weihen.[12])

Auch hier wird der Leser mit einem Bombardement persuasiver Definitionen eingedeckt: linke Ideologen, Sprachchaoten, Marsch durch die Institutionen, sprachliche Unarten, revolutionär, Unwissenheit. Da reicht's dem gesunden Menschenverstand.

Willi Sauberer gibt diesen Ausführungen den Titel: Niedergang der Sprache. Demgegenüber behaupte ich mit *Lutz Winkler:*

> An derartigen Äußerungen wird nicht nur der allgemeine Verfall der öffentlichen Sprache sichtbar, [. . .] es kündigt sich in ihnen der Abbruch der Kommunikation an [. . .] bis hin zur Androhung sprachloser Zustände, in denen jene Gewalt unmittelbar herrscht, die zu denunzieren Sprache versäumte.[13])

Und in der Tat: Versuche einzelner Schriftsteller, solchen Journalisten argumentativ beizukommen, die Haltlosigkeit der Vorwürfe darzustellen oder nur falsche Fakten zurechtzurücken, sind zum Scheitern verurteilt.

So schrieb ich Chefredakteur *Sauberer* einen ausführlichen Brief, in welchem ich nachwies, daß er zwar vom „Niedergang der Sprache" schreibt und die Linken dafür verantwortlich macht, selbst jedoch in eben dieser Kolumne eine Reihe von grammatischen und semantischen Fehlern zu verantworten hat: so verwechselte er den Unterschied zwischen „Worten" und „Wörtern", regte sich darüber auf, daß ein nachgestelltes „entlang" heute schon mit Akkusativ verwendet wird, was seit jeher die einzige Möglichkeit ist: das Ufer entlang. Und schließlich definiert er „Legasthenie" als Unkenntnis der Rechtschreibung und der Grammatik.

In seinem Antwortschreiben geht *Sauberer* weder auf einen dieser Vorhalte noch auf meinen Protest gegen die Qualitäten seiner Sprache ein. Er zitiert kommentarlos

---

[10]) Vgl. *Kurt Dieman:* Aufs Holzpferd. In: I, 22. 10. 1986.
[11]) *Lutz Winckler:* Studie (wie Anm. 7), S. 94.
[12]) *Willi Sauberer:* Niedergang der Sprache. In: Salzburger Volkszeitung (SVZ), 17. 5. 1986.
[13]) *Lutz Winckler:* Studie (wie Anm. 7), S. 98.

einige meiner Anmerkungen und fügt einen einzigen Satz hinzu: Immer die getroffene Gans schreit.

Es blieb einem bekannten Salzburger Politiker jener Partei, die die Salzburger Volkszeitung herausgibt, vorbehalten, als Antwort auf meinen Offenen Brief an *Sauberer* einzuräumen, daß er weitgehend meiner Meinung sei, Sprache lebe und sich weiter entwickle, wozu „bedeutende sprachschaffende Persönlichkeiten [. . .] Wegbereiter" seien. Doch: „Den Vorwürfen an den Redakteur kann ich mich jedoch nicht anschließen."

Als *Michael Scharang* in einem profil-Beitrag *Sebastian Leitner* auf dessen Auslassungen gegenüber *Elfriede Jelinek* antworten wollte, ging es ihm nicht viel besser. „Herr Scharang sei Schriftsteller, entnehme ich einer profil-Fußnote", steckt *Leitner* Rangunterschiede überdeutlich ab. Und ohne auf die Argumente *Scharangs* einzugehen, wirft er ihm vor, „sich wichtig und bekannt machen" zu wollen; worauf er sich erneut auf „angeblich fortschrittliche" Künstler einschießt.[14])

Scharang schreibt in dem erwähnten profil-Beitrag „Herzblut contra Pisse":

> Was Künstler in den Menschen und in der Gesellschaft entdecken und unerschrocken aussprechen, hängt ihnen der erschrockene Spießer, um unbefleckt zu bleiben von der Einsicht, haßerfüllt als Mühlstein um den Hals. Leitner verteidigt so zwar seinen ersten Platz auf der Weltrangliste der Anständigkeit, allerdings um den Preis des Anstands.[15])

Diesen letzten Satz *Scharangs* zitiert der Angesprochene im Kurier und qualifiziert ihn, ohne nähere Begründung, als konfus. Ihm bleibt der feine semantische Unterschied zwischen Anständigkeit und Anstand verborgen. Oder tut er nur so? Die Frage scheint berechtigt, ob intellektuelle Mängel oder unerschütterliche Arroganz und Gottvertrauen auf das hinter ihnen wie ein Mann stehende gesunde Volksempfinden solche Journalisten dazu veranlassen, derlei zu Papier zu bringen.

3.

Entlarvend ist ein näherer Blick auf die Bereiche, die geeignet erscheinen, jene Emotionen zu wecken, die zur Diskreditierung unliebsamer Literaten führen.

Da ist zunächst die Politik zu nennen. Die Angegriffenen werden verdächtigt, es mit den Linken zu halten. Sie sind „Genossen" und waren am „roten Rundfunkputsch" beteiligt.[16]) Die Bedeutung *Peter Handkes* wird durch „die Aussage des Sonnenkönigs Kreisky über den königlichen Lieblingsschriftsteller Handke" gebührend unterstrichen.[17]) *Michael Scharang* ist „Paradeautor der kulturellen Kommunistenszene" und veröffentlicht normalerweise „ein paar Artikelchen in seiner ‚Volksstimme' mit beschränkter Wirkung". Allesamt sind sie „Linksaußen", „links-links", und sie bedürfen zwecks Ideologieidylle „linke[r] Gartenzwerge".[18])

Solchermaßen dingfest gemacht, erscheinen die Kritisierten weiters als Opfer ihres Horizonts. Zu *Elfriede Jelinek* bemerkt *Sebastian Leitner:*

---

[14]) Vgl. *Sebastian Leitner:* Die Kunst der Hinterlist. In: K, 23. 12. 1986.
[15]) *Michael Scharang:* Herzblut contra Pisse. In: profil (PR), 22. 12. 1986, S. 79.
[16]) Vgl. *Kurt Dieman:* Aufs Holzpferd. In: I, 22. 10. 1986.
[17]). Vgl. *Richard Nimmerrichter (Staberl):* „Lauter Nazi und Bornierte". In: KZ, 16. 4. 1987.
[18]) Vgl. *Kurt Dieman:* Mit meinen heißen Tränen. In: I, 19. 11. 1986.

> Ich hatte sie deshalb kritisiert, wobei ich, weil eben kein Poet, aus ihrem dichterischen Wortschatz Ausdrücke entlehnte, die möglicherweise auch ihren Horizont verraten – das Klobecken zum Beispiel [. . .].[19])

Leitner sucht *Jelineks* Texte akribisch auf Stellen ab, in denen von Exkrementen, Exkreten und derlei Menschlichkeiten die Rede ist, gegen die – „Menschlich-gesehen" – *Leitner* zu Felde ziehen muß: Klomuschel, Brechreiz, Gespeibsel, saurer Achselschweiß, Pisse stehen da aneinandergereiht im Kurier. Ihr Vorkommen im Werk *Jelineks* ist für *Leitner* Beweis des „Sado-Masochismus, der sie quält". Die ganze Kolumne heißt folgerichtig: „Das Gespeibsel der Elfriede Jelinek". *Thomas Bernhard, Turrini, Jelinek* bedienen sich „der neuen Masche der Pauschalbeleidigung", weil man sich als „angeblich ‚fortschrittlicher' Künstler" heute nicht mehr damit profilieren könne, „die große Notdurft auf einem Uni-Katheder" zu verrichten.[20]) Die österreichische Literatur, oder besser: „was sich als österreichische Gegenwartsliteratur aufbläht oder aufgebläht wird", leidet daneben an verabscheuungswürdiger Präsenz von Sexualität: Es wird die Frage aufgeworfen, ob „die Mütter [. . .], die heute vielleicht einen Mozart, Grillparzer oder Waldmüller unter dem Herzen tragen" „fortgesetzt und andauernd als Sexualdebile" dargestellt werden dürfen.[21]) *Turrini* denkt, wie erinnerlich, nur ans Huren.

Der dritte Hauptvorwurf in Richtung „Linkschaoten" und „Schweinigeln" läßt sich so zusammenfassen: Man wittert eine Abkehr von einem hypothetischen Kanon der Kultursprache, die die alten Dichter ausgezeichnet hätte: Da wird *Wildgans* „mit der ergreifenden Schilderung der Mädchen beim Übelbacher Fronleichnam" beschworen. Da werden *Max Mells* „Landmädchen" und *Josef Weinhebers* Hymne „Auf eine Wienerin" den ekelerregenden Frauendarstellungen der gegenwärtigen Widerwärtigen gegenübergestellt.[22]) Lohnend der Hinweis, daß *Mell* und *Weinheber* beide im Vorstand des Bundes der deutschen Schriftsteller Österreichs tätig waren, *Max Mell* als dessen Vorsitzender. Doch weiter: „Die Sprachchaoten" erhalten „hochsprachliche Weihen", der „Niedergang der Sprache" wird konstatiert.[23])

Besonders begabte Kolumnisten wie der Kärntner *Ingomar Pust* schaffen es, alle drei Standbeine fundierter Kritik der österreichischen Gegenwartsliteratur in wenige Zeilen schlüssig einzuarbeiten:

> Idiome der Zuhälterszene, die Sexualsprache der Primitiven, die Zoten der Gosse, das Vokabular, das um den Darmausgang kreist, das alles ist durch linke Literaten [. . .] salonfähig geworden.[24])

Über all diesen Vorwürfen thront der Befund „austromasochistische Schmutzkübelei" (*Sebastian Leitner* über *Gerhard Roth*)[25]), „Österreich-Hatz" (*Richard Nimmerrichter* über *Peter Handke*)[26]), „infame Österreichbeschimpfung" (*Sebastian Leitner* über *Elfriede Jelinek*)[27]), „Verhöhnung Österreichs" durch „bis zur Infantilität

---

[19]) *Sebastian Leitner:* Die Kunst der Hinterlist. In: K, 23. 12. 1986.
[20]) Ebd.
[21]) Vgl. *Kurt Dieman:* Ich stand in dunklen Träumen. In: I, 17. 12. 1986.
[22]) Ebd.
[23]) Vgl. *Willi Sauberer:* Niedergang der Sprache. In: SVZ, 17. 5. 1986.
[24]) *Ingomar Pust:* Verordnete neue Tabus. In: SVZ, 21. 9. 1988.
[25]) Vgl. *Sebastian Leitner:* Selbstbild eines Österreichers. In: K, 10. 2. 1987.
[26]) Vgl. *Richard Nimmerrichter (Staberl):* „Lauter Nazi und Bornierte". In: KZ, 16. 4. 1987.
[27]) Vgl. *Sebastian Leitner:* Das Gespeibsel der Elfriede Jelinek. In: K, 12. 12. 1986.

gesteigerte[n] Auslassungen eines Thomas Bernhard" (*Humbert Fink*)[28]), beispiellose Verleumdungskampagne gegen ihre Heimat" (*Kurt Dieman* über alle.)[29])

Ihre Kompetenz beweisen die Zitierten unter anderem dadurch, daß ihnen Autoren vom Rang eines *Michael Scharang* ein Spanisches Dorf sind, oder dadurch, daß sie die so heftig kritisierten Bücher nicht einmal dem Titel nach korrekt zu zitieren imstande sind. So meint *Sebastian Leitner*, ein Buch namens „Oh Wildnis, oh Schutz" auf Exkremente und Pornographisches hin gelesen zu haben,[30]) während *Kurt Dieman* sich ausführlichst mit *Scharangs* Essayband „Die Liste der Kunst" auseinandergesetzt zu haben glaubt.[29])

Daß kaum einer derer, die sich zu *Bernhards* „Heldenplatz" geäußert haben, den Text vorher gelesen hat, ist auf Grund der Veröffentlichungssperre des Suhrkamp-Verlags leicht nachzuweisen. Nur: Die Literatursachverständigen sind ohnehin stolz auf ihre Ignoranz und brüsten sich damit öffentlich. Um Mißverständnissen vorzubeugen, verwöhnt *„Staberl" Richard Nimmerrichter* seine Leser mit der persönlichen Bemerkung, seit etwa sechs Jahren das Burgtheater nicht mehr besucht zu haben, „weil ich nicht bereit bin, mir den Schmarrn bieten zu lassen, der dort serviert wird".[31]) Er trifft diese Aussage im Oktober 1988 nach unzähligen Attacken gegen *Peymann* und *Bernhard*.

4.

Wie aber nun umgehen mit den Entlarvten? Auch mit dieser Frage beschäftigen sich die behandelnden Journalisten in unzähligen Beiträgen. Zunächst einmal gilt es, den Mißbrauch der Freiheit der Kunst abzustellen. Hört sich für *Jörg Haider* die Freiheit der Kunst dort auf, wo gegen den Willen der Mehrheit auf öffentlichen Bühnen Theaterstücke aufgeführt werden, meint *Willi Sauberer* in Anspielung auf *Turrinis* Arbeitersagaprojekt, *Hans Rauscher* zitierend: „Eine leninistische Sicht dieser Ereignisse [. . .] genießt keinen Schutz unter dem Titel ‚Freiheit der Kunst'."[32]) Gemeint ist die literarische Umsetzung des sogenannten Kommunistenputsches 1950, auch für *Theo Faulhaber*, nebenbei gesagt, Grund genug, *Turrini* unter die „Unbelehrbaren" einzuordnen.[33]) Doch zurück zur Freiheit der Kunst: Für *Hans Dichand* endet sie, „wo bestehendes Gesetz gebrochen wird".[34]) Daß die Freiheit der Kunst selbst ein solches ist, noch dazu im Verfassungsrang, stört ihn wenig.

Neben der „Reform" des Artikels 17a der Österreichischen Bundesverfassung ist es vor allem der Entzug von Steuermitteln, der die unbotmäßigen Autoren zur Raison bringen sollte. Dem uninformierten Leser wird suggeriert, in Österreich würde jedem Schriftsteller von Staats wegen Geld in den Rachen geworfen. In der Tat haben wir in Österreich die groteske Situation, daß den Autoren zwar auf der einen Seite Honorarrechte vorenthalten werden (Bibliothekstantieme, Freie Werknutzung etc.), die im größten Teil Europas selbstverständlich sind, andererseits jedoch in Form von Arbeitsstipendien, Literaturpreisen und ähnlichem Zuwendungen zukommen, die von der Öffentlichkeit, wenn überhaupt, als zumeist unverdientes Geschenk an die schreibende Zunft angesehen werden. *Nimmerrichter* spricht folgerichtig von der

---

[28]) Vgl. *Humbert Fink:* Patriotismus. In: KZ, 13. 10. 1988.
[29]) Vgl. *Kurt Dieman:* Gott mit Dir, mein Österreich! In: I, 11. 3. 1987.
[30]) *Vgl. Sebastian Leitner:* Das Gespeibsel der Elfriede Jelinek. In: K, 12. 12. 1986.
[31]) Vgl. *Richard Nimmerrichter (Staberl):* Aber nicht auf unsere Kosten! In: KZ, 13. 10. 1988.
[32]) Vgl. *Willi Sauberer:* Turrini und die Sagen. In: SVZ, 8. 10. 1988.
[33]) Vgl. *Theo Faulhaber:* Brot und Menschlichkeit. In:K, 7. 10. 1988.
[34]) Vgl. *Hans Dichand (Cato):* „Vor Sonnenuntergang". In: KZ, 11. 10. 1988, S. 3.

„abstruse[n] Selbstüberschätzung dieser Künstler und Lebenskünstler", von „Gauklern, die da subventionslüstern um die Politiker und Volksvertreter scharwenzeln".[35]) Das lassen diese in ihrer Mehrzahl nicht länger zu, wie selbst die Aufmacherschlagzeile der Kronen Zeitung glauben macht.[36]) Die populäre Forderung nach Entzug von Steuermitteln für Förderung und Honorare böser Autoren kommt in einem Land, in dem die wichtigsten Theater und Verlage direkt oder indirekt verstaatlicht sind, in dem überdies ein Rundfunkmonopol besteht, einem Berufsverbot gleich. Wieder einmal wäre Emigration die Alternative.

„In Österreich", so formuliert *Elfriede Jelinek* in ihrer Rede anläßlich der Entgegennahme des *Heinrich-Böll*-Preises, „wird kritischen Künstlern die Emigration nicht nur empfohlen, sie werden auch tatsächlich vertrieben, da sind wir gründlich."[37]) *Sebastian Leitner* antwortet ihr im Kurier darauf mit den Worten: „So schlimm kann das nicht sein. Elfriede bleibt uns vorerst erhalten."[38]) Deutlicher läßt sich Spott, Widerwillen am geschilderten Sachverhalt und die Hoffnung, daß noch nicht aller Tage Abend sei, kaum ausdrücken.

Richard Nimmerrichter bleibt es vorbehalten, die Dimensionen eines etwaigen Exodus bedeutender österreichischer Schriftsteller zurechtzurücken, wenn er fragt:

> Werden wir auch noch den bevorstehenden Abgang Handkes überstehen? Seien wir stark: halten wir uns vor Augen, daß wir schließlich seinerzeit auch schon den Abgang des Hansi Krankl nach Barcelona überstanden haben.[39])

Letzter Vorschlag der behandelnden Journalisten für all diejenigen Wahnsinnigen, die nach Entzug der Arbeitsmöglichkeiten immer noch im Land bleiben: „Ab in die Klapsmühle!"

5.

Helmut Qualtinger ist tot. Das stimmt versöhnlich. Und so wird im Jahr 1988 tatsächlich „Der Herr Karl" gegen „Heldenplatz" ausgespielt. *Dieter Kindermann* befindet, daß jenes Stück die „Doppelbödigkeit eines ganz bestimmten Wiener Typus" aufzeigt, dieses hingegen ein Pauschalurteil über alle Österreicher ist.[40]) Anheimelnd auch das profunde Urteil des großen Kulturpublizisten *Roman Schliesser* in seiner *Adabei*-Kolumne, wenn man sich *Qualtingers* Charakterstudie vor Augen führt:

> Wie denn auch, so fragt man sich, soll ein Pimpf aus Bielefeld [. . .] die nötige Sorgfalt für ein echtes Stück Wiener Kritik, wie es Helmut Qualtingers „Der Herr Karl" nun einmal ist, aufbringen?[41])

Erscheint die Vereinnahmung *Helmut Qualtingers* grotesk und perfid, so darf einen der Schulterschluß mit einer Generation österreichischer Autoren, deren Engagement für den Ständestaat oder/und den Nationalsozialismus erst in den letzten Jahren von einer jüngeren Germanistengeneration kritisch gewürdigt wurde, im beschriebenen Kontext nicht verwundern. *Kurt Diemans* nostalgische Beschwörungen wurden schon

---

[35]) Vgl. *Richard Nimmerrichter (Staberl):* Wer schützt die Gaukler? In: KZ, 12. 6. 1988.
[36]) Vgl. KZ, 9. 10. 1988, S. 1.
[37]) Zitiert nach: Oh Heimat. In: PR, 15. 12. 1986, S. 79.
[38]) *Vgl. Sebastian Leitner:* Das Gespeibsel der Elfriede Jelinek. In: K, 12. 12. 1986.
[39]) *Richard Nimmerrichter (Staberl):* Die Hatz und ihre Zuträger. In: KZ, 15. 4. 1987.
[40]) Vgl. *Dieter Kindermann:* Pauschalurteil. In: KZ, 9. 10. 1988. S. 3.
[41]) *Roman Schliesser (Adabei):* Peymanns Burg-Direktion [...]. In: KZ, 23. 10. 1988.

an anderer Stelle behandelt. In ihnen werden *Weinheber* und *Mell* als positive Beispiele den „literarischen Lemuren“ von heute gegenübergestellt. *Willi Sauberer* ereifert sich, daß in dem Skandallexikon „Wer?“ von *Weiss/Federspiel Karl Heinrich Waggerl* vorkommt, der sich auch nach 1945 nicht beugen ließ und „beim Bekenntnis zur ‚Heimat‘“ blieb, während „Jungkommunist Turrini mit seinen Geschichtsverdrehungen“ nicht Aufnahme gefunden hat.[42]) Die Initiative von etwa 100 österreichischen Schriftstellern, in Salzburg Umbenennungen von Straßen in Erwägung zu ziehen, die bis in die 70er Jahre hinein die Namen von nationalsozialistischen und NS-freundlichen Autoren erhielten, wird von *Thomas Chorherr* in der „Presse“ als „kollektive[r] Irrsinn“ bezeichnet, die Initiatoren als „Hexenjäger“ abqualifiziert.[43]) Auch *Bernhard Hütter* verwendet in einem Leitartikel des Salzburger Volksblattes diesen Begriff, wenn er festhält:

> Über Springenschmid, Ableitner und Pert Peternell scheint das Urteil schon gefällt. Ihre Grabesruhe wird von den neuen Hexenjägern gestört, sie können von Glück reden, wenn nicht auch ihre Grabsteine der neuen Entnazifizierung zum Opfer fallen. Ihre Haltung nach 1945 tut nichts zur Sache, ihre Verdienste zählen nicht, niemand erhebt sich zu ihrer Verteidigung, sie selbst sind hilflos, weil tot. Ihre Richter haben aus der Geschichte viel gelernt, vor allem aus der Geschichte jener Regimes, die mit Umbenennungen von Straßen ihre illiberale Haltung für alle Welt deutlich machten.[44])

Karl Springenschmid hat die Bücherverbrennung 1938 auf dem Residenzplatz organisiert und dabei eine wahrhaft flammende Rede gegen Schriftstellerkollegen gehalten, *Augustin Ableitner* schreibt in einem Gedichtband 1939 zum Beispiel folgende Zeilen:

> Dachau ist eine zünftige Gegend
> und sehr gesund, appetitanregend.
> Die schöne Aussicht kommt denen zustatten,
> die früher mal keine Einsicht hatten.[45])

Den Schriftsteller *Jura Soyfer* können wir nicht mehr fragen, ob Dachau tatsächlich sehr gesund und appetitanregend war. Er ist unter anderem daran gestorben. In meinem Essay zu den Beweggründen für diese kulturpolitische Aktion heißt es:

> Straßennamen würdigen zumeist keine Einzelleistungen. Die Goethestraße heißt nicht Fauststraße, der Mozartplatz nicht Platz der Kleinen Nachtmusik. Persönlichkeiten wie August Ableitner zu ehren, ist trotz seiner vielen „harmlosen“ Texte nach 1945 nicht zu verantworten. Das wollten fast hundert österreichische Schriftsteller mit ihrer Erklärung anmahnen. Sie dürfen vor der eigenen Berufsgruppe nicht die Augen verschließen, wenn sie in ihrem kritischen Umgang mit der Wirklichkeit Österreichs nicht unglaubhaft werden wollen.[46])

6.

Literatur und ihre Schöpfer sind natürlich nicht sakrosankt. Im Gegenteil: Sie bedürfen kritischen Diskurses. Daß auch außerhalb germanistischer Institute und Insiderzir-

---

[42]) Vgl. *Willi Sauberer:* Ein Lexikon der Skandale. In: SVZ, 12. 10. 1988.

[43]) Vgl. *Thomas Chorherr (t.c.):* Hexenjagd. In: P, 4. 2. 1988, S. 1.

[44]) *Bernhard Hütter:* Die Grabesruhe gestört. In: SV, 17. 12. 1987, S. 1.

[45]) *Augustin Ableitner:* Peggy, mein schnaubendes Pferd, und wie es mich getragen hat durch Österreich, den Ständestaat. Salzburg/Leipzig 1939, S. 109, sowie SV, 23. 4. 1938, S. 7.

[46]) *Ludwig Laher:* Schriftsteller und die Bewohnbarkeit Salzburgs. In: Kulturservice der Stadt Salzburg (Hg.): Umbenennung der Augustin-Ableitner-Straße. Salzburg 1988, S. 12 f.

kel über österreichische Gegenwartsliteratur geredet wird, ist an und für sich ein wünschenswerter Zustand.

Leider haben die hier beschriebenen Beiträge veröffentlichter Meinung keineswegs die Intention, Literatur ernsthaft zu diskutieren. Die Presse legt Flächenbrände, die nicht zuletzt in den Schulen wüten, wo viele Lehrer, wenn schon nicht über Gegenwartsliteratur, so doch über die trivial erscheinende Rezeption durch die Medien und Politiker stillschweigend hinweggehen.

Eine von mir in den letzten Wochen gemachte Umfrage unter etwa 150 Schülern zwischen 15 und 18 Jahren im Bereich der AHS liefert, wenngleich nicht repräsentativ, beachtenswerte Ergebnisse: Auf die Frage, welche Quellen an ihrer Meinungsbildung über österreichische Gegenwartsliteratur maßgeblich beteiligt seien, wird zwar in erster Linie der Deutschlehrer genannt, dann allerdings schon die Medien, vornehmlich Zeitungen und der ORF, abgeschlagen rangieren Primärtexte unter ferner liefen.

Was aber nun halten die Schüler von Österreichs lebender Schriftstellergeneration? 15 Prozent haben keine Meinung. Nur etwa 20 Prozent äußern sich überwiegend positiv. Mehr als die Hälfte der Befragten kritisiert die fortgesetzte Nestbeschmutzung des Vaterlandes, unserer Heimat. Kritik dürfe nicht übertrieben werden, das Stöbern in der Vergangenheit sei uninteressant. Die heimischen Autoren neigen zu ordinärer und primitiver Schreibweise. Häufig findet sich in den Antworten auch der Vorwurf, man ließe die Schreiberlinge verbalen Unrat auf Kosten des Steuerzahlers veröffentlichen. Interessanterweise spielt die Ideologie der Schriftsteller („Linkes Eck") kaum eine Rolle. Nur jeder zehnte Befragte merkt solches kritisch an.

Ohne danach gefragt worden zu sein, geben nicht wenige Schüler auch Auskünfte, wie dem georteten Übel abzuhelfen wäre. Das folgende Beispiel habe ich nicht als einsames Dokument erschreckender Intoleranz ausgewählt, sondern deshalb, weil hier von verschiedenen anderen ebenfalls gemachte Vorschläge in beklemmender Logik in Beziehung gesetzt werden:

> Die Politiker müßten auf solche wüsten Beschimpfungen [. . .] mit harten Strafen reagieren. Sollte es mit dem Gesetz Schwierigkeiten geben, muß man eben das Gesetz ändern. Aber so etwas dauert leider mehrere Monate, und dann ist der Vorfall ohnehin wieder vergessen. Daher können derartige Texte solange nicht gestoppt werden, bis ein konsequenter „Mann" an die Macht kommt.

7.

Wollt ihr wissen woher ich's hab
Mein Haus und Haab?
Hab allerley Pfiff ersonnen
Es mit Müh, Schweiss und Angst gewonnen.
Genug ich bin reich,
Und drum scheiss ich auf euch.[47])

Mit wenig Mühe ließe sich dieses Gedicht vor Schülern etwa als Aussage eines Korruptionisten, sagen wir, in *Turrinis* „Die Minderleister" verkaufen, einige Anpassungen in Interpunktion und Orthographie vorausgesetzt. Eine anschließende Diskussion über österreichische Gegenwartsliteratur – den meisten Schülern genügt dieses eine Beispiel, viele brauchen gar keines – würde wohl viel von dem oben Gesagten zu Tage fördern.

---

[47]) In: *Johann Wolfgang Goethe:* Satiren, Farcen und Hanswurstiaden. Stuttgart 1968, S. 64.

Eine Schülergeneration, deren Mehrheit mit nationalistischen Argumenten die Reihen zu schließen trachtet, die sich nach Schlüssigkeit und Homogenität ihres Weltbildes sehnt, auch um den Preis der Oberflächlichkeit, der Vereinfachung und des Vorurteils, bedarf meiner Meinung nach der Verunsicherung, um sich differenzierter Argumentation zu öffnen.

Wird den jungen Leuten schließlich mitgeteilt, daß jenes oben zitierte Gedicht mit dem Titel „Ein Reicher dem gemeinen Wesen zur Nachricht" nicht von *Turrini*, nicht von *Bernhard*, sondern von *Johann Wolfgang Goethe* stammt, mag vielleicht der Boden dafür bereitet sein, Schüler über die Funktion der Polemik, über das Stilmittel der Übertreibung zu unterrichten.

Dieser Aufsatz kann und will keine Unterrichtsmodelle zum Thema anbieten. Kursorisch deshalb nur einige Hinweise, wie den Anwürfen der hier beschriebenen Medienöffentlichkeit begegnet werden könnte: Die Kultursprache, das schöne Deutsch der altvorderen Dichter, läßt sich zu allen Zeiten als Ergebnis der Selektion durch eine Rezipientengemeinde, Zensoren eingeschlossen, definieren. Der jahrhundertelang gereinigte deutsche *Shakespeare* mag als Beispiel dienen. Um den Bereich der Sexualität haben weder *Shakespeare* noch *Schnitzler* einen Bogen gemacht, was letzteren u. a. in Burgtheaterturbulenzen brachte. Was den Anal- und Genitalbereich anlangt, sei, ohne werten zu wollen, einzig auf das Personenverzeichnis zu *Goethes* „Hanswursts Hochzeit" verwiesen, vor dem selbst das Götzzitat erblassen muß. Und wer könnte es in Sachen Beschmutzung des Vaterlandes mit *Karl Kraus* aufnehmen?

Dies zur historischen Einbindung des Gegenstandes. Daß es nicht angeht, Autor und Erzählendes Ich eines Textes oder gar Bühnencharaktere in eins zu setzen, versteht sich von selbst. Selbst *Thomas Bernhard*, der auf solcher Identität beharrt, schreibt Texte, die eindeutig als literarische ausgewiesen sind und einer poetischen Verfahrensweise entsprechen, deren Radikalität vor der Person des Autors (wenn man *Bernhards* Identifikationsansprüchen folgen will) eben nicht haltmacht. Wie immer man zu *Bernhard* stehen mag, Passagen wie die folgenden heben ihn, von allen anderen Unterschieden einmal abgesehen, wohltuend von den oben vorgestellten journalistischen Kritikern ab:

> [. . .] wir sind überhaupt um nichts besser, als diese Leute, die wir andauernd nur als unerträgliche und widerliche Leute empfinden, als abstoßende Menschen, mit welchen wir möglichst wenig zu tun haben wollen, während wir doch, wenn wir ehrlich sind, andauernd mit ihnen zu tun haben und genauso sind wie sie. Wir werfen allen diesen Leuten alles mögliche Unerträgliche und Widerwärtige vor und sind selbst um nichts weniger unerträglich und widerwärtig und sind vielleicht noch viel unerträglicher und widerwärtiger als sie, denke ich.[48])

„So ist das mit Thomas Bernhard, diesem Paradestück des Austromasochismus", schreibt nunmehr auch ein Kulturredakteur im engeren Sinne, *Karlheinz Roschitz*, in seiner vertraulichen Kolumne „Unter uns gesagt", „So ist das mit Thomas Bernhard, diesem Paradestück des Austromasochismus, dem's offenbar nur wohl ist, wenn er [. . .] von Passanten mit dem Stock attackiert wird." Fehlt nur noch die Aufforderung: Geht hin und macht ihm doch die Freude, haut's eam wia an Taunzbärn![49])

„Wie lange wollt Ihr Euch noch frozzeln lassen?" lautet die Balkenletterüberschrift in einer Publikation mit dem Titel „Kommentare zum Zeitgeschehen". Was ist der Grund für die Aufregung? Die Verleihung des *Anton-Wildgans*-Preises an *Friederike Mayröcker*, „eine besondere Ungeheuerlichkeit. (Für jeden, der Anton Wildgans schätzt und liebt.)". Und weiter heißt es in besagten „Kommentaren": „Die wirklichen

---

[48]) *Thomas Bernhard:* Holzfällen. Frankfurt/M. 1988, S. 316.
[49]) Vgl. *Karlheinz Roschitz:* Unter uns gesagt. In: KZ, 23. 10. 1988, S. 23.

Künstler brauchten und brauchen keine ‚einleitenden Erklärungen', ihre Sprache war und ist die Eure."[50])

So einfach ist das. Nein, hier soll nicht so getan werden, als ob es in diesem Land keinen seriösen Journalisten mehr gäbe, als ob all die genannten zumindest potentielle Nazis wären, hier kommen nur die zu Wort, die von sich behaupten, die schweigende Mehrheit hinter sich zu wissen. Die Argumentation, seriöse Wissenschaft brauche sich mit solchem Gefasel nicht zu befassen, halte ich für einen Fehler und letzten Endes für gefährlich. Wenn es wirklich gelten soll, den Anfängen zu wehren, dann ist jetzt genau der richtige Zeitpunkt. Und die Schule genau der richtige Ort.

(Manuskript abgeschlossen im Oktober 1988)

Nachtrag im Februar 1992

Nicht immer kann man sich freuen, wenn der Gang der Ereignisse bestätigt, was man als These formuliert hat. Parallel zu den rasanten Veränderungen auf unserem Kontinent und in deren Windschatten läßt sich beobachten, daß sprachliche Verrohung, Antiintellektualismus und die Selbstzufriedenheit, auf der Seite der Sieger zu stehen, immer dreistere journalistische Ausgrenzungen gebären.

Dem steht die zunehmende Verunsicherung auch der Schriftsteller gegenüber, ob es überhaupt noch Sinn macht, Gegenentwürfe zum herrschenden Mainstream anzudiskutieren, aufklärerisch wirken zu wollen. Jedenfalls ist ein Rückzug der Autoren auf die literarische Arbeit im engeren Sinn festzustellen. Freilich, der geringste Anlaß genügt den auflagenstärksten publizistischen Erzeugnissen im Land nach wie vor, mit unverhältnismäßiger Massivität gegen alles, was noch zu widersprechen wagt, zu Felde zu ziehen.

Ich beschränke mich auf zwei Beispiele aus der jüngsten Zeit, die mir besonders charakteristisch erscheinen. Zum einen deswegen, weil sie in diesem Land mit der mittlerweile größten Pressekonzentration weltweit die beiden einander konkurrenzierenden Branchenriesen in friedlicher Denunziationsgemeinschaft zeigen, zum anderen, weil sich daran zeigen läßt, daß sich die von mir seinerzeit angebotenen Ausführungen zur Struktur journalistischer Scheinargumentation als ungebrochen gültig erwiesen haben.

Als der Salzburger Künstler *Anton Thuswaldner* im September 1991 eine Installation schuf, die das von einem Gerüst umgebene Mozartdenkmal der Festspielstadt unter einem Berg von Supermarkteinkaufswägelchen verschwinden ließ, zog sich wochenlang eine einzige Erregung durch die Kronen Zeitung. Die beispiellosen Attacken gegen Salzburgs Stadtregierung, den Künstler sowie die „skandalöse Verschandelung" eines Wahrzeichens führten dazu, daß der Bürgermeister früher als geplant den Auftrag zur Demontage des Kunstwerks gab. Eine Menschenkette in Salzburg wohnhafter Künstler rund um den Casus belli verhinderte die Ausführung dieses Plans. *Wolf Martin* reimt darauf in der Kronen Zeitung, „Szene-Promis" wie „*H. C. Artmann*" hätten sich das entrüstete Volk (übrigens eine Mystifikation der Kronen Zeitung) gar nicht angehört, „denn Kunst verstehn nur Eingeweihte, / und das sind nur die Linken heute."[51]) Und derselbe Verseschmied bedient die beschworene Volksseele: „Reaktionäre fänden's nett, / wenn Salzburg noch an *Waggerl* hätt."[52]) Während der siebzigjährige Dichter und Weltmann *H. C. Artmann,* weil noch in Fleisch und Blut vor dem Denkmal vorgekommen, als linker Szene-Promi tituliert wird, nennt *Wolf Martin*

[50]) Kommentare zum Zeitgeschehen, Flugblattausgabe. Wien o. J. (1988).
[51]) Vgl. *Wolf Martin:* In den Wind gereimt. In: KZ, 14. 9. 1991, S. 12.
[52]) Vgl. *Wolf Martin:* In den Wind gereimt. In: KZ, 12. 9. 1991, S. 19.

den seinerzeitigen Salzburger Obmann der Reichsschrifttumskammer *Karl Heinrich Waggerl* bar jeder Ironie einen „alten Meister."[53])

Während ich diesen Nachtrag schreibe, liegt die aktuelle Ausgabe des meistgekauften österreichischen Wochenblattes vor mir. „*Peymann* schwindelt ordinären *Turrini*-Text in *Shakespeare*-Drama"[54]), heißt die Schlagzeile auf der ersten Seite, und weiter hinten führt Die ganze Woche aus, es „drückte der Burgtheater-Direktor am Dichterling *Peter Turrini* Papier und Bleistift in die Hand und forderte ihn auf, in den Originaltext Anstößiges und Vulgäres einzufügen . . ."[55]) Zwei Berufsbezeichnungen für *Peter Turrini* hat man vorrätig, neben „Dichterling" das Wort „Schrift(ver)steller".[56])

Ungeniert wird suggeriert, die Aktualisierungen der einzigen Clown-Szene in Macbeth stünden, was sexuelle Anspielungen anlangt, im Gegensatz zum Original. Als Beweis wird u. a. ein scheinbares *Turrini*-Zitat wörtlich angeführt, in Wirklichkeit eine vergleichsweise harmlose Nachdichtung von *Shakespeares* wesentlich deftigeren Ausführungen zum Zusammenhang zwischen übermäßigem Alkoholgenuß und männlicher Potenzperformanz.

Und Verweise auf aktuelle Themen aus Politik und Gesellschaft samt ihren Protagonisten, als harmlose Frosch-Raunzerei in jeder Fledermaus-Inszenierung bejubelt, als liebenswürdiges *Nestroy*-Couplet geschätzt, werden, es geht ja gegen *Peymann* und *Turrini*, als anstößig empört zurückgewiesen. In der Tat, wieso sollten das nette Familienstück Macbeth mit seinem bißchen Blut und den paar Toten sowie sein kunstsinniges Publikum auch Anstößigem ausgesetzt werden?

Den Dichter *William Shakespeare* gegen „einen gewissen *Peter Turrini*" in Schutz zu nehmen, das sieht auch *Richard Nimmerrichter* als edle Pflicht an. Letzterer werde von *Peymann* „gewissermaßen als Korrektor und Verbesserer des *William Shakespeare*" eingeteilt.[57])

> Er muß also, um es geradewegs herauszusagen, ebenso ganz zwangsläufig ein Reaktionär sein, wie jeder andere Mensch, der schon so lange vor *Karl Marx*, *Josef Stalin* und *Nicolae Ceausescu* gelebt hat. Dabei hat *Shakespeare* mit seinem Geburtsjahr noch Glück gehabt; lebte er gar heute, müßte er sich womöglich auch noch als Neonazi, Faschist und Antisemit abkanzeln lassen.
> Angesichts der eklatanten ideologischen Unzulänglichkeiten des *William Shakespeare*, so hat sich Herr *Peymann* aus Bochum wohl gesagt, hilft gar nichts anderes, als den Genossen *Peter Turrini* in die Bresche springen zu lassen. Der war ja als eben noch deklarierter Kommunist wie kein zweiter prädestiniert, das politische und ideologische Manko *Shakespeares* in wohltätig progressiver Weise auszugleichen.[58])

Der gewisse Dichterling und Schrift(ver)steller hat 1986 in einer Rede zum Zustand der Sozialdemokratie in Österreich über die kleinen Leute an der Basis gesagt: „Eines weiß ich: diesen Menschen wird es schlechter gehen, wenn die Bewohner des Stammtisches an die Macht kommen."[59])

Wenn die Bewohner des Stammtisches und ihre journalistischen wie politischen Mentoren an die Macht kommen, werden die verbalen Scheiterhaufen, diese menschenverachtende Phrasenmischung aus Haß, Berechnung und Dummheit, wohl bald wieder durch effektivere ersetzt werden.

---

53) Ebd.
54) Vgl. Die ganze Woche (DgW), 20. 2. 1992, S. 1.
55) Vgl. DgW. 20. 2. 1992, S. 23.
56) Ebd.
57) Vgl. *Richard Nimmerrichter* (Staberl): Peymanns junger Bischof mit Aids. In: KZ, 23. 2. 1992, S. 10.
58) Ebd.
59) Vgl. *Peter Turrini:* Es ist ein gutes Land. Wien 1986, S. 184.

Bernhard Doppler

Schriftsteller-Werden

Fallstudie über zwei Versuche der Professionalisierung

1. Vorstellung

Ihr erstes Buch ist noch nicht erschienen, und der breiteren literarischen Öffentlichkeit sind Schriftsteller A, 26 Jahre, und Schriftsteller B, 29, kaum bekannt. Freilich haben sie schon seit langem in Kulturzeitschriften und Sammelbänden veröffentlicht und mehrere Lesungen abgehalten; im ORF sind sie bereits als Autoren portraitiert worden: Schriftsteller A in der „Ö 3 – Musikbox" und Schriftsteller B in Ö Regional, in der Sendung „Literatur aus Niederösterreich". Vielleicht ist für beide der große Durchbruch nahe.

Für Schriftsteller A zum Beispiel? Er lebt seit zwei Monaten in Berlin, 1986 hat er, zwar ohne mit einem Preis bedacht zu werden, beim Klagenfurter *Bachmann*-Wettbewerb mitgetan und nun für 1988 mit einem renommierten bundesdeutschen Verlag einen Vertrag abgeschlossen. Und auch bei Schriftsteller B hat sich seit Herbst etwas getan. Seit September ist er Stadtschreiber in einer österreichischen Landeshauptstadt. Ohne Nebentätigkeiten allein vom Schreiben zu leben, ist schon lange die Absicht von Schriftsteller A und Schriftsteller B. Schriftsteller A und Schriftsteller B sind also, noch bevor ihr erstes Buch erschienen ist, Schriftsteller von Beruf.

Was alles übrige betrifft, so sind Schriftsteller A und Schriftsteller B äußerst verschieden. Schriftsteller A betont, er müsse sich im Grunde dagegen verwahren, überhaupt in einem Zusammenhang mit Schriftsteller B, den er persönlich gut leiden mag, genannt zu werden; es sei denn, man habe lediglich ein literatursoziologisches Interesse an seiner Person. B könne einfach nicht schreiben, sagt Schriftsteller A über seinen Kollegen, ein Urteil, das er freilich auch über renommierte Autoren wie *Christa Wolf* oder *Erich Fried* fällt; mit seiner Auffassung von Literatur, sagt Schriftsteller A, wären B's Schreibarbeiten völlig inkommensurabel. Schriftsteller B selbst sieht den Gegensatz auch, wenngleich er sich jovialer ausdrückt: Wenn man sich mit ihm, B, befasse, dann solle man aus Proporzgründen auch A als Gegentypus zu Wort kommen lassen. Tatsächlich verkörpern Schriftsteller A und Schriftsteller B die beiden Gruppierungen der österreichischen Literatur, die etwa *Walter Klier* im Aprilheft des „Merkur" als österreichische Form-Inhalts-Arbeitsteilung[1]) sicherlich etwas verkürzt auf den Punkt zu bringen suchte: „Erstens die Forum-Stadtpark-Avantgarde, die bürgerliche Privatliteratur in ästhetisch anspruchsvoller Form produziert, wo die gesellschaftliche Realität im Hintergrund verdämmert, selbst wohlmeinendem Scharfblick kaum noch erkennbar"; und zweitens „symmetrisch dazu eine sich ab 1970 herausbildende sozialdemokratische Staatsliteratur als Begleitmusik zur Reformpolitik der SPÖ, eine Art von umgestülptem sozialistischem Realismus; das Negative soll dargestellt werden, das Beschreiben trister Zustände in einer unauffällig konventionellen Weise impliziert ihre Reformierbarkeit."

---

[1]) *Walter Klier:* „In der Liebe schon ist die Frau nicht voll auf ihre Kosten gekommen, jetzt will sie nicht auch noch ermordet werden". Über die Schriftstellerin Elfriede Jelinek. In: Merkur 41 (1987), S. 423.

Bernhard Doppler, Dr. phil., wissenschaftlicher Angestellter an der Universität/Gesamthochschule Paderborn.

Nun. Schriftsteller A findet sich tatsächlich mit seinen von ihm geschätzten Kollegen *Michael Donhauser* und *Peter Waterhouse* im neuesten Heft der „Manuskripte", einer Hommage auf *Peter Handke; Alfred Kolleritsch* hat in diesem Heft Auszüge aus *Handkes* Tagebuch vom März bis September 1987 unter dem Titel „Vom Felsenfenster, morgens" abgedruckt.[2]) Die Gegenzeitschrift zu den Grazer „Manuskripten" könnte das Wiener „Wespennest" darstellen: Schriftsteller A reizt an dieser Zeitschrift schon der Untertitel, „Zeitschrift für brauchbare Texte", zum Spott. Doch das „nützliche" „Wespennest" ist der Ort, an dem sich Schriftsteller B mit seinen Recherchen aus dem Alltag gut aufgehoben fühlt; darüber hinaus auch in den von *Max von der Grün* im Wiener Europa-Verlag herausgegebenen „Geschichten aus der Arbeitswelt". Hier ist Schriftsteller B mit zwei Erzählungen vertreten.[3])

Josef Haslinger hat 1987 in einem in der BRD und in der DDR öfters abgedruckten Aufsatz „Auf der Suche nach der österreichischen Literatur des letzten Jahrzehnts" den „Niedergang einer Profession"[4]) beklagt. Die österreichische Subventionspolitik, schreibt *Haslinger*, ermutige zu viele, als freie Schriftsteller zu leben, binde sie aber gleichzeitig an die Interessen des Staates; statt Sozialhilfe zu zahlen, kümmere sich das Unterrichtsministerium um diese Autoren, kaufe gleichsam ihre Werke zu einem Hungerlohn oder durch Zuwendungen aus dem Sozialfonds der Autoren auf, lasse sie in österreichischen Kleinverlagen erscheinen und mache sie wirkungslos. „Damit gibt es einen neuen Autor", schreibt *Haslinger*, „dem der Staat zur Gänze die Öffentlichkeit ersetzt. Es ist dies die Literatur des letzten Jahrzehnts, die man nicht einmal vergessen mußte, um sie zu ignorieren."[5]) *Haslingers* Einschätzung der Literaturszene trifft sicherlich zu. Sie gilt unter Umständen für Schriftsteller B. Doch was bedeutet sie für ihn? Auch nach dem Lehrer oder dem Geisteswissenschaftler fragt der Arbeitsmarkt heute kaum. Warum soll er also nicht vom Schreiben leben wollen?

Und Schriftsteller A? Via BRD scheint er einen ökonomischen Zugang zur Literatur gefunden zu haben. Doch auch dort ähnliche Klagen. So sieht zum Beispiel 1987 *Martin Lüdke* im „Literaturmagazin" nur mehr einen Literaturbetrieb, „in dem längst, was Leben heißen könnte, erstickt ist." „Wir freuen uns", jammert *Lüdke*, „mit dem zweiten Stadtschreiber von Eimsbüttel über die Vielzahl von Preisen und Stipendien, beklagen zu Recht den Abbau von Subventionen im öffentlich-rechtlichen Rundfunk und merken nicht mehr, daß die von Stadt- und Staatsschreibern produzierte Literatur miserabler wird. Nicht *Achternbusch,* der es verdiente, wird subventioniert, sondern

---

[2]) *Wolfgang Hermann:* Das schöne Leben. In: manuskripte 97, S. 89–93. (Weiters *Michael Donhauser:* Gedichte, S. 73–75, und *Peter Waterhouse:* Das Klarsfelder Gedicht, S. 65–72. Ans *Handke*-Tagebuch anschließend findet sich *Handke*-Sekundärliteratur, ein Essay von *Peter Strasser* und ein Aufsatz von *Michael Buselmeier*.)

[3]) *GESCHICHTEN AUS DER ARBEITSWELT* 2. Eingeleitet von *Max von der Grün*. Wien 1984. Darin: *Rudolf Lasselsberger:* Noch nicht ganz, S. 61–69, sowie: Verkäuferin im Traumgeschäft, S. 175–184, auch in: Wespennest 57, S. 32–36. *Rudolf Lasselsberger:* „Bekanntlich meldete der Kitzbühler Sportmoden-Erzeuger Zavratsky am 17. Juli den Ausgleich an, im St. Leonharder Zweigwerk wurden daraufhin fast 100 Frauen beschäftigungslos". In: Wespennest 45, S. 21–25.

[4]) *Josef Haslinger:* Lebt als freier Autor in Wien. Zum Niedergang einer Profession. In: Freibeuter 333, S. 58–62, ausführlicher unter dem Titel: Auf der Suche nach der österreichischen Literatur des letzten Jahrzehnts. In: Sinn und Form (DDR) (1986), S. 208 –220, sowie in Merkur 40 (1986), S. 989–993, und in Wespennest 67, S. 44–50. Der Aufsatz paßt nach West und Ost. Für die Leser der DDR-Zeitschrift macht wohl der hemmungslose Ausverkauf der österreichischen Literatur an den kapitalistischen BRD-Buchmarkt, für die Leser von „Merkur" und „Freibeuter" die gut funktionierende Kulturbürokratie und Subventionspolitik Österreich zum exotischen Fall.

[5]) *Haslinger*, zit. nach Sinn und Form S. 216.

das schiere Mittelmaß. Warum soll ein junger Autor, der eben zwei oder drei schlichte Erzählungen in einer Regionalzeitung veröffentlicht hat, mit Förderungen vorschnell professionalisiert werden, um dann, im geforderten Zweijahresrhythmus seine Werke marktgerecht zu plazieren?"[6]) Das Zitat findet sich in *Lüdkes* Resumee zu einer literarischen Umfrage, „Warum sie schreiben, wie sie schreiben", die *Lüdke* an 37 bekanntere Autoren gerichtet hat; er hatte die Schriftsteller um Antworten auf den von ihm gemutmaßten Verlust von Utopien gebeten, eine Wirkung von Tschernobyl auf die Literatur unterstellt und sich nach dem Weiterführen republikanischer Traditionen erkundigt, nachdem die „Generation der Enzensberger, Lettau und Walser in den republikanischen Ruhestand"[7]) getreten sei. Nicht nur das schiere Mittelmaß, auch die eingesandten Antworten der Bekannteren sind schrecklich banal und trivial, am besten immer noch dort, wo sie sich explizit *Lüdke* verweigern.[8]) Offensichtlich sind die Fragen falsch gestellt. Sie trauern, man ist an *Lukacs* erinnert, einer Idealkonzeption von Literatur für die Gegenwart nach und wollen darüberhinaus auch das kritische Feuilleton bedienen.

Schriftsteller A und Schriftsteller B sind noch keine festen berechenbaren Größen in diesem Literaturbetrieb. Doch der pauschale Vorwurf, die Literatur der 80er Jahre sei beliebig und langweilig[9]), schlägt wohl auf den Kritiker zurück, wenn er es sich so leicht macht, Schriftsteller wie A und B als schieres Mittelmaß aus seiner Wahrnehmung auszugrenzen. Im folgenden interessieren daher ihr Werk und ihr Habitus.

2. Lesung

Beim Symposium „Literatur und Alkohol", das die Grazer Autorenversammlung im Herbst 1986 veranstaltet hat, sind im Abendprogramm auch Kurzlesungen von Autoren zu hören, unter ihnen Schriftsteller B. Doch nachdem Schriftsteller B nach kurzem Applaus vom Lesetisch aufgestanden ist, kommt es zum Eklat. Schriftstellerin *Haslehnder*, nach B auf dem Programm, weigert sich, zu lesen; ihr Schamgefühl sei durch die beiden vorhergegangenen Darbietungen verletzt worden; vor Schriftsteller B hatte noch Schriftsteller *Andrian* gelesen; und in der Tat, in drastischen Bildern hatte *Andrian* männerfressende Frauen phantasiert, gegenüber denen der Text von Schriftsteller B eigentlich harmlos wirkte. B hatte in seinem Text Franz und Sepp, später kam noch ein gewisser Mortadella dazu, bei einer Sauftour durch zwei Wiener Hurenbeisln verfolgt. Zeremonielles Bestellen von Alkohol, sexueller Notstand, Erbrechen, viel Schmäh und Anmache, dazu das bei Schriftsteller B beliebte Motiv, die Musikbox, die einen alten Schlager spielt, einzuschalten: das wirkte wie ein *Bukowski* à la Vienne-Gürtel. – Obwohl Schriftsteller B vermutlich an *Bukowski* gar nicht gedacht haben dürfte, eher schien es, daß er das vorgegebene Thema des Symposiums „Literatur und Alkohol" nicht verfehlen wollte, so wie er ja auch für eine andere Tagung „Literatur und Sport" die Erzählung „FC vor, noch ein Tor" verfaßt hatte, in der er das Wochenende eines jugendlichen Fußballspielers in einer Drittliga schilderte. Sicherlich, waren Wendungen wie „Franzlsepp, du Wixerdepp" etc. wirklich nötig? Aber sie erklären kaum die nun einsetzende Erregung, die sich gegen Schriftsteller *Andrian* und Schriftsteller B Luft machte. Ein junger Mann aus dem Publikum, wohl auch ein Schriftstellerkollege, ruft nach vorne: „Das ist die Wende. Das ist die Wende in Österreich. Ihr

[6]) *Martin Lüdke:* Plädoyer gegen die Weinerlichkeit. Letzte Lieferung. In: Literaturmagazin 19, S. 135.

[7]) Brief an die Autoren. In: Literaturmagazin 19, S. 16 f.

[8]) Bis auf *Daniel Grolle*, der sich outriert jugendlich gibt, sind alle befragten Autoren mindestens dreißig Jahre alt, das Durchschnittsalter liegt bei 42 Jahren.

[9]) Vgl. dazu auch die Kritik der Zeitungen beim *Bachmann*-Wettbewerb 1986, an dem *Wolfgang Hermann* teilgenommen hat. In: Klagenfurter Texte 1986. München 1986, S. 187 ff.

wißt ja gar nicht, wie rechts ihr seid!", und daß sich das die zuhörenden Frauen stillschweigend gefallen ließen und nicht protestierten! Die so von dem jungen Mann zur Stellungnahme gezwungenen Frauen, in erster Linie Studentinnen, zeigten sich jetzt empört und entschuldigten sich bisweilen sogar für ihr Hierbleiben im Vortragsraum. Einige vermittelnde Bemerkungen der Veranstalter, zwischen Text und Autor bestünde eine Differenz, Literatur habe Verdrängtes ins Bewußtsein zu holen, Verweigerung gegenüber Anstößigem käme einem Bilderverbot gleich, mochten kaum zu beruhigen. *Andrian* drehte schließlich trotzig den Spieß um: Daß seine Texte noch heute solche Erregung bewirken könnten, das befriedige ihn. Schriftsteller B war hier nolens volens in einen Eklat hineingeraten, er hatte Reaktionen ausgelöst, die an seinen Interessen völlig vorbeigingen, aber es waren die einzigen Reaktionen, die die literarische Öffentlichkeit dem Schriftsteller B in den letzten Monaten entgegengebracht hatte. Das bei Schriftsteller B in vielen Erzählungen gewissermaßen unvermeidliche Motiv des Onanierens oder des erregten Glieds kann man mit guten Gründen als unzeitgemäß zurückweisen. *Handke* rechtfertigt etwa einleuchtend seine Onanieszene im „Kurzen Brief zum langen Abschied" als zeit- und entwicklungsbedingt, aber „heute würde ich das nie mehr so machen".[10]) Die sexuelle Befreiung sei in ihr Gegenteil umgeschlagen, man würde heute, so *Handke*, im Stil *Bukowskis* bestenfalls etwas wiedererkennen, aber nichts Neues e r - kennen.

Aber natürlich: Schriftsteller B ist nicht rechts. Er hat eine Lesung beim „Volksstimme"-Fest, dem Fest der kommunistischen Parteizeitung gehabt, und er zeigt viel sozialpolitisches Engagement. Und natürlich: Schriftsteller B ist nicht frauenfeindlich. Im Gegenteil, seine Erzählungen haben fast ausschließlich die Darstellung und Würdigung von Frauen im Berufsleben und in der Rente zum Thema.[11]) Woran soll sich Schriftsteller B also halten? Hat er das Thema verfehlt? Was ist das Thema?

In dem Wiener Literaturzentrum „Alte Schmiede" ist im Mai 1987 auch Schriftsteller A zu hören. Er hält dort eine Vorlesungsreihe über *Walter Benjamin* und *Fernando Pessoa.* Vorlesungen von Schriftstellern sind in der „Alten Schmiede" eine bewährte Einrichtung, aber Schriftsteller A ist außerdem vom Fach und kompetent; in den neueren philosophischen und soziologischen Diskursen ist er wie selbstverständlich zu Hause. Schriftsteller A hat mit einer philosophischen Arbeit über den späten *Hölderlin* promoviert. Die Dissertation trägt den Titel „Hölderlin. Vom abseitigen Ort"[12]); und in der Zeitschrift „Spuren", die im Oktober 1987 erschienen ist, findet sich auch ein Gespräch, das der Schriftsteller A mit *Hans Dieter Bahr* über dessen Buch „Sätze ins Nichts. Versuch über den Schrecken" geführt hat.[13])

Mit einer kurzen Bemerkung distanziert sich Schriftsteller A in seiner Vorlesung über *Benjamin* von der Arbeit der Wissenschaftler, obwohl ihm diese Arbeit eigentlich sehr flott und im Gegensatz zu vielen Berufswissenschaftlern ohne größere Schreibhemmungen von der Feder geht. Die Publikation des schon lange zurückliegenden Gesprächs mit *Hans Dieter Bahr*, sagt Schriftsteller A im Oktober, erschrecke ihn jetzt: Das sei ja eine ganz andere Sprache, in der er sich nicht wiedererkennen wolle; wer den Schriftsteller A und dessen „Maximale Welt", sein erstes Buchprojekt, kenne, der dürfe im Grunde diese Nummer der Zeitschrift „Spuren" gar nicht zu Gesicht bekommen. Man sollte hier noch anführen: auch einige in kleineren Kulturzeitschrif-

---

[10]) *Peter Handke:* Aber ich lebe nur von den Zwischenräumen. Ein Gespräch geführt von *Herbert Gamper*. Zürich 1987, S. 122 f.

[11]) Alle unter Anmerkung 3 genannten Erzählungen haben Frauen, u.a. die Mutter und die Großmutter, zum Thema.

[12]) Masch. Diss. Wien 1986.

[13]) *Hans Dieter Bahr:* Sätze ins Nichts. Ein Gespräch mit *Wolfgang Hermann.* In: Spuren 1987, S. 50–52.

ten abgedrucke literarische und essayistische Texte aus den Jahren 1983 bis 1986 lassen Versatzstücke des Wiener Philosphendiskurses erkennen. So gibt es zum Beispiel eine Österreich-Abrechnung „Land der Kinder“, die die Argumentation *Rudolf Burgers*[14]) vorwegzunehmen scheint. Und noch eines ist wichtig: Das Philosophiestudium selbst erscheint A keineswegs als Gegensatz zur Schriftstellerei. A ist kein Aussteiger, er distanziert sich lediglich vom Schreibstil der Wissenschaften und dem Wissenschaftsbetrieb, doch das Studium der Philosophie ist für ihn, der schon immer Schriftsteller werden wollte, geradezu Voraussetzung für das Schreiben. Er hat das Fach Philosophie seinerzeit bewußt gewählt.

Bei seiner *Benjamin*-Vorlesung entwickelt Schriftsteller A seine Gedanken hastig. Er setzt vieles voraus; dennoch ist ihm, obwohl manches dunkel bleibt, sehr gut zuzuhören, vor allem wenn er in längeren Textpassagen *Benjamin* als Reisenden vorstellt. Man spürt eine Art intellektueller Identifikation, die Texte werden gleichsam als Teil „seines“ Lesebuchs – im Sinne derartiger Buchreihen – vorgeführt. Neben *Benjamin* und *Pessoa* sollte man hier auch noch den von *Handke* übersetzten *Francis Ponge*[15]) nennen, der solcherart herausgegriffen und gewürdigt erscheint.

Unter den Zuhörern ist auch ein Redakteur der Grazer Zeitschrift „Gangan-Viertel“. Er gewinnt für die Nullnummer dieser Zeitschrift den *Pessoa*-Vortrag zum Abdruck. In dieser Nullnummer, die im Oktober 1987 erscheinen wird, kann man auch ein Interview mit dem Lyriker *Peter Waterhouse* mit dem Titel „Ich will die Welt verändern. Gespräch am 21. 8. 1987 im Wiener Cafe Museum“ lesen. *Waterhouses* Gedichtband „passim“ hatte 1986 den Sprung von Graz zum Rowohlt-Verlag geschafft. Der Interviewer des „Gangan-Viertels“ ist voll subalterner Höflichkeit gegenüber *Waterhouse* – „Ich nehme an, jetzt, wo du im kleinen Kreis der Lyrik-Leser etwas wie ein Star geworden bist, und das hab ich schon damals gehört, als wir dich in unserem Jahrbuch veröffentlicht haben“ –, sodaß *Waterhouse* ein leichtes Spiel hat. Er kann entmystifizieren. So tritt er zum Beispiel der Auffassung entgegen, die Situation für Lyrik sei heute schlecht – nein, im Gegenteil, die Verlage würden heute sehr viel für Lyrik tun.[16]) Schriftsteller A ist über das „Gangan-Viertel“ amüsiert. Mit *Donhauser* und *Waterhouse* fühlt er sich in etwa verwandt; er hat zu ihnen auch persönlich Kontakte hergestellt; freilich, das eben erschienene Langpoem *Waterhouses*, „Das Klarsfelder Gedicht“[17]), überzeuge ihn nicht, es sei, findet Schriftsteller A, sprachlich tot. Doch wie die beiden halte auch er sich von literarischen Gruppierungen und Vereinnahmungen fern; ganz im Gegensatz zu seinem Gegentypus, dem Schriftsteller B, dem etwa die Grazer Autorensammlung eine warme Zufluchtsstätte sei. Über „Gangan“ würden freilich auch Schriftsteller wie Waterhouse und er in das allgemeine Literaturgerede hineingezogen. Und tatsächlich: die Zeitschrift enthält zum Schluß auch eine drei Seiten lange Rubrik „Tratsch“ aus der Wiener Literaturszene vom Cafe Museum und vom Cafe Altwien. Die Grazer Redaktion hat offensichtlich deshalb ein Büro in Wien eingerichtet, um auch in der Provinz immer auf dem laufenden zu sein. Er sei froh, sagt Schriftsteller A einmal später, daß er nun in Berlin sei, auch wenn er in Wien immer isoliert gearbeitet habe und sich beim Durchsetzen auf keine Vereinigung oder Gruppe hätte stützen

---

14) *Wolfgang Hermann:* Land der Kinder. Traumbilder vom österreichischen Weg. In: Magazin 2/1986, S. 66. Ich nehme hier Bezug auf *Burgers* Referat bei der St. Pöltener Tagung 1987: Geist, Zeitgeist; hier im Band S. 26ff.

15) *Francis Ponge:* Das Notizbuch vom Kiefernwald und La Mounine. Deutsch von *Peter Handke*. Frankfurt 1982 oder: *Francis Ponge:* Einführung in den Kieselstein und andere Texte. Französisch und deutsch. Mit einem Aufsatz von *Jean-Paul Sartre*. Frankfurt 1986.

16) *Wolfgang Hermann:* Fernando Pessoa: Das vergessene Ding irgendeines Gottes. In: Gangan-viertel 87, S 3 ff. Ebendort auch das Interview mit *Peter Waterhouse*, S. 20.

17). Vgl. Anmerkung 2. *GANGAN* scheint in gewisser Weise die *MANUSKRIPTE* zu verlängern.

können, schon allein der Anblick jener jungen Wiener Literatenszene hätte ihn geärgert und im Schreiben oft für Tage gelähmt.

Ein Moment soll hier nicht verschwiegen werden. Die Lesung im Mai 1987 steht unter einem besonderen Vorzeichen. Es sind nur sehr wenige Zuhörer da, die Vorlesung war in den Programmzeitschriften nicht mehr angekündigt worden, sie ist Ersatz für den ursprünglichen Termin im März. Doch dieser mußte wegen einer gefährlichen Herzattacke, die den Schriftsteller A heimgesucht hatte, verschoben werden. Diese Krankheit ist noch nicht kuriert und läßt sich vielleicht auch gar nicht mehr kurieren. Schriftsteller A fragt rhetorisch, ob er nicht besser den pessimistischen Krankenbefund seines Arztes vorlesen solle, als über *Benjamin* zu dozieren. In der flapsigen Ö 3-Musikbox war er als existentialistischer Bohèmetyp (Farbe: „schwarz"; Beruf: „erben"; Musik: „Tom Waits") vorgestellt worden, der nun im Mai plötzlich mögliche Durchbruch als anerkannter Schriftsteller einerseits – der Verlagsvertrag ist gerade abgeschlossen – und die pessimistische Einschätzung des Arztes andererseits geben der Vorlesung einen existentiellen Ernst, der für die Zuhörer weder literarhistorisch als Inszenierung noch psychosomatisch wegerklärt werden kann. Er erstickt die Diskussion.

3. Zurück: Zum Anfang

Die eingehendste Würdigung für Schriftsteller B findet sich in dem Sammelband des Hanser-Verlages „Heimat. Neue Erkundigungen zu einem alten Thema", herausgegeben von der Deutschen Akademie für Sprache und Dichtung. Der Band, der mit Originalbeiträgen prominenter Wissenschaftler und Schriftsteller gefüllt ist[18]), präsentiert unter der Überschrift „Entdeckt" auch einen jungen unbekannten Autor: Schriftsteller B. Die präsentierte Erzählung B's „Ein schönes Stück Österreich" wird auf den folgenden Seiten unter dem Titel „Enttäuschte Erwartung" sogleich von *Gerhard Dette* interpretiert. Enttäuschte Erwartung, das meint nicht den gerade entdeckten Autor, sondern das Thema, die wiederzuentdeckende Heimat. B's Geschichte handelt von einem Wochenendausflug von Wien nach Hause, und zwar in einen niederösterreichischen Marktflecken. „Das Gefühl der Heimkehr", schreibt *Dette*, ist „herbeigeredet mit dem flüchtigen Blick aus dem Autofenster, das Gefühl nährt sich von Postkartenklischees. Die Stimmung wird durch das Autoradio ersetzt." Doch auch diese Kritik soll nicht den Autor treffen, der vielleicht nur klischeehaft schreiben kann, sondern den Gegenstand von B's Erzählung. Heimat, meint *Dette*, habe hier jeden vertrauten Sinn, auf den der Heimkehrende noch hoffen mag, verloren. Heimatliche Vorstellungen würden konterkariert durch alkoholische Exzesse, Freude an Zoten; statt überschaubarem Miteinander Aggressionen, statt Geborgenheit Ressentiments und berüchtigte alte Lieder: „Die Fahne hoch". Der unaufdringlichen, fast absichtslosen, beinahe ausschließlich parataktischen Sprache vermag *Dette* viel abzugewinnen, denn das Unausgesprochene werde wichtig, „indem der Autor den Verlust der Heimatidylle, statt von ihm zu sprechen, darstellt in dem vergeblichen Versuch, sich ihrer zu versichern"[19]), lobt Dette Schriftsteller B.

Die Versicherung von Heimat, das Aufarbeiten von Kindheit ist auch sonst ein wichtiges Thema für Schriftsteller B. Läßt er sich auf diese Weise auch in die sozialen Bewegungen der späten siebziger Jahre einordnen? In B's Erzählung „Ein schönes Stück Österreich" wird von einem Jugendklub berichtet, der außerhalb der bestehen-

[18]) *Horst Bienek* (Hg.): Heimat. Neue Erkundigungen eines alten Themas. München 1985; Beiträge u.a. von *Walter Hinck, Wolfgang Frühwald, Walter Jens, Horst Bienek* u.a.

[19]) *Gerhard Dette:* Enttäuschte Erwartung. Einige Bemerkungen zu Rudolf Lasselsbergers Erzählung. In: *Bienek* (Hg.): Heimat, S. 118 f.

den Einrichtungen des Marktfleckens Initiativen von Amnesty-International-Veranstaltungen bis zu Liedermacherabenden aufs Land gebracht hatte. Es scheint trotz großer Anfeindungen unter der rührigen Mitwirkung von Schriftsteller B auch einige Zeit viel passiert zu sein. Aber nun gibt es nur mehr Erinnerungen. Der Verein hätte sich schließlich aufgelöst und zum Schluß auch das Postfach aufgegeben. „Der Wandkasten, in dem noch ein paar vergilbte Zettel gehangen hatten", war entfernt worden, „als das Haus neu angeputzt worden war."[20]) Die meisten der Vereinsmitglieder hätten sich etabliert oder mit ihren Vorgesetzten arrangieren müssen und seien ausgetreten. Jetzt finden wieder im Herbst Blasmusikwochen statt jener Aktivitäten statt, sagt Schriftsteller B später einmal in bezug auf seine autobiographische Erzählung; und eigentlich hätte auch er sich, so wie die anderen etablieren können. Schriftsteller B hatte in Wien die Pädagogische Akademie besucht, sich aber kurz vor dem Abschluß entschieden, kein Lehrer zu werden, um es radikal und ohne Ausflüchte mit dem Schreiben zu versuchen. Es klingt glaubhaft, wenn Schriftsteller B sagt, daß er, hätte er den anderen Weg gewählt, ein guter Lehrer geworden wäre. Nun aber gibt es kein zurück.

Literatur und Schule sind für B kein Gegensatz. B ist immer gerne in die Schule gegangen, sie war für ihn eine Gegenwelt zur Ärmlichkeit und sozialen Enge des Zuhauses. Er habe sich fast gefreut, wenn die Sommerferien um waren und die Schule wieder begann. In der Schule war er als Literaturfan akzeptiert, er verehrte *Goethe* und *Trakl*, er schrieb Tagebücher und Gedichte. Den Anstoß zu seiner jetzigen realistischen Schreibweise habe er durch ein produktives Mißverständnis bekommen. Als Deutschaufsatz war nach *Enzensberger* das Thema „Lest keine Oden, lest die Fahrpläne" zu behandeln, und er, der immer gute Arbeiten abgegeben hatte, hatte die Fragestellung selbstverständlich so aufgefaßt, daß man gegen Rationalität und Zeitdruck (Fahrpläne) die Kunst (Oden) zu Wort kommen lassen müsse. Doch *Enzensberger* hatte es genau umgekehrt gemeint; zuerst wollte er es seinem Lehrer gar nicht glauben; doch dann sei ihm plötzlich ein Licht aufgegangen: Natürlich, Aufgabe des Schriftstellers ist es, Wirklichkeit darzustellen, politisches Bewußtsein zu schaffen, Fahrpläne zu protokollieren, damit man weiß, wohin der Zug der Zeit geht.

(Am Rande: Vielleicht sollte man sich bei Schriftsteller B weiterhin an *Enzensbergers* Diktum halten, freilich in einem konkreteren Sinn als es er und B's Deutschlehrer gemeint haben dürften. Die zahlreichen Regionalbahnen, die B's Heimat mit Wien verbinden, werden nächstes Jahr stillgelegt, zumindest völlig ausgedünnt. Dadurch wird die Region, was auch B's Erzählungen immer wieder beklagen, noch mehr ins soziale und wirtschaftliche Abseits gedrängt. Die neuen Fahrpläne werden viele Orte gar nicht mehr verzeichnen.)

Die schulische *Enzensberger*-Konversion wirkt rührend, aber auch die literarische Selbsteinschätzung B's, wie sie im ORF in „Literatur aus Niederösterreich" zu hören ist, scheint merkwürdig naiv und unreflektiert zu klingen. Schriftsteller B reduziert dort das Schreiben über die Leute aus seinem Heimatort ausschließlich zur Therapie: „Ich halte dieses Leben nur aus, wenn ich über andere Menschen und deren Art, dieses Leben zu packen, schreibe."[21]) Wenn er über seine Großmutter schreibe[22]), sagt Schriftsteller B, dann schreibe er eigentlich nur für sie. Ist Schriftsteller B also nur Therapeut für sich und andere und doch kein Künstler oder sozialpolitisch engagierter Autor? B vermag solche Differenzen nicht zu sehen: Die sozial legitimierte Tätigkeit des Therapeuten und die des Künstlers als Außenseiter fallen für ihn in dem nieder-

20) *Rudolf Lasselsberger:* Ein schönes Stück Österreich. In: *Bienek.* (Hg.): Heimat (wie Anm. 18) S. 116.

21) Zitiert nach Volksblatt vom 26. 11. 1984.

22) Z.B. in der Geschichte: Noch nicht ganz (wie Anm. 3).

österreichischen Marktflecken wie selbstverständlich zur Einheit zusammen. Freilich, man kann Irritationen und ambivalente Gefühle beobachten. Immer wieder zieht es den Schriftsteller in seine Heimat, aber ist er dort, will er sich am liebsten gleich wieder entfernen. Jetzt plant er für Mai 1988 zusammen mit einem Schriftstellerkollegen aus Oberösterreich im Rahmen des Regionalisierungskonzeptes der Grazer Autorenversammlung eine Tagung zum Thema „Heimat" an den Stätten seiner Kindheit. Mehr als sechzig Wissenschaftler und Künstler sollen hierher eingeladen werden. Doch plötzlich ist er seltsam konfus, wenn er glaubt, mit seinen Büchern und Papieren in heimatlichen Gaststätten erkannt zu werden. Man könne ihm das im Ort als Wichtigtuerei auslegen. Schriftsteller B scheint es oft wie *Handke* zu gehen, der fürchtet, beim Notizenmachen von den Leuten als Polizist angesehen zu werden, der sich Verkehrsvergehen notiert und Strafmandate austeilt.[23]). B's neue Aufgabe als Stadtschreiber nehme, erzählt er später, viel von seiner „Schwellenangst" (B)[24]), denn nun könne er gleichsam als Angestellter von Amtswegen recherchieren. Seine Schriftstellerei habe eine selbstverständliche Wichtigkeit und Bedeutung, die er nicht mehr zu rechtfertigen brauche, auch insofern sei der Posten des Stadtschreibers eine gute Sache, und letztendlich könne er es auch in Kauf nehmen, daß er zu der Stadt, in der er angestellt sei, im Gegensatz zu Niederösterreich keine unmittelbare Beziehung habe.

In mehreren Geschichten, nicht nur von B, sondern auch etwa in dem Erstling seines Freundes *Manfred Maurer*, „sturm und zwang", geht es um das Tonio-Kröger-Problem, den Künstlerberuf des Schriftstellers vor dem bürgerlichen, hier proletarisch-ländlich-ärmlichen Zuhause zu verteidigen.[25]) Der Sohn muß sich rechtfertigen, warum er keiner geregelten Existenz nachgeht. Seit er im Rundfunk portraitiert worden sei, sei er freilich für viele auch hier akzeptierbar. Aber vielleicht sei die Rechtfertigung seiner Schreiberei, gibt er schließlich zu, s e i n Problem und nicht das der Leute.

Am authentischten von B's Initiativen dürfte wohl die Gründung der „Casablanca-Gang" gewesen sein, einer Band, die mit größerem Erfolg Tourneen durch Wirtshäuser von Niederösterreich und dem Burgenland unternahm und sich auf Schlager der 50er Jahre spezialisierte. Schriftsteller B habe damals nicht im entferntesten daran gedacht, den nostalgischen 50er-Jahre-Trend zu bedienen; als die 50er Jahre „in" wurden, sei die „Casablanca-Gang" auch schon wieder auseinandergelaufen. Er habe an den alten Schlagern viel Freude, weil er in ihnen nicht nur sentimentale Trivialitäten, sondern in diesen Trivialitäten auch geistreich arrangierte Lebensweisheiten entdeckt hätte. Bei der Hochzeitsfeier eines ehemaligen Gangmitglieds im Burgenland – die ehemaligen Gangmitglieder hatten als Lehrer in ihren heimatlichen Herkunftsorten Fuß gefaßt und die Kontakte zu Wien abgebrochen - sollte es zu einem kurzen Revival kommen. Schriftsteller B, aus Wien angereist, wird mit viel Zurufen und Applaus von der Hochzeitsgesellschaft auf die Bühne gebeten, um noch einmal „Itzipitzi", „Rote Lippen" und Ähnliches zum besten zu geben. B hat eine Schlägermütze auf und genießt die ihm entgegenschlagende Sympathie. Aber es klappt nicht mehr so richtig; vermutlich hat Schriftsteller B schon zu viel getrunken, er hat den Text der Schlager vergessen, er brummt nur mehr mit.

---

[23]) *Handke* (wie Anm. 10), S. 188.

[24]) Natürlich auch, etwa im „Chinesen des Schmerzens" ein zentraler Begriff bei *Handke*; vgl. zur Schwelle *Handke* (wie Anm. 10), S. 187.

[25]) *Manfred Maurer:* Sturm und Zwang. Wien 1984. Das Buch brachte in der Wiener Arbeiterzeitung vom 20. 9. 1984 eine Pro- und Kontra-Auseinandersetzung, in der es auch um die Frage der Angepaßtheit des jungen Autors geht. *Rudolf Lasselsberger* erörtert die Problematik etwa in: Noch nicht ganz (wie Anm. 3), S. 66 u. ö.

Die Integration ist nicht mehr möglich. Jetzt schaltet sich nur mehr in seinen Texten die Musikbox ein, wenn er seine trauigen Zustandsschilderungen mit alten Melodien untermalen will.

Für Schriftsteller A sind Selbsterfahrungstexte, ist das subjektivistische Aufarbeiten von Kindheit ein Greuel. Das gehört für Schriftsteller A nicht zur Literatur. Trotzdem holt auch ihn immer wieder die Vergangenheit ein. Schriftsteller A kommt aus dem österreichischen Bundesland Vorarlberg, und ohne seine Zustimmung ist in den „Vorarlberger Nachrichten“ und dann auch noch in einer Zeitschrift mit dem für Schriftsteller A hochtrabend provinziellen Titel „Kultur“ lanciert worden, daß er den *Erich-Ponto*-Preis erhalten habe; darüber hinaus wurden auch die Stellungnahme von *Golo Mann* und – ungefragt – Auszüge aus seinem Buch, in den „Vorarlberger Nachrichten“ mit einem unmöglichen Jugendfoto versehen, abgedruckt. Schriftsteller A ist empört, und diese Empörung ist auch nicht gespielt, da ja die authentischen Distanzierungswünsche für die Daheimgebliebenen immer schwer verständlich zu machen sind. Er fürchtet, die Vorarlberger wollen ihn zu einem braven Sohn der Heimat machen, ihn unfreiwillig integrieren. Schriftsteller A verfaßt eine generalisierende Vorarlberg-Schelte und verlangt ihren Abdruck in der „Kultur“ bis Ende des Jahres. Klar, sagt Schriftsteller A, schon in seiner Schulzeit habe er geschrieben, als 12/13jähriger bereits Artikel verfaßt, die in regionalen Zeitungen abgedruckt, worden sind; er habe auch in einem Literaturclub mitgetan und in dessen Organ, dem „Vorarlberger Lesebogen“, veröffentlicht. Ein Clubmitglied hatte dort unter dem Titel „Ist das genug“ sein Unbehagen an der Literatur des 20. Jahrhunderts artikuliert, sie wäre allzu negativ. Die Clubmitglieder hatten daraufhin im „Lesebogen“ eine „Diskussion in den eigenen Reihen“ zu liefern. Schriftsteller A hatte scharf geantwortet: „Wie kann man allen Ernstes Literatur auf ein derart kleines Maß des Erbaulichen verkürzen“[26]) und für eine Literatur plädiert, die „störe“. Solche unglaublichen Hinterwäldereien, sagt Schriftsteller A, wären eben noch 1980 in jenem Bundesland möglich gewesen, und es wäre ihm gar nichts anderes übrig geblieben, als sich damit gleichsam in einem Schülerzeitungs-Stil auseinanderzusetzen. Jetzt wolle er aber daran nicht mehr erinnert werden. Dennoch: Schriftsteller A schreibt seit einigen Tagen fast wie im Rausch an autobiographischen Szenen, das wäre zwar überhaupt nicht sein Stil, und dem literarischen Publikum könne man sicherlich nicht so völlig unterschiedliche Bücher zumuten, aber während er sonst einen Tag für ein bis zwei Prosastücke benötigt habe, schreiben sich jetzt oft vierzehn Seiten am Tag fast von allein. Bis auf Dornbirn, den Mittelpunkt, den er als Name ausgespart habe, habe er es sogar gewagt, alle Orte seiner Heimat konkret zu benennen. Was Schriftsteller A aus dem Werk ex progressu vorliest, ist von seiner anderen Schreibweise freilich nicht so sehr unterschieden. Mit den üblichen Selbsterfahrungstexten hat es nichts gemein, jede Form von psychologisierender Erklärung fehlt. A geht von Kindheitsfotos aus und beschreibt mit viel intellektuellem Witz im Grunde räumliche und architektonische Strukturen. Die Familiengeschichte wird etwa über die Wochenendhäuser, die sich in den sechziger Jahren gegenseitig absichtsvoll die Aussicht verstellen, und Ähnliches erzählt.

Durch *Golo Manns* Gutachten sind bereits einige Beschreibungskategorien für die Literaturkritik präjudiziert; deshalb sei es hier ausführlich zitiert: „Das sind höchst merkwürdige Lesestücke. Wie sollen wir sie benennen, wie charakterisieren? Poetische Prosa? Magischer Realismus? Verfremdende Beobachtungen? Träume, die Wirklichkeit vortäuschen? Sinngebungen, wo kein Sinn ist, oder ein Suchen danach? Uns vertraute Dinge kommen reichlich vor: Wachen, Tiere, Bäume, Schlösser, Einkaufszentren, Glocken, Feste – diese unter der Überschrift ‚Alkohol‘, Briefpost, Vollmond. Die

---

[26]) *Vorarlberger Lesebogen*, Juli 1980, S. 3.

Präzision der Sprache täuscht Realismus vor; es hofft wohl der Sprechende, daß man nicht darauf hineinfällt. Ob er, bevor er an eine seiner Beschreibungen ging, das zu Beschreibende angeschaut hat, ist nicht zu erraten. Sinn, sogar Schönheit sucht er wohl, zumal dort, wo keine Menschen sind, bei Tieren oder Bäumen. Dennoch schließt er auch menschliche Wesen in seine scharfsichtig geträumte Natur mit ein. Übrigens wird der Leser gut daran tun, nicht mehr als etwa ein Dutzend dieser Fragmente hintereinander zu lesen. Insgesamt sind sie entschieden mehr als eine ‚Talentprobe': ein ganz eigenartiger Zugang zu Mensch und Welt. Die Sprache zeigt beispielhafte Disziplin, wohltuendes Können."[27]) *Mann* versucht Schriftsteller A einzuordnen, indem er den Realismusgehalt zu bestimmen sucht. Durch Paradoxa wie: scharfsichtige Disziplin – Traum; Präzision – Täuschung und durch den Verweis auf Sinn- und Schönheitssuche bekommen A's Texte, von denen *Mann* will, daß man nur wenige hintereinander lesen soll, beinahe mystische Qualitäten. Schriftsteller A läßt sich viel moderner sehen. Sein abstrahierender, architektonischer Blick auf die Umwelt muß nicht zur erbaulichen, er kann auch zur schnellen, süchtig machenden Lektüre führen. Die Reduktionen und Abstraktionen bereiten intellektuelles Vergnügen. In seinem zweiten, eben fertig gestellten Buch mit dem Arbeitstitel „Umwege" findet sich wohl noch mehr Dynamik und Bewegung als in den von *Mann* beschriebenen stillen Stücken; doch hier wie dort hat Schriftsteller A das Beschriebene sicherlich angeschaut, ehe er es seinem Abstraktionsverfahren unterworfen hat. In dem Stück unter dem Titel „Entlehnung, Leere, Bild" geht es um die Paßkontrolle am Flughafen, die Passagiere werden dort bekanntlich genau durchsucht, ihre Gepäckstücke geröntgt, und Beamte prüfen bisweilen auch, ob ein Fotoapparat nicht eine getarnte Schußwaffe ist. A's Stück stellt wie die Wachbeamten die harmlose Funktion der Gegenstände auf die Probe, es spielt mit den Vorstellungen von Sich-Beweisen oder Sich-ein-Bild-Machen. Es geht kein Schuß los:

„Wer die Besucherterrasse des Flughafens betreten will, der wird mit einem Metallsuchgerät abgetastet. Er muß die harmlose Funktion der Gegenstände, die er bei sich trägt, unter Beweis stellen. Trägt jemand eine Bildvorrichtung bei sich, so muß auch deren Harmlosigkeit bewiesen werden. Er wird aufgefordert, ein Bild zu erzeugen (‚aber bitte nicht von uns beiden' sagen die Wachbeamten)."

Die eingeklammerte spaßhafte Bemerkung der Wachbeamten führt zum zweiten Teil des Stücks. Der „Jemand" der Besucheranordnung wird nun ein „trauriger Besitzer", der in spannungsreichen Bezug zu den „unsichtbaren Gesichtern der Vielen" gebracht wird.

„Der Besitzer der Vorrichtung richtet traurig das Objektiv auf eine Ecke und drückt ab. Nach dem kleinen Geräusch darf er passieren. Auf der Terrasse gehört die Funktion seiner Gegenstände wieder ihm. Und den unsichtbaren Gesichtern der Vielen, die hinter den kleinen gebogenen Wänden der Flugmaschinen atmen."[28])

Golo Mann hatte A's „einsamen Zugang" abseits von den Bahnen des Literaturbetriebs gestellt. Doch Titel wie „Umwege", aber auch „Das schöne Leben" lassen sich unschwer mit der Poetik *Handkes*, aber auch *Francis Ponges* und *René Chars* in Verbindung bringen.[29]) An *Handke* erinnert auch, wenn er etwa die Problematik des Namengebens reflektiert und Ähnliches,[30]) und *Handkes* neuestes Buch „Die Abwesenheit" ist für A das wichtigste, zumindest eines der wichtigsten Bücher der 80er Jahre. Ist

---

27) Zitiert nach *KULTUR* (Feldkirch/Vorarlberg) Oktober 1987, S. 8.

28) Zitiert nach dem unveröffentlichtem Manuskript von *Wolfgang Hermann:* Umwege, S. 52, wie es mir der Autor im Oktober 1987 überließ.

29) *Ponge* (wie Anm. 15); ein in den *AKZENTEN* 1987, S. 52, zu findender Beitrag von *Wolfgang Hermann:* Bäume, läßt auch an *Ponge* denken. *Handke* (Wie Anm. 10), S. 218.

30) *Handke* (wie Anm. 10), S. 18 u. ö.

also Schriftsteller A ein neuer Konservativer? So ordnet man ihn wohl in Vorarlberg ein, glaubt Schriftsteller A, zumal wenn die Namen *Ponto*-Stiftung und *Golo Mann* fallen. Um die Stiftung habe er sich nicht beworben; auf seine besorgte Nachfrage habe ihm *Michael Krüger* vom Hanser-Verlag versichert, das Stipendium sei völlig unverdächtig, man müsse nur die Liste der Stipendiaten durchgehen. A's Vorgänger war Schriftsteller *Köpf.*

Schriftsteller A in eine rechte Ecke zu rücken, ist in der Tat absurd. Sicherlich, mit politisch engagierten Autoren kann er selten etwas anfangen; insbesondere attackiert er *Erich Fried,* nicht nur, weil *Fried* für Schriftsteller A überhaupt nicht schreiben kann, der Kult um *Fried* fördere Regressionen, der *Fried*-Kult sei infantil, verlogen und gegenaufklärerisch. In gewisser Weise gehörten *Frieds* Schriften aus dem pädagogischen Verkehr gezogen. Die Aufgaben von Kunst und Literatur hätten sich in den letzten Jahren völlig geändert, es sei lächerlich, ein Zurück zu den politisch-moralischen Positionen der Literatur der 70er Jahre zu wünschen; im Grunde stünde *Handke* der Aufklärung näher als *Fried.*[31])

4. Rechnung

Von der Schriftstellerei läßt sich zumindest 1987/1988 für Schriftsteller A und Schriftsteller B leben.

Beim *Bachmann*-Wettbewerb ist Schriftsteller A von den Juroren zwar nicht gewürdigt und kaum verstanden worden: Die „Geometrische Erzählung", die A vorlas, ließ die Juroren an den – klar doch! – „Geometrischen Heimatroman" *Jonkes* denken oder an *Stifter*, Juror *Vormweg* hatte den Eindruck einer „Quadratierung der Wahrnehmung", Juror *Muschg* am „Beginn Mühe, aber dann ging es", Juror *Härtling* zeigte sich „verwirrt und verstört", Juror *Ueding* „sträubte sich zuerst lange, bis er etwas wie Musikalität fand" und der unduldsame Oberjuror *Reich-Ranicki* fand A's Prosa „konsequent, aber konsequent langweilig".[32]) Dennoch! Seiner Arbeit als Schriftsteller hat

---

[31]) Daß Politik und Literatur unterschiedliche Bereiche sind, läßt sich im Herbst 1987 an vielerlei beobachten, ebenso daß die ideologiekritische Rolle der Schriftsteller und der Literatur schon lange als Kunst akzeptiert und so auch gerade von konservativer Seite rezipiert wird. *Josef Haslinger* berichtet etwa in einem *FALTER*-Interview (23. 10. 1987), daß sein medien- und ideologiekritisches Buch „Politik der Gefühle" (Darmstadt 1987) auch Einverständnis bei den eigentlich Kritisierten, also bei *Waldheim*-Wahlkampf-Managern, erreicht habe. Auch *Erich Fried* kann noch so radikale Forderungen aufstellen, als moralisierendem Schriftsteller ist ihm alles erlaubt. Wenn er bei der *Büchner*preisverleihung meint, *Büchner* wäre heute Bader, dann regt sich zwar der Wiesbadener Oberbürgermeister darüber auf, aber die konservative Frankfurter Allgemeine Zeitung rügt dann diesen Oberbürgermeister als Kulturbanausen und nicht *Erich Fried.* Ganz anders natürlich, wenn eine Politikerin, wie im Herbst 1987 *Jutta Dittfurth*, Vorstandssprecherin der Fraktion der „Grünen", Ähnliches wie *Fried* fordert; hier distanzieren sich sogar die Parteimitglieder *Dittfurths* von solchen im politischen Alltag tabuisierten Äußerungen.
Ein anderes Beispiel: Wenn *Christa Wolf* in „Störfall" (Darmstadt 1986) unmittelbar auf die Ereignisse von Tschernobyl reagiert, fallen ihr – wie sollte es auch anders ein – lediglich Trivialitäten ein, die an jedem Stammtisch zu hören sein können. Das Buch zieht seine ganze Bedeutsamkeit aus der Tatsache, daß *Christa Wolf* eine berühmte, „gesamtdeutsche" Dichterin ist und stellvertretend moralisieren muß. Das Reagieren auf den Alltag bedient den semisakralen Kult um die Dichterin *Christa Wolf. Handke*, um ihn wieder als Gegenbeispiel anzuführen, setzt Sakrales bewußt und wird damit zum genaueren Beobachter und Zeitzeugen.

[32]) Zitiert nach der *KÄRNTNER VOLKSZEITUNG* vom 28. 6. 1986; in produktivem Austausch steht Schriftsteller A vor allem mit *Bettina Klix*, deren Miniaturen beim *Bachmann*-Wettbewerb 1986 ebenfalls untergingen und vielleicht auch durch eine ungünstige zeitliche Plazierung nicht die gebührende Aufmerksamkeit bekamen; vgl. *KLAGENFURTER TEXTE* (wie Anm. 9), S. 204.

die Einladung großen Auftrieb und einen Produktionsschub gegeben; er steht mit anderen Schriftstellern im Gedankenaustausch und hat vor allem im Hanser-Verlag eine großzügige und aufmerksame Betreuung, ganz anders wohl, als das, was er von Suhrkamp-Autoren zu hören bekommt.

Die Stiftung hat ihm DM 15.000,– gebracht, dazu das Buchhonorar, und vielleicht gibt es noch ein weiteres Stipendium. A kann sich Zeit lassen.

Und Schriftsteller B? Er hat zum ersten Mal in seinem Leben eine eigene Wohnung, die Dienstwohnung des Stadtschreibers. Sie ist geschmackvoll möbliert, ein großer Schreibtisch am Fenster beherrscht das Wohn-/Schlafzimmer und scheint das Arbeiten einzuklagen. Schriftsteller B ist sehr diszipliniert, er weiß, es kommt auf dieses Jahr an. Er muß sein Buch zu Ende bringen, wenn er sich durchsetzen will. Vorläufig geht es leidlich. Das Gehalt beträgt öS 80.000,–. Für den Stadtschreiber gibt es dazu noch die Möglichkeit, eine Kolumne in der regionalen Zeitung zu verfassen; Lesungen und kleinere Honorare, etwa für das Organisieren der Tagung, kommen dazu.

5. Schluß

Ist jetzt Schriftsteller A ironisch geworden? Vielleicht. Vielleicht, spekuliert er überraschend, ist auch für ihn in gewisser Weise Schreiben Therapie. Wenn er hier in Berlin vor den Vorarlberger Fotos sitze und am Tag vierzehn Seiten produziere, dann tue ihm das auch körperlich gut. Er fühle sich besser, die Bedrohung der Krankheit nehme ab.

Und Schriftsteller B? Auch er muß zum Arzt. In seiner neuen autobiographischen Erzählung „In Linz beginnt 's" gibt es Gespräche zwischen dem Stadtschreiber und dem Masseur. Dieser betreibt generelle Gesellschaftskritik und prophezeit seinem Patienten, dem Schriftsteller B also, daß man die Luft dieser Stadt keine fünf Jahre aushalten könne. B muß zum Masseur, weil ihn in letzter Zeit ein rheumatisches Leiden plagt, es beinträchtigt die für ihn so nötige Konzentration. Und fast scheint es so, als ob die Aufgabe, Schriftsteller von Berufswegen zu sein, auf B's Rücken drückte und ihn piekste.

Aber auch Schriftsteller B wird durchhalten.

Nachbemerkung:

Das Manuskript wurde Ende Oktober 1987 abgeschlossen. Neue Kenntnisse über die beiden Schriftsteller wurden nicht mehr nachträglich eingearbeitet.

Wendelin Schmidt-Dengler

25 Jahre Verstörung Zu Thomas Bernhard

1. Auch ein Jubiläum

Im Jahre 1988 waren es 25 Jahre, daß Thomas Bernhard mit seinem Roman „Frost" (1963) einem größeren Publikum bekannt wurde. *Carl Zuckmayer* begrüßte das Buch als „eine der stärksten Talentproben"[1]), aber diese Autorität war nicht unverfänglich genug. Es gab bald Schelte für Bernhard, weil er mit seinem Buch verstörte, und so setzte damals ein Prozeß ein, der mit dem Titel von Bernhards zweitem Roman als „Verstörung" (1967) am besten gekennzeichnet ist: Ein Vierteljahrhundert Verstörung galt es also bereits zu feiern. Das ist ein beachtlicher Zeitraum, und schon auf Grund dieser Langzeitwirkung kommt dem Werk und auch der Figur Bernhards so etwas wie ein Symptomcharakter für die Zweite Republik zu. Man nenne einen Künstler oder Sportler, der es so nachhaltig verstand, zu beschäftigen, der immer wieder als Kritikaster wie als Unterhalter auftrat. Was die Dauer seiner Tätigkeit betrifft, so wird diese lediglich durch das Wirken eines *Heinz Conrads* übertroffen, doch hat Bernhard dessen fast vierzigjährigen Rekord leider nicht egalisieren können. Selbst der vergleichsweise populäre *H. C. Artmann* kann an Publikumswirksamkeit mit Bernhard nicht verglichen werden.

Seine Wirksamkeit blieb auch nicht nur im meist ghettoartigen Wahrnehmungsbereich der Kulturseiten der Tageszeitungen; immer wieder begegnet man seinem Namen in tagespolitischen Berichten oder in niedlichen Berichten über Verbrechen (Stichwort: „wie bei Thomas Bernhard"), und die Leitartikler führender Tageszeitungen bekamen zu Lebzeiten Bernhards, wurden sie eines neuen Skandals ansichtig, einen Anfall schwer therapierbarer Logorrhoe. Bernhard brauchte sich schon nicht mehr um einen Skandal zu kümmern; solcherlei besorgte vor fünf Jahren der damalige Finanzminister *Franz Vranitzky*[2]), und zwar ungefragt, und 1987 ließ eine fiktive Jury Bernhard zum Preisträger eines fiktiven *Paula-Grogger*-Preises werden. „Groggy" – so kommentierte es die Grazer „Kleine Zeitung", als der Schwindel aufflog.[3])

Zusammenfassend läßt sich sagen, daß sich im Falle Bernhard die Rezeption sowohl des Werks als auch die kunstvoll inszenierten Auftritte weitgehend verselbständigen konnten. Jedem Werk scheint die Hoffnung auf einen Skandal voranzugehen, wenn dieser Erwartung nicht entsprochen wurde, sei es durch das Werk, sei es durch das Verhalten des Autors, durch die Kritik oder das Lesepublikum, stellte sich Enttäuschung ein. Im Zusammenhang mit dem Holzfällen-Skandal gab es 1984 gewiß eine der schönsten Alpenkulturkomödien.[4]) Diese Skandale liefen alle nach einem Stereo-

---

[1]) *Carl Zuckmayer:* Ein Sinnbild der großen Kälte. In: *Anneliese Botond* (Hg.): Über Thomas Bernhard. Frankfurt a. M. 1970, S. 81.

[2]) Vgl. *Die Presse* vom 13. September 1985.

[3]) Vgl. *Kleine Zeitung* vom 15. September 1987.

[4]) Vgl. dazu *Eva Schindlecker:* „Holzfällen. Eine Erregung." Dokumentation eines österreichischen Literaturskandals. In: *Wendelin Schmidt-Dengler/Martin Huber*: Statt Bernhard. Über Misanthropie im Werk Thomas Bernhards. Wien 1987, S. 13–58.

Wendelin Schmidt-Dengler, Dr. et Mag. phil., o. Prof. für Neuere Deutsche Literatur an der Universität Wien.

typ ab: Jemand fühlt sich von Bernhard in einem ehrenrührigen Zusammenhang genannt, bringt den Fall, der die Öffentlichkeit nicht interessiert, an diese, die hierauf nichts eiliger zu tun hat, als Partei zu ergreifen. Die bemühten Gerichte erkennen, daß ihre Kompetenz durch die literaturwissenschaftliche Hermeneutik überfordert ist, und entschlagen sich der Aussage.[5]) Die Identität, die das Gericht nicht nachzuweisen imstande ist, leugnet der Autor denn auch nicht ab, und in diesem paradoxen Patt verharren die Schlußtableaus aller so inszenierten Skandale, in deren Verlauf das literarische Werk Bernhards längst in einem der zahlreichen toten Winkel unserer Medienlandschaft abgestellt wurde. Bernhard kam in diesem Bereich gewiß eine Unterhaltungsfunktion zu, und diese war – mehr als das Wahrheitsmoment seiner Kritik – das, was ihn vom Typ des aktenkundigen Querulanten unterschied. In der seit 1968 vorzüglich entwickelten Praxis der Scheltrede lief der kritische Mechanismus ebenfalls stereotyp ab: Bernhard attackiert immer jene Punkte, an denen sich ein Konsensmaximum herzustellen scheint.[6]) Je unangefochtener eine Sache, eine Persönlichkeit war oder zu sein schien, umso gewisser schlug Bernhard zu. Diese Praxis machte nicht halt vor Institutionen wie Staat und Kirche, vor Kunst und Kultur, etwa vor den Salzburger Festspielen, machte nicht halt vor Personen, die sich der Aura der höchsten Moralität sicher sein durften wie etwa *Elias Canetti, Mutter Theresa* oder *Albert Schweitzer*. Die Attacken auf *Bruno Kreisky* gab es just zu dessen überzeugendstem Wahlsieg 1979 und darauf zum 70. Geburtstag 1981. Zur Feder griff man gerne, so ein *Thomas Bernhardt* (sic!) aus Wiener Neustadt: Seine Sorge galt dem Umstand, mit dem Schriftsteller Bernhard verwechselt zu werden; er *Bernhardt,* schätze zum Unterschied von Bernhard *Kreisky*.[7]) Eine gelungene Zeitungsente übrigens, wie sich im nachhinein herausstellte.

Es ist doch – von dieser Anekdote ausgehend – legitim, die Frage zu stellen: Ist es überhaupt möglich, mit Thomas Bernhard verwechselt zu werden? Und wenn schon Unverwechselbarkeit gegeben ist: Worin besteht diese? Worauf beruht die Wirksamkeit Bernhards? Hat er doch selbst erklärt, daß in seinen Büchern „alles k ü n s t l i c h“ sei[8]), einer der frühen Fundamentalsätze seiner Ästhetik, auf den er sich jedesmal zurückziehen konnte, namentlich wenn ihm Verunglimpfung unterstellt wurde. In der Tat läßt sich wieder ein Paradoxon festhalten: Seit 1963 konnte just jener Autor das nachhaltigste Echo auch in den Medien finden, der sein Werk auf radikale Künstlichkeit abgestellt hatte. Kurzum: Nicht jene Autoren kamen zum Zug, die sich zum direkten Eingreifen bekannten oder sich auf realistische Schreibweisen eingeschworen hatten, sondern eben ein Autor, der hartnäckig auf der Künstlichkeit seines Schreibens insistierte.

Dieses Paradoxon und auch die Unverwechselbarkeit Bernhards werden meist ohne Rückbezug auf die Texte diskutiert. In den nun folgenden Ausführungen soll gezeigt werden, daß sowohl für die Wirkung wie auch für die Unverwechselbarkeit Bernhards der Rückbezug auf die Texte unerläßlich ist. In einem kurzen Überblick möchte ich daher zeigen, wie sich das Werk Bernhards in seiner Entwicklung begreifen läßt, wie Wirkung und auch Unverwechselbarkeit nicht nur Reaktionen der Rezipienten sind, sondern durchaus auch auf die Texte zurückgeführt werden können, mag sich auch –

---

[5]) Vgl. dazu *Wendelin Schmidt-Dengler*: Verschleierte Authentizität. Zu Thomas Bernhards „Der Stimmenimitator“. In: *W.S.D.:* Der Übertreibungskünstler. Zu Thomas Bernhard. 2. Aufl., Wien 1989, S. 42–63.

[6]) Vgl. dazu *Wendelin Schmidt-Dengler:* Bernhards Scheltreden. Um- und Abwege der Bernhard-Rezeption. In: *W.S.D.:* Der Übertreibungskünstler (wie Anm. 5), S. 93–106.

[7]) Vgl. *PROFIL* vom 9. März 1981.

[8]) *Thomas Bernhard:* Der Italiener. Salzburg 1970, S. 150. (Hervorhebungen in den Zitaten immer vom Autor.)

wie bereits gesagt – vieles im Prozeß der Aufnahme verselbständigt haben und Bernhard im Diskurs, den er eröffnete, nicht viel mehr bedeuten als ein bestimmtes Verhalten. Nach dem notwendig kursorischen Überblick über Bernhards Werk versuche ich, mich drei seiner letzten Publikationen in dieser Reihenfolge zu nähern, und zwar: „Auslöschung" (1986), „Alte Meister" (1985) und „Elisabeth II." (1987).

2. Die weiße Wand

Zu einem obsoleten Topos der Bernhard-Kritik ist der Vorwurf geworden, seine Werke würden keinerlei Veränderungen aufweisen, ja nicht einmal zulassen; alle Motive, Themen und Stilfiguren seien bekannt. Seine Schriften lesen sich daher für viele als Variation des Identischen, Identität des Variierten, und – zu allem Überfluß – herrsche darin auch die Identität der Variation. Solches zeuge von der Homogenität des Werkes, und das trifft gewiß zu, darf aber nicht zum Vorurteil verfestigt werden, das vorab mit jedem Werk Bernhards abrechnet und froh ist, das bereits in früheren Werken Vorgefundene in späteren wiederzuentdecken. Bernhard hat in dem Interview „Drei Tage" eine für sein Werk heuristisch wertvolle Metapher geprägt; er spricht von der Faszination durch eine weiße Wand:

> Wenn man eine weiße Wand *anschaut*, stellt man fest, daß sie ja nicht weiß, *nicht kahl* ist. Wenn man lang allein ist, sich an das Alleinsein gewöhnt hat, im Alleinsein *geschult* ist, entdeckt man überall dort, wo für den normalen Menschen *nichts* ist, immer mehr. An einer Wand entdeckt man Risse, kleine Sprünge, Unebenheiten, Ungeziefer. Es ist eine ungeheure Bewegung an den Wänden. Tatsächlich gleichen Wand und Buchseite sich vollkommen.[9])

Das Bild sollte ernst genommen werden: Dem Leser wird statt eines Freskos – so die gängige Metapher für den großen Roman – die „weiße Wand" zur Anschauung überlassen. Das Fresko präsentiert sich im Zustand der Übermalung nun als „weiße Wand" – so könnte man folgern. Und die Schwierigkeiten liegen auf der Hand: Wie beschreibt man eine weiße Wand, wenn man als Kunsthistoriker Beschreibungskategorien nur für das Fresko zur Hand hat? Nehmen wir den Zugang über die für Bernhard typische Negation, indem wir die Auslöschung des Freskos als metaphorischen Ausgangspunkt verstehen, um so die Methoden der Verstörung in den Griff zu bekommen.

Ist in diesen Texten, wie Bernhards Vergleich dies nahelegt, wirklich eine „ungeheure Bewegung"? Ich möchte mich nicht von vornherein darauf festlegen, jedoch kurz die Entwicklung dieses in sich kompakten Werkes durch die Anwendung eines anderen Fundamentalsatzes von Thomas Bernhard charakterisieren. Es handelt sich dabei um diesen beklemmend banalen Satz aus der berühmt-berüchtigten Dankesrede für den österreichischen Förderungspreis aus dem Jahr 1968: „Es ist alles lächerlich, wenn man an den T o d denkt."[10]) In diesem Satz scheinen Komik und Tragik in ihrer Gegensätzlichkeit einander aufzuheben; entscheidend ist bloß, ob die Emphase auf den Nebensatz („wenn man an den Tod denkt") oder auf den Hauptsatz („es ist alles lächerlich") legt. Mir scheint gerade im Frühwerk – etwa bis 1975/78 die Emphase auf „Tod" zu liegen, während sich ab dann immer mehr das Lächerliche in den Vordergrund schiebt. Oder anders formuliert: Bernhards Texte können als raffinierte Umspringbilder betrachtet werden, die an den Leser/Betrachter die Entscheidung, ob es sich um eine Tragödie oder Komödie handelt, delegieren. Evident ist jedoch, daß Bernhard sich zusehends in die Reihe der „Lachphilosophen" hineinschreiben möchte.[11]) Als Wendepunkt würde ich die Sammlung von Kurztexten unter dem Titel

---

[9]) Ebda, S. 153.

[10]) Abgedruckt in: *Anneliese Botond* (Hg.): Über Thomas Bernhard (wie Anm. 1), S. 7.

[11]) Vgl. *Martin Huber*: Lachphilosoph Bernhard. Diss. Wien 1990. (Masch.)

„Der Stimmenimitator" von 1978 angeben, die ursprünglich unter dem Titel „Wahrscheinliches, Unwahrscheinliches" hätte erscheinen sollen.[12]) Titel wie dieser zeigen an, daß die Identität einer Sache oder eines Begriffes im Zusammenfall der Gegensätze überhaupt erst faßbar wird, und das irritierende Spiel mit solchen Gegensätzen macht den Reiz nahezu aller Texte aus und verhindert ihre Festlegbarkeit: Tragik und Komik, Lüge und Wahrheit, Kunst und Kitsch, Natur und Kunst – sie werden in diese Umspringbilder zur steten Beunruhigung des Lesers und Zuschauers eingepaßt.

Die Kritik hat im besonderen Maß die Leistung der Autobiographie hervorgehoben, deren fünf Bände von 1975 bis 1982 erschienen. Grundtenor: hier melde sich ein neuer Bernhard zur Wort, der sein Ich zur Sprache bringe, und was man vorher nicht gewußt habe, jetzt wisse man's: Bernhard ist so, weil es ihm als Kind schlecht ging. In der Tat enthält die Autobiographie den Abschied von jener immer deutlicher werdenden Künstlichkeit, als deren Höhepunkt „Gehen" (1971) gelten kann. Doch geraten auch die sogenannten autobiographischen Texte in den Sog dieser Künstlichkeit. Bernhard, der „Geschichtenzerstörer" par excellence, der jede Geschichte, so sich „hinter einem Prosahügel" hervorwage, „abschießen" will[13]), schießt auch die eigene Autobiographie ab: Es sind nur „Möglichkeitsfetzen von Erinnerung", wie er in „Der Atem" einmal selbstverächtlich meint[14]); und die Ordnung dieser Partikel ist auch nicht auf ein Telos in einer wie immer auch benennbaren Zukunft hin organisiert, sondern in „die entgegengesetzte Richtung", wie ja die Leitformel des autobiographischen Bandes „Der Keller" lautet.[15]) Schon die Anordnung dieser fünf Bände läßt das Prinzip erkennbar werden: „Ein Kind" (1982), das chronologisch am Beginn stehen müßte, steht folgerichtig am Ende, nachdem die ersten vier Bände noch den Anschein der Sukzession hergestellt hatten; doch der Schein trügt. Die Kritik war froh, endlich doch Authentisches von Bernhard aus seiner Feder zu erfahren und dieses verstörende Autor-Ich biographisch nun orten zu können, bemängelte aber in einem den Realitätsverlust, der durch die dauernde und unverkennbare Übertreibung entstanden war.[16]) Daß Bernhard maßlos übertreibe, gehört zum Convenu der Bernhard-Rezeption, und es lag nahe, dieser Sprache der Superlative und Ausschließlichkeit denn auch die gesellschaftliche Triftigkeit abzusprechen. Dem steht eine Aussage, die ich hier in Stellvertretung für viele andere zitiere, gegenüber, und zwar die *Ingeborg Bachmanns*, die sie aus Anlaß von „Watten" niederschrieb:

> Wie sehr diese Bücher die Zeit zeigen, was sie gar nicht beabsichtigen, wird eine spätre erkennen, wie eine spätre Zeit Kafka begriffen hat. In diesen Büchern ist alles genau, von der schlimmsten Genauigkeit, wir kennen nur die Sache noch nicht, die hier so genau beschrieben wird, also uns selber nicht.[17])

Offenkundig setzt Bernhard die Übertreibung als Mittel ein, um genau zu sein: Durch die Übertreibung werden die Dinge, die Menschen, die Probleme kenntlich; anders formuliert: Ihre Entstellung macht sie erst kenntlich; die Übertreibung dient der Wahrheitsfindung, aber nicht nach dem Modell der Karikatur, die aus sich ja immer

---

[12]) Vgl. *Jens Dittmar* (Hg.): Thomas Bernhard. Werkgeschichte. Zweite, aktualisierte Aufl., Frankfurt a. M. 1990, S. 199.

[13]) *Bernhard*, Der Italiener (wie Anm. 8), S. 156.

[14]) *Thomas Bernhard:* Der Atem. Eine Entscheidung. Salzburg 1976, S. 87.

[15]) Vgl. *Thomas Bernhard:* Der Keller. Eine Entziehung. Salzburg 1976, passim.

[16]) Vgl. *Martin Huber:* „Romanfigur klagt den Autor". Zur Rezeption von Thomas Bernhards „Die Ursache. Eine Andeutung". In: *Wendelin Schmidt-Dengler/Martin Huber:* Statt Bernhard (wie Anm. 4), S. 59–110.

[17]) *Ingeborg Bachmann:* Werke. Hgg. von *Christine Koschel, Inge von Weidenbaum, Clemens Münster*. 4. Bd. München, Zürich 1978, S. 361 f.

noch auf das Moment einer Möglichkeit der „richtigen" Zeichnung verweist, sondern als die einzige Methode, dem Thema überhaupt gerecht zu werden. Bezieht die Karikatur ihren Reiz aus der Alternative des „richtigen", des verbürgten Bildes, so gibt es in der hermetisch abgeschlossenen Welt Bernhards diese Alternative nicht. Die Figuren und die Welt Bernhards tendieren – wie aus der Sprache ersichtlich – immer zu den Extremen.

3. Verstören, Korrigieren, Auslöschen

Und dieser Weg zu den Extremen beginnt mit einer Verstörung, läuft über die Korrektur, die zur Auslöschung führt. Die drei Romantitel, auf die hier angespielt wird, zeigen auch die Haltung, die die Hauptfiguren zu ihren Schöpfungen haben: Sie beginnen das Werk verstört zu konzipieren, sie beginnen, es zu korrigieren, sie korrigieren es zu Tode, um es dann auszulöschen. Zugleich nährt sich die Existenz dieser Werke davon, daß ein anderes Werk nicht geschrieben, nicht zu Ende geschrieben oder gar ausgelöscht wird. Die Romane Bernhards von „Das Kalkwerk" (1970) über „Korrektur" (1975) bis zu „Beton" (1982) haben immer die Unmöglichkeit der Abfassung eines Werkes oder dessen Vernichtung zum Gegenstand. Der Auslöschung des fiktiven Werkes verdankt das reale, dem Verleger abgelieferte Werk seine Existenz. Bernhards Werk war schon immer an das Prinzip der Auslöschung gebunden, und der Roman, der diesen Titel trägt, ist auch eine Auslöschung, und er ist das erste und einzige Werk, dessen Fertigstellung einem Helden Bernhards auch glückt und nicht sofort parodistisch erledigt wird wie der Roman des Moritz Meister in „Über alle Gipfeln ist Ruh" (1981). „Auslöschung" – die denn auch geschrieben wird, um das Beschriebene auszulöschen (A, S. 199) [18]) – wird auch von dem Ich-Erzähler Franz-Josef Murau vollendet, allein um welchen Preis: Der Held stirbt, offenkundig nach Vollendung des Manuskripts. Nur an zwei Stellen wird ein Erzähler greifbar, der nicht mit Murau identisch ist, und zwar am Beginn durch den Einschub („schreibt Murau, Franz-Josef", A, S. 7) und am Ende durch eine eingeklammerte Notiz: „Schreibt Murau (geboren 1934 in Wolfsegg, gestorben 1983 in Rom"; A, S. 651), wobei die Pole Wolfsegg und Rom auch antithetisch die Spannung bezeichnen, in die sich Leser und der Held gestellt sehen: Rom, als urbanes Zentrum, und Wolfsegg, das österreichische Land. Wie es zum Tod des schwerkranken Murau kommt, darüber schweigt der Chronist. Ich habe „Auslöschung" vor „Alte Meister" gestellt; nach einer gut verbürgten Aussage ist dieses Buch etwa um 1982/83 geschrieben worden; Bernhard hätte es nicht gleich publizieren wollen und seinem Bruder, für den Fall, daß ihm etwas zustieße, gegeben.[19]) Das Werk paßt auch sehr gut – nach inhaltlich wie formalen Kriterien – zu den Schriften aus der Zeit um 1982/83, also etwa „Beton" (1982) und „Der Untergeher" (1983). Für diesen Zusammenhang ist es wichtig, daß „Auslöschung" vor „Alte Meister" zu stehen kommt, einfach weil sich so die Entwicklung der Bernhardschen Produktions-, um nicht zu sagen: Destruktionsästhetik darstellen läßt.

Der Inhalt ist schnell erzählt: Murau, Schriftsteller und Privatgelehrter, lebt in Rom, und muß, unmittelbar nachdem er von der Hochzeit seiner Schwester Caecilia mit einem badischen Weinstöpselfabrikanten zurückgekehrt ist, wieder zurück auf das väterliche Riesengut Wolfsegg, da seine Eltern und sein Bruder bei einem Verkehrsunfall ums Leben gekommen sind. Das ist der Inhalt des ersten Teils mit dem Titel „Das Telegramm"; im zweiten Teil mit dem Titel „Das Testament" wird das Begräbnis der

---

[18]) *Thomas Bernhard:* Die Auslöschung. Ein Zerfall. Frankfurt a. M. 1986. Im Text werden hinfort die Zitate aus dieser Schrift mit der Sigle **A** angeführt.

[19]) Freundliche Mitteilung von Herrn *Franz Wampl,* der sich auf eine Aussage *Bernhards* berufen kann.

verunglückten Familienmitglieder beschrieben. Franz-Josef Murau, der Alleinerbe, vermacht Wolfsegg der israelitischen Kultusgemeinde; der Rabbiner Eisenberg nimmt das Geschenk an: Das ist der für diese Schaffensperiode typische überraschende Schluß des Romans.

Wolfsegg und Rom sind nicht nur die lokalen Zentren des Romans, sie sind auch dessen Sinnzentren. Mit dem weitläufigen Schloß ist darüberhinaus der Ort bezeichnet, dem der Held seine Herkunft verdankt, zugleich aber auch der Spannungsbogen, der dem Buch seine soziale Dimension verleiht. Es liegt hoch oben (wie Hochgobernitz in „Verstörung"), achthundert Meter über dem Meeresspiegel; es ist entrückt. Die Helden Bernhards, so auch Murau, gehen immer in die „entgegengesetzte Richtung": Das bedeutet den Widerruf der Herkunft und den Bezug zu den einfachen Leuten (A, S. 88), das bedeutet die Parteinahme für die Gärtner gegen die Jäger, das bedeutet Abgeschiedenheit in den fünf Bibliotheken, das bedeutet konsequente Übung im Alleinsein.

Die Isolation ist Fluch wie Auszeichnung der Helden Bernhards. Sie selbst sind schuld an der Isolation, sie können dieser Schuld nicht entrinnen. In dem Maße, in dem sie sich den anderen verweigern, verweigern sich die andern ihnen. Murau ist ein Produkt Wolfseggs, das er durch die Flucht nach Rom auszulöschen versucht. Je mehr er sich zu Rom bekennt, umso nachhaltiger drängt Wolfsegg sich ihm auf. Aber Wolfsegg ist nicht nur Zentrum der individuellen Geschichte des Helden, sondern Chiffre auch für die österreichische Geschichte. Es ist nicht nur der Rückzugsort und daher auch Leidensort, sondern die österreichische Geschichte der letzten fünfzig Jahre ist dort konzentriert versammelt. Wolfsegg hat den Nazis Schutz gewährt, Wolfsegg wurde nach dem Nationalsozialismus katholisch dominiert. Für Bernhard ist seit „Die Ursache" die polemische Parallelisierung von Katholizismus und Nationalsozialismus ein rekurrenter Anklagepunkt, der von Mal zu Mal unterschiedlich bebildert wird. In diesem Buch werden nun, als dritte im Bunde, die Sozialdemokraten mitgenommen, und gegen alle drei Phasen polemisiert Murau: eine Ablösung der Herrschaft, eine Auslöschung der Geschichte erfolgt in diesem Buch. Die Auslöschung der österreichischen Geschichte erfolgt durch die Abschenkung an die Israelitische Kultusgemeinde. Die Abschenkung ist die Auslöschung; Österreich kann seine Geschichte nur dann aushalten, wenn es diese voll und ganz aufgibt. Österreichs Geschichte ist ausgelöscht, und Österreich ist ein bereits ausgelöschtes Land: „Die Auslöscher und die Umbringer bringen die Städte um und löschen sie aus und bringen die Landschaft um und löschen sie aus." (A, S. 113) Zugleich ist der ganze Schreibvorgang eine Tilgung, und das Leben des Autors währt nur so lange, als diese Tilgung dauert. Vollendung – man denke an den Helden der „Korrektur" Roithamer – bedeutet bei Bernhard allemal Tod. Die einzige Versicherung, daß man lebt, kann nur durch das Schreiben erfolgen. Und dieses Schreiben muß so sein, daß es über die Einsichten hinwegzuschreiben hilft, die dieses Schreiben als ein Schreiben zum Tode definieren. Zu Beginn des Buches und auch an dessen Ende steht daher das Schlagwort von der „Übertreibungskunst", die allein „anschaulich" mache (A, S. 128) und die zuletzt auch die Kunst der „Existenzüberbrückung" (A, S. 611) sei, selbst auf die Gefahr hin, „daß wir zum Narren erklärt werden" (A, S. 129). „Wenn wir die Möglichkeit [. . .] haben, sollten wir uns spätestens mit vierzig zum Altersnarren ausrufen und versuchen, unser Narrentum auf die Spitze zu treiben." (A, S. 129) Ein neuer Ton bei Bernhard: Die Sicht der Welt aus der Perspektive des Narren, ein Lob der Torheit, aber nicht gewonnen aus überlegener ironischer Einsicht, sondern aus Verzweiflung über die Todesverfallenheit und Lächerlichkeit der Welt. In diese Lächerlichkeit ist aber auch der Protagonist einbezogen. Dieses Ich Muraus wird durch die anderen Figuren relativiert, es wird durch die anderen problematisch gemacht. Der Altersnarr mit achtundvierzig

Jahren will vor den Kopf stoßen, er ist der „Vordenkopfstoßer", und die Praktiken, derer er sich bedient, bedeuten einen Regreß in die frühe Kindheit. Es freut ihn, nach dreißig Jahren wieder die Zunge zeigen zu können, und der Erfolg ist so groß, daß er es gleich mit sich selbst probiert:

> Ich pinselte mein Gesicht ein und sah mich im Spiegel als Spaßmacher, der sich gleich selbst die Zunge herausstreckt und dem dieses Zunge herausstrecken solchen Spaß machte, daß er es gleich mehrere Male, sozusagen sich selbst zum Spaß, wiederholte. Es gibt nichts Angenehmeres, als sich nach einer solchen, wenn auch kurzen, so doch anstrengenden Reise, zu rasieren. So nackt vor dem Spiegel stehend, mit herausgestreckter Zunge gegen mich, hatte ich nicht das Gefühl, ein Mensch zu sein mit einer geringeren als normalen Lebenserwartung, wie ich bis jetzt geglaubt habe. [. . .] Mehr oder weniger ist das Schauspiel hier zu Ende, habe ich gedacht, die Nebenfiguren meiner Schwestern haben jetzt, da die Hauptfiguren tot sind und schon aufgebahrt in der Orangerie nichts mehr auf diesem Theater zu suchen. Der Vorhang ist zugegangen, dachte ich. Noch nicht ganz, dachte ich, sozusagen das Satyrspiel hat begonnen. Das Schwierigste des ganzen. (A, S. 431 f).

Bernhards Held treibt ein gefährliches Wiederholungsspiel, ein Spiel, das Bernhard auch mit sich selbst zu treiben scheint: Schonungslos zeigt er sich, nackt, als sein eigener Spaßmacher, dem die Selbstentstellung das größtmögliche Vergnügen bereitet: Der Spiegel ist gewiß des Misanthropen gefährlichstes Objekt. *Raimunds* Rappelkopf zertrümmert ihn; Bernhards Murau benötigt ihn, um sich zu unterhalten: Im Zustand clownesker Entstellung wird der Menschenfeind für sich selbst erkennbar und zugleich zum Narziß. Die Fundamentalverurteilung der anderen kehrt sich gegen den Helden selbst; das schonungslose Lächerlichmachen der eigenen Person, die Selbstentstellung vermag indes der sarkastischen Entstellung der anderen die Glaubwürdigkeit zurückgeben, die sie im Dröhnen der Bernhardschen Superlative verloren zu haben schien.

4. Die Kunstvernichtungskunst

Explicit tragoedia, incipit comoedia, so könnte das Ende der „Auslöschung" lauten, und die Komödie, die nun kommen soll, das Werk der Altersnarren, das ist das Schwerste in der Kunst. Es ist folgerichtig, daß daher Bernhards Buch „Alte Meister" den Untertitel „Komödie" hat, obwohl es jeder Leser nach der Lektüre ohne viel Schwierigkeit als Roman agnoszieren müßte. Uns beschäftigt hier nicht die Schimpftirade des zweiundachtzigjährigen Musikkritikers Reger, der jeden zweiten Tag ins Kunsthistorische Museum in Wien geht, um sich vor ein Bild Tintorettos zu setzen und es mit Hilfe einer aufwendigen Disqualifikationsstrategie seiner Fehler zu überführen.[20]) Was die begreifliche Erregung so vieler Kunstfreunde ausmachte, die Schimpfrede über den – im besonderen – österreichischen Kunstkanon, ist nicht viel mehr als die Lockspeise für das Publikum, das auch prompt darauf hineinfiel, das versüßt bloß die bittre Pille, die dieser Text für jeden Künstler und Kritiker sein müßte. Die „Komödie" „Alte Meister" ist tatsächlich die Tragödie der Kunst – Reger sitzt vor dem Bild, um es durch Anschauung, durch die Voraussetzung jeder hermeneutischen Tätigkeit also, zu liquidieren. War es in den früheren Schriften Bernhards der Versuch, Vollkommenheit zu erreichen, der alle – naturgemäß – zum Scheitern verurteilte und die vielen Untergeher in seinen Schriften erzeugte, war es die Kunst, die die Menschen auslöschte und liquidierte, so mobilisiert nun Bernhard durch den Altersnarren Reger

---

[20]) Vgl. dazu *Wendelin Schmidt-Dengler:* Liquidation durch Anschauung. Zur Kunstvernichtungskunst in den „Alten Meistern". In: *W.S.D.:* Der Übertreibungskünstler (wie Anm. 5), S. 87–92.

seine schärfste Waffe gegen die Kunst: Reger will jedes Kunstwerk falsifizieren, ein Verfahren, das mit tödlicher Sicherheit zum Ziele führe:

> Die Alten Meister, wie sie jetzt schon seit Jahrhunderten genannt werden, halten nur der oberflächlichen Betrachtung stand, *betrachten wir sie eingehend*, verlieren sie nach und nach und am Ende, wenn wir sie wirklich und wahrhaftig und das heißt, so gründlich wie möglich die längste Zeit studiert haben, lösen sie sich auf, sind sie uns zerbröckelt und lassen nur einen faden, ja meistens einen ganz üblen Geschmack in unserem Kopf zurück. [. . .] Wehe, Sie lesen eindringlicher, Sie ruinieren sich alles, was Sie lesen. [. . .] Hüten Sie sich vor dem Eindringen in Kunstwerke, sagte er, Sie verderben sich alles und jedes, selbst das Geliebteste. (AM, S. 67 f.)[21])

„Die Kunst ist das Höchste und das Widerwärtigste gleichzeitig" (AM, S. 79), knüpft Reger an die Untergeher an, zugleich aber bedeutet die Ausübung der Kunst, die Herstellung eines Werkes, daß es der Anschauung preisgegeben wird, um dadurch liquidiert zu werden: ein irreversibler Prozeß, der nicht dem üblichen Verschleiß jeder menschlichen Schöpfung entspricht, sondern planvoll und mit Regelmäßigkeit ins Werk gesetzt wird. Die Konsequenz, die sich aus dieser Beobachtung ergibt: Was vorher für die „Existenzüberbrückung" gesorgt hatte, der Schreibvorgang, die Tätigkeit der Hervorbringung eines Kunstwerkes (oder auch die virtuose Reproduktion), was dafür verantwortlich war, daß das Individuum sich als lebend empfinden und begreifen konnte, das wird nun ausgelöscht. Das Verfahren, das gegen die Alten Meister angewendet wird, ließe sich auch auf die Jungen Meister, sprich: Bernhard, applizieren. Die Überlebenskunst, der Überlebenstrick eines Reger, besteht darin, daß er sich der Falsifikation von Kunstwerken widmet. Die Fehlersuche läuft über die Entstellung von Kunstwerken; das Vollkommene, das autoritativ unsere eigene Anschauung zu gefährden droht, muß entstellt werden: „Das Ganze und das Vollkommene ist uns unerträglich", erklärt Reger (AM, S. 41).

Der Schluß des Romans ist pointiert, läßt aber doch offen, worauf er abzielt. Zur Überraschung Atzbachers, des Mannes, der Reger beobachtet, bietet ihm dieser zwei Karten für eine Aufführung von *Kleists* „Zerbrochenem Krug" im Burgtheater an. Reger und Atzbacher besuchen die Vorstellung. Der lapidare Schluß: „Die Vorstellung war entsetzlich." (AM, S. 311)

Eine zulässige Deutung scheint mir die folgende zu sein: Reger geht in der Hoffnung, ein vollkommenes Kunstwerk zu sehen, in das Theater. Doch das Theater besorgt das, was er sich mühsam erarbeitet hat: die Kunstvernichtungskunst, die Entstellung zur Karikatur. So wird die sublime Strategie, die ja die Überlebensstrategie Regers ist, durch die plumpe Strategie der herrschenden Theaterpraxis liquidiert, ausgelöscht. Was Reger für sich zum höchst strapaziösen Beschäftigungsethos entwickelt hat, was ihm hilft, sich gegen das schlechthin Vollkommene zur Wehr zu setzen, das ist allenthalben und erst recht in unseren Theatern zu haben. Was ich hier vorlege, ist nicht mehr als ein Vorschlag, um mit dem verblüffenden Schluß zu Rande zu kommen.

Reger wird durch diese Deutung zum Altersnarren, der zuletzt erkennen muß, daß auch seine Überlebensbemühungen schon längst, wenngleich naiv und unbewußt, praktiziert werden.

5. *Die Altersnarren*

Das Banale schlägt je um ins Sublime und umgekehrt. Die Vorliebe der Protagonisten Bernhards für die ganz einfachen Leute ist das sinnfällige Komplement zu der

---

[21]) *Thomas Bernhard:* Alte Meister. Komödie. Frankfurt a. M. 1985. Die Chiffre **AM** im Text bezieht sich auf diese Ausgabe.

sublimen Geistesverfassung, derer sie sich rühmen. Das Elitäre haust am besten im Egalitären. Das Wort „egal“ dominiert als Leitwort im Finale des Bandes „Der Keller. Eine Entziehung“.[22]) Durch den Zusammenfall der Begriffe „egalitär“ und „elitär“ kommen die Helden Bernhards erst zu ihrer Identität. So sind die Altersnarren auch die Altersweisen. Sie sind weise, weil sie sich als Gegenstände und Figuren der Komödie tagtäglich erkennen oder zu solchen machen. Reger inszeniert seine Komödie tagtäglich selbst. Während Reger seine Auftritte im Museum noch vorzubereiten scheint, ist Herrenstein in „Elisabeth II.“ bereits das stille Zentrum einer Inszenierung; unbewegt bewegt er alles, und seine Passivität läßt ihn zum großen Sieger werden. Das geht so vor sich: Herrenstein, fünf Jahre älter als Reger, also siebenundachtzig, und noch weit defekter als dieser – er hat Kunstbeine –, wartet in seiner Wohnung am Opernring („Hochherrschaftlicher Jahrhundertwendesalon“; E, S. 9)[23]) auf die Gäste, die vom Balkon aus die Königin Elisabeth von England sehen wollen. Folgerichtig lautet das Motto des Dramas auch „God save the Queen“. Herrenstein wird von seinem Diener Richard hereingeschoben. Nach längerer Pause sagt er: „Ich habe meine Zähne vergessen.“ (E, S. 11) Dieses erregende Moment bedingt drei Akte hindurch, bis zum Ende, so gut wie keine Handlung. Herrenstein, der Geisteskrüppel, kommentiert die Besucher, die ihm – mit einer Ausnahme – allesamt widerwärtig sind. Alle Stücke Bernhards enthalten offenkundig die Zurüstung auf ein von vornherein zum Scheitern bestimmtes Fest. Es ist das Schicksal der Menschenfeinde von der Antike an, daß sie, just sie wider Willen zu Zentralfiguren der Feste avancieren. So auch hier; alles will zunächst Herrenstein grüßen und dann auf den Balkon, so auch der einzig erträgliche Gast, der gelehrte Nachbar des Hausherrn, Dr. Guggenheim, der lange in England gelebt hat. Herrenstein hingegen will von der englischen Königin nichts wissen. Er bleibt in seinem Stuhl sitzen. Guggenheim geht mit dem „hochgehaltenen Union Jack“ auf den Balkon und sagt: „God save the Queen.“ Der Balkon reißt ab und stürzt in die Tiefe; nachdem sich der Staub verzogen hat, sagt Herrenstein: „Wahrscheinlich sind alle tot.“ „Sicher“, sagt der Diener lakonisch. (E, S. 126 f.)

„Keine Komödie“ – so lautet diesmal die Gattungsbezeichnung; das Ende würde Bernhard recht geben. Aber heißt „keine Komödie“ schon logisch auch „Tragödie“? Den Versuch, nun nach *Linné*schem Muster eine Gattungsbestimmung vorzunehmen, halte ich für fruchtlos. Wichtig ist, daß Bernhard hier, offenkundig zum ersten Mal in seiner Laufbahn, die Gattungsbezeichnung explizit löscht. Natürlich enthält der Text eine Fülle von Komödienelementen, aber der Autor will nicht, daß dies als Komödie begriffen werde. Was in „Alte Meister“ noch in Form der Prosaerzählung möglich sein sollte, nämlich die Komödie, wird nunmehr gelöscht. „Keine Komödie“ löscht als Untertitel somit das vorangehende Werk; es ist ein Werk, das erscheint, nachdem die Kunstvernichtungskunst der „Alten Meister“ ihre Schuldigkeit getan hat. Ich will diese letzten Werke Bernhards in kein Schema pressen, aber es legt sich für die letzte Phase doch ein Dreischritt fast zwingend nahe: In der „Auslöschung“ kommt die Tragödie zu einem Ende, das Schwerste, die Komödie, das Satyrspiel, wird mit den „Alten Meistern“ gewagt, wonach nur noch etwas folgen kann, das schwerer ist als das Schwerste und wofür es noch keinen Namen gibt.

Hat sich Bernhard zum Altersnarren ausrufen lassen, um nun alle Freiheit, die des Alters und die des Narren, genießen zu können? In einem Interview zu Beginn 1987

---

[22]) *Bernhard*, Der Keller (wie Anm. 15), S. 165.

[23]) *Thomas Bernhard:* Elisabeth II. Frankfurt a. M. 1987. Zitate mit der Sigle E im Text nach dieser Ausgabe.

hat Bernhard dekretiert. „Je älter man wird, desto interessanter wird das Leben. Nachdem der Körper kaputt ist, entwickelt sich das Gehirn erstaunlich gut."[24])

Reger und Herrenstein sollen diese Klarheit exemplifizieren, die sich ausschließlich aus einem Defizit erklärt. „Keine Komödie" macht Schluß mit der debilen Wiener Gesellschaft: Eine Wunschhandlung in effigie, könnte man interpretieren. Die Wiener Snobs, die ihrer Schaulust zum Opfer fallen und nur den Renegaten übrig lassen: Übrig bleibt ein kaputter Körper mit einem erstaunlich gut entwickelten Gehirn. „Nein", sagt Herrenstein dezidiert, als ihn sein Diener auf den Balkon hinausschieben will. (E, S. 126) Verneinung als Grundlage des Überlebens, Auslöschung als Grundlage des Schreibens, Verschwinden als Grundlage der Anwesenheit. Es ist, als ob bei Bernhard erst alles seine Silhouette gewönne, da es unweigerlich dem Entschwinden verfallen ist.

Die Praxis der Negation erzeugt die Werke, die Verweigerung, von der sich der Leser oder Zuschauer rätselhaft angezogen fühlt, verleiht ihnen Attraktivität . Einfach kompliziert geht Bernhard jeder Form des Kompromisses aus dem Weg. Er hält – sehr zum Unterschied von *Raimund* und seiner stärksten Figur, dem Rappelkopf – die Misanthropie bis zum Ende durch. Er inszeniert sich und seine Figuren als der Menschenfeind, der der vornehmen Eleganz und milden Skepsis eines Schwierigen nicht mehr bedarf. *Hermann Burger* hat amüsant beschrieben, wie ihn Bernhard 1981 auf seinem Bauernhof empfangen hat: „Zu trinken gibt's nix, sonst bleiben Sie mir zu lange." [25]) Und in dem oben angeführten Interview 1987 berichtet Bernhard über sich selbst:

> Weil ich vor 22 Jahren so blöd war, die Adresse bekanntzugeben, kann ich jetzt in Ohlsdorf nicht mehr leben. Leute sitzen dort auf der Mauer. Schon in der Früh, wenn ich zum Tor hinausgehe, sitzen sie dort. Sie wollen mit mir reden, sagen sie. Oder die Leute gehen am Wochenende, so wie sie früher Affenschauen gegangen sind, Dichterschauen. Das ist günstiger. Sie fahren nach Ohlsdorf und umstellen mein Haus. Ich schau dann wie ein Sträfling oder wie ein Verrückter hinterm Vorhang hervor. Unerträglich.

Ich bin davon ausgegangen, daß die Werke Bernhards einander ähneln, daß sie in bezug auf Motive, Themen, ja auch in bezug auf ihre Struktur homogen zu sein scheinen; daß sie sich in der Sprache wie aus einem Guß präsentieren. Und doch, meine ich, sind es die feinen Unterschiede, die die großen Differenzen ausmachen. Nicht mit der Differenzierung der Themen oder der Akzentuierung der autobiographischen Thematik oder gar der Neigung, authentisch mit Namen und Örtlichkeiten sein zu wollen, läßt sich bei Bernhard operieren. Auch charakterologische Beobachtungen anzustellen und diese Kunstfiguren realistisch herauszupinseln, ist wenig weiterführend. Das Verfahren der Frau Konrads in „Das Kalkwerk", Fäustlinge zu stricken, sie aufzulösen, um sie in einer noch häßlicheren Farbe nochmals zu stricken, scheint mir immer noch die geeignetste Chiffre für das kontinuierliche, ununterbrochene Schreiben Bernhards.[26]) Ich versuchte, dies mit dem Weg von „Auslöschung" über „Alte Meister" bis zu „Elisabeth II." mit dem Weg von der Tragödie über die Komödie bis zur Nicht-Komödie anzudeuten. So werden die Risse, die Sprünge, die ungeheuerlichen Bewegungen auf dieser weißen Wand kenntlich.

Wir müssen diese weiße Wand genau anschauen; wir müssen diese Buchseiten genau anschauen; sie zwingen uns zur Genauigkeit. „Er liebte die klare Definition und haßte

---

[24]) Interview mit dem Titel: Von einer Katastrophe in die andere. Ansichten des Dichters *Thomas Bernhard* – notiert von *Asta Scheib*. *SÜDDEUTSCHE ZEITUNG* vom 17. Jänner 1987.

[25]) *Hermann Burger:* Zu Besuch bei Thomas Bernhard. In: *H.B.*: Ein Mann aus Wörtern. Frankfurt a. M. 1983, S. 236. Ursprünglich in: *DIE WELTWOCHE* vom 9. Dezember 1981.

[26]) *Thomas Bernhard:* Das Kalkwerk. Frankfurt a. M. 1970, S. 178–181.

das Ungefähre", heißt es mit Anspielung auf ein Wort *Rainer Maria Rilkes* in den „Aufzeichnungen des Malte Laurids Brigge" in Bernhards „Der Untergeher" über den Pianisten *Glenn Gould*.[27]) In Bernhards Werk klare Definitionen zu finden, wird wohl niemand zu behaupten wagen; doch stellen die pauschalierenden Verdammungsurteile immanent die Forderung, die Gültigkeit des durch Übertreibung zur Kenntlichkeit Gebrachten zu überprüfen. Vielen scheint Bernhards Werk ein Spiel, ein Bluff zu sein, der im Eigeninteresse inszeniert wird. Das ist durchaus angebracht, da der Autor sich zum Spiel mit Täuschung und Wahrheit bekennt. „Letzten Endes kommt es nur auf den Wahrheitsgehalt der Lüge an", heißt es in „Der Keller".[28]) Bernhard verweigert sich emphatisch dem Anspruch auf eine explizite Moral. Indem er jenen, die sich als deren Hüter präsentieren, brüsk seine Misanthropie als die echte Alternative entgegenhält. Philanthropie ist nur zulässig, wenn sie durch das Inferno der Misanthropie gegangen ist.

6. Phönix und wahrer Vogel

Das Spiel, das Bernhard mit Fiktion und Authentizität, mit Wahrheit und Lüge, mit Komik und Tragik, Schönheit und Häßlichkeit, mit Elitärem und Vulgärem, mit Subtilem und Banalem mehr als ein Vierteljahrhundert trieb, war außerordentlich riskant. Er hatte sich in eine Position manövriert, die er in dem bereits zweimal herangezogenen Interview aus dem Jahre 1987 scharfsichtig so umschreibt:

> Ich tue alles nur für mich selbst. Alle Menschen tun alles für sich selbst. Ob sie seiltanzen oder Brot backen oder Schaffner bei der Eisenbahn sind oder Kunstflieger. Nur bei Kunstfliegern gibt es Veranstaltungen, wo die Leute halt hinaufschauen. Während er schön fliegt, warten die darauf, daß er runterfliegt. Bei Schriftstellern ist das auch so. Im Unterschied zum Kunstflieger, der nur einmal herunterfliegt und dann meistens kaputt und tot ist, ist der Schriftsteller auch kaputt und tot, aber er wird immer wieder lebendig. Es gibt immer wieder eine Veranstaltung. Je älter er wird, je höher fliegt er. Bis man ihn eines Tages nicht mehr sieht und sich fragt: „Komisch, warum fällt er nicht mehr runter?"[29])

Die Frage, warum Lebenspraxis und Schreibpraxis durch eine so tiefe Kluft getrennt sind und wer daran die Schuld trägt – das Publikum, das den Autor stigmatisiert, indem es ihn der Vereinzelung überläßt, oder der Autor, der in der Vereinzelung bleiben will, weil er anders nicht schreiben kann –, diese Frage stellt sich Bernhard nicht. Daß indes dieser Zustand nicht nur von Bernhard so empfunden wird und daß das Werk wiederum adäquater Ausdruck der Lage des Schriftstellers ist und dieser Befund wiederum kritisch auf unsere Gesellschaft verweist, die sich in der Anschauung des isolierten, abgehobenen Dichters ergötzt, bestätigt das Gedicht eines anderen Autors, das nicht nur seinem Inhalt nach mit der Äußerung Bernhards verwandt ist, sondern auch in der Flug-Metaphorik an zentraler Stelle konvergiert. Das Gedicht stammt von *Ernst Jandl* und heißt „der wahre vogel". *Jandl* und Bernhard sind zwei wahre Vögel.

---

27) *Thomas Bernhard:* Der Untergeher. Frankfurt a. M. 1983, S. 34.

28) *Bernhard*, Der Keller (wie Anm. 15), S. 45.

29) Von einer Katastrophe in die andere (wie Anm. 24)

fang eine liebe amsel ein
nimm eine schere zart und fein
schneid ab der amsel beide bein
amsel darf immer fliegend sein
steigt höher auf und höher
bis ich sie nicht mehr sehe
und fast vor lust vergehe
das müßt ein wahrer vogel sein
dem niemals fiel das landen ein.[30])

(Abschluß des Manuskripts: Oktober 1990)

---

30) *Ernst Jandl:* Gesammelte Werke, 2. Bd. hgg. von *Klaus Siblewski*. Darmstadt und Neuwied 1985, S. 566.

Gerald Stieg

Le Handke Nouveau est arrivé

Dieser Satz, mit dem ironisch „Die Kindergeschichte" und die Inszenierung von „Über die Dörfer" im November 1983 begrüßt werden[1]*), hat für französische Ohren einen eher abschätzigen Klang. Im Monat November kommt nämlich alljährlich ein heuriger Wein, le Beaujolais nouveau, auf den Markt. Der kommerzielle Erfolg des Beaujolais ist garantiert, da seine Auslieferung zu einem Ritus geworden ist, völlig unabhängig von der Qualität des Jahrgangs.

Peter Handke verfügt in Frankreich über einen Verlag, dessen Gewicht in den Medien und der intellektuellen Szene nicht hoch genug veranschlagt werden kann. Er teilt dieses Privileg mit *Thomas Bernhard*, dessen Ruhm seit ein paar Jahren Schatten auf Handke zu werfen beginnt. Daß das Haus Gallimard, der Gralshüter der französischen Literatur, einen hervorragenden Pressedienst besitzt, beweist ein Blick auf die stolzen Zahlen der Rezensionen, Interviews, Rundfunk- und Fernsehechos, die mit Handke zu tun haben. Da fast jedes Jahr ein neuer Handke zur französischen Leserwelt kommt, ist es unmöglich, hier ein Gesamtbild der Handkerezeption anzubieten. Ausgehend vom Kalauer über den Beaujolais Nouveau schien es mir sinnvoll, zwei Werke herauszugreifen, für die das Epitheton nouveau auch qualitativ gelesen werden kann und in deren mediale Bearbeitung ich einigen Einblick hatte. Es handelt sich um die Pariser Aufführung des „dramatischen Gedichts" **Über die Dörfer** durch *Claude Régy* im Théâtre national de Chaillot (Premiere am 23. November 1983) und um die bisher [1987] letzte Übersetzung eines Werkes von Handke, nämlich den **Chinesen des Schmerzes**, erschienen im Frühjahr 1986, in einer Zeit also, als Österreich doppelt im Zentrum des französischen Interesses stand: einerseits durch die Ausstellung „Vienne – Naissance d'un siècle" im Centre Pompidou, andererseits durch die Causa *Waldheim*. In beiden Fällen hat die Kritik von einem qualitativ „neuen" Handke, zumindest ansatzweise, gesprochen.

Was zuallererst den österreichischen (und sogar deutschen) Literaturkenner und -liebhaber überrascht, ist die Intensität der Rezeption eines ausländischen Autors. Diese Intensität ist quantitativ unerhört (Tages- und Wochenzeitungen widmen bis zu sieben Seiten dem Phänomen Handke; die Rezension von „Über die Dörfer" erscheint auf der ersten Seite von „Le Monde"), sie ist aber auch qualitativ bemerkenswert. Was über Handke gesagt wird, ist gewöhnlich kenntnisreich. Selbst wenn die Polemik zuschlägt, hat man das Gefühl, daß der Polemiker genau weiß, was er tut. Amüsant ist in diesem Zusammenhang, daß Handke im Gegensatz zu *Bernhard*, der seit einiger Zeit Objekt einer ungehemmten Idolatrie ist, in Paris eine seriöse Gegnerschaft besitzt. Sie situiert sich am deutlichsten am rein kommerziellen Pol der französischen Literaturkritik. Man muß wissen, daß das französische Literaturwesen von einer Fernsehsendung versklavt wird, die ihre Verlängerung in einer mit allen Mitteln modernen Marketings arbeitenden Zeitschrift hat. Es handelt sich um die Sendung

*) Die Zitate aus den Kritiken tragen aus Raumersparungsgründen die Siglen **B + Zahl** für „Über die Dörfer", **C + Zahl** für „Der Chinese des Schmerzes". Diese Siglen entsprechen der chronologisch geordneten Bibliographie der Rezensionen S. 94 bis 97.

[1]) B 24

Gerald Stieg, Dr. phil., Univ.-Prof., Institut d'Allemand, Université de la Sorbonne Nouvelle, Paris III.

„Apostrophes" (Antenne 2) und die Zeitschrift „Lire", beide geleitet von einem Superstar des französischen Medienwesens, *Bernard Pivot*. Von dieser Seite her wird Handke völlig abgelehnt, was bisweilen in der Literaturkritik von Zeitschriften und Zeitungen weiterwirkt. Handke war noch nie Gast von *Pivots* Sendung „Apostrophes", in der Zeitschrift „Lire" stehen harte Urteile über sein Werk. Ich zitiere einige gezielte Seitenhiebe: „Was einem bei Handke auf die Nerven geht, ist seine Berühmtheit. Anläßlich seines letzten Stücks [„Über die Dörfer"] spricht man von Aischylos und Nietzsche."[2]) Zum „Chinesen des Schmerzes": „Es ist schwierig, einem Werk gerecht zu werden, zu dem man keinen Zugang hat. So fühlt man sich ein wenig schuldig und beunruhigt, wenn man behauptet, daß man gegen Peter Handke allergisch ist." Darauf folgt der giftige Pfeil: „Der Chinese des Schmerzes" erinnere an den „verblichenen nouveau roman".[3]) Härter noch geht es in der rechts-liberalen Zeitschrift „Le Point" zu, wo man den Bestseller „Das Parfüm" von *Süskind* (der Fernsehehren bei *Pivot* hatte) gegen den armen „Chinesen des Schmerzes" ausspielt. Dabei kriegt auch Handkes Übersetzer, *Georges Arthur Goldschmidt*, eine aufs Dach. Im Vergleich zur brillanten Übersetzung des „Parfüm" (und das stimmt!) sei die „düstere Selbstsuche" Handkes noch dazu gehandikapt durch eine „bleierne Übersetzung" voll von grammatischen Manierismen usw.[4]) (Gewöhnlich wird *Goldschmidts* Übersetzung als „ausgezeichnet" gelobt.)

Am radikalsten reagiert der Kritiker und Schriftsteller *Eric Neuhoff*: „Noch ein Buch, in dem n i c h t s steht." (Es handelt sich um die „Kindergeschichte".)[5]) Die Polemik war besonders intensiv anläßlich der Aufführung des Stücks „Über die Dörfer": viele Kritiker sahen in dieser Inszenierung eine Variante von „Des Kaisers neue Kleider". Da ich selbst dem Spektakel beigewohnt habe, muß ich bestätigen, daß folgende Aussagen absolut richtig sind. „Zwei Stunden vergehen. Rechts von mir legt man sich zum Schlafen nieder; links nickt man ein, den Kopf in den Händen, die Ellbogen auf den Knien. Das Theater gleicht einem riesigen Hühnerstall bei Sonnenuntergang. Einige erwarten die Pause wie den Messias. Er kommt. Die Schläfer applaudieren wild."[6]) Das stand in „Le Point", einer rechts-liberalen Zeitschrift. Im links-liberalen „Canard Enchaîné" werden ähnliche Eindrücke über die applaudierenden Schläfer wiedergegeben. Über Langeweile und Langsamkeit kann man da lesen: „Zwischen jedem Satz hätte ein mittlerer Läufer ins nahegelegene Café gehen, dort ein Bier trinken und zurückkommen können. In ganzen Scharen haben es diese verächtlichen Individuen, die man Zuschauer heißt, vorgezogen, nicht zurückzukommen."[7])

Diese Anekdoten werfen ein ernsthaftes Problem auf: Es steht außer Zweifel, daß die Zuschauer, ein durchaus gebildetes und von der Presse aufs Ereignis gezielt vorbereitetes Publikum, das Schauspiel als absolut unerträglich empfunden haben. Trotzdem hat niemand protestiert, von einem Theaterskandal war keine Spur, denn die Schläfer haben begeistert geklatscht. Der „Canard Enchaîné" stellt zu Recht fest, daß so etwas nur im Subventions-Theater möglich ist, und reiht „Über die Dörfer" ein unter die Produkte einer „link(isch)en Kultur".[7]) Diese politische Klassifizierung mag überraschen, aber sie liefert uns einen Schlüssel zur Rezeption des „Handke nouveau".

---

[2]) B 43
[3]) C 28
[4]) C 9
[5]) In: Magazine Hebdo, 6. 1. 1984.
[6]) B 29
[7]) B 30

Ist Handke ein politischer Autor?

Bis 1983 war es trotz „Wunschloses Unglück“, das übrigens 1986 in Avignon szenisch aufgeführt wurde, eine Evidenz, daß Handke als Bewohner des Elfenbeinturms Gralshüter einer subtilen Innerlichkeit und sensiblen Detailbeobachtung war. Die „inneren Bilder“ dominieren, und *Erika Tunner* sagt in ihrem Vorwort zur Handke gewidmeten Nummer der **Austriaca** (Mai 1983) zu Recht: „Der Mensch kann nicht anders, als ständig auf der Suche nach der ‚Stunde der wahren Empfindung‘ zu sein, d. h. dem Augenblick (Empfindung), in dem das Individuum mit sich selbst in Einklang ist (wahr). Handke ist es und lädt uns ein, es auch zu sein.“[8])

Das klingt ungeheuer überzeugend und ist trotzdem ein logischer und ethischer Skandal. Denn, frage ich, wie sieht die „Stunde der wahren Empfindung“ des Dschingis Khan aus? Ist die „hochkulturelle Literatur“ wirklich nichts weiter als ein Spiegel des Narziß? Denn zu solchem Fest scheint uns Handke einzuladen.

Der „Handke nouveau“, der seit 1983 in Paris auf den Markt gekommen ist, hat die Prädominanz der Innerlichkeit, von der **Austriaca** geprägt ist, fragwürdig werden lassen.

Das äußert sich deutlich darin, daß der *Brecht*-Gegner Handke in der kommunistischen Presse **(L’Humanité, Révolution)** eine völlig unerwartete Rolle zu spielen beginnt. Die Politisierung Handkes wird auf Grund der Affaire *Waldheim* 1986 ein neues Gesicht bekommen. Die deutschsprachige Literatur wird in Frankreich immer wieder unter dem Zeichen des historischen Schmerzes, der Wunde, der Abrechnung mit der nationalsozialistischen Vergangenheit wahrgenommen.[9]) In der Auswahl der „Weltrundfahrt in 80 Romanen“, die „Le Monde“ 1987 veranstaltet hat, heißen die Autoren aus dem deutschen Sprachraum: *Grass/Walser; Dürrenmatt/Nizon; Hein/Wolf; Bernhard/Handke.* Französische Regisseure stürzen sich auf Texte deutscher und österreichischer Dramatiker: *H. Müller, V. Braun, Achternbusch, B. Strauß, Bernhard* und *Handke.* Sie spüren in dieser Dramatik eine historische Tragik, die dem französischen Theater abzugehen scheint. Frankreich hat keine Identitätsprobleme: Amnestie und Amnesie zementieren die nationale Identität. Für das Theater bedeutet also der deutsch-deutsche und der österreichische historische Identitätskonflikt ein Terrain, das es den Regisseuren ermöglicht, das weitverbreitete „Mir-san-mir-Gefühl“ der Franzosen intellektuell zu unterminieren. Eine radikale künstlerische Infragestellung der eigenen Vergangenheit, wie sie Handke und *Bernhard*, am Beispiel Österreich vornehmen, trifft indirekt das allzu bequeme Selbstbewußtsein der „grande nation“. So gesehen sind die „ehrlichen Deutschen und Österreicher“ Auslöser eines Prozesses der Selbstbefragung. Leider kann das auch pervertierte Nebeneffekte haben. Dazu gehört alles, was die Causa *Waldheim* angeht. Handkes Essay über *Waldheim* ist im „Nouvel Observateur“ erschienen und hat in einer Radiosendung, an der ich selbst teilgenommen habe, eine Rolle gespielt, die symptomatisch ist. Das Prinzip der Sendung war interessant: ein Schauspieler las einen Text, die Teilnehmer sollten ihn kommentieren. Erster Text: *Erich Fried*, „Passiert“, kommentiert von Stephan Troller; zweiter Text: *Thomas Bernhard*, Auszug aus „Beton“ wider die Sozialdemokratie in Wien, kommentiert von mir selbst; dritter Text: *HANDKE* über Waldheim, kommentiert von *Beate Klarsfeld;* vierter Text: *BERNHARD*, „Die Ursache“, übers katholisch-nationalsozialistische Österreich, kommentiert von *Danny Leder.* Der Kommentar von Frau *Klarsfeld* zu Handkes Text gehört zu jenen Meisterwerken politischer Perfide, die sich nur aus der Frustration erklären lassen, daß ihr nicht die Gelegenheit gegeben wurde, den *Waldheim* so abzuwatschen wie den *Kissinger.* Der franzö-

---

[8]) A 14

[9]) C 4

sische „Moderator“ goß Öl ins Feuer: Kreisky? Ist er nicht ein Gauleiter [sic!] des Neonazismus gewesen? Natürlich, triumphierte Frau *Klarsfeld*. (Es ist mir gelungen, diesen Aspekt des Deliriums aus der Sendung zu entfernen, nicht aber die Behauptung, Österreich habe nunmehr einen „Nationalsozialisten“ als Bundespräsidenten.) Der „Handke nouveau“ ist zunächst in dieser politischen Perspektive zu sehen. Daher rührt, daß „Der Chinese des Schmerzes“, ein Buch, das in die engere Auswahl für den Hemingway-Preis und den Médicis-Preis für ausländische Literatur gezogen wurde, fast zur Gänze reduziert wird auf den Steinwurf, der den Hakenkreuzschmierer tötet. Wer erwartet Handke in der Zeitung der sozialistischen Gewerkschaft CFDT? Dennoch liest man dort: „Er gehört zu jener österreichischen Intelligenzija, die durch die W i e d e r w a h l [sic!] Kurt Waldheims in Schrecken versetzt wurde.“[10]) Im „Nouvel Observateur“ liefert Handke selbst in einem Interview den Kontrapunkt zur Austromania, die vom Centre Pompidou in Szene gesetzt worden war:

„Die österreichische Falle: ein bestimmter Typ des Katholizismus ist an den Faschismus gebunden. In den dreißiger Jahren herrschte dort die Diktatur der Heiligenschneuzerei in Harmonie mit den Hitlerschen in Deutschland. Man sieht, wie diese Dinge wiederkehren. Das paßt sehr gut mit der Wahl Waldheims zusammen.“[11]) Und Handke vergißt nicht, darauf zu verweisen, daß die „österreichische Kultur“ 1938 „total zerstört worden“[11]) ist. Noch einmal im „Nouvel Observateur“: *Bernhard* und Handke erscheinen als Vernichter des *Hofmannsthal*schen Salzburgmythos: „Sie erzählen Schauergeschichten über ihr Vaterland, Österreich. [. . .] Zwei große klarsichtige Schriftsteller, denen es nicht an Humor und Masochismus mangelt.“[12]) Der Nationalsozialismus wird als Salzburg-Österreich „immanent“[12]) angesehen.

Die kommunistische Presse ist in mancher Hinsicht subtiler in ihrer Analyse. *Claude Prevost* schreibt in der „Humanité“ unter dem Titel „Von der Kontemplation zur Aktion“: „Bis jetzt scheinen seine Figuren den gesellschaftlichen Prozessen gegenüber gleichgültig: nun gibt es einen, der rebelliert.“ Handke habe mit diesem Buch, „Der Chinese des Schmerzes“, einen „entscheidenden Schritt“ getan. Ins Zentrum rückt der Satz Handkes: „Dieses Zeichen [das Hakenkreuz] ist das Unbild, die Ursache meines ganzen Unbehagens und des Unbehagens und des Ekels in diesem Land.“[13])

Es wäre verfehlt, anzunehmen, daß „L'Humanité“ hier einfach auf den fahrenden Zug der Waldheimcampagne aufspringt. „Revolution“, das kulturelle Aushängeschild der KP, argumentiert fast nur ästhetisch: „Das Buch eines großen Klassikers, der alle Errungenschaften der Moderne assimiliert hat.“[14]) Es handelt sich zuallererst um „Töne, Bilder, Rhythmen“, also ums „Wiederaufleben einer geschärften Wahrnehmungsfähigkeit“.[14]) Solche Urteile sind gewiß vorbestimmt durch einen erstaunlichen Akt, den „Revolution“ 1983 anläßlich der Aufführung von „Über die Dörfer“ gesetzt hat: unter dem Titel „Der sanfte Zorn des Peter Handke“ widmet sie dem ehemaligen Bewohner des Elfenbeinturms sieben Seiten. Dieses Dossier umfaßt Artikel über Handke, ein Interview mit dem Regisseur und Auszüge aus „Über die Dörfer“. Diese durchaus ungewöhnliche Maßnahme wird eingeleitet mit dem Hinweis darauf, daß bisher nur *Jean Genet* die Ehre einer so intensiven Befassung hatte, Zeichen der immensen Achtung für Handke, der auf exemplarische Weise das „Verhältnis von Individuum und Welt“ in einem Werk von „einzigartiger ästhetischer Gewalt“ darge-

---

10) C 40
11) C 37
12) C 13
13) C 12
14) C 30

stellt habe.[15]) Dies ist nur begreiflich, wenn man bedenkt, daß die kommunistische Partei Frankreichs, die lange die Intelligenzija an sich zu binden gewußt hat, heute verzweifelt auf der Suche nach neuen Weggefährten ist. Die Konstellation Gregor : Geschwister in „Über die Dörfer" berührt den wunden Punkt der KPF, das „schlechte Gewissen" des Linksintellektuellen gegenüber dem Proletariat. So kurios es erscheinen mag: der rebellierende, ästhetisch revoltierende, kleinbürgerliche Künstler Handke ist heute – o tempora, o mores – nach allen Tobsuchtsanfällen gegen den Formalismus der intensivsten Aufmerksamkeit einer Partei wert, die noch unlängst ökologische Demonstrationen als Angriffe auf das produzierende Proletariat denunziert und, wenn es sein mußte, handgreiflich zu unterbinden gesucht hat.

Die Ablehnung Handkes auf der rechten Seite des politischen Spektrums ist weniger interessant: sie hat zwei Seiten, die miteinander im Grunde nichts zu tun haben. Die ästhetische Seite ist aufs engste mit ihrer kommerziellen verbunden: wer liest denn so etwas? Politisch ist das weniger unschuldig: „Es ist die Rede von der Natur (entstellt), vom Menschen (vereinsamt), vom Proletarier (ausgebeutet), vom Leben (unecht) und von einem falschen und fetten Deutschland, einer vollgefressenen und betrügerischen Germania, die Peter Handke aus dem tiefsten Grund seines reinen intellektuellen Herzens haßt."[16]) Das ist nicht zustimmend gemeint, sondern kritisch. Es herrscht hier eine merkwürdige Solidarität, die zwischen dem „Menschen" (vereinsamt) und dem „Proletarier" (ausgebeutet) einen Unterschied macht und im übrigen jede Kritik am kapitalistischen Deutschland (was immer das sei) als geistige Verstörung hinstellt, es herrscht die Solidarität des satten Bürgers. Für Frankreich ist dabei bemerkenswert, daß in der Literaturkritik eine bis dahin objektive Kollision zwischen KP und der liberalen Rechten zerbricht. Bislang war man auf dem gemeinsamen Fortschrittskurs. Ein Stück wie „Über die Dörfer" fügt sich hervorragend in die pazifistische Strategie der KP, „Der Chinese des Schmerzes" ist geeignet, das innerfranzösische Trauma der Kollaboration zugunsten der Partei des Widerstands zu reaktivieren.

Die Rezeption der beiden Werke fällt in zwei Perioden, in denen das Österreichbild radikal divergierend aufgenommen wird. 1983 galt im Regierungslager noch der Mythos vom „österreichischen Modell", der von rechts wie von links (KP) heftig bekämpft wurde. Handkes „Über die Dörfer" konnte also durchaus als nahezu klassenkämpferisches Dementi der „Sozialpartnerschaft" sozialdemokratischer Natur angesehen werden. 1986 ist der politische Rahmen noch eindeutiger: „Der Chinese des Schmerzes", begleitet von Handkes Essay über *Waldheim* im „Nouvel Observateur", fügt sich perfekt ins neue, völlig negative Österreichbild der linken und linksliberalen Presse. Die politische Vorbehalte auf der Rechten sind mehr als begreiflich, wenn man bedenkt, daß der *Barbie*-Prozeß vor der Tür stand und damit ein politisches Problem ersten Ranges wiederbelebt wurde, nämlich die Wunde der Kollaboration. Jüngsten Datums ist ein weiterer politischer Aspekt von Handkes Wirkung, die dem französischen Österreichbild nur schädlich sein kann: der Roman von *Florian Lipuš* „Der Schüler Tjaz" ist unlängst ins Französische übersetzt worden und lebt gewissermaßen von der Aura Handkes. Die slowenische Gemeinde in Paris ist zwar klein, aber rührig, und die Wien-Ausstellung hat ihr, vor allem in der Architektur, ein bedeutendes Echo verschafft. Überdies geht es dieser Gemeinde um eine bestimmte Mitteleuropa-Idee, die auch in Österreich lebendig ist. Handke, der sich in Interviews für französische Zeitungen nicht ungern als Kärntner Slowene, der deutsch schreibt, bezeichnet, ist auf Grund seines medialen Prestiges eine wichtige Figur in einer politisch-moralischen Debatte, die neben der Affaire *Waldheim* einen düsteren Schatten auf Österreich wirft.

---

15) B 18 + B 37
16) B 29

Aus dem Bewohner des Elfenbeinturms ist in der französischen Presse eine Galionsfigur politischer Natur geworden, die das intellektuelle Österreichbild in Frankreich zutiefst in einem negativen Sinn beeinflußt hat. Dieses Panorama soll nicht abgeschlossen werden durch Verweise auf die Tageskämpfe in der Tagespresse, sondern durch ein Zitat aus der Jesuiten-Zeitschrift „Etudes“: „Der Haß auf den Nationalsozialismus erweitert sich zum Ekel vor seiner Stadt und seinem Land, die fähig waren, zur Quelle eines solchen Schmerzes zu werden.“[17])

Schmerz und Form

Ich beschränke mich zunächst auf die Rezeption von „Über die Dörfer“, die zwei Aspekte hat: den Text und die Inszenierung. Es fällt sofort auf, daß das Erscheinen des Textes 1984 faktisch kein Echo in der Presse ausgelöst hat. Die Rezeption ist also zur Gänze von der Wirkung der Inszenierung bestimmt. Die Kritik war durch zwei Luxusaufführungen, ebenfalls in der Regie *Claude Régys* (Der Ritt über den Bodensee; Die Unvernünftigen sterben aus), bereits vorbereitet. Außerdem hat *Régy* eine Reihe von Interviews gegeben, in denen er seine Konzeption des Textes ausführlich erläutert hat.[18]) Die ästhetische Referenz, die auch in der Kritik ständig zitiert wird, heißt *Aischylos* und die alte griechische Tragödie. Die Rolle der Nova wird mit der des antiken Chorführers verglichen. Überhaupt empfindet die Kritik den Text als mythisch-archaisch, „als wäre Handke 1000 Jahre alt“, als käme die Botschaft „von sehr weit her“.[19]) Der Urmythos von „Kain und Abel“ wird zitiert, doch die bedeutsamste literarische Referenz der französischen Kritik ist *Rousseau.* (Am Rand sei vermerkt, daß auch *Giono* und unglaublicherweise sogar der Marseiller Lokalheros *Marcel Pagnol* zum Vergleich herangezogen werden!)[20]) Das erklärt sich daraus, daß eine Reihe von Kritikern einen Widerspruch zwischen Text und Inszenierung zu entdecken glauben. „Die innige Ironie“ und die humoristischen Aspekte des „dramatischen Gedichts“ seien durch die Schuld des Regisseurs zerstört worden. Der durchgehende Tenor der Kritik ist charakterisiert durch z w e i formale Beobachtungen:

1. Die L a n g s a m k e i t;
2. Die Verwandtschaft des Stückes mit einem r e l i g i ö s e n R i t u a l.

ad 1. Wir haben im ersten Teil unserer Überlegungen gesehen, daß ein Teil der Kritik „Über die Dörfer“ als unfehlbares Schlafmittel angesehen hat, was einen Kritiker sogar veranlaßt, die Bezahlung von Handkes Werken durch die Krankenkasse zu fordern.[21])
Doch selbst die wohlwollende, ja sogar die enthusiastische Kritik insistiert auf der „Langsamkeit“ und beruft sich dabei selbstverständlich aufs *Nietzsche*-Motto: „Eine zärtliche Langsamkeit ist das Tempo dieser Reden.“ *Claude Régy* zieht als weiteres Argument die „weise Langsamkeit der Bergbauern“ heran, die es ihnen erlaube, in Harmonie mit den Elementen – Wasser, Licht – und den Jahreszeiten, den Zyklen von Ernte und Frucht, zu leben“.[22]) Der Großteil der Kritiker schiebt die Schuld an einer unerträglichen, Langeweile produzierenden Langsamkeit auf den Regisseur. „Geht über die Dörfer! Lest Handke, aber flieht

[17]) C 41
[18]) B 7, B 10, B 13, B 18, B 25 (Fernsehen), B 38.
[19]) B 25
[20]) B 25
[21]) siehe Anm. 5
[22]) B 18

das Theater!"[23]) *Michel Cournot* sieht das Problem so: „... die Langsamkeit, die Régy aufzwingt, ist manchmal so langsam, daß sie nicht mehr zärtlich ist, daß sich auf der Bühne eine düstere, eisige Leere ausbreitet, die beim Zuschauer einen Schmerz hervorrufen kann."[24])

Als betroffener Zuschauer kann ich aus der Erinnerung nur bestätigen, daß der Rhythmus Schlaf oder Schmerz bereitet hat.

Wer daran schuld war, der Autor oder der Regisseur, diese Frage will ich nicht entscheiden, denn sie geht am Kern der Sache vorbei. Dieser Kern ist

ad 2. die Verwandtschaft des Stückes mit einem religiösen Ritual. Sie wird in nahezu allen Rezensionen mehr oder weniger intensiv hervorgehoben. Einige Beispiele: „Pompöses Zeremoniell", „Anrufung", „Das Wort wird Gebet", „feierliche Steife", „Eine Messe für unsere Zeit", „Bergpredigten in Luthers Geschmack", „ökologisch-christlich-pazifistische Ansprache", „Die Franziskaner", „zeremonielle Länge", „Feier der Sprache", „die Priesterschaft Régys", „antike Zeremonie". ..[25])

Aus der Erfahrung der Aufführung und der Lektüre des Textes heraus würde ich sagen: „Erzwungenes Ritual"! Ich erkläre mich: Ist eine katholische Messe langweilig? Ist eine vierstündige politische Rede eines Parteivorsitzenden langweilig? Ist eine Predigt langweilig? Das sind Fragen der Perspektive, die ein Außenstehender nicht beantworten kann. Er kann nur, und das völlig zu Recht, sagen: für mich ist das gänzlich uninteressant, absolut langweilig. Solange der sakrale und rituelle Charakter einer öffentlichen Schaustellung auf Glauben und Dogmen basiert, kann er für den Betroffenen die intensivste Erleuchtung und Begeisterung bedeuten. Das moderne Theater hat sich im wesentlichen von solcher außerkünstlerischen Garantie emanzipiert, obwohl selbstverständlich offen oder versteckt die Versuchung immer da ist, den archaischen kultischen Ursprung zurückzugewinnen. (Man denke an *Hofmannsthal, Brecht* und *Hanns Johst.*) Das Dilemma der Rezeption von „Über die Dörfer" in Paris rührt daher, daß der Regisseur – durchaus dem Text getreu – ein kultisches Festspiel in Szene gesetzt hat. Um diese 4 1/2 Stunden nicht langweilig zu finden, mußte man bereits Anhänger von Handkes „Religion" sein. Die Rezeption durch die französische Kritik, die – im großen und ganzen – den Autor gegen den Regisseur verteidigt, zeugt von einem fundamentalen Mißverständnis. Der Text hat Kultcharakter und ist darum für den Ungläubigen nur durch Lektüre zu „bewältigen". Das Unbehagen selbst überzeugter Kritiker läßt sich mit der Parodie „Kaspar Nova" von *Kurt Bartsch* umschreiben:

„Ihr werdet euren Kaspar nicht wiedererkennen/
so neu wird er die Dinge beim Namen nennen
so schön und überaus hehr
als wenn Ostern und Allerheiligen wär."[26])

Die Rezeptionsgeschichte des Stücks ist unter anderem dadurch gekennzeichnet, daß dieselbe Zeitung oder Zeitschrift mehrmals auf das verwirrende Objekt eingeht. Besonders kennzeichnend ist dafür die Doppelrezeption im linksliberalen „Nouvel Observateur". Die erste Rezension sieht „Über die Dörfer" als letzte und geheimnisvollste Etappe von Handkes „langsamer Heimkehr" und bejaht ohne Reserve „den

---

[23]) B 22
[24]) B 31
[25]) B 19, B 25, B 27, B 30, B 28, B 37, B 38, B 46 etc.
[26]) *Bartsch, Kurt:* Die Hölderlinie. Berlin: Rotbuchverlag 1983, S. 86–87.

Enthusiasmus des Alltäglichen", der sich darin manifestiere. Dagegen sieht der Starkritiker der Zeitschrift darin „eine Messe".[27])

Damit nähern wir uns bereits der Rezeptionsgeschichte des „Chinesen des Schmerzes". Die Ästhetik des Theaterstücks setzt eine besondere Form der Aufmerksamkeit voraus, die eigentlich religiös oder säkularisiert-religiös (also politisch) verankert sein müßte. Man darf sich mit Recht fragen, ob nicht *Goethe* mit seinem profunden Wort über den falschen Weg des deutschen Theaters im 18. Jahrhundert noch heute recht hat: das Theater sei ein Ort der höheren Sinnlichkeit, nicht der höheren Sittlichkeit.[28])

Die Rezeption des „Chinesen des Schmerzes" ist weiter gestreut als die des „dramatischen Gedichts". Es gibt auch viel weniger Wiederholungen im medialen Prozeß, was einfach damit zusammenhängt, daß die Verkaufsbedingungen für einen Roman andere sind als die gedrängte Spielzeit (etwa 1 Monat) eines Stücks. Denn das französische Theater funktioniert fast nie als Repertoiretheater. Die Rezeption zieht sich also über einen viel längeren Zeitraum hin (13. März 1986 – Jahresende). Sie wird eröffnet durch eine Annonce mit Photo im ex-gauchistischen Blatt „Libération"[29]) und durch einen Ton-Angeber von Format, *Bertrand Poirot-Delpech,* Literaturkritiker des „Monde", unterdessen gar Mitglied der Académie Française geworden. Unter dem Titel „Schwellen" liefert er ein brillantes Exercitium rhetoricum, das die gesamte Rezeption des Buches bestimmen wird. Mit einer entscheidenden Ausnahme: von Politik sei nie die Rede, denn: „Hier erkennt sich die Literatur keinen anderen Zweck zu, als manisch die Schneide der Dinge wiederzugeben, ihren Glanz und ihr Klirren, wie er chirurgischen Instrumenten eignet, in jener Sekunde, wo die Betäubung ihren Abgrund öffnet."[30])

Das Schlüsselvokabular der Rezeption des gleichsam chirurgisch verursachten Schmerzes steht wie das glänzende Operationsbesteck bereit:

1. *Die literarischen Vergleiche:*
Wer macht die „Schwellen der Wahrnehmung" zum wesentlichen Gegenstand ihrer Bücher? Man rate: *Nathalie Sarraute* und *Marguerite Duras; Camus* (übrigens auf Grund der Mordszene im „Fremden" die ständig wiederkehrende Referenz) und *Sartre* (der des „Ekels"). *(Poirot-Delpech). J. P. Jossua* gibt seiner Untersuchung aus theologischer Sicht den Titel „Von Schwelle zu Schwelle. Ein Lexikon des Unaussprechlichen" und setzt damit Handke zu *Celan* in Beziehung, betont aber vor allem die biblische Herkunft des Motivs der Schwelle.[31]) Wie für **Über die Dörfer** wird auch *Nietzsche* (Thema der Einsamkeit) bemüht.[32])

2. *Handke, der „Loser" und Beobachter:*
Claude Mauriac, Sohn des Nobelpreisträgers *François Mauriac,* hat zum Thema seiner schriftstellerischen Arbeit „le temps immobile" („die erstarrte Zeit") gemacht. Er gehört zu jenen französischen Autoren, die in Handke ihresgleichen sehen in der „Ausdehnung unserer banalsten Alltagserfahrung zu einer gefaßten, verborgenen, ans Licht gebrachten Realität, die in keinem Fall surrealistisch oder metaphysisch ist, sondern ebenso physisch wie die des ersten Blicks".[33])

---

27) B 27 und B 31
28) *Goethe, Johann Wolfgang von:* Deutsches Theater (1813).
29) C 1
30) C 2
31) C 49
32) C 33
33) C 29

Um diese Realitätserfassung, um den Blick und das Ohr Handkes geht es praktisch in allen Kritiken, die sich über das Niveau einer paraphrasierenden Nacherzählung erheben. Feststeht für alle Kritiker, daß Handke „jede psychologische Dimension“[34]) aus seinem Werk verbannt. Dieser nicht-psychologische, aufs äußerste geschärfte Blick hat zur Folge, daß Werk und Welt r ä t s e l h a f t werden. Ohne eine präzise statistische Analyse vorgenommen zu haben, kann ich ruhigen Gewissens behaupten, daß die Vokabeln „rätselhaft“ („énigmatique“) und „geheimnisvoll“ („mystérieux“) die meistgebrauchten sind. Dazu gesellt sich oft „mythisch“ und im negativen Register „obskur“.[35]) Die Abwesenheit der „psychologischen Dimension“ bei der „langsamen Bewußtwerdung der Dinge“[36]), beim Blick, der die Materie und ihr „Geheimnis“[36]) durchdringt, hat einerseits die Rätselhaftigkeit zur Folge, die von der Kritik ambivalent erfahren wird, in der Mehrheit eher positiv; andererseits produziert sie „Langeweile“, die einmal sogar als „endemisch“[37]) für Handkes Werk bezeichnet wird. Positiv gewendet heißt das „Roman der Fremdheit/Befremdung“.[38]) Handke hat selbst in Interviews zu dieser Frage ausdrücklich Stellung genommen. Einerseits verweist er darauf, daß er nicht wirklich Romanschriftsteller sei, sondern zur „lyrischen Prosa“ neige; andererseits macht er sich einen Satz *Borges* zu eigen: „Ich bin entschlossen monoton.“[39])

Diese Selbstanalyse wirft ein wichtiges Licht auf die Probleme der Rezeption, die z. T. extravaganten Urteile, die zwischen absoluter Begeisterung („. . . die drei oder vier Bücher, die ein ganzes Leben ändern“)[40]) und radikaler Verhöhnung oszillieren. Nimmt man Handke beim Wort, so hieße das, daß sein dramatisches wie sein romaneskes Werk in Wirklichkeit als Lyrik im Sinn der Neuen Gedichte und der Duineser Elegien zu lesen wäre. Seltsamerweise findet sich bei keinem französischen Kritiker ein Verweis auf *Rilke*, was vor 15 oder 20 Jahren undenkbar gewesen wäre: „. . . aber zu sagen, verstehs, oh zu sagen so, wie selber die Dinge niemals innig meinten zu sein. [. . .] Schwelle: was ists für zwei Liebende, daß sie die eigne ältere Schwelle der Tür ein wenig verbrauchen, auch sie, nach den vielen vorher und vor den Künftigen . . ., leicht.“[41]) Es gehört in die Rezeptionsgeschichte Handkes, daß in den letzten Jahren die historischen Referenzen verblaßt sind. Die Tageskritik und der Literaturbetrieb haben ein solches Tempo entwickelt, daß die historische Kontinuität verloren zu gehen droht. Bezeichnenderweise spürt nur die kommunistische Kritik – mag sie Handke auch aus vordergründig politischen Erwägungen (Antifaschismus, *Waldheim*) hochloben – die historische Dimension seines Schreibens. „Zunächst hält man nur Töne, Bilder, Rhythmen fest“, dazu die W i e d e r g e w i n n u n g „der Genauigkeit der Empfindungen“.[42]) Doch der Kritiker sieht in Handke mehr als einen ephemeren Feind des alles beherrschenden Wahrnehmungssystems, er sieht ihn als „maskierten Klassiker“, anders gesagt als Autor, der „alle Errungenschaften der Moderne assimiliert“ hat.

---

34) C 35
35) gilt faktisch für alle Rezensionen
36) C 35
37) C 11
38) C 16
39) C 18
40) C 35
41) *Rilke, Rainer Maria:* Ausgewählte Gedichte. Frankfurt: Suhrkamp 1977 (= Bibliothek Suhrkamp 184). S. 127 (Neunte Elegie).
42) Siehe Anmerkung 14: ich kehre bewußt mit einer differierenden Übersetzung zu dieser Problemstellung zurück.

Ich beschränke mich bewußt auf diese kurze Analyse und lasse die zahlreichen Widersprüche in der Rezeption beiseite. Der auffallendste ist ohnehin im ersten Teil des Referats an Hand der „politischen" Rezeption verdeutlicht worden. Abschließend ist zu sagen, daß die Rezeption Handkes weitgehend identisch ist mit der *Bernhards* und *Canettis*, die ich andernorts analysiert habe.[43]) Die positive Rezeption vollzieht sich im linken und linksliberalen Medienwesen, die negative in jenem Umfeld, auf das die Etikette „liberalkapitalistisch" am besten zutrifft. Darin äußert sich die Widerstandsfunktion der „Dichtung" gegenüber der Glorifizierung des Bestsellers. Das ist bedenkenswert und erinnert an *Hölderlins* „Wozu Dichter in dürftiger Zeit?"

(Manuskript abgeschlossen Anfang 1988)

Bibliographie

A. **Peter Handke**. Etudes réunies par *Erika Tunner* = AUSTRIACA 16, Mai 1983. (Universität Rouen, Centre d'Etudes et de Recherches Autrichiennes). – Enthält eine ausführliche Bibliographie der Rezensionen bis 1982.

B. **Über die Dörfer (Par les Villages).** Paris: Gallimard 1983.
Première: 23. November 1983 unter der Regie von *Claude Régy* im Théâtre National de Chaillot.
Rezensionen in französischer Sprache:

a) **Vor der Aufführung** (chronologisch geordnet):

1. 12. und 19. Oktober 1983: Interview *Handkes* mit *Didier Goldschmidt* und *Brigitte Salino*. In: **Les Nouvelles Littéraires** (Paris).
2. 4. November 1983: Par les villages. In: **Charente Libre.**
3. 9. November 1983: Par les villages. In: **Télérama** (Paris).
4. 16. November 1983: Par les villages. **Radio France – Culture.**
5. 18. November 1983: Les paradoxes de Peter Handke. In: **Le Monde** (Paris).
6. 21. November 1983: Par les villages. in: **Valeurs Actuelles** (Paris).
7. 21. November 1983: *Héliot, Armelle:* Peter Handke: Chevauchée par les villages. In: **Le Quotidien de Paris.** (= Interview mit dem Regisseur *Claude Régy*).
8. 21. November 1983: *Thébaud, Marion:* Le bond en avant de Christine Boisson. In: **Le Figaro** (Paris).
9. 23. November 1983: *Gazier, Michèle:* C'est ça, c'est vrai. In: **Télérama** (Paris).
10. 23. November 1983: *Pascaud, Fabienne:* Interview mit *Claude Régy.* In: **Télérama** (Paris).
11. 23. November 1983: *Cournot, Michel:* Paroles de résolution. In: **Le Monde** (Paris).
12. 23. November 1983: *Héliot, Armelle:* Le chemin de soi. In: **Le Quotidien de Paris.**
13. 23. November 1983: *Thibaudat, Jean-Pierre:* Handke, Régy: Rencontre de deux hommes remarquables + Interview mit *C. Régy.* In: **Libération** (Paris).

N.B.: Es ist in Paris üblich, vor der Première fürs Publikum eine Aufführung für geladenes Insider-Publikum zu veranstalten, so daß Besprechungen bereits am Tag der Première erscheinen können.

b) **Während der Aufführung** (24. November–21. Dezember 1983):

14. 24. November 1983: *Thomas, Mona:* La peinture mise en scène (Über den Bühnenbildner Roberto Plate) In: **Les Nouvelles Littéraires** (Paris).
15. 25. November 1983: *Galey, Matthieu:* Handke: les mots du silence. In: **L'Express** (Paris).
16. 25. November 1983: *Costaz, Gilles:* Peter Handke à l'heure de son village. In: **Le Matin** (Paris).

[43]) *Stieg, Gerald:* Überlegungen zur Rezeption der österreichischen Gegenwartsliteratur in Frankreich. Am Beispiel Thomas Bernhards und Elias Canettis. In: Österreichische Literatur des 20. Jahrhunderts. Innsbruck 1986 (= Innsbrucker Beiträge zur Kulturwissenschaft, Germanistische Reihe 21), S. 231–248.

17. 25. November 1983: La semaine de Delphine Seyrig. In: **Le Nouvel Observateur** (Paris).
18. 25. November 1983: *Jouanneau, Joel:* La colère aimable de Peter Handke. In: **Revolution** (Paris). Es handelt sich um ein Dossier mit Auszügen aus „Über die Dörfer", einem Interview mit *Claude Régy* und einem Artikel von *Jean-Michel Palmier:* Handke, Wenders et la froideur du monde.
19. 26. November 1983: *Marcabru, Pierre:* Voyage éprouvant. In: **Le Figaro** (Paris).
20. 29. November 1983: Par les villages. **Radio France Culture.**
21. 30. November 1983: *Pascaud, Fabienne:* Par les villages. In: **Télérama** (Paris).
22. 30. November 1983: *Coppermann, Annie:* Par les villages. In: **Les Échos** (Paris).
23. 30. November 1983: *Lebrun, Jean:* L'ombre qui tombe. (Innerhalb eines Dossiers: L'oeil de Handke). In: **La Croix** (Paris).
24. November 1983: *Richard, Lionel:* Handke à l'affiche. In: **Magazine Littéraire** (Paris).
25. Fernsehsendung „Boîte aux lettres" von *Jérôme Garcin,* **FR 3.** (Mit *Handke* und *Régy*). 1. Dezember 1983.
26. 1. Dezember1983: *Pieiller, Evelyne:* Avec Peter Handke à Salzbourg. In: **La Quinzaine Littéraire** (Paris). Im wesentlichen ein Interview mit *Handke.*
27. 2. Dezember1983: *Scali, Marion:* Le temps du soupir. In: **Le Nouvel Observateur** (Paris).
28. 3. Dezember 1983: Les franciscains. In: **La Liberté Dimanche** (Fribourg/Schweiz).
29. 5. Dezember 1983: *Marcabru, Pierre:* Le balai de Chaillot. In: **Le Point** (Paris).
30. 7. Dezember 1983: *Thomas, Bernard:* Par les villages (On peut apporter son traversin). In: **Le Canard Enchaîné** (Paris).
31. 9. Dezember 1983: *Dumur, Guy:* Une messe du temps présent. Des sermons sur la montagne dans le goût de Luther. In: **Le Nouvel Observateur** (Paris).
32. 9. Dezember 1983: *Kanters, Robert:* Par les villages. In: **L'Express** (Paris).
33. 11. Dezember 1983: *Garcin, Jérôme:* Peter Handke en vérité. In: **Le Provençal** (Marseille).
34. 12. Dezember 1983: Par les villages. **Radio France Culture.**
35. 15. Dezember 1983: *Le Roux, Monique:* L'un parle, l'autre pas (über *Heiner Müller* und *Peter Handke*). In: **La Quinzaine Littéraire** (Paris).
36. 15. Dezember 1983: *Salino, Brigitte:* Montagnes magiques. In: **Les Nouvelles Littéraires** (Paris).
37. 16. Dezember 1983: Salut Handke! In: **Révolution** (Paris).
38. Dezember 1983: *Delranc, Philippe:* Interview mit *Régy.* In: **Samourai International,** No 14.
39. Dezember 1983: Par les villages. (auf englisch!) In: **Passion. The Magazine of Paris,** No 23.

c) **Nach der Aufführung:**

40. 7. Jänner 1984: *Laplace, Yves:* Dex yeux dans vos yeux. In: **24 heures** (Lausanne).
41. 7. Jänner 1984: *Laederach, Monique:* Peter Handke: le langage en rocher de Sisyphe. In: **La Liberté Dimanche** (Fribourg).
42. 17. Jänner 1984: Interview *Claude Régy.* **Radio France Culture.**
43. Jänner 1984: *Giudicelli, Christian:* Par les villages. In: **Lire,** No 100 (Paris).
44. März 1984: Par les villages.In: **BCLF** 459 (Paris).
45. März 1984: *Temkine, Raymonde:* Théâtre de texte. In: **Europe** No 569 (Paris).
46. 10. März 1984: *Mayer, Jean-Michel:* Théâtre à lire. In: **Journal de Genève.**
47. Ohne Datum: **La nouvelle Gazette** (Namur, Belgien).

C. **Der Chinese des Schmerzes (Le chinois de la douleur).** Paris: Gallimard 1986.
Rezensionen in französischer Sprache (chronologisch geordnet):

1. 13. März 1986: Annonce mit Photo. In: **Libération** (Paris).
2. 14. März 1986: *Poirot-Delpech, Bernard:* Seuils. In: **Le Monde** (Paris).
3. 19. März 1986: in mehreren Zeitungen (**Le Monde, VSD** etc.) wird berichtet, daß „Der Chinese des Schmerzes" in die engere Wahl für den *Prix Hemingway* (50 000 Dollars) gezogen wurde.
4. 20. März 1986: **Le Monde** reiht *Handke* unter die wichtigsten Autoren deutscher Sprache: „Le tour du monde en 80 romans". In: **Le Monde** (Paris).

5. 21. März 1986: *J.-M.M.:* Le regard autrichien. Salzbourg – banlieue. In: **La Croix** (Paris).
6. 23. März 1986: **Sud-Ouest** (Bordeaux) reiht den „Chinesen des Schmerzes" in seiner Rubrik „Les dix indispensables".
7. 25. März 1986: *de Gaudemar, Antoine:* La géographie de Handke. In: **Libération** (Paris). Im wesentlichen 4 (!) Seiten Interview.
8. 26. März 1986: *Rappo, Pierre:* Retour de Peter Handke. In: **Le Courrier Picard** (Amiens).
9. 31. März 1986: **Le Point** (Paris) vergleicht in einem kurzen Artikel unter dem Titel „Romans allemands" *Süskind* und *Handke.*
10. März 1986: **Livres de France,** No 73.
11. März/April 1986: *Desîles, Christian:* Le chinois de la douleur. In: **Nuit Blanche** (Canada).
12. 9. April 1986: *Prévost, Claude:* De la contemplation à l'intervention. Peter Handke passe un seuil. In: **L'Humanité** (Paris).
13. 11. April 1986: *Cournot, Michel:* Ils vous apprendront à haïr Salzbourg en deux livres. Peter et Thomas font des cauchemars. In: **Le Nouvel Observateur** (Paris).
14. 16. April 1986: *Guibert, Hervé:* Le livre que le chat ne peut pas lire. (Interview mit *Handke*, 8 Seiten!). In: **Libération** (Paris).
15. 16. April 1986: *Pieiller, Evelyne:* La vie de la vie. In: **La Quinzaine Littéraire** (Paris).
16. 19. April 1986: *Corthay, Simon:* Quelqu'un et sa géographie. In: **L'Est-Vaudois** (Schweiz).
17. 25. April 1986: *Wicker, Antoine:* Le Chinois de la douleur. In: **Les dernières Nouvelles d'Alsace** (Strasbourg).
18. 29. April 1986: Le Magazine Littéraire. Fernsehsendung von *Pierre Dumayet* im Kontext der Wien-Ausstellung im Centre Pompidou. **TF 1.** (Interview mit *Handke* in Salzburg; dazu Sequenzen über *Kraus*, „Die letzten Tage der Menschheit", und *Doderer*, „Ein Mord, den jeder begeht").
19. April 1986: **Les Nouvelles Littéraires 5**: Notiz am Ende eines ausführlichen Dossiers „Vienne". (Paris).
20. 2. Mai 1986: Le Chinois de la douleur. In: **Humanité-Dimanche** (Paris).
21. 7. Mai 1986: *Almira, Jacques:* Peter Handke. In: **Pariscope** (Paris).
22. 12. Mai 1986: Le Chinois de la douleur. **Radio France Culture.**
23. 12. Mai 1986: Gespräch zwischen *Arlette Dave* und *Antoine de Gaudemar.* **Radio France Culture.**
24. 25. Mai 1986: Le Chinois de la douleur. In: **Liberté** (Lille).
25. 28. Mai 1986: Mort à Salzbourg. In: **Le Matin** (Paris).
26. 31. Mai 1986: *Chabot, Marc:* Devenir héros à tout prix, même par le crime. In: **Le Soleil** (Quebec).
27. 31. Mai 1986: *Laplace, Yves:* Les sombreurs. In: **24 heures** (Lausanne).
28. Mai 1986: *Giudicelli, Christian:* Le Chinois de la douleur. In: **Lire** (Paris).
29. 1. Juni 1986: *Mauriac, Claude:* Nous sommes tous des chercheurs d'or. In: **Sud-Ouest** (Bordeaux).
30. 6. Juni 1986: *Lebrun, Jean-Claude:* Un classique masqué. In: **Révolution** (Paris).
31. 14. Juni 1986: *Schiltknecht, Werner:* Peter Handke: le voyage continue. In: **Journal de Genève.**
32. 28. Juni 1986: Le Chinois de la douleur. **Radio Bienvenue Strasbourg.**
33. Juni 1986: Le Chinois de la douleur. In: **Lire** (Paris).
34. Juni 1986: Le Chinois de la douleur. In: **Lu** (Paris).
35. Juni 1986: *Chassay, Jean-François:* Violence et initiation. In: **Spirale** (Canada).
36. 1. Juli 1986: Livres pour les vacances. In: **La Quinzaine Littéraire** (Paris).
37. 18. Juli 1986: Interview mit *Handke*. In: **Le Nouvel Observateur** (Paris). Unter dem Titel „Peter Handke, l'archéologue des mots" geht *Jean-Louis Ezine* vor allem auf das Festival von Avignon ein, wo „Wunschloses Unglück" aufgeführt wurde. Gleichzeitig aber handelt es sich um den „Chinesen des Schmerzes" in Bezug auf die politische Situation in Österreich.
38. August–September 1986: Le Chinois de la douleur. In: **BCLF 488.** 489 (Paris).

39. September 1986: Le Chinois de la douleur. In: **L'Essentiel** (Paris).
40. September 1986: Le Chinois de la douleur. In: **CFDT-Magazine,** No 108. (Paris).
41. September 1986: *Dufournet, Françoise:* Le Chinois de la douleur. In: **Etudes** (Paris).
42. Herbst 1986: *Andreucci, Alain:* De la vision à la vue. In: **Pictura Magazine 3** (Albi).
43. 21. Oktober 1986: Le Chinois de la douleur. Fernsehsendung „Le plaisir de lire", **Antenne 2.**
44. Oktober 1986: *Eslin, Jean-Claude:* Le Chinois de la douleur. In: **Esprit** (Paris).
45. Oktober 1986: AFP und mehrere Zeitungen: Das Buch ist in die engere Wahl für den *Prix Médicis Etranger* aufgenommen.
46. 24. November 1986: *Stassen, B.:* Sentir le monde. In: **L'Avenir du Luxembourg.**
47. November 1986: *Schavey, Pierre:* Le Chinois de la douleur. In: **The Lion** (Paris).
48. 27. Dezember 1986: *Daviau, Diane-Monique:* Peter Handke et son traducteur. In: **Le Devoir** (Montréal).
49. März 1987: *Jossua, J. P.:* De seuil en seuil. Un lexique de l'ineffable. In: **La Vie Spirituelle** (Ed. CERF Paris).
50. 6. Juni 1986: Le Chinois de la douleur. In: **L'Echo du Centre** (Limoges).
51. Annonce in: **Mondes et cultures,** No 1, 1985.
52. Annonce in: **Libraires de France,** No 38, 1985.

D. Die Rezeption von „Über die Dörfer" ist begleitet von zahlreichen Artikeln über die „Kindergeschichte". In die Rezeption von „Der Chinese des Schmerzes" mischte sich die eher kritische Aufnahme der Theaterfassungen von „Wunschloses Unglück" und „Kindergeschichte" (Avignon, Juli 1986, und Paris, Théâtre de la Bastille, Herbst 1986).

E. *Fischer, Mathilde:* La littérature autrichienne d'après 1945. Les traductions et critiques. In: **Les langues modernes.** Publication hors série: **L'Autriche.** Paris 1981, S. 145–164, zu *Handke:* S. 158–161.

F. **Übersetzungen Handkes ins Französische.**
3 Verleger teilen sich die Werke *Handkes.* Das Wesentliche erscheint bei *Gallimard*, das dramatische Werk im Verlag *L'Arche* (mit Ausnahme von „Über die Dörfer", Gallimard), die Gedichte, „Falsche Bewegung", „Chronik der laufenden Ereignisse" und die „Novellen" bei *Christian Bourgois.* Siehe dazu: *Ravy, Christiane* et *Gilbert:* d'Aichinger à Zweig. Rouen: PUR 1987 (= France-Autriche 7).

Johann Strutz

Freud und Leid in der Kultur

Komparatistische Bemerkungen zu Texten von Handke, Lipuš und Winkler

1. Perspektive und methodischer Rahmen

Weniger auf Einzelinterpretationen bezogen, sollen diese Überlegungen dazu beitragen, das Korpus der „österreichischen Literatur" um einen Bereich zu erweitern, der ein integraler Teil der österreichischen Kultur geworden ist – die nichtdeutschsprachige Literatur der Volksgruppen, d. h. vor allem der burgenländischen Kroaten und der Kärntner Slowenen. Von diesen beiden erscheint mir die slowenische – weil sie mir bekannter ist – gerade in der jetzigen Situation einer regionalistischen und zugleich holistischen, ökologischen Kulturkritik auch für die deutschsprachige Kulturszene von besonderem Interesse, abgesehen davon, daß die slowenische Kultur in Kärnten bereits auf eine über tausendjährige Tradition blicken kann.

Soweit ich die aktuellen Diskussionen um das germanistische Fachverständnis verfolgen kann, haben sich auch von dieser Seite in Literatur, Wissenschaft und fachdidaktischer Reflexion bereits mehrfach „entgegenkommende Strömungen" entwickelt, so vor allem das – unter breit angelegter kulturwissenschaftlicher bzw. kulturanthropologischer Perspektive – von *Alois Wierlacher* und anderen propagierte Konzept einer „interkulturellen Germanistik"[1]), welches vorwiegend auf Arbeiten der nichtdeutschsprachigen Auslandsgermanistik und auf die Zusammenarbeit mit germanistischen Auslandslektoraten zurückgeht.

Vor diesem thematisch-methodologischen und institutionellen Hintergrund möchte ich zeigen, daß es erstens Zusammenhänge, Parallelen und Unterschiede zwischen der deutsch- und der slowenischsprachigen österreichischen Literatur gibt, deren Identität daher jedenfalls eine mehrsprachige sein muß – wie jene der Schweizer, der jugoslawischen und vielleicht anderer Literaturen auch –, und daß zweitens aus dieser Sicht z. B. *Handkes* Erzählung **Die Wiederholung** (1986), deren Rezeption in der deutschsprachigen Literaturkritik zwischen Affirmation und sarkastisch-spöttischer Ablehnung stagniert, durch andere Kontextualisierungen neu interpretiert werden könnte.[2]) Eine solche weitere Perspektive ergibt sich aus Vergleichen mit Texten von *Josef Winkler,* wobei ich mich auf dessen vorläufige Summa, den Roman **Der Leibeigene** (1987), beziehe, sowie vor allem mit dem von *Handke* und *Helga Mračnikar* unter dem Titel **Der Zögling Tjaž** (1981) übersetzten Roman **Zmote dijaka Tjaža** (Die Verwirrungen des Zöglings Tjaž, 1972) und anderen Texten von *Florjan Lipuš.* Die kulturelle Ver-

[1]) Vgl. Perspektiven und Verfahren interkultureller Germanistik. Akten des I. Kongresses der Gesellschaft für Interkulturelle Germanistik. Hgg. von *Alois Wierlacher.* München, iudicium, 1987.

[2]) Adäquater scheint mir die Bedeutung der **Wiederholung** von der slowenischen Literaturkritik erfaßt zu sein. Das Buch wurde 1987 mit dem vom Slowenischen Schriftstellerverband gestifteten Preis Vilenica ausgezeichnet und in diesem Zusammenhang in der slowenischen Öffentlichkeit intensiv diskutiert. Im Sommer 1988 erschien (Verlag Wieser, Klagenfurt/Celovec) bereits die slowenische Übersetzung, unter dem Titel **Ponovitev** (Die Wiederholung), durch den der innovatorische Aspekt des „Wiederholens" als eines „Erneuerns" stärker zum Ausdruck kommt.

Johann Strutz, Dr. phil., Ass. am Institut für Allgemeine und Vergleichende Literaturwissenschaft der Universität Klagenfurt.

mittlungsleistung von *Handkes* **Wiederholung** ließe sich darüber hinaus mit anderen bikulturellen Texten der Region vergleichen, etwa mit den Istrien- und Triest-Romanen von *Fulvio Tomizza*, und käme vielleicht erst in diesem interkulturellen Kontext stärker zur Geltung.[3])

2. Die komparatistische Situation

Ein typologischer Vergleich dieser drei Autoren läßt sich mehrfach begründen: erstens ist – trotz der sprachlich-kulturellen Unterschiede – schon ihre familiär-schulische und literarische Sozialisation ziemlich ähnlich; *Lipuš* und *Handke*, der selbst auch slowenischer Herkunft ist und dies seit seinem ersten Buch, dem Roman **Die Hornissen** (1966), immer wieder an zentralen Stellen hervorhebt, befanden sich überdies einige Jahre lang sogar im selben Internat (aus dem *Handke* – wie der Held der **Wiederholung** – mit Hilfe seiner Mutter austreten konnte); alle drei thematisieren weiters mehr oder weniger verdeckt autobiografisch ihre eigene dörfliche Sozialisation bzw. die prekäre Rolle des einzelnen innerhalb eines archaisierten, dörflichen und katholisch bestimmten Sozialmodells. Zweitens liegen die für den Vergleich ebenso relevanten Unterschiede zwischen den Autoren weniger in der Spezifik der verschiedenen Kulturzusammenhänge als vielmehr im Verhältnis der drei Texte zur jeweiligen literarischen Tradition.

Während die Einbeziehung *Winklers* qualitativ nicht unbedingt neue Momente bringt, sondern eher wie bei *Lipuš* für eine Radikalisierung einiger Aspekte steht, erscheint mir der Vergleich zwischen *Lipuš* und *Handke* ergiebiger. Beide sind im Betrachtungszeitraum seit den späten 60er Jahren zweifellos als Exponenten ihrer jeweiligen Literaturen anzusehen, wobei zu berücksichtigen ist, daß sich bei *Lipuš* im Sinne von *Kafkas* Bemerkungen über „kleine Literaturen" (Tagebücher, 25. 12. 1911) mehrere Funktionen konzentrieren, die z. B. in der deutschsprachigen Literatur auf mehrere Autoren ‚aufgeteilt' sind. Was *Lipuš* betrifft, kann man ohne Übertreibung sagen, daß sich die slowenische Gegenwartsliteratur zumindest in Kärnten ohne ihn nicht denken läßt, sowohl aus organisatorischen wie aus literarischen Gründen. Er war 1960 Mitbegründer und über zwei Jahrzehnte Redakteur und Herausgeber der wichtigsten kärntnerslowenischen Literaturzeitschrift, des **Mladje** (Jungholz), die in Kärnten – unter den spezifischen Bedingungen der „kleinen Literatur" – für die slowenische eine analoge, insgesamt aber bedeutendere Funktion innehatte als die genau gleich lang schon existierenden Grazer **manuskripte** für die deutschsprachige österreichische Literatur. Dazu kommen bei *Lipuš* außer seinen essayistischen und satirischen noch die im engeren Sinn literarischen Texte, die er bis zur Niederlegung der Herausgeberschaft im Jahr 1981 jeweils auch im **Mladje** erscheinen ließ und die zusammen mit den Arbeiten von *Janko Messner* die Entwicklung der zeitgenössischen slowenischen Prosaliteratur in Kärnten entscheidend beeinflußten.

Im Gegensatz etwa zu *Messner* und – auf der deutschsprachigen Seite – Autoren wie *Scharang* und *Jelinek*, vertraten *Handke* und *Lipuš*, was ihre literarischen Texte betrifft, ein dezidiert ästhetisches, doch kein unmittelbares gesellschaftliches Engagement. Parallel zu *Handkes* literaturtheoretischen und programmatischen Aufsätzen ließe sich eine Reihe von tendenzgleichen Aussagen bei *Lipuš* finden, der u. a. ebenfalls Konzepte der russischen Formalisten für seine literarische und kritische Praxis fruchtbar

[3]) Ein Versuch in dieser Richtung liegt vor in meinem Aufsatz „Zweisprachigkeit und plurikulturelle Konzepte von Identität in der neueren österreichischen und italienischen Literatur (*Handke, Lipuš, Pasolini, Tomizza*)". In: Proceedings of the XIIth Congress of the International Comparative Literature Association. Vol. 4. Eds. *R. Bauer/D. Fokkema.* München, iudicium, 1990, S. 110–117.

zu machen versuchte.[4]). Ein kurzer Überblick über die soziolinguistischen Voraussetzungen der beiden Literaturen bis zum nahezu parallelen Einsetzen einer ästhetisch avancierten Literatur zu Beginn der 60er Jahre zeigt sowohl strukturelle Gemeinsamkeiten als auch bereits kulturspezifische Unterschiede.

Bekanntlich wurde die österreichische Kulturpolitik der 50er Jahre – im Zeichen von Kontinuität – durch restaurative Muster bestimmt, was sich sowohl auf der Ebene der offiziellen Kultur, der Förderungen und Würdigungen als auch der Verlags- und Rundfunkprogramme auswirkte. Diese Tendenz gilt vor allem für die Bundesländer Steiermark und Kärnten, wo die Grenzland-Ideologie einen Dialog der beiden Kulturen praktisch seit der Mitte des 19. Jahrhunderts verhinderte.[5]) Von einem interkulturellen literarischen Dialog, wie er in Kärnten z. B. in der Anfangsphase der Zeitschrift **Carinthia** (1811 ff.) und dann noch um 1848 unter der Redaktion von *Vinzenz Rizzi* bestand, kann – mit wenigen Ausnahmen – erst wieder seit den 80er Jahren die Rede sein.

Die Ausgangssituation der slowenischen Literatur in Kärnten vor dem Aufbruch der **Mladje**-Autoren ist aber dennoch anders als bei der deutschsprachigen Literatur, anders auch als bei der zentralslowenischen. Mit dem zentralen slowenischen Kulturraum hat die slowenische Literatur im slowenischen Teil Kärntens außer der Sprache auch bestimmte sozio- und ethnokulturelle Kommunikationsmuster gemeinsam, die trotz der Verschiedenheit der politischen Systeme als literarisches Repertoire erhalten blieben, da sie vorwiegend im regionalen Bereich engstens mit den Lebensformen verbunden sind. Dieser intensiven Verankerung der Volkskultur ist es zu verdanken, daß sich die autochthone slowenische Kultur in Kärnten über die jahrhundertelange Fremdherrschaft hindurch halten konnte. Nach 1945 wurden allerdings die Voraussetzungen kultureller Interaktion und Evolution – wie schon nach 1920 und trotz der zunächst zufriedenstellenden Regelung des Slowenischunterrichts an den Grundschulen – durch die drastische Reduktion des Kulturaustauschs mit Slowenien sehr eingeschränkt. Hinzu kommt die unübersehbare politische Tatsache, daß die Kärntner Slowenen einen großen Beitrag zum Kampf gegen den Nationalsozialismus leisteten, was vielfach aber nicht nur nicht einmal anerkannt, sondern bisweilen gar nicht als solcher angesehen wird. All das muß bei der Einschätzung der 50er und 60er Jahre als einer Phase berücksichtigt werden, in der sich die soziale und kulturelle Identität der slowenischen Bevölkerung neu definierte. Für viele Angehörigen der Volksgruppe werden die Komplexität der Situation und die Spannungen zwischen kulturellen und politischen Identitätsmustern zu einem so großen Problem, daß sie resignieren und sich assimilieren. Zum politischen kommt nämlich außerdem noch das soziale Moment, denn der größte Teil der Slowenen lebte und lebt auch heute noch in den Dörfern, als Bauern und Arbeiter, einen geringen Teil machte der Klerus aus; die Stadt/Land-Grenze war daher in den 50er und 60er Jahren noch eng mit einem sozialen und kulturellen Gefälle verbunden. Von der Intelligenz, die in den 60er Jahren des 19. Jahrhunderts und bis 1920 in Kärnten überdurchschnittlich hoch vertreten war, so daß Klagen-

---

[4]) Zur Information über die neuere slowenische Literatur in Kärnten und über Beziehungen zur deutschsprachigen Literatur vgl. *J. Strutz:* „Das Dorf an der Grenze". Ein historisch-ästhetischer Versuch über Interferenzen zwischen der neueren slowenischen und deutschsprachigen Literatur in Österreich. In: Jugoslawien – Österreich. Literarische Nachbarschaft. Hgg. von *Johann Holzner* und *Wolfgang Wiesmüller.* Innsbruck, 1986, S. 49–76; – Profile der neueren slowenischen Literatur in Kärnten. Hgg. von *J. Strutz.* Klagenfurt/Celovec, Mohorjeva/Hermagoras, 1989.

[5]) Zur Situation in der Steiermark vgl. *Wolfgang L. Gombocz:* Zwei Sprachen sind besser als eine oder: Österreich und seine steirischen Slowenen: letzte Folge. In: Mladje 1987, H. 66, S. 47-62.

furt/Celovec damals ein Jahrzehnt lang sogar als organisatorisches Zentrum der slowenischen Kultur galt, emigrierte 1920 ein beträchtlicher Teil; die danach wieder herangewachsene wurde in der Nazi-Zeit verfolgt, vertrieben und dezimiert.

In Anbetracht dieser Konstellation ist es verständlich, daß für den bloßen Weiterbestand der slowenischen Kultur in Kärnten nach 1945 ein breites volksbildnerisches Konzept erforderlich war. Dabei hatte die 1947 aus der Emigration heimgekehrte Hermagoras-Bruderschaft (Mohorjeva družba) eine wichtige Funktion. Ihre kulturelle Aufbauarbeit war über einen Leseverein buchklubartig organisiert und stützte sich auf den volksbildnerisch und literarisch ambitionierten Klerus. Obschon also das Verdienst der Mohorjeva um die Erhaltung und Förderung der slowenischen Kultur in Kärnten kaum zu überschätzen ist, muß man feststellen, daß der konservativ-religiöse Grundzug ihres Programms durch die ungeheure Breitenwirkung – im Jahr 1918 waren es über 90.000 Mitglieder – die kulturelle Entwicklung bzw. Modernisierung im Vergleich zu den bestehenden Erfahrungsmöglichkeiten bis in die 50er und 60er Jahre stark verzögerte. Dazu trug auch die kulturell fruchtlose ideologische Aufspaltung der slowenischen Volksgruppe in zwei Lager bei.

Bei den von der Mohorjeva verlegten Büchern handelte es sich meist um Erzählungen leicht überschaubaren, im dörflichen Milieu angesiedelten Sujets, die sich gattungsmäßig bald als sogenannte „Večernice" (Abendgeschichten) verfestigten. *Handke* erwähnt diesen Erzähltypus positiv in der **Wiederholung**, wobei er ihn zugleich als Form oralen Erzählens interpretiert. In formaler und soziokommunikativer Hinsicht mit den deutschsprachigen Kalender- und Dorfgeschichten des 19. Jahrhunderts vergleichbar, ist das ästhetische Konzept der „Večernice" oder „Mohorjanke" einfach und stereotyp, schematisch sind auch Figurenkonzeption und Handlungsführung: meist geht es um eine Prüfungssituation, die ein junges Paar in Treue, Anstand und Gottvertrauen zu bestehen hat; einer eindeutig positiv markierten bäuerlich-dörflichen, ‚natürlichen' Welt steht dabei die negativ konnotierte städtisch-zivilisatorische als Versuchung und Bedrohung dörflich-kollektiver, religiös geprägter Identität gegenüber.

Die Situation der slowenischen Literatur ist in den 50er Jahren also zwar nicht inhaltlich, aber doch typologisch mit der deutschsprachigen vergleichbar. Wie schwer es unter diesen Bedingungen war, innovatorische Schreibweisen und Tendenzen der europäischen Moderne aufzunehmen, die ja zugleich die kulturpolitischen Zusammenhänge aufbrechen sollten, zeigen die ständigen Auseinandersetzungen, die *Lipuš* als Herausgeber des **Mladje** mit der slowenischen Literaturkritik in Kärnten führte. Was *Alfred Kolleritsch* 1963 in einer „marginalie" zu den **manuskripten** schreibt, galt mutatis mutandis auch für die slowenische Literatursituation in Kärnten:

> Eine Zeitschrift, die in München oder Berlin erscheint, muß anderes vermitteln als in Graz. Graz liegt in der Steiermark, die Steiermark in Österreich, das heißt, in einem Raum, der immer mehr durch seine konservative Rezeptivität als durch literarische Spontaneität gewirkt hat.[6])

Die Gründungen der beiden Zeitschriften wiederum lassen sich genau mit den Worten erklären, die *Lipuš* im Rückblick für die Zeitschrift **Mladje** findet: „Mladje . . . gründeten wir . . . mit dem Ziel, im slowenischen Bereich Kärntens die Literatur als eine Kunstform zu pflegen."[7]) Diese Bestimmung weist gleichzeitig schon auf die Position, die sowohl die **manuskripte** als auch das **Mladje** im Zusammenhang mit der Diskussion um Engagement oder Autonomie am Ende der 60er und Anfang der 70er Jahre

[6]) *Alfred Kolleritsch:* marginalie. In: manuskripte 1963, H. 7.

[7]) *Florjan Lipuš* in: *France Pibernik:* Čas romana. Pogovori s slovenskimi pisatelji (Die Zeit des Romans. Gespräche mit slowenischen Schriftstellern). Ljubljana, 1983, S. 260.

einnahmen. In beiden Fällen wurde unmittelbares politisches Engagement mit der Behauptung abgelehnt, daß der Wirkungsbereich von Literatur nicht nur die vordergründigen sozialen und politischen Verhältnisse, sondern vor allem die zugrundeliegenden Bewußtseins-, Wahrnehmungs- und Interaktionsmuster betreffe. Damit distanzierten sich *Handke* und *Lipuš* sowohl von der realistischen Schreibweise als auch von utilitaristischen Literaturkonzepten. Schon der erste Prosaband von *Lipuš*, **Črtice mimogrede** (Skizzen im Vorübergehen, 1964), weist in diese Richtung, ebenso der zugleich stärker mit der sozialen Realität der Kärntner Slowenen verbundene Roman **Der Zögling Tjaž** und die späteren Texte.

Soviel zur komparatistischen Voraussetzungssituation. Im folgenden möchte ich, ohne genetische, also Einflußbeziehungen zu forcieren, zunächst zeigen, wie sich die Parallelen zwischen *Handke* und *Lipuš* entwickeln: beide kommen unabhängig voneinander über die Problematik personaler Identität zur Frage der kollektiven, d. h. sozialen und kulturellen Identität. Während sie trotz unterschiedlicher Verfahrensweisen zunächst übereinstimmen, gelangen sie bei der zweiten Frage – gerade als *Handke* auf die ihm fremd-vertraute slowenische Kultur ausweicht – zu ganz verschiedenen Ergebnissen.

3. Lebensgeschichte und Identität: **Wunschloses Unglück, Der Zögling Tjaž** *und andere Texte*

Die eingangs behauptete Parallelität zwischen *Handke* und *Lipuš* läßt sich schon oberflächlich seit den **Hornissen**[8]) durch eine langsame Annäherung *Handkes* an die slowenische Kultur und die in seinen späteren Büchern immer deutlichere gegenkulturelle Funktion des Slowenischen – vor der **Wiederholung** besonders in der öfters zitierten Figur des slowenischen Großvaters und im „dramatischen Gedicht" **Über die Dörfer** (1981) – belegen, sie zeigt sich aber auch prinzipieller, auf der entwicklungsgeschichtlichen Ebene der beiden Autoren. Dabei gibt es freilich Akzentverschiebungen, da *Handkes* „Weg von der Thematisierung der Sprache zur Thematisierung der Identität"[9]), auf den *Volker Bohn* am Beispiel des **Wunschlosen Unglücks** hinweist, bei *Lipuš* nicht so linear festzustellen ist, sondern in mehr oder weniger radikaler Form jedes einzelne Werk bestimmt. Im Prinzip gilt diese Reihenfolge aber auch für ihn.

Obgleich sie auf den ersten Blick etwas gewagt erscheinen mag, will ich die These riskieren, daß eine Parallele auf Werkebene bereits beim **Zögling Tjaž** und dem **Wunschlosen Unglück** erkennbar ist, beide aus dem Jahr 1972. Zwar handelt es sich beim **Tjaž** primär um einen Schüler- und Internatsroman mit deutlich autobiografischen und zugleich kulturspezifischen Zügen, beim **Wunschlosen Unglück** bekanntlich um die Geschichte von *Handkes* Mutter, wobei aber die existentielle Beteiligung des Autor-Ich-Erzählers in einer Weise zurückgenommen ist, daß – wie *Norbert Mecklenburg* meint – „die Behandlung des Lebens der Mutter . . . als Ersatz für eine Aufarbeitung der eigenen Vergangenheit" des Autors fungiere, so daß der Text als ein Kräftefeld erscheine, „auf dem autobiografische Impulse beschworen und zugleich verdrängt bzw. verschoben und transformiert werden".[10]) Diese Deutung des **Wunsch-**

---

8) Vgl. *Hans Widrich:* **Die Hornissen** – auch ein Mosaik aus Unterkärnten. In: *Peter Handke.* Hgg. von *Raimund Fellinger.* Frankfurt/M., 1985 (stm 2004), S. 25–35.

9) *Volker Bohn:* „Später werde ich über das alles Genaueres schreiben". Peter Handkes Erzählung **Wunschloses Unglück** aus literaturtheoretischer Sicht. In: *Peter Handke* (Anm. 8), S. 163.

10) *Norbert Mecklenburg:* Beschworene und verdrängte Herkunft. Zu Peter Handkes Erzählung **Wunschloses Unglück.** In: *N. M.:* Die grünen Inseln. Zur Kritik des literarischen Heimatkomplexes. München, iudicium, 1986, S. 205 f.

losen Unglücks tönt bei anderen Interpreten zwar an, wird aber mit diesem Nachdruck – soweit ich sehe – nur von *Mecklenburg* vertreten; sie erscheint mir jedoch geeignet, jene Unterschiede zwischen den beiden Autoren zu verdeutlichen, die sich aus meiner Sicht zeigen und in der Verlängerung bis zur Gegenwart zusätzliche Relevanz bekommen.

Im **Tjaž** ist das ganze erste Kapitel, das „Kapitel vom Unkraut" (Poglavje o plevelu), im Dorf angesiedelt, alle späteren Etappen im Internat bzw. in der Stadt, wo Tjaž nach seinem Ausschluß aus dem Internat seinen ersten und einzigen Tag in „Freiheit" verbringt; das Dorf selbst wird dann nur noch in lebensgeschichtlich relevanten Retrospektiven erwähnt. Ohne dieses „Dorfkapitel" wäre der Roman allerdings viel eindeutiger auf die Gattung Internatsroman festgelegt und verlöre dabei einen beträchtlichen Teil seiner allgemeinen volksgruppenpolitischen und sozialkritischen Dimension; zweitens weist er dadurch bereits auf das bei *Lipuš* später dominante literarische Dorfmodell. Das Dorf, in dem Tjaž seine Ferien verbringt, stellt sich letztlich als verlängerter Arm des Internats heraus und erscheint dem Schüler als Ort der Entfremdung. Der Protest dagegen erfolgt mit dem Mittel, das am stärksten tabuisiert wird, durch die Sexualität (bzw. Homosexualität bei *Winkler*), die dadurch freilich auch wieder verdinglicht wird. Es ist evident, daß sich *Lipuš* damit in äußerster Opposition zur traditionellen slowenischen Literatur befindet, die ja in jeder Hinsicht eine Dorfliteratur ist und deren idealisierende Dorftopik im Sinne der Večernice-Literatur im Dorf den Hort des Heilen, Wahren und Guten sieht. In dieser utopisch-harmonisierenden Dimension wird sie eigentlich nur noch von *Handke* seit **Über die Dörfer** erreicht.

Handke verfährt auf der Inhaltsebene des **Wunschlosen Unglücks** ähnlich wie *Lipuš* im **Tjaž**. Beide thematisieren die Geschichte einer „Fremdbestimmung durch die sprachlichen und außersprachlichen Strukturen der . . . Kärntner Umwelt"[11]), denen ihre Figuren ausgesetzt sind, sowie deren Anpassung und beginnenden Widerstand, der in beiden Fällen auch auf die eigene Person gelenkt wird, bis zur radikalsten Form von Protest, zum Selbstmord. Mit dem **Tjaž** vergleichbar ist also der – trotz heftiger Gegenwehr und Rebellion durch sein surreales Kratzen und die Verstümmelung der Heiligenfiguren in der Internatskirche – letztlich mißlingende oder aussichtslose Versuch des Protagonisten, sich dem Zugriff und den Entfremdungsmechanismen einer auf Indoktrinierung und Verhaltenszwänge sowie nicht zuletzt durch die Institution Kirche und deren Normen stabilisierten dörflichen Gesellschaft zu entziehen.

Beide Texte thematisieren das Scheitern personaler Identität unter repressiven Bedingungen. Wenngleich sie nicht ausschließlich im dörflichen Ambiente situiert sind, so ist doch in beiden Fällen das soziokulturelle Ordnungssystem von einer Omnipräsenz, wie sie praktisch nur im dörflichen Bereich oder eben im geschlossenen Internat realisierbar ist. Im Vergleich zum Tjaž, den seine Rebellion zwar nur stärker an das herrschende System bindet, kann sich *Handkes* Mutter kaum zur Wehr setzen; aber auch bei ihr ist es die Literatur – die Lektüre, nicht das Schreiben –, die ihr eine Möglichkeit eröffnet, durch die Parallelisierung mit literarischen Figuren für Augenblicke einen Schein von personaler Identität zu entwickeln, dies jedoch erst, als es bereits zu spät ist, so daß sie nur noch die Hoffnungslosigkeit ihres Versuchs erkennen muß: „Die Literatur brachte ihr nicht bei, von jetzt an an sich selber zu denken, sondern beschrieb ihr, daß es dafür inzwischen zu spät war."[12])

So ähnlich die beiden Werke in bezug auf den zum Scheitern verurteilten Emanzipationsversuch in der Analyse und Beurteilung der soziokulturellen Situation sind, so

---

11) *Walter Weiss:* Peter Handkes „Wunschloses Unglück" oder Formalismus und Realismus in der Literatur der Gegenwart. In: Austriaca 1975, S. 449.

12) *Peter Handke:* Wunschloses Unglück. Erzählung. Frankfurt/ M., 1976 (st 146), S. 68.

verschieden und unvergleichbar sind sie als literarische Diskurse. Die Kommunikationsstruktur des **Wunschlosen Unglücks** entspricht ungeachtet der hohen Frequenz reflexiver Passagen weitgehend traditionellen Erzählformen; der Erzähler sieht die Lebensgeschichte der Mutter prinzipiell als noch immer erzählbar an – trotz Vorbehalten gegenüber Vereinnahmungen der erzählten Figur durch allgemeine oder auch literarische Darstellungsmuster („das schmerzlose Verschwinden einer Person in poetischen Sätzen"), die mit beträchtlichem sprachreflexiven und literaturkritischen Aufwand abgesichert werden.

Anders der **Tjaž**: so exakt der biographische Rahmen einerseits abgesteckt ist, was Herkunft, Topographie, biographische Details und soziokulturelle Spezifika betrifft (Internatslaufbahn und Priesterseminar als damals vorwiegende Bildungsmöglichkeit der slowenischen Volksgruppe, Elemente kulturspezifischer Traditionen), so vage bleibt auf der anderen Seite die von verschiedenen Erzählern und durch verschiedene Perspektiven und Erzähltechniken mehr dekomponierte als erzählte Figur des Tjaž selbst. Diese Multiperspektivität wird von *Lipuš* bewußt als Kontrast zur monologischen, hierarchischen Perspektive der Kirche eingesetzt und betrifft damit sowohl die Erzählbarkeit der Figur, die sich in verschiedene Facetten und Fragmente auflöst, als auch den erzählerischen Diskurs selbst, in dem es keine herrschende Instanz mehr gibt, geschweige denn einen allwissenden Erzähler. Der **Tjaž** und auch andere Prosatexte von *Lipuš* lassen sich nur schwer auf lineare narrative Schemata zurückführen, haben so gut wie keine Fabel, sind diskontinuierlich und entziehen sich durch ihre sprachliche und ästhetische Mehrstimmigkeit jeder semantischen Festlegung. Der Tendenz nach vollzieht bereits der **Tjaž** im Sinne der soziokulturellen Marginalisierung von personaler Identität die Abschaffung des „Helden" bzw. der Mittelpunktfigur. Wie *Martin Lüdke* in seiner Rezension der deutschsprachigen Ausgabe bemerkt, geht es im Roman nicht primär um die Geschichte des Tjaž, sondern vielmehr um die „Geschichte von dem Unbehagen, das er . . . durch seinen Tod ausgelöst hat, das sein Sprung in den Tod nur noch verstärkte. Der Roman ist also die Beschreibung eines kollektiven Versuchs, die Geschichte der eingekapselten Unordnung zu verdrängen, zu begraben."[13]).

Ich sehe in dieser diskursiven Besonderheit des **Tjaž** und der damit verbundenen Radikalität seiner Negationsperspektive Zusammenhänge mit der zeitgenössischen deutschsprachigen österreichischen Literatur, z. B. was die Reihe der Autobiographien betrifft, wo sich *Lipuš* in der Einschätzung der klerikalen Erziehungsmethoden mit *Frischmuth, Bernhard* oder *Winkler* vergleichen läßt, die ebenfalls eine Verbindung zwischen Katholizismus und Faschismus herstellen[14]); überdies könnte man auch *Lipuš* wegen seiner Ablehnung der Fabel als „Geschichtenzerstörer" bezeichnen. Gemeinsamkeiten gibt es ansatzweise auch zwischen dem **Tjaž** und der neueren kritischen Heimatliteratur, deren komplexeres slowenisches Gegenstück ich in den späteren Werken von *Lipuš* sehe, in den Prosabänden **Odstranitev moje vasi** (Die Beseitigung meines Dorfes, 1983), **Jalov pelin** (Fruchtloser Wermut, 1985) und **Prošnji dan** (Bittag, 1987), von denen bislang erst **Jalov pelin** unter dem Titel **Die Verweigerung der Wehmut** ins Deutsche übersetzt wurde.

---

13) *W. Martin Lüdke:* Winzling als Anarchist. Florjan Lipuš' Roman „Der Zögling Tjaž". In: Die Zeit, 29. 5. 1981.

14) Vgl. *J Strutz:* „Wir, das bin ich." Folgerungen zum Autobiographienwerk von Thomas Bernhard. In: In Sachen Thomas Bernhard. Hg. *Kurt Bartsch, Dietmar Goltschnigg, Gerhard Melzer.* Königstein/Ts., Athenäum, 1983, S. 179–198.

4. Enge und Weite der slowenischen Kultur

In *Franz Innerhofers* Roman **Schöne Tage** (1974) gibt es eine Stelle, die das Motto für die folgende Diskussion des Dorf- und Kulturbegriffs bei *Lipuš* und *Handke* abgeben könnte: „Das Dorf war schon so ungeheuer fremd . . . Man war in der Fremde beschäftigt mit der Fremde. / Das war A u t o d i d a k t i k."[15])

Die Texte der sogenannten kritischen Heimatliteratur arbeiten mit der in der Komparatistik und Kulturwissenschaft schon länger diskutierten Methode des verfremdenden Blicks auf die jeweilige Herkunftsregion; auch *Handkes* **Wiederholung** beruht auf diesem Prinzip, allerdings in einer doppelten Umkehrung: einerseits impliziert die Zuwendung zur slowenischen Kultur eine Kritik der bestehenden eigenkulturellen Verhältnisse, andererseits entsprechen *Handkes* Beobachtungen zum „Herzland" und zur Wunschregion des Karstes auch nicht den Tendenzen der kulturellen Selbstreflexion in Slowenien.[16]). Daß dieses Verfahren – bei größerem sprachlichem und ästhetischem Aufwand – auch auf die jeweils eigene Kultur angewandt werden kann, zeigen einige Texte zur österreichischen Dorfthematik, wie etwa *Winklers* Trilogie **Das wilde Kärnten** (1979–1982), *Jonkes* **Geometrischer Heimatroman** (1969), *Innerhofers* **Schöne Tage**, *Handkes* **Hornissen** (1966) und **Über die Dörfer** sowie **Die Beseitigung meines Dorfes** von *Lipuš*. Nicht in allen Fällen gelingt die Verfremdungsleistung in bezug auf die eigene Kultur; so erschwert etwa ein traditionelles narratives und biografisches Schema, wie es in Fernsehverfilmungen zur Regionalthematik üblich ist, eine reflexive Distanzierung und bleibt dadurch eher im Bereich binnenexotischer Interessantheit. Texte wie jene von *Lipuš* und *Winkler* oder *Handkes* **Hornissen** entziehen sich auf Grund ihrer sprachlichen und narrativen Komplexität einer schnellen Aneignung. Dagegen beruht die **Wiederholung** – wie ich zeigen möchte – auf einer historischen Synthese von verbaler und pragmatischer Alltagskultur und exponiert sich schon aus diesem Grund stärker.

Während man im Hinblick auf den **Geometrischen Heimatroman** und die **Beseitigung meines Dorfes** von nahezu subjekt- und handlungslosen Texten sprechen kann, arbeitet *Handke* im „dramatischen Gedicht" **Über die Dörfer,** dem Abschluß der Tetralogie **Langsame Heimkehr**, mit einer emphatischen Beziehung zwischen Ich und Du, Subjekt und Objekt, Einzelnem und Gesellschaft. Die Formel von der „innigen Ironie" zu Beginn des Stücks wird dort zwar nicht erklärt, läßt sich aber auf Grund von Parallelen in der **Wiederholung** als Signal eines solchen emphatischen Subjekt- und Volk-Begriffs interpretieren, vergleichbar mit *Heinz Schlaffers* Interpretationen von *Jean Paul, Goethe* und *Lessing* in seinem Buch **Der Bürger als Held,** in dem er zeigt, wie zur Darstellung „bürgerlicher" Lebenspraxis literarische Formen verwendet wurden, die als Ausdrucksmittel feudaler oder archaischer Gesellschaften im bürgerlichen Zeitalter soziolinguistisch nicht mehr besetzt waren.[17]) Insofern liegt bei *Handke* „innige Ironie" darin, wenn die antike Tragödie zur Lösung eines kleinbürgerlichen, trivialen Erbschaftsstreites bemüht wird oder wenn der heimatferne Filip Kobal aus Rinkenberg/Vogrče in Kärnten, zehn Kilometer südlich von Griffen, den kleinbäuerlichen Familienbetrieb und die häuslichen Umgangsformen in Kategorien großbürgerli-

---

[15]) *Franz Innerhofer:* Schöne Tage. Roman. Salzburg, Residenz, 1974, S. 61.

[16]) Vgl. *Drago Jančar:* Potovanje v deveto deželo. Ob izidu Handkejeve „Ponovitve" pri celovški založbi Wieser (Die Reise in das Neunte Land. Zum Erscheinen von Handkes „Wiederholung" beim Klagenfurter Verlag Wieser). In: Naši razgledi (Ljubljana), 26. 8. 1988.

[17]) *Heinz Schlaffer:* Der Bürger als Held. Sozialgeschichtliche Auflösungen literarischer Widersprüche. Frankfurt/ M., 1973 (es 624).

cher Lebensweise und Etikette imaginiert.[18]). Auch dies ist ein Mittel der Verfremdung, allerdings weniger in analytischer als in idealisierend-verklärender Richtung.

Jonke, Winkler, Lipuš und *Handke* wählen ganz verschiedene Verfahrensweisen, wobei es zwischen *Jonke* und *Lipuš* strukturelle, zwischen *Lipuš* und *Winkler* hinsichtlich der obsessiven und karnevalistischen Auseinandersetzung mit der Religion semantische und stilistische Ähnlichkeiten gibt. Während aber *Lipuš* vor allem an der soziokulturellen Funktion der Kirche kritisch interessiert ist und diese an ihren eigenen Maßstäben, d. h. Geboten mißt, geht es *Winkler* offensichtlich um einen gegenkulturellen Protest gegen das mit dem Vaterbild verbundene Kultur-Über-Ich; daraus erklärt sich die Dominanz der Sexualitäts- und Todesbilder.

Die Vaterproblematik ist zum Teil auch bei *Lipuš* vorhanden und dürfte auch bei *Handke* eine ziemlich große Rolle spielen, ohne daß er sich ihr bisher allerdings ganz gestellt hätte; vielmehr zieht sich seine Auseinandersetzung mit dem Thema mehr oder weniger verschlüsselt – etwa in der Baum- und Bergsymbolik, in der *Kafka*-Diskussion – durch alle Werke. Ich frage mich daher, ob es abwegig ist, in der *Handke*schen Apotheose der slowenischen, d. h. biografisch gesehen, seiner Großvater- und Mutterkultur, die sich überdies selbst durch „weibliche" Attribute definiert und außerdem im Verhältnis zur dominierenden deutschsprachigen österreichischen bzw. habsburgischen Kultur einen entsprechenden Part zugewiesen erhielt, eine verschobene Auseinandersetzung mit der Vater-Figur zu sehen. Diese Frage kann aber jedenfalls nicht unabhängig von den Texten beantwortet werden.

Lipuš, Jonke und *Winkler* sehen das Dorf als geschlossenes System überpersönlicher, ideologischer Mechanismen, Zwänge und Riten, in denen autonomes, spontanes, individuelles Handeln nicht gebilligt bzw. als abweichend oder anarchistisch stigmatisiert und verurteilt wird. Soziale Interaktionen werden von den Autoren in streng ritualisierten Ordnungsmustern oder Abläufen dargestellt und haben ihr reales Substrat u. a. in den liturgischen Regeln der Kirche. *Handke* zitiert dieses Ordnungsschema, das jede Äußerung vorschreibt und daher Kommunikation und Interaktion pervertiert, bereits im Kapitel „Die Liturgie" in den **Hornissen**, wobei es sich gerade um die slowenische Liturgie handeln dürfte, die in der **Wiederholung** dann ausschließlich positiv erinnert wird – ähnlich wie in seiner Laudatio auf *Gustav Januš* anläßlich der Verleihung des *Petrarca-Preises* (1984):

> Die slowenischen Gottesdienste in der Heimat waren, durch ihre Inbrunst, ihren musikalischen Atem und ihr heiteres Gepräge, die einzigen bisher, bei denen ich einen Begriff von dem Wort „Gottesdienst" bekam; die Litaneien waren kein Geleier, sondern wirkliche, begeisterte wie trauervolle Anrufe.[19])

Auch *Jonke* und *Lipuš* gehen von ähnlichen sprachlichen Modellen aus bzw. zitieren sie, um damit die Starre und Determinierung durch das jeweilige ideologische System darzustellen und es ad absurdum zu führen, indem sie die automatisierten Sätze durch verschiedene stilistische Verfahren – Amplifikation, Substitution und Permutation oder durch die karnevalistische Verbindung der Gegensätze: des Hohen mit dem Niedrigen, des Heiligen mit dem Profanen – ironisch entlarven und nach *Handke* zeigen, daß „die Welt der Sätze . . . der Welt der Personen und Dinge"[20]) bestimmte Muster und Verhaltensmodelle vorschreibe.

---

[18]) *Peter Handke:* Die Wiederholung. Frankfurt/M., Suhrkamp, 1986, S. 182 f. (weitere Zitate im Text).

[19]) *Peter Handke:* Gegenreden und Rühmen. Rede auf *Gustav Januš* zur Verleihung des Petrarca-Preises. In: Die Zeit, 29. 6. 1984.

[20]) *Peter Handke:* Zu *G. F. Jonke*, „Geometrischer Heimatroman" In: *P. H.:* Ich bin ein Bewohner des Elfenbeinturms. Frankfurt/M. 1976 (st 56), S. 199.

Es ist nicht zu übersehen, daß *Jonke* und *Lipuš* damit verschiedene Absichten verfolgen. Während es *Jonke* darum geht, die politische Grammatik der „obrigkeitlichen Sätze" aufzudecken, sind die sprachexperimentellen Passagen der **Beseitigung meines Dorfes** von *Lipuš* in verschiedenwertige semantische Zusammenhänge einbezogen. Sehr vereinfacht lassen sich nämlich in den acht Kapiteln dieses Prosatextes oder Romans zwei Isotopien herausarbeiten – von einer Handlung bzw. Fabel ist nur ein rudimentärer Ansatz gegeben: im Warten der Dorfbewohner auf den nächsten Toten des Dorfes. Dieses Warten zieht sich vom ersten bis zum letzten Satz des Buches, wo es dann auch erfüllt wird, und ist als angedeutete inhaltliche – neben der metaphorischen – Verklammerung des Textes ein Signal, daß es *Lipuš* eben nicht um realistisches Erzählen geht. Auf Grund des diskontinuierlichen, nichtlinearen, paradigmatischen Erzählkonzepts sind die Kapitel bzw. Sequenzen des Romans verschiedenen Zeitebenen zugeordnet, die bis in die Gegenwart heranreichen, in Reminiszenzen und Rückgriffen aber weit in die (mythische) Vergangenheit des fiktiven Dorfes zurückgehen, so daß – wie bei *Winkler* – weniger eine Chronik als der Versuch einer Archäologie des slowenischen Dorfes in Kärnten entsteht. Dem entspricht auch das Figurenkonzept. *Lipuš* stellt in dem Text keine Individuen dar, auch keine Typen, sondern Figurationen von Diskursen. Die verschiedenen Diskurstypen, der religiöse, der volkskulturelle und der subversive literarische Diskurs, schaffen sich sozusagen ihre Subjekte auf der Basis vorformulierter sprachlicher Versatzstücke selbst. Daher gibt es auch keine individualisierten Figuren, weder auf der Erzähl- noch auf der Sujetebene. Die kritische Perspektive resultiert aus der immanenten Dialogisierung, spielerischen Auflösung und Kombination sowie aus dem alltagskulturellen Erfahrungspotential des sprachlichen Materials.

Diese ludistische Ebene des Textes ist nicht selten von so ätzender Schärfe gegenüber religiösen Dogmen, zugleich voll von absurden, grotesken und surrealistischen, blasphemischen Einfällen, daß manche Leser und Kritiker – wie die Rezensionen zeigen – in offenbar unauflöslicher Spannung zwischen heftiger Ablehnung und Verurteilung ob des vermeintlichen Sakrilegs und Faszination ob der sprachlichen Brillanz und Artistik hin und her gerissen werden.

Der „karnevalistischen" Textebene, auf der *Lipuš* den Zerfall der dörflichen Kultur als Stagnation in völliger ideologischer Determinierung beschreibt, steht eine andere Isotopie gegenüber, die mit dem Thema des Todes und des Totengedenkens, der „Brandopfer des Dritten Reichs"[21]), wie er an anderer Stelle mit Bezug auf seine Mutter sagt, verbunden ist. So ist es trotz der parodistischen und polemischen Struktur des Romans von symbolischer Bedeutung, wenn im letzten Kapitel der **Beseitigung meines Dorfes**, „Eine bäuerliche Idylle" (Idila s kmetov), womit zugleich das ungeduldige Warten auf den nächsten Toten gestillt wird, eine Bäuerin ihr Kind tot zur Welt bringt und die auseinanderbrechende dörfliche Gemeinschaft sich in der Erinnerung an die Aschenurnen des Dritten Reichs für einen Moment kollektiv ihrer Geschichte innewird.

Wie bereits angedeutet, ist der Stellenwert der slowenischen Kultur in *Handkes* langsamer Annäherung von ganz anderer Art als die analytische Auseinandersetzung bei *Lipuš*. *Handke* geht von einem idealen und tautologischen Begriff dörflicher und slowenischer Kultur aus, wie bereits in **Über die Dörfer** deutlich zu erkennen ist, wo diese Spezifik seines Kulturverständnisses durch die märchenhaften slowenischen Zitate angedeutet wird. In bisher ausführlichster Form kommt sein Verhältnis zur slo-

21) *Lipuš* in *Peter Handke:* Anmerkung. In: *Florjan Lipuš:* Der Zögling Tjaž. Roman. Deutsch von *Peter Handke* zusammen mit *Helga Mračnikar.* Salzburg und Wien, Residenz, 1981, S. 246.

wenischen Kultur in der **Wiederholung** zur Sprache. Nach *Norbert Gabriel* findet *Handke* „im slowenischen Element der Großeltern, vor allem des Großvaters . . . eine menschliche Reinheit . . . ohne jeglichen intellektuellen Bruch, eine mythisch individuelle Kraft". Der Zauber, den das Slowenische für ihn hat, resultiert auch aus der Verklärung der Kindheit (als kulturelles Synonym für seine Kindheit) und aus seinem „Angezogensein durch ‚geschichtslose Nationen' im Sinne beschränkter, kleiner Gemeinschaften als Bewahrerinnen unveränderlicher, von Generation zu Generation weitergegebener Werte".22) Von dieser Aura einer politischen Unschuld her ist daher auch *Handkes* Parallelisierung der slowenischen mit der jüdischen Kultur zu erklären.

Was die **Wiederholung** betrifft, so kann ich hier über *Handkes* Schlußbemerkung im **Wunschlosen Unglück** kaum hinausgehen: „Später werde ich über das alles Genaueres schreiben." Gewiß verdient der Text ausführliche Analysen, für den jetzigen Zusammenhang mögen jedoch die folgenden Anmerkungen genügen.

Die Gründe für *Handkes* Apotheose der slowenischen Karstkultur lassen sich meiner Ansicht nach in zwei soziokulturell und -politisch relevanten Punkten zusammenfassen, aus denen sich weitere Folgerungen ergeben: erstens geht es ihm offensichtlich um die Rettung und Aktualisierung eines unentfremdeten, agrarischen und von handwerklicher Alltagskultur geprägten harmonischen Umgangs mit der Natur. In diesem Sinn soll auch die aktiv-passive Doppeldeutigkeit des Titels verstanden werden.23)

Das zweite Moment ist die am Ende der **Wiederholung** explizierte Kritik an der österreichischen Gesellschaft, an ihren kaum verborgenen faschistoiden Tendenzen. Zwar heißt es zu Beginn der letzten Sequenz noch, „Das Wiedersehen mit Österreich machte mich froh" (323), doch stellt sich gleich darauf die Bedrohlichkeit der gesellschaftlichen Kulisse heraus (ähnliche Stellen finden sich auch bei den anderen Autoren):

> Kaum in der Kleinstadt, geriet der Heimkehrer ins Getriebe der Gesellschaft dort, die . . . auch während seiner Abwesenheit ihre Runden gedreht hatte, auf der Suche nach einem Opfer . . . Ihr Kommando erwartete ihn, getarnt als Abendspaziergang, die umgehängten Hundeleinen in Wahrheit Gewehrriemen . . . In dem Zwanzigjährigen lebte auf, wie in dieser Menge nicht wenige ihre Kreise zogen, die gefoltert und gemordet oder dazu wenigstens beifällig gelacht hatten, und deren Abkömmlinge das Althergebrachte so treu wie bedenkenlos fortführen würden. (324 f.)

In diametralem Kontrast dazu steht die Beschreibung des slowenischen Volkes, das mit den archaischen Kulturen verschwundener Völker in Verbindung gebracht wird:

> Ein so zärtliches wie grobianisches Volk . . . die Erwachsenensprache durchwirkt von Kinderausdrücken; einsilbig, fast stumm, in der Hoffnungslosigkeit, mehrsilbig, geradezu beschwingt, in der Freude und Sehnsucht; ohne Adel, ohne Marschtritt, ohne Ländereien . . . der einzige König jener Sagenheld, verkleidet, umherschweifend, sich kurz offenbarend und wieder verschwindend. Und dabei war es doch, recht bedacht, gar nicht das besondere slowenische Volk, oder das Volk der Jahrhundertwende, welches ich, kraft der Wörter, wahrnahm, vielmehr ein unbestimmtes, zeitloses, außergeschichtliches – oder, besser, eins, das in einer immerwährenden, nur von den Jahreszeiten geregelten Gegenwart lebte, in einem den Gesetzen von Wetter, Ernte und Viehkrankheiten gehorchenden Diesseits, und zugleich jenseits oder vor oder nach oder abseits jeder Historie . . . Wie nicht sich jenem unbekannten Volk zuzählen wollen, das für Krieg, Obrigkeit und Triumphzüge sozusagen nur Lehnwörter hat,

22) *Norbert Gabriel:* Peter Handke und Österreich. Bonn, 1983, S. 75.

23) *Peter Handke:* Aber ich lebe nur von den Zwischenräumen. Ein Gespräch, geführt von *Herbert Gamper.* Zürich, Ammann, 1987, S. 190.

aber einen Namen schafft für das Unscheinbarste, ob, im Haus, den Raum unter der Fensterbank oder, draußen auf dem Feldweg, die vom gebremsten Wagenrad glänzende Stelle am Stein, und das am schöpferischsten ist im Benennen der Zufluchts-, Verborgenheits- und Überlebensstätten, wie sie sich nur die Kinder erträumen können . . . (201 f.)

Die „Erzählung" ist die Beschreibung einer mehrfach abgestuften Suche als Reise. Filip Kobal, die „Grenznatur", wie er sich als Erzähler selbst nennt, beschreibt darin seine Suche als ein Wieder-Holen seiner Ursprünge[24]): genealogisch als Suche nach den landschaftlichen Spuren seines legendären Vorfahren, des Anführers eines Bauernaufstands am slowenischen Karst vom Anfang des 18. Jahrhunderts, dessen Nachkommen, die Kobals, nun in einer Art Exil an der slowenisch-deutschen Sprachgrenze in Rinkenberg/Vogrče in Südkärnten leben. Mehr als diese Suche beschäftigt ihn noch die Gestalt seines im Krieg verschollenen Bruders Gregor, mit dem sich die Elemente von Filips Wunschkultur und -biografie verbinden. Wie ein mythischer Kulturheros bringt der Bruder von der Landwirtschaftsschule in Maribor/Marburg die Kenntnis des Obstbaus mit, doch verfällt sein Kultivierungswerk, als er im Krieg ist. Er hinterläßt Filip außer seinen Mitschriften und Aufzeichnugen auch ein slowenisch-deutsches Wörterbuch, wobei es sich offensichtlich um jenes von *Maks Pleteršnik* aus dem Jahr 1894 handelt, in dem Filip vom Bruder angezeichnete Wörter findet, aus denen sich ihm „Wort für Wort . . . ein Volk zusammensetzte, in dem sich genau die Dörfler zuhause wiederholten, ohne dabei aber, wie in den umlaufenden Geschichten und Anekdoten, einzuschrumpfen zu Typen, Charakteren und Rollenträgern" (199). An diesem Wörterbuch gehen ihm – trotz des Zweifels an der Tragfähigkeit dieser Ideogramme – die Weite und der Reichtum der slowenischen Alltagskultur auf. Natur und Schrift werden in der Folge – am vielfältigsten sind die Verzeichnisse aus dem slowenischen Karst – für Filip in einer kulturellen Initiation zum Medium eines neuen utopischen Kulturzusammenhangs. Die interkulturelle Methode definiert *Handke* nebenbei auch selbst: „Bekanntes unbekannt machen, den Bereich des Unbekannten abschreiten und vergrößern" (262). So wie die landwirtschaftlichen Aufzeichnungen des Bruders Lernheft und Lehrbuch in einem sind, gehen die archaischen Wörter über die Schwelle des Buches unmittelbar in die neue Erkenntnis des Lebenszusammenhangs über. Dazu kommt – vorweggenommen durch *Handkes Lipuš*- und *Januš*-Übersetzungen – auf der fiktionalen Ebene die Arbeit des Übersetzens in das ihm geläufigere Deutsch, parallel zum slowenisch-deutschen hermeneutischen Dialog des „Weisheitsbuchs" (207), des Wörterbuchs. Diese Haltung hat auch ihre utopische soziale Dimension in einer besonderen Form intakter, jahrhundertelang so geltender kollektiver Identität (wobei der Eindruck einer Romantisierung der bäuerlichen Mühsal nicht zu übersehen ist, vor allem im Vergleich mit *Winkler*):

Zu dem neuartigen Stolz trug auch bei . . ., daß ich meine Ähnlichkeit mit den andern . . . erkannte, die äußerliche wie die innerliche, wie kein Spiegel sonst sie mir hätte zeigen können. . . mein Wesen wie das ihre fügsam, willig, bedürfnislos, das Wesen von Leuten, die durch die Jahrhunderte Königlose, Staatenlose, Handlanger, Knechte gewesen waren (kein Adeliger darunter, kein Meister) – und zugleich strahlten wir Finsterlinge gemeinsam vor Schönheit, vor

---

[24]) Der Modus des „Wiederholens" erfährt im *Handke*schen Oeuvre eine merkliche Uminterpretation: im Frühwerk und im **Wunschlosen Unglück** so wie bei *Bernhard, Lipuš* und *Winkler* vor allem als Zwang verstanden, verbinden sich damit in der **Wiederholung** trotz ambivalenter Züge (z. B. in Verbindung mit dem Doppelgängermotiv) mehr und mehr sakrale Attribute. Aufschlußreich dazu – wenn auch nur mit einer einzigen Erwähnung *Handkes* – die Reflexionen von *Dietmar Kamper:* Wiederholungszwang. Über unbewußte Mechanismen der Selbstbestrafung, zugleich Versuch einer retrospektiven Anthropodizee. In: manuskripte 1987, H. 98, S. 121–126.

> Selbstbewußtsein, vor Verwegenheit, vor Aufsässigkeit, vor Unabhängigkeitsdrang, jeder in dem Volk der Held des andern. (131 f.)

Es ist nicht verwunderlich, daß dem Autor in diesem Zusammenhang – wie er gegenüber *Herbert Gamper* bekennt – auch die eigene Biografie in einem neuen Licht erscheint. So findet man zwischen den **Hornissen** und der **Wiederholung** eine Fülle von Gemeinsamkeiten, die einerseits die autobiografische Dimension beider Bücher verdeutlichen, zugleich aber den alltagskulturellen Gehalt des ersten Buches bestätigen, wo die Elemente der später idealisierten Naturkultur noch in bedrohlicher Anarchie neben- und gegeneinanderstehen. Mir erscheint dieses Bild zumindest ebenso notwendig; *Handkes* späteres restauratives Gärtnermodell der Kultur bedarf zu seiner Ergänzung notwendig des destruktiven Totengräbermodells, das uns die Texte von *Lipuš* und *Winkler* vor Augen halten.[25])

---

[25]) Zu diesem Schema vgl. *Wendelin Schmidt-Dengler:* Drei Naturen: Bernhard, Jandl, Handke – Destruktion, Reduktion, Restauration. Anmerkungen zum Naturbegriff der drei Autoren. In: Zeit ohne Manifeste? Zur Literatur der siebziger Jahre in Österreich. Hgg. von *Friedbert Aspetsberger* und *Hubert Lengauer*. Wien, Österr. Bundesverlag 1987, S. 150–165.

Primus-Heinz Kucher

Narzißtische Lust am Biographischen?

Selbst- und Wirklichkeitserfahrung in der österreichischen Gegenwartsliteratur nach I. Bachmann und J. Améry

„Und doch ist die Erfahrung die einzige Lehrmeisterin“ *(Bachmann)*
„Nur das Schamloseste ist authentisch“ *(Bernhard)*

I.

Wenn im Folgenden der Versuch unternommen wird, Texte der österreichischen Gegenwartsliteratur ins Blickfeld zu rücken, die biographische Verfahren und Techniken als Konstitutionsmerkmale aufweisen, so bedarf dies zunächst einiger Präzisierungen.

Standen schon die 70er Jahre weithin im Zeichen autobiographischen Schreibens, so verzeichnete dieses auch in den 80er Jahren eine beachtliche Konjunktur. *Peter Hamm* sprach in einem Beitrag zur Frankfurter Buchmesse 1988 gar von „. . . ziemlich leicht verderblicher Ware [. . .] zum raschen Verzehr bestimmt . . .“, als er die auf „Hochtouren arbeitenden Romanfabriken“ und mit ihnen auch die auf Wirkung und Konsum bedachten Produktionszusammenhänge neueren Schreibens, biographische eingeschlossen, in Erinnerung rief.[1]) Dieses Mißtrauen ist keineswegs neu. Schon die Debatte um die ‚Bekenntnisliteratur‘ der 70er Jahre hatte gezeigt, wie problematisch die Wendung zum Authentischen trotz exzessiver Genauigkeit und formaler Offenheit sein konnte, gerieten dabei nicht selten die Gesamtentwürfe, die Dialektik von Privatem und Gesellschaftlichem zu distanzlosen Erinnerungsprozessen oder experimentellen Darstellungsversuchen. Trotzdem zählen auch in den 80er Jahren Preisgaben subjektiver Befindlichkeiten und autobiographische Dokumentationen zu akzeptierten literarischen Initiationsriten, zu Verfahren, die das Leben mit dem Schreiben zu verklammern suchen.

Doch auch außerhalb der ‚Debuttexte‘ nahmen biographisch konnotierte Verfahren weiterhin ihren festen Platz ein. Man denke nur an *A. Andersch’* **Der Vater eines Mörders**, *U. Johnsons* **Begleitumstände** oder *M. Wanders* **Leben wär’ eine prima Alternative**, um nur einige Texte nicht-österreichischer Provenienz zu nennen. Hinzu kämen schließlich *E. Canettis* **Die Fackel im Ohr**, *P. Handkes* **Die Lehre der Saint Victoire**, *M. T. Kerschbaumers* **Der weibliche Name des Widerstands**, *F. Mayröckers* **Die Abschiede** und *B. Schwaigers* **Lange Abwesenheit**, Texte, die als autobiographische Erkundungen rezipiert wurden. *Handkes* **Lehre** z. B. als „Erzählung und poetisches Manifest. Märchen und Autobiographie“. Rückblickend war in ihr **Die Wiederholung** (1986) angelegt, die Bestätigung einer wiederkehrenden Konstellation: jene des Literaten und Erdkundlers, der wie Sorger und danach Kobal „. . . die Welt zugleich bedenkt und erläuft“.[2]) *Mayröckers* **Abschiede** hingegen, so *G. Lindemann*, waren zwar nicht

---

[1]) Vgl. *Peter Hamm:* Unterm Lichtzwang. In: Die Zeit, 7. 10. 1988, Lit. – Beilage, S. 16.

[2]) Vgl. *Rolf Michaelis:* Wortseliger Aufstieg ins Gebirge ewigen Schweigens; in: Die Zeit, 10. 10. 1980, Lit. – Bl. S. 1; ferner allgemein dazu auch *Karl Prümm:* Schreiben nur über sich selbst? Autobiographisches Erzählen in der Gegenwartsliteratur; in: Der Deutschunterricht 2/1989 (Frankfurt) S. 72–84, bes. S. 82 f.

Primus-Heinz Kucher, Dr. et Mag. phil., Univ.-Ass. am Institut für Germanistik der Universität Klagenfurt.

„autobiographische Abrechnungen im gängigen Sinn", immerhin aber Thematisierungen eines zutiefst biographischen Konflikts; des „verhängnisvolle[n] Hiat der Geschlechter", freigelegt in einer besonderen Radikalität des Sprechens.[3]) Vermehrt um geschichtliche Präzision, darf letzteres wohl auch für *Kerschbaumers* Spurensicherungen veranschlagt werden.

So positiv die Kritik den genannten Werken gegenüberstand, so mißtrauisch verfolgte sie autobiographische Texte, die sich als Erfahrungsliteratur deklarierten. Vielfach entspringe diese, so *L. Baier* im **Tintenfisch** (1982), bloß einem „Diskurs des Begehrens", um sich darin zu erschöpfen und zu verzehren. Ob damit ein Seitenhieb auf *Handkes* **Kindergeschichte** oder auf *Strucks* vieldiskutierte Bilanz **Kindheitsende** beabsichtigt war, geht aus der Kritik nicht hervor. Schrieb sich auf der einen Seite die Literatur unermüdlich fort, so häuften sich auf der anderen Klagen über ihren Zustand. Paradoxerweise kulminierten diese um 1983/84, als immerhin *U. Johnson* seine **Jahrestage** vorlegen konnte, *Ch. Wolf* ihre **Kassandra**, *E. Jelinek* **Die Klavierspielerin** oder *R. Goetz* **Irre**. Da wurde ein „Gedächtnisverlust . . . so enorm, wie er kaum je zuvor spürbar war" beklagt oder „vage Unbestimmtheit", ein „großes Nebeneinanderherreden" geortet, um ganz allgemein, wie die Lamenti zuvor, von der Literatur ein „Aufs-Ganze-Gehen" einzufordern.[4]) Gestützt auf *Karl Heinz Bohrers* Verdikt über die ‚Väterbücher' – „. . . häßliche Bekenntnis- und Beschreibungsliteratur ohne die Gabe der Provokation . . ." – schied schließlich *R. Baumgart* Meisterwerke autobiographischer Literatur *(Bernhard, Frisch, Weiss* oder *Wolf)* von jener ‚Bekenntnisprosa', deren authentischer Anspruch letztendlich bloß in eine „in ein Reden aller mit allen aufgelöster Literatur" einfließen würde.[5])

Im weitesten Sinn behauptete also der Anspruch, Schrift und Leben zur Deckung zu bringen, vermittelt durch Form oder über den Furor des ‚Unmittelbaren', sowohl zu Beginn der 80er Jahre einen unübersehbaren Anteil am Warenmarkt Literatur, wie er auch das ausklingende Jahrzehnt als Signatur begleitet. Biographische Verfahren machen demnach die literarische Klammer des Jahrzehnts aus. Zum Verlust von darin eingeschriebenen Weltdaten – so der Konsens in zahlreichen Zustandsklagen – kämen, so *Winkels*, zwei auffällige Tendenzen hinzu, welche die biographischen Konzeptionen der späten 80er von früheren unterscheiden. Die eine sei die „Chiffre des Körpers", dank derer Erfahrung in symbolische Prozesse und Reflexion umgesetzt würde. Die andere zeige sich in einer zunehmenden Koppelung von Literatur an Literatur, in dem das artistische Raffinement bestimmend sei, ein neues narzißtisches Gehabe, das Texte

---

[3]) Vgl. *Gisela Lindemann:* Reise in die vergangene Zukunft. F. Mayröckers Prosaband „Die Abschiede"; ebd. S. 12.

[4]) Vgl. *Lothar Baier:* Sechs literarische Stichworte zu den Zukunftsaussichten der Vergangenheit, in: Tintenfisch, 21, Jahrbuch f. deutsche Literatur 1982 (Berlin 1982) S. 15; ferner *Hans Christoph Buch:* Wider die neue Wehleidigkeit; in: Frankfurter Rundschau, 14. 5. 1983, zit. nach: Deutsche Literatur 1983. Ein Jahresüberblick; Hg. *Volker Hage* u. *Adolf Fink* (Stuttgart 1984) S. 11, sowie *Heinrich Vormweg:* Nichts gegen all die neuen Romane, aber . . . in: Vorwärts, 26. 4. 1984, zit. nach: Deutsche Literatur 1984. Ein Jahresüberblick, Hgg. v. *V. Hage* (Stuttgart 1985) S. 241–245, bes. S. 243.

[5]) Vgl. *Reinhard Baumgart:* Das Leben – kein Traum? Vom Nutzen und Nachteil einer autobiographischen Literatur, in: Literatur aus dem Leben. Autobiographische Tendenzen in der deutschsprachigen Gegenwartsdichtung; Hg. *Herbert Heckmann* (München-Wien 1984) S. 8–28, hier S. 21.

als „selbstreproduzierende Systeme" nach mittlerweile eingespielten Regeln des intellektuellen Diskurses hervorbringe.[6])

Die erfolgreichen, wenn auch voneinander sehr verschiedenen Texte von *Norbert Gstrein* – v. a. **Anderntags** (1989) –, *Robert Menasse* **Sinnliche Gewißheit** (1988), aber auch *Christoph Ransmayrs* ‚Bestseller' **Die letzte Welt** (1988) stehen dafür, jeweils auf ihre Weise, ein, während an der Geschichte orientierte Recherchen wie *Erich Hackls* **Auroras Anlaß** (1987) und **Abschied von Sidonie** (1989) eher die Ausnahmen bilden.

Wie die Auseinandersetzungen gezeigt haben, zumindest spätestens seit *Jelineks* **Klavierspielerin** (1983), hat diese wütende Literaturarbeit analog zur früheren Realismusdiskussion immerhin Grundfragen des Schreibens zur Diskussion gestellt, wie die Debatten um die Kategorie des ‚Authentischen' belegen. In einem hat sich allerdings eine Tendenz auffallend durchgesetzt: im Hang zur Enthistorisierung, womit der Projektionsraum aus dem Augenblicksmoment der Schrift hinaus wesentlich zurückgenommen erscheint. Wie sie den Verdacht narzißtischer Koketterie in der Reduktion des Ich auf diesen Raum nicht gänzlich von sich zu weisen vermag, so kann sie andrerseits als Chiffre für ein schwieriger gewordenes Verhältnis zur Welt selbst verstanden werden. Vielfach handelt es sich um Gratwanderungen, die, ausgehend von ‚Klassikern' der Gegenwartsliteratur, d. h. *Ingeborg Bachmann* und *Jean Améry*, befragt und interpretiert werden sollen.

Der Rückgriff auf die genannten Autoren erfolgt dabei aus zwei Überlegungen: zum einen auf Grund der besonderen Vernetzung des jeweiligen Ich in seinen gesellschaftlichen Voraussetzungen, in seiner Fähigkeit des Zugriffs auf Wirklichkeit und Reflexion derselben, zum anderen auf Grund der wirkungsgeschichtlichen Aspekte beider Autoren in die 80er Jahre hinein.

II. Das Ich im Inferno der Geschichte: Ingeborg Bachmann und Jean Améry

Schon in ihrer Frankfurter Vorlesung über **Das schreibende Ich** (1960) traf Ingeborg Bachmann folgende wichtige Feststellung:

> „. . . Ich möchte beinahe behaupten, daß es kein Roman-Ich, kein Gedicht-Ich gibt, das nicht von der Beweisführung lebt: Ich spreche, also bin ich . . ."[7])

So einleuchtend diese Paraphrase des *Descart*schen Satzes die Qualität des schreibenden Ich wiedergibt, so ernst nimmt Bachmann die darin mitschwingende Warnung, das Ich, das sich selbst setzt und Wirklichkeit schafft, auch schon mit letzterer gleichzusetzen. Denn es komme weniger auf die bloße Existenz dieses Ich an, sondern vielmehr auf dessen Fähigkeit zur ‚Beweisführung' innerhalb eines geschichtlichen Rahmens, in dem es sich entfaltet und bewegt.

Die von Bachmann zitierten Beispiele, etwa aus *Svevos* **Coscienza di Zeno** oder aus *Jahnns* **Fluß ohne Ufer**, führen ein Ich vor, das zunächst wenig oder keine Gewähr zu

---

[6]) Vgl. dazu *Hubert Winkels:* Einschnitte. Zur Literatur der 80er Jahre (Köln 1988) bes. S.11–21, bzw. *Ders.:* Weiterlesen! In: Manuskripte Nr. 106/1989 (Graz), S. 101–109, hier bes. S. 108 f. Gegen *Winkels* Thesen vgl. die Rezension von *Gustav Ernst* zu „Einschnitte" in: Wespennest Nr. 78/1990, S. 60 f. Zusammenfassend zur Diskussion vgl. auch *R. Baumgart:* Boulevard – was sonst? In: Die Zeit, 6. 4. 1990, S. 9–10.

[7]) Vgl. *Ingeborg Bachmann:* Das schreibende Ich; in: *I. B.:* Werke, Hg. *Christine Koschel* u. a. (München-Zürich 1978) Bd. 4, S. 217–237, hier S. 225. Die in Klammer gesetzten Seitenzahlen beziehen sich im folgenden jeweils auf den zuvor zitierten Text.

bieten scheint, keine Identität, auf die es selbstbewußt zurückgreifen könnte. Stattdessen nur Myriaden von Partikeln „. . . wie eine geträumte Substanz" (218), ausgesetzt den Dichtern, „die nicht locker lassen", die es „zu ihrem Versuchsfeld gemacht oder sich selber zum Versuchsfeld für das Ich" gedacht haben (218). Und bevor aus seinen „letzten bedrückenden Verlautbarungen" Überleben erkennbar wird, hat dieses schreibende und Wirklichkeit beschreibende Ich massive Einwände durchlaufen. Sie reichen vom „Ich ohne Gewähr" (218) bis hin zur abgenützten Selbstverständlichkeit, „. . . ein Gebrauchswert, das alles, was es bezeichnen soll, von Fall zu Fall degradiert" (219).

Erst der Verlust der Sicherheit, an autobiographischer Autorität z. B., der Domäne der Memoirenschreiber, führe diesem stets als ungewissen Entwurf zu begreifenden Ich gesellschaftliche und ästhetische Substanz, Glaubwürdigkeit der ‚Verlautbarung' zu. Mit Bezugnahme auf *Svevo*, aber zugleich über ihn hinausgehend, präzisiert Bachmann den veränderten Platz des Ich folgendermaßen:

> „. . . Die erste Veränderung, die das Ich erfahren hat, ist, daß es sich nicht mehr i n der Geschichte aufhält, sondern daß sich neuerdings die Geschichte i m Ich aufhält." (230)

Lag also früher der Ort des Ich in der Geschichte, so findet sich dieser nun in einen unbestimmten Raum verrückt. Dort scheint sich seine autonome Qualität als Instanz zu verlieren, heimatlos zu werden im allgegenwärtigen Zugriff durch die Geschichte. Ein schmerzender Befund, hatte nicht der Schriftsteller eine Verpflichtung zur utopischen Existenz aus dem ‚Hier-und-Jetzt-Exil', wie Bachmann in ihrer *Wildgans*-Preisrede anmerkte, einer Existenz, die in der „Begabung des Ich zur Erinnerung" (230), seiner wahrhaft radikalen Qualität, ihre Richtung kundgibt.

In ihrer späten Prosa hat I. Bachmann vorgeführt, was damit eigentlich gemeint war: die Eroberung und Wiedergewinnung „bisher unbetretener memorialer Tiefe" – wie es im Zusammenhang mit ihrer Lesart der *Proust*schen **Recherche** heißt – über die Vermittlung eines, „von jeder Bindung abgeschnitten Ich" (231).

Es gehe demnach um die individuellen wie kollektiven Erfahrungen, die in dieser ‚memorialen Tiefe', im ‚Mörder Zeit' oder im ‚Labyrinth der Existenz' versenkt sind. Sie zu heben, zum Ausdruck zu bringen, ist die Aufgabe des Schriftstellers. Gemäß Bachmanns Definition vom ‚unausweichlichen Denken' in **Fragen und Scheinfragen** spiegelt sich gerade darin die unverwechselbare „Manifestation einer Problemkonstante" (193), ihr Ansatz zu Veränderung. In der Erinnerung wird nämlich die vorwiegend destruktive Anlage der Geschichte faßbar, um als ‚anstoßende' Erkenntnis, als von Sehnsucht bittere Poesie (197) das Blickfeld des Ich zu bereichern, und zwar um die ‚inwendigen Schauplätze', die Kehrseiten mächtiger Geschichte. Erst aus der doppelten Perspektive, aus dem Manifesten wie dem Inwendigen heraus – programmatisch festgeschrieben in der Vorrede zum **Fall Franza** – lasse sich die vielschichtige Dimension des Ich erschließen, eines Ich, das weit mehr von Destruktionen als von Gewißheiten gezeichnet ist.

So paradox es klingen mag: auch literarische Identität gewinnen die (vorwiegend weiblichen) Protagonisten seit **Simultan** vor allem an jener Schwelle, an der sie der irreversiblen Zerstörung ihrer Existenz gewahr werden. Den ‚sublimen Verbrechen' der ‚Todesarten' setzen sie ihren im Überschreiten geschärften Blick, zugleich ihre letzten Reserven entgegen. Die ‚Auflösung' des Ich, das mitunter in verschiedene Teilidentitäten aufgeht, entspringt und korrespondiert in der Folge einem aus der Komplexität der destruktiven Verhältnisse hervorgehenden und sich dagegen aufbäumenden Verständnis von der Funktion des schriftstellerischen Bewußtseins – weit mehr als ein formales Experiment.

Obwohl Wirklichkeit im Werk Bachmanns hauptsächlich aus dieser Dialektik von Manifestem und Inwendigem greifbar wird, bleiben gesellschaftlich bedingte Erfahrungszusammenhänge aufrecht, ohne ein vordergründig sich anbietendes Repertoire an Fakten dafür zu strapazieren. In **Malina** hat das Verschwinden des Ich in der Wand, aus der nichts mehr herausfallen, aus der „nie mehr etwas laut werden kann ..." – den Mord, wie es im letzten Satz des Romans heißt –, daher nicht nur das vernünftige, die Opferung des Emotionalen verlangende ‚alter ego' Malina zu verantworten. Die Gesellschaft, „... der allergrößte Mordschauplatz", wird ebenso unmißverständlich in die Mitverantwortung genommen: als Arena ständiger Domestizierung und Opferung, in der die rohe Gewalt der mordenden und schändenden Vater-Figur zum Synonym der gesellschaftlichen Verhältnisse wird."[8])

Der Blick auf die verschiedenen Mordschauplätze erinnert an die aufgerissenen Augen des Angelus Novus. Es ist ein erkennendes, in Traumbildern gehobenes, von Grauen und Angst erfülltes Schauen:

> „Die Kammer ist groß und dunkel, nein, ein Saal ist es, mit schmutzigen Wänden ... es gibt keine Fenster und keine Türen ... ich sehe ein rundes Loch, durch das es hereinbläst, und ich ducke mich, mein Vater geht weiter, nimmt einen Schlauch nach dem anderen ab, und eh ich schreien kann, atme ich schon das Gas ein, immer mehr Gas. Ich bin in der Gaskammer, das ist sie, die größte Gaskammer der Welt, und ich bin allein drin ..." (M, 175)

Walter Benjamin stand diesem Geschichtsverständnis, das sich wie in **Malina** über Erinnerungen und Traumbilder vermittelt, Pate. In **Über den Begriff der Geschichte** ist nachzulesen, wie *Benjamin* historische Erfahrungen und Artikulation begreift:

> „... Vergangenes historisch artikulieren, heißt nicht, es erkennen, ‚wie es denn eigentlich gewesen ist'. Es heißt, sich einer Erinnerung bemächtigen, wie sie im Augenblick einer Gefahr aufblitzt ..."[9])

Bachmanns Texte kreisen immer wieder um ‚aufblitzende' Bilder und Erinnerungen. Man denke nur an das Signal vom ‚täglichen Justizpalastbrand' (Malina) oder neben der ‚Gaskammer' an den im **Fall Franza** wiederkehrenden ‚Friedhof der ermordeten Töchter', Signale und Bilder, die sich als Chiffren dieses Schauens in die Abgründe der Geschichte lesen lassen sowie als Vorboten kommender Vernichtung. Darüber hinaus sind es Bilder, die das scheinbar Individuelle der ‚inwendigen Schauplätze' auf eine strukturelle Ebene bringen, indem sie Brücken vom Ich ins Kollektive schlagen, etwa, wenn es heißt: „... Ich habe den sibirischen Judenmantel an, *wie alle anderen* ..." (Hervorheb. durch den Verf.) (M, 192).

Historische Erfahrung – „... für den Schriftsteller ist Geschichte etwas Unerläßliches ..."[10]) – zählt also zu den Grundvoraussetzungen bei I. Bachmann. Sie konstituiert sich im Prozeß der Wiedergewinnung von Erinnerung, nicht in der mit *Benjamin*

---

[8]) *Dies.:* Malina; in: Werke, Bd. 3, S. 276 (künftig in Klammer mit der Sigle M versehen), vgl. dazu auch *Sigrid Weigel:* Die Stimme der Medusa. Schreibweisen in der gegenwärtigen Literatur von Frauen (Reinbek, 1987) S. 166 f. bzw. S. 227.

[9]) Vgl. *Walter Benjamin:* Über den Begriff der Geschichte; in: *W.B.:* Gesammelte Schriften (Frankfurt/M. 1980) Bd. I/2, S. 692; vgl. dazu auch die Studie von *Hans Höller:* Ingeborg Bachmann. Das Werk. Von den frühesten Gedichten bis zum „Todesarten"-Zyklus (Frankfurt/M. 1987) bes. S. 202.

[10]) Vgl. *I. Bachmann:* Gespräch mit A. Walecka-Kowalska, Mai 1973; in: *I. Bachmann:* Wir müssen wahre Sätze finden. Gespräche und Interviews. Hg. *Ch. Koschel, I. v. Weidenbaum* (München 1983) S. 133; zum Erfahrungsbegriff bei *Benjamin* vgl. dessen Essay: Erfahrung und Armut; in: *W.B.:* Ges. Schriften Bd. I/1, S. 318 f.

verworfenen „kleinen Münze des Aktuellen", in den von Gewalt ausgekleideten Abgründen, den Fallstricken des Ich, um aus dieser Signatur des Negativen Gegenentwürfe einzumahnen. In den Dialogen mit Malina z. B. lautet das konkret utopische Projekt das Aussteigen aus dem alltäglichen Vernichtungszyklus von ‚Krieg und Frieden', das Hinarbeiten auf „Ein Tag wird kommen . . ."

Malina, die Ouvertüre des Todesartenzyklus, ist „zweifellos und unbedingt" Autobiographischem verpflichtet – allerdings, wie Bachmann in einem Interview präzisiert, „nicht im herkömmlichen Sinn . . .", sondern als „geistiges Abenteuer", das Geschichtlichkeit, ästhetische Traditionen und Schreibweisen mitreflektiert und in eine ‚neue Sprache' zu fassen versucht.[11])

Als verwandt mit diesem biographischen Modell, das die Ich-Figur gerade über ihr Ausgesetztsein in der zerstörerischen Mächtigkeit der Geschichte zum Garanten für das Noch- und Immer-wieder-Sagbare macht, verstehen sich auch *Jean Amérys* ungefähr zur selben Zeit entstandene autobiographische Bilanzierungsversuche, ‚Roman-Essays', wie sie meist überschrieben sind.[12]) Was Bachmann über die nur unzulänglich verdeckten Kontinuitäten von Gewalt mittelbar erfahren hat, um es freizulegen, hat Améry bekanntlich bis zu den entwürdigendsten Momenten am eigenen Leib erlebt: die Auslieferung an alle ‚Höllen' während der NS-Zeit, beginnend mit der Emigration und der Internierung im Lager Gurs in Südfrankreich, neuerlicher Flucht und illegaler Existenz im belgischen Untergrund, Verhaftung, Folter und Auschwitz. Nachhaltig erschüttert und in seinem Erinnerungshorizont bestimmt haben das Ich dabei die zwei entscheidenden Schwellen: die Folter – „. . . Die Tortur ist das fürchterlichste Ereignis, das ein Mensch in sich bewahren kann . . ." – und der Zusammenbruch aller Gewißheiten, vorbereitet durch die Tortur, in Auschwitz:

> „. . . Wir kamen entblößt aus dem Lager, ausgeplündert, entleert, desorientiert – und es hat lange gedauert, bis wir nur wieder die Alltagssprache der Freiheit erlernten . . .[13])

Beschrieben wurden diese beiden Schwellen und Zusammenbrüche erstmals in den Essays **Die Tortur** bzw. **An den Grenzen des Geistes**. Améry selbst hat sie als ‚Bewältigungsversuche eines Überwältigten' verstanden, d. h. mit einem klaren programmatischen Anspruch versehen, der zugleich als Schlüssel zu seinen späteren, auf jenen ‚Ausnahmezustand' Bezug nehmenden autobiographischen Roman-Essays betrachtet werden kann.

Im Unterschied zu Bachmann vermag indessen das Ich bei Améry seine ihm zugedachte Rolle einer stellvertretenden Erinnerungsarbeit kaum mehr wahrzunehmen. Wohl schreibt es ebenfalls aus einer Dialektik von inwendigen und historischen Erfahrungen gegen die Epoche an, jedoch mit schwindendem Vertrauen in utopische Projekte und zunehmender Skepsis bezüglich des Erkenntniswertes seiner Erinnerung. An

---

[11]) Vgl. *I. Bachmann:* Wahre Sätze (wie Anm. 10), S. 73, Gespräch mit Veit Mölter (1971). Es heißt dort: „. . . Ausdrücklich eine Autobiographie, aber nicht im herkömmlichen Sinn. Eine geistige, imaginäre Autobiographie. Diese monologische oder Nachtexistenz hat nichts mit der gewöhnlichen Autobiographie zu tun . . ." Vgl. weiters *H. Höller:* I. Bachmann (wie Anm. 9), zit. bes. Kap. 7, S. 225 ff. Zum ‚Inferno'-Begriff vgl. ihren Radio-Essay: Die Welt Marcel Prousts – Einblicke in ein Pandämonium; in: *I.B.:* Werke, (wie Anm. 7), Bd. 4, S. 156–180, bes. S. 156 f.

[12]) Vgl. dazu *Kurt Bartsch:* Ingeborg Bachmanns späte Prosa und Jean Amérys ‚Bewältigungsversuche'. In: Literatur und Kritik, H. 229/230/1988, S. 404–414, bes. S. 407 f.

[13]) Vgl. *Jean Améry:* Die Tortur, sowie: An den Grenzen des Geistes; in: *J.A.:* Jenseits von Schuld und Sühne. Bewältigungsversuche eines Überwältigten (Stuttgart 2. Aufl. 1980) S. 48 bzw. S. 44 .

Stelle des ‚geistigen Abenteuers' tritt eine tiefe Skepsis, welche das Nachwort zum letzten und subtilsten Roman, zu **Lefeu oder der Abbruch** (1974), formuliert:

> „Einmal, so sagte ich mir, wird es Zeit, von der autobiographischen Thematik, der ich einen gewissen Ruf verdanke, loszukommen: ich kann nicht ewig von mir ‚selbem' (wie der begabte Arnolt Bronnen zu deklinieren pflegte) erzählen. Die bare Subjektivität wird am Ende nichts mehr hergeben ..."[14])

Der ‚baren Subjektivität' halten Amérys Texte über die radikale und sehr konkrete Befragung der Geschichte fraglos stand. Im Gegenteil: das durch die Geschichte geschändete Ich gewinnt in seiner Erinnerungsarbeit an subjektiver wie gesellschaftlicher Autorität, vor allem in dem als ‚Aufsatz' deklarierten Schlüsseltext **Unmeisterliche Wanderjahre** (1971). *Horst Krüger* erblickte darin eine:

> „... geistige Autobiographie, die uns über vierzig Jahre teilhaben läßt an den Wegen und Irrwegen, den Hoffnungen und Zusammenbrüchen des europäischen Geistes zwischen 1930 und 1970 ..."[15])

Gleich anderen Arbeiten verzichten die **Wanderjahre** auf ‚Objektivität', wie das Vorwort festhält, nicht aber auf Wahrheit bzw. auf „... den Ausdruck des Willens zur Wahrheit ..." (8). Dieser drängt darin zum Ausdruck, daß der Autor sein Ich vorbehaltlos den Fehleinschätzungen der Vergangenheit ausliefert, der ehemaligen intellektuellen Blindheit dem aufziehenden Faschismus gegenüber ebenso wie der ‚Jugendsünde' positivistischer Illusionen: Hilflos wie die Sätze des Wiener Kreises habe sich das Ich in einer Geschichte verloren, die nicht mehr logisch zu begreifen war. Sie war das Inferno, dem dieses Ich nicht zu begegnen wußte, weshalb sein bloß „geistiger Widerstand" letztlich nur Ausdruck von „Inauthentizität" sein konnte – „... dein intellektuelles Debakel", so Améry im rückblickenden Selbstgespräch mit diesem frühen Ich (51). Das eigentlich Beklemmende sei jedoch die Kontinuität von diesem frühen Debakel zu dessen späteren Folgen gewesen, – eine Kette immer neuer Debakel bis hin zur Deportation durch die SS nach Auschwitz (1944).

Unter Abwägung der Erfahrungen der Nachkriegszeit, die Améry am Beispiel des Scheiterns des ‚politischen Sartre' (88), der langsamen Wiederannäherung an Deutschland und den souveränen wie verstörenden Leistungen ‚kritischer deutscher Wissenschaft' – „... Dialektische Geistesschärfe höchster Ordnung brachte das Irreduktible, was sich in diesem Land ereignet hatte, unter in einer keimfreien Denkstruktur ..." (118) – in den letzten drei der insgesamt sechs Kapitel zur Diskussion stellt, bleibt schließlich als Resumee die erschreckende Wahrnehmung von Fremdheit, von intellektueller wie politischer Heimatlosigkeit:

> „... Die Deutschlandfahrten ergaben nicht nur das Versagen deiner intellektuellen Distanzierungsfähigkeit: in und an diesem Land mußtest du auch erfahren, daß deine französische Lehrzeit samt den großen Rigorosen, die du in existentialistischer Lebenspraxis meintest bestanden zu haben, vergeblich war. Vergebliche Wanderjahre!" (123)

Triste Deplaziertheit als summa existentiae. „Du warst zu *fremd*" (12) muß das Ich, das am Ende vor Bruchstücken einer zufällig anmutenden Existenz zu stehen scheint,

[14]) *Ders.:* Warum und wie. = Nachwort zu: Lefeu oder der Abbruch (Stuttgart 2. Aufl. 1982) S. 171 f.

[15]) Vgl. *Horst Krüger:* Ich befrage mich, es ist höchste Zeit; in: Süddeutsche Zeitung, 3. 7. 1971, vgl. ferner *Krügers* Nachruf auf *Améry:* Allein in der Sprache zu Hause. In: Merkur, 1978, S. 1283–87, bes. S. 1285.

sich selbst gegenüber eingestehen. Und: „... habeo corpus, ergo sum" (146).

Nicht minder radikal verfährt der Komplementärband zu den **Wanderjahren**, der Roman-Essay **Lefeu oder der Abbruch** (1974), literarisch der schwierigste und wohl subtilste Text Amérys. In der außenseiterischen Figur des Malers und Intellektuellen Lefeu, die das problematisch gewordene Überleben des Autors seit 1946 mitreflektiert, entwirft Améry eine biographische Konzeption, die konsequent vertraute Entwicklungsvorstellungen unterläuft. So sei der gesamte Text als ‚Glanz-Verfalls-Ästhetik', aufzufassen, in welcher der Verfall nicht Etikette mißverständlicher Todesromantik sein will (31), sondern eine Art ‚letzte Wahrheit', d. h. (165) bewußter Akt von Verweigerung:

> „... Die Komplizität des Mieters Lefeu mit dem Verfall des Hauses 5, Rue Roquetin, ist ein humaner Protest gegen die ursprüngliche biologisch legitim wertbesetzte Idee sich rational expandierenden Lebens – um des Lebens willen. Das Ja zu diesem Niedergang ist ein das zweideutige Thema der Todes-Erotik anschlagender Lebensdienst. Das tiefe Behagen an der Destrukturation ist eine vertrackte Form der Lebensfreude ..." (12)

Behagen am Verfall – „... Der Verfall ist die Essenz des Lebens: das entfunktionalisierte Leben ..." (32) – so lautet denn auch die erste Zwischenbilanz. Doch liegt ihm weniger eine Lust an narzißtischem Spiel zugrunde als vielmehr Amérys Bedürfnis „deutlicher zu sprechen" (173). Lefeu als literarische Figur muß dabei sukzessive mit dem Ich Amérys verschmelzen. Im Nachwort zum Roman heißt es daher

> „... Ich stellte mir nicht die Frage: [...] ob dies vielleicht von unangenehmen Begriffen wie Narzißmus und Exhibitionismus würde eingefangen und fixiert werden [...] Der Prozeß der Identifikation des Verfassers mit dem Maler Lefeu vollzog sich, ehe an eine Niederschrift überhaupt noch gedacht wurde ..." (172f.)

Lefeus Destruktion bringt zugleich die eigene zum Vorschein, fixiert die ‚subjektive Evidenz', die ihren Ausgang eben nicht in der Fiktion, sondern in der erfahrenen Geschichte hat: „... der Protest gegen die Epoche war ja eine der wichtigsten Antriebskräfte der ganzen Konzeption ..." (175). Der Geist der Rebellion als das Unverzichtbare gibt dabei die Themen vor. Sie können, unbeantwortet geblieben, nicht andere als die Themen dieses Jahrhunderts sein. Eingebettet in eine komplexe, in Zitaten und Paraphrasen vergegenwärtigte und befragte geistige Landschaft ziehen die Leitmotive wie „schmutzige Wörter" (62) an Lefeu und am Ich vorbei. Doch die Expeditionen in die Gegenwart, aus dem Exil „jenseits des Rheins", können die Spuren der erlittenen Schmach nicht mehr tilgen. Das in der Folter eingestürzte Weltvertrauen ist nicht mehr zu gewinnen, für Lefeu nicht und für Améry nicht. Denn „während Lefeu bei Andersens Märchenmädchen Schwefelhölzer kaufte und in einer Garage einen Kanister Benzin forderte, dachte ich an die Selektionen, durch deren enge Maschen ich unbegreiflicherweise geschlüpft war. Kein Verlaß war gewesen auf den SS-Arzt, der anno 44 mich abtastete, ob ich schon schlachtreif sei [...] Seine Nachlässigkeit hatte ich seit 1945 schon so oftmals korrigieren wollen ..." (192) An keiner Stelle wird deutlicher, was Améry unter Autobiographie als dem Unentrinnbaren und Destrukturation verstanden hat.

III. Misere des Alltags – Dürftige Erzählspuren – Am Schreiben gehen?

In Figuren wie Lefeu oder Franza, neuerdings in *Bernhards* Murnau (**Auslöschung**) und wohl auch in *Handkes* Kobal (**Die Wiederholung**), hat das biographische

Schreiben der 80er Jahre zweifellos bemerkenswerte Anstrengungen unternommen, das „Leben als Wahrtraum schreibend zu gewinnen und zu problematisieren".[16]) Trotz der (Selbst-)Zerstörung der Hauptfiguren, die dabei überwiegt – kürzlich hat *J. Haslinger* die Krise des realistischen Modells mit dem Befund ‚proletarischer Selbstzerstörungsroman' umschrieben[17]) –, wurden in ihnen letztlich doch noch lebensgeschichtliche Dimensionen aufgerissen, zu Perspektiven gebannt und Wunschbiographien im Sinne utopischer Projekte abgesteckt.

Den Ansprüchen aus den 70er Jahren, die besonders in der Nachfolge Bachmanns bei *Kerschbaumer* und *Jelinek* produktive Signaturen hinterlassen haben[17a]), sollen im folgenden Abschnitt einige Texte der zweiten Hälfte der 80er Jahre gegenübergestellt werden, um die eingangs festgehaltenen Differenzen auszuloten.

Auf dem ersten Blick ist man geneigt, dem mit einem Fragezeichen versehenen Kapitelmotto, eine Zitatmontage aus *R. Baumgart, E. Schlag* und *P. Nizon*, zuzustimmen. Wohin der Blick fällt: es überwiegt eine Tendenz zur Fragmentarisierung der Wirklichkeit, die sich als subjektiver, alltäglicher Ausschnitt präsentiert. Zugleich allerdings operiert das ‚neue' Schreiben mit einer auffallenden Akzentuierung des Sprachlichen, sei es aus sprachexperimentellen Traditionen heraus, sei es aus einem kalkulatorischen Spiel mit Strukturen der Schrift und der Wahrnehmung derselben, wie dies im postmodernen Diskurs über die ‚neueste Literatur' der Fall ist.[18])

Gert Jonke, um ein Beispiel für die sprachexperimentelle Tradition zu nennen, läßt z. B. im Anschluß an die zentrale Episode in seiner Erzählung **Erwachen zum großen Schlafkrieg** (1982) – eine Beschreibung eines Theaterstückes mit dem hintergründigen Titel **Der Tod des Dichters** – den Verfasser dieses Stückes auf die von ihm im vorangegangenen Text noch als Suizidversuch dargestellte Weise umkommen. Dies erfolgt in so genauer Übereinstimmung mit der zuvor beschriebenen Weise, daß für den Leser die Trennung zwischen Fiktion und Wirklichkeit im selben Text phasenweise aufgehoben erscheint – eine Inszenierung, die unverkennbar auf eine Infragestellung von Wahrnehmungsperspektiven hinausläuft.[19])

Daran knüpft auch jene Passage an, in der die Darstellerin der Frau des Dichters dem Erzähler Burgmüller nach der Vorstellung des Stücks, die mit der Wirklichkeit parallel verläuft, ihre schriftstellerische Darstellung der Welt, wie diese eigentlich sei, zu entwickeln beginnt, um zu beweisen, daß

> „. . . die ganze sogenannte Welt eine Erfindung ist, in der unser Leben gar nicht stattfindet, sondern nur eine derart innig vorgenommene Beschreibung darstellt, daß wir von ihr glauben, sie zu leben." (94)

Die Erzählung gibt sich auf diese Weise als eine Verknüpfung von Sprachspielen zu erkennen, die, virtuos angelegt, die ironische Infragestellung der Wirklichkeit transparent halten.

Ironie ist auch ein Darstellungsprinzip in *Werner Koflers* ‚bösartigen' und zugleich als „postmodern" deklarierten Autor-Geschichten **Am Schreibtisch** (1988), ein Rundumschlag gegen die sogenannte Wirklichkeit.

---

16) Vgl. *R. Baumgart:* Das Leben – kein Traum? (wie Anm. 5) S. 25.

17) Vgl. *Josef Haslinger:* Der proletarische Selbst-Zerstörungsroman. Über den Wirklichkeitsverlust der neueren österreichischen Literatur; in: Wespennest 76/1989, S. 55–59.

17a Vgl. die Beiträge von *Ch. Gürtler* und *K. Fliedl* in diesem Bande.

18) Vgl. *H. Winkels:* Weiterlesen (wie Anm. 6), S. 101 ff.

19) Vgl. *Gert Jonke:* Erwachen zum großen Schlafkrieg (Salzburg 1982) S. 83 f.
Vgl. dazu *Hanns-Josef Ortheil:* Perioden des Abschieds. In: H.-J. Ortheil: Schauprozesse. Beiträge zur Kultur der 80er Jahre (München-Zürich 1990) S. 200.

„. . . von der Kunst, die der Wirklichkeit dient, ist ja nichts zu halten, genausowenig wie von der sogenannten kunstfreundlichen Wirklichkeit, *Kunst muß die Wirklichkeit zerstören*, so ist es, die Wirklichkeit zerstören statt sich ihr unterwerfen [. . .] Aber das Entsetzliche, müssen Sie wissen, das Entsetzliche ist: Die Wirklichkeit macht ungeniert weiter, die Wirklichkeit schert sich keinen Deut um die Zerstörung, die ihr in der Kunst zugefügt wird, die Wirklichkeit ist schamlos, schamlos und unverbesserlich . . . sie ist der besserungsunwillige Machthaber auf dem jeweiligen Weg, auf dem kapitalistischen oder nationalsozialistischen oder revisionistischen Weg . . . Kein Wirklichkeitszerstörer weiß das besser als Ich . . . Immer wieder sage ich: Komm her, du Wirklichkeit, jetzt wird abgerechnet [. . .] und doch: Sie macht um so unverfrorener weiter . . .“[20])

Demgegenüber bewegt sich *Evelyn Schlags* autobiographisch angelegte Erzählung **Die Kränkung** (1987) mit ihrem vom Ansatz her interessanten zweifachen Rekonstruktionsversuch – eines Ich und dessen alter ego namens Kathleen – auf einem zwar unsicheren, aber auch anspruchsvollen Terrain. Ein Ich hält der ver-rückten Dramaturgie des Alltags nicht mehr stand. Es taucht in eine Krankheit, in die Tuberkulose ein und zwar in dem Maß, als die Entfremdung zum Partner, zu Jack, bewußt wird und somit als Purgatorium einer neuen Identitätsfindung begriffen werden kann. Identität im Sinne einer doppelten Annäherung: über Erinnerungsreste an sich selbst und über Zitate und imaginierte Gespräche an die für „weibliches Schreiben“ nicht unbedeutende Vorbildfigur der *Mansfield*. Aus den fragmentartigen Rückblicken erfährt der Leser allerdings letztlich nur Vages, das der Erzählerin wohl ein „Vergnügen am Ordnen der Biographie“[21]) bereitet, als „Gebärden des Erinnerns“ die Konfiguration des Ich jedoch nicht immer dem Projekt entsprechend zu problematisieren vermag. Auch die Kathleen-Figur bleibt davon nicht ausgenommen. Sie erreicht als Identitätssignal weder die Konkretion der *Alma Johanna Koenig* in *Kerschbaumers* **Der weibliche Name des Widerstands** noch der *Katherine Mansfield* in *Christa Moogs* Spurensuche **Aus tausend grünen Spiegeln** (1988, 3. Aufl. 1989). Auf einer „dünn ausgelegten Erzählspur“ (117), so *Schlag* ihrem Text gegenüber, gerät die **Kränkung** stellenweise in die Nähe einer alltäglichen Beziehungskrise. Das dialogische Experiment dieses Ich wird bis zuletzt aufgeschoben, um dann unvermutet als geleistet deklariert zu werden:

„. . . Demnächst werde ich diese Geschichte schreiben, so geht es mir durch den Kopf. Ich werde zwei Frauen erfinden, eine war ich, die andere Kathleen . . . Die eine hat die andere nicht gekannt. Die eine war tot, die andere krank . . . die eine war manchmal die andre, manchmal sie selbst . . . “ (141)

Die Schwierigkeit der Gestaltung und literarischen Umsetzung einer doppelten Perspektive ist damit deutlich benannt. Mit dieser Schwierigkeit kämpft auch ein vom Anspruch her ebenso komplexer wie faszinierender Text: *W. A. Mitgutschs* **Das andere Gesicht** (1986). Der Konzeption der ‚inneren Schauplätze‘ Bachmanns verwandt, führt die Erforschung der Fremdheit als wesentliche Erfahrung der Schwestern Sonja und Jana, wobei in Jana das doppelte Gesicht der Autorin zum Vorschein kommt, zu immer aussichtsloseren Verstrickungen des Ich, das sich zugleich auf einer Flucht- und Suchbewegung befindet. Die Komplexität dieser Bewegung hat zur Folge, daß auch der Bericht darüber zunehmend schwieriger wird. Gegen Ende des Romans greift

---

20) Vgl. *Werner Kofler:* Am Schreibtisch. Alpensagen/Reisebilder/Racheakte. (Reinbek 1988) S. 81 f.

21) Vgl. *Evelyn Schlag:* Die Kränkung. (Frankfurt/M. S. 1987) S. 62; zur Schreibabsicht vgl. auch, ebd. S. 15: „. . . Ich muß mir fremd werden, notiere ich. Wie kann ich das am besten erreichen ? Indem ich von mir schreibe . . .“

daher die Autorin wiederholt in den Text ein, um das ‚unbefriedigende' Ende vorwegnehmend anzukündigen:

„. . . Vielleicht sollte ich Janas Geschichte als Märchen zu Ende erzählen, um einen Abschluß zu finden für eine Geschichte, die kein befriedigendes Ende hatte . . ."[22])

Drei weitere Beispiele sollen im Folgenden der Frage des Verhältnisses zwischen Darstellungsexperiment und Wirklichkeitserfassung über biographische Konzeptionen ausführlicher nachgehen und dabei Thesen überprüfen wie z. B. jene, im gegenwärtigen biographischen Schreiben stecke „der große ennui, die lähmende Zeitkrankheit" oder *Handkes* Aufforderung aus der **Geschichte des Bleistifts** (1982), den ‚Narziß' gegen die „Selbstgefälligkeit des Geschichtenherstellers" hochzuhalten.[23])

Die gewählten Beispiele – *Scharangs* **Harry**, *Handkes* **Nachmittag eines Schriftstellers** und *Winklers* **Der Leibeigene** – vertreten dabei unterschiedliche Traditionen, womit zugleich verschiedene Zugänge zu den zuvor formulierten Thesen erwartet werden dürfen.

Das Verhältnis von Wirklichkeit und realistischer Darstellung derselben, vermittelt über ein autobiographisch lesbares Modell, scheint zunächst die grundlegende Ebene des Romans **Harry** von *Michael Scharang* (1984) zu sein. Aber schon der erste Satz dieses als ‚Abrechnung' deklarierten Textes beinhaltet eine verstörende Absage des gleichnamigen Protagonisten Harry an die geplante literarisch-biographische Recherche durch einen Schriftstellerfreund:

„. . . Ich gebe Ihnen einen Rat: Schreiben Sie dieses Buch nicht."[24])

So sehr sich Harry damit gegen den Text ausspricht, so sehr stellt gerade diese Haltung die Voraussetzung für ihn überhaupt her. Schnell wird deutlich, weshalb Harry diesen Widerstand inszeniert. Es geht ihm darum, den Schriftsteller von dokumentarischen Rekonstruktionen abzuhalten. Denn schon das Romanporträt **Charly Traktor** (1973), das derselbe Schriftsteller (also *Scharang*) über Harrys Vater verfaßt hatte, hätte gezeigt, „. . . was Schriftsteller sich heutzutage herausnehmen . . ." (22): einen rücksichtslosen Umgang mit dem als authentisch deklarierten Material ‚Wirklichkeit' und ‚Person'. In Anspielung auf den frühen Essay **Zur Technik der Dokumentation** (1972), in dem *Scharang* u. a festhielt, . . . „Dokumentation ist ein Produkt politischer Resignation . . . [. . .] Bloß dokumentieren heißt, sich dumm stellen . . ."[25]), vermutet Harry im angepeilten Projekt seines Freundes, d. h. eigentlich im eigenen, eine marktgerechte Reduktion dessen, was als ‚Leben' in einer Dokumentation keinen Platz finde:

„. . .Daß er Personen erfindet, die es in meinem Leben nicht gibt, davon rede ich gar nicht. Und soll er meinetwegen hier etwas auslassen, dort etwas dazudichten. Aber mich halbieren,

---

22) Vgl. *Waltraut Anna Mitgutsch:* Das andere Gesicht (Düsseldorf 1986) S. 316. Es bleibt allerdings offen, ob diese programmatische Markierung letztendlich dem Text Rechnung trägt. Als kontrastierende Position sei z. B. auf den Kommentar von *Walter Grond* hingewiesen, der angesichts der Auflösung der Figur in seinem Roman „Labrys"(1987) Gegenteiliges einfordert, und zwar genaue ästhetische Architektur, „Geographie von Menschenhand". Vgl. dazu *Gronds* Kommentar in: Manuskripte 101/102/1988, S. 60 f.

23) Vgl. *Rüdiger Görner:* Die Spannung der Langeweile. Rede auf Thomas Bernhard als ‚dramatischen Schriftsteller'; in: Neue Rundschau, H. 3/1988, S. 156–171, S. 156; bzw. *Peter Handke:* Die Geschichte des Bleistifts (Frankfurt/M. 2. Aufl. 1985) S. 45 f.

24) Vgl. *Michael Scharang:* Harry. Eine Abrechnung. (Darmstadt 1984) S. 5.

25) Vgl. *M. Scharang:* Zur Technik der Dokumentation. In: Tintenfisch 6, (Berlin 1973) S. 48.

buchstäblich halbieren. Macht der aus meinem Leben einen Lebenslauf. Hat er denn kein Hirn. Aus einem Leben wie meinem, zur Arbeit gehen, nach Hause gehen, zu Bett gehen. Das ist kein Lebenslauf, das ist ein Teufelskreis. Und soweit fürs Leben noch Platz ist, besteht es darin, daß ich mir den Kopf zerbreche, wie ich aus dem Teufelskreis herauskomme. Ausgerechnet das hat er unterschlagen ..." (27)

In diesem Widerstand der Figur kündigt sich ein Grundproblem ‚realistischen' Schreibens an: die (mögliche) Erfassung der Bewußtseinslage des Protagonisten, die dieser durch eine bloß biographische Recherche gefährdet sieht. Als Kunstgriff, der zur faktischen Ebene jene der Reflexion einführt, gibt er *Scharang* die Möglichkeit, eine Figur zunächst zu entwerfen und zugleich im Gespräch mit ihr Schwächen zu erkunden. Dieses Sich-Wehren einer Figur gegen die literarische Vereinnahmung ist auch in Paralleltexten vorzufinden, z. B. im schwierigen Verhältnis der Mutterfigur zur schreibenden Tochter in *Elisabeth Reicharts* Roman **Februarschatten** (1984). Gekennzeichnet von psychischen und geschichtlichen Verletzungen, von Ausgrenzung und Mitwisserschaft an einem Massenmord (d. h. an der sogenannten ‚Mühlviertler Hasenjagd'), versucht sie, sich der Recherche durch die im Grunde fremd gewordene Tochter zu entziehen:

„... Es ist mein Leben. Nicht ihr Leben. Mein Leben geht sie nichts an. Nichts [...] Ich durfte mich nie in ihr Leben einmischen. Sie hat sich gewehrt. Von Anfang an. Auch ich muß endlich lernen, mich zu wehren. Sonst verfügt sie über mein Leben. Wie die anderen."[26])

Die Argumentation bewegt sich auf einer vergleichbaren Ebene. Beide Figuren (Hilde bzw. Harry) leiden an ‚übersehenem Leben', beide äußern ihr Mißtrauen einer Recherche gegenüber. Während *Reichart*, wie *Christa Wolf* in ihrem Nachwort zum Text bemerkt, dabei die Dimensionen der Geschichte und der Authentizität der berichteten Figur zu verbinden sucht[27]), scheint es *Scharang* eher darum zu gehen, ein bloß biographisches Modell aus den Tiefen der ‚Dokumentation' hinauszuführen. So tritt die berichtete Figur – und das macht die Dynamik des Textes aus – in ein Konkurrenzverhältnis zum berichtenden Schriftsteller.

Einerseits bietet sie ihm in Form von Notizen Fragmente aus dem Leben zur literarischen Bearbeitung an, rückt somit in Distanz zum eingangs formulierten Widerstand, andrerseits zieht sie sich auf eine augenscheinlich überlegene Position zurück. Von der Anlage her erweist sich also der Roman zum einen als ironisch markierter, sich selbst in Frage stellender Versuch einer Autobiographie, zum anderen als Auseinandersetzung mit dafür verfügbaren, z. T. schon in anderen Texten erprobten ästhetischen Verfahren.

Der Widerstand der Kunstfigur steht ferner in unübersehbarem Bezug zur Fragwürdigkeit von Entwicklungsstrukturen, wie sie der ‚realistische' Roman der 70er Jahre im Sinn von Aufstiegs- und Befreiungsversuchen vertreten hatte. *Scharang* wendet sich mit diesem Text gegen Erfahrungen aus der eigenen Geschichte, insbesonders gegen das ‚emanzipatorische' ‚Charly Traktor-Modell'. Die langen Jahre der Einübung in die bestehenden Verhältnisse, die mühevollen Dressurakte, z. B. über die Schule, kehren sich, so Harrys frühe Einsicht, letztlich immer gegen die aufstiegswilligen proletarischen Protagonisten. Keine Morgenröte also, so Harrys neue Devise.

Doch von vergleichbaren Texten, wie z. B. *Innerhofers* ‚abstürzendem' **Emporkömmling** (1982), unterscheidet sich Harry gerade dadurch, daß in ihm ein Rollen-

---

[26]) Vgl. *Elisabeth Reichart:* Februarschatten (1984, Frankfurt/M. 3. Aufl. 1989) S. 68; zum histor. Hintergrund vgl. ebd. die kurze ‚Nachschrift' S. 105.

[27]) Vgl. ebd. S.106–108, bes. S. 108: „... Diese Autorin will ihrer Figur nicht antun, was ihr das ganze Leben angetan wurde: Sie will sie nicht zu ihrem Objekt machen ..."

spiel auf zwei Ebenen inszeniert wird, in dem sich *Scharang* „. . . mit ihm als fiktiver Figur und durch die er sich mit sich selbst als reale Person auseinandersetzt . . .“[28])

So differenziert die Anlage dieses Modells erscheint, so berechtigt bleiben die Zweifel, ob die Stärken des Textes in der angestrebten Problematisierung der Rekonstruktion liegen oder doch eher dort, wo *Scharang*, zumindest episodisch, auf das Erzählen zurückgreift. Es sind ja letztlich die Stationen des zum Scheitern bestimmten Integrationsversuchs, das Inventar eines ‚kritischen‘ Entwicklungsromans, die das Scharnier zwischen den eingebrachten Notizen und der vom Schriftsteller verfaßten Biographie ausmachen und die Motivation Harrys für seine Verweigerung abgeben, erweise sich z. B. das Wissen über die Wirklichkeit als unzureichend, um sich ihr gegenüber zu behaupten:

> „. . . Du wirst sie [d. h. die Welt] kennen, doch du wirst keinen Nutzen davon haben. Du weißt schon jetzt, daß Hühner Eier legen. Doch dieses Wissen, verschafft es dir ein Huhn oder ein Ei?“ (38)

Im Wissen um die Nutzlosigkeit des Wissens von der Welt entscheidet sich Harry am Höhepunkt seiner Aufstiegsmöglichkeiten, d. h. dem Posten eines Agraringenieurs, also die gesellschaftliche Akzeptanz vor Augen – zum völligen Bruch mit der Welt. Er „. . . empfahl dem Leben, sich seine Chance auf den Hut zu stecken . . .“ (80).

Für Harry ist das die einzige Möglichkeit, dem mit Integration verknüpften ‚Verrat‘ zu entgehen. Dieser Bruch um der Freiheit willen legt freilich auch tiefere Zusammenhänge frei, die zuvor durch den berichteten ‚Bildungsgang‘ verdeckt geblieben waren. Die referierten Notizen geben sich sukzessive als Bruchstücke eines großeren Trümmerhaufens zu erkennen. Das zeigt sich z. B. in der Figur des gelähmten Freundes, zugleich Sohn des Schriftstellers *(Scharang)*, in der psychisch erkrankten und auf Grund des Ausstiegs unansprechbar gewordenen Mutter, im resignierenden Vater, in der Gestalt der ermordeten Freundin und schließlich in der eigenen Isolation. Harry, der inmitten dieses Trümmerhaufens steht, den der Schriftsteller als seine Lebensgeschichte zusammenkitten will, kann sich am Ende als Figur nur behaupten, indem er sich auf eine überlegene Position, jene des Notizenlieferanten zurückzieht, der nicht nur das Geschehen und den Text mitorganisiert, sondern der für sich auch das Authentische und das ‚richtige‘ Bewußtsein reklamieren darf. Aus dieser Haltung heraus verabschiedet er am Ende des Textes den Schriftsteller mit dem Verweis darauf, daß nicht eine Biographie Aufschluß über eine Figur gebe, sondern, so Harry, „. . . es kommt darauf an, was Sie mitbekommen haben von dem, was ich Ihnen erzählt habe“ (113) – das Leben.

Im leisen Triumph der Kunstfigur über seinen Autor und dessen Projekt markiert *Scharang* wohl einen Übergang von der endgültig als fragwürdig erkannten dokumentarischen Darstellung hin zu einer neuen Qualität der Reflexion, die unter dem Anspruch auf Wahrung der Autonomie der Figur dem Biographischen eine problembewußtere Richtung zu geben sucht. Daß die Wirklichkeit auf Kosten einer Inszenierung von Rollen dabei zu kurz kommt, liegt auf der Hand. Obwohl *Scharang* gerade diese Wirklichkeit im Auge hat, scheint Harry doch ein Beleg für eine Entwicklung zu sein, die *Scharang* als ‚Literatur in der Depression‘ an anderer Stelle beschreibt. Es handelt sich dabei um einen Zustand, in dem realistische Kunst Gefahr läuft, zu übersehen, „. . . daß die Voraussetzung von alldem der Realismus des Lebens ist . . .“[29]) Die

---

28) Vgl. *Peter Bekes:* Michael Scharang; in: KLG, 21. Nlg. 1985, S. 10.

29) Vgl. *M. Scharang:* Literatur in der Depression; in *Ders.:* Die List der Kunst (Darmstadt-Neuwied 1986) S. 7–13, hier S. 9.

Ratlosigkeit der beiden Figuren am Ende ihrer ‚Abrechnung' bestätigt denn auch ihr problematisches Verhältnis diesem Leben gegenüber.

Einen ganz anderen Versuch, ‚realistischer Vereinnahmung' zu entfliehen, um an ihre Stelle die Wirklichkeit der Sprache, den Raum der Schrift zu setzen, legte *Peter Handke* in der Erzählung **Der Nachmittag eines Schriftstellers** (1987) vor. Von einem „Gang durch die Welt ... Und das, obwohl kaum etwas vorzufallen scheint ...", so der Klappentext, soll die Rede sein. In der Tat unternimmt ein Schriftsteller, unschwer als Autor der Erzählung zu erkennen, mit epischer Gelassenheit, in der „... die Möglichkeit des Scheiterns, die Angst vor dem Absturz von Satz zu Satz mitschwingt ..."[30]), von seiner Wohnung aus einen Spaziergang durch die vor ihm liegende Salzburger Stadtrandlandschaft.

„Die wärmende Leere breitete sich aus, welche ich so nötig habe ..."[31]) Wie zuvor Loser, setzt auch in diesem Text, der konzeptionell an das dritte Buch von **Der Chinese des Schmerzes** anzuknüpfen scheint, der Schriftsteller auf eine aufdringliche Langsamkeit, auf Leere, die es mit Sprache auszufüllen gilt. Diese Leere ist die ‚Schwelle', das Eintreten in den Bezirk der Erzählung, deren Thema die Möglichkeit einer Erzählung ist. Nur ein einziges Mal kommt Bewegung auf. Bevor der Schriftsteller den Schritt aus der engeren Welt des Schreibtisches wagt, in der er sich als letzter Überlebender fühlt (20), kehrt er nochmals um, um sich seiner Identität als Schreibender zu vergewissern, sich gegen das Gewicht der Welt einen ‚gelungenen Atemzug' zu bestätigen[32]):

> „... Schon auf dem Weg zur Gartentür, kehrte der Schriftsteller plötzlich um. Er lief ins Haus, stürmte hinauf in das Schreibzimmer und ersetzte dort ein Wort durch ein anderes. Jetzt erst roch er im Raum den Schweiß und sah den Dunst an den Scheiben ..." (13)

Gestärkt durch diesen schöpferischen Akt führt ihn der folgende Spaziergang unter die Menschen und in die Stadt. Beiden begegnet er mit spöttischer Distanz, um ihnen vor allem auszuweichen und seine Schwellen aus scharfen Beobachtungen des Unauffälligen, wie z. B. die Fahnenlöcher eines Brückengeländers (36) oder die entfärbte Iris eines Greises (32), zu gewinnen. Auszuweichen gilt es auch möglichen Lesern, könnten sie sich doch mit Worten wie „... Ich verfolge Ihre Literatur" ...(48) doppelsinnig in den Weg stellen. Über zwei Gaststätten und den Stadtrand, die weiteren Stationen dieses Nachmittags, findet der Schriftsteller wieder zu seiner Wohnung zurück. *Handkes* Spaziergang durch die Welt zeichnet sich demnach vor allem durch wenig Welt aus. Flüchtiges wird in Sprache gebannt und mit stets drohendem Sprachverlust, dem die schweißige Arbeit des Schreibens entspringt, begründet. Reale Landschaft und Sprachlandschaft gehen ineinander über, während die wenigen Berührungen mit der wirklichen Oberfläche dieser Landschaft durchwegs fallimentär verlaufen, etwa an einem Zeitungskiosk, der das Fragile und Fragwürdige miteinander verbindet:

> „... Als er in der Passage zum Fluß hin, am Kiosk dort, eine Zeitung verlangt, merkte er, wie zittrig er war. Er brachte seinen Satz kaum zu Ende und griff bei dem Wechselgeld dann daneben. Wie schon so oft, sagte er sich, daß er mit dem Zeitungskauf nun seinen ersten Fehler beging, und nahm sich vor, das Ganze nur durchzublättern, möglichst noch im Gehen, und dann in einen Papierkorb zu stecken. [...] Von einer jähen Menschenscheu befallen, zuckte er zusammen und schaute zur Seite, um die Begegnung mit einem anderen zu vermeiden ..." (28 f.)

---

[30]) Vgl. *Michael Buselmeier:* Die Landschaft der Freiheit; in: Manuskripte 7/1987, S. 25.

[31]) Vgl. *Peter Handke:* Der Chinese des Schmerzes (Frankfurt/M. 2. Aufl. 1986) S. 11.

[32]) Vgl. dazu *Ulrich Greiner:* Ein routinierter Narziß: Das Gewicht der Welt; in: *Ders.:* Der Tod des Nachsommers (München-Wien 1979) S. 92–100, bes. S. 93 f.

Das Durchqueren einer Gasse der Innenstadt gerät gar zu einem Spießrutenlauf, denn „. . . der Schriftsteller wurde nicht übersehen" (41). Hält er dann noch Ausschau, wird ihm prompt die Rechnung, der ‚Stechblick' von Lesern präsentiert:

„. . .und von diesem Moment an marschierte ihm bis zum Ende der Gasse nur noch ein Feindheer entgegen. Stechblick um Stechblick sah er sich da den Lesern aus zweiter Hand, den Widersachern der Bücher ausgesetzt . . ." (44)

Nur in der ‚Kaschemme', einem Ort am Rande der Stadt, einem Ort voll eigenwilliger Gestalten findet der Schriftsteller – wieder wie seinerzeit Loser – seine Welt:

„. . . Sie wußten inzwischen, daß er nicht hierherkam, um sie zu beobachten oder Stoff zu sammeln, sondern weil er wahrscheinlich eine ebensolche Rand-Existenz war wie sie . . ." (65)

Als augenscheinliche Randexistenz darf der Schriftsteller, d. h. *Handke*, in dieser Kaschemme seine „Niederlage als Gesellschaftsmensch" (73) bekennen. Die nicht geglückten Begegnungen mit der Welt werden wohl festgehalten, ihre Voraussetzungen jedoch nicht hinterfragt. Vielmehr bilden sie das Movens des Weiterschreibens in eine andere, eigentliche und zunehmend zelebrierte Welt der Sprache: des Aufbruchs in den ‚Weltinnenraum', aus dem der Schriftsteller, ein Rand-Ich, kraftvoll herausleuchtet. Zwei Bewegungen treffen sich dabei: einerseits eine Flucht aus den ‚Niederungen' des Wirklichen, andrerseits eine Maskierung derselben: „. . . Man muß einfach fälschen. Also das ist ja das Paradebeispiel einer Lebensbeschreibung . . ."[33])

Sein Werkverständnis legt daher der Schriftsteller in folgende Formel: „. . . etwas, das im Stillstand war, ohne besonderes Schwungrad in Bewegung war; bei dem alle Elemente einander die Schwebe hielten . . ." (28) Alles und nichts, geschieden nur durch die Sprache. *Handke* thematisiert in seinem **Nachmittag** zwar die Gefährdungen des schriftstellerischen Rand-Daseins, wie die auffällige Isolation seiner Figur nahelegt. Doch er bestätigt sich zugleich seine Fähigkeit, einen Text aus dem Stillstand heraus entwickeln zu können und dessen Entstehung zum Gegenstand der Beschreibung zu machen. So wird in dieser Erzählung auch eingelöst, was an anderen Stellen bloß angekündigt wurde: das Hochhalten des „. . . sich preisgebenden, nicht anders könnenden, aber doch etwas könnenden [. . .] sogenannten Narziß . . ."[34])

Als meisterhafte Fingerübung hat diese Erzählung zweifellos ihren Reiz, nicht zuletzt auf Grund der subtilen und witzigen Selbstironie.

Sie deshalb zu den ‚Logbüchern der Literatur' zu zählen und neben *Canettis* **Geheimherz der Uhr** zu reihen, wie dies *Volker Hage* in seinem ‚Jahresüberblick' (1987) tut, mutet jedoch einigermaßen vermessen an.[35])

Im Zeichen einer verstörenden Radikalität und Konsequenz unternimmt dagegen *Josef Winkler* in seinem (vorläufig) letzten Roman **Der Leibeigene** (1987) eine riskante

[33]) Vgl. *Peter Handke:* Aber ich lebe nur von den Zwischenräumen. Ein Gespräch, geführt von Herbert Gamper (Zürich 1987) S. 174.

[34]) *Ders.:* Die Geschichte des Bleistifts, zit. S. 45.

[35]) Vgl. *Volker Hage:* Zur deutschen Literatur 1987; in: Deutsche Literatur 1987. Ein Jahresüberblick (Stuttgart 1988) S. 7–49, bes. S. 16; aufschlußreich dazu auch seine Einschätzung der Jahrestendenz 1987, S. 13: „. . . Das Jahr 1987 war ein Jahr der Tagebücher, Notizen, Aufzeichnungen und Erkundungen . . ." bzw. S. 48 im Vergleich mit *Handkes* zweitem Text aus dem Jahr 1987, **Die Abwesenheit:** „. . . Bei Handke war 1987 das kleinere das größere Werk." Skeptischer als *Hage* hingegen *R. Baumgart* in seiner Rezension in der ZEIT, 10. 4. 1987, zit. ebd. S. 230: „. . . Gelassenheit wäre das Stichwort für diese Salzburg-Prosa . . . Eine ruhige, oder um es in aller Deutlichkeit, ja Kraßheit zu sagen: eine tödliche Sicherheit, rituell, beherrscht den gleichmäßigen Fluß dieser Sprache . . ."

wie berauschende Gratwanderung, wenn unter den Prämissen erfahrener Gewalt und gegenläufiger Dekomposition ein Zugriff auf Leben und Identität anvisiert wird. Thematisch schließt sich dieser durchwegs sperrige und zugleich kunstvolle Text, ein Rausch an Entsetzlichkeit und Schönheit, an den letzten Teil der Trilogie **Das wilde Kärnten** an, an den Roman **Muttersprache** (1982). Als „thematische Amplifikation" wird die in **Muttersprache** entworfene und gefunden geglaubte Einheit von Literaturarbeit und Stallarbeit, die Fiktion einer möglichen lebensgeschichtlichen Synthese, in ihrer Verstrickung von Knechtung und Befreiung, Ausbruch und Vernichtung neuerlich aufgerollt.[36])

Kindheit, Jugend und Gegenwart, verschiedene biographische Erfahrungsebenen und trotzdem aneinander gekettete Bezirke, sind die Horizonte, denen nicht zu entkommen ist. ‚Unruhe' – „. . . soll ein ganzes Leben in mir wühlen und mich aufrechthalten . . ."[37]) – hält sie zusammen. Nicht um Befreiung aus den dunklen, als Mysterien aufgefaßten Labyrinthen der Kindheit durch die Bloßstellung der Gewalt, durch ein Aufarbeiten von Schuld bemüht sich der Text. Widerständiges Durchschauen von Herrschaft hätte nämlich schon früher nicht zu den erhofften Ergebnissen geführt. So heißt es z. B. in **Muttersprache**:

> „. . . nicht befreit, neuerlich geknechtet hat mich die Beschreibung meiner Kindheit und Jugend."[38])

Der allgegenwärtigen Unruhe, die sich im **Leibeigenen** qualitativ und erzählperspektivisch vervielfacht, korrespondiert ein fragmentarisierter Blick auf einzelne, wie eine klaffende Wunde erst im Schreiben zusammenfindende Bezirke der Kindheitslandschaft, die sich als ‚Inhalt' im herkömmlichen Sinn dem Versuch einer systematischen Erfassung ständig entziehen. Strukturmerkmal dieser Landschaft ist vielmehr das Assoziative, ihr Spiegel eine metaphorisch kompakte Sprache, die sich aus wenigen Grundsignalen immer wieder entfaltet. Geburt und Tod sind deren wichtigste. Sie greifen als weitgespannte existentielle Klammer ineinander, allerdings nicht, um einem Archetypus zu huldigen. Wenn die Beschreibung der eigenen Geburt in eine Beschreibung von embryonalen Totenköpfen mündet, wenn Samenergüsse Ansammlungen von Miniatur-Todessymbolen sind, so arbeiten *Winklers* Bilder „mit einer blasphemischen Lust an der Verletzung möglichst vieler Tabus . . ." an dieser Signal-Landschaft, deren Struktur aus Darstellung und Aufbrechung des gesamten bäuerlich dörflichen Kosmos.[39])

In ihr sind auch die thematischen Schwerpunkte, entblößende Grauzonen der Biographie, eingebettet und aufgehoben: neben Geburt und Tod der Selbstmord in seiner spezifisch *Winkler*schen Genese, Homosexualität, individuelle wie kollektive Erniedrigungen, Sphären, die von der ersten Seite an zum unermüdlichen Aufreißen der dünnen Decke über das sprachlich Erinnerte drängen:

[36]) Vgl. *Johann Strutz:* Josef Winkler; in: KLG, S. 9.

[37]) Vgl. *Josef Winkler:* Muttersprache (Frankfurt/M. 1982) S. 162.

[38]) Ebd. S. 116.

[39]) Vgl. dazu *Franz Haas:* Demolierung der österreichischen Seele. Zum Prosawerk Josef Winklers; in: Manuskripte, Nr. 105/1989, S. 25–31, bes. S. 25; vgl. ferner die Rez. von *Beatrice von Matt:* Urszene und Schreibritual, Neue Zürcher Zeitung, 7. 8. 1987: „. . . Winklers Urbrei, aus dem sich wie Blasen die Figuren und Episoden von einst an der Oberfläche bilden, die gleichen offenen Seelenwunden [. . .] Sie können und wollen auch nicht überwunden werden. Das Aufreißen dieser Wunden, die sich der Autor einst als Kind [. . .] von der Familie, vor allem vom Vater, von der Kirche, vom Doppelselbstmord der Freunde Jakob und Robert und vom blutigen Kalbstrick, von homosexuellen Liebschaften geholt hat, gehört zum Akt des Schreibens, das bei ihm halbwegs libidinös ist, halbwegs ritualisiert und theatralisch inszenatorisch in einem . . ."

„. . . Um wieder schreiben zu können, muß ich in die Hölle zurückkehren, aus der ich mich befreit glaubte.“[40])

Wie in den vorangegangenen Texten der Trilogie ist diese Hölle der Heimatort des Erzählers, das Oberkärntner Bauerndorf Kamering. Den kontrastiven Fluchtraum bezeichnen ebenfalls analog dazu die Strände und Absteigen Roms und Venedigs. Aller Ausgang liegt in dem nach einem Brand wiederaufgebauten Dorf, dessen Koordinaten die Form eines Kruzifixes ergeben, das ein beklemmendes, durch einen Kalbstrick symbolhaft verbundenes Szenario von Geburt (Geburtsstrick), Gewalt (Züchtigungsstrick) und Tod (Aufhängestrick) einführt.

Auch das Schreiben über dieses Szenario, empfunden als Wunsch, selbst in eine Metapher aufzugehen, gerät *Winkler* zur Hölle, in der Leibeigenschaft als Erfahrung erlebt und reflektiert wird. *Winklers* wichtigster Verbündeter in diesem schier ausweglosen Labyrinth bleibt dabei die Sprache: „. . . Außer der Sprache kann ich mich keinem Menschen anvertrauen . . .“ (215)

Wort- und Bildkaskaden formieren sich zu einer metaphorischen Sprachlandschaft, die in rasanter Bildfolge aus erzählenden Anläufen in surreal anmutende Projektionen umkippt und in ständiger Neugestaltung der Leitmotive eine eigene Dynamik entwickelt. Man denke nur an die Schilderung der zweihundert gegen die Friedhofsmauer anstürmenden Totenschädel im prologartigen Einleitungskapitel.

Strukturelement ist dabei nur die eruptive Bildfolge selbst, nicht die Bilder im Einzelnen und die Zentralität eines um sein Leben schreibenden Ich:

„. . . Nur wenn ich schreibe, lebe ich und sitze auf einem Riesenbagger, der sich ins Gestein schlägt, um eine Metapher zu finden. [. . .] Ich werde solange Metaphern suchen, bis ich selber eine Metapher bin [. . .] Arbeite an deiner Sprache, bis du umfällst und wieder aufstehst und wieder umfällst . . .“ (214)

Das Gestein, an dem sich *Winklers* Spracharbeit behaupten muß, konkretisiert sich in der „. . . Sehnsucht nach den Entsetzlichkeiten und Schönheiten meiner Kindheit und Jugend . . .“ (241), jedoch in Distanz zur herkömmlichen chronistischen biographischen Form: „. . . Ich will keine Familienchronik schreiben. Erinnere ich mich an meine Großmutter, so sind es immer dieselben Bilder [. . .] der Geruch des Urins, es sind ihre schmutzigen Fingernägel, es ist der dreieckige Enzianschmelzkäse . . .“ (90).

Wenigen aber gewichtigen Grundthemen – Geburt, Tod, Knechtsdasein, Homoerotik, Sodomie, Religion und deren Ritualisierung, scheiternde Integrationsversuche in ein ‚bürgerliches Leben‘, Themen, die schon in **Muttersprache** angeschrieben wurden, ordnen sich durch Sprache organisierte Sinn- und Erfahrungsbezirke zu, z. B. die Monstranzen bei Kalbsgeburten:

„. . . Die Kälber verdrehten ihre Köpfe und starrten auf die zitternde Geburt. Der Wasserzeichenkopf in der Hostie nickte befriedigt und flüsterte ein Dankgebet [. . .] Der Ackermann nahm die Monstranz von seinem Kopf . . .“ (127)

oder, daran anschließend, sodomitische Phantasien:

„. . . stellte ich mir vor, wie ich mich, in der Dunkelheit des Stalls, an die Hinterbacken einer Kuh presse und meine Rute in ihre Scheide drücke [. . .] Die anderen Tiere würden mir zusehen . . . und die Bilder in einer Filmrolle in ihren Köpfen verbarrikadieren . . .“ (133)

---

[40]) *J. Winkler:* Der Leibeigene (Frankfurt/M. 1987) S. 76.

In Anspielung auf reale biographische Erfahrungen spiegeln solche Passagen genau das, was *Winkler* unter Knechtung meint, und wiederholen sie durch das Schreiben. Dazu zählt die Flucht aus dem „Bildungszuchthaus" Universität (139) ebenso wie die Sprach- und Rechtlosigkeit der Knechte, der ‚Menscher' (173, 181).

Leibeigenschaft ist demnach zumindest auf zwei Ebenen zu fassen: zum einen als soziales Signal, zum anderen als Aspekt der Körperlichkeit. Die mitgelieferten Bezirke des konkret Biographischen mögen dabei begrenzt oder schon bekannt erscheinen. Auf sie, die ohnehin im Kontext der Trilogie zu lesen sind, kommt es letztlich auch nicht an, vielmehr auf die Qualität ihrer Sichtbarmachung. Denn so reduktiv *Winklers* Brücke aus dem Biographischen ins Metaphorische wirken mag und so sehr das Fehlen eines präziseren Gegenentwurfes bedauert werden kann, wie ihn z. B. *Handkes* Filip Kobal über eine neue Beziehung zwischen Sprache und Identität in der **Wiederholung** anstrebt, so unmißverständlich sichert sich dieser Ansatz in der Radikalität der Darstellung ein Widerstandspotential, wie es im weiten Feld des biographischen Schreibens selten aufzufinden ist. Andrerseits erinnert es an Bachmanns Diktum von der ‚psychischen Konstellation', die im Schreiben durchscheinen müsse, auch dort, wo die riskantesten Preisgaben erfolgen: im Bereich der Homoerotik (174, 254).

Archimedischer Punkt aller *Winkler*-Texte ist ja mit Ausnahme der **Verschleppung** (1984) der Doppelselbstmord der Jugendfreunde Robert und Jakob sowie die Beziehung des Erzählers zu ihnen. So tritt auch das Ich im **Leibeigenen** dort zum ersten Mal in Erscheinung, wo von Jakob die Rede ist. Es greift dabei eine Szene aus **Muttersprache** auf, einen verzweifelten und liebeserfüllten Dialog mit dem Toten:

> „. . . Ich verbleibe bei Jakobs Grab und ernähre mich von der Friedhofserde, bis ich Magenkrämpfe bekomme und die Würmer dieser Friedhofserde in mir wachsen. Denk an seine Rute und halt sie in der Hand wie ein Zepter, schreie über deinen Thron hinaus . . ." (MS, 187)

Was in **Muttersprache** als erotische Projektion plausibel bleibt, um als Aufschrei abzubrechen, das steigert sich im **Leibeigenen**, aus der ursprünglich bescheidenen Absicht, „. . . mit den sterblichen Überresten Jakobs ein paar Worte zu wechseln . . ." (L, 26), zu einer makabren Realisierung, d. h. zu einer geschlechtlichen Vereinigung mit den Überresten Jakobs. Die berechtigte Irritation, die diesem Akt anhaftet, soll jedoch nicht über die eigentliche Absicht hinwegtäuschen, jene einer gleichsam höchstmöglichen Liebesbezeugung:

> „. . . Am Ufer der Drau, im Dickicht der Erlen flossen die heißen Schneeflocken seines Samens in meiner rotausgepinselten Mundhöhle auseinander. Mit einer Nabelschnur umwickelte ich seine Augäpfel und band sie mit Nadel und Zwirn an meinen Brustwarzen fest . . ." (L, 28)

Es ist dies eine jener zahlreichen Stellen, wo die erinnernde Erzählerphantasie in einen verbalen Sprachrausch eintaucht. Sichtbar wird außerdem die Technik des intertextuellen Zitats und seiner surrealen Ausgestaltung. So ist diese auch ein Signal der Kontinuität, des Nicht-erledigen-Könnens, der Gefangenschaft im Inventar von Erfahrungen und deren besonderer Sprache. Über weite Strecken erweist sich der **Leibeigene** folglich als ein Fortschreiben an einem großen Buch, wobei **Muttersprache** die wichtigsten Schauplätze, Anläufe und Abstürze schon vorweggenommen hatte.

Die Inszenierung der homoerotischen Beziehungen, das schonungslos aufrichtige Leitmotiv des Romans, das jedoch vielschichtiger als seine Oberfläche ist, bringt im Versuch, sich der täglichen Erfahrung von Gewalt zu entziehen, genau das hervor, was die Höllen einer Kindheit sonst verschweigen: selbstbestimmt wahrgenommene Bezirke, deren Blasphemien nur die Kehrseiten autoritärer Liturgien sind. Die Verflechtung dieses Ansatzes mit der sozialkritischen Argumentation darf wieder als Indiz dafür gelten, daß es *Winkler* über einen exklusiv außenseiterischen Gestus hinaus, bei aller Fragwürdigheit hinsichtlich des Gelingens, doch auch um die Erhellung struktureller Zusammenhänge geht, welche eine mehrfache Ausgeliefertheit im Auge behalten und den Bedingungen der eigenen Biographie Rechnung tragen.

Das Skizzenhafte der sozialkritischen Darstellung hebt dabei den Signalcharakter derselben nicht auf. Denn in wenigen Sätzen und Erinnerungsbruchstücken vermag dieses Ich, zugleich strukturelle Stimme des „Gebräus" aus Mägen und Knechten, die Statik der bäuerlichen Welt als perspektivenarme Klassenwirklichkeit vorzuführen:

„. . . Dort, wo wir gezeugt wurden, blieben wir, verstreut übers wiesengrüne Land, als Knechte und Mägde zwischen den Stacheldrahtzäunen der Bauern hängen . . ." (L, 66)

Entgegen der Lesererwartung, *Winkler* könnte seinen realistischen Anlauf einlösen, um dem Ich doch eine Gewähr versprechende Biographie zu verschaffen, wird dieses Vorhaben ausdrücklich in Abrede gestellt. An ihre Stelle setzt *Winkler* die Wirklichkeit des Experiments:

„. . . Alles, was ich aufgebaut habe, möchte ich wieder zerstören und auf diesem Scheiterhaufen ein neues Lustschloß bauen, um es wieder niederreißen zu dürfen. Je reicher ich das Schloß verziere, desto lustvoller wird meine Zerstörung sein . . ." (L, 215)

So gesehen übernimmt die destruktive Anlage seiner Ich-Figur nicht nur die Aufgabe, Wirklichkeit zu demontieren, sondern auch, als komplementäre Bewegung, dieselbe Wirklichkeit in ständig neuer Ausgestaltung überhaupt erst zu erschaffen. Das Radikale daran ist die Konsequenz, mit der *Winkler* sich in seine Schreib-Orgien versenkt. Seine Selbstanklagen im letzten Kapitel, die sich zu einem phantastischen, ans Barocke wie Surrealistische erinnernden Totentanz steigern – „. . . Nachts habe ich Geigen geboren, deren Saiten aus Nabelschnüren bestanden . . ."(L,309) –, um in einem gespenstischen Ritt über Leichen zu gipfeln, deuten wohl auch auf die Aussichtslosigkeit einer definitiven Bewältigung seiner Themen. Dabei hätte weder thematisch noch von der Idee des offenen Endes her etwas dagegen gesprochen, den Roman mit dem pittoresken vorletzten Abschnitt ausklingen zu lassen, in dem *Winkler* mehrmals den Schauplatz zwischen dem alltäglichen Ritual der Stallarbeit und den Gassen und Plätzen der römischen Strichjungen rund um die Stazione Termini wechselt, um gleich hierauf Sehnsucht zu verspüren, das neapoletanische Elend zu sehen und zu konsumieren (L, 301). Und nochmals steigert sich Winklers Erzählphantasie in einen neuen „erotisch-sadistischen Todesrausch".[41]) An dessen Ende findet sich dann in einer konsequenten *Descartes & Bachmann*-Paraphrase die Formel, die seine Schreib- und Lebensbegründung, seine Lust und sein Leiden an der Zerstörung zusammenfaßt:

„. . . Ich sterbe, also bin ich . . ." (L, 310)

Dieser lapidare Satz nach einer blasphemischen Tirade entläßt den Leser in einige Ratlosigkeit, zeigt er doch an, daß es aus den Höllen der Leibeigenschaft („. . . Ich bin doch des todes leibeigen . . ." L, 313, J. Ayrer) kein Entkommen gibt. Er bereitet den Leser zugleich auf das nächste, embryonal im **Leibeigenen** enthaltene Buch vor, von dem ein Kapitel unter dem Titel **Todesanzeige** vorliegt[42]), während andere im Text unmißverständlich angekündigt werden:

---

[41]) Vgl. *F. Haas:* Demolierung der österr. Seele (wie Anm. 39), S. 31.

[42]) Vgl. Manuskripte Nr. 98/1987, S. 30 f.

„. . . Blutweißrot sind die Farbbänder meiner Schreibmaschine. Eines Tages werde ich das rotweißrote Farbband durch ganz Österreich spannen." (309)

Josef Haslinger hat in seiner **Suche nach der österreichischen Literatur des letzten Jahrzehnts** (1986) die beschränkten Verhältnisse der literarischen Öffentlichkeit für die subjektivistischen, reduzierten Weltausschnitte, Signatur zahlreicher und nicht nur (auto)biographischer Bücher, veranschlagt. *Antonio Fian* ist ihm darin 1987 im **Freibeuter** gefolgt.[43]) Die literarischen Zeugen, die *Haslinger* anführt, z. B. *Innerhofer* oder *Wolfgruber*, scheinen seine These zu bestätigen. Wie die geschichtliche Ohnmacht der proletarischen Subjekte aus den objektiven wie ästhetischen Fallstricken heraustreten soll, um in eine neue Literatur aufzugehen, „die unsere Kunst mit dem gegenwärtigen Vollzug von Geschichte wieder in Korrespondenz bringt", darauf weiß allerdings auch er keine Antwort.

Doch der Verlockung zu (stets zweifelhaften) Befunden soll und muß hier mit dem Verweis auf die seit den 80er Jahren überhandnehmende Gleichzeitigkeit verschiedener Texte und ästhetischer wie politischer Diskurse widerstanden werden. Wie sehr sich neueste Literatur aus dem ‚bärtigen' Vorrat des schon Eingeübten und nur kunstvoll und trendmäßig Angepaßten speist, ist immer wieder am einzelnen Text zu überprüfen, wobei für das weit verbreitete Signum der ‚Spurensucher', destrukturativer wie gravitätischer, nicht immer *Canettis* Formulierung zutreffen wird:

„. . . das Unsichere, vielleicht das Flüchtige, hat durch sein Fehlendes Bestand."[44])

---

[43]) Vgl. *Josef Haslinger:* Auf der Suche nach der österreichischen Literatur des letzten Jahrzehnts; in: Wespennest, 67/1987, S. 44–50, bes. S. 45 f., sowie *Antonio Fian:* Lesen und Schreiben in Österreich; in: Freibeuter, Nr. 33/1987, S. 79–86.

[44]) Vgl. *Elias Canetti:* Das Geheimherz der Uhr. Aufzeichnungen 1973–1985 (Darmstadt 1987) S. 151.

Hubert Lengauer

Wo sind die Realisten hin – wo sind sie geblieben?

1. Präludium

Wollte man dem Titel, der vom Herausgeber stammt, den ich aber für die folgenden Ausführungen gern beibehalte, die Reverenz erweisen, die guten Einfällen gebührt, so müßte wohl zunächst auf den Herkunftsbereich gedeutet werden, aus dem er zitiert und abgewandelt wurde: einem Lied *Pete Seegers,* welches das Verschwinden von Blumen, jungen Mädchen, jungen Männern beklagt und, das in der deutschen Übersetzung zumindest, mit der wahrhaft hermeneutischen Fragestellung: „Wann wird man je verstehn?" refrainartig abgeschlossen wird. (Die englische Version, pragmatischer, hofft oder zweifelt, daß aus dieser Geschichte fortwährenden Verschwindens etwas zu lernen sei: When will we ever learn?).

Ist damit, zugleich mit der Ära des „nörgelnden Protestsongs", der, wie ein Kritiker schreibt, „von immer mehr Leuten als sozialdemokratische Parlamentsrede erkannt wurde"[1]), jene Zeit eines jetzt zunehmend diffus wirkenden oppositionellen Einverständnisses gemeint, der saure Kitsch jener nicht minder diffusen „kritischen Betroffenheit" in der Literatur zitiert? Wird das Ende dieser Ära behauptet?

Immerhin ist vorausgesetzt, daß es so etwas wie „Realismus" und „Realisten" in nennenswerter Repräsentanz in der österreichischen Gegenwartsliteratur gegeben habe.

In der Tat schien es vor zehn Jahren etwa leichter, den Begriff eines „Realismus" in der österreichischen Literatur zu verwenden, und mit dem Hinweis auf die Buchmarkt-Präsenz der Autoren *Michael Scharang, Franz Innerhofer, Helmut Zenker, Gernot Wolfgruber,* mit dem Hinweis auf den Arbeitskreis der Literaturproduzenten, die Gruppe „Wespennest" und ihre Zeitschrift schien, vor jeder Analyse, Einverständnis über ein relativ einheitliches Phänomen herstellbar.

Evident scheint auch, daß die Produktion dieser Autoren nun spärlicher fließt, auch: daß sie uneinheitlicher ist als damals, daß, mit Ausnahme von *Josef Haslinger* und *Gustav Ernst*, kaum Autoren zu nennen sind, die, alle Grobschlächtigkeit des Verfahrens einmal konzediert, den oben genannten Autoren nach Genre, bevorzugter Thematik und der Darstellungstechniken anzureihen wären.

Das Reden über literarischen Realismus hatte damals und hat jetzt, ob in akademischer Raffinesse oder in der Alltagssprache, immer die Einschätzung gleichzeitiger Realität u n d gleichzeitiger oder gleichzeitig bewußter Schreib- und Lesetraditionen zur Voraussetzung. So ist auch jetzt nicht davon zu abstrahieren, daß die Krisensymptome in der sogenannten Arbeitswelt zunehmen, was einst aber „Literatur der Arbeitswelt" hieß und sich mit den entfremdenden, zerstörerischen Bedingungen der Lohnarbeit befaßte, n i c h t in gleichem Maße mit der nicht weniger entfremdenden, zerstörerischen Arbeitslosigkeit befaßt ist, die gegenwärtig fast allen im Bewußtsein, vielen, um *Marx* zu variieren, im Sein gegenwärtig ist. Wo sind die Realisten, wo sind sie geblieben? Die Frage ist unter diesen Voraussetzungen zynisch gegenüber den, wie man sagt, Betroffenen, weil ihnen bekanntlich mit Literatur nicht geholfen ist; auch zynisch und anmaßend gegenüber einer Literatur, die selber ökonomisch am oder

---

[1]) *D. Diederichsen*, zit. nach *Peter Glaser:* Die Neue Deutsche Wanderdüne. In: Das schnelle Altern der neuesten Literatur. Hgg. v. *Jochen Hörisch* und *Hubert Winkels.* Düsseldorf 1985, S. 231–247, Zit. S. 240.

Hubert Lengauer, Dr. phil., Univ.-Doz. und Ass.-Prof. für Neuere deutsche Literatur an der Universität Klagenfurt.

unterm Existenzminimum gehalten wird. Dennoch läßt sie sich schwer unterdrücken und grundiert, als latente, möglicherweise vorurteilsbehaftete Erwartung, die literarische Debatte. „Traurig ist", schreibt eine derart engagierte Literaturhistorikerin, *Evelyne Polt-Heinzl*, in einer Arbeit über Literatur und Arbeitslosigkeit in den dreißiger Jahren,

> das relativ geringe Interesse, das von Seiten der Autoren aktuell dem Problem Arbeitslosigkeit entgegengebracht wird. Aus der Perspektive eines sozial engagierten Literaturverständnisses ist das eine bedauerliche Häufung vergebener Chancen, denn das Thema Arbeitslosigkeit bietet ideale Möglichkeiten, gesellschaftliche Widersprüche aufzuzeigen, in den Kontext der ökonomischen Gesetzmäßigkeiten der gegebenen Gesellschaftsordnung einzuordnen und damit die gesellschaftlichen Ursachen für die als individuelles Schicksal erlebte Arbeitslosigkeit sichtbar und begreifbar zu machen.[2])

Gerade das sei ein seit den 30er Jahren unerledigtes Problem. Dem ist in der Sache, der Realitätseinschätzung nach, zuzustimmen, nach Einschätzung der Schreib- und Lesekonventionen ist davon weniger zu erwarten denn je, weniger wahrscheinlich, als in den dreißiger Jahren zu erwarten war, in denen eine eifrige sozialdemokratische Kulturarbeit durch die Wirkungen langanhaltender Arbeitslosigkeit ausgehöhlt und vernichtet wurde.[3]) Das heißt noch nicht, daß jeder Versuch sinnlos ist.

Einem Bericht aus der engeren Branche zufolge ist aber – Arbeitslosigkeit hin oder her – „diese, eine bestimmte Art des [österreichischen] literarischen Realismus, kaum sechs Jahre nach ihrem Auftauchen aus dem Untergrund, 1978/79 zugrunde" gegangen und also offenbar nicht mehr zuständig. Zugrunde gegangen wie der „Wespennest"-Autor *Thomas Redl* behauptet, aus quasi innerliterarischen Ursachen: an jener „Bipolarität"[4]) von allgemeiner Begrifflichkeit und konkreter Besonderheit, die einzusehen, zu vermitteln und darzustellen *Evelyne Polt-Heinzl* ihrerseits eben gemahnt hatte.

Literarische und gesellschaftliche Entwicklung sind offenbar nicht in dieser Weise synchronisierbar; das liegt an literaturimmanenten Entwicklungs- und Alterungsprozessen ebenso wie an schwer prognostizierbaren, schwer überschaubaren gesellschaftlichen Entwicklungsprozessen. In dieser Situation ist beides zu registrieren: alte Larmoyanz und forsche Flucht nach vorn:

> Unsere Geschichten, unsere Gedichte liegen [schreibt *Urs Jaeggi*], prallvoll oder blutleer unterhalb der Ebene, auf der sich die gesellschaftlichen Entscheidungen anbahnen und abspielen. Kein Zufall, daß wir schreibend, eher verstört, unsere eigene enge Alltagswelt ausbreiten, uns selbst, auch im Fiktiven. Am Bodensee, in Hamburg, Berlin, Solothurn oder Wien erfinden wir Figuren, die in ihrer Hilflosigkeit Ebenbilder sind. Wenn wir Glück haben, beschreiben und umschreiben wir das, was unsere Generation, unsere gesellschaftliche und geographische Herkunft berührt. [. . .] Dagegen anschreiben, anreden und wissen, unsere Rhetorik nutzt sich, weil wir Pathos und Ethik einsetzen, weil dies unsere Mittel sind, immer wieder ab.[5])

---

2) *Evelyne Polt-Heinzl:* Literatur und Arbeitslosigkeit. Die Behandlung der Massenarbeitslosigkeit der 30er Jahre im Feuilleton der sozialdemokratischen Arbeiterpresse – Ein Vorbild für die Gegenwart? Unpubl. Manuskript eines Vortrags zur Tagung der Buchebner-Gesellschaft 1987, der Autorin sei für die Überlassung des Manuskripts herzlich gedankt. Zit. S. 16–17.

3) *Marie Jahoda, Paul Lazarsfeld, Hans Zeisel:* Die Arbeitslosen von Marienthal. Ein soziographischer Versuch. 4. Aufl. Frankfurt/M. 1982, bes. S. 57 ff.

4) *Thomas Redl:* „Unglaublich präzise". Auf Besuch beim Realismus. In: Wespennest 55 (1984), S. 53–54.

5) *Urs Jaeggi:* Aufrichtigkeit – Schreiben als Widerstand. In: Das schnelle Altern der neuesten Literatur (Anm. 1), S. 121–130, Zit. S. 129–130.

Hier also sind, dies sei einmal behauptet, die Realisten geblieben. Die Pathetik dieses Widerstands richtet sich, alternd, scheinbar immer gleich, gegen die Zumutung, aus der Mode gekommen zu sein.

Der aus Österreich nach Deutschland und aus der Literatur in die Musik emigrierte Grazer *Peter Glaser* formuliert die Gegenposition, aus der die Verhältnisse zum Tanzen zu bringen seien: Was „losgeht, fetzt, reinhaut", sei nicht mehr der Widerstand, schon gar nicht der literarische:

> Der offene Protest hat sich in den letzten Jahren viel zu oft als unerfülltes Kindergeschrei nach Spielzeug von Papa Staat erwiesen oder sich selbst erstickt durch die Wiederholungen seiner Forderungen und Widersetzlichkeiten bis zum Überdruß und ist zum Sandsack geworden, an dem die konservativen Systeme ihr Sparring abschlagen. [. . .] Es ist nun schockierender und wirkungsreicher geworden, *einverstanden* zu sein [. . .] Die Gegenwartsliteratur ist langweilig, kriege ich rundherum zu hören. Wenn ich im Ratinger Hof, der Düsseldorfer Wellen-Brutstätte, schreie: „Literatur", rennen mehr Leute weg als wenn ich schreie „Polizei". Vielen Jungen erscheint das Erlebnis Literatur heute als „falsche Bewegung", und die zum Lesen erforderliche Beruhigung und monologische Gefaßtheit haben den Beigeschmack freiwillig angenommener Lahmarschigkeit.[6])

Dem zuletzt geäußerten Urteil ist eine gewisse Folgerichtigkeit nicht abzusprechen; die These freilich, daß Anpassung die schärfste Form des Widerstands sei, bedarf erst des Nachweises; und ob da nach Lärm und Bürgerschreck, nach dem langen Marsch durch Disco und Medien mehr erzielt wird als durch den ehedem vorgehabten langen Marsch durch die Institutionen, sei dahingestellt.

Die Frage nach den Realisten ist offensichtlich auch die Frage nach l i t e r a r i s c h e n Formen, jedenfalls muß sie aus Kompetenzgründen[7]) hier darauf reduziert werden – mit all den Einschränkungen, die aus der Kenntnis der Verdrängungsvorgänge unter den Medien daraus erfolgen. „Die Nutzungskoeffizienten von Fernsehen, Hörfunk und Tonträgern wurden Ende der siebziger Jahre gegenüber dem Buch mit sieben zu eins bestimmt."[8]) Angesichts dieser Tatsache mutet das Verharren auf den Büchern wie eine Rückkehr in das 19. Jahrhundert an, wie eine Verweigerung gegenüber den noch bei *Brecht* hoffnungsvoll begrüßten neuen Medien. Daß dabei auch die Darstellungstechniken regredieren, ist nicht die einzige, wenngleich häufig anzutreffende Konsequenz. Das Bewußtsein des obzitierten „Nutzungskoeffizienten" von Fernsehen, Hörfunk und Tonträgern macht, so schließt *Alexander von Bormann*, die Buchautoren sensibel für die „Verwertungsmöglichkeiten ihres vergleichsweise ‚kärglichen' Produkts. Daß Literatur immer trendempfänglicher wird, hängt mit diesem ihrem Sitz im Leben zusammen."[9])

So ist freilich auch die Frage nach dem Verbleib der Realisten eine nach den gängigen Trends. Sie unterstellt womöglich, daß der literarische Trend kein „Genosse" mehr sei, daß die Kunstgriffe des Realismus, von denen *Thomas Redl* jenen heraushob, der es den Autoren „erlaubte, einen Bankdirektor nun Arsch zu heißen"[10]), nicht mehr opportun seien. Ich will damit allerdings den Autoren keinen Opportunismus unter-

---

[6]) *Peter Glaser* (Anm. 1), S. 234.

[7]) i.e. aus Gründen der Inkompetenz gegenüber Texten, die, wie *Peter Glaser* schreibt, nicht im „körperlichen Startloch dichterischen Formwillens vor der Schreibmaschine, ohne den schriftstellerischen Habitus oder höchstens, um den zu verarschen" (Anm. 1, S. 239) produziert werden.

[8]) *Alexander von Bormann:* Literatur als Wetterfahne. In: Das schnelle Altern der neuesten Literatur (Anm. 1), S. 105–120, Zit. S. 107.

[9]) ebenda.

[10]) *Thomas Redl* (Anm. 4), S. 54.

stellen, wenngleich ich mir anderseits vorstellen kann, daß die politischen Zustände, welche Bankdirektoren zu den führenden „Genossen“ gemacht haben, bedrückend und lähmend auf sie wirken.

Es geht also hier auch darum, Schematisierungen zu gewinnen, unter denen das literarische Leben der Gegenwart, oder: das gegenwärtige literarische Angebot, gesehen werden kann. Unterwirft man sich dieser Anforderung, was seine Nützlichkeit hat, so sind auch Grenzen und Nachteile dieser Betrachtungsweise in Kauf zu nehmen: etwa die notwendig eingeschränkte Respektierung des Einzelwerks, die Verengung der Perspektive auf bestimmte, auch aus werkexternen Belegen und Überlegungen gewonnene Gesichtspunkte. Ich verweise also zunächst auf Momente der Theorie, um einen Rahmen zu gewinnen, in den ich dann einige betrachtenswerte literarische Texte stelle.

2. Schlechte Zeit für Theorie?

Es scheint sinnvoll, auf die – gerade bei Realisten oder Realisten sich nennenden Autoren – fortgesetzte Einheit von Theorie und Schreibpraxis würdigend hinzuweisen. Sie ist, und hier deutet sich ein erster Traditionszusammenhang an, ein Erbstück aus der Literatur des 19. Jahrhunderts, und sie läßt sich mit Argumenten rechtfertigen, welche die oben zitierte Zustandsbeschreibung von Medienwirklichkeit und literarischem Trendsetting noch einmal aufgreifen.

Der Kunstkritiker und Literat *John Berger* schreibt im Nachwort zu seinem Erzählungsband „Sau-Erde. Geschichten vom Lande“ eine einsichtige Verteidigung literarischer Theorie als des Verfahrens, ein Verhältnis zwischen der Besonderheit (etwa einer Erzählung) und dem Allgemeinen (etwa der Theorie gesellschaftlicher Entwicklung) herzustellen. Im Bewußtsein, dieses Verhältnis nicht ganz und gar explizit machen zu können, im Bewußtsein also einer unauflösbaren Differenz (welche ja die Notwendigkeit von Literatur als einer Institution des Besonderen in der Geschichte begründet) schließt *Berger* eben an das 19. Jahrhundert, das Jahrhundert „revolutionärer Veränderung [. . .] in welchem das Verhältnis zwischen dem Individuum und der Geschichte zu einem bewußten wurde“, an und zielt darauf, in einem Jahrhundert noch größerer, noch rascherer Veränderung, diese Vermittlungsleistung fortzusetzen. Der Status von Literatur wird dabei nicht oder nur scheinbar reduziert:

> Man hat argumentiert, daß das Werk der Einbildungskraft, das der Schriftsteller geschaffen hat, sich selbst genügen sollte. Die Literatur hat sich zur reinen Kunst erhoben. So lautet jedenfalls die Annahme. Die Wahrheit ist, daß die Literatur, ob sie sich an eine Elite oder an eine Massenleserschaft wendet, größtenteils zu reiner Unterhaltung verkommen ist. Ich stelle mich aus vielen Gründen gegen diese Entwicklung, deren einfachster der ist, daß sie die Würde des Lesers, die vermittelte Erfahrung und den Schriftsteller beleidigt.[11])

In der österreichischen Literatur hat gerade die Zeitschrift „Wespennest“ seit jeher auf dem Zusammenhang von Theorie und Praxis beharrt und ihn in der von Zeit zu Zeit erscheinenden „Offenlegung“ festgeschrieben.[12])

Dem guten Willen und einem Text, der der pressegesetzlichen Offenlegungspflicht Genüge tut, wäre noch kein großes Gewicht beizumessen, zumal auch der oben zitierte Trend als Theoriefeindlichkeit den Realisten ins Gesicht bläst. Im Editorial zur

---

[11]) *John Berger:* Sau-Erde. Wien/Berlin 1984, S. 267.

[12]) „Das Wespennest will realistische, gesellschaftskritische Literatur verbreiten, fördern, vorstellen, insbesondere aus Österreich und von jungen Autoren. Es will in literaturtheoretischen und literaturkritischen Beiträgen [. . .] die Bedingungen, Methoden und Spielarten realistischen Schreibens und der Literatur überhaupt analysieren, diskutieren und kritisieren. [. . .] Das Wespennest ist eine kulturpolitische Zeitschrift.“ Wespennest 66 (1987).

„Dokumentation der Wiener Vorlesungen zur Literatur" (2. Jahreshälfte 1986) beschreibt *Josef Haslinger* diesen Zustand und versucht ihn zu begründen:

> Die deutschsprachige Literatur macht heute im allgemeinen um die Theorie einen großen Bogen. Das mag die Revanche dafür sein, daß ihr in den sechziger und beginnenden siebziger Jahren die Theorie fast die Atemluft nahm. Doch dieser Anschein ist trügerisch. Auch heute kommt Literatur ohne Theorie nicht aus. Sie hat jedoch eine Art Selbstschutz gegen jene Funktionszusammenhänge aufgebaut, die ihr den schöpferischen Impetus streitig machen. Und wenn sie diesen nur im Streit darüber bewahren kann, er ist die ideelle Basis ihres Selbstverständnisses geblieben.[13])

Die Flucht aus der Theorie, oder besser: aus begrifflich (politisch, soziologisch) verordneten Funktionszuschreibungen, führt, und hier läßt *Haslinger* die Argumentation in raffinierter Weise über eine kritische Kante kippen, an der die Begriffe ambivalent werden, diese Flucht führt in den „Überfluß"; in einen „Überfluß" nämlich, der Unabhängigkeit, aber auch luxurierende Beliebigkeit bedeutet: Die einfachsten Wege liegen der Literatur nicht, denn:

> Lieber ist es ihr, man hält sie für überflüssig, um dann tatsächlich im Überfluß zu leben. Im Überfluß an unauflöslichen literarischen Gebilden. Das heißt [und hier ist *Haslinger* beim selben Ergebnis wie oben *John Berger*], im Mangel an Selbstlegitimation. Letzterer bewirkt zum einen, daß Literatur sich beständig hinterherschreibt, sich beständig an sich selbst mißt, und zum anderen, daß sie um ihrer selbst willen darauf angewiesen ist, beständig ihre eigene Idee zu produzieren.[14])

Die Beschränktheit der theorielosen Literatur, nämlich beständig ihre eigene Idee zu produzieren, also eigentlich reproduzieren zu müssen, gibt den „schöpferischen Impetus", den zu verteidigen sie aus den Funktionszuschreibungen ausgezogen war, geradezu preis.

Allerdings ist zu fragen, ob das nur eine Flucht aus Funktions-Zumutungen war und wie sich der so errungene schöpferische Impetus geäußert hat. Gerade die kopflose Annahme, realistische Literatur sei die Darstellung der Wirklichkeit, wie sie eben ist oder gewesen ist, scheint von der Theorie dispensiert und zu allerhand Expektorationen über Kindheit, Jugend und ländliches Wesen ermuntert zu haben. So nennt *Reinhard Baumgart* die Siebzigerjahre, in denen die meisten der anfangs so genannten „realistischen" Autoren debütierten, das undeutlichste, diffuseste unter den Nachkriegsjahrzehnten und konstatiert für diese Ära einen „kaum bewußte[n] Eskapismus in Fragen der Ästhetik." Und weiter heißt es:

> Ob politisch oder apolitisch motiviert, ob im Faktenroman oder autobiographischen Erguß: eine neue Unschuld begann draufloszuschreiben, als hätte es das kritische Produktionsbewußtsein der Moderne nie gegeben. Deren Distanz zum Publikum, ihre Arroganz und ihr Leiden in der splendid isolation, das alles wird nun kassiert, bis hin zur Nullösung von Verständigungstexten, in denen jeder Sender oder Empfänger spielen kann.[15])

Der Handel, bei dem der Autor Authentizität anbieten und der Leser Betroffenheit kaufen konnte, schien keiner weiteren Begründung zu bedürfen; der Anlaßfall, die reichlich in der Welt, der großen wie der kleinen (familiären), vorkommenden Grausamkeiten, schienen die Substanz zu gewährleisten. Die damit einhergehende Ent-Pro-

---

[13]) Wespennest 66 (1987), S. 2.

[14]) ebenda.

[15]) *Reinhard Baumgart:* Postmoderne – fröhliche Wissenschaft. In: Die Zeit, 16. 10. 1987, S. 67–68.

fessionalisierung wurde vielfach dem „Realismus“ oder den „Realisten“ zugeschrieben, von *Antonio Fian* etwa, in der von ihm kritisierten Zeitschrift:

> Ich rede also [sagt *Fian* in seiner weitläufigen Polemik], wenn ich von Realisten rede, nicht von Realisten, ich rede überhaupt nicht von Schriftstellern, sondern von einer Sorte Menschen, wie man sie leider allzuhäufig, auch und gerade in der Zeitschrift „Wespennest“ antreffen kann, Menschen, die nicht den Ehrgeiz haben, Literatur herzustellen, sondern es für ihre Aufgabe halten, Inhalte zu transportieren; ich rede von Transportarbeitern, von – was das Schlimme daran ist – Transport-Kopfarbeitern, ich rede von Transportarbeitern, die den Begriff „Realismus“ usurpiert haben: ich rede von Realisten.[16])

Dem selbsternannten Realismus ohne Theorie geht eine Realismustheorie voraus, das will *Fian* andeuten, die das Moment der Vermittlung, „Kunst“ also, respektierte. Die gegenüber Kunst und Wirklichkeit gleichermaßen respektlos-indiskrete Weise verschafft im Gegensatz dazu ein enges und somit auch verdoppelnd-reproduzierendes Verhältnis zur vorgeblich kritisierten Realität. Das führt zu einer Tätigkeit, die im Sinne dieser Realität, nicht in dem der Kunst, professionell betrieben wird:

> Zilk verachtend, ist er [der Realist, *H.L.*] alle Festwochen wieder mit einem Projekt zur Stelle. Im Jahr der Behinderten schreibt er über Behinderte, im Jahr der Frau zieht er den Schwanz ein, im Jahr des Kindes macht er ein Kind. Schreibt er gerade nicht, so fährt er seine Gesinnung spazieren; täglich muß er sie in die verschiedenen Redaktionen bringen. [. . .] Den Satz „Es lebe der antifaschistische Kampf des chilenischen Volkes“ beispielsweise kann er so schnell sagen, daß ihm der Kellner zehn Minuten später ein Schaschlik bringt.[17])

3. Erfahrung und Perspektive

Der hier polemisch beschriebene Zustand (oder auch Verhaltenstypus von Autoren) hat freilich auch bestimmte und bestimmbare Gründe. *Josef Haslinger* hat sie, „auf der Suche nach der österreichischen Literatur des letzten Jahrzehnts“, – nicht ohne Selbstironie in dem „sozialen“ und im „ökonomischen Zugang“ der Autoren zur Literatur gesehen und beschrieben.

„Über den Schatten der Herkunft“, so berichtet *Haslinger* von seinem modellmäßig entworfenen Autor, „kommt er [. . .] nicht einfach hinweg. Er kennt die Welt nur von unten“, „dort oben, wo der Druck entsteht, den der Autor unten so schön registriert“, im „deformierten Spiegel einer kleinen Angestelltenseele“, dort oben „wird ihm die Luft zu dünn, da versagt ihm das Vorstellungsvermögen.“ Die Ansprüche, mit denen *Haslinger* seinen Modellautor ausstattet, sind allerdings nach wie vor hoch: „Der Autor will [. . .] nicht irgendetwas erfinden. Seine Geschichte soll stimmig sein und soll, wie man so schön sagt, ein Stück Welt enthalten, und zwar mehr, als in den Tiefen der Seele eines kleinen Angestellten zu finden ist.“[18])

Herkunftsvoraussetzungen sind das eine, ein nicht minder ironisch beschriebener „ökonomischer Zugang“, nämlich zu den Geldquellen und Institutionen, das andere Moment; beide ziehen, so *Haslinger*, einen (schwachen) „literarischen Abgang“ nach sich.

---

[16]) *Antonio Fian:* Versuch, im Stillen Ozean zu schwimmen. In: Wespennest 55 (1984), S. 46–51; Zit. S. 49.

[17]) ebenda.

[18]) *Josef Haslinger:* Auf der Suche nach der österreichischen Literatur des letzten Jahrzehnts. In: Zeit ohne Manifeste. Zur Literatur der siebziger Jahre in Österreich. Hgg. von *Friedbert Aspetsberger* und *Hubert Lengauer*. (Schriften des Institutes für Österreichkunde, 49/50.) Wien 1987, S. 7–15, Zitate S. 7.

Dazu ein kleiner historischer Exkurs:

Haslinger lädt hier dem typischen österreichischen Gegenwartsautor auf die schmalen Schultern, was viel früher schon prinzipiell und unter Anwendung universaler Maßstäbe bezweifelt worden war: *Hegel* hatte das Ende der Kunst aus der Überlegung vorausgesagt, daß die Komplexität der modernen Welt in einem Maße angewachsen sei, welche die Mittel der Kunst übersteige, Kunst sei nicht mehr in der Lage, Wirklichkeit sinnvoll zu reduzieren und darzustellen.[19])

Dem steht *Theodor Fontanes* 1852 formulierte programmatische Definition des Realismus entgegen: Realismus sei die „Widerspiegelung alles wirklichen Lebens, aller wahren Kräfte und Interessen im Elemente der Kunst".[20]) Die im 19. Jahrhundert folgende Praxis (besonders des deutschen Realismus) zeigte freilich, daß die im „Elemente der Kunst", also literaturspezifisch vorgenommenen Reduktionen den Anspruch auf Totalität fraglich machten (und noch immer machen). Darstellung im Elemente der Kunst hieß nämlich in dieser Praxis weitgehend: „Reduktion komplexer Strukturen und Prozesse auf individuelle Handlungen und individuelle Konflikte", um so der Realität, die als fremd erfahren wird, noch einen „lebensweltlich nachvollziehbaren ‚Sinn'" abzuringen. Das Prekäre an diesem Versuch des Realismus ist, daß „angesichts dramatisch anwachsender Umweltkomplexität alle Versuche an Plausibilität verloren, ‚Welt' dem Modus individuellen Handelns noch nachkonstruieren zu können". Als Konsequenz daraus dominiert schon in der realistischen Literatur des 19. Jahrhunderts der „Handlungstyp des ‚Scheiterns', der die Nichtverfügbarkeit komplexen Geschehens registrieren mußte".[21])

Konsequenz dieser Reduktion ist weiter der von Kritikern dieses Realismus gerügte Verlust einer gesamtgesellschaftlichen Perspektive (die auch das Proletariat erfaßt hätte), zumal auch die individuellen, psychologischen Probleme und Konflikte eher unter dem Aspekt individueller Moral denn unter jenem gesellschaftlicher (materieller und ideologischer) Produktion gesehen wurden.

Reste dieser „realistischen" Praxis sind auch gegenwärtig sichtbar, wenngleich der Blickwinkel verändert ist: *Gernot Wolfgrubers* Romane berichten, einer nach dem andern, in sozial aufsteigender Linie, vom Lehrlings- bis zum Architekten-Roman („Die Nähe der Sonne"), vom Scheitern der Protagonisten, von der Nichtverfügbarkeit der Wirklichkeit; *Innerhofers* Prosawerk (bis hin zum „Emporkömmling", 1982) trägt ähnliche Züge. Freilich: der Humor, der bei den Realisten des 19. Jahrhunderts (als ein bei anhaltender Widersprüchlichkeit harmonisierendes Moment) gerühmt wird, ist den Autoren abhanden gekommen. Am nachdrücklichsten ist wohl die Verklärung bürgerlicher Arbeit, wie sie *Gustav Freytag* für die Poesie zu retten versuchte, abgeschafft worden.

Hält man an dem Grundsatz fest – und auch dies scheint ein in der „realistischen" Prosa der Gegenwart beanspruchtes Erbe aus dem 19. Jahrhundert zu sein –, nach dem alle Anschauung nur im Wege subjektiver, durch das Subjekt gehender Erfahrung vermittelbar sei, so kommt gerade der Perspektivierung entscheidende Bedeutung zu. Im Autobiographischen, wie es vom „Grünen Heinrich" über *Roseggers* Waldbauern-Bübereien bis zu *Innerhofers* Romanen in je unterschiedlicher Weise die Perspektivierung begründet, scheint dieses Problem unmittelbar und in reflexionsloser Naivität lösbar. Nicht zufällig aber wird, ab einem gewissen Niveau des künstlerischen oder

---

19) *Gerhard Plumpe:* Systemtheorie und Literaturgeschichte. In: Epochenschwellen und Epochenstrukturen im Diskurs der Literatur- und Sprachhistorie. Hgg. von *Hans Ulrich Gumbrecht* und *Ursula Link-Heer*. Frankfurt 1985, S. 251–264, bes. S. 262.

20) Zit. nach *Plumpe* (Anm. 19), S. 261.

21) *Plumpe* (Anm. 19), S. 263.

intellektuellen Anspruchs, diese Naivität als ungenügend erfahren und erneut problematisiert. Davon zeugen nicht zuletzt *Kellers* Umschreibung des Romans, *Innerhofers* Figurenwechsel von „Holl“ („Schöne Tage“) zu „Ich“ („Schattseite“) zu „Holl“ („Die großen Wörter“) und schließlich zu „Ich, Hans Peter Lambrecht“ im „Emporkömmling“. Davon zeugt, ex negativo, *Peter Roseggers* hartnäckig fortgeführte Inszenierung der eigenen Kindheitswelt. Solche Kindheitswelten haben auch gegenwärtig ihre Attraktion: weil sie Vater und Mutter, Himmel und Erde, Tod und Teufel enthalten, perspektivisch, aber authentisch verzerrt, scheinen sie aufs Ganze zu gehen. *Karl Wagner* hat, gerade aus seiner Vertrautheit mit dem Werk *Roseggers*, ein breites Feld der Gegenwartsliteratur unter diesem Gesichtspunkt der „Re-Etablierung des Einfachen aus dem Geist der Authentizität“[22]) beschrieben und davon überzeugend *Josef Winklers* Prosa als fortgesetzte, exzessive sprachliche Liquidierung der Kindheitswelt und ihrer formierenden (deformierenden) Gewalt (Vater, Religion) abgehoben.

Der hier angesprochene Motivbereich wäre gesondert abzuhandeln. Von *Peter Henisch* und *Jutta Schutting* zu *Innerhofers* „Emporkömmling“, *Wolfgrubers* „Die Nähe der Sonne“, zu *Scharangs* „Harry“ (dessen Vater der aus einem anderen Roman des Autors bekannte „Charly Traktor“ ist), zu *Josef Haslingers* Novelle „Der Tod des Kleinhäuslers Ignaz Hajek“ (1985): allenthalben werfen Väter der Protagonisten ihre kleineren oder größeren Schatten in die Biographie der Söhne.[23]) Auch Mütter freilich: in *Wolfgrubers* „Verlauf eines Sommers“ (1981) etwa, oder in *Mitgutschs* „Züchtigung“ (1985). Es ist dies, vergröbert ausgedrückt, eine Möglichkeit, „Geschichte“ in der sonst weitgehend geschichtslosen, genauer: geschichtslos perspektivierten Nachkriegs-Alltagsrealität aufscheinen zu lassen.

Um einen größeren Teil Wirklichkeit zu gewinnen, wie das *Haslinger* dem österreichischen Gegenwartsautor als Ziel unterstellt, reicht e i n e Perspektive nicht aus. Das gilt auch für jenen Autor, dem seit jeher die besondere Kunst nachgerühmt wurde, die Wirklichkeit streng aus e i n e r Perspektive entwickeln zu können: *Gernot Wolfgruber*. Das lag und liegt jedoch nicht daran, wie auch vermutet wurde, daß seine Figuren „Menschen“ seien, „Menschen“ in einem emphatischen Sinn, „die durch ihren Sozialstatus nicht erschöpfend definiert“ seien[24]), sondern daran, daß seine perspektivegebenden Figuren in sich synthetisch, nicht individuell im Sinne von unteilbar, angelegt sind und daß gerade dies ihrem und „unserem“ Sozialstatus entspricht. Sie sind in sich wahre Ensembles gesellschaftlicher Verhältnisse, nach grassierenden Denk- und Emotionsmustern zerlegbar und synthetisierbar. Und im Lesevorgang, das ist aus den Rezensionen repräsentativ nachweisbar, werden dann die teilweise parallelen, teilweise kontrastiven Erfahrungsmuster zu erfreulichen oder unerfreulichen Leseerlebnissen neu zusammengesetzt. Einmal dominiert die Lust an der Ausgrenzung dessen, was man nicht sein oder haben möchte, aber was man a u c h ist oder hat (im Roman „Verlauf eines Sommers“, dem Zahntechnik-Vertreterroman, ist es „der Schweiß, der sich unter seinen Achseln und an seinen Füßen bildet und der ihn zwingt, mitunter zwischen zwei Zahnarztbesuchen Hemd und Socken zu wechseln“, der den Kritiker *Herbert Wiesner* von der Süddeutschen Zeitung fasziniert und für das „Déjà-vu-Erlebnis“ des Stoffes entschädigt)[25]); dann wiederum ist es das Abenteuer der „Innerlichkeit zum Tariflohn“, „des Autors Sprache“, wie *Kurt Kahl* feststellt, die „Banales zum

---

[22]) *Karl Wagner:* Über die literarischen Dörfer. Zur Ästhetik des Einfachen. In: Zeit ohne Manifeste (Anm. 18), S. 166–180, Zit. S. 168.

[23]) vgl. *Alois Brandstetter:* Prosaische Annäherung an die Väter. Zu einem Motivboom in der Gegenwartsliteratur. In: Zeit ohne Manifeste (Anm. 18), S. 191–198.

[24]) *Ulrich Greiner:* Ein Liebesroman, also ein Kriegsroman. In: Die Zeit, 4. 12. 1981 (zum Roman „Verlauf eines Sommers“).

[25]) *Herbert Wiesner:* Lenau hat alles satt. In: Süddeutsche Zeitung, 14. 10. 1981.

Leuchten" bringt, „dem Alltag Abenteuerqualität" verleiht.[26]) *Hans Haider* sieht, die kritische Mitte haltend, gerade in der „mittlere[n] Richtigkeit, basierend auf jedermanns Erfahrungen und Vorstellungspotential"[27]) Vorzug wie Nachteil des Verfahrens begründet, während andere links und rechts dieser Mitte unterschiedliche Urteile fällen: „Erfahrungen, die jeder erlebt hat oder leicht nachvollziehen kann. Gerade das ist die Stärke und das Neue an Wolfgrubers Darstellungsweise"[28]); oder: „Der Leser kennt das alles schon, erfährt nichts Neues, hat vermutlich ähnliche Erlebnisse schon gehabt, ähnliche Gedanken gehegt, ähnliche Impressionen empfangen – wozu dann Wolfgruber?"[29])

4. Ganz oben – ganz unten

Während *Innerhofers* „Emporkömmling" auszieht, um seine Intellektualität zu verlernen, und vom Autor erkenntnismäßig und sprachlich gestutzt wird, um schließlich, paradox genug, am Ende als preisgekrönter Autor und angehender Berufsschriftsteller aus seiner Proletarierexistenz entlassen zu werden, riskiert *Wolfgruber*, der sich immer mit unglücklichen Emporgekommenen beschäftigt hat, die Perspektive von ganz oben, von der „Nähe der Sonne", wie es die Titelmetapher nahelegt. Von hier ist die Totale möglich, die Welt wird wieder verfügbar, allerdings im Beziehungswahn des von psychotischen Schüben geplagten, mit Lithiumsalzen zeitweilig auf „die Normalachse. Die gerade Linie der Normalen"[30]) „eingestellten" Architekten Stefan Zell. Durch kaum merkliche Verschiebungen heraus aus dem ganz normalen Wahnsinn der Architekten- und Innenarchitektenclique entsteht sprachlich die Verrücktheit, die Wirklichkeit übersehen und über sie verfügen zu können:

> [. . .] es wundert ihn ein wenig, daß er alles von oben sehen kann, so als schwebe er hoch über dem Golf, von irgendwo aus dem Dunst kommt das Tuckern eines Motors, wahrscheinlich eines dieser dickbohligen Fischerboote [. . .] und so unwirklich ist alles wie in Halbschlafbildern, obwohl er ganz wach ist: Er könnte es wegdenken, weiß er, und etwas anderes *hinschauen*, ganz unangestrengt, von einem Gedanken zum nächsten gleiten, und vor ihm würde sich alles verändern. Aber er tut es nicht. Er hat doch diese Buschgruppen so schön in die Niederung hinuntergedacht, aus der sich jetzt schräg über den Hang ein Traktor hinanstottert. Und darüber schon eine Ahnung von Sonne. Er könnte es nicht schöner denken. Überhaupt wäre ihm jetzt ein Anders-denken ein In-die-Schöpfung-pfuschen. (88)

Allmachts- und Ganzheitsphantasien dieser Art sind ein rekurrentes Thema des Buches. Zell fühlt sich in *James Dean* verwandelt und fügt, den Fuß am Gaspedal, die zerstückelte Welt wieder zusammen:

> ... das Gefühl, den Motor immer weiter und weiter hinaufjagen zu können [. . .] bis die Autos neben ihm nur so wegplatzen und die Welt durch ihn hindurchrauscht wie ein Orgel-Tedeum mit allen Registern, und er reckt sich im Sitz [. . .] und will [. . .] sein Glück zeigen und die Freude darüber, daß die Welt wieder ganz ist: sie, die so in Dinge und Unzusammenhängendes auseinander gefallen gewesen ist, in eine tonnenschwere Vergangenheit und dünne Gegenwart, sie ist endlich geheilt und wieder ganz, und er versteht auf einmal, warum in seinen Bildern

[26]) *Kurt Kahl:* Innerlichkeit zum Tariflohn. In: Kurier, 3. 10. 1981, Beilage S. III.

[27]) *Hans Haider:* Gefangen zwischen Ursprung und Mode. Wolfgrubers Held an der ‚borderline'. In: Die Presse, 14./15. 12. 1985 (zu: „Die Nähe der Sonne").

[28]) *Roland Innerhofer:* Fluchtbewegungen oder der Verlauf eines Befreiungsversuches. In: Wiener Tagebuch Nr. 2 (Februar) 1983, (zu: „Verlauf eines Sommers").

[29]) *Ditta Rudle:* Höhensonne. In: Wochenpresse, 7. 1. 1986 (zu: „Die Nähe der Sonne").

[30]) *Gernot Wolfgruber:* Die Nähe der Sonne. Salzburg 1985, S. 188; Seitenangaben folgen im weiteren den Zitaten in (. . .).

> und Objekten immer und immer Autos und Motoren wucherten: Er hat doch diesen Autounfall gehabt, ist mit seinem Porsche 505 Spider auf dem Highway gegen einen Tankwagen gedonnert, unterwegs zu einem Rennen, gleich nach Drehschluß von „Giganten", seinem letzten Film [. . .] (94-95)

Das Allmachtsgefühl wird im ersten Teil bis an die Widerlegung durch die Faktizität getrieben, als Zell die Verkehrsampel, vor der er hält, schalten will, sie seinem Willen nicht gehorcht, und er verunfallt:

> Als sie grün wurde, ist er nicht weitergefahren. Es war ihm klar, daß es jetzt seine Pflicht war, die Ampel zu schalten. Alles hing davon ab. Er hat sie angesehen und mit dem Kopf exakt schalten können. Das Hupen, die auf der Kreuzung sich verkeilenden Wagen und die gestikulierenden Menschen draußen um sein Auto haben ihn nicht im geringsten gestört. Auch das Blaulicht nicht, das sich zuckend auf dem Pflaster und in den Fenstern der Häuser brach, dazwischen hin und her sprang wie in einer Galerie von Spiegeln. (97)

Das Negativ dieser Erfahrung ist jene andere, gegen Schluß des Buches aufgebaute, der totalen, über das Bewußtsein verfügten Kontrolle:

> [. . .] das Netz!, das ist das Netz! [. . .] Befehlsnetz!, alles aus Metall!, Fernsteuerung!, Lithium!, er merkt nicht einmal, daß sein Fuß hart auf die Bremse tritt [. . .] krampfhaft hält er sich am Lenkrad fest, um in der Spur zu bleiben, Abstand zu halten, dieses Netz aus Metall!: damit steuern sie alles, hat man ihn gesteuert, Lithium ist ja ein Metall, sein ganzer Körper voll damit, sie hatten ihn unter Kontrolle, und da draußen überall Drähte, *Leitungen*, neben ihm *Leit*schienen [. . .] (334)

Mit diesen Zitaten sind aber nur die pathologischen Spitzen im Romanfortgang markiert, zwischen denen eine Vielfalt von Gegenständlichkeiten und Situationen im Spiegel des Bewußtseins der Hauptfigur aufscheint: vom Begräbnis der Eltern zum Weihnachtsabend im Kreis der Hinterbliebenen bis zur erinnerten Preludynamo Company, einer Architektengruppe, der Zell angehörte, und die an die experimentellen Gruppierungen der 60er Jahre (Haus-Rucker, Coop Himmelblau oder Missing Link) erinnert.[31])

Dieser Ebene gehören die Architekturphantasien an, die dem Roman auch einigen spekulativen Reiz verleihen: der „Parking-House-Flipper" etwa, das

> verschollene Hauptwerk der PreludynamoCo!, eines ihrer Projekte für die Garage am Domplatz, statt der Flipperkugel werden Autos herumgeschleudert, rasen umher zwischen sie abstoßenden Wänden, verschwinden röhrend mit elektronisch verstärktem Echo im aufragenden Hochhaus, und auf dessen vertikaler Fläche, gerahmt von blinkenden Sternen und den rasselnden Ziffern der Zählwerke, überträgt ein riesiger Bildschirm die Geisterbahnrennen im Gebäudeinneren nach draußen auf den Platz, 50 Karambolagen – ein Freispiel, ein rotflimmernder Pfeil „way out" weist auf die Rampe, wo die Autos auf 300 beschleunigt werden und durchs Dach hinausrauschen wie Raketen [. . .] (213)

Den Verdacht, es könne sich bei diesem Thema um ein modisches handeln, spielt der Autor elegant an den Leser zurück, indem er das mögliche Interesse daran von Zell abironisieren, neutralisieren läßt: „Architektur war ja seit einiger Zeit irgendwie ‚in'. Die Schickeria sprach jetzt von ihr, wußte auf einmal Namen von Architekten und welcher kanonisierte Gesichtsausdruck dabei jeweils anzuziehen war." (239)

---

[31]) vgl.: Der Kunst ihre Freiheit. Wege der österreichischen Moderne von 1880 bis zur Gegenwart. Hgg. von *Kristian Sotriffer*. Wien 1984, S. 191.

Dennoch: es wird so insgesamt der Eindruck einer sehr reich ausgefalteten Wirklichkeit vermittelt, durch ein Bewußtsein, das selber in starke Bewegung versetzt ist, aus der „Normallage" in den pathologischen Zustand, die Depression oder die Euphorie auspendelt und wieder zurückkehrt. Über weite Strecken entsteht jedoch, durch das Bewußtsein der Hauptfigur, ein Identifikationsangebot, das in seiner Entfremdetheit, in seinen Isolationsgefühlen dem Alltagsbewußtsein nicht fremd ist, bis hin zur Frage, die man sich in der Tat häufig stellt und die, in kruder, alltagssprachlicher Form, die Grenzen von Normalität und Wahnsinn offen hält: „Spinne ich, oder spinnen jetzt alle andern." Die Perspektive, die *Wolfgruber* entwirft, zeigt, daß die Grenze unmerklich ist, zeigt auch jene Zustände, in denen die genannte und jedem geläufige Frage nicht oder in gleichermaßen gültiger, widersprechender Weise beantwortet werden kann.

Totalitätsphantasien können aber auch ganz unten eingekauft bzw. geschenkt werden. Dazu nur ein kurzer, illustrierender Hinweis auf *Werner Fritsch* (im folgenden auch „Wernerl" genannt) und seinen „Cherubim", ein Buch, das einen achtzigjährigen Bauernknecht als gefundenes Subjekt vorweist, dessen Äußerungen festgehalten werden: „Und das Wernerl tut es aufschreiben."[32]) Das Buch hat Verkaufserfolg und Preise erzielt, eine daraus weitergeführte Arbeit wurde auch im Rahmen des Bachmann-Wettbewerbs 1987 ausgezeichnet. Unter den Prämissen, die das Buch setzt, kann die Wirklichkeit wieder, vorhegelianisch, gründlich und von Anfang an beschrieben werden. Der Abschnitt „Von der Ewigkeit bis 1905" beginnt so:

> Und da war nichts am Anfang.
> Und war doch wie ein Loch. Ein Was wie ein Urloch, was es war. Und ich weiß nicht, ist was reingekommen und kann rausgekommen gewesen sein auch erst was. Rausgekeimt gekommen grad. Da ist der Herrgott hergegangen und hat einen Batzen Dreck genommen nach dem andern. Und hat ihn hinumgewalzt und hinumgewalzt. [. . .] (9)

Später heißt es dann:

> Der Herr und Himmelgott hat einen Haufen dann erschaffen. Die Welt und alles mögliche. Wie uns. Durchs Sprechen. Damit wir uns auch und alles verstehen tun. Die Vögel fein auch. In schönen Augenblicken. Kann sich freilich ein paar Mal auch versprochen haben. Aber nicht oft. Was ich gehört hab. Daß ich gelebt hab, sag ich. Und das Wernerl tut es aufschreiben. In allen Sprachen. Für ewige Zeiten in Feuerzungen. Wenn einmals Licht ausbricht. (11)

Alles wird so wieder möglich, Schwachsinn und Tiefsinn liegen so eng beieinander, daß sie kaum von einander lösbar scheinen, manches klingt wie *Heidegger*. Dennoch läßt sich ein Gefühl der Ungleichzeitigkeit nicht abweisen, und dem nachaufklärerischen Leser bleibt, wie bei den Präsentationen von „oral history", zu denen dieses Buch tendiert, nicht erspart (um eine Analogie von *Carlo Ginzburg* zu verwenden), mythischen Käse und wirklichen Käse zu unterscheiden.[33])

5. Die Kunst und das Leben unterhalb der Mitte. Oder: Klassischer Form sich nähernd

Ein Kunstgriff des Realismus war es seit jeher, sich an der Kunst abzustützen (oder sich von ihr abzustoßen), um den Realitätscharakter der wirklichen Wirklichkeit zu zeigen. Man denke an den Grünen Heinrich, der in die Kunststadt München fährt, um dort Maler zu werden, und dann Fahnenstangen streicht.

---

32) *Werner Fritsch:* Cherubim. Frankfurt 1987, S. 11; Seitenangaben weiterhin nach dem Zitat in (. . .).

33) *Carlo Ginzburg:* Der Käse und die Würmer. Die Welt eines Müllers um 1600. Frankfurt/M. 1979, bes. S. 90–92 das Kapitel 27, „Mythische Käse und wirkliche Käse".

Einen ähnlichen Entwurf nimmt *Gustav Ernst*, ehemals Rom-Stipendiat des österreichischen Kulturinstituts, und läßt, im (Kurz-)Roman „Frühling in der Via Condotti" sein Ehepaar Guschelbauer – zwar nicht die Kunst, aber die verlorene Liebe suchen. Ehemaliges Flitterwochenglück, freilich auch Aura und die genii loci Roms spielen eine wesentliche Rolle: sie sind der Hintergrund, vor dem die Realität auftritt: „Die Ewige Stadt, sagte er. Heiß ist es, sagte sie."[34])

Dies ist das Kontrastschema, das diesen Roman vom ersten Satz an bestimmt. Nicht immer ist der Kontrast in die Figurenrede gelegt, oft auch deutet sich an, daß da einer mehr weiß als die Figuren, der Erzähler nämlich, der die Kontraste arrangiert. So heißt der erste Satz:

> Genau an jener Stelle, wo rechter Hand, bevor die Aurelianische Mauer beginnt und der Zug in den Bahnhof Termini einfährt, sich unter einer Reihe von Häusern, die mit ihren Fronten bis knapp an die Geleise reichen, jene Ruine befindet, in der immer, sooft man [!] vorbeikommt, Wäsche zum Trocknen aufgehängt ist, begann Marianne Guschelbauer ihren Mann dazu zu überreden, die Extrawurst aufzuessen. [. . .] Ich habe jetzt keine Wurst im Kopf, sagte Walter Guschelbauer, sondern das Gepäck [. . .] (7)

Die wahre und die sprichwörtliche Extrawurst, die Kronen-Zeitung und der Stadtplan von Rom, die Ehe und die Liebe, die Gegenwart und die Erinnerung (auch die historische) werden so gegeneinander gesetzt, und eine gewisse Befriedigung wie auch Geniertheit im Lesevorgang dadurch entsteht, daß man von der Autorperspektive in eine Überlegenheitsposition gedrängt wird. Ich zitiere eine Stelle, die mir hiezu besonders illustrativ erscheint, weil sie die Technik des krassen Kontrasts, die *Gustav Ernsts* Stärke ist, deutlich sichtbar macht. Der Erzähler trennt das Ehepaar vorübergehend und führt dem Mann eine alternde Engländerin zu, mit der er sich vor Lord Byrons Denkmal und mit Sicht auf dieses in die Büsche schlägt:

> But I have lived, and have not lived in vain, las Mrs. White den Text vom Sockel, wie es ihr Mann immer getan hatte. [. . .] My mind may lose its force, my blood its fire, / And my frame even in conquering pain, las sie und schrie auf, weil ihr Walter Guschelbauer plötzlich den Finger ins Loch stieß und weiter hineinwollte. [. . .] Als sie zum dritten Mal Byron aufsagte, sagte er: Kusch jetzt, gepudert wird. (102–103)

Alles mißlingt freilich, und gegen Ende erst läßt der Erzähler die Protagonisten zu dem Platz kommen, wo sie einst glücklich waren, wie auf eine Bühne mit doppeltem, ja dreifachem Boden:

> Er hob den Kopf und sah durch die Tränen auf Rom, das noch immer vor ihm lag wie das Leben.
> Er onanierte. Er schaute auf das Tor, durch das Goethe 1887 [sic! recte 1787, *H.L.*] die Stadt betreten hatte. Er schmierte den Samen mit der Schuhspitze so lang im Staub herum, bis nichts mehr zu sehen war. (111)

Spätestens an dieser Stelle ist das Buch als eine Art Kontrafaktur zu jenem Werk erkennbar, dem das Motto vorangestellt ist: „Wie wir einst so glücklich waren! / Müssen's jetzt durch euch erfahren", den „Römischen Elegien" also, deren erster Abschnitt vom Eintritt des Dichters in die Stadt berichtet und davon, wie Steine, Paläste und Straßen lebendig werden: „[. . .] Noch betracht ich Kirch und Palast, Ruinen und Säulen, / Wie ein bedächtiger Mann schicklich die Reise benutzt. / Doch bald ist

---

[34]) *Gustav Ernst:* Frühling in der Via Condotti. Wien 1987, S. 73; Seitenangaben folgen im weiteren nach den Zitaten in (. . .).

es vorbei; dann wird ein einziger Tempel, / Amors Tempel, nur sein, der den Geweihten empfängt. / Eine Welt zwar bist du, o Rom; doch ohne die Liebe / Wäre die Welt nicht die Welt, wäre denn Rom auch nicht Rom".[35])

6. *„Der Autor hat Brecht gelesen..." (Haslinger)*

Unter den Erblassern des Realismus wird von *Josef Haslinger* in dem zitierten Aufsatz (der im übrigen auch die Verdienste *Gustav Ernsts* für die österreichische Gegenwartsliteratur ins rechte Licht rückt) auch *Bertolt Brecht* genannt; das Resultat dieser Erinnerung für den fiktiven realistischen Autor ist Unzufriedenheit mit „den literarischen Werken seiner Kollegen, mit seinen eigenen ebenso".[36]) Es gibt in der Tat auch Verluste zu beklagen, wenn man die Theorie des Realismus auf die Gegenwartsliteratur bezieht. Der Verlust etwa jener Techniken (um nicht unzulässig die Gattung zu wechseln), die *Brecht* auch für den Roman etablierte, nämlich: Montage, vielfältig variiertes Arrangement der Perspektiven, Satire, wie er sie für den Roman „Die Geschäfte des Herrn Julius Cäsar", den er als realistischen bezeichnete, entwarf. Dafür reichten ihm schon damals die aus *Balzac* und *Tolstoj* extrahierten Rezepte nicht aus. Auch das fleißige Studium der neuen Wissenschaften war nicht ausgeschlossen.[37])

Es dürfte allerdings in der neueren österreichischen Literatur eher ein Dictum des späten *Brecht*, 18 Jahre nach dem eben zitierten, als Richtschnur angenommen worden sein, nämlich: „Wir müssen einen großen Ballast von erhabenen Gefühlen abwerfen, welche nur die Gefühle der Erhabenen waren, und uns den niedrigen Beweggründen zuwenden, welche die Beweggründe der Niedrigen waren."[38])

Michael Scharang macht jedenfalls in seinen theoretischen Überlegungen von diesem Grundsatz Gebrauch und kritisiert das Inventar der bürgerlichen Moderne. Der neue Typus Literatur sei, im Gegensatz zur Literatur der Jahrhundertwende und noch der Zwischenkriegszeit eine „Literatur, die klein daherkommt".

> [. . .] Wie sonst hätte sich die Literatur nach dem Krieg verhalten sollen? Ein Blick auf die Literatur der Zwischenkriegszeit mußte ihr nahelegen, vorsichtig zu sein, den Mund nicht zu voll zu nehmen. [. . .] sie hatte sich mit großen Werken eingemischt in große gesellschaftliche Auseinandersetzungen [. . .] Doch der Triumph des Nationalsozialismus relativierte das aufs Bösartigste. [. . .] Wozu der große literarische Aufwand, wenn er nicht einmal das Schlimmste verhindern konnte.[39])

Die andere Begründung für die „klein daherkommende Literatur" ist, wie bei *Haslinger*, unmittelbar sozialer Art: die Schriftsteller rekrutieren sich nicht mehr aus dem Bürgertum (das die Posten in der Kulturindustrie und Kulturverwaltung besetzt), sondern, der Schluß liegt nahe, aus dem Kleinbürgertum oder Proletariat; die Bedingungen der Kulturverwaltung machen, so *Scharang*, in jedem Fall daraus eine „proletarisierte" Literatur. Damit will er allerdings Not und Tugend gleichermaßen beschreiben, auf die Darstellung der bekannt schlechten Arbeitsbedingungen folgt das Pathos des schreibenden underdogs:

---

[35]) *Johann Wolfgang v. Goethe:* Poetische Werke. Berliner Ausgabe. Bd. 1, Berlin 1976, S. 167.

[36]) *Josef Haslinger* (Anm. 18), S. 7.

[37]) *Bertolt Brecht:* Über den formalistischen Charakter der Realismustheorie. In: *Bertolt Brecht.* Über Realismus. Frankfurt/M. 1971, S. 46–53, Zit. S. 53.

[38]) *Bertolt Brecht:* Realismus als kämpferische Methode. Notizen für die Rede auf dem Schriftstellerkongreß 1956. In: *B.B.:* Über Realismus (Anm. 37), S. 171–173 , Zit. S. 172.

[39]) *Michael Scharang:* Die proletarisierte Literatur. In: Wespennest 55 (1984), S. 2–6, Zit. S. 2–3.

> Der proletarisierte Schriftsteller ist nicht gebildet. Falls er die Möglichkeit sich zu bilden überhaupt hat, so hat er nicht die Zeit. In der Regel macht er möglichst jung den riskanten Versuch, als Autor Fuß zu fassen. Gelingt das nicht, macht er was anderes. Gelingt es, muß er um sein Leben schreiben, sonst ist er bald kein Autor mehr. Zum Unterschied vom bürgerlichen Autor besitzt er nichts als seine Arbeitskraft. Deshalb vermißt er nicht, was ihm fehlt. Er vermißt nicht die Bibliothek, da er ohne Bibliothek aufwuchs. Er vermißt nicht das Arbeitszimmer, schließlich machte er schon die Schulaufgaben in der Küche. Er ächzt nicht unter der Abhängigkeit, denn andere als abhängige Verhältnisse hat er um sich herum nie gesehen.[40])

Aus der Situation sind zwei Konsequenzen möglich, und hier kann man *Scharang* nicht widersprechen: der Autor ist prädestiniert zum „ideale[n] Medium der Medienindustrie. Anderseits derjenige, der ihr schärfster Gegner werden kann.“[41]) Nach den Grundsätzen der Medienindustrie, und damit kann an *Fian* angeschlossen werden, ist auch beides zugleich möglich.

Es soll hier nicht versucht werden, dem Autor *Scharang* selbst jene Proletarisiertheit abzusprechen, aus der er Anklage und Pathos der neuen Literatur herleitet. Man kann aber, so meine ich, an seinem Buch „Harry. Eine Abrechnung“[42]) die Schwierigkeiten ablesen, einen Standpunkt „ganz unten“, den Gestus des „klein Daherkommens“ zu gewinnen.

Das Kunststück in diesem Buch ist es, daß die Figur des „Charly Traktor“ (aus dem Buch von 1973) und die des „Autors“ dieses Buches weitergezogen werden, der Romanfigur und dem Autor je ein Sohn zugeteilt wird und der Zufall dergestalt eingeschaltet wird, daß die Söhne miteinander bekannt werden und gemeinsam verunfallen, sodaß der Sohn des „Autors“ querschnittgelähmt wird, während der Sohn des „Charly Traktor“ nun seinerseits Autor geworden ist und in seinem langen Monolog in einem Gasthaus, bei dem der Autor des „Charly Traktor“ nur Stichwortgeber ist, diesem die fertig von unten perspektivierte Geschichte des Sohnes von „Charly Traktor“ erzählt. So entsteht ein „proletarisierter Autor“, der, wie er selber bemerkt, aus seinen in einer angelernten, affektierten Sprache verfaßten Aufzeichnungen vorliest. Der Autor dieses Textes ist also nicht der Autor dieses Textes, sondern nur sein Zuhörer und endgültiger Aufschreiber. Rettet das den Autor *Michael Scharang* vor Peinlichkeiten, so z. B. der, den Schluß der Erzählung verantworten zu müssen, an dem sich ein chinesischer deus ex machina namens Tschang ankündigt, der sich anheischig macht, die Querschnittslähmung durch Akupressur zu heilen und möglicherweise auch den Tod von Evi, der Freundin Harrys, rächen wird, welche möglicherweise von Mördern, die ein Staatssekretär gedungen hat, umgebracht wurde? Diese Rätsel können jedenfalls im Text nicht mehr gelöst werden: es ist Sperrstunde, das endigt den Monolog, man geht auseinander, nicht ohne sich auf den bevorstehenden gemeinsamen Kampf geeinigt zu haben.

Wesentlich geglückter scheint mir das Kunstmittel der Perspektive von ganz unten in *Josef Haslingers* „Novelle“ „Der Tod des Kleinhäuslers Ignaz Hajek“ eingesetzt, nämlich so, daß es, weil ohne aufwendige Stützkonstruktion, als Mittel unter der Oberfläche des Erzählten verschwindet und dennoch, bei genauerer Analyse, die Konturen der Erzählung wirkungsvoll hervortreten läßt. Es ist eine Art „Chronik eines angekündigten Todes“, ins Wald- und Weinviertel gelegt und durchgeführt unter diskreter und sehr bestimmter Ausnützung aller Verknüpfungsmöglichkeiten, die in der traditionellen Erzählweise angelegt sind. Es ist eine Geschichte des engsten Raums, vom Selbstmord eines Kleinhäuslers, die dennoch die Geschichte dreier Generationen,

---

40) ebenda S. 5.
41) ebenda.
42) Darmstadt 1984.

Krieg, Denunziation und Nationalsozialismus andeuten kann, ohne in einer Zeile bekennerisch, politisierend oder besserwisserisch ihre (erzählerische) Verfügungsgewalt über Menschen und Materialien zu annoncieren. Die Bildlichkeit des Texts arrangiert die Faktoren dieser bäuerlichen „Überlebenskultur" *(J.Berger)* so, daß das Unerhörte, der Selbstmord, paradox und gleichermaßen konsequent erscheint:

> Mit der Rückseite des Beils schlug er dem Schafbock so kräftig auf die Stirn, daß der augenblicklich umfiel. Während er das Tier auf die Leiter legte, begann es zu zittern und mit den Füßen zu zappeln. Er hielt es fest und stieß ihm am Hals das Messer durch das Fell, schob es ein paarmal hinein und drehte es in der Wunde, aus der warmes Blut über seine Hand herausschoß. Als der Bock nur mehr leise zuckte, wusch er an der Wasserleitung das Messer und seine Hand, warf noch einen Blick auf das ruhig daliegende Tier und ging heim. Eben wollte er die Haustür schließen, da stand der Schafbock mit großen, glasigen Augen hinter ihm. Aus seinem Hals rann noch ein Faden Blut [. . .] Gebannt starrte Ignaz Hajek in die Augen des Tieres. Es konnte sich kaum auf den gespreizten Beinen halten, neigte langsam den Kopf zu Boden und sank in sich zusammen.[43])

Das erinnerte Ereignis wird lakonisch in den Ablauf jener Ereignisse gefügt, an deren Ende der Selbstmord steht: „Das war vor gut zehn Jahren gewesen. Seither hatte er sich an diese Augen oft erinnert. Heute spürte er, daß er sich nicht mehr würde retten können." (75)

Der Alte, der sich an diesem Tag kaum mehr auf den Beinen halten kann, schleppt, als sein letzter Dienst an den Überlebenden, der Sau einen Sack Eicheln heim, sieht ihr beim Fressen zu; geht zum Nachbarn, wo eben eine Sau gestochen wurde. Der Blick schweift noch einmal über die Gegenstände, die die Welt einzäunen: Tor, Küchenfenster, Kammerfenster, Misthaufen an der Stallseite. Dann geht Hajek heim und hängt sich auf. Seine Frau „molk zu dieser Zeit gerade die Geiß. Sie hörte, als die Schubkarre umfiel, ein Geräusch, aber sie wußte nicht, woher es gekommen war und fuhr, da es still blieb, mit ihrer Arbeit fort." (89)

Mit diesen wenigen Hinweisen ist die Erzählung längst nicht erschöpfend charakterisiert, vor allem nicht nach der Dimension des in ihr erscheinenden historischen und gesellschaftlichen Bewußtseins, das immer im Horizont der agierenden Figuren entwickelt wird, in der Kombinatorik der Einzel-Horizonte aber weit darüber hinausführt.

7. Kurzer abschließender Versuch zur Frage, ob sich die Wirklichkeit in hinreichender Weise selbst demaskiere und also eine realistische Literatur überflüssig mache

Haslingers schriftstellerischer Ehrgeiz geht allerdings über den Bereich der Eicheln, Säue, Schafböcke, ländlichen Selbstmörder usw. hinaus. In der schon mehrmals zitierten, gewiß etwas selbstironischen Darstellung des österreichischen Schriftstellers bespricht er ein hypothetisches Romankonzept mit einem hohen Politiker, einem großen Unternehmer, einem Kardinal, zumindest in einer Nebenrolle. Aus Mangel an unmittelbarer Erfahrung und in daraus folgender Einschätzung der Möglichkeiten lebensnaher Darstellung läßt er den Politiker fallen, reduziert den Kardinal zum Abt und den Unternehmer zum Prokuristen eines ebenfalls verkleinerten Betriebes.

Ist diese Reduktion noch zu beklagen, wenn man (dem Grundsatz folgend, daß für „Realismus" immer auch die Realitätseinschätzung des Lesers entscheidend ist) dagegen hält, was die Wirklichkeit (aus praktischen Gründen nenne ich sie als kollektiven Akteur) seither auf dem Felde hervorgebracht hat, das *Haslinger* realistisch zu

---

[43]) *Josef Haslinger:* Der Tod des Kleinhäuslers Ignaz Hajek. Darmstadt 1986, S. 76–77; Seitenangaben folgen den Zitaten in (. . .)

beackern strebte: hohe Politiker, die mit Sparbüchern jonglieren, die nicht ihnen gehören (in andern Fällen vielleicht doch), Bischöfe, deren Habitus und Äußerungen die Fassungskraft selbst eines großen Teils der Gläubigen übersteigt, einen Abt, der wegen defraudantischer Kollaboration mit einem Versicherungsmanager einsitzt, einen Staatsanwalt, der ihm auf seltsame Weise übergebene Millionen eines Unternehmers in seinem Garten vergräbt usw. usf. Kein realistischer Autor, selbst mit den niedrigsten Ansprüchen an die Wahrscheinlichkeit des von ihm Erfundenen hätte je gewagt, solches romanhaft darzustellen. Ist, in Anrechnung all dessen, nicht doch die entlarvende Kraft des „Realismus" zu relativieren? Ist der Kritik *Antonio Fians* am „Realismus" zuzustimmen?

> Die literarische Technik des Realisten ist eine journalistische: die der Entlarvung. Wozu aber ein Börsenmakler in einem Fernsehinterview zwei Minuten benötigt, dazu braucht der Realist einen Roman, und all die grausamen Wahrheiten, die fünfzig Realisten nach jahrelangen Recherchen in fünfzig Büchern zutage fördern, sagt Strauß in einer einzigen Wahlkampfrede. Der grundlegende Irrtum, dem der Realist aufsitzt, ist der, daß er glaubt, die Ausbeuter, die Menschenverachter hätten es notwendig, etwas zu verschweigen. Das Gegenteil ist der Fall: Je mehr einer zugibt, desto mehr hat er zu reden.[44])

Auch dieser letzten Schlußfolgerung ist im Lichte neuerer Entwicklungen Plausibilität nicht ganz abzusprechen. Zu ihrer Illustration hat *Fian* (im Winter 1982/83) folgendes, „überspitzt", wie er zugibt, formuliert:

> Die FPÖ hätte statt Peter bloß einen zu finden brauchen, der öffentlich bekennt, er habe einige tausend Juden eigenhändig ermordet: es tue ihm leid, aber er sei eben jung gewesen und werde es auch nicht wieder tun: Er wäre nicht nur dritter Nationalratspräsident geworden, sondern auch aussichtsreicher Kandidat gewesen für das Amt des nächsten Bundespräsidenten.[45])

Haslinger, der Realist, hat auch den zuletzt überspitzt angesprochenen Sachverhalt behandelt, journalistisch, wenn man will, in dem Essay „Politik der Gefühle", der in kürzester Zeit in zwei Auflagen verkauft wurde.[46]) Das ist ein Erfolg, allerdings, wie *Haslinger* wahrscheinlich zu Recht vermutet, bei denen, die politische Essays lesen: „Ich merk' nur eines, daß ich die falschen Leser habe. Solche, die im Grunde aus dem Buch gar nicht viel Erkenntniswert oder viel Widerstandskraft beziehen können, weil sie alles ohnedies in einer ähnlichen Form gesehen oder empfunden haben."[47])

Die Sehnsucht geht nach wie vor nach einer Form, die über den Kreis der sich den Durchblick Zusprechenden hinaus wirkt:

> Ich hätte lieber einen Roman geschrieben, in dem jene politischen Machtstrukturen, die ich in meinem Essay darzustellen versuche, vielleicht dann doch exakter rauskommen, und zwar detaillierter und weniger auf eine handgreifliche These reduziert, sondern auch in ihrer Widersprüchlichkeit deutlicher, lebendiger. Aber die literarische Tradition, in der ich arbeite, schien mir dieser Aufgabe nicht mehr gewachsen zu sein: Der literarische Realismus hat sich sehr beschränkt auf die detaillierte Darstellung der geknechteten Subjektivität und auf die sehr undetaillierte Darstellung eines gesellschaftlichen Apparats, dem die Schuld an diesem Geknechtet-Sein zukommt und der den Grund abgibt für die ständige, zu ihrer Rettung nötig gewordene Fluchtbewegung der Subjekte.[48])

---

[44]) *Antonio Fian* (Anm.16), S. 50.
[45]) ebenda.
[46]) *Josef Haslinger:* Politik der Gefühle. Ein Essay über Österreich. Darmstadt 1987.
[47]) Interview mit *Franz Schuh*. In: Falter Nr. 43 (1987), S. 1–4, Zit. S. 3.
[48]) ebenda.

Das kann, trotz der Vorläufigkeit, die einer Interviewäußerung eigen ist, für programmatisch genommen werden. Und es zielt auf ein Formenrepertoire, das über das hier analysierte hinausgehen wird.

Die Wirklichkeit entblößt sich selbst, öffentlich und ungeniert. Das ist, dem Prinzip nach, zumindest seit *Karl Kraus* bekannt. Dennoch braucht es, paradoxerweise, diejenigen, die uns darauf aufmerksam machen, wann und wie dies geschieht: sie bohren (perspektivische) Löcher in die Bretter vorm Kopf, durch die wir, Leser und Voyeure der Wirklichkeit, an ihren Entblößungen teilnehmen.

(Manuskript abgeschlossen im März 1988)

Lutz Holzinger

Bewußtseinsverengung oder -erweiterung?

Neue Tendenzen, neue Moden in der gegenwärtigen Literaturproduktion

Bei dem hier gestellten Thema wollte ich mich nicht auf die schöne Literatur im engeren Sinn beschränken, sondern zunächst auch einbeziehen, was massenhaft gelesen wird. Daher bestellte ich das neueste Buch von *Johannes Mario Simmel*, der ja gebürtiger Österreicher ist. Was und wie schreibt ein Autor, ist zu fragen, dessen Erstauflagen nicht unter 150.000 Exemplaren liegen und der damit sogenannte Literaten verbreitungsmäßig vielfach überflügelt?

Doch mit den Clowns kamen die Tränen ist ein modernes Mantel- und Degenstück. Handwerklich gut gearbeitet ist der Aufbau des Romans in dem Sinn, daß in periodischen Abständen, immer wenn der Spannungsbogen durchzuhängen droht, neue „plots" eingeführt werden. Was die Figurenzeichnung betrifft, begnügt *Simmel* sich mit dem, was *Forster* „flat charakters" bezeichnet. Im vorliegenden Fall kommt das vielleicht der leichteren Identifikation der Leser mit den Protagonisten entgegen. Was den handelnden Personen an Kontur fehlt, füllen die Rezipienten mit ihrem eigenen Charakterbild oder ihrem „besseren Ich" auf.

Der stoffliche Hintergrund, auf dem die Handlung aufbaut, ist verblüffend, wenn man so will, modern und gegenwärtig. Es geht um den Mißbrauch von biochemischen Techniken zur Genmanipulation für Rüstungsinteressen der „Supermächte". Vor dem Hintergrund der fast zwangsläufigen Vernichtung der Menschheit im Zeichen des sogenannten „Kriegs der Sterne" herrscht eine fieberhafte Suche nach Methoden, einen „softwar" zu führen. Seine Logik besteht in der einseitigen Verfügbarkeit von Viren, die durch Veränderung der Erbsubstanz die selbständige Handlungsfähigkeit der Individuen zerstören. Es gehört offenkundig zu *Simmels* Arbeitsweise, daß die sachlichen Elemente seiner Literatur hervorragend recherchiert sind und dem jeweils verfügbaren aktuellen Wissensstand weitgehend entsprechen.

Dennoch ist die Wirklichkeit, die *Simmel* in diesem Buch gibt, platt. Die Welt wird von einer Art Verschwörung der „Supermächte" im Bann gehalten. Und ihr Untergang kann nur mit knapper Not von Männern und Frauen vereitelt werden, die die denkbar besten aller Charaktereigenschaften auf sich vereinen und nur insofern menscheln, als auch sie der Liebe, die bekanntlich eine Himmelsmacht ist, nicht widerstehen können. Der Durchschnittsbürger hat nicht das geringste zu melden, womit zynisch ein Stück Wirklichkeit getroffen ist, der wir alle gegenüberzustehen scheinen.

Simmel landet also beim Gemeinplatz, der mit Bewußtsein nur insofern zu tun hat, als er seine glatte Negation darstellt. Damit ist immerhin ein Kriterium dafür gewonnen, wie Literatur nicht aussehen kann, von der unter dem gestellten Titel die Rede sein soll.

Nun, wie soll sie aber – positiv gewendet – ausschauen. Beim Nachdenken darüber fiel mit zuerst *Bertolt Brecht* ein, der eine Literatur gefordert hat, die dem „wissenschaftlichen Zeitalter" angemessen ist. Als ich vor Jahren versuchte, daraus eine Definition abzuleiten, bin ich zu ungefähr folgender forschen Formulierung gelangt: Literatur ist heute dann fortschrittlich, wenn sie dadurch aufklärend wirkt, daß sie den Arbeits- und Lebenszusammenhang der Menschen aufhellt und ihre Lebenserfahrungen in einer Weise organisiert, die sie zu handeln befähigt. Handeln bezog sich dabei auf das Vermögen, die eigenen Interessen nicht nur zu erkennen, sondern auch prak-

---

Lutz Holzinger, Dr. phil., Redakteur, Wien.

tisch durchzusetzen. Hinter diesem Begriff für „realistische Literatur" steckt natürlich offene Parteilichkeit – nicht im Sinne der Parteipolitik, sondern in Analogie zu dem vermutlich äußerst naiven Gedanken, daß es in einer Gesellschaft gerecht und vor allem sozial gerecht zugehen sollte.

Einen Artikel zu dieser Thematik lieferte ich im Jahr 1974 der „Zeitschrift für brauchbare Texte", dem **Wespennest**, ab, die ihn auch tatsächlich gedruckt hat. Damals stand ich unter dem starken Eindruck meiner Politisierung und dem Aufleben eines „Realismus", der nicht unbedingt gehalten hat, was ich mir damals von ihm versprach. Wie ich seinerzeit *Michael Scharangs* **Charly Traktor** für einen Durchbruch realistischen Schreibens gehalten habe, schließe ich mich heute der Formulierung dieses Autors an, wonach wir es in der österreichischen Gegenwartsliteratur bisher entweder mit „psychologischem Innenwelt-" oder „politischem Außenwelt-Naturalismus" zu tun gehabt haben. Ausständig sei „der Absprung in die Fabel, in die Metapher – in den Realismus".

Ich möchte bei *Brecht* bleiben, um endlich zum Thema zu kommen und etwas zum Bewußtsein in der Literatur auszusagen. Von ihm stammt unter anderem eine recht brauchbare Abgrenzung gegen das falsche Bewußtsein, welches sich einfach nicht auf der Höhe der Möglichkeiten der Gegenwart befindet, die er als „wissenschaftliches Zeitalter" benennt. *Brecht* sagt:

> „Die These (in jeder Zeitung nachzulesen) ist, daß der Künstler am besten aus dem Unterbewußtsein schöpfe. Nun mag es sein, daß der Künstler seiner Zeit, wenn er seinen Verstand ausschaltet oder ihn auf das rein Handwerksmäßige beschränkt, mitunter einiges Wahre ausplappern mag. Das wirft ein helles Licht auf seinen Verstand. Und es ist kein besonders gutes Zeichen für eine Gesellschaftsordnung, wo nur die Unmündigen oder Betrunkenen die Wahrheit sagen oder zu sagen bereit sind. Das Schlimme ist nur, daß der Künstler aus seinem Unbewußten meist auch nur Irrtümer und Lügen schöpft. Er schöpft nämlich heraus nur, was ihm hineingelegt wurde, und ist das Herausschöpfen unbewußt, so war das Hineinlegen meist sehr bewußt."[1])

Gleichzeitig macht *Brecht* aber auch auf die Schwierigkeit aufmerksam, die für die Kunst darin besteht, die Wirklichkeit, wie *Picasso* sagt, beim Schwanz zu fassen. Im **Dreigroschenprozeß** heißt es:

> „Die Lage wird dadurch so kompliziert, daß weniger denn je eine einfache ‚Wiedergabe der Realität' etwas über die Realität aussagt. Eine Photographie der Kruppwerke oder der AEG ergibt beinahe nichts über diese Institute. Die eigentliche Realität ist in die Funktionale gerutscht. Die Verdinglichung der menschlichen Beziehungen, also etwa die Fabrik, gibt die letzteren nicht mehr heraus. Es ist also tatsächlich ‚etwas aufzubauen', etwas ‚Künstliches', ‚Gestelltes'. Es ist also ebenso tatsächlich Kunst nötig. Aber der alte Begriff der Kunst, vom Erlebnis her, fällt eben aus. Denn wer auch von der Realität nur das von ihr Erlebbare gibt, gibt sie selbst nicht wieder."[2])

Aus diesen beiden Zitaten läßt sich an sich eine brauchbare Realismuskonzeption ableiten, die einerseits den aufklärerischen Anspruch des „wissenschaftlichen Zeitalters" im Zeichen des Marxismus-Leninismus berücksichtigt und andererseits das einengende Modell des „sozialistischen Realismus" überwindet. Allerdings birgt auch diese Definition wie jede normative Ästhetik die Gefahr in sich, daß sie mit der konkreten künstlerischen bzw. literarischen Praxis nichts zu tun hat. Tatsächlich wäre es

---

1) *Bertolt Brecht:* Gesammelte Werke, Band 19, Frankfurt/M. 1967, S. 352 f.

2) Ebenda, Band 18, S. 161.

zu verwegen, Literatur als Feld zu begreifen, das sich lediglich zwischen zwei Polen, der Wissenschaftlichkeit und der Künstlichkeit, entfaltet.

Mich in diesem Punkt einzubremsen, hat eine weitere Lesefrucht geleistet. Und zwar handelt es sich um eine Dokumentation von Diskussionen auf dem „Moskauer Friedensforum 1987“, die *Friedrich Hitzer* zusammengestellt hat. *Friedrich Dürrenmatt* sagte in der Diskussion unter Schriftstellern:

> „Die erste wissenschaftliche Entdeckung des Menschen war eine der schmerzhaftesten, die hat er bis jetzt noch nicht gelöst, das ist das Problem seiner Sterblichkeit. Das heißt, um weiterzuleben, mußte der Mensch damit fertig werden, daß er sterblich ist. Dieses Gefühl wurde nun begriffen, das Begreifen setzt ja Intellekt voraus. Und dies führte zur Erfindung der Metaphysik. Der Urmensch hat sofort seine Umwelt beseelt, er hat überall Seele gesehen, auch der Baum hat Seele, jedes Tier hat Seele. Er hat in die Natur gewissermaßen die Unsterblichkeit hineingeführt. Das war eine notwendige Fiktion. Und diese notwendige Fiktion am Anfang seines Lebens, das war eigentlich die Kultur.“[3])

Genau, was *Brecht* zusammenzuführen sucht, Wissenschaft und Kunst, wird von *Dürrenmatt* als unvereinbarer Gegensatz aufgefaßt. Dazu sagte er auf dem Forum:

> „Intellektuell ist alles möglich, aber mit den Menschen ist nicht alles möglich. Ich bin auch erschüttert, wie man den Einfluß der Kultur überschätzt. Die Kultur ist nicht eine Macht, die den Menschen verändert hat, sie hat die Ideologie unterstützt, sie hat den Menschen das Leben zum Teil brauchbarer, annehmbarer gemacht, aber sie hat die Welt nicht verändert. Böse gesprochen, kann ich sagen: Das Christentum, die Kultur des Christentums, ist aus der Angst vor der Hölle entstanden. Die Kathedrale ist aus Angst vor der Hölle in den Himmel gewachsen. Das sind großartige kulturelle Gebilde. Kultur ist auch Ausdruck der Angst, der Verzweiflung, des Nicht-mehr-Wissens, Kultur ist auch ein Ausdruck des Menschen als Anarchist. Der Mensch geht nie mit der Gesellschaft eins. Es gab nie den Punkt, wo sich der Mensch mit der Gesellschaft total identifiziert. Das ist der Urkonflikt des Menschen, daß das Individuum auch ständig gegen den Staat ist, gegen die Gesellschaft, er fühlt hauptsächlich sein Ich. Und das ist der Ausdruck des Menschen, der ewige Konflikt.“[4])

Diese Nicht-Identität des Menschen ist nicht auf die Welt bzw. Gesellschaft beschränkt. Vielmehr erfaßt sie ihn selbst, und zwar im Widerspruch der menschlichen Existenz zwischen der Einzigartigkeit jedes Individuums einerseits und seinem gesellschaftlichen Wesen anderseits. Der Riß geht also mitten durch den einzelnen. Tatsächlich scheint die Thematisierung dieser Verfassung überhaupt konstitutiv für das, was wir schöne Literatur nennen. In ihr werden jedenfalls Momente dieser Grundproblematik menschlicher Existenz verhandelt. Wo das nicht der Fall ist, wie etwa bei *Simmel*, haben wir es eher mit erzählerisch aufbereiteter Sachliteratur zu tun.

Allerdings bedeutet die Zuordnung zur „schönen Literatur“ noch lange kein Qualitätskriterium. Zum Teil krankt die gegenwärtige Literaturproduktion, wie sie im Untertitel dieses Aufsatzes angezogen ist, daran, daß neue Namen in ihr kaum eine Rolle spielen. Was wieder damit zusammenhängt, daß die offizielle Kulturpolitik unseres Landes mit Hilfe des sogenannten Gießkannenprinzips eine Art nicht öffentliche Literatur hervorgebracht hat. Durch – allerdings höchst bescheidene – Subventionen kommt es zur Domestizierung von Autoren, denen weder ein reguläres Verlagswesen, noch ein Rezeptions- oder Rezensionsapparat gegenübersteht.

Nicht mehr dazu gezwungen, der Spezifik aller Kunstproduktion zu gehorchen, die darin besteht, im Besonderen das Allgemeine aufzuspüren, schreiben die Opfer dieser

---

[3]) Zitiert nach: *Friedrich Hitzer:* Abschied und Aufbruch – Tagebuchblätter vom Moskauer Friedensforum 1987; in: **Kürbiskern**, Heft 3/1987, S. 118 – 154, hier S. 123 f.

[4]) Ebenda, S. 125.

Verhältnisse eine Privatliteratur, die jeder Verbindlichkeit und schließlich auch jeder Verständlichkeit entbehrt. Daß auch diese schriftstellerische Haltung – meines Erachtens allerdings nur im Einzelfall – auf dem Buchmarkt verwertbar ist, hat *Robert Menasse* in einem Aufsatz im **Wespennest** dargelegt.[5])

Es hat mit dieser Entwicklung zu tun, daß unter dem Begriff der Gegenwartsliteratur seit 10 bis 20 Jahren dieselben Autoren ohne wesentliche Neuzugänge fallen. Wer nicht bereits zum Zeitpunkt der Gründung des Arbeitskreises österreichischer Literaturproduzenten im Jahre 1970 aktiv war, kommt in der Literatur mit Öffentlichkeitscharakter und -wirkung kaum oder nicht vor.

Dieser für die Betroffenen bedauerliche Zustand birgt für den Kritiker den Vorteil, getrost auf Autoren zurückgreifen zu können, die bereits ein umfangreiches Werk aufzuweisen haben. Dies ist selbstverständlich geradezu eine Voraussetzung, wenn es um eine Antwort auf die Frage geht, ob eine Bewußtseinserweiterung oder -verengung als Haupttendenz der österreichischen Gegenwartsliteratur festzustellen ist.

Meine These ist, daß es in der Entwicklung von Literatur von Qualität weniger um die Erweiterung oder Verengung, sondern um die Vertiefung des Bewußtseins geht. Dieser Ansatz soll an Hand des Schaffensprozesses einiger Autoren überprüft werden.

Dem Romancier *Gernot Wolfgruber* ist eine ganze Reihe von Büchern zu verdanken, die im Nachhinein eine ziemlich systematische Tendenz zur Vertiefung des existentiell-gesellschaftlichen Zusammenhangs erkennen lassen. **Auf freiem Fuß** und **Herrenjahre**, 1975 bzw. 1976 erschienen, zählen im weiteren Sinn zum Typus einer Literatur der Arbeit – nicht zu verwechseln mit dem Werkkreis Literatur der Arbeitswelt –, zu der unter anderen *Michael Scharang* mit dem Roman **Charly Traktor** die Tür aufgestoßen hat. Die Besonderheit dieses Zugangs bestand zunächst darin, daß Mitglieder der Arbeiterklasse, ihr Arbeits- und Lebenszusammenhang zum Gegenstand der Literatur wurden.

Daß das allein schon seinerzeit eine bestimmte Qualität dargestellt hat, läßt sich etwa am Bild ablesen, das *Heimito von Doderer* in der **Strudelhofstiege** und in den **Dämonen** von einzelnen Arbeitern und dem gesamten Proletariat zeichnet. Während er die Proteste der Wiener Arbeiterschaft gegen die bürgerliche Klassenjustiz am 17. Juli 1927 als Aufbegehren des „Prater Ruaß“ abtat, wird der Hanfverarbeiter Kakabsa in dem Moment „gesellschaftsfähig“, als er sich durch die Aneignung des Lateinischen über seine Klasse zu erheben sucht bzw. nach heutiger Diktion in die „neuen Mittelschichten“ aufsteigt.

Wolfgruber notiert hingegen den in unserer Gesellschaft unaufhebbaren Widerspruch, daß jene Arbeitskräfte, die am meisten zur Produktion des gesellschaftlichen Reichtums beitragen, am stärksten an den Rand gedrängt sind und ihr Selbstverständnis weniger als öffentlich geachtete Bürger, sondern in der widerständigen bis kleinbürgerlichen Subkultur ihres eigenen, engen Verkehrskreises und/oder in spontanen Ausbruchsversuchen finden. Entsprechender Stoff, verallgemeinerbare Einzelschicksale finden sich für einen Autor in Hülle und Fülle, um allenfalls – wie *Thomas Bernhard* im wesentlichen bei den Aporien der Oberschichten – an dieser Thematik festzuhalten.

Ein Moment der gesellschaftlichen Dynamik besteht jedoch auch in Österreich darin, daß nichts so bleibt, wie es ist. Das trifft auch auf die Werktätigen zu, was sich statistisch unter anderem in der rapiden Abnahme der Arbeiter und der Zunahme der Angestellten ausdrückt. Eine Perspektive, die sich sehr konkret auch für *Wolfgrubers* Personal ergab. In **Niemandsland** – erschienen 1978 – macht der Held eine entspre-

---

[5]) *Robert Menasse:* Der Analphabetismus als höchstes Stadium des literarischen Modernismus; in: **Wespennest**, Nr. 68/1987, S. 61–64.

chende Entwicklung durch. Er steigt zunächst im Betrieb einer Kleinstadt, wo er als Arbeiter tätig war, in eine Angestelltenfunktion auf. Eine wesentliche Begleiterscheinung dieser Karriere besteht darin, daß er von seinen ehemaligen Kollegen im Werk und auch in den Freizeitbereichen (im Wirtshaus zum Beispiel) nicht mehr als Gleicher unter Gleichen akzeptiert und geduldet wird. Gleichzeitig bricht ein Widerspruch zwischen gestiegenem, auf entsprechendem Einkommen beruhendem Anspruchsniveau des „Helden" und den spartanisch-proletarischen Verhältnissen auf, in denen seine Eltern – und er mit ihnen – weiterhin leben.

Der Aufstieg vom Arbeiter zum Angestellten wird in diesem Fall durch die Entfremdung vom bisher vertrauten Milieu erkauft, was schließlich zur Übersiedelung des Protagonisten aus der Klein- in die Großstadt führt, wo er im „Niemandsland" eine isolierte Existenz führt. So erscheint die soziale Karriere teuer erkauft, und zwar durch den Verlust der Einbettung in ein Geflecht menschlicher Beziehungen. Dabei geht es Literatur selbstverständlich nicht um ein Werturteil; gezeigt wird lediglich, daß die Existenz des einzelnen von diesem Prozeß mitgeprägt wird, der tausende und zehntausende Menschen erfaßt hat.

Es ist diese – allerdings auch von den sozialen Verhältnissen – erzwungene Nicht-Identität der Menschen, die im Werk *Gernot Wolfgrubers* die Dynamik ihrer Entwicklung bestimmt. Auf diesem Weg kommen sie allerdings nicht zu sich; ihre Entäußerung im Arbeits- und Lebenszusammenhang stiftet vielmehr eine nicht überwindbare Kluft in ihrer Existenz. Dies trifft auch zu auf Lenau, den Helden in *Wolfgrubers* nächstem Roman, **Verlauf eines Sommers** – erschienen 1981.

Im Mittelpunkt steht der verzweifelte Versuch dieses Mannes, die Beziehung zu seiner Frau, mit der er eine halbwüchsige Tochter hat, aufrecht zu erhalten. Vernetzt in die Arbeit eines Vertreters, die ihm nur der Alkohol halbwegs erträglich macht, erscheint er als Getriebener, der immer wieder kaputt macht, was er am meisten mag, und der hin- und hergerissen ist zwischen Ausbruchsversuchen aus der und reuiger, aber gleichzeitig selbstzerstörischer Rückkehr in die Beziehung.

Wolfgruber schreibt eine „Comedie humaine" in Gestalt von hervorragenden Beiträgen zur Psychopathologie des Alltagslebens bzw. zur Psychopathie der Normalität. Er bringt damit unsere Gesellschaft auf ihren wundesten Punkt: Tatsächlich verweist ja das Überhandnehmen psychischer Störungen, psychosomatischer Erkrankungen usw., daß es etwa keiner Chemie- oder AKW-Unfälle bedarf, keiner überhandnehmenden Umweltverschmutzung und gesundheitsschädigenden Arbeitsbedingungen, damit Menschen ruiniert werden. Vielmehr machen die durchschnittlichen Arbeits- und Lebensbedingungen – vor dem Hintergrund ihrer jeweils individuellen und sozialen Geschichte – bereits eine gewaltige Existenzgefährdung aus.

Die psychische Krankheit als Konsequenz ist das Thema von *Wolfgrubers* im Jahr 1985 erschienenen Roman **Die Nähe der Sonne.** In ihm durchlebt Stefan Zell, die Hauptfigur, Extremzustände des eigenen Bewußtseins und der Selbsterfahrung, die sehr nahe an den zwanghaften Wechsel von manischen und depressiven Phasen heranreichen. Gegeben wird jedoch keineswegs ein Krankheitsbild; vielmehr gelingt es *Wolfgruber*, die drei sehr unterschiedlichen Befindlichkeiten, in die Zell gerät, als logische Konsequenz von dessen spezifischer Sensibilität und der ihn berührenden Alltags- und Lebenserfahrungen darzustellen.

Die hier nachgezeichnete Linie im Werk des Autors, die selbstverständlich nur einen Aspekt beleuchtet und viel zu wenig über seinen hohen literarischen Rang aussagt, unterstreicht immerhin, daß die im Titel dieser Arbeit gestellte Grundfrage nicht punktuell, an Hand eines einzelnen Werks zu stellen ist. Sinn gibt sie vor allem bei der Analyse einer Werkreihe.

Die Spezifik der an Hand des *Wolfgruber*schen Werks dargelegten „Entwicklung" besteht darin, daß die Beschädigung des Individuums durch die Gesellschaft nicht auf „Exemplare" mit sozialem Außenseiterstatus beschränkt ist. Die Nicht-Identität des einzelnen mit sich und der Gesellschaft führt vielmehr auch bei in den sozialen Gesamtzusammenhang integrierten Figuren zu Ausfallserscheinungen, gegen andere oder sich selbst gerichtete Aggressionen usw.

Schon das Beispiel dieses einen Autors erhellt, daß die österreichische Gegenwartsliteratur in ihren besten Teilen eine Wirklichkeit aufreißt, die offenkundig mit der offiziell von den Politikern dargestellten oder offiziös von den meisten Medien produzierten nicht das Geringste zu tun hat. Halten diese Vergangenheit und Gegenwart Österreichs ohnehin für bestens geregelt – mit der einzigen Einschränkung, daß durch Modernisierung weiter eine ähnlich glückliche Zukunft ermöglicht werden müsse –, so bedeutet das im Klartext, den nicht wenige Schriftsteller geben, daß der Horror-Trip des wirklichen Lebens künftig auf noch niedrigerer Ebene fortgesetzt werden soll.

Diese Unvereinbarkeit zwischen zwei Anschauungen der österreichischen Realität (der Sozialpartner und ihres Medienapparates einerseits, der Künstler anderseits) ist offensichtlich Ursache dafür, daß ein Schriftsteller wie *Josef Haslinger* in Zusammenhang mit der Veröffentlichung seines Essays über Österreich, **Politik der Gefühle**, erklärt hat, die Autoren müßten nun auch schon die Arbeit der Journalisten erledigen. Es wäre reizvoll, auf die Unzulänglichkeiten der österreichischen Medien näher einzugehen. Sie bestehen im wesentlichen auf einem parasitären Abhängigkeitsverhältnis der Journalisten von den etablierten Politikern und den wirtschaftlichen Machtzentren des Landes.

Kommen wir nochmals zurück zu *Wolfgruber:* Speziell in seinen beiden zuletzt erschienenen Romanen agieren die jeweiligen Helden zwar in einem klar umrissenen Rahmen. Unklar bleibt aber der Ausgangspunkt bzw. der tatsächlich schwierig zu ermittelnde Ursachenzusammenhang all der Widrigkeiten, von denen die Figuren aus ihrer Bahn gekippt werden. Ungenaue Leser könnten den Verdacht entwickeln, daß unter Überspitzung des Diktums „der Mensch ist des Menschen Feind" die jeweils handelnden Hauptpersonen ihre Schwierigkeiten selbst produzieren. Der Autor überläßt es jedenfalls dem Leser, das komplizierte Rätsel zu lösen. Das ist zweifellos e i n e legitime Methode.

Michael Scharang beschreitet einen anderen Weg, wenn man von **Charly Traktor** absieht, der bestimmten, von ihm nicht durchschauten Verhältnissen ausgesetzt ist, durch widerständiges Verhalten sich den Kopf anhaut und schließlich die Zusammenhänge zu erkennen beginnt. In den weiteren Romanen, aber auch in Erzählungen und Hörspielen bemüht *Scharang* sich um eine Darstellung der Gegenseite oder – marxistisch ausgedrückt – beider Seiten des Klassengegensatzes. In **Der Sohn eines Landarbeiters wird Bauarbeiter und baut sich ein Haus** stellt er Franz Wurglawetz sowohl die ihm direkt feindlich gesinnte Dorfnobilität als auch den ihn lediglich auf reguläre Weise ausbeutenden Bauunternehmer gegenüber. Zweifellos ein Versuch, jene Funktionale zu geben, von der *Brecht* im eingangs zitierten **Dreigroschenprozeß** spricht.

Scharang hält bei differenzierter Anwendung an dieser Orientierung fest. Dabei gelingen ihm auch im Detail äußerst erhellende, sinnlich-anschauliche Kontraste. Beim ersten Besuch des Helden aus **Harry – Eine Abrechnung** im Haus der reichen Eltern seines Freundes ist der Sohn einer Gemeindeschreiberin nicht nur verblüfft über das Raumvolumen der Villa, sondern überschlägt auch gleich im Kopf, wieviel Kilo Kohle zu ihrer Beheizung erforderlich sind. Ebenso erhellend ist der Grundeinfall zu *Scharangs* Hörspiel **Der Beruf des Vaters**. Ausgangspunkt ist das Scheitern des Sohnes eines Arbeiters an einem gleichlautenden Aufsatzthema. Die Lebenswirklichkeit des

Jugendlichen ist völlig von der Arbeitswirklichkeit des erwachsenen unselbständig Erwerbstätigen getrennt; jener hat von dieser keinen blassen Schimmer.

Dieses Zwischenspiel über einige Besonderheiten der Technik und des Herangehens von *Michael Scharang* hat nicht weggeführt vom Versuch, am Beispiel einiger Werk-Reihen Auffälligkeiten zur Frage der Bewußtseinsverengung oder -erweiterung in der österreichischen Gegenwartsliteratur herauszuarbeiten. Eine solche Serie stellen auch die von *Hans Trummer* im Verlag Hoffmann und Campe herausgekommenen Bücher dar; auf früher erschienene Werke (etwa der **Mami-Roman** gemeinsam mit *Peter Matejka*) trifft das weniger zu.

Trummer startet sein eigentliches Romanschaffen mit **Versuch, sich am Eis zu wärmen**. Er stellt das Abenteuer Leben aus der Sicht eines Brucker Jugendlichen in den Widerspruch zwischen brutalen Unterdrückungspraktiken der Familie und Schule einerseits und bescheidener Beschränkung auf kleinbürgerliche Existenzentwürfe anderseits. Der Ausbruchsversuch in eine vermeintlich freie Studentenexistenz mißlingt. Überzeugend gibt der Autor die Einfriedung des um Wohlanständigkeit bemühten Daseins der Kleinbürger in Analogie zur Naturbeherrschung auf der Ebene des Schrebergartens wieder. Die terroristische soziale Kontrolle in der Kleinstadt stellt die Heranwachsenden vor die Alternative, entweder die tradierten Verhaltensmuster zu übernehmen oder durch Flucht, Selbstzerstörung usw. mit ihnen zu brechen. Ein Faktor, der die Menschen kaputt macht, sind sie so oder so. *Trummer* liefert ein eindrucksvolles Beispiel dafür, in welchem Ausmaß oktroyiertes gesellschaftliches Sein die Menschen ihrer Individualität sowie jeden einzelnen der Einmaligkeit seiner Existenz beraubt.

In der Novelle **Luises Auffahrt** wird gewissermaßen der Spieß umgedreht. Die Hauptfigur, eine abgearbeitete Putzfrau und Heimnäherin, die ihr bisheriges Leben lang bloß im Stil totaler Verdinglichung funktioniert hat, beginnt auf ihre alten Tage nach und nach ihre Individualität zu entdecken. Besonders schön kommt das darin zum Ausdruck, daß Luise zunächst sich selbst und vor allem auch ihrem Körper wie einer fremden Sache gegenübersteht. Diese enorme Entfremdung, die als Riß markiert ist, der durch die Persönlichkeit hindurchgeht, wird vom Autor durch die schrittweise Aneignung des eigenen Ichs der Hauptfigur aufgehoben: Luise nimmt sich Zeit für sich und entdeckt ihre Genußfähigkeit und schließlich nach dem ersten Besuch eines Friseurs und eines Freibads ihre eigene Körperlichkeit, in der sie plötzlich ihr eigenes Ich und nicht mehr bloß ein fremdes Ding erfährt, das scheinbar nur dazu da ist, reibungslos zu funktionieren. Freilich ist dieses späte, höchst bescheidene Glück von kurzer Dauer. Auch hier gibt es kein Happy-End.

Das dritte Buch dieser Reihe, der vor kurzem erschienene Roman **Die dunkle Frau** (Hamburg 1987), ist nicht in der sozialen Enge der Obersteiermark angesiedelt, sondern spielt gewissermaßen als „Kontrastprogramm“ auf griechischen Inseln. Die Hauptfigur Kremser hat sich auf Symi niedergelassen, ohne eine zwingende Tätigkeit auszuüben, sieht man von der aufmerksamen Wahrnehmung seiner Umgebung ab. Handlung des Romans ist die Annäherung und Abwendung zwischen Kremser und der „dunklen Frau“ mit extravagantem Lebenshintergrund. Ihre Beziehung entwickelt sich wie die Begegnung von zwei Schiffen auf hoher See: Beide bewegen sich zunächst aufeinander zu, gehen für einen Moment ineinander auf und trennen sich schließlich wieder.

An einer Stelle des Romans wird die Erzählhaltung durchbrochen, die im wesentlichen in einer detailgenauen Schilderung von Handlungsweisen, Beobachtungen, Begegnungen und Gesprächen besteht. Kremser läßt sich zu folgendem Monolog hinreißen:

„Als ich drei oder vier Jahre alt war", sagte Kremser, „haben sie mich in den Kindergarten gesteckt. Da hab' ich dann gestanden, wie hingepflanzt, am ersten Tag, in meinen Matrosenanzug und hab' zugesehen, wie sich alle auf ein und dasselbe Spielzeug gestürzt haben. Wie die Wilden. Und ringsherum hat eine Menge Spielsachen völlig unbeachtet herumgelegen. Ich hab' das aus unheimlicher Distanz gesehen. Es war dieses Gerangel! Dieser erbarmungslose hitzige Kampf ums Spielzeug! Die Entstehung der Hackordnung! Die Spielregeln fürs Leben wurden da trainiert. Spielregeln, die ich – das weiß ich ganz genau – schon damals für mich nicht akzeptieren konnte. Ich habe da also gestanden am ersten Tag und dann noch einen Tag und auch noch einen dritten Tag. Ich habe die Nahrung verweigert. Und dann mußten sie mich wieder herausnehmen aus dem Kindergarten, weil ich, wie die Kindergartentanten mein Verhalten analysierten, nicht fähig war, mich in die Gemeinschaft einzugliedern. So war das im Kindergarten. Und so war es in der Schule. Da war kein Ausweg. Während der Zeit habe ich Zuflucht in der Literatur gesucht. Beflügelt durch die Lektüre hab' ich das Leben um mich herum noch genauer betrachtet. Und ich fand es zunehmend unerträglicher. Ein Hohn, das Ganze. Ich habe nicht begreifen können, wie die Jungen, die so alt waren wie ich, mir nichts, dir nichts die gesellschaftlichen Spielregeln, die Lebensentwürfe der Alten übernommen haben. Einfach so. Ohne sie je wirklich in Frage zu stellen. Dieses ganze verrottete System! Und die Schule als seine Ausbildungsstätte! Du kannst dir nicht vorstellen, wie ich die Schule gehaßt habe! . . . Wenn man genauer hinschaut, müßte man merken, das es so nicht funktioniert. Das heißt, natürlich funktioniert es: dieser ganze Schwindel, all diese verkümmerten Seelen, enttäuschten Hoffnungen, nie erfüllten Sehnsüchte, all diese unglaublichen menschlichen Tragödien . . . Das alles wird von den einzelnen, herausgelöst aus dem gesellschaftlichen Zusammenhang, als ihr persönliches, ureigenstes Schicksal hingenommen. So sei nun mal das Leben! Was könne man schon dagegen tun! Und ich sage: Das Leben ist anders. Das Individuum ist dazu da, erfüllter zu leben, näher bei den Sehnsüchten . . . Und da sich nichts von selber ändert, muß das System, das die Menschen, zumindest in unseren Breiten, so einspannt, wie es sie eben einspannt, geändert werden . . . Du hast also recht. Natürlich glaube ich an eine Veränderung. Und sie findet ja auch statt . . . Zumindest gibt es bedeutende Ansätze . . ."[6])

Kremser ist einer, der offenkundig versucht, „erfüllter zu leben, näher bei den Sehnsüchten". Der Handlungsverlauf des Romans macht jedoch deutlich, daß auch das ein schwieriges Unterfangen ist, ein Projekt, das keineswegs von selbst aufgeht. Das verhindert schon allein die Individualgeschichte der Protagonisten, aus der sie vielfach gebrochen und beschädigt hervorgegangen sind.

Die beiden Beispiele *Wolfgruber* und *Trummer* beweisen, daß *Thomas Bernhard* mit seiner grundlegenden Einschätzung der österreichischen Gesellschaft als einer des Zerfalls und des Moders, der „nationalsozialistisch-katholischen" Durchdringung sämtlicher Herrschaftsphären, wie er das in der **Auslöschung**, seinem zuletzt erschienenen Roman nennt, nicht allein dasteht. Seine Besonderheit besteht lediglich darin, daß er auf seine Art die traditionelle österreichische Literaturtechnik der Moralpredigt immer breitflächiger und direkter anwendet. Die immer offenkundigeren Fehlentwicklungen im Bereich der etablierten Wirtschaft und Politik haben übrigens auch andere Autoren zu zunehmend direkten Stellungnahmen bewogen.

Josef Haslinger ist darin keine Ausnahme. Er hat nur eine Linie aufgegriffen, die zunächst von *Michael Scharang* und *Peter Turrini* mit ihrer öffentlichen Lesung am 29. September 1986 im Theater im Künstlerhaus eingeschlagen wurde. Für diesen Anlaß erarbeiteten beide Autoren Texte, mit denen sie direkt in den politischen Diskurs unseres Landes eingegriffen haben. Genauer gesagt versuchten sie, einen solchen Diskurs überhaupt erst zu starten. Mit dem Erfolg, daß die von ihnen gewählte Technik der Polemik gänzlich mißverstanden wurde. Die Politiker reagierten wie beleidigte Leberwürste: Entweder hüllten sie sich in Schweigen oder erteilten – wie der Wiener

---

[6]) *Hans Trummer:* Die dunkle Frau – Roman. Hamburg 1987, S. 76 f.

Vizebürgermeister *Busek* – die Empfehlung, das Land, dem sie angeblich verächtlich gegenüberstünden, zu verlassen.

So bezeichnend es ist, daß die herrschenden Verhältnisse selbst wieder das Aufleben von Traditionen begünstigen, die seit *Abraham a Sancta Clara* zum technischen Arsenal der österreichischen Literatur gehören, so wenig sagt das von vornherein darüber aus, wie sich die komplexen Genres in diesem Ambiente zunehmender Verstörung entwickeln. Es lohnt sich, in diesem Zusammenhang auf das Prosawerk *Elfriede Jelineks* näher einzugehen. Auch von dieser Autorin liegt eine beachtliche Werk-Reihe vor: **wir sind lockvögel, baby!** 1970, **Michael. Ein Jugendbuch für die Infantilgesellschaft** 1972, **Die Liebhaberinnen** 1975, **Die Ausgesperrten** 1980, **Die Klavierspielerin** 1983 und schließlich **Oh Wildnis, oh Schutz vor ihr** 1985.

Es gehört zur Spezifik der Prosatechnik dieser Autorin, daß sie, was bereits und vor allem auch für die ersten beiden Bücher gilt, scheinbar und/oder tatsächlich dem Alltagsleben und der Alltagssprache entnommene Zitate und Stehsätze mit einer einfallsreichen und kunstvollen Montage und Handlungsanordnung kombiniert. Die Sprache im Werk der *Jelinek* vollzieht damit jene Entfremdung der Menschen in ihren verbalen Ausdrucksmöglichkeiten nach, die ihnen im wirklichen Leben widerfährt. Geht es in den beiden ersten Werken eher um die Erhellung dessen, was den Adressaten und Opfern von Werbung und Medien in einer vermeintlichen „Konsum- und Wegwerfgesellschaft" widerfährt, so zeichnet *Elfriede Jelinek* danach das Vordringen der Krise der Gesellschaft aus ihren Randzonen in immer zentralere Bereiche nach.

Wie wesentlich für das Schaffen dieser Autorin ironische Grundhaltung und satirische Mittel sind, geht etwa aus den **Liebhaberinnen** hervor. In dem Roman sind zwei Frauenschicksale gegeneinander gestellt: Die eine entflieht dem öden Arbeitsalltag einer Fabrik dadurch, daß sie in die dienende Rolle einer kleinbürgerlichen Ehesituation wechselt. Die andere entflieht dieser familiären Zwangsanstalt, indem sie sich durch die Annahme einer Fabriksarbeit vermeintlich auf eigene Beine stellt.

Was *Klaus Harprecht* in Analogie zu einem *Musil*-Diktum über den jungen *Kafka* als „rüden Zynismus und ironische Anmut" der Autorin bezeichnet, ist keine geschmäcklerisch ausgesuchte Position, sondern eine notwendige künstlerische Haltung, um auf der Höhe der Zeit zu sein und sie auf ihren manchmal absurden Begriff zu bringen. Dies wird auch in den **Ausgesperrten** sinnfällig: Die seinerzeit in der bürgerlichen Öffentlichkeit als unbegreifliche Wahnsinnstat ausgegebene Ausrottung einer ganzen Familie durch einen Mittelschüler findet bei *Jelinek* gewissermaßen ihre logische Begründung.

Zwanghaftes Verhalten als Massenphänomen und Voraussetzung der Herrschaftssicherung in einer Gesellschaft mit überbordendem Reichtum, der allerdings keineswegs für den Ausbau der sozialen Gleichheit, sondern zur exorbitanten Steigerung der bestehenden Ungleichheit angewandt wird, ist ein Leitthema der **Klavierspielerin**. Bis zu diesem Werk veranstaltet die *Jelinek* unter Aufbietung avancierter literarischer Techniken im Grunde soziologische Experimente. „Spielanordnung" und literarische Durchführung weisen ihre Meisterschaft bei der Nutzung des verfügbaren Formen- und Technikregisters aus.

Um eine noch höhere Ebene bemüht sie sich in ihrem jüngsten [1987!] Prosa-Werk **Oh Wildnis, oh Schutz vor ihr!**. Thematisiert wird nicht bloß jenes alltägliche Elend der Menschen, das aus dem Widerspruch zwischen ihrem gesellschaftlichen Sein und ihrem individuellen Existenzanspruch hervorgeht, sondern die Gesamtheit des sozialen Widerspruchspotentials der herrschenden Gesellschaftsordnung, das unter Nutzung fortgeschrittenster literarischer Methoden in die Textur eingearbeitet ist. Das liest sich zum Beispiel im dritten Textteil mit dem Titel „Außen. Nacht. – Herrliche Prosa! Wertvolle Preise" wie folgt:

„Es ist jetzt Morgen geworden, und die Auffahrt zur Jagd kann auf der Stelle beginnen. Die Höhle des Oberförsters gibt ihren Eingang preis. Motore schimpfen unter ihren Luxushauben mit fast unhörbaren Stimmen. Manche sind schon vorausgefahren. Andere werden erst morgen eintreffen. Einige warten in einer Gruppe, wie von Zuckerguß überträufelt (vom Mehlspeisrüssel der Förstersfrau). Sie hat vieles anzubieten. Die Geländewagen fahren jetzt bald los. Der Chauffeur der Managerin trägt zwei reinlederne Rucksäcke über den Kiesweg. Dazu die Kameratasche. Minister und Landesvorzugsmann sind eingetroffen und öffnen ihre mächtigen Beißkörbe, später sogar die Brustkörbe, einander zugewandt, damit jeder vom anderen sieht, daß er mit nichts hinter dem Berg hält. Ihre Forderungen wurden längst aufeinander abgestimmt, wie auch ihre sonstigen Habseligkeiten, die in strenger Relation zueinander zu stehen haben (vor einem Untersuchungsausschuß würden sie nichts zu gestehen haben!). Jedesmal, wenn eine Tür geöffnet wird, werden sie von kalten Luftzügen gegeneinander gedrückt, das seichte Wasser der Försterstube, die bürgerliche Wohlanständigkeit, ein Milieu, dem sie entwachsen sind, umspült ihre Knöchel. Ihre jovialen Stimmen, die fallweise schneidend wie Röhricht am Seeufer werden können, falls einmal ein Untertan wie im Traum hereingespült werden sollte, dröhnen ihnen, ständig von Alkohol durchspült, wie bequem dahockende Vierkanthöfe aus den Mündern. Sie denken, was immer sie tun, nicht oder nur an sich. Sie denken, noch während sie sprechen, über das großartige Erziehungsgeschenk der Parteispende nach, das sie in der unheimlichen Heimeligkeit des Hochgebirges in Empfang nehmen und gemeinsam nach Hause direkt in ihre Schlünder geleiten werden. Sie denken nur das Beste darüber und werden nach bestem Wissen und Gewissen die Wünsche des Kleinkönigs berücksichtigen, wenn es ans Beschließen, ans Bescheißen von Bürgerhoffnungen geht."[7])

Der eher beliebig ausgewählte Ausschnitt ist ein Beispiel dafür, wie es *Elfriede Jelinek* gelingt, eine konkrete Handlung mit der gesellschaftlichen Strukturanalyse zu verschmelzen, ohne daß dabei das Terrain der Literatur verlassen würde. So fragwürdig die stereotype Äußerung eines Spitzenpolitikers war und ist, wonach alles sehr schwierig bzw. kompliziert sei, so sehr ist die Gegenwartsliteratur zumindestens fallweise gezwungen, äußerst komplexe Formen oder Techniken anzuwenden, wenn sie ihrem Gegenstand – der Aneignung der heutigen gesellschaftlichen Wirklichkeit – gerecht werden will. So ist es kein Wunder, wenn an die Seite der öffentlichen Polemik im Roman immer komplexere Darstellungsweisen treten. Das gilt etwa auch für die Viellinigkeit und Mehrschichtigkeit in *Marie-Thérèse Kerschbaumers* Roman **Die Schwestern**, in dem die Autorin den erfolgreichen Versuch unternimmt, die aktuellen Beeinträchtigungen weiblicher Existenz mit tief in die Geschichte zurückgreifenden Zusammenhängen zu verknüpfen.

In der Themenstellung zu diesem Referat wird auch nach „neuen Tendenzen, neuen Moden" gefragt. Meiner Ansicht nach liegt es im Anspruch der Literatur begründet, daß sie sich – von bedeutungslosen und kurzlebigen Erscheinungen abgesehen – an sich rasch wechselnden modischen Neuinszenierungen, wie sie heute der gesamten sogenannten Massenkultur eigen sind, von vornherein entzieht. Dennoch wäre es verfehlt, jeden Einfluß von sogenannten Zeitströmungen oder des Ungeists des Zeitgeists auf die auch in außerliterarischen Lebensbeziehungen eingebundenen Autoren zu leugnen. Einflüsse dieser Art schlagen sich vermutlich vorwiegend in der Haltung nieder, die ein Schriftsteller, eine Schriftstellerin zu ihrer eigenen Arbeit und ihrer Zweckbestimmung einnimmt.

Meines Erachtens ist dabei der springende Punkt für die grundsätzliche Zuordnung, ob es dem jeweiligen Autor in seiner literarischen Arbeit um die bewußte Aneignung der gesellschaftlichen Wirklichkeit oder um seine gewissermaßen bewußtlose Selbstentäußerung geht. Die bisher dargestellten Beispiele und angeführten Namen verkör-

[7]) *Elfriede Jelinek:* Oh Wildnis, oh Schutz vor ihr. Reinbek bei Hamburg 1985, S. 244 f.

pern das erstgenannte Prinzip. Für die zweite Variante steht *Peter Handke*, der, fast ohne Übertreibung gesagt, von den bürgerlichen Medien als der österreichische Autor schlechthin stilisiert wird.

In einem Gespräch mit *Herbert Gamper* hat *Handke* seine Arbeitsweise folgendermaßen dargestellt:

> „Aber es gibt ganz wenige Werke – und die sind für mich halt die, die zählen und die immer zählen werden –, die das Schweigen verstärken; die das Schweigen nicht konservieren, sondern weitergeben (das ist genau das richtige Wort). Das ist mein Ehrgeiz geworden. Ich wußte das nicht so genau, ich kanns auch immer nicht genau wissen. Aber das ist mein Ausgangspunkt. Ich hab überhaupt kein Thema, also ich hab, in dem Sinn von Flaubert, nichts zu sagen. Aber ich hab die immer sich wiederholende Lust, neu anzufangen in diesem Zustand der Leere, in den ich komme und in dem ich mich – salopp ausgedrückt – am wohlsten fühle. Das ist nicht sehr philosophisch; vorhin hab ich gesagt: mich fühle als der, der ich bin."[8])

Mit dieser Aussage stellt *Handke* sich als Prototyp jener Autoren vor, von denen *Brecht* meint, daß sehr bewußt in sie hineingelegt worden sei, was sie spontan aus sich zu schöpfen meinen. Dabei bleibt die hohe formale Fertigkeit und eine gewisse stoffliche Delikatesse *Handkes* außer jedem Streit. Dennoch steht er für eine Tendenz in der österreichischen Gegenwartsliteratur, die zu einer Verengung des Bewußtseins beiträgt. Befördert wird subjektive Nabelschau, die im Grunde vom gesellschaftlichen Dilemma ablenkt, in das der einzelne verstrickt ist: Nicht auf Grund der eingangs angesprochenen Nicht-Identität des Menschen als gesellschaftliches Wesen und einzigartiges Individuum, sondern auf Grund der menschenfeindlichen Rahmenbedingungen der Gesellschaft, die *Jura Soyfer* zur Aussage veranlaßt haben: „Nennt uns nicht Menschen, wartet noch damit."

Betrachtet man den erheblichen Aufwand, der im Zuge der Restauration des durch den Faschismus in Verruf geratenen Kapitalismus darauf verwendet wurde, fortschrittliche künstlerische Traditionen aus dem Lande fernzuhalten und realistisches Kunstschaffen zu diskreditieren, kann man die Tendenz in der österreichischen Gegenwartsliteratur, die einer Bewußtseinserweiterung verpflichtet ist, als Hauptströmung betrachten. Dies gilt vor allem dann, wenn man nicht vordergründigen Erfolg, sondern nachhaltige Wirkung als Beurteilungskriterium heranzieht.

Gerade angesichts der offiziellen Orientierung auf einen Zeitgeist, der die Geistlosigkeit der gesellschaftlich etablierten Kräfte der unmittelbaren Gegenwart auf den Begriff völliger Unverbindlichkeit bringt, nehmen immer mehr zeitgenössische Autoren gegenüber diesem System, das den sozialen Niedergang und den ökonomischen Ausverkauf des Landes betreibt, eine offen kritische Position ein. Das beweisen nicht nur besorgte Stellungnahmen einer zunehmenden Zahl von Schriftstellern und Schriftstellerinnen in der Öffentlichkeit, sondern auch ihre verstärkte Hinwendung zu zeitkritischen Stoffen. Wir sind noch weit davon entfernt, daß Schriftsteller in Österreich als sogenanntes Gewissen der Nation betrachtet oder akzeptiert würden. Unübersehbar manifestieren sich jedoch die konkreten Eingriffe der Autoren, um den herrschenden Informationszusammenhang und Meinungsbildungsprozeß zu hinterfragen und zu stören.

Tatsächlich ist es zu einer Frage der Brauchbarkeit von Sprache geworden, daß diejenigen, die vielleicht am meisten auf sie angewiesen sind, jedenfalls aber mit ihr zu tun haben, sie vor dem ausschließlich sinnverkehrenden Gebrauch bewahren. Die relevante österreichische Gegenwartsliteratur kennt keine Moden; ihre Haupttendenz besteht

---

[8]) *Peter Handke:* „Aber ich lebe nur von den Zwischenräumen" – Ein Gespräch, geführt von *Herbert Gamper*, Zürich 1987, S. 114.

vielmehr in einem entscheidenden Beitrag zum Widerstand gegen den Bewußtseinsverlust der Öffentlichkeit. Mir macht dieser Tatbestand Mut, und er gibt mir die Gewißheit, daß nichts bleibt, wie es ist.

(Manuskript fertiggestellt im Jahr 1987)

Kurt Palm

Gegen Geschichtsverdrängung und Wirklichkeitsferne

Einige Anmerkungen zum zeitgenössischen Drama in Österreich

I.

Beschäftigt man sich mit dem sehr allgemein gehaltenen Thema „österreichische Gegenwartsdramatik" näher, so fallen bald zwei Widersprüche auf. Der eine bezieht sich auf die untergeordnete Stellung, die die zeitgenössische Dramatik unseres Landes innerhalb der literatur- bzw. theaterwissenschaftlichen Fachbereiche einnimmt. Der zweite Widerspruch wird augenscheinlich, wenn man das Verhältnis der geschriebenen zu den hierzulande tatsächlich aufgeführten Theaterstücken lebender Autoren untersucht. Unter solchen Voraussetzungen einen Überblick über den gegenwärtigen Stand der österreichischen Dramatik geben zu wollen, ist fast ein aussichtsloses Unterfangen. Zunächst müßte man nämlich erst einmal den Gründen nachgehen, weshalb diese konstatierten Widersprüche und Mißverhältnisse überhaupt existieren. Mögliche Antworten auf diese Fragen würden allerdings notwendigerweise weit über unser Thema hinausgehen, da generell auf kulturpolitische Grundsatzfragen eingegangen werden müßte. Eine solche Erweiterung des zur Diskussion stehenden Gegenstandes erscheint mir aber angesichts des doch sehr eng gehaltenen Themas dieses Beitrags nicht sinnvoll. Aus diesem Grund bietet dieser Aufsatz auch keinen Überblick über den Stand der österreichischen Gegenwartsdramatik, sondern gibt lediglich einen Einblick in bestimmte Tendenzen, die mir in bezug auf das Generalthema dieser [1988] und der letztjährigen Literaturtagung [1987] wichtig erscheinen. Dabei geht es mir vor allem um zwei Aspekte im zeitgenössischen Drama, die als Gegenpositionen zu einer konstatierten konservativen Wende in der gesamten deutschsprachigen Literatur verstanden werden könnten: Auseinandersetzung mit Geschichte und Stellungnahme zu aktuellen gesellschaftlichen Fragen, wobei diese beiden Gesichtspunkte auch notwendigerweise ineinander übergreifen.

Wenn *Michael Scharang* in einem Interview meint, daß die österreichische Literatur „darauf gedrillt [sei], wirklichkeitsfern zu arbeiten"[1]), so trifft diese Überlegung meines Erachtens auf die österreichische Gegenwartsdramatik nicht zu. Ganz im Gegenteil: Gerade in den Stücken, die seit Beginn der siebziger Jahre in Österreich geschrieben wurden, findet eine intensive Auseinandersetzung mit ‚wirklichkeitsnahen' Problemen statt. (Daß eine solche Formulierung genauer erläutert werden müßte, ist klar. Vielleicht wird aber nach der Lektüre des Aufsatzes verständlich, was ich im Kontext der einzelnen Stücke unter „Wirklichkeitsnähe" verstehe.) Natürlich wird man jetzt zu Recht fragen, wo diese Stücke an unseren Bühnen zu sehen sind. Eine Antwort auf diese Frage kann – siehe oben – hier nicht gegeben werden, da man sich in diesem Zusammenhang zunächst und ausführlich mit der Struktur der österreichischen Theater beschäftigen müßte, was den Rahmen dieser Arbeit sprengen würde.

Die folgenden sechs Stücke, auf die ich näher eingehen werde, stehen stellvertretend für jene Richtung im zeitgenössischen Drama, die durchaus als Gegenposition zur

---

[1]) *Michael Scharang:* In der Kunst gibt es keinen Konsens. In: Lesezirkel. Beilage zur Wiener Zeitung, Wien, März 1988, S. 11.

Kurt Palm, Dr. phil., Wien.

erwähnten Tendenzwende angesehen werden kann. Dabei interessierten mich bei der Auswahl neben inhaltlichen Fragen auch formale Aspekte, weshalb neben Stücken mit einer eher ‚realistischen' Dramaturgie auch solche vorgestellt werden, die traditionelle dramaturgische Bauweisen sprengen.

Zunächst zum Themenkomplex Geschichte, genauer zur Auseinandersetzung mit dem Faschismus in Österreich. Als Beispiele habe ich die Stücke **Burgtheater**[2]) von *Elfriede Jelinek*, **Zwölfeläuten**[3]) von *Heinz R. Unger* und **Der Herr Hunzkorl oder Die unverläßliche Gnade der späten Geburt**[4]) von *Hans Ungar* ausgewählt.

II.

Elfriede Jelineks Stück **Burgtheater** trägt den Untertitel „Posse mit Gesang" und verweist somit auf Traditionen, denen sich die Autorin verpflichtet fühlt *(Nestroy, Raimund)*. Tatsächlich ist das Stück aber keine Posse im Sinne einer literarischen Form, sondern eher eine Groteske; die Bezeichnung Posse durch Jelinek ist neben dem Bekenntnis zu einer österreichischen Sprachtradition auch als Persiflage zu verstehen.

Eine zentrale Rolle in „Burgtheater" spielt die Sprache, die eine Art künstlicher, verfremdeter Wiener Dialekt ist, der sich fast zu einer Kunstsprache verselbständigt. *Jelinek* schreibt dazu in einer Vorbemerkung zum Stück: „Sehr wichtig ist die Behandlung der Sprache, sie ist als eine Kunstsprache zu verstehen. Nur Anklänge an den echten Wiener Dialekt! Alles wird genauso gesprochen, wie es geschrieben ist."[5])

Aber natürlich dient diese Sprachkonstruktion keinem Selbstzweck, sondern wird als Mittel zur präzisen Beschreibung der auftretenden Figuren eingesetzt. Folgende Figuren begegnen uns in diesem Stück:

> „Käthe, Burgschauspielerin, Filmschauspielerin
> Istvan, Burgschauspieler, Filmschauspieler, Käthes Mann
> Schorsch, Burgschauspieler, Filmschauspieler, Istvans Bruder
> Mitzi, Käthes und Istvans älteste Tochter
> Mausi, Käthes und Istvans zweitälteste Tochter
> Putzi, Käthes und Istvans jüngste Tochter, eventuell lebensgroße Stoffpuppe, Stimme vom Band
> Theres, genannt Resi, mittellose Schwester Istvans, Dienstbote, Anni-Rosar-Typ
> Ein Burgtheaterzwerg (am besten Fritz Hakl)
> Der Alpenkönig
>
> Der erste Teil spielt 1941, der zweite knapp vor der Befreiung Wiens. Der Ort der Handlung ist Wien."[6])

Ersetzt man die drei Namen der Burgschauspieler durch *Paula Wessely*, *Attila* und *Paul Hörbiger* sowie Mitzi, Mausi und Putzi durch die Namen der *Wessely/Hörbiger*-Töchter, so wird sofort klar, daß „Burgtheater" auch, aber nicht nur, ein Stück über

---

[2]) *Elfriede Jelinek:* Burgtheater: In Burgtheater, vier österreichische Stücke, hgg. von *Kurt Palm*, Berlin/DDR 1986, S. 7–66.

[3]) *Heinz R. Unger:* Zwölfeläuten. In: ebenda, S. 67–124.

[4]) *Hans Ungar:* Der Herr Hunzkorl oder Die unverlässliche Gnade der späten Geburt. Bühnenmanuskript (masch.) des Sessler-Verlags, Wien 1987.

[5]) *Elfriede Jelinek:* (Anm. 2), S. 8.

[6]) ebenda.

die Geschichte der Schauspielerfamilie *Hörbiger/Wessely* ist, deren Verhalten während und nach dem Zweiten Weltkrieg ja gerade in den letzten Jahren immer wieder zu heftigen Diskussionen geführt hat. Und natürlich war die Uraufführung von „Burgtheater" (1985 am Schauspiel Bonn) gerade für österreichische Medien ein willkommener Anlaß, wieder einmal eine breit angelegte Kampagne gegen eine Schriftstellerin zu führen, die sich zu nahe an jahrzehntelang gehütete Tabus heranwagte. Obwohl man während der Kampagne gegen *Jelinek* dieser vornehmlich eine persönliche Beleidigung der Familie *Hörbiger/Wessely* unterstellte, wird bei der Lektüre des Stücks klar, daß es in dem Werk nicht in erster Linie um eine historisch getreue Aufarbeitung der Geschichte dieser berühmten Schauspielerfamilie geht (wenn es so gewesen wäre, hätte das Stück „Josefstadt" heißen müssen, da *Paula Wessely* und *Attila Hörbiger* während der Nazizeit am Theater in der Josefstadt engagiert waren), sondern – etwas allgemein gesprochen – um die moralische und politische Verantwortung von Künstlern. *Jelinek* handelt diese Frage an Hand des Verhaltens einer berühmten Schauspielerfamilie während und am Ende des Kriegs ab. *Elfriede Jelinek* zur Schwierigkeit, ein Stück zu diesem Thema zu schreiben, ohne bekannten Klischees zu verfallen:

> „Wenn man ein Stück über den Faschismus in Österreich schreibt, so ist natürlich die Gefahr, oder die Verlockung, groß, ein Agitationsstück mit der geballten Faust zu schreiben. Ich hab aber eine Groteske geschrieben und hab die Millionen aus rassischen oder politischen Gründen Vernichteten durch einen Zwerg repräsentieren lassen, also verkleinert statt vergrößert. Ich habe mich aufs Äußerste zurückgenommen. Statt mit Pathos hab ich das mit nacktem Hohn gemacht."[7])

Der von *Jelinek* erwähnte Burgtheaterzwerg, der im Stück während des Kriegs von der Haushälterin der Schauspielerfamilie im Keller versteckt wurde, muß im zweiten Teil der ganzen Familie als Alibi dienen. Mitzi, die Tochter, instruiert den Zwerg dementsprechend: „Der Zwerg wird auf Anfrage antworten, daß er bei uns im schitzenden Kölla huckte. Flugzeuge zuckten umher, doch er vergoß keinen Tropfen Zwergenblut."[8])

Um aber einen Einblick zu geben, wie *Jelinek* ihre Kunstsprache als entlarvendes Mittel einsetzt, zitiere ich aus dem Schlußkapitel des Stücks, das „wie eine Wortsymphonie"[9]) gesprochen werden muß:

> „*Alle abwechselnd, Käthe blutet still.* Davon wissen mir nix! Des sengan mir gor net. Wos mir net sengang, des gibts net! [...] Die goldenen Jahre der Tellerminette. Die silbernen Jahre der Zyklonbette. Die Saubertöte. Die Senkgruabn. Ringstraßenmorderie. Die Pawlatschn. Wiener Schnalzer! Das Pferterl. Die Laschur. Das gspiebene Äpfelkoch. Strauß Waani. Klamm Knochwien. Der Hammerring. Der Semmerkalt. Der Jagerkrepp. Der Wüderer. Das Knüppelhäusel. Königottokarsglückundende. Das Haus Habswürg. A Gasmüch. Das Judensternderl. Mamsch und Papsch. Das Musikkazett. Die Safaladi. Die Mutterquäle. Das Stück Altes Gerinn. Das man im Schwärzen drin hat. Der Feurige. Die Gloriette! Salzburger Trümmerl! Wimmerl! Der Trottel. Der Hirnkehrer. Der Klachl. Das Wurzelmorderl. Der Finacker. Das Hunterl. Das Teatta. Das Burgteatta. Der Köpfungsfroh. Halberzehne. Der Teifel. Die guate Menschenhaut. Die Lampenstirn. Der Juchhee. Die Bubenrinne! Der Bombenmatsch! Die Burgverrotter! Der Hundekotter!"[10])

---

[7]) *Elfriede Jelinek.* Interview mit *Kurt Palm,* ebenda, S. 231.
[8]) *Elfriede Jelinek:* (Anm. 2), S. 58.
[9]) ebenda, S. 65.
[10]) ebenda, S. 65 f.

III.

Mit demselben Thema, mit dem sich *Jelinek* in „Burgtheater" beschäftigt, nämlich Opportunismus und Mitläufertum, setzt sich auch *Heinz R. Unger* in seinem Stück **Zwölfeläuten** auseinander. Ganz anders als *Jelinek* bedient sich *Unger* in seinem Werk der Mittel des Bauernschwanks und bezieht sich somit auf eine andere Traditionsrichtung der österreichischen Literatur. „Zwölfeläuten. Ein steirischer Schwank in vier Akten" ist folgerichtig in Dialekt geschrieben und spielt gegen Ende des Krieges in einem fiktiven steirischen Bergdorf, in dem uns die bekannten Figuren aus den Bauernschwänken wiederbegegnen: Ein Dorfpfarrer, ein schneidiger Förster, eine dralle Witwe, ein reicher Wirt, ein Dorfdepp. *Unger* bedient sich sämtlicher Versatzstücke des Bauernschwanks, um durch die Konfrontation dieser Elemente mit der Realität einen Verfremdungseffekt zu erreichen. In einer Vorbemerkung zum Stück schreibt Unger dazu:

> „Das verlangt, daß auf den vorhandenen Tasten auch gespielt wird: Dorfdepp, Förster, naives Dirndl, dralle Witwe, braune Hirsche, G'stanzeln, Liebschaften, falsche Vaterschaften, Blut und Boden – alle diese kuckucksuhrenhafte Elemente sind eingebettet in die Realität des letzten Kriegswinters."[11])

Und folgerichtig begegnen wir im Laufe der Geschichte, die sich um die Dorfglocke, die für Kriegszwecke eingeschmolzen werden soll, dreht, den opportunistischen Mitläufern ebenso wie den Partisanen und Widerstandskämpfern mit ihren Hoffnungen ohne realistische Perspektive, wir begegnen den fanatischen Nazis, die selbst nach dem Zusammenbruch ihres Reiches den Glauben an den Endsieg und an die Ideale des Faschismus noch immer nicht verloren haben.

Nach der Uraufführung von „Zwölfeläuten" im Februar 1985 im Wiener Volkstheater wurde das Stück in zahlreichen Kritiken oft abwertend zwischen *Löwinger*-Bühne und *Ludwig Anzengruber* angesiedelt, was dem Autor aber gar nicht unrecht war, da er bewußt die weitverbreitete und herkömmliche Form des Bauernschwanks aufgreifen wollte. *Unger* auf die Frage, weshalb er sich für diese Form entschied:

> „Einer der Gründe, warum ich das geschrieben habe, ist folgender: Ich hatte vor einigen Jahren ein Stück verfaßt, das in besagter Zeit in Wien spielt und ‚Unten durch' heißt. Als es herauskam, bekam es sehr gute Kritiken und wurde mittlerweile in vielen Ländern nachgespielt – vor kurzem etwa in Finnland. Eigenartigerweise ist es in Österreich nie nachgespielt worden. Auch das ist ein Stück, das die Endphase des Krieges, die Mitschuld und den Konformismus der Menschen behandelt. Also etwas, was die Österreicher gerne verdrängen. Eine Überlegung von mir war: Jetzt mach ich diesen Österreichern noch so ein Stück, und zwar verpack ich es in eine gängigere Form, ich nehme Formen des Bauernschwanks, die durch die Situation natürlich gebrochen werden. Ich will ihnen nicht ermöglichen, daß sie diesen Bereich ungestraft verdrängen können."[12])

Wie *Jelinek* versucht auch *Unger,* über den Faschismus in Österreich, diesen markanten Punkt der eigenen Geschichte, Reflexionen über die Gegenwart anzustellen. Eines ist klar: Weder in *Jelineks* „Burgtheater", noch in *Ungers* „Zwölfeläuten", geht es vorrangig um Aufarbeitung historischer Vorgänge, sondern um Fragestellungen, die uns – und hier erspare ich mir die Aufzählung bestimmter Stichworte, da jeder weiß, was und wer gemeint ist – gerade jetzt wieder angehen.

---

11) *Heinz R. Unger:* (Anm. 3), S. 69.

12) *Heinz R. Unger:* Interview mit *Kurt Palm,* ebenda, S. 237 f.

IV.

Ausdrücklich in der Gegenwart angesiedelt ist das dritte Stück, das ich als Beispiel für die Auseinandersetzung mit dem Thema Faschismus und Österreich im Bereich der Dramatik anführen möchte: Es heißt **Der Herr Hunzkorl oder Die unverläßliche Gnade der späten Geburt** und stammt von dem 1925 geborenen Autor *Hans Ungar*. Daß dieses Stück, das 1987 als Bühnenmanuskript im Sessler-Verlag erschienen ist, bis heute noch nicht aufgeführt wurde, gehört zu den (vielen) unverzeihlichen Nachlässigkeiten der österreichischen Theater.[12a)]

Eine kurze Inhaltsangabe: Um ihrem Vater Hunzkorl eine Namenstagsfreude zu bereiten, basteln seine beiden blonden, blauäugigen, ‚aufgenordeten' Söhne Wotan und Glubschi eine Judenpuppe, die sie Itzig taufen. Diese Puppe wird eine mit sämtlichen Klischees – Beikeles, Nase, Kaftan usw. – behängte Vogelscheuche, die nebenbei den Zweck hat, der immer bedrohlicher werdenden ‚Judenlosigkeit' im Lande abzuhelfen. Denn Hunzkorl ist ein staatlich geprüfter Schädlingsbekämpfer und somit von Schädlingen – Wanzen, Läusen, Ratten usw. – mehr als abhängig. Angesichts der von seinen Söhnen gebastelten Judenpuppe muß Hunzkorl zu seinem Leidwesen allerdings erkennen, daß diese keine Ahnung von der ‚realen' Judengefahr haben, weshalb er beschließt, ihnen ein lebendiges Studienobjekt zu besorgen. Hunzkorl:

> „Ob heiting Dog, des schwerida, hod des Deoredisiern a End!
> Eine schtraffe Schulung brauchma.
> (BEDROHLICH) Und zwoa am l e b e n d n Objekt!!
> Des haasd: A Jud muass hea!!
> Nua – wohea nemman und ned ausgrom?"[13)]

Um an einen lebenden Juden heranzukommen, bei dem er seine Judenfalle ausprobieren könnte, inseriert Hunzkorl in der TIMES, die sich umgekehrt als SEMIT lesen läßt, den Verkauf seltener Judaica.

Im Flugzeug auf dem Weg nach Europa lesen Rabofski, ein ehemaliger Chefelektroniker, und sein menschengleiches Robotergeschöpf Golem diese Annonce. Wenig später treffen die beiden am Ort der Judenfalle (Pension Hunzkorl. Hinterwald a. d. Ploatsch Nr. 7) ein – es kommt zur erkennenden Begegnung. Rabofski nämlich war während der Nazizeit, weil er als Jude eine Pastorentochter liebte, im hier lakonisch als ‚Lager' benannten KZ, wo Hunzkorl ‚nur seine Pflicht getan' hat. Die Pflichterfüllung Hunzkorls bestand neben dem Einatmen „fo den fettn schtingatn Rauch"[14)] und der Verantwortung für den reibungslosen Ablauf der Menschentransporte auch in der Malträtierung Rabofskis. Rabofski hatte sich das Bild seiner Geliebten in die Brust tätowieren lassen, und Hunzkorl schnitt ihm dieses Bild aus dem Fleisch. Aus Rabofskis Haut stellte Hunzkorl damals eine Damenhandtasche her, die Rabofski nun in der Pension Hunzkorl wieder findet. Aber dieses corpus delicti vermag Hunzkorl keineswegs aus der (Ver-)Fassung zu bringen, schließlich wurde er ja nach Beendigung des Krieges von allen Vorwürfen und Verdächtigungen freigesprochen. Erst als ihm Golem den Grundriß eines phönizischen Schiffes zeigt und ihm beweist, daß die Schiffe in Jütland genauso gebaut waren wie dieses, daß also die nordischen Völker Abkömmlinge eines der zwölf Stämme Israels sind und daß Hunzkorls verstorbene Frau somit eine ‚Jü-tin' war,

---

12a) Die Uraufführung von „Der Herr Hundzkorl" fand in der Spielzeit 1990/91 am Stadttheater Klagenfurt statt.

13) *Hans Ungar:* (Anm. 4), S. 9.

14) ebenda, S. 49.

seine Söhne ‚Jü-ten' sind und er selber ‚Jüt', bricht er zusammen und in seine eigene Judenfalle ein. Er krepiert. Die Söhne erschlagen Golem, brechen ebenfalls in die Judenfalle ein, aus der sie sich aber später befreien können. Rabofski verläßt als gebrochener Mann die Szene, Wotan und Glubschi machen nun aus der Itzig-Vogelscheuche einen glatten Wallstreet-Zionisten und stecken die Puppe in Brand.

Wie in *George Taboris* Stück **Mein Kampf**, *Christoph Heins* **Passage** und *Felix Mitterers* **Kein schöner Land**, muß auch in *Ungars* **Der Herr Hunzkorl** eine zentrale Figur erkennen, daß sie eigentlich „Jude" sei, was vielleicht nichts anderes meint als die Wiederkehr des Verdrängten in Form der Neurose. *Ungars* Stück ist jedoch das grellste und schrillste von allen, das einzige, das unverhohlen, rückhaltlos in der Gegenwart spielt und wo der „Fall Waldheim" ebenso wie der „Fall Haider" in irrwitziger Brutalität präsent ist. Das minimale Personeninventar verrät genug über die exemplarisch-parodistische Kraft des Autors: Der Hunzkorl erscheint wie jene Seite eines Nationalcharakters, über die der Herr Karl nur mit einem verschmitzten Lächeln (wie etwa das Lächeln *Claus Barbies*) hinwegging: Der Hunzkorl stinkt noch nach dem Fleisch von Auschwitz und labt sich, wenn der Alkohol versagt, daran, der Unmensch bricht unverhohlen hervor.

Ich finde, daß dieses Stück eines der interessantesten ist, die sich in den letzten Jahren mit dem Themenkomplex „Österreich/Faschismus" auseinandergesetzt haben.

V.

Wenden wir uns einem anderen Thema zu, das in der zeitgenössischen Dramatik der letzten Jahre immer wieder aufgegriffen wurde: Die Wirtschaftskrise mit all ihren fatalen Auswirkungen. Leider zeigt sich auch hier, daß unsere Theater viel zu langsam und umständlich auf diese Stücke, von denen es mehr gibt, als man annehmen würde, reagieren. Als Ausnahme ist die Uraufführung von *Peter Turrinis* Stück **Die Minderleister**[15]) durch das Akademietheater in Wien im Juni 1988 (Regie: *Alfred Kirchner*) anzuführen. Das Stück hat die österreichische Stahlkrise und deren Folgen für die Arbeiter und Angestellten zum Inhalt, wobei die Katastrophe der Arbeitslosigkeit bei *Turrini* exemplarisch am Arbeiterehepaar Hans und Anna vorgeführt wird. *Turrini:*

> „So lange Hans Arbeit hat, ist er mit der Welt, in der er lebt, einverstanden. Ich habe von der Privatisierung der Krise gesprochen, Hans kann seine Entlassung nicht begreifen, er kann keine Antwort auf das Vorgefallene finden, er verfällt in Schweigen. Er versteht nicht, warum er, der doch durch Leistung etwas sein wollte, plötzlich zu den Minderleistern gezählt wird. Und er schämt sich vor Anna, weil er auch ihr das kleine Glück bieten wollte, weil er mit ihr den Traum vom ausbezahlten Häuschen, vom Urlaub leben wollte. Jetzt ist er nicht mehr imstande, den Traum einzulösen, jetzt fühlt er sich schuldig."[16])

Turrini operiert in seinem Stück geschickt mit jener Phraseologie, die heute von den Medien ebenso absichtsvoll wie gedankenlos eingesetzt wird, wenn es darum geht, die wirklichen Ursachen der Krise zu verschleiern. Dieser Sterotypen bedient sich in den „Minderleistern" zum Beispiel auch die Personalchefin, wenn sie versucht, dem Stahlarbeiter Hans dessen Kündigung plausibel zu machen:

---

[15]) *Peter Turrini:* Die Minderleister. Programmbuch Nr. 32, hgg. vom Burgtheater Wien, 1988, S. 7–143.

[16]) *Peter Turrini:* Ein Gespräch über „Die Minderleister", ebenda, S. 152.

PERSONALCHEFIN
„Niemand will Sie kündigen
Wir wollen mit Ihnen reden.
Und wir wollen Sie überzeugen.
Reden wir noch einmal vom Markt.
Der Markt steht über den Menschen.
Er folgt nicht ihren Gesetzen
er folgt seinen eigenen.
Er ist wie die Gestirne
am Firmament.
Was immer die Menschen den Sternen erzählen
von einer Anna
die etwas im Kopf hat
von einem betrunkenen Shakespeare
von einem bestellten Kinderzimmer
es erreicht sie nicht
es berührt sie nicht.
Keine Anrufung
keine Geschichte
kein Schicksal
kann den Weg der Gestirne
verändern.
Wir müssen das zur Kenntnis nehmen.
Sie müssen das zur Kenntnis nehmen."[17])

Turrini – und das geht aus dem zitierten Ausschnitt hervor – hat bei der Behandlung des auf der Bühne nicht einfach umzusetzenden Themas „Arbeitslosigkeit" auf eine naturalistische Darstellung sowohl in sprachlicher als auch dramaturgischer Hinsicht verzichtet. Seine Figuren sprechen nicht nur Hochdeutsch, sondern auch eine Art lyrische Prosa, wodurch ein Verfremdungseffekt erreicht wird. *Turrini* über seine Gründe, gerade bei der Auseinanderstezung mit diesem Thema die Gesetze der ‚realistischen' Dramaturgie zu durchbrechen:

> „[ich habe] die erste Szene des Stücks im Dialekt geschrieben, es ging mir alles so leicht von der Hand, und ich hatte plötzlich Angst, daß auch die Zuschauer so leicht und selbstverständlich mit den Schicksalen meiner Figuren umgehen könnten. Ich wollte mich selbst und die Zuschauer irritieren, ich habe noch einmal von vorne begonnen, diesmal in Hochsprache. Aus der Wirklichkeit des Vorgefundenen ist eine andere, theatralische Wirklichkeit entstanden."[18])

VI.

Auch in *Gustav Ernsts* Stück **Tausend Rosen**[19]) geht es um die fatalen Auswirkungen der Arbeitslosigkeit, die umso brutaler sind, je unerwarteter sie einen ‚treffen'. In „Tausend Rosen" wird die Geschichte von fünf Leuten erzählt, die auf Gedeih und Verderb mit der wirtschaftlichen Existenz einer Drahtfabrik verbunden sind. Mit dem Konkurs, der dieser Fabrik droht, kippt auch das Leben der Figuren, die Angst vor der

---

[17]) *Peter Turrini:* (Anm. 15), S. 42 f.
[18]) *Peter Turrini:* Ein Gespräch über „Die Minderleister", ebenda, S. 154.
[19]) *Gustav Ernst:* Tausend Rosen. Bühnenmanuskript (masch.) des Verlags der Autoren, Frankfurt/Main 1986.

Zukunft führt zu extremen Reaktionen. Harry, einer der beiden Angestellten im Warenlager der Drahtfabrik, schneidet seinem Rivalen Kernstock – beide sind nicht nur am Arbeitsplatz Konkurrenten, sondern bemühen sich auch um die Gunst der Junior-Chefin Gina – kurzerhand den Kopf mit einer Kettensäge ab und erdrosselt schließlich seine Chefin. Bevor Harry Gina erwürgt, kommt er zu der Erkenntnis: „Immer waren die Sachen da mehr als ich. Das kleinste Brausesieb da ist mehr Welt als ich."[20])

> „**Tausend Rosen** ist ein Stück von heute und zugleich eine klassische Tragödie; die fünf Personen sprechen den Jargon dieser Zeit und zugleich versartig verdichtete Sprache, Monologe, in denen sich das Geflecht von Wünschen und Hoffnungen unaufhaltsam zusammenzieht und die handelnden Personen erdrückt: eine materialistische Tragödie."[21])

VII.

Einer jener Dramatiker, die der jüngeren Generation angehören und die sich in ihren Stücken mit radikalen Mitteln mit den Auswirkungen der ökonomischen, politischen und moralischen Krise in Österreich auseinandersetzen, ist der 1958 geborene *Harald Kislinger. Kislinger,* der in Linz lebt und dessen dramatische Arbeiten sehr massiv die Konflikte in der Industriestadt reflektieren, ist in den letzten Jahren mit zahlreichen Stücken an die Öffentlichkeit getreten, von denen aber bisher nur wenige aufgeführt wurden. *Kislingers* Ansprüche an sich als Dramatiker sind, und dieses Selbstverständnis schlägt sich auch in seinen Texten nieder, radikal. Er formuliert seine Rolle als Dramatiker so:

> „In einer Zeit, in der sie die Atomraketen samt den Sprengköpfen auf uns richten, hat es keinen Zweck mehr (so glaube ich), sich mit lächerlichen Dingen aufzuhalten – also schreib ich gleich Horrorstücke – Phantasieoperetten der schwarzen Ausgeburt. Meine Heimat ist Österreich – also muß sie daran glauben, weil nur die Haß/Liebe, sie ist es, die das Schreiben (meins) ermöglicht."[22])

Kislingers Stücke mit programmatischen Titeln wie **Die Steinheiligen, Todesfinsternis beim Heurigen, Ersticken, Katholikenzucht** oder **Die Stürmer** führen uns in die Welt des kleinbürgerlichen Alltagshorrors, aus der es nur einen Weg des Entkommens gibt: Gewalt. Die Figuren leben entweder mit ihrer Umwelt im Kriegszustand oder terrorisieren sich gegenseitig in der Familie, sobald sie sich angepaßt haben. Sprachlich orientiert sich *Kislinger* an *Nestroy* und *Karl Kraus* bzw. an dem jungen BRD-Dramatiker *Rainald Goetz.*

Notwendig für *Kislingers* Weiterentwicklung wären Aufführungen seiner Stücke, auch wenn einige zunächst nur als Rohmaterial verwendbar sind. Interessant sind seine Theatertexte nicht zuletzt deshalb, weil *Kislinger* sehr rasch auf aktuelle Vorgänge reagiert, was natürlich für unsere schwerfälligen Theaterbetriebe eine kaum zu bewältigende Herausforderung darstellt. *Kislinger* formulierte diesen Apsekt seiner Arbeit so:

> „Schreiben heißt für mich, auch auf die Bühne schießen. Mit meinen Sätzen. Mit meinen Sprachkeulen. Und möglichst schnell, aber künstlerisch reagieren. Dinge, die gestern passiert sind – am besten gleich morgen auf der Bühne. So eine Art künstlerische ‚Zeit im Bild' oder

---

[20]) ebenda, S. 44.
[21]) Programmheft des Verlags der Autoren 3/86, Frankfurt/Main, S. 12.
[22]) *Harald Kislinger.* In: S. Fischer Theater-Katalog 1988, o. S.

‚Tagesschau'. Weil nix ist schrecklicher, als diese augenblicksferne, ach so himmlische, elitäre Kunstmacherei."[23])

Dieser Einblick in Tendenzen des zeitgenössischen österreichischen Dramas, der selbstverständlich keinen Anspruch auf Vollständigkeit erhebt, macht deutlich, daß es in diesem Bereich gegenwärtig keine wie immer geartete konservative Wende gibt. Zahlreiche Stückeschreiber fühlen sich einer im weitesten Sinne realistischen Kunstauffassung verpflichtet und beziehen von dieser Position aus schreibend Stellung zu wichtigen Fragen unserer Zeit. Bedauerlich ist allerdings, daß die österreichischen Theater kaum Gebrauch von dem großen Angebot an interessanten Gegenwartsstücken machen. Auch in dieser Hinsicht haben unsere Bühnen noch einiges nachzuholen.

(Manuskript fertiggestellt im April 1989)

[23]) ebenda.

Christa Gürtler

Neue Bärte auch für Frauen?

Tendenzen der zeitgenössischen Literatur von Frauen

> Und im Frühjahr nähmen wir unsere Stecken und wanderten; denn wir wären als Einsiedler und sagten nicht, daß wir Mädchen wären. Du mußt Dir einen falschen Bart machen, weil Du groß bist; denn sonst glaubt's niemand, aber nur einen kleinen, der Dir gut steht, und weil ich klein bin, so bin ich als Dein kleiner Bruder, da muß ich mir aber die Haare abschneiden.
>
> *Bettina von Arnim*[1])

In männlichen Verkleidungen haben sich Frauen zu Beginn des 19. Jahrhunderts Räume erobert, die ihnen als Frauen verwehrt waren. Sehr oft reisten, schrieben, studierten sie in männlichen Maskierungen. Sie schielten nach den Bärten, die Macht und Tradition versprachen. Die Versuchung der Identifikation mit männlichen Zuschreibungen von Weiblichkeit oder die Anpassung an männliche Normen waren, wie die Geschichte der männlichen Pseudonyme von Schriftstellerinnen zeigt, lange genug Voraussetzung und Garant für Anerkennung. *Bettina von Arnim* suchte in ihren Texten nach einer eigenständigen Ausdrucksform. Ihre (Brief-)Romane, die sich keiner herkömmlichen Ästhetik unterordnen, lösen bis heute bei den Leser/innen Irritationen aus. Ihre Freundin *Karoline von Günderrode* – der sie die Verkleidung vorschlägt – wünscht sich, wie sie in einem Brief schreibt, ein Mann zu sein: „. . . ich bin ein Weib und habe Begierden wie ein Mann, ohne Männerkraft. Darum bin ich so wechselnd und uneins mit mir."[2]) Als Schriftstellerin legt sie sich das männliche Pseudonym „Tian" zu und orientiert sich an strengen ästhetischen Formen.

In der Gegenwart haben es Autorinnen nicht mehr nötig, ihren Blick auf die echten oder falschen Bärte zu richten. Zu bedenken ist freilich, daß das Bewußtsein von Frauen nach wie vor geprägt ist von männlichen Weiblichkeitsprojektionen und überlieferten ästhetischen Normen. Frauen sehnen sich nicht mehr danach, so zu sein wie Männer, sondern bestehen von sich aus auf der Differenz der Geschlechter, die sie nicht mehr als Mangel begreifen oder als Ergänzung bestimmen. Sie beginnen, diese Differenz als Chance zu sehen und neu zu definieren, was auch bedeutet, sie aufzulösen und durch eine Reihe von Differenzen zu ersetzen.[3]) Autorinnen bemühen sich, die erstarrten und fixierten Bilder von Weiblichkeit in Bewegung zu bringen, indem sie patriarchale Denk- und Schreibweisen dekonstruieren, durchqueren, berühren, verwer-

---

[1]) *Bettina von Arnim:* Werke und Briefe. Hgg. v. *Gustav Konrad.* Erster Band. Frechen/Köln: Bartmann 1959, S. 414.

[2]) *Karoline v. Günderrode:* Der Schatten eines Traumes. Hgg. und mit einem Essay v. *Christa Wolf.* Neuwied: Luchterhand 1979, S. 5. – Vgl. zu *Bettina v. Arnim* und *Karoline v. Günderrode* auch *Sigrid Weigel:* Der schielende Blick, in: Die verborgene Frau. Sechs Beiträge zu einer feministischen Literaturwissenschaft von *Inge Stephan* und *Sigrid Weigel.* Berlin: Argument 1983, S. 83–137, S. 97.

[3]) Vgl. *Sigrid Schmid-Bortenschlager:* Die unbewußte Schrift der Frauen. Fremd- und Selbstbestimmung in der kontrollierten Kultur, in: Akten des VII. Internationalen Germanisten-Kongresses Göttingen 1985. Band 6. Frauensprache – Frauenliteratur?/Für und Wider einer Psychoanalyse literarischer Werke. Hgg. v. *Inge Stephan* und *Carl Pietzcker.* Tübingen: Niemeyer 1986, S. 127–130.

Christa Gürtler, Dr. phil., Univ.-Lektorin am Institut für Germanistik der Universität Salzburg.

fen und ver-rücken. Sie probieren unterschiedliche literarische Verfahrensweisen aus, die es ihnen – zumindest partiell – ermöglichen, ihre Perspektiven in die Literatur einzuschreiben. Es erscheint mir in der momentanen historischen Situation als nicht sinnvoll, weibliches Schreiben inhaltlich und formal einzugrenzen, da dies gleichzeitig wieder Ausgrenzungen bedingen würde, sondern ich möchte es eher als „Praxis der Entgrenzung"[4]) verstehen. Daß manche Wege auf der Suche nach einem weiblichen Diskurs in der Praxis als wenig gelungen erscheinen, daß sie nicht weiter führen oder zusteuern auf alte Dichotomien, gehört zu dieser Offenheit und den Widersprüchen der gegenwärtigen Situation.

Im folgenden möchte ich auf Tendenzen der zeitgenössischen Literatur von Frauen in Österreich eingehen und einige Texte genauer analysieren, die mir exemplarisch für die Entwicklungen in den 80er Jahren erscheinen. Wie schon mehrfach gezeigt, läßt sich der Vorwurf, daß Frauen kaum Form- und Schreibexperimente unternehmen, für die Beiträge österreichischer Autorinnen nach 1945 nicht aufrechterhalten.[5]) Eine Vielzahl von ihnen ist bemüht, ihre weibliche Perspektive sowohl inhaltlich wie formal in die Literatur einzuschreiben. Die Beobachtung, daß wichtige Anstöße für einen weiblichen Diskurs nicht aus der Bundesrepublik, sondern aus Österreich, aus der DDR und der Schweiz kommen, scheint nun auch in der Bundesrepublik selbst wahrgenommen zu werden, wofür die von *Barbara Alms* herausgegebene Anthologie „Blauer Streusand" (1987) ein Signal ist. Im Nachwort zu diesem Buch, das Texte der Wiener Autorinnen *Friederike Mayröcker, Elfriede Gerstl, Marie-Thérèse Kerschbaumer, Liesl Ujvary, Heidi Pataki, Elfriede Jelinek, Katharina Riese, Neda Bei* und *Magdalena Sadlon* enthält, schreibt *Barbara Alms:*

> Im Gegensatz zu den Positionen eines ordentlichen Realismus und einer allzu genügsamen „Erfahrungsliteratur" gilt für sie, daß sich der Dissens zum Herrschenden auch in Konsequenzen für Sprache und Form ausdrückt – sei es in den zielgerichteten Angriffen und Brechungen Jelineks oder sei es in den der Verweigerung entstammenden Produktionen Mayröckers (um mit zwei gegensätzlichen Schreibstrategien zu beginnen). Fast alle Texte entstammen den letzten Jahren und lassen sich in der BRD nicht leicht aufspüren; . . .[6])

Auffallend an vielen Texten österreichischer Autorinnen ist, daß sie sich mit bewährten Beschreibungskategorien nicht charakterisieren lassen. So zeigt etwa *Marie-Thérèse Kerschbaumer*, daß Parteilichkeit und avantgardistisches Formbewußtsein kein Gegensatz sind. Sie wendet sich gegen einen „mediokren Realismus der verflachten Form, wie er so bequem in manches Medienprogramm passen würde" und plädiert für einen, „der für sich alle Formen beansprucht, die ihm zum Ausdruck seiner Weltanschauung, seiner Parteilichkeit dienen".[7]) So sind *Friederike Mayröckers* Texte von höchster Subjektivität und Authentizität, aber nicht im Sinne der Bekenntnisliteratur von Frauen aus den 70er Jahren. Auch (Vor-)Urteile über Männlichkeit und Weiblichkeit werden in Frage gestellt, etwa durch *Elfriede Jelineks* Texte, die mit Begriffen wie Abstraktion,

---

4) *Friederike Hassauer:* Die Kunst der Entgrenzung, in: Notizbuch 2, Ver-rückte Rede – Gibt es eine weibliche Ästhetik? Hgg. v. *Friederike Hassauer/Peter Roos*. Berlin: Medusa 1980, S. 11–17, S. 17.

5) Vgl. *Christa Gürtler:* Die andere Avantgarde. Anmerkungen zur zeitgenössischen Literatur von Frauen in Österreich, in: Lesezirkel 15/1985, S. 5,7. – *Christa Gürtler:* Schreiben Frauen anders? Untersuchungen zu Ingeborg Bachmann und Barbara Frischmuth. Stuttgart: Heinz 1983. – *Sigrid Schmid-Bortenschlager:* Der analytische Blick, in: Beiträge des Internationalen Kolloquiums ‚Frauenliteratur in Österreich von 1945 bis heute' in Mulhouse. Hgg. v. *C. Kleiber* und *E. Tunner*. Bern/Frankfurt: Peter Lang 1985, S. 109–129.

6) Blauer Streusand, Hgg. v. *Barbara Alms*. Frankfurt: Suhrkamp 1987, S. 176.

7) *Marie-Thérèse Kerschbaumer:* Realismus oder Realismus? in: Weg und Ziel 12 (1981), S. 449 f.

Distanz, Verstand, Satire beschreibbar sind. Und obsolet werden nicht zuletzt ideologische Zuordnungen in eine „fortschrittliche“ und „konservative“ Literatur. Die Differenzen ver-rücken alte Oppositionen.

Aber nicht nur österreichische Gegenwartsautorinnen geben produktive Anstöße für eine Praxis des weiblichen Schreibens. Dies gilt auch für die sogenannten Neu- und Wiederentdeckungen, wofür *Ingeborg Bachmann* als Beispiel stehen kann, die mittlerweile neben *Christa Wolf* (die sich ihrerseits häufig auf *Bachmann* bezieht) zur wichtigsten Vertreterin der deutschsprachigen Literatur von Frauen zählt. Ihre radikale Kritik an patriarchalischen Strukturen konnte erst in einer durch die Frauenbewegung veränderten Rezeptionssituation nach Erscheinen der Gesamtausgabe 1978 verstanden werden. Die neueste Wiederentdeckung kommt ebenfalls aus Österreich: *Marlen Haushofer.* Ihre Texte sind in den vergangenen Jahren bei Claassen wieder aufgelegt worden, und 1986 erschien im Verlag Neue Kritik ein Band mit Essays über sie. Mit ziemlicher Wahrscheinlichkeit werden es in den nächsten Jahren noch andere Autorinnen sein, die wiederentdeckt werden.

Nach wie vor gibt es in Österreich autobiographische Bekenntnisliteratur von Frauen (*Brigitte Schwaiger* u. a.); die Hoffnung, daß eine weibliche Ich-Perspektive schon Autonomie verbürgt, hat sich allerdings in den vergangenen Jahren als trügerisch erwiesen. Schon 1979 hat *Ursula Krechel* auf das Problem der schreibenden Verdoppelung männlicher Frauen-Bilder in der autobiographischen Literatur von Frauen hingewiesen: „Sie glaubt, ungeschminkt sie selbst zu sein, und schreibt doch auf das Spiegelbild, in dem sie sich weiter und weiter spiegelt.“[8]) Und 1985 ist der Autorin *Elfriede Jelinek* diese authentische, gefühlvolle, realistische Erfahrungsliteratur nur mehr Anlaß zu ironischer, satirischer Entlarvung, personifiziert in der Dichterin Aichholzer. Sie ist die Protagonistin des zweiten Teils ihres Prosatextes „Oh Wildnis, oh Schutz vor ihr“, eine Naturlyrikerin, die mit Hilfe eines Enthüllungsbuches über ihre Beziehung zu einem Philosophen endlich zu eigenem Ruhm gelangen möchte. *Jelinek* bringt ihr Schreiben metaphorisch mit den weiblichen Tätigkeiten des Kochens und der Handarbeit in Verbindung:

> Fette alte Gedichtbäckerin, die Zucker auf den ruhig dahinfließenden Lebkuchen Natur pinselt. . . .
> In ihrer Bescheidenheit will diese Frau jedoch vorher noch alle ihre Gedichte in die Manege führen, selbst Gestaltetes, locker Gestricktes, Schreie! eines zu heftig gelebten Frauenlebens, als Kunst kostümiert. . . .
> Sie beschreibt ihr Leid, denn das Leid ist die Würze der Kunst. Also ist das Leid in der Kunst wie Maggi.[9])

Es geht in dem Text von *Elfriede Jelinek* aber nicht nur um eine Denunziation dieser Literatur, sondern um eine Analyse der Rolle der Frau, die sich als Geliebte, Muse und Sachwalterin s e i n e s Denkens begreift. Sie muß zur tragikomischen Figur werden, weil sie vergeblich versucht, ihr uneigentliches Leben in der Kunst aufzuheben; sie verdoppelt es dabei nur. „Ich weiß auch nicht, aber diese Frau hat einen Fehler gemacht, sich in den Philosophen zu verstricken wie ein Muster in ein Hauberl.“[10])

Aus dem Bedürfnis, sich nicht länger in Denken und Leben von Männern zu verstricken, suchen Frauen vermehrt nach weiblichen Traditionen, nach Spuren der verdrängten Vergangenheit. Sie interessieren sich für die Geschichte(n) anderer Frauen,

---

8) *Ursula Krechel:* Leben in Anführungszeichen. Das Authentische in der gegenwärtigen Literatur, in : Literaturmagazin 11. Reinbek: Rowohlt 1979, S. 80–107, S. 90.

9) *Elfriede Jelinek:* Oh Wildnis, oh Schutz vor ihr. Reinbek: Rowohlt 1985, S. 99, 108, 133.

10) ebenda S. 150.

um sie für das eigene Schreiben und Leben produktiv zu machen. Beispiele für diese Tendenz der Literatur von Frauen sind *Evelyn Schlags* Erzählung „Die Kränkung" (1987) und die Bücher von *Marie-Thérèse Kerschbaumer* und *Elisabeth Reichart,* die beide versuchen, das Thema des weiblichen Widerstands während des Nationalsozialismus und in der Gegenwart auszuloten.[11])

In vielen Büchern von Autorinnen zeigt sich, daß die auffindbaren Spuren von Frauen weniger auf Lebensläufe denn auf Todesarten verweisen. Leiden, Wahnsinn, Selbstmord, Kränkungen und Verletzungen sind immer wiederkehrende Konstanten. *Evelyn Schlags* Erzählung „Die Kränkung" ist die Geschichte der Kränkung und Krankheit der Ich-Erzählerin und gleichzeitig ein Dialog mit der Tagebuch- und Briefschreiberin *Katherine Mansfield,* die im Text unter ihrem bürgerlichen Namen *Kathleen (Beauchamp)* auftritt. Der in fünf – immer kürzer werdende – Abschnitte gegliederte Text ist aus der Ich-Perspektive einer Schriftstellerin erzählt, die mit ihrem Freund Jack aufs Land zieht. Die Ich-Erzählerin spiegelt und verdoppelt sich in Kathleen, die zeitweise zu einer realen mitlebenden Person wird, ihrer Kränkung und Krankheit. *Katherine Mansfield* (1888–1923), deren Kränkung vor allem aus der Beziehung zu ihrem Mann, dem Kunstkritiker *John Middleton Murry,* genannt *Jack,* rührte, starb fünfunddreißigjährig an Tuberkulose – die Ich-Erzählerin wird geheilt. Der Prozeß der Auseinandersetzung mit einer Vor-Gängerin wechselt zwischen Nähe und Distanz. Am Ende der Erzählung wird der Erzählerin die Notwendigkeit des Abschieds von ihrem anderen Ich immer deutlicher bewußt. Und während sich *Katherine Mansfield* von ihrem *Jack* zeitlebens nicht wirklich trennen kann, wendet sich die Erzählerin von ihrem Jack ab und einem Maler zu. An verschiedenen Punkten kreuzen sich die Fragmente der eigenen und der fremden Lebens-Geschichte. Nicht als Zitate gekennzeichnet, verweben sich die absatzweise eingefügten Reflexionen *Mansfields* über ihre schriftstellerische Arbeit, ihre Beziehungen und ihre Krankheit mit den Gedanken der Erzählerin. Die intertextuellen Bezüge zwischen den Texten von *Mansfield* und *Schlag* machen deutlich, was prinzipiell auch für andere Texte gilt, daß nämlich jeder Text wie ein „Mosaik von Zitaten" aufgebaut ist. „Der Vorgang des intertextuellen Zusammenwirkens ist niemals abgeschlossen, denn bei jedem Interpretationsakt werden jeweils neue ‚Texte' herangetragen."[12]) Am Ende weiß die Ich-Erzählerin, die der weggegangenen Geschichte nachtrauert: „Du machst dir vor, etwas festzuhalten, während du deine Geschichte schreibst. In Wahrheit knüpfst du lauter Bänder auf."[13])

Das Bewußtsein, lauter Bänder aufzuknüpfen, bestimmt auch die Haltung der beiden Autorinnen *Marie-Thérèse Kerschbaumer* und *Elisabeth Reichart,* die Spuren des weiblichen Widerstands während der Zeit des Nationalsozialismus nachgehen. Die Erzählung „Komm über den See" (1988) von *Reichart* beginnt mit der Einsicht einer Widerstandskämpferin: „Vor jeder Erinnerung das Wissen: Alle Sätze in dieses Gestern können nur Brücken zu Inseln sein, was sie verbinden, es bleibt für immer

---

11) *Marie-Thérèse Kerschbaumer:* Der weibliche Name des Widerstands. Olten: Walter 1980, und Schwestern. Olten: Walter 1982. – *Elfriede Jelinek:* Theaterstücke (Clara S., Was geschah, nachdem Nora ihren Mann verlassen hatte, Burgtheater). Hgg. v. *Ute Nyssen*. Köln: Prometh 1984. – *Elisabeth Reichart:* Februarschatten. Wien: Edition Junges Österreich 1984, und Komm über den See. Frankfurt: Fischer 1988. – *Evelyn Schlag:* Die Kränkung. Frankfurt: Fischer 1987. – Vgl. zu dieser Tendenz auch: eine frau ist eine frau ist eine frau ... Autorinnen über Autorinnen. Wien: promedia 1985.

12) *Gisela Ecker:* Poststrukturalismus und feministische Wissenschaft – eine heimliche oder unheimliche Allianz? In: Frauen – Weiblichkeit – Schrift. Hgg. v. *Renate Berger* u. a. Berlin: Argument 1984, S. 8–20, S. 17.

13) *Schlag*, Kränkung (wie Anm. 11), S. 197.

getrennt."[14]) Das Schreiben von *Kerschbaumer* und *Reichart* wird zum Widerstand gegen den verordneten Zeitgeist des Verdrängens und Vergessens.

Schon im Titel „Der weibliche Name des Widerstands" (1980) verschränken sich die historisch-politische, die feministische und die ästhetische Dimension des Buches. In ihren „Sieben Berichten" – so der Untertitel des Buches – hat sich die Autorin sieben Frauen zu nähern versucht, die aus rassischen oder politischen Gründen Opfer des Faschismus waren, die hingerichtet wurden, verschollen sind. Es sind Frauen aus verschiedenen sozialen Schichten, deren Widerstand vom isolierten Schreiben bis zum politisch organisierten Kampf reichte: Die Dichterin *Alma Johanna Koenig*, die Schwestern *Helene*, eine Anglistin, und *Elise Richter*, erste österreichische Hochschulprofessorin, die Nonne *Restituta*, die namenlose Zigeunerin, das Schneiderlehrmädchen *Anni Gräf*, die Lehrerin *Steffi Kunke*, die Arbeiterin *Tonschi Mück*.

Formal versucht *Marie-Thérèse Kerschbaumer* ihren Anspruch, den Frauen des Widerstands einen Namen zu geben, in einer sehr komplexen Schreibweise einzulösen. Die formale Gestaltung der einzelnen Berichte sucht dem sozialen Umfeld der Frauen gerecht zu werden und reicht von Annäherungen an die Schnittechnik des Films bis zum Brief der Arbeiterin. Erzählperspektiven und Sprachebenen vermischen sich, Vergangenheit und Gegenwart verknüpfen sich und machen so den subjektiven Prozeß der Erinnerungs- und Schreibarbeit deutlich.

Bei ihren Recherchen im Dokumentationsarchiv des österreichischen Widerstands mußte *Kerschbaumer* feststellen, daß über die Frauen kaum Fakten eruierbar waren, im Falle der Zigeunerinnen nicht einmal die Namen. Die Autorin kann die „blinden Flecken" in der Geschichtsschreibung nicht ausfüllen, und es geht ihr auch gar nicht darum, sondern um das Bewußtmachen eben dieser Leerstellen und Lücken. Das Buch fragt nach der Bedeutung der Opfer für unsere Gegenwart, die Erinnerung an Möglichkeiten und Grenzen des Widerstands von Frauen damals führt zum Problem des Widerstands von heute. Im Bericht über die Nonne *Restituta* heißt es:

> . . . ungehorsam sein. Dies war der Beginn ihres Kampfes, dies war der Beginn des Widerstands, dies war der Anfang, – dies war der Beginn.[15])

In ihrem Roman „Schwestern" (1982) hat *Marie-Thérèse Kerschbaumer* das Thema Geschichtserfahrung und Widerstand noch ausgeweitet. Der Roman, gegliedert in 57 verschieden lange Abschnitte, führt die Vielstimmigkeit des Erzählvorganges fort, erweitert sie auf die Generationen einer Tiroler Familie – wobei auch hier vor allem die Frauen im Mittelpunkt des Interesses stehen – vom Ende des 19. Jahrhunderts bis zur Gegenwart. Im Text wechseln die Handlungsverläufe und Zeitebenen ab, die Sie-Kapitel (der Erzählerin zugeordnet) reflektieren die Auswirkungen der Erinnerungsarbeit für das eigene Selbst-Bewußtsein, die anderen sind jeweils einzelnen Protagonist/inn/en zugeordnet: Pius, Rebecca, Erika, Clarisse, Hanne und Lore. Der Roman erzählt keine Geschichte, stiftet keinen Sinn in dem Geflecht von Ereignissen, sondern führt verschiedene Perspektiven und Möglichkeiten der Beschreibung vor, wechselt vom Faktenbericht zum lyrischen Schreiben und zum Konjunktiv. *Kerschbaumer* hält nicht am Konzept eines linearen, chronologischen Erzählens fest, am „Faden der Erzählung", den ja schon Ulrich in *Musils* „Mann ohne Eigenschaften" in Frage stellt: „Und Ulrich bemerkte nun, daß ihm dieses primitiv Epische abhanden gekommen sei, woran das private Leben noch festhält, obgleich öffentlich alles schon unerzählerisch

---

[14]) *Reichart*, Komm über den See (wie Anm. 11), S. 7.

[15]) *Kerschbaumer*, Der weibliche Name (wie Anm. 11), S. 74.

geworden ist und nicht einem ‚Faden' mehr folgt, sondern sich in einer unendlich verwobenen Fläche ausbreitet."[16])

Der Titel „Schwestern" läßt viele Assoziationsmöglichkeiten offen: Schwesterlichkeit als Verhältnis der Autorin zu ihren Protagonistinnen, als Solidarität unter den Frauen, als Qualität jenseits einer patriarchalischen Klassengesellschaft. Diese Schwesterlichkeit als mitleidende Haltung gegenüber den Unterdrückten und als mittätige Haltung im Kampf gegen die Unterdrücker – verkörpert in Lore – wird am Ende des Romans zur hoffnungsvollen Perspektive – ein Schluß allerdings, der mir doch allzu pathetisch erscheint.

Marie-Thérèse Kerschbaumers Texte können als Versuche gelesen werden, sich sowohl auf der inhaltlichen wie auf der formalen Ebene einer Schreibweise zu nähern, die den theoretischen Konzepten einer écriture féminine entspricht. Literarisch nicht so anspruchsvoll, deswegen aber nicht weniger beeindruckend, sind die beiden bisher publizierten Texte von *Elisabeth Reichart:* „Februarschatten" (1984), vielleicht ein wenig zu Unrecht als Roman bezeichnet, und die Erzählung „Komm über den See", rechtzeitig im Gedenkmonat März 1988 erschienen.

Das Buch „Februarschatten" ist gleichzeitig eine Auseinandersetzung mit historischen Ereignissen und die einer Tochter mit der eigenen Mutter. Der Wunsch der Tochter ist es, die Ereignisse um die „Mühlviertler Hasenjagd", denen sie mit Trauer und Unverständnis gegenübersteht, zu begreifen. Den historischen Bezugspunkt stellt die sogenannte „Mühlviertler Hasenjagd" dar: Im Februar 1945 brachen ca. 500 Häftlinge aus dem KZ Mauthausen aus, die von Nationalsozialisten und der Mühlviertler Bevölkerung gejagt und ermordet wurden. Wenige haben geholfen, 17 Überlebende wurden bis heute eruiert.

Auf sehr behutsame Weise erzählt *Elisabeth Reichart* in der Tochterrolle den Text aus der Mutterperspektive. Die Mutter fühlt sich durch das Fragen der Tochter bedrängt und ist irritiert über den Wunsch der Tochter, ein Buch über sie zu schreiben. Die Sprache in der Knappheit der Sätze, der Einfachheit von Grammatik und Wortschatz entspricht der Sprachebene der Mutter und öffnet in der Anhäufung der halbfertigen Sätze in suggestiver und bedrängender Weise den Blick auf ein reduziertes Frauenleben, für das Selbstbewußtsein und Selbstbestimmung Fremdworte sind.

Durch die Erzählperspektive der Mutter wird das Verhalten der Tochter reflektiert, die der Mutter die Erinnerungsarbeit gleichsam aufzwingt bis hin zu jenem Ereignis der „Jagd".

Der Mutter fällt es ungeheuer schwer, über dieses Ereignis zu sprechen, bei dem in der Folge ihr Bruder Hannes hingerichtet wurde, weil er sich an der verordneten „Jagd" nicht beteiligt hat:

> So stimmt es, was sie mir einmal erzählt hat. Daß alles Erlebte, Erfahrene, einfach alles, in unserem Gehirn gespeichert wird. Kein Löschband stünde uns zur Verfügung. Außer zeitbegrenztes Vergessen. Ja, Vergessen, das habe ich gekonnt. Das war ein gutes, brauchbares Löschband gewesen. Auch wenn Hannes es bezweifelt hatte.[17])

Die Mutter findet schließlich die Worte für das Ereignis, für den Beginn ihrer Mitschuld, und kann aus dieser Trauerarbeit Selbstbewußtsein beziehen. Am Ende des Textes ist sie es, die der Tochter Angst macht.

---

16) *Robert Musil:* Gesammelte Werke in neun Bänden. Hgg. v. *A. Frisè.* Band 2. Reinbek: Rowohlt 1978, S. 650. – Vgl. zu *Kerschbaumer* auch *Hans Höller:* Laudatio zur Verleihung des Drostepreises. Amriswil 1985, S. 9–18.

17) *Reichart,* Februarschatten (wie Anm. 11), S. 154, 155.

In der Erzählung „Komm über den See" ist der Blick stärker auf die Generation von Frauen gerichtet, die nach 1945 geboren ist und der auch die Autorin angehört. Sie handelt von den Schwierigkeiten des Widerstands von Frauen in der Gegenwart und von den Schwierigkeiten bei der Beschäftigung mit den Frauen des Widerstands im Nationalsozialismus. Im Gegensatz zur Sprachreduktion des ersten Buches ist die Erzählung in einer sehr poetischen, metaphernreichen Sprache verfaßt. Die intertextuellen Bezüge zu Texten von *Ingeborg Bachmann, Christa Wolf* und *Marie-Thérèse Kerschbaumer* sind unverkennbar und stellen wohl den Traditionszusammenhang dar, in dem sich die Autorin selbst sieht.

Protagonistin der Erzählung ist Ruth Berger, die nach Jahren ihren Dolmetscherberuf aufgibt, als sie sich bewußt wird, daß sie bewußt-los eine Sprache in die andere übersetzt, ohne über den Inhalt der Worte nachzudenken. Sie trennt sich von ihrem Mann, studiert Englisch und Geschichte und schreibt eine Abschlußarbeit über Frauen, die während des Faschismus in Betrieben Sabotage verübten. Als sie eine Lehrerstelle in Gmunden antritt, setzt sie ihre Nachforschungen über die Frauen des Widerstands fort. Sie erfährt das Salzkammergut als Gegend, in der es zwar einen politisch organisierten Widerstand gab, in der aber andererseits die Kontinuität faschistischen Gedankenguts unübersehbar ist. Von ihr wird Anpassung im Privatleben und in der Arbeit verlangt, bestimmte Bücher dürfen in der Schule nicht gelesen werden, der Lehrplan muß befolgt werden, der Kirchgang gehört zur gesellschaftlichen Norm. Nur schwer kann sich Ruth Berger dieser Anpassung entziehen, die möglicherweise mit dem Verlust des Arbeitsplatzes verknüpft ist. Sie muß sich eingestehen, daß sie im Umgang mit anderen Frauen, die sich dem Herrschaftssystem nicht unterordnen wollen, versagt. Die Freundin Martha landet in der Psychiatrie, die Freundin Eva verübt Selbstmord.

Marthas und Ruths Mütter waren Widerstandskämpferinnen, aber sie waren nicht die Heldinnen, die Ruth einzig in ihnen sehen möchte, konnten den eigenen Männern nicht entgegentreten. Am Ende muß Ruth bei ihrer Begegnung mit Anna Zach erfahren, daß ihre eigene Mutter andere Frauen verraten hat, ein Schicksal, das Ruth beinahe an Anna Zach wiederholt hätte. Zwischen die fünf Kapitel der Erzählung eingestreut sind die Gedanken eben dieser Frau, die sich dagegen wehrt, als Opfer betrachtet zu werden, die eigentlich nicht mehr erzählen will, nachdem sie vierzig Jahre lang schweigen mußte. Sie ist sich darüber bewußt, daß nur bestimmte Aspekte ihres Lebens von Interesse für Nachfragende sind:

> . . . werden sie auch an uns vieles finden, das sie bewundern können, aber sie werden rechtzeitig umkehren, bevor ihr Blick die schimmelnden Wände streift und der Fuß im Schlamm steckenbleibt, und wer wird es wagen, ihnen daraus einen Vorwurf zu machen, diesen Heraustretenden aus der Übereinkunft des Vergessens, ein Fest werden wir ihnen bereiten, dankbar werden wir sein, wenn der See ausgetrocknet ist, dann ist ein Tropfen alles . . .[18])

Elisabeth Reicharts Buch deckt die Widersprüche auf, die in der Heroisierung von Frauen des Widerstands stecken, und sie verweist auf die Notwendigkeit des weiblichen Widerstands gegen eine nach wie vor von Männern dominierte Gesellschaft, deren Strukturen vielleicht heute schwerer zu durchschauen sind.

Ein Werk, das sich in den Kreis der Auseinandersetzungen mit der Geschichte Österreichs reiht, ist das in jeder Hinsicht aus dem Rahmen fallende Romanprojekt von *Marianne Fritz,* „Dessen Sprache du nicht verstehst" (1985). Der 3000-seitige Roman, geschrieben in einer Kunstsprache, für die der Regelverstoß gegen die Grammatik zur Regel geworden ist, sucht die Geschichte des österreichischen Kleinbürger-

---

[18]) *Reichart,* Komm über den See (wie Anm. 11), S. 113.

tums in der Ersten Republik in Sprache zu fassen. Ich gestehe allerdings, mich seiner Lektüre bisher nicht unterzogen zu haben.

Elfriede Jelinek hat sich in zwei Theaterstücken ebenfalls der weiblichen Vergangenheit zugewandt. In ihrem ersten Stück „Was geschah, nachdem Nora ihren Mann verlassen hatte" (1977/78) dekonstruiert sie einen literarischen Weiblichkeitsentwurf, Ibsens Nora, Symbolfigur für weibliche Emanzipation. In ihrer Fortsetzung des Ibsen-Dramas konfrontiert sie die Weiblichkeitsimagination eines Autors mit den fiktiven historischen Möglichkeiten der bürgerlichen Frau. Nora, die keinen Beruf erlernt hat, geht in die Fabrik, versucht mittels eines anderen Mannes wieder aufzusteigen, wird von diesem jedoch an Helmer verkauft, das heißt, sie landet am Schluß wieder bei ihrem Ehemann, hat ihre Position aber noch verschlechtert. Nach der Zerstörung eines literarischen Weiblichkeitsentwurfs zeigt sie in „Clara S." (1981) die Zerstörung weiblicher Kreativität auf. Hauptfigur des Stückes ist die berühmte Konzertpianistin *Clara Schumann,* deren Karriere von ihrem „wahnsinnigen" Ehemann nachhaltig verhindert und zerstört wurde. In beiden Stücken verwendet sie die literarische Verfahrensweise von Montage, Zitat und Collage, die Figuren werden zu exemplarischen Modellen, deren Kunstsprache Erkenntnisse über gesellschaftliche Strukturen vermitteln möchte. Hinweise auf ihre Theaterkonzeption konnten 1985 den Skandal um die Bonner Uraufführung von „Burgtheater" (1982), einer „Posse mit Gesang", die vorwiegend aus verfremdeten Zitaten des Films „Heimkehr" besteht, nicht verhindern.

Sich als Frau die Literatur erarbeiten, das bedeutet für *Barbara Frischmuth* – angesichts des Fehlens einer Geschichte und literarischen Tradition von Frauen – Spuren des Weiblichen in Märchen, Sagen und Mythen aufspüren und für das eigene Leben und Schreiben produktiv machen, sie auch als utopische Modelle verstehen. *Barbara Frischmuth* wehrt sich gegen ein eingeschränktes Verständnis von Realismus und wehrt sich gegen Vorwürfe, die ihren Einstieg in die phantastische Welt als Wirklichkeitsflucht bezeichnen. Die Praxis ihrer literarischen Verfahrensweise bestätigt dieses Werturteil allerdings allzu oft und leistet an vielen Stellen dem propagierten Geschichtsverlust Vorschub.

Nach sprachkritischen Anfängen („Die Klosterschule", „Amoralische Kinderklapper"), die ihr den Durchbruch verschaffen, beginnt *Frischmuth* literarisch konventioneller zu erzählen. Programmatisch probiert sie die Verschränkung von Vergangenheit und Gegenwart, Phantasie und Realität in ihrer Romantrilogie „Die Mystifikationen der Sophie Silber" (1976), „Amy oder die Metamorphose" (1978) und „Kai und die Liebe zu den Modellen" (1979) aus. Was an allen drei Romanen auffällt, ist die Trennung der phantastischen und realistischen Ebenen im Text. Auch der Roman „Die Frau im Mond" (1982) spielt auf drei verschiedenen Ebenen – sie wechseln einander kapitelweise ab – mit drei Protagonistinnen: Die eine führt ein Zwiegespräch mit einem imaginären Partner über die Konflikte zwischen Mann und Frau; die andere ist eine Cartoonistin, die täglich in einem Wiener Kaffeehaus sitzt und passiv auf etwas nicht näher Definiertes wartet; die dritte und wohl wichtigste ist Colombina, die Figur aus der Commedia dell'Arte, die als Fadenpuppenspielerin nach neuen Lebensmöglichkeiten sucht. Die Frau im Mond, das ist die Frau, die es noch nicht gibt, die erst vom Mond auf die Erde geholt werden sollte und die von den Fadenpuppenspielern entworfen wird. Deutlich wird, daß *Barbara Frischmuth* die Funktion der/ihrer Literatur im Entwerfen von Modellen und Darstellen von Lebensmöglichkeiten sieht, die Perspektiven für eine zukünftige Lebenspraxis für Frauen entwickelt.

In ihrem neuesten Roman „Über die Verhältnisse" (1987), dem zweiten Teil einer neuen Trilogie (die Erzählung „Herrin der Tiere" [1986] stellt den ersten Teil dar), versucht sie die österreichische politische Realität mit dem griechischen Mythos in Beziehung zu setzen, der anders als in den vorangegangenen Texten keine eigene

Ebene konstelliert, sondern den Handlungsrahmen des Romans bildet und von vielen Leser/innen, für die der Mythos von Demeter und Kore nicht zum bildungsbürgerlichen Kulturgut gehört, gar nicht gesehen wird. *Barbara Frischmuth* stellt den mythologischen Rahmen am Beginn vor:

> Du ziehst einen Faden, und der ganze Stoff kräuselt sich. DEMETER – Figur und Person in einem. Wenn ich Demeter sage, muß ich auch Kore, Baubo, Zeus sagen.[19])

Die Geschichte des Romans ergibt sich aus der Geschichte des Mythos. Kore wird von Hades in die Unterwelt entführt und zwar unter Bewilligung von Zeus. Demeter irrt auf der Suche nach ihrer Tochter über das Land, läßt schließlich keine Saaten mehr wachsen, bis Hermes Kore (Persephone) zurückholt. Da sie in der Unterwelt vom Granatapfel gekostet hat, muß sie ein Drittel des Jahres in der Unterwelt verbringen, zwei Drittel des Jahres kann sie bei Demeter und den anderen Göttern im Olymp bleiben.

Die Fruchtbarkeitsgöttin Demeter ist zur Wiener Beislwirtin eines Lokals namens „Spanferkel" geworden, ihre Tochter heißt Fro, und die Amme und Freundin aus dem Mythos (Baubo) wird zur Ungarin Borisch. Zeus und die Olympier, das ist der Regierungschef (dessen Ähnlichkeit mit Sinowatz unverkennbar ist) mit seiner Regierung. Fro ist die Tochter aus einem früheren Verhältnis von Mela mit dem „Chef" Zeus, sie verliebt sich in einen Diplomaten Heyn/Ayan, mit dem sie in die Türkei flieht und wo sie schließlich von Mela und Borisch gefunden wird:

„Nicht nur das Kind, auch der Mythos erzwingt diese Reise. Aber was heißt heute schon Unterwelt?"[20]) Warum diese Unterwelt gerade die Türkei sein soll und warum die österreichische Regierung in den Rang der Olympier gehoben wird, läßt die Autorin offen, die Assoziationen bleiben den Leser/innen überlassen. Zentrales Thema des Textes ist die Kritik an den österreichischen Verhältnissen, die allerdings an der Oberfläche bleibt, sich in Allgemeinplätzen und Klischees verläuft. Der Roman spekuliert damit, ein politischer Schlüsselroman zu sein, obwohl er keiner ist, wenn es im Vorspann heißt:

> Gelegentliche Übereinstimmungen mit lebenden Personen, soweit sie den österreichischen Olymp betreffen – wenn auch sicher nicht im Hinblick auf biographische Details -, sind beabsichtigt.[21])

Auf der Ebene der politischen Kritik bleibt der Roman in Andeutungen und Klatsch stecken, die keine Erkenntnis über die Strukturen der österreichischen Politik und Gesellschaft vermitteln. Die Einsicht „dieses Land lebt seit jeher ÜBER DIE VERHÄLTNISSE"[22]) wird nicht präzisiert und trägt letztlich nur zur Verharmlosung der realen Verhältnisse bei.

Aber auch auf der Ebene des Mythosbezuges wird nicht deutlich, wie wir den – zweifellos für die Geschichte, für die Macht und die Unterordnung des Weiblichen wichtigen – Mythos von Demeter und Kore verstehen sollen.[23]) *Frischmuth* möchte

---

[19]) *Barbara Frischmuth:* Über die Verhältnisse. Salzburg: Residenz 1987, S. 7. – Auch alle anderen erwähnten Texte von ihr sind im Residenz Verlag erschienen.

[20]) ebenda S. 160.

[21]) ebenda Motto des Romans.

[22]) ebenda S. 48.

[23]) Vgl. dazu etwa *Gerburg Treusch-Dieter:* Analyse des Demeter-Kore-Mythos. Zur Dramaturgie des bewilligten Raubes, in: Mythos Frau. Projektionen und Inszenierungen im Patriarchat. Hgg. v. *Barbara Schaeffer-Hegel* u. *Brigitte Wartmann.* Berlin: publica 1984, S. 176–212.

offensichtlich an die Elemente des Mythos erinnern, die auf die Stärke der Frauen verweisen: Auf die dreigestaltige matriarchale Fruchtbarkeitsgöttin Demeter (Fro, Mela, Borisch), die Bedeutung der Mutter-Tochter-Beziehung, die Marginalisierung der Vaterschaft, das Mann-Frau-Verhältnis als Göttin-Heros-Verhältnis. All dies ist allerdings nur mühsam zu entschlüsseln, und deshalb scheint *Frischmuths* weibliche Perspektive auf den Mythos, im Gegensatz etwa zu *Christa Wolfs* „Kassandra", als literarisch wenig gelungene Umsetzung eines interessanten Entwurfs.[24])

Auf sehr witzige Weise spinnt *Lilian Faschinger* in ihrem ersten Roman „Die neue Scheherazade" (1986) den Mythos von der tausendundeine Nacht lang erzählenden Scheherazade weiter, die sich und die anderen Frauen damit vor der Rache Schahriars rettet. Die neue Scheherazade Hedwig Moser und ihre Schwester Dunjazade sind zwei Austroperserinnen (der Vater ist Österreicher, die Mutter Perserin), die in beiden Ländern nicht heimisch werden können, überall der Ausländer- und Frauenfeindlichkeit begegnen:

> Was bleibt mir also übrig, als meine äußere Bewegungsfreiheit immer mehr aufzugeben? Letztlich ist es die einzige Möglichkeit. Erst später wird mir klar werden, was für ein Glück dieser eingeengte Aktionsradius für mich bedeutet. Erst später werde ich meine wirkliche HEIMAT finden, MEINEN PLATZ auf dem Sofa in dem Zimmer der Neubauwohnung. Später erst werde ich verstehen, daß diese Eingrenzung der äußeren Bewegungsfreiheit sich verkehrt proportional zu einer inneren Bewegungsfreiheit verhält, daß die Verengung der realen Räume eine Ausweitung der imaginären Räume zur Folge hat.[25])

Aus der realen Einengung und Begrenzung des weiblichen Bewegungsradius – nach wie vor würden wohl nur „Bärte" unbehelligtes Reisen ermöglichen – sucht *Lilian Faschinger* gewissermaßen einen positiven Ausweg, in dem sie sich redend/schreibend einen Freiheitsraum erobert. Die erotischen Begegnungen erlebt Scheherazade in ihrer Phantasie, wo sie auf unsere Mythen des Alltags trifft: den Verpackungskünstler Christo, Tom Waits, Andrew Lennon, Clint Eastwood, Roman Polanski, den Hopi-Indianer und Johannes den Täufer. Da sich Scheherazade nicht anpaßt, enden alle diese Geschichten tragisch. Am Ende spaltet sie sich in eine gute und böse Hälfte auf, die gute versucht einem Kärntner Ehemann „eine gute Frau" zu sein, was ihr nicht gelingt; sie ermordet ihn und landet in einer Gefängniszelle. Die böse Seite lernt Gertrude Stein und Alice Toklas kennen, die zwölf Männer ermorden, und von denen sie auf ihren Platz, ihr Sofa, flieht.

Die ständige Vermischung von realistischen und phantastischen Geschichten in *Lilian Faschingers* Roman macht auf spielerische Weise deutlich, daß die Unterscheidung in Realität und Fiktion in unserer Mediengesellschaft unmöglich geworden ist. Scheherazade scheint aber nicht von dieser Medienwirklichkeit manipuliert (was in Texten *Elfriede Jelineks* immer wieder vorgeführt wird), sondern geht auf souveräne Art und Weise mit diesen Mythen um. Für Scheherazade und *Lilian Faschinger*

---

[24]) Vgl. zu *Barbara Frischmuths* literarischem Selbstverständnis: Die Schwierigkeit zu schreiben oder der neue Ort der Phantasie, in: Jahrbuch des Wiener Goethe-Vereins, hgg. v. *Wolfgang Martens*, Bd. 81/82/83. Wien 1977/78/79 , S. 321–327. – Im Gegensatz zu vielen eher negativen Reaktionen auf den Roman (vgl. u.a. *Sigrid Löffler:* Spanferkel, Profil 40, 5. 10. 1987, S. 106) steht *Paul Michael Lützelers* Einschätzung in der Neuen Zürcher Zeitung vom 9. 10. 1987 unter dem Titel „Mythos, Geschichte und Gegenwart", in der es heißt: „Die sprachliche Meisterschaft, die kunstvolle erzähltechnische Verknüpfung der mythischen, historischen und zeitgeschichtlichen Ebenen sowie die kritische Vehemenz machen das Buch zu einem der wichtigsten deutschsprachigen bzw. mitteleuropäischen Romane der achtziger Jahre und zu dem wohl anspruchsvollsten Werk, das die Autorin bisher veröffentlicht hat."

[25]) *Lilian Faschinger:* Die neue Scheherazade. München: List 1986, S. 125.

erscheint der weibliche Freiraum auf das Erzählen und Schreiben von Literatur beschränkt, verstanden als Erweiterung der imaginäre Räume.

Einer Literaturauffassung, die Schreiben nicht als Mimesis, sondern als Poiesis versteht, ist auch eine Reihe anderer österreichischer Autorinnen wie *Elfriede Gerstl, Elfriede Czurda, Jutta Schutting, Liesl Ujvary* und *Friederike Mayröcker* verpflichtet. Ihre Schreibweisen, Traditionen des Surrealismus und der écriture automatique aufnehmend, konstruieren Wirklichkeiten.

In ihren neueren Prosaarbeiten von „Die Abschiede" (1980) bis „Das Herzzerreißende der Dinge" (1985) versucht *Friederike Mayröcker* autobiographisches Erleben in Sprache umzusetzen, wobei sie es vermeidet, eine Geschichte, eine Story zu erzählen. In Assoziationen, Traumsplittern, Wiederholungen und Variationen praktiziert sie den Schreibvorgang als „Wandern durch ein Motiv".[26])

In ihrem Buch „Die Abschiede" verarbeitet sie Annäherung und Loslösung des Geliebten, des Schriftstellers Valerian. Der Abschied der weiblichen Erzählerin assoziiert andere Abschiede, vergangene und zukünftige: Das Leben erscheint als Aneinanderreihung von Abschieden bis zum Tod. Sie führt imaginäre Dialoge mit dem per Sie angesprochenen Geliebten, wechselt zwischen direkter und indirekter Rede, grammatikalisch also vom Indikativ zum Konjunktiv, um so die Ungleichzeitigkeit der Gefühle beider Partner sichtbar zu machen. Die dualistisch ausgeprägte Symbolik und Metaphorik entspricht der Dichotomie der Geschlechter, die nur an manchen Stellen aufgelöst wird.[27])

In „Reise durch die Nacht" (1984) wechseln Erinnerungen und Reflexionen wie der Zug ständig den Standort, kreisen um die Beziehungen zu Julian und Lerch. Der Text ist aus der Perspektive einer alternden Frau geschrieben, die Angst vor dem körperlichen Verfall hat und eine Reise in die vergehende und noch verbleibende Zeit macht. In allen ihren Texten reflektiert *Friederike Mayröcker* den Prozeß ihres eigenen Schreibens. Um diesen Prozeß geht es vor allem in den 16 Kapiteln des Buches „Das Herzzerreißende der Dinge". Subjekt und Identität, Sprache und Sinn sind in Bewegung, gleiten, fließen:

> Weil ich in der ersten Person spreche, heißt das noch lange nicht, daß alles mit mir identisch ist, das bin nicht ich, das ist ein Bild von mir, ich bin davongeschwommen . . .[28])

Und weil sich die Bewegung der Dinge nicht in der Sprache fixieren läßt, weil da immer eine Differenz besteht, muß das Sprechen und Schreiben immer neu ansetzen. Es ist wohl kein Zufall, daß es gleich am Beginn des Buches über Personen, mit denen sich die Erzählerin verständigen kann, heißt: „mit Derrida sofort".[29]) *Friederike Mayröckers* Texte spiegeln nicht die Wirklichkeit wider, sondern das schreibende Subjekt. Ihre Schreibweise versucht die Eindeutigkeit der symbolischen Ordnung zu unterlaufen und entspricht Möglichkeiten einer weiblichen Schreibweise, die sich auf *Lacan* und *Derrida* bezieht. Mit dem Gleiten des Signifikanten wird die „Problemlosigkeit der intersubjektiven Kommunikation in Frage gestellt, mit dem Gleiten des Ich die Kontrolle der Subjekte, und damit ein wesentlicher Aspekt des patriarchalischen Herr-

---

[26]) *Friederike Mayröcker:* Die Abschiede. Frankfurt: Suhrkamp 1980, S. 56. – Auch alle anderen Texte der Autorin sind im Suhrkamp Verlag erschienen.

[27]) Vgl. dazu die sehr genaue Analyse der Bildlichkeit dieses Textes von *Susanne Ledanff:* „Gefiederte Bilder" Die metaphorische Erfindung einer Geschichte, in: *Friederike Mayröcker.* Materialien. Hgg. v. *Siegfried J. Schmidt.* Frankfurt: Suhrkamp 1984, S. 141–173.

[28]) *Friederike Mayröcker:* Das Herzzerreißende der Dinge. Frankfurt: Suhrkamp 1985, S. 85.

[29]) ebenda S. 7.

schaftsapparates".[30]) Daß *Mayröckers* weiblicher Blick in seiner Radikalität auf viel weniger Widerspruch als etwa der *Elfriede Jelineks* stößt, liegt möglicherweise in der Komplexität und den Schwierigkeiten der Lektüre(n). Trauer und Wut über die Konsumwelt, über die gesellschaftliche Realität, die in der Durchquerung des eigenen Subjekts aufgespürt wird, scheint vordergründig weiblichen Zuschreibungen zu entsprechen.

Um die Möglichkeiten der Literatur, um das Entwerfen eines idealen vollkommenen Geliebten im Text geht es in *Elfriede Czurdas* Buch „Diotima oder die Differenz des Glücks" (1982), das sich von der Thematik, nicht aber der literarischen Verfahrensweise mit *Lilian Faschingers* Buch berührt.

Der in drei Teile gegliederte Text schildert die Konstruktion des idealen Mannes der Ich-Erzählerin bis zum Zusammenbruch dieser Konstruktion im dritten Abschnitt, was auch heißt zum Zusammenbruch des Erzählens; in den immer kürzer werdenden Textpassagen löst sich die Geschichte auf. Das Glück, das die Ich-Erzählerin in der phantasierten Konstruktion empfindet, hält dem Zusammenprall mit der fiktiven Realität nicht stand, die Sehnsucht nach dem idealen Geliebten bleibt. Der Text reflektiert die Möglichkeit und gleichzeitig Unmöglichkeit, im Schreiben den Ausweg aus dem Leben zu suchen.[31])

Illusionen zerstören möchte *Elfriede Jelinek* mit ihren Texten. Mit Künstlern, die sich ideologiekritisch mit dem schönen Schein Österreichs auseinandersetzen, hat dieses Land, längst „zu seinem eigenen Bild geworden", keine Freude und wenn dieser Künstler darüber hinaus eine Frau ist, verstört es die Kritiker noch mehr (vergleiche etwa den Kurier-Artikel von *Sebastian Leitner* mit dem Titel „Das Gespeibsel der Elfriede Jelinek"). Die österreichische Politik und ihr Verhältnis zur Kultur wählte sie als Thema ihrer Dankesrede zur Verleihung des Böll-Preises 1986:

> In den Waldheimen und auf den Haidern dieses schönen Landes brennen die kleinen Lichter und geben einen schönen Schein ab, und der schönste Schein sind wir. Wir sind nichts, wir sind nur, was wir scheinen. Land der Musik und der weißen Pferde.[32])

Jelineks Bekenntnis zu Satire und Ironie als Methode der Entlarvung und Entmythologisierung gesellschaftlicher Realitäten, zur modellhaft vergröbernden Darstellung, zu einer Literatur der Negativität, ist gleichzeitig eine Absage an eine bestimmte realistische Literatur, die an Subjektivität und Identität glaubt.

Der psychologische Roman des 19. Jahrhunderts ist für sie tot, „nur viele Autoren, die jetzt leben, glauben, sie lebten immer noch im 19. Jahrhundert und man könnte den großen psychologischen Roman schreiben".[33])

Jelineks bisher erfolgreichstes Buch „Die Klavierspielerin" (1983), das stärker als ihre anderen Texte an konventionelle Lesemuster anknüpft, ist ein Roman, der von der Zerstörung der Tochter durch die Mutter handelt. Im Roman wird die Gewalt, die die Beziehung zwischen Mutter und Tochter bestimmt, in der Sprache bloßgelegt. Die Mutter exekutiert perfekt das väterliche Gesetz (der reale Vater taucht im Roman gar nicht auf):

---

[30]) *Schmid-Bortenschlager,* Die unbewußte Schrift, (wie Anm. 3), S. 129.

[31]) *Elfriede Czurda:* Diotima oder Die Differenz des Glücks. Reinbek: Rowohlt 1982.

[32]) *Elfriede Jelinek:* In den Waldheimen und auf den Haidern. Rede zur Verleihung des Heinrich-Böll-Preises, in: Die Zeit 50, 5. 12. 1986. – Vgl. als Beispiel für die mediale Hetzkampagne gegen die Autorin *Sebastian Leitner:* Das Gespeibsel der Elfriede Jelinek, in: Kurier 12. 12. 1986.

[33]) *Elfriede Jelinek,* in: Blauer Streusand (wie Anm. 6), S. 41.

> Doch da steht schon die Mama groß davor und stellt Erika. Zur Rede und an die Wand, Inquisitor und Erschießungskommando in einer Person, in Staat und Familie einstimmig als Mutter anerkannt.[34])

Die Mutter will die Tochter zur Pianistin dressieren, ihre Sexualität abtöten. Doch die Sublimierung der Sexualität in der Kunst wird im Roman als Mythos entlarvt: „Ihr Körper ist ein einziger großer Kühlschrank, in dem sich die Kunst gut hält."[35]) Erika Kohut wird Klavierlehrerin am Konservatorium und kann ihre nichtgelebte Sexualität nur mehr in Akten der Selbstverstümmelung und als Voyeurin von Pornofilmen, Peep-Shows und Geschlechtsakten im nächtlichen Prater befriedigen. Im zweiten Teil entfaltet der Roman Erikas Befreiungsversuch aus der Mutter-Tochter-Beziehung in der sadomasochistischen Inszenierung und Ritualisierung der Sexualität mit ihrem Schüler Walter Klemmer. Im Kontext der gesellschaftlichen Herrschaftsverhältnisse muß dieser Versuch scheitern und Erika erlebt ihre endgültige Vernichtung. Sie wendet am Ende ihre Aggression gegen sich, sticht sich das Messer in die Schulter (das Klemmer treffen sollte) und geht nach Hause zur Mutter zurück, gibt also endgültig ihren Anspruch auf ein eigenes Leben auf.

Elfriede Jelinek destruiert in diesem Roman den Mythos der Mutterliebe und den Mythos Frau, was wohl die großen Irritationen bei den Leser/innen auslöst. Präzise notiert sie die physische und psychische Zerstörung der Frau und macht in der Person der Mutter deutlich, wie sehr Frauen die männliche Ordnung internalisiert haben. *Jelineks* Roman teilt den analytischen Blick, der sich weigert, in die Literatur die befreite Frau einzuschreiben, der Befreiung nur in der Zerstörung von Weiblichkeitsmustern sieht, mit Autorinnen wie *Ingrid Puganigg* („Fasnacht" [1981]), mit *Lisa Witaseks* Büchern „Die Umarmung oder das weiße Zimmer" (1983) und „Friedas Freund" (1984), das, wie *Waltraud Anna Mitgutschs* begeistert aufgenommener Roman „Die Züchtigung" (1985) ebenfalls eine Mutter-Tochter-Beziehung zum Thema hat.[36])

Im Gegensatz zu *Jelineks* „Klavierspielerin" ermöglicht die literarische Verfahrensweise in der „Züchtigung" allerdings Identifikationen, da *Mitgutsch* nach psychologischen Erklärungsmustern für das zerstörerische Verhalten der Mutter sucht. Der Roman entwirft eine unausweichliche Kette der Züchtigungen und Zerstörungen über mehrere Frauengenerationen: Großmutter, Mutter, Tochter, Enkelin. Die Enttäuschung über das eigene lieblose Leben prügelt die Mutter in die Tochter. Ähnlich wie in *Jelineks* Roman erscheint als Erziehungsmuster die Zerstörung der Sexualität der Tochter, die gemästet wird. Nach dem Tod der Mutter züchtigt sich die Tochter dann selbst – sie wird magersüchtig. Alle Befreiungsversuche der Tochter scheitern, sie bleibt der Struktur der Mutter-Tochter-Beziehung verhaftet, wie das Ende des Romans klarmacht:

> Sie herrscht, und ich diene, und wenn ich meinen ganzen Mut sammle und Widerstand leiste, gewinnt sie immer, im Namen des Gehorsams, der Vernunft und der Angst.[37])

---

34) *Elfriede Jelinek:* Die Klavierspielerin. Reinbek: Rowohlt 1983, S. 7.

35) ebenda S. 29.

36) Vgl. zu dieser Tendenz *Ingrid Puganigg:* Fasnacht. München: List 1981; *Lisa Witasek:* Die Umarmung oder das weiße Zimmer. München: List 1983, und Friedas Freund. München: List 1984. – Auch *Monika Helfer* seziert in ihrem Buch „Mulo. Eine Sage" die Unmöglichkeit, als Frau autonom zu überleben. München: Piper 1986. – Mitleidlos analysiert *Claudia Erdheim* in ihrem autobiographischen Buch: Bist du wahnsinnig geworden? Wien: Löcker 1984, ihre Beziehung zur eigenen Mutter, einer Psychoanalytikerin. In ihrem neuesten Buch „Ohnedies höchstens die Hälfte" (Wien: Löcker 1987) setzt sie sich in ihrer literarischen Verfahrensweise der kurzen Aussagesätze mit der Logik des Kriminalromans auseinander.

37) *Waltraud Anna Mitgutsch:* Die Züchtigung. Düsseldorf: Claassen 1985, S. 248.

Auch in ihrem literarisch anspruchsvolleren neuesten Roman „Das andere Gesicht" (1986) berichtet sie vom Scheitern weiblicher Lebensversuche. Abwechselnd wird der Text aus der Perspektive zweier gegensätzlicher Frauen (vordergründig als männlich/weiblich zu lesen) erzählt, die auch als die beiden Hälften einer Frau verstanden werden können.[38])

In ihrem Prosatext „Oh Wildnis, oh Schutz vor ihr" (1985) geht *Elfriede Jelinek* einen Schritt weiter zu einer nicht mehr linearen Schreibweise. Der vorwiegend im Indikativ Präsens verfaßte Text besteht aus drei Teilen, die mit „1. AUSSENTAG. Gedicht 2. INNEN. TAG. Keine Geschichte zum Erzählen 3. AUSSEN. NACHT. Herrliche Prosa! Wertvolle Preise!" überschrieben sind. Die Raum- und Zeitangaben verweisen auf die Welt des Films beziehungsweise des Fernsehens, die Untertitel auf eine ironische Auseinandersetzung mit literarischen Gattungen und die Rezeption von Literatur. Der Text ist zwar kein Gedicht und enthält Ansätze zum Erzählen einer Geschichte, aber die Rhythmisierung der Sprache, die Verwendung von Reimen – bevorzugt Alliterationen – knüpfen an Traditionen des Lehrgedichts an, wie *Marie-Thérèse Kerschbaumer* in ihrer Rezension mit dem Titel „Lehrgedicht und Strafrede über die kapitalistische Jagdgesellschaft in drei Teilen" belegt.[39]) Die Sprache, die *Jelinek* bearbeitet, ist vor allem die Sprache der Medien und Redewendungen, wobei die Destruktion auf der phonologischen, syntaktischen und semantischen Ebene funktioniert, durch Wortkombinationen und Neologismen.

Zentrales Thema des Textes sind Reflexionen und Assoziationen über die unterschiedlichen Bedeutungen des Naturbegriffs in der Gegenwart beziehungsweise über das Verhältnis des Menschen zur Natur. Während für den Holzfäller Erich (eine Figur, die *Jelinek* aus den „Liebhaberinnen" übernommen hat) das Verhältnis zur Natur durch seine Arbeit bestimmt ist, täuschen sich die Dichterin Aichholzer (zentrale Figur des zweiten Teils) und die Managerin eines Großkonzerns im dritten Teil über ihr instrumentelles Verhältnis zur Natur, wollen also den schönen Schein bewahren. Das Buch versucht aufzuzeigen, wie sehr die Bildschirmrealität zur eigentlichen Realität geworden ist: „Ärmliches Moos, kümmerliche Flechte, nirgends das Echte vom Bildschirm." [40])

Das Buch ist auch eine Auseinandersetzung mit politischen und literarischen Tendenzen der österreichischen Gegenwart, die einhellig die Natur beschwören, wobei es zu Allianzen zwischen Großbourgeoisie, Naturschützern und faschistischen Ideologen kommt:

> Die Managerin bedauert das Waldsterben mehr als du und ich. Sie hat ja auch mehr vom Wald als der Betriebsame, der mehr vom Betriebssport hat. Jedem das Kleine.[41])

Ihre Kritik an den realen Verhältnissen (angesichts derer sich *Frischmuths* „Über die Verhältnisse" wie eine Idylle ausnimmt) versucht sehr differenziert in der Sprachanalyse und Sprachverfremdung bestimmte Personengruppen zu denunzieren und den Zusammenhang von Natur und Ökonomie aufzuzeigen. Die Universalisierungen *Thomas Bernhards* – Anspielungen auf ihn und seine Literatur finden sich im Text – , die seiner Kritik letztlich die Spitze nehmen, weil sich alle beziehungsweise niemand betroffen fühlt, sind der Marxistin *Jelinek* fremd.

---

[38]) *Waltraud Anna Mitgutsch:* Das andere Gesicht. Düsseldorf: Claassen 1986.

[39]) *Marie-Thérèse Kerschbaumer:* Lehrgedicht und Strafrede über die kapitalistische Jagdgesellschaft in drei Teilen, in: Weg und Ziel 4 (1986), S. 151.

[40]) *Jelinek,* Wildnis, (wie Anm. 9), S. 7.

[41]) ebenda S. 57.

Vor allem im zweiten Teil ist der Text eine Abrechnung mit dem Kulturbetrieb, dem unverfrorenen Weiterleben faschistischen Gedankenguts („Deutsch ist die Sprache der Dichtung und der Vernichtung. Man hört einen Schuß, und die Jagd ist ein Sport.")[42]) und – wie schon erwähnt – einer bestimmten Tendenz der Literatur von Frauen. *Jelineks* ideologiekritische literarische Verfahrensweise scheint mir eine der adäquatesten Formen zu sein, in der Literatur heute Erkenntnisse vermitteln kann.[43]) Und ihr weiblicher Blick macht es notwendig, Urteile über Weiblichkeit und Männlichkeit neu zu überdenken.

„Oh Wildnis, oh Schutz vor ihr" ist als Vorbild für *Elfriede Czurdas* neuesten Prosatext „Kerner. Ein Abenteuerroman" (1987) unschwer auszumachen. Das Buch ist eine entlarvende Satire auf die kleinbürgerliche, faschistoide Ideologie des Masseurs Kerner, der einen Abenteuerurlaub in der Bergwelt Österreichs gebucht hat, um mit anderen Abenteurern Gold zu schürfen. Wie schon der Untertitel andeutet, wird das – eher triviale Genre des Abenteuerromans, in dem die Helden ihre Abenteuer bestehen, persifliert. *Czurda* versucht die Gewalttätigkeit Kerners, der das Gebirge wie die Frau bezwingen will, in der Sprache bloßzustellen. Er hat seine eigene Tochter mißbraucht, die schwanger wird. In kurzen, oft unvollständigen Behauptungssätzen wird Kerners Denken, das die Natur mit der Frau gleichsetzt und beide verobjektiviert, vorgeführt:

> Mit seinem Aufstieg ins Gebirg erhebt sich sein Gemüt. Ganz oben, beim Gipfelkreuz, ist seine Erhabenheit auf den Meter genau meßbar. Man nimmt dazu eine Karte mit genauen Höhenangaben. Er ist vor Freude ganz zerfahren. Er hat ihn bezwungen, seinen allerpersönlichsten Venushügel, niedergerungen hat er ihn.[44])

Czurda montiert sprachliche Versatzstücke, Klischees, Redewendungen, großdeutsches Liedgut und bindet die Sätze oft durch Reime und Assonanzen. Daß die Bergwelt als Symbol für Herrschaftshierarchien ein Kennzeichen faschistischer Ideologie war, hat ja schon *Leni Riefenstahl* deutlich gemacht. *Czurdas* Text sucht das Denken des Täters zu analysieren, der sich selbst aber gar nicht als Täter versteht, und verweist auf eine neuere Tendenz der Literatur von Frauen, in der Männer zum Thema werden, die in den 70er Jahren in der Literatur von Frauen meistens eine eher marginale Rolle spielten.

*

Der Überblick auf Tendenzen der zeitgenössischen Literatur von Frauen aus Österreich – der sicher zu ergänzen, zu erweitern wäre – zeigt, daß Frauen auf verschiedenen

---

[42]) ebenda S. 154.

[43]) Vgl. dagegen etwa die Geringschätzung *Peter Handkes:* „Es gibt ja fast niemanden, der nicht Sekundärliteratur schreibt. Das hat mit James Joyce angefangen. ... Alles, was beispielsweise Elfriede Jelinek schreibt, ist Zweitliteratur – das reagiert immer nur in gestanzten Formen aus Meinungen, auf Ansichten der Welt. So wie auch Umberto Eco, eben auf ironische Weise, Literatur aus zweiter Hand macht. Das ist doch alles zum Wegschmeißen. Das sind doch nur mehr Parallelismen zum Chaos." *Sigrid Löffler:* „Mein Fluch. Mein Glanz". Ein Besuch bei Peter Handke, in: Süddeutsche Zeitung 73, 28./29. 3. 1987. Ihm scheint entgangen zu sein, daß auch er Traditionen, allerdings von *Aischylos* bis *Goethe* etc. fortschreibt.

[44]) *Elfriede Czurda:* Kerner. Ein Abenteuerroman. Reinbek: Rowohlt 1987, S. 9.

Wegen weibliche Schreibmöglichkeiten erkunden, in der Suche nach literarischen Traditionen von Frauen, nach Spuren in der Geschichte, in Märchen und Mythen, in experimentierenden Verfahrensweisen, in Texten, die mit einem analytischen Blick Strukturen der Gesellschaft durchleuchten. Auf der Suche nach einem weiblichen Diskurs setzen sich Frauen sowohl inhaltlich wie formal mit den Möglichkeiten des Schreibens auseinander ganz im Sinne einer „Praxis der Entgrenzung". Literatur von Frauen scheint in der Mehrzahl zu versuchen, keine „Bärte" zu bekommen, sondern, im Gegenteil, auch die Bärte der Männer als Fälschungen zu entlarven, indem sie deren Macht und deren Diskurse nicht länger als die eigentlichen akzeptieren.

(Manuskript abgeschlossen im März 1988)

Konstanze Fliedl

Sinister-Sujets

Zur Rekonstruktion von Gewalt in den Texten Elfriede Jelineks

> und wohin tragen wir
> *am besten*
> unsre Fragen und den Schauer aller Jahre
> *in die Traumwäscherei ohne sorge sei ohne sorge*
> (*Ingeborg Bachmann*, Reklame)

I. Weibliche Lektüren?

„[G]anz elektrische Sachen", „und zwar mit einer atemberaubenden Geschwindigkeit", habe Elfriede Jelinek von sich gegeben, berichtete *Hans Magnus Enzensberger* über den Versuch der Berliner ‚tageszeitung', ihre Redaktion drei Tage lang von Schriftstellern führen zu lassen.[1]) Inzwischen schrieb Jelinek allerdings auch schon elektronisch. Über die Interviews, in denen sie ihren apple-Computer vorstellte, hat sich diesmal wahrscheinlich auch die Industrie gefreut: „Der Computer ist die bessere Schreibmaschine. [. . .] Und im Grunde sprengt der Text das Medium Buch. [. . .] Eine positive Rückwirkung des Computers auf das Produkt selbst ist also da."[2]) Wieweit Jelineks Texte der achtziger Jahre überhaupt auf neue „Schreibprogramme" zurückgehen, kann im Hinblick auf mögliche Neulektüren einerseits und hinsichtlich der Themen von Jelineks jüngsten Schreibprodukten andererseits überlegt werden.

Jelineks Texte aus den siebziger Jahren hatten vielfach die Kolonialisierung der Köpfe durch die Medienindustrie zum Thema. Sie analysierten die Verdoppelung gesellschaftlicher Gewalt in den Trivialmythen der Massenkommunikation; „trivialmüten", so Jelinek im Essay ‚Die endlose Unschuldigkeit' (1970), „deren hauptprinzipien die vaterinhalte in kultur & individuum sind bilden zentrale machtgelenke der gesellschaft monopolistisch institutionalisierte kontrollinstanzen aus in denen dich die gemeinsamen interessen von machthabern treffen."[3]) Die Besetzung des Bewußtseins durch Macht geschieht daher zweifach, indem die Medien Gewaltausübung reproduzieren und zugleich zum Konsum anbieten: „was der arbeitende nämlich an repressiver gewalt in den betrieben hinunterschlucken soll findet er abends im tv programm wieder als sein eigenes nur für ihn nach maß gemachtes (!) unterhaltungsprogramm".[4]) Die Strategien der medialen Zubereitung hat Jelinek daher beharrlich verfolgt: Sie bestehen in der Vermittlung eines „sauberen", das heißt, von den Spuren von Gesellschaft und Geschichte gereinigten Natur- und Menschenbildes. Die Waschmittelwerbung wird zum Paradigma der Bewußtseinsindustrie; ihre Techniken erproben beispielsweise *Udo Jürgens*' Liedtexte, die Jelinek 1972 untersucht hat: „mensch sein heißt

---

[1]) Elektrisiert [Gespräch v. *Ulrich Greiner* m. *H.M.E.*]. In: DIE ZEIT v. 16. 10. 1987.

[2]) *Dietmar Bittrich:* ‚Wer nicht leben kann, muß schreiben'. In: Hamburger Abendblatt v. 13. 5. 1987.

[3]) *E. J.:* Die endlose Unschuldigkeit. Prosa – Hörspiel – Essay. Schwifting: Galerieverlag 1980, S. 50.

[4]) Ebda., S. 55.

Konstanze Fliedl, Dr. et Mag. phil., Ass.-Prof. und Univ.-Lektorin am Institut für Germanistik der Universität Wien.

mensch sein“, referiert sie deren Botschaften, „und nicht verschiedene menschen durch unterschiedliche produktionsbedingungen.“ Die Tautologie wird zum unabdingbaren rhetorischen Vehikel, um den Kopf des Zuhörers zu umzingeln: „der mittelpunkt und nabel der welt und udos: der mittelständler in seinem universum“. Diese Welt wird erklärt durch die Generalisierung „privater“ Sozialformen, etwa der Familie, und Erlebniswerte, etwa der Natur: „da sind gemeinsamkeiten für alle menschen vorhanden. für die große familie die sich und einander helfen sollte wo immer es geht. [...] zu den beliebtesten aller gemeinsamkeiten bei udo gehören die sonne der mond die sterne blumen vögel bienen ähren felder wälder wiesen etc. etc.“[5])

Die Berufung auf „Natur“, gegen die sich Jelinek seit jeher entschieden gesträubt hat, kehrt allerdings im Kontext feministischer Lektüren wieder. Hier droht aus der Sicht Jelineks ein Rückschritt in Richtung konventioneller Topoi von der weiblichen „Natur“, die sich analog auf Wesenheiten und Gemeinsamkeiten der Frauen berufen. Das Programmheft der Bonner Inszenierung von ‚Krankheit oder Moderne Frauen‘ von 1987 druckte stillschweigend einen zehn Jahre alten Jelinek-Text ab, der offenbar immer noch als aktuell empfunden wurde: „In letzter Zeit haben sich Schriftstellerinnen besonnen, daß sie einen Unterleib haben, was der Mann nicht hat. Der Mann ist bedeutend, die Frau harmonisch. Ihre Welt ist der Mann. Die Frau schreibt mit ihrem Körper, was eine neue literarische Möglichkeit ist. Da die Frau Erfahrungen mit ihrem Körper macht, die der Mann nicht macht, ist die Frauenliteratur reine Selbsterfahrung.“[6]) Die Absage an den „klebrige[n] Schleim weiblicher Zusammengehörigkeit“, die 1976 im Editorial der Zeitschrift ‚Die schwarze Botin‘ erteilt wurde[7]), deren Wiener Redaktion Elfriede Jelinek übernommen hatte, hat Jelinek für sich wohl modifiziert, aber niemals ganz zurückgenommen; die „Einigung unter dem falschen Gefühl“ ist immer noch, wenn auch in anderem Kontext, Ziel ihrer Angriffe.[8])

Dieses Mißtrauen bildet wohl eine Wurzel ihrer Skepsis gegenüber den Konzepten vor allem der französischen feministischen Theorie. Deren Entwürfe einer weiblichen Ästhetik oder auch einer weiblichen Sprache hat Jelinek immer mit dem Hinweis auf das schlechte Bestehende pariert und ihre Vorbehalte gegen die Art von semiotischer Arbeit, wie sie beispielsweise von *Hélène Cixous* betrieben wird, geltend gemacht.[9]) Der Einwanderung poststrukturalistischer Verfahren in die „feministische“ Lektüre wird mit dem kritischen Vorwurf begegnet, mit dem „Dekonstruktion“ generell konfrontiert wurde: Dieser Ansatz bestreite, daß historische Zusammenhänge Sinn determinieren.[10]) Die Versuche vor allem angelsächsischer Literaturwissenschaftlerinnen

---

5) *elfriede jelinek:* UDO ZEIGT WIE SCHÖN DIESE WELT IST WENN WIR SIE MIT KINDERAUGEN SEHEN. untersuchungen zu udo jürgens liedtexten. In: *E. J.*, *Ferdinand Zellwecker* u. *Wilhelm Zobl:* Materialien zur Musiksoziologie. Wien: Jugend und Volk 1972 (Edition Literaturproduzenten), S. 7 ff.

6) Programmheft zu KRANKHEIT von *Elfriede Jelinek.* Hgg. v. Schauspiel Bonn. Bonn 1986/87, S. 47; eine leicht veränderte Fassung von: *[E. J.:]* Von Natur aus sind ... In: Volkswille/Klagenfurt v. 11. 11. 1977.

7) *Gabriele Goettle:* Schleim oder Nichtschleim, das ist hier die Frage. In: Die Überwindung der Sprachlosigkeit. Texte aus der neuen Frauenbewegung. Hgg. v. *Gabriele Dietze.* Darmstadt 1979 (= Slg. Luchterhand 276), S. 51.

8) *Elfriede Jelinek:* Die Frau im Sumpf. In: *Ingrid Seibert* u. *Sepp Dreissinger:* Die Schwierigen. Portraits zur österreichischen Gegenwartskunst. Wien: Edition S 1986, S. 120.

9) [*E. J.* im Gespräch m. *Anita Maria Mattis* v. 20. 7. 1987. In:] *A.M.M.:* ‚Sprechen als theatrales Handeln?‘ Studien zur Dramaturgie der Theaterstücke Elfriede Jelineks. Wien: phil. Diss. 1987, S. 139.

10) Vgl. *Jonathan Culler:* Dekonstruktion. Derrida und die poststrukturalistische Literaturtheorie. Reinbek 1988 (= rowohlts enzyklopädie 474), S. 143.

und -kritikerinnen, Jelineks Verhältnis zu einem oder dem Feminismus zu bestimmen[11]), hatten immer mit Jelineks grundsätzlicher und ebenfalls nicht revidierter Unter- oder Nebenordnung von Feminismus und Marxismus zu rechnen. Dabei ist der Appell, historisch präziser zu verfahren, in der Frauenbewegung nicht neu, ebensowenig wie die Aufforderung zur Auseinandersetzung mit dem Kapitalismus, der nicht lediglich als „Funktion des Patriarchats" zu bestimmen sei: „Viele Frauen, die Phantasie genug aufbringen, sich eine nachpatriarchalische Gesellschaft vorzustellen, mogeln sich an der kapitalistischen Gesellschaft entlang, als wäre die Auseinandersetzung damit unter ihrer Würde."[12]) Jelinek hingegen hat ihre Reflexionen zu „Kunst" und „Natur" prinzipiell unter diese Perspektive gestellt. Im Mittelkapitel von ‚Oh Wildnis, oh Schutz vor ihr' (1985), in dem die Assoziationslinien des Textes obstinat zu den Zentralpunkten von „Natur" und „Kunst" zurückkehren, wird deren Verhältnis mit Bezug auf ihren Warencharakter lapidar kurzgeschlossen: „Die Natur ist Reklame. Die Kunst ist auch Reklame. Und was man darüber sagen könnte ist ebenfalls Reklame."[13]) Auch die geschmähte Kunst-Figur der Dichterin ist unter diesem Aspekt bewußtloses Opfer: „Eine alte Frau ist bekanntlich das schwächste Glied in der Kette Natur, dieser Ladenkette zu Billigstpreisen."[14]) Frauen-Natur ist, so gesehen, nur ein Sonderfall von „Natur" und denselben ideologischen Besetzungen unterworfen.

Obwohl es sogar einige Affinitäten zwischen Jelineks Schreibtechniken und den „Schreibweisen" der „écriture féminine" gibt, wird es daher schwer sein, Jelineks Texte auf deren theoretische Horizonte zu beziehen. Zuviel paßt hier nicht in eine Durchquerung von Diskursen, die zwar am Abbau logozentrischer Einheiten interessiert sind und sich im freien Spiel der Metaphorisierungen nicht festlegen wollen, die aber gelegentlich von Bildern eingeholt werden, deren Unterschied zu patriarchalen Projektionen erst noch zu zeigen wäre: „Eine Frau sein", schreibt *Cixous*, „das heißt ein Ding mit seiner Fremdartigkeit eintreten lassen. [. . .] Es gibt eine Geduld für das Ei, es gibt eine Geduld für ein geliebtes Gesicht. Es gibt Gedulden für alle Wesensarten. Die Gedulden sind Geburtshelferinnen."[15]) Zwar auf dem Primat der Politik zu bestehen und in diesem Sinn eine Poesie der „Langsamkeit" zu fordern, damit durch Überstürzung nicht wieder der Mechanismus des Ausschlusses und der Ausgrenzung in Gang kommt, zugleich aber das Schreiben ohne jede Rücksicht auf die Mechanismen des literarischen Markts als Mittel der Selbstfindung zu glorifizieren, verlangt einer Autorin zu viel ab, deren Texte ungeduldig danach fragen, ob für das authentischere Leben noch Zeit sei: „da fährt es ja, das leben, paula! aber unsre paula sucht noch ihre autoschlüssel."[16])

---

11) Vgl. *Tobe Joyce Levin:* Political Ideology and Aesthetics in Neo-feminist German Fiction: Verena Stefan, Elfriede Jelinek, Margot Schroeder. Cornell: phil. Diss. 1979, und *Jacqueline Vansant:* Feminism and Austrian Women Writers in the Second Republic. Austin: phil. Diss. 1986.

12) *Ursula Krechel:* Selbsterfahrung und Fremdbestimmung. Bericht aus der Neuen Frauenbewegung. Erw. Neuausg. Darmstadt 1983 (= Slg. Luchterhand 428), S. 78.

13) *E. J.:* Oh Wildnis, oh Schutz vor ihr. Prosa. Reinbek: Rowohlt 1985, S. 127.

14) Ebda., S. 189. – Vgl. zur Kritik der Natur des (weiblichen) Körpers *Valie Export:* Das Reale und sein Double: Der Körper. Bern: Benteli Verlag 1987 (um 9), S. 7: „Die Sprache des Anwesenden vermischt sich aber mit der Sprache des Abwesenden im Triumph der Technologie a l s Körper, der auch ein Triumph ü b e r den Körper ist. Den Körper als exklusiven Ort der Natur zu definieren, ist daher eine reichlich naive Vorstellung. Denn Kultur, auf der wir doch alle bestehen, bedeutet immer auch Kulturation des Körpers, technische Extension und Transformation des Körpers."

15) *Hélène Cixous:* Weiblichkeit in der Schrift. Berlin: Merve 1980, S. 15.

16) *E. J.:* Die Liebhaberinnen. Roman. Reinbek: Rowohlt 195 (= dnb 64), S. 122.

Die „feministischen Lektüren", die mit der Rezeption der französischen Theoretikerinnen im deutschsprachigen Raum in Gang gekommen sind, mögen daher durchaus sujets oder Techniken von Jelineks neueren Texten bestimmen können; ich sehe aber einen fundamentalen Gegensatz zwischen dem Interesse an Dekonstruktion im Diskurs, der ein Subjekt der Macht nicht mehr benennen will, und einem, der genau darauf hinarbeitet. Jelineks Umgang mit Sprache ist in erster Linie dadurch zu charakterisieren, daß Sprache als Mittel der Macht benannt und in seinen Funktionen vorgeführt wird. Jelinek hat – und hier haben ihre frühen Texte eindeutig Weichen gestellt – immer schon den Einsatz von Sprache als Akt und Produkt von Gewalt gekennzeichnet. Dieses Verfahren und die Absicht, Realität als Effekt von Diskursen zu deklarieren, müssen sich wohl weitgehend ausschließen.

II. Macht und Mütterlichkeit

Die camouflage von Gewalt in der Mediensprache, die diese zugleich verdeckt und transportiert, hat Jelinek in den Texten der siebziger Jahre pausenlos attackiert. Ihr Verfahren besteht umgekehrt darin, diese Gewalt beständig ans Licht zu ziehen. Dabei kehrt sie die rhetorischen Tricks der Medien um und übersetzt (Gewalt-)Metaphern in Handlungsabläufe: „und wo hat denn das fräulein ingrid heute wieder seinen kopf? da! der gezielte handkantenschlag vom herrn chef reisst den kaufm. lehrling glatt von den füssen."[17]) In ‚Michael. Ein Jugendbuch für die Infantilgesellschaft' (1972) werden dabei die Vorgänge aus Arbeits- und TV-Welt parallelisiert, indem der Text zwischen Passagen hin- und herpendelt, die mit „wirklichkeit" oder „erzählung" beziehungsweise „nacherzählung" überschrieben sind. Analog zur Entmetaphorisierung von Gewalt in den „wirklichkeits"-Phasen münden die „nacherzählungen" der Fernseh-Familienserien konsequent in Kippstellen; hier wird die Erwartung des Zuschauers/Lesers schockartig konfrontiert mit der metonymischen Verlängerung der Gewalt-Attribute, mit denen die Serienhelden ausgestattet sind, wie im folgenden Ausschnitt aus ‚Flipper': „auch porter ricks badet ununterbrochen. [. . .] miss norstrand gerät in not. porter eilt ihr zu hilfe. sie ist nämlich eingeklemmt. mit dem tauchermesser schneidet porter einen sauberen rundschnitt am schenkelansatz dreht den knochen ab und schneidet die restlichen sehnen durch."[18])

Auch bei geänderter literarischer Technik bleibt der Anschlag auf den (zumeist weiblichen) Körper die „Ur-Szene" in Jelineks Arbeiten. Zwischen dem Ende der sechziger Jahre entstandenen „hörroman" ‚bukolit' (gedruckt erst 1979), der ‚Klavierspielerin' von 1983 und dem in Kürze [Stand: 1988] erscheinenden ‚Lust'-Roman besteht eine Kontinuität, die durch das perseverierende Thema dieser „Sinister-Sujet[s]"[19]) zustandekommt. Währenddessen schien sich das Interesse der Rezensenten gänzlich auf die feministischen und psychoanalytischen Implikationen der Texte zu verschieben. Dagegen hielt sich Jelinek selbst in vielen Interviews mit ihrer Reserve gegenüber solcher Etikettierung nicht zurück. Als einer der wenigen Kritiker, die diesen Aspekt überhaupt noch wahrnahmen, hat *Lothar Baier* anläßlich der ‚Klavierspielerin' Jelineks Darstellung von gesellschaftlicher Gewalt in Sprache nochmals erläutert: Jelinek habe einen „politischen Roman" zustandegebracht, „der dem zeitgenössischen Mythos vom Ende der Klassenschranken höhnisch in die Parade fährt: Denn Klassenschranken sind es, zwischen denen die Autorin alle ihre Figuren hilflos herumzappeln läßt, bis sie sich

---

[17]) *E. J.:* Michael. Ein Jugendbuch für die Infantilgesellschaft. Reinbek: Rowohlt 1972 (= dnb 12), S. 55.

[18]) Ebda., S. 62.

[19]) [*E. J.* im Gespräch m. *Jacqueline Vansant* v. 10. 4. 1985. In:] Deutsche Bücher 15 (1985), H. 1, S. 3.

an ihnen den Schädel einrennen. Das Ungewöhnliche und Unerwartete dieser Gesellschaftskritik liegt vor allem darin, daß sie nicht von außen in den Roman hineinmontiert, sondern in seiner Sprache selbst entfaltet wird."[20])

Trotzdem muß zugegeben werden, daß gerade dieser Text psychoanalytische Deutungen wohl provozieren kann. Obwohl er vermutlich keine präzise Symptomatik des weiblichen Masochismus bietet, reicht die im Roman vorgenommene Elimination des Vaters, die Apotheose der oralen Mutter, der Vertragscharakter des masochistischen Szenarios und die vielbeschworene „Kälte" der Narration sicherlich aus, den Text als Masochismus-Modell im Sinn von *Deleuze* zu klassifizieren. Das Mutterthema wird aus dem Zusammenhang etwa von *Laings* und *Coopers* Familientheorien oder auch der (politischen) Spurensuche einer jüngeren Autorengeneration herausgewickelt und in den Codes psychoanalytisch/feministischer Interpretationen abgehandelt. Der sadomasochistische Beziehungsmodus wird auf die sogenannte Primärphase zurückgeführt; die Lösung des Kindes aus der Symbiose mit der Mutter sei nur auf Grund seiner „konstruktiven Aggression" möglich. Die Mutter als Liebesobjekt bedrohe die Entwicklung des Kleinkindes in Richtung Individuation und Autonomie und müsse daher „sadistisch" auf Abstand gehalten werden, was zur Ausbildung des sado-masochistischen Phantasmas bei b e i d e n Geschlechtern führe.[21]) Erläuterungen des Romans im Sinn dieser Theorie können zwar die enge Verbindung von Masochismus und Mutterkomplex erhellen, beziehen diesen Zusammenhang aber auf jeweils konstante anthropologisch/psychische Gegebenheiten.

Jelineks fundamentales Mißtrauen hinsichtlich der ideologischen Größe „Mutterschaft", das sich in früheren Texten wie den ‚Liebhaberinnen' (1975) und vor allem dem Hörspiel ‚Die Bienenkönige' (1976) aufsuchen läßt, hat aber immer schon mit dem gesellschaftlich determinierten „Geschäft" des Gebärens zu tun. Ihr Hörspiel entwirft dazu eine in-vitro-Gesellschaft nach der Katastrophe, die zwecks Reproduktion ihrer selbst die Ausbeutung der Mutterkörper fabriksmäßig betreibt. Das „beste Gefühl von allen Gefühlen", das „Muttergefühl", zeigt sich dabei als Resultat der entsprechenden Besetzung der Köpfe: Die Gebärerinnen sind „nur Unterleiber"; „Es ist, als ob sie und die Könige ein und dieselben Köpfe hätten"; „Ihr Hirn sitzt im Unterleib". Im Rückgriff auf ältere Techniken montiert Jelinek dabei die einschlägigen Produkte der Gefühlsindustrie: „Mei Muatterl war a Weanerin . . . / Mamatschi, schenk mir ein Pferdchen . . . / [. . .] Muttersprache, Mutterlaut, ach wie klingest du so traut" usw.[22])

Mutterschaft als Agentur der Unterdrückung beziehungsweise als die Instanz der Weitergabe an die nächste Generation ist aus den ‚Liebhaberinnen' bekannt: „wie mein vatter noch gelebt hat", sagt dort Paulas Mutter, „hab ich für ihn geschuftet, und dann hab ich für deinen vatter weitergeschuftet [. . .], und jetzt, wo du alt genug bist, um mit mir zu schuften, willst du plötzlich nicht mehr [. . .]. schlag dir das aus dem kopf!"[23]) In der Folge wird es Paula aus dem Kopf geschlagen. Eine psychoanalytische Untersuchung der ‚Klavierspielerin' hätte also zu berücksichtigen, daß sich in der Familie und vor allem auch in der sogenannten Mutter-Kind-Dyade gesellschaftliche Machtverhältnisse widerspiegeln. Die „böse Mutter" Kohut könnte dann als Manifestation einer radikalen Ambivalenz begriffen werden, die auf gesellschaftliche Prädis-

---

[20]) *Lothar Baier:* Abgerichtet, sich selbst zu zerstören. In: Süddeutsche Zeitung v. 16. 7. 1983.

[21]) *Eva S. Podula-Korte:* Ein kreatives Potential. In: Frauen und Pornografie. Hgg. v. *Claudia Gehrke.* konkursbuch extra [1988], S. 43.

[22]) *E. J.:* Die Bienenkönige. In: Was geschah, nachdem Nora ihren Mann verlassen hatte? Acht Hörspiele v. *E. J.* u. a. Hgg. v. *Helga Geyer-Ryan.* München 1982 (= dtv 10017), S. 39 ff.

[23]) *E. J.*, Liebhaberinnen (= Anm. 16), S. 16 f.

positionen zurückgeht. Mütterliche Produktivität, so die deutsche Soziologin *Mechthild Rumpf,* sei nämlich bestimmt „von den objektiven Anforderungen [. . .], die sich aus dem Kontext widersprüchlicher Komplementarität von privater Reproduktionsarbeit und gesellschaftlicher Produktion ergeben"; Mütterlichkeit müsse daher als „erzwungenes Motiv" gelten, wobei das Kind als „Ersatzobjekt für die verweigerte Produktivität in gesellschaftlichen Bereichen" anzusehen sei.[24]) Jelineks Behandlung dieses Komplexes erscheint damit als konsequente Verlängerung ihrer ursprünglichen sozialen Diagnosen.

Ins „Wilde" bewegt sich dann erst ihr Drama ‚Krankheit oder Moderne Frauen', 1984 in den ‚manuskripten' abgedruckt und 1987 durch *Hans Hollmann* in Bonn uraufgeführt. Dort stirbt die Mutter Carmilla an der Geburt ihres sechsten Kindes, wird vom lesbischen Vampir Emily gebissen und lebt als „Untote" weiter, bis sie als Doppelgeschöpf Carmilla-Emily schließlich doch von Mann und Arzt erlegt wird. Dazwischen saugt sie mit Emily ihre Kinder aus. Der Vampirismus und Kannibalismus der Mutter gilt in der Logik von Rezensionen als „Umkehrung der Verhältnisse", bevor das männliche Prinzip triumphiert: Als „Endzeit, nicht nur für den Feminismus"[25]), als „letzte Runde" des Geschlechterkampfs[26]) hat die Kritik das Stück aufgefaßt. Solche Deutungen tun so, als habe das Stück eine zwar groteske, aber immerhin verständliche Handlung, während die Figuren Absurdes sprechen. Statt dessen inszeniert das Stück Sprache. Die „Zitate", aus denen sich das Drama zusammensetzt, dienen als Wort-Impulse für die Aktionen der Protagonisten; ähnlich wie in Jelineks Prosa sind Handlungsabläufe Übersetzungen von Redefiguren, Metaphern werden aus-gespielt. Diese Technik hat Jelinek seit ‚Nora' (1977/78; uraufgeführt 1979) und ‚Clara S.' (1981; uraufgeführt 1982) ständig weiterentwickelt. ‚Krankheit' dramatisiert die Blut-Sätze, die schon in ‚Nora' standen – wörtliche Zitate aus dem *Ibsen*-Original: „Du hast noch die Tarantella im Blut", und: „Als ich dich während der Tarantella jagen und locken sah, da kochte mein Blut."[27]) Den, wie *Elizabeth Hardwick* schrieb, „donnernden Grundakkord" von *Ibsens* Drama[28]), nämlich die Interferenzen der Rede von Liebe und Geld, setzt ‚Nora' ins Bühnenbild; ‚Krankheit' hingegen beschäftigt sich dramaturgisch mit den traurigen Tropen der Rede von Frau und Natur. Die Szene, in der die tote Carmilla vom Frauenarzt buchstäblich ausgeweidet wird – Dr. Heidcliff entnimmt Carmillas Unterleib innere Organe sowie „schlaffe, aufblasbare Gummitiere"[29]) –, paraphrasiert überdies zwei Texte von *Ingeborg Bachmann,* die Jelinek 1984 ausführlich besprochen hat. Den Protagonistinnen in ‚Der Fall Franza' – d e r Fallgeschichte einer Pathologisierung der Frau durch ihren Arzt-Mann – und ‚Requiem für Fanny Goldmann' wird ihr Geschlecht „herausgerissen", sie werden „ausgeschlachtet": „Ihr Körper, ihre Gefühle, ihre Arbeitskraft werden [ihnen] in einem Akt der gleichsam ganzkörperlichen Lobotomie Zug um Zug entrissen, bis die leere Außenhaut übrigbleibt, sozusagen ein weiblicher, ein entgeschlechtlichter

---

[24]) *Mechthild Rumpf:* Gute Mutter – Böse Mutter. Zur Rekonstruktion einer Ambivalenz. In: Frauen Macht. Hgg. v. *Claudia Gehrke, Gerburg Treusch-Dieter* u. *Brigitte Wartmann.* konkursbuch 12 (1984), S. 62, 67.

[25]) [anonym:] Ausfahrbare Zähne. In: DER SPIEGEL v. 16. 2. 1987.

[26]) *Benjamin Henrichs:* Biß zum Tode. In: DIE ZEIT v. 27. 2. 1987.

[27]) *E. J.:* Theaterstücke. Clara S. – Was geschah, nachdem Nora ihren Mann verlassen hatte – Burgtheater. Hgg. u. m.e. Nachwort v. *Ute Nyssen*. Köln: Prometh 1984, S. 34, 20.

[28]) *Elizabeth Hardwick:* Verführung und Betrug. Frauen und Literatur. Essays. Frankfurt: Fischer 1986, S. 52.

[29]) *E. J.:* Krankheit oder Moderne Frauen. Hgg. u. m.e. Nachwort v. *Regine Friedrich.* Köln: Prometh 1987, S. 27 f. (im folgenden **im Text** fortlaufend **mit Seitenzahl** zitiert).

[Leichnam?], unblutig der gesellschaftlichen Kadaververwertung zugeführt."[30]) Emilys erstes Verschwinden im Stück zitiert denn auch die Schlüsselstelle in ‚Franza', die Vernichtung des eigenen Kopfes am Symbol, am Denkmal der männlichen Geschichte: „Ich gehe jetzt mit der Stirn gegen den Stein einer Pyramide schlagen" (9).

Der weibliche Vampirismus im Stück ist dementsprechend eine theatralische Umsetzung von Leitmotiven im literarischen Diskurs über „Todesarten". So gehört zur Grundausstattung des Vampirs seine Unsichtbarkeit im Spiegel. In *Bram Stokers* Klassiker ‚Dracula' beginnt die Leidensgeschichte des Helden Jonathan mit der irritierenden Feststellung: „there was no reflection of him in the mirror!"[31]) „In einem Spiegel sehe ich gar nichts" (39, vgl. 33), zitiert und antwortet Emily im Stück. Nicht nur in *Bachmanns* ‚Malina' spielt das Spiegelmotiv eine entscheidende Rolle; es wurde zu einem der geläufigsten Bilder, um die Entfremdung der Frau durch den Blick des Anderen zu bezeichnen, in der inzwischen klassischen Deutung von *Elisabeth Lenk:* „Es kommen die Schreckensmomente, wo sich die Frau im Spiegel sucht und nicht mehr findet. Das Spiegelbild ist irgendwohin verschwunden, der Blick des Mannes gibt es ihr nicht zurück."[32])

Analog verhält es sich mit dem Rezept gegen den Vampir; in ‚Dracula' erklärt es der Arzt Van Helsing: „I shall cut off her head and fill her mouth with garlic, and I shall drive a stake through her body."[33]) In ‚Krankheit' übersetzt Dr. Heidcliff: „Sie sind der Mutterschaft nicht wert. Ihnen gebührt das Paradies der Geburt nicht. Kopf abhobeln, Mund und Fotze mit Knoblauch auffüllen. Pfahl ins Herz samt Schlag und aus. Finito" (48 f.). Die Vampir-Kur stellt eine Variation des alten Themas der männlichen Attacke gegen das Denken der Frau dar; es manifestiert sich der „kalte Haß auf den weiblichen Kopf".[34]) Die Frau, läßt sich summieren, ist immer schon „Vampir" gewesen.[35]) Mindestens ebenso wie die „umgekehrten Verhältnisse" illustriert das Drama die Angstprojektion der verschlingenden Frau und der blutsaugerischen Mutter, die von der Symbiose mit ihren Kindern lebt; „pro forma" erinnert der Ehemann die eben ein Kind aussaugende Carmilla: „Dies ist dein eigen Fleisch und Blut" (55).

Damit führt der Text die ideologischen Versatzstücke des Faschismus ein, dessen Weiterwirken in den alltäglichen Beziehungen *Bachmanns* Thema war: die Frau als Bewahrerin des Blutes, als „Fruchtschoß des Dritten Reiches" *(Joseph Goebbels)*. Die Reduktion der Frau auf ihre Natur, auf ein „universelles Ei"[36]), zeigt sich von daher als das Komplement der panischen Abwehr der sexuellen Frau; beide Tendenzen führen zu Ausgrenzung und Vernichtung. Daher inszeniert das Stück keineswegs eine „letzte Runde" des Geschlechterkampfs, sondern bringt nur zum Vorschein, was in der Sprache über Frauen angelegt ist. Solches Sprechen ist kompromittiert durch die Kontexte,

---

30) *E. J.:* Der Krieg mit anderen Mitteln. In: Das Magazin 11 (1984), S. 23, 22.

31) *Bram Stoker:* Dracula. Hammondsworth: Penguin Books 1979, S. 37.

32) *Elisabeth Lenk:* Die sich selbst verdoppelnde Frau. In: Ästhetik und Kommunikation 7 (1976), H. 25, S. 87.

33) *Stoker* (= Anm. 31), S. 241.

34) *E. J.:* Im Namen des Vaters. In: profil v. 12. 12. 1983, S. 53.

35) „Als weder tot noch lebend nämlich versinnbildlicht die Vampirin die bürgerliche Existenzweise des Weiblichen": *Silvia Volckmann:* ‚Gierig saugt sie seines Mundes Flammen'. Anmerkungen zum Funktionswandel des weiblichen Vampirs in der Literatur des 19. Jahrhunderts. In: Weiblichkeit und Tod in der Literatur. Hgg. v. *Renate Berger* u. *Inge Stephan*. Köln: Böhlau 1987, S. 159. *Volckmann* verfolgt den Vampirismus historisch ferner als Projektionsfläche der abseitigen Dichter-Existenz, als „kritisches Konzept" gegen die „Zwangsorganisation von Kultur und Gesellschaft" und als Objekt der Abwehrstrategien gegen „Weiblichkeit".

36) *Maria-Antonietta Macciocchi:* Jungfrauen, Mütter und ein Führer. Frauen im Faschismus. Berlin: Wagenbach 1979 (= Politik 73), S. 79.

in denen es schon funktionierte. Diese Beschädigungen von Sprache führt ‚Burgtheater' (1982, uraufgeführt 1985) ausdrücklich vor; hier werden Jelineks Neologismen und Kontaminationen lesbar als Operationen an dem defekten Material der Wörter. Wie die „reine" Natur, ist auch die „endlose Unschuldigkeit" der Sprache nicht zu haben; nach wie vor beschäftigt Jelinek sich damit, an ihr die Spuren von Geschichte zu sichern.

III. Gewalt und Pornographie

Der Widerspruch von vorgeblicher „Unschuld" und geschichtlicher Gewalt wird sich vor allem auf dem Gebiet zeigen, das Jelinek mit ihrem neuen Roman zu bearbeiten angekündigt hat. Ihre Absichtserklärung, einen „Porno aus weiblichem Blickwinkel, eine lange Prosa zum Thema Begierde" zu verfassen, hat diesem Projekt schon vorweg Publizität gesichert, trotz der nachträglichen Differenzierungsversuche der Autorin: Es handle sich eben um die „Unmöglichkeit, das [weibliche Begehren] mit dem männlichen in Einklang oder Übereinstimmung zu bringen."[37]) Der Anstrengung, ein weibliches Äquivalent oder Gegengewicht zum verdinglichenden männlichen Blick im ästhetischen Verfahren herzustellen, entspricht konkret Jelineks Engagement gegen kommerzielle Pornographie. Schon vor einem Jahrzehnt hatte sie anläßlich der Klage einer Gruppe von Frauen gegen den Herausgeber des ‚Stern' Stellung bezogen. Das Gericht wies die Klage ab, mit dem Hinweis, daß es Geschmacksfrage sei, ob sich eine Frau durch die Darstellung von weiblichen Sexualobjekten auf Titelblättern beleidigt fühle oder nicht. Jelinek hatte in ihrem Kommentar zum Ausgang des Rechtsfalles damals entschieden gesellschafts- und nicht moralkritisch argumentiert, indem sie auf die Funktion von Pornographie als Werbemittel und Marktstrategie abzielte: „Somit ist auch dieser herrschende Geschmack der Geschmack der Herrschenden." Jenes „Massenangebot an jungem Frauenfleisch" sei als entgeschichtlichtes mythisches Bild gewissermaßen eingefroren worden: „Da stehen sie, Quintessenz eines menschenfeindlichen Systems, gesäubert von langen mühseligen Kämpfen um Wahlrecht, besseren Lohn, bessere Arbeit, bessere Lebensbedingungen: Der Mythos Frau, ohne jegliche Klassenunterschiede, aufkaschiert auf Glanzpapier."[38])

Zehn Jahre später hat sich der Protest gegen Pornographie zur gezielten Anti-Porno-Kampagne formiert. Auch diesmal hat Jelinek solidarisch Position bezogen, und zwar jetzt im Hinblick auf die Durchlässigkeit von symbolischer Repräsentation der Frau und ihrer realen Repression: „Die Frauen", so Jelinek, „müssen erzwingen können, daß jener Kreislauf durchbrochen wird, der von der menschenfeindlichen Darstellung sexueller Gewalt unweigerlich zur realen Ausübung dieser sexuellen Gewalt [...] führen muß."[39])

Genau auf diesen Punkt hat sich allerdings in der kontroversen Diskussion der Kampagne die Aufmerksamkeit konzentriert. Was hier verhandelt wird, ist ja tatsächlich eine Kernfrage auch jeder ästhetischen Debatte: Ob das Zeichen, Symbol, die Mimesis, aus seinen referenziellen Bezügen entlassen ist oder nicht. Zur crux wird dabei der bereits seit längerem erhobene Anspruch von Seiten feministisch engagierter Frauen, Pornographie, und zwar auch als sado-masochistisches Arrangement, als Ausdruck weiblicher Lust zuzulassen. Schon 1981 hatte beispielsweise *Barbara Sichtermann* gegen „Eierkuchen-Sexualität" und für sexuelle „Schmerz-Lust", für ein Extrem der Lusterfahrung, das in beiden Geschlechtern angelegt sei, plädiert. Die heikle Frage

---

[37]) Vgl. z. B. *E. J.:* Ein Porno aus weiblichem Blickwinkel. In: Recklinghäuser Zeitung v. 23. 7. 1986.

[38]) *E. J.:* Der Mythos auf Glanzpapier. In: Volkswille/Klagenfurt v. 28. 7. 1978.

[39]) In: PorNo. Hgg. v. *Alice Schwarzer.* EMMA Sonderband 5 (1988), S. 54.

nach dem Verhältnis zum realen sexuellen Mißbrauch von Frauen wird entschärft, indem die Ebenen der symbolischen Repräsentation und dem, was der Fall ist, ausdrücklich voneinander abgehoben werden: Vergewaltigungsphantasien gelten daher „lediglich als bildliche Transporte, als Metaphern für die [. . .] Bewegungen der Flucht und der Verfolgung [. . .], der Empfindungen von Neugier und Angst, von Schmerz und Erlösung".[40]) Das Beharren auf der „Grenze zwischen Imaginärem und Realem" bildet daher die Prämisse aller Einwände von Autorinnen gegen die Pornographie-Kampagne; sie wurden von *Claudia Gehrke* im Konkursbuch ‚Frauen und Pornographie' gesammelt, gewissermaßen einer Gegenpublikation zum Emma-Sonderband. Auch dort findet sich allerdings ein Beitrag Jelineks, der einerseits versucht, das Recht der Frauen auf die Darstellung des Obszönen zu reklamieren, andererseits aber an ihre Argumentation von 1977 anknüpft: Die geschichtliche und politische Dimension von Sexualität müsse begriffen werden. Pornographie stelle sich unschuldig, weil sie Geschichte eskamotiere. Diese paradoxe Unschuld versuche sie in ihren Texten, die ja auch schon unter Pornographieverdacht gestanden sind, zu unterminieren: „Sie sollen den Dingen, der Sexualität, ihre Geschichte wiedergeben, sie nicht in ihrer scheinbaren Unschuld lassen, sondern die Schuldigen benennen. Die nennen, die sich Sexualität aneignen und das Herr/Knecht-Verhältnis zwischen Männern und Frauen produzieren."[41]) Indem der Begriff „Schuld" politisch fundiert wird, verbietet sich eine Auffassung von Sexualität, die nicht schon immer die Spuren von Geschichte enthält. Sprache, daran hält Jelinek indirekt auch hier fest, bewegt sich damit genau auf der Grenze zwischen Realität und Phantasma hin und her: Wie Sprache Geschichte verdecken kann, kann sie auch als historisches Gedächtnis funktionieren; indem der Sprachakt selbst Gewalt setzt, kann diese in Sprache auch aufgedeckt werden. Diese Dialektik bearbeitet genau jenen Widerspruch, der in der sorgfältigen Trennung von Realität und Imagination ausgeblendet wird.

Immerzu widersetzen sich Jelineks Texte einer Lektüre, die auf Utopien von Weiblichkeit in Sprache, auf eine „natürliche" Bestimmung weiblicher Sexualität aus ist. Statt dessen halten sie an den decouvrierenden Techniken fest, die ihre frühen Arbeiten entwickelt haben. Der Ausschnitt aus dem ‚Lust'-Roman, der Jelineks Überlegungen folgt, paraphrasiert zum Beispiel einen Geschlechtsakt, indem er traditionelle Liebes- und Sexualmetaphorik, nämlich Bilder des Feuers und des Wassers, zerlegt, etwa in „entzündet" / „es brennt" / „Flammen" / „verzehren". Diese Bestandteile sind aber in ganz andere syntaktische und semantische Zusammenhänge eingesetzt, beispielsweise: „wenn der Tag sich in der Früh entzündet" und: „unsre Autos verzehren ja noch unser letztes Gespartes". Wie damit die Naturmetaphern, die Entgrenzung symbolisieren, in andere Kontexte quasi eingeschlossen werden, wird der Text insgesamt in Raum-Worte parzelliert, „Zimmer", „Haus", „Gebäude" bis „Häusel", „Stall" und „Todeszelle". Diese „Umzäunungen", wie es heißt, teilen den Text in Reviere ein, die via Jagdmetapher die Frauen enthalten: „dieses Wild ist immer in Stellung".[42]) In

---

[40]) *Barbara Sichtermann:* Weiblichkeit. Zur Politik des Privaten. Berlin 1983 (= Wagenbachs Taschenbücherei 106), S. 35 f. – Die, zumindest indirekte, Berufung solch „strukturalistischer" Argumentation auf Klassiker wie *de Sade* und *Bataille* ist inzwischen wieder als antiaufklärerischer Irrationalismus kritisiert worden, vgl.: Sadomasochisten, Keusche und Romantiker. Vom Mythos neuer Sinnlichkeit. Hgg. v. *Ulrike Heider.* Reinbek 1986 (= rororo 7979), S. 7 ff. – Zum „weibliche[n] Phantasma eines männlichen Phantasmas" vgl. auch *Béatrice Slama:* Anna, Anne und die anderen . . . Weibliche Sexualität und Identität-Frau. In: Das Sexuelle, die Frauen und die Kunst. Hgg. v. *Karin Rick.* konkursbuch 20 [1988], S. 133.

[41]) *E. J.:* Der Sinn des Obszönen. In: Frauen und Pornografie (= Anm. 21), S. 102.

[42]) *E. J.:* Lust. In: Frauen und Pornografie (= Anm. 21), S. 104 f.

diesem Satz fallen die Bereiche von Jagd, Arbeitsmarkt und Sexualität zusammen. Auf diese Weise wird die Beschreibung von Sexualität als „natürlich" desavouiert. Eine andere Textpassage, die 1987 in den ‚manuskripten' veröffentlicht wurde, entwickelt das Thema im Rahmen der Selbstdarstellung der Kleinfamilie im Wintersport. Dort wird Jelinek so deutlich, wie sie es in ‚Michael' nicht gewesen ist: „Sie können nicht umhin, solche Menschen als abhängig zu bezeichnen [...] von ihren eigenen, nie genesenden Bildern, die ihnen, als wären sie nichts als Gehilfen der Wirklichkeit, jeden Tag aufs neue gezeigt werden [. . .]. So fallen sie, von der Wasserscheide des Fernsehens gestoßen, auf die andere Seite hinunter, zu den Kleinen auf dem Idiotenhügel."[43]) Bilder sind, kann man folgern, dann schon mehr als „Gehilfen der Wirklichkeit": Sie produzieren sie, und zwar so, impliziert Jelinek, daß die gesellschaftliche Hierarchie dabei herauskommt.

Damit ist Jelineks „Schreib-Programm" seit Ende der sechziger Jahre erstaunlich konstant. Die Variationen ihrer ästhetischen Verfahren durchlaufen ein Register, das auf die Grunddaten ihres Arbeitens verpflichtet ist. Utopien wird man hier nicht suchen dürfen. Eine einzige Idylle hat Jelinek, soweit ich sehen kann, einmal in einen Text eingeschmuggelt, sogar eine Naturidylle: „Ich denke so oft an unsere Radtouren [...]. Die Nächte in den Heuschobern bei fressender Kälte, doch aneinander gedrückt. Die Landmilch und Landbutter beim Bauern, das Waschen im Brunntrog."[44]) Die Frau, die spricht, ist die Hans-Mutter im Roman ‚Die Ausgesperrten' (1980); das Du ihrer Erinnerung ist tot, ermordet im Konzentrationslager.

Jelineks Sprache berichtet weiter von zerstörten Idyllen. Bedrohlich heißt es im ‚Lust'-Fragment: „Doch keine Angst, wir bleiben die gleichen".[45])

(Manuskript abgeschlossen im Oktober 1988)

---

[43]) *E. J.:* (aus: „Lust"). In: manuskripte 27 (1987), H. 96, S. 58.
[44]) *E. J.:* Die Ausgesperrten. Roman. Reinbek 1985 (= rororo 5519), S. 230 f.
[45]) *E. J.:* Lust (= Anm. 42), S. 104.

Irmgard Egger

Vom zerstörten Selbst und den Ideologemen

Zu den psychosozialen Konstellationen im Werk Elfriede Jelineks*)

> Wenn etwas besonders unverwechselbar ist, dann nennt man es Erika ... Erika, die Heideblume ... Ihrer Mutter schwebte vorgeburtlich etwas Schönes und Zartes dabei vor Augen. Als sie dann den aus ihrem Leib hervorschießenden Lehmklumpen betrachtete, ging sie sofort daran, ohne Rücksicht ihn zurechtzuhauen, um Reinheit und Feinheit zu erhalten. (KS 18, 32)[1])

Konsequent wird das hier so dezidiert Projektierte im Lauf der Jahre fortgesetzt, und die Auspizien stehen günstig für Frau Kohuts Programm, befinden wir uns doch am Schnittpunkt mehrerer ihm förderlicher Konstellationen, deren solide Tradiertheit und allgemeine Akzeptanz ein übriges tun. So gelingt vorzüglich, was Erika Kohut schon an der Wiege gesungen wird: Vereinzelung, Enteignung ihrer selbst, Deformation und Unterwerfung lassen ihr am Ende nichts mehr zu wünschen übrig.

Für die Protagonisten Elfriede Jelineks sind Notwendigkeit, Umsetzung und Ergebnis solcher Arrangements ebenso repräsentativ wie unter den gegebenen Verhältnissen nahezu unausweichlich. Familie Kohut wirtschaftet demnach „zäh und sparsam" (KS 19) jahraus, jahrein in der kleinbürgerlichen Enge einer Wiener Zinswohnung im notorischen 8. Bezirk[2]) lust- und lieblos dahin, als sich plötzlich neue Perspektiven ergeben: für Frau Kohut die späte Mutterschaft, für ihren Gatten die Flucht in den Wahnsinn und für Tochter Erika ‚das Höhere'. Verbindlichkeit und Brisanz der Geschichte liegen dabei gerade im nur angedeuteten wenig spektakulären Hintergrund der Elternfiguren: die Destruktivität mittelständischer Strukturen bedarf in der ‚Klavierspielerin' nicht mehr der drastischen Witkowski-Verhältnisse der ‚Ausgesperrten'[3]) – sie gedeiht in der unauffällig-alltäglichen Perspektivelosigkeit des Hauses Kohut langfristig umso effizienter. Beide Eltern sind zum Zeitpunkt von Erikas Geburt offenbar sowohl in der Arbeitswelt als auch in ihren Sozialbeziehungen und in ihrer Ich-Findung gescheitert, und beide entziehen sich der Auseinandersetzung mit diesem Versagen auf ihre Weise: während Erikas Vater darauf verzichtet, sich mit dem nicht-

*) **Koreferat** zu *Konstanze Fliedl:* Sinister-Sujets. Zur Rekonstruktion von Gewalt in den Texten Elfriede Jelineks, hier S. 195 ff.

1) Primärzitate werden in den fortlaufenden Text integriert. Die den Seitenangaben vorangestellte Sigle bezieht sich auf folgende Textausgabe: KS = *Elfriede Jelinek:* Die Klavierspielerin. Reinbek 1983. Hinweise auf andere Werke *Elfriede Jelineks* beziehen sich auf folgende Ausgaben:
Die Ausgesperrten. Reinbek 1980. – Clara S.; Was geschah, nachdem Nora ihren Mann verlassen hatte; beide in: Theaterstücke. Köln 1984.

2) Auch in den ‚Ausgesperrten' bildet der 8. Bezirk als überalterte Wohngegend mit ausgeprägt kleinbürgerlicher Struktur den fatalen Hintergrund; ebenso in *Horvaths* ‚Geschichten aus dem Wiener Wald'.

3) Einst SS-Angehöriger und nun Invalidenrentner, reagiert Vater Witkowski Gewalt und Perversion an seiner Ehefrau und seinen Kindern ab.

Irmgard Egger, Dr. et Mag. phil., Univ.-Lektorin am Institut für Germanistik der Universität Wien, derzeit Lektorin für deutsche Sprache und Literatur an der Universität Pisa.

gelebten Leben zu arrangieren, verdrängt Frau Kohut ihre Funktions- und Identitätsdefizite, indem sie vorgegebene Begriffe für sich funktionalisiert. So werden nun eben jene Mechanismen virulent, die sich vor allem in unserem Sprachraum seit dem 18. Jahrhundert stets als wirksames Instrument der Herrschaftsabsicherung erwiesen haben, nämlich die Verpflichtung des Kleinbürgertums auf großbürgerlich-aristokratische Werte und gesamtbürgerliche Standesidentität zur Verschleierung seiner materiellen und ideellen Machtlosigkeit und zur Verhinderung seiner tatsächlichen Emanzipation und Identitätsfindung.[4]) Was sich im großen bis zur völligen Verinnerlichung aufgezwungener Identifikationsmuster und zum Verlust eigenen Bewußtseins so eindrucksvoll bewährt hat, leistet auch in der Familie gute Dienste. Zur Kompensation des Funktionsvakuums der aus ihrer Verantwortung im ‚Ganzen Haus'[5]) entlassenen, doch im bürgerlichen Wettbewerb abgedrängten Frauen galt es demnach, die Bereiche Haushalt, Familie, Mutterschaft und Erziehung ideologisch so weit aufzuwerten, daß Bedeutungsschwund und Machtabnahme des häuslichen Bereichs nicht realisiert und seine gesellschaftlich unabdingbaren Restfunktionen willig erfüllt wurden.[6]) Parallel zur Ausgliederung der Frauen aus dem allgemeinen Wirtschaftsverband erfolgt jene der Kinder in den Wartesaal des pädagogischen Schonraums.[7]) Auch hier wird erzwungene Funktionsreduzierung ideologisch abgesichert: Aussicht auf späteren Erfolg, auf Macht, Einfluß und Wohlergehen in der Welt der Erwachsenen bzw. Vertröstung auf innere Reichtümer und wahren Seelenadel bieten Ersatz für vorenthaltenes Leben; und wo's nicht im guten geht, dort kann die vielfach erprobte Gewalt Schwarzer Pädagogik Abhilfe schaffen.[8])

Über derlei Repressions- und Sublimierungsmodelle verfügt Frau Kohut bald reichlich. Waren es zunächst nur die Hypertrophien des Kleinhaushalts, die Zuflucht vor Lebensangst und Identitätsdefizit ermöglichten, so wird nun aus dem vollen bürgerlicher Mutterschafts- und Erziehungsideologeme geschöpft. Durch die Realität des Geburtsvorganges und die ihr fremde Körperlichkeit und Vitalität des Neugeborenen an tief Verdrängtes gemahnt und davon existentiell bedroht, reagiert Frau Kohut mit Verachtung und Abstraktion dieses lebendigen Wesens und kann damit ihre panische Angst abwehren sowie die eigene narzißtische Bedürftigkeit am wehrlosen Objekt befriedigen und dieses unlösbar an ihre persönlichen Exigenzen fesseln[9]), womit auch noch die Erfüllung gesellschaftlicher Erziehungsaufträge gesichert ist. In der Ausarbeitung ihres didaktischen Programms gerät Mutter Kohut nun fast zwangsläufig an die Fänge höherer Mädchenbildung: rein und fein soll die Tochter werden, eine singuläre Erscheinung, enthoben den Niederungen der Arbeitswelt sowie männlicher Inanspruchnahme und häuslicher Fron. Da hilft nur noch die große Künstlerkarriere, und da bleibt am Ende nur noch der Rückzug ins weibliche Fach oder – zeitgemäßer – ins

---

[4]) Vgl. dazu *Böhme, Helmut:* Prolegomena zu einer Sozial- und Wirtschaftsgeschichte Deutschlands im 19. und 20. Jahrhundert. Frankf./M. 1978. *Kratzsch, Gerhard:* Kunstwart und Dürerbund. Ein Beitrag zur Geschichte der Gebildeten im Zeitalter des Imperialismus. Göttingen 1969.

[5]) Vgl. dazu *Brunner, Otto:* Das ‚ganze Haus' und die Geschichte der alteuropäischen Ökonomik. In: *Ders.:* Neue Wege der Verfassungs- und Sozialgeschichte. Göttingen 1956.

[6]) Vgl. dazu *Badinter, Elisabeth:* Die Mutterliebe. Geschichte eines Gefühls vom 17. Jahrhundert bis heute. Paris 1980. (Aus dem Französischen von *Friedrich Griese.* München 1981.)

[7]) Vgl. dazu *Ariès, Philippe:* Geschichte der Kindheit. Paris 1960. (Deutsche Ausgabe: München 1975).

[8]) Vgl.: *Rutschky, Katharina:* Schwarze Pädagogik. Quellen zur Naturgeschichte der bürgerlichen Erziehung. Frankf./M., Berlin, Wien 1977.

[9]) Vgl.: *Miller, Alice:* Am Anfang war Erziehung. Frankf./M. 1980.

Lehramt.[10]) Aber bis dahin ist's ein weiter, mühevoller Weg, denn so schnell ist auch ein vorgeschädigtes Selbst nicht kleinzukriegen; dazu bedarf es schon jahrelanger Erziehungsarbeit.

> Die Pubertärin lebt in dem Reservat der Dauerschonzeit. Sie wird vor Einflüssen bewahrt und Versuchungen nicht ausgesetzt. Die Schonzeit gilt nicht für die Arbeit, nur für das Vergnügen ... Dem Jungtier sollen nicht Liebe, nicht Lust etwas anhaben können ... Unten, beim Wehr, spitzeln junge Männer herum ... Dort könnte SIE brillieren unter Landpomeranzen. Auf das Brillieren ist sie dressiert worden ... Sie weiß: sie ist besser, weil man ihr das immer sagt. Überprüfen will man es aber lieber nicht. (KS 44 f.)

Isolation, Befriedigungsaufschub und damit die Vorenthaltung und schließlich Vermeidung gegenwärtigen Lebens sowie Verachtung aller anderen und, hinter Grandiosität und Elitebewußtsein, ihrer selbst[11]) – all dies muß Erika hier noch durch mütterliche Raffinesse und Gewalt aufgezwungen werden. Noch ist sie nicht ganz von ihren eigenen Gefühlen abgespalten, noch zieht es sie hinaus zu Gleichaltrigen in den strahlenden Sommernachmittag, während Uhr und vergittertes Fenster sie beim widerwillig exekutierten Geigenspiel überwachen. Als sie am Ende doch ins Freie darf, ist es zu spät: ihre Lebendigkeit ist bereits so weit erstickt und ihre Absonderung so sehr gelungen, daß sie nur mehr am Rande steht. Und trotzdem sitzt der Panzer noch nicht fest genug. Zwar schon wider Willen und in Verbindung mit wohl spielerischer, aber doch mit Gewalt, ist Erika noch einen Moment lang imstande, sexuelle Faszination zu erleben und darauf mit spontanem Glücksgefühl zu reagieren – doch der Augenblick verweilt nicht lang, so sehr er auch darum gebeten wird. Erschreckt flüchtet das Objekt ihrer Sehnsucht, und die in Erika losgetretene Steinlawine kommt ebendort zum Stillstand. Die Abspaltung von ihren Empfindungen ist nun zur Gänze vollzogen. Sie spürt nichts mehr, nicht einmal akuten körperlichen Schmerz, und es regt sich und fließt nichts mehr – nur noch Blut aus selbstzugefügten Wunden.

Damit sind die Würfel des mütterlichen Spiels endgültig gefallen, und Erikas Scheitern in der Kunst und im Leben steht nichts mehr im Wege. Frau Kohut bleibt jetzt nur noch, Erreichtes abzusichern und auszufeilen, was sie auch mit Umsicht und Eifer betreibt, sodaß wir Erika zwanzig Jahre später als alternde Klavierlehrerin im depressiven Schonraumklima des gemeinsamen Haushalts wiederfinden. Um ihre Kindheit betrogen, ist sie nun verurteilt, in ihr zu verharren – niedergedrückt und festgehalten vom Gewicht des Nichtgelebten.

> Unter einer gläsernen Käseglocke sind sie miteinander eingeschlossen, Erika, ihre feinen Schutzhüllen, ihre Mama ... Erika ist ein Insekt in Bernstein, zeitlos, alterslos ... Die Fähigkeit zum Krabbeln und Kriechen hat dieses Insekt längst verloren ... Wir bleiben ganz unter uns, nicht wahr, Erika, wir brauchen niemanden. (KS 20)

Mutter und Tochter haben sich gegen die Fährnisse der Außenwelt abgeschirmt und Erikas zerstörtem Selbst einen Verschlag aus Versatzstücken bürgerlicher Ideologien

---

[10]) Ähnliche Erziehungs-Handikaps werden etwa bei ‚Clara S.' oder ‚Nora' thematisiert. Dazu die Autorin selbst über spezifisch weibliche Bildungsperspektiven:

> Ich finde alles überhaupt richtig, was den Frauen ein neues Selbstwertgefühl gibt. Aber ich meine, wenn sie sich jetzt wirklich zehn Jahre weiterhin mit ihrem Körper beschäftigen, werden die Männer halt zehn Jahre weiter die Herren der Welt sein. Die studieren dann halt Kernphysik und Biologie ..., und die Frauen werden noch immer Selbsterfahrungsgruppen haben.

In: Mamas Pfirsiche, Nr. 8, München 1976. (Vgl. Doku–Wien.)

[11]) Vgl. *Miller, Alice:* Das Drama des begabten Kindes und die Suche nach dem wahren Selbst. Frankf./M. 1979.

gezimmert, in dessen Absicherung Frau Kohut ihre eigenen Sicherungstendenzen realisiert. Mit jedem weiteren Scheitern vertieft und verschärft werden die Verachtung alles und aller mit Ausnahme weniger Über-Ich Konstrukte zur Ausstaffierung eigener Überlegenheits- und Grandiositätsvorstellungen, hinter denen aus zwanzigjährig akkumulierter Frustration mehr denn je Selbstverachtung und dumpfe, unstrukturierte Aggression lauern.

> SIE ist die Ausnahme von der Regel, die sie ringsum so abstoßend vor Augen hat ... Nur SIE allein kann jegliches Gehörte an die richtige Stelle schieben, wohin es gehört. Sie packt die Unwissenheit dieser blökenden Lämmer in ihre Verachtung und straft die Lämmer damit. (KS 22, 29)
>
> Sie gibt an, daß sie sich nichts und niemandem unterordnen kann. Sie ordnet sich auch nur schwer ein ... Was sie verabscheut ist Gleichmacherei in jeder Form ... Erika ist ein Einzelwesen, allerdings voller Widersprüche. Diese Widersprüche in Erika zwingen sie auch, gegen Vermassung entschieden aufzutreten. .. Wenn ein Schüler nach ihrem Ziel fragt, so nennt sie die Humanität, in diesem Sinn faßt sie den Sinn des Heiligenstädter Testaments ... zusammen, sich neben den Heros der Tonkunst mit aufs Postament zwängend. (KS 18 f.)

Völlig verinnerlicht wird das Argument der überlegenen, außergewöhnlichen Einzelpersönlichkeit, mit dem jegliche Kontakt-, Auseinandersetzungs- und Beziehungsunfähigkeit zur Unabhängigkeit und Exklusivität und jegliches eigene Scheitern zur Schuld der unverständigen Anderen stilisiert werden können.

> Ein dilettantisches, unmusikalisches Schicksal hat sich den Gulda herausgegriffen und den Brendel ... Aber an der Kohut ging das Schicksal abgewandten Gesichts beharrlich vorüber. ... Erika weiß nicht, wie ihr geschieht, denn so gut wie die Großen ist sie schon lange. (KS 35 f.)
>
> Jeder Herr hat Erika bald verlassen, und nun will sie keinen Herrn mehr über sich haben ... Sie machen sich keine Arbeit um einer außergewöhnlichen Frau wie Erika willen. Dabei werden sie solch eine Frau nie wieder kennenlernen ... Aus allgemein künstlerischen und individuell menschlichen Erwägungen heraus extrahiert Erika die Wurzel: nie könnte sie sich einem Mann unterordnen, nachdem sie sich so viele Jahre der Mutter untergeordnet hat ... Bleibe lieber nur du selber, sagt die Mutter zu Erika. Die Mutter hat Erika schließlich zu dem gemacht, was sie jetzt ist. (KS 97, 19)

Damit und im Verband mit der Priorität innerer Werte sind elitäre Ansprüche auch einer noch so konträren Lebenswirklichkeit gegenüber zu retten, zumal bei einmal stabilisierten Prämissen hier geradezu alle Aktions-, Erlebnis- und Empfindungsbereiche unterzubringen sind. Ob Kunst, Natur, Bildung, Berufs- und Familienleben: stets finden sich attraktive Muster zur Abgrenzung gegenüber der schnöden Realität.

> Es sei wie zu Eichendorffs Zeiten, trällert die Mutter, denn auf den Geist, auf die Einstellung zur Natur komme es an! Nicht auf die Natur selber. Diesen Geist besitzen die beiden Damen, denn sie vermögen sich an der Natur zu erfreuen, wo immer sie ihrer ansichtig werden. (KS 42)

Erika jedoch hat noch nicht alle Brocken zur Gänze geschluckt. Während die Saga ihrer Außergewöhnlichkeit und Individualität bereitwillig angenommen und weitergesponnen wird, stoßen Forderungen nach völliger Reglementierung und dem Verzicht selbst auf kümmerliche Ersatzbefriedigungen zugunsten späteren Erwerbs einer gemeinsamen Eigentumswohnung auf trotzige Abwehr – teils auf Grund ihrer Unvereinbarkeit mit den anerzogenen Individualitätsansprüchen, teils auf Grund letzter in deformierter Form noch aufflackernder Vitalitätsresiduen, sodaß sich hier die so lange gestaute Aggressivität Erikas stellvertretend entzündet. Konstruktiver Widerstand, offene Auseinandersetzung und schließlich Loslösung und Aufbruch sind hingegen nicht mehr möglich. Dafür hat Frau Kohut zu gründlich vorgesorgt, und dafür sorgt sie auch jetzt noch mit offener Gewalt oder – weit wirksamer – mit erstickender Fürsorge und emotionaler Erpressung, der Erika in ihrer narzißtischen Bedürftigkeit auf jeglichen Verderb hin ausgeliefert ist. In diesem „hausgemachten Gerüst von Sicherheiten und Gewöhnungen" (KS 11), von maliziöser Kontrolle und gleichzeitigen korrumpierenden Betreuungs- und Geborgenheitsangeboten, zu denen auch noch die Television ihr Scherflein beisteuert, schwankt Erika zwischen widerwilliger Anpassung und ohnmächtig hilflosen, schließlich kontraproduktiven Ausfällen. Kurze Momente der Lust beim gierigen Ankauf modischer Kleidung etwa werden unter maternaler Wut jäh zunichte; zum aktiven Genuß der farbenfrohen Stücke hätte es ohnehin nicht mehr gereicht, und so bleiben nur noch heimliches Ansehen und Befühlen. Als Unabhängigkeit der eigenständigen und ernsthaften weiblichen Persönlichkeit von oberflächlichen Äußerlichkeiten und femininem Putz und Tand getarnt, haben Sexualneid und Lustfeindlichkeit Erika längst zeitlos dezent eingekleidet.

> Schon kann sich Erika an den kurzen flüchtigen Reiz, den das Kleid im Geschäft auf sie ausübte, nicht mehr erinnern. Jetzt hat sie eine Kleiderleiche mehr, die aber immerhin ihr Eigentum ist. (KS 15)

Einem kurzen eruptiven Haßausbruch angesichts mütterlicher Eingriffe in ihren Kleidervorrat folgen Schmerz und Zerknirschung der Konfliktunfähigkeit, die Erika noch tiefer in das Geflecht vielfältiger Abhängigkeiten verstricken.

> Sie beschimpft die Mutter als gemeine Kanaille, wobei sie hofft, daß die Mutter sich gleich mit ihr versöhnen wird . . . Erika schluchzt immer lauter, denn es tut ihr jetzt schon leid, wo die Mutti sich bis auf die Knochen und Haare aufopfert. Alles, was Erika gegen die Mutter unternimmt, tut ihr sehr schnell leid weil sie ihre Mutti liebhat, die sie schon seit frühester Kindheit kennt. Schließlich lenkt Erika wie erwartet, ein . . . Gern, nur allzu gern, gibt die Mutti nach, sie kann ihrer Tochter eben nicht ernsthaft böse sein. (KS 13)

So bleiben neben dem Führen verächtlicher Reden über die Bewohner der Außenwelt nur noch gelegentliche Bosheits- und Gewaltakte gegen beneidete und verhaßte Rivalinnen oder gegen die fatal an die eigene Realität gemahnenden Straßenbahnmitpassagiere oder schließlich – Erika ist ja auch Lehrerin – gegen ihre Schüler, namentlich die eigenwilligen.

> Manche Schüler setzen sich . . . entschieden zur Wehr, doch ihre Eltern zwingen zur Kunstausübung. Und daher kann das Fräulein Professor Kohut ebenfalls die Zwinge anwenden . . . Die Grenze zwischen den Begabten und den Nichtbegabten zieht Erika besonders gern im Laufe ihrer Lehrtätigkeit, das Aussortieren entschädigt sie für vieles . . . (KS 17, 37)
> Dazu mißt sie einen und den anderen Schüler mit einem Blick, der Glas schneiden könnte, wozu sie ganz leicht den Kopf schüttelt. Es ist genau die Geste, die Erikas Mutter nach deren verpatztem Konzert der Tochter an den Schädel schmetterte. (KS 79) Wenn die Lehrerin es entschlossen verhindert, kommt, zumindest aus ihrer Klasse, keine jüngere hervor und macht unerwünschte und außerfahrplanmäßige Karriere. (KS 15 f.)

Es bricht hinter all dem aber trotzdem noch immer wieder die verzweifelte Sehnsucht auf, sich selbst zu erreichen, den eigenen Panzer zu durchdringen. Erika hat sich dabei im Lauf der Jahre einigen Junggesellen ausgesetzt, sie zückt ihre Rasierklinge, und sie beobachtet die anderen in Peepshows und Pornofilmen und auf den nächtlichen Wiesen im Wiener Prater. Wie die früheren Umarmungen lassen sie jedoch auch jetzt ihre sezierenden Schnitte und Blicke unberührt von Lust und Schmerz. Weder mit Gewalt, noch aus dem Leben der anderen läßt sich ihre Sexualität rekonstruieren und die Beziehung zu sich selbst und zu den anderen herstellen.

> Erika zieht dahin. Nichts ist zerrissen, nichts hat abgefärbt ... Nichts hat sie erreicht. Nichts, was vorher nicht da war, ist jetzt da. (KS 72)

Als dann plötzlich mit den Avancen eines Schülers die fremde Realität über sie hereinbricht, gerät Erikas Vorstellungswelt vollends aus den Fugen: lange mühsam verdrängte Ängste und Sehnsüchte werden freigesetzt und bringen sie ins Schleudern zwischen Ausbrechen und Anklammern an die Mutter, zwischen Ekel und Gier, panischer Angst und unbeholfener Annäherung, bürgerlicher Liebesidylle und sadomasochistischen Strebungen. Letztere gewinnen dabei die Oberhand und lassen sie den Sadismus ausagieren und für die masochistischen Tendenzen ein ausgeklügeltes Szenarium entwerfen, das der schließlich entnervte Schüler Klemmer dann allerdings beim Wort nimmt – und zwar nach seinen Spielregeln.

Zerschunden und zerschlagen wagt Erika anderntags den letzten Schritt dieses Aufbruchs: sie greift zum Messer und sucht nach Klemmer; doch er wird nur von fern in fröhlicher Gesellschaft beobachtet, und der Messerstich trifft nicht ihn und nicht das eigene Herz, sondern nur die Schulter. – Schmerz wird keiner verspürt, beschleunigten Schritts wird nach Hause gegangen.

Elfriede Jelinek bleibt unbestechlich bis zum Ende und versagt Erika die große abschließende Geste, so wie sie im Verlauf des Romans jegliche weiteren Konstrukte zur Verdrängung und damit Fixierung beschädigten Lebens in deren verheerender Funktionalisierung bloßlegt. Die Autorin läßt sich dabei von keinerlei noch so bequemen und liebgewordenen Vorstellungen beeindrucken: weder von alter oder neuer Mutterschafts-, Weiblichkeits- und Innerlichkeitsideologie noch von sonstigen Selbstverwirklichungstheoremen, durch die die Anlagen eines lebendigen Selbst niemals entwickelt oder ersetzt, sondern stets nur zerstört werden können.

> Ich schreibe ..., um Strukturen erkennen zu lassen, die zuwenig sichtbar sind. Es geht mir um ein politisches Anliegen im weitesten Sinn, um Entmythologisierungsvorgänge, darum, polemisch und aggressiv Sachverhalte zu skelettieren.[12])

(Manuskript fertiggestellt im November 1988)

---

[12]) In: Die Presse; Wien 3./4. März 1984. *Elfriede Jelinek* in einem Gespräch.

Sigurd Paul Scheichl

Literatur fürs Tiroler Volk

Kalender und Verwandtes*)

> Was ist tirolerisch? Man weiß es im allgemeinen, man errät es. Heut kann man sagen: Tirolerisch ist, wie Reimmichl denkt und es sagt.[1])

Diese Definition des tirolischen Wesens stammt aus dem Jahr 1927 und würde heute wohl nicht mehr so formuliert werden. Aber der Volksschriftsteller *Reimmichl* ist in Tirol immer noch populär, und auch für 1992 ist wieder **„Reimmichls Volkskalender"** erschienen, 39 Jahre nach dem Tod des namengebenden Kalendermanns. Die **Tiroler Tageszeitung** bespricht die Ausgabe für 1988 durchaus positiv: „[. . .] und man gewinnt den Eindruck, daß Reimmichl von einer anderen Welt her den Kalendermann Walter Winfried Sackl inspiriert hat."[2]) Eben dieser Volkskalender hatte 1970 eine Auflage von 68.000 Exemplaren[3]) in der Nordtiroler Ausgabe, ist also außerordentlich weit verbreitet, übrigens auch außerhalb Tirols.

Reimmichl, der Begründer dieses Tiroler Volksbuchs, war der aus Osttirol stammende katholische Priester *Sebastian Rieger* (1867–1953)[4]), der, noch geprägt vom heftigen Tiroler Kulturkampf[5]), etwa seit dem letzten Jahrzehnt des vorigen Jahrhunderts eine rege publizistische Tätigkeit entfaltete, zunächst ab 1894 im 14tägig erscheinenden **Tiroler Volks-Boten**. Illustriertes Blatt zur Belehrung und Unterhaltung des

*) Zitate aus den hauptsächlich besprochenen Zeitschriften sind im Text mit folgenden Siglen bezeichnet:
GK = **Gaismair-Kalender**. Das angegebene Jahr ist das Jahr, für welches der Kalender bestimmt ist; Erscheinungsjahr ist also jeweils das Vorjahr.
F = **Föhn**. Mit Angabe von Nummer und Erscheinungsjahr.
Th = **Thurntaler**. Mit Angabe von Nummer und Erscheinungsjahr.

1) *Josef Neumair:* Der Reimmichl. In: Reimmichl. Eines Volksdichters Leben und Schaffen. Zum 60. Geburtstag Reimmichls [. . .] Innsbruck: Tyrolia 1927. S. 59–88. Hier S. 87 f.

2) *h. b. [= Herbert Buzas]:* Noch alles wie zu Reimmichls Zeiten. Zufriedenheitsappell im Kalender 1988. In: Tiroler Tageszeitung. 1987 09 26/27. S. 13.

3) *Karl Erlacher:* Geschichte und Analyse der Südtiroler Kalender 1920–1970. Tesi di laurea (masch.) Padua 1983/84. S. 325. (Ein Exemplar dieser Arbeit befindet sich mit der Signatur III 69.425 in der Südtiroler Landesbibliothek in Bozen). Die von *Erlacher* ermittelte Zahl stimmt ziemlich genau überein mit der Zahlenangabe bei *Ludwig Rohner:* Kalendergeschichte und Kalender. Wiesbaden: Athenaion 1978. S. 364.

4) Zu *Rieger* vgl. u. a. Reimmichl (Anm. 1); *Hans Brugger:* Der Pfarrer von Tirol. Reimmichl und seine Geschichten. Innsbruck: Tyrolia 1974; *Rosmarie Stenek:* Sebastian Riegers (Reimmichls) publizistische Tätigkeit im Volksboten 1898–1920. Hausarbeit (masch.) Innsbruck (Institut für Germanistik) 1977/78; *Martha Hechenberger:* Erzähltechnik und Erziehungsabsicht bei Reimmichl. Hausarbeit (masch.) Innsbruck (Institut für Germanistik) 1979; *Erlacher* (Anm. 3), S. 82–127, mit einer Interpretation von „Maria Schnee"; *Jan Knopf:* Geschichten zur Geschichte. Kritische Tradition des „Volkstümlichen" in den Kalendergeschichten Hebels und Brechts. Stuttgart: Metzler 1973. S. 138–146 (über den „Verkauften Herrgott").

5) Vgl. dazu die Darstellung von *Josef Fontana:* Der Kulturkampf in Tirol. Bozen: Athesia 1978. = Schriftenreihe des Südtiroler Kulturinstitutes 6.

Sigurd Paul Scheichl, Dr. et Mag. phil., o. Univ.-Prof. für Österreichische Literaturgeschichte und allgemeine Literaturwissenschaft an der Universität Innsbruck.

katholischen Volkes, seit Ende 1897 als verantwortlicher Redakteur. Die Tendenz dieser Publizistik sei durch ein Zitat charakterisiert. 1898 nimmt *Rieger* Stellung gegen den Fremdenverkehr[6]), mit Argumenten, die zum Teil durchaus nachvollziehbar sind. Charakteristischer als die Argumente sind freilich die Formulierungen, in denen sich ein kompromißloser Konservatismus artikuliert:

> [. . .] Was folgt nun aus all dem Gesagten? – Daß wir auf das Fremdenwesen nicht all unsere Erwartungen setzen, daß die Bewirtschaftung unserer Höfe dem Fremdendienst vorausgehen muß, daß wir unsere Kinder, soweit es möglich ist, ihrem Stande nicht entfremden und der Arbeit entwöhnen. – Die Bauern müssen zusammenhalten, namentlich in jetziger Zeit, denn der gesunde Bauernstand ist berufen, die ganze kranke Gesellschaft wieder zu curieren. [. . .] – Also noch einmal: Zähes Festhalten am Althergebrachten! [. . .]
> Es kommen auch Fremde in unser Land, die es unmittelbar darauf abgesehen haben, unser glaubenstreues, katholisches, gutes Volk zu verderben, ihm Glauben und Sittlichkeit zu nehmen. – Dem Michl sind mehrere Beispiele bekannt, wie Fremde sich als wahre Verführer in sittlicher Beziehung herausstellten. Auch scheinen nicht wenige Sommergäste nur darum nach Tirol zu kommen, um das Volk mit dem Gifte ungläubiger Grundsätze bekannt zu machen. [. . .] Diesen schnöden Gästen gegenüber [. . .] nützt nichts anderes, als ihnen recht entschieden klar machen, wer noch Herr im Lande ist. Ein ernstes, kerniges Tirolerwort, und sie verziehen sich wie die Raupen. [. . .] Da muß besonders die Biederkeit des Tirolers zutage treten. – [. . .][7])

Gefordert wird hier nicht nur Schutz der Tradition, sondern kämpferische Abschließung gegen alles, was von außen kommt: Protestantismus, Liberalismus, Sozialismus.

In diesem Sinn wurde 1927 zum 60. Geburtstag *Riegers* auch lobend über seine Tätigkeit im **Volksboten** geschrieben: „Von ganz hervorragender Bedeutung wurde eine Artikelreihe über die Sozialdemokratie, worin er als einer der ersten im Lande den Tiroler Bauernstand über die rote Gefahr aufklärte und ihn dagegen feite.“[8])

Die Gründung des **Tiroler Kalenders** durch *Rieger* im Jahre 1920[9]) bedeutete nichts anderes als die Wahl eines dauerhafteren Mediums, in dem der Autor seine Gedanken nun weniger in journalistischen Formen als durch seine Erzählungen verbreitete; Erzählungen hatte er übrigens schon seit 1894 im **Volksboten** erscheinen lassen.[10]) Seit 1924 heißt der Kalender **Reimmichls Volkskalender**; seit damals erscheint er ohne Unterbrechung[11]) im kircheneigenen Innsbrucker Tyrolia-Verlag. Seit 1946 wird in Bozen eine ziemlich eigenständige Südtiroler Ausgabe herausgebracht (Athesia-Verlag).

---

6) Dieses Thema beschäftigte *Rieger* offenbar schon frühzeitig; vgl. *Georg Harrasser:* Reimmichl, sein Werden und Wirken. In: Reimmichl (Anm. 1), S. 23–58, hier S. 38.

7) *[Sebastian Rieger]:* Unsere Sommergäste. In: Tiroler Volks-Bote. Illustriertes Blatt zur Belehrung und Unterhaltung des katholischen Volkes. Jg. 6. Nr. 15. (Brixen) 14. Juli 1898. S. 1 f. Hier S. 2. – Diese Passage nachgedruckt in GK 1981, S. 40 f.

8) *Harrasser* (Anm. 6), S. 47.

9) Vgl. die ausführliche, manchmal ein wenig unübersichtliche Dokumentation bei *Erlacher* (Anm. 3), S. 316–385; dazu das Kapitel über *Reimmichl* und den **Reimmichlkalender**, S. 82–186, das auch ausführliche Gespräche mit den Kalendermachern enthält (S. 137–186); dazu Anhang 1–5 und Grafik Nr. 2. *Erlachers* Dissertation bietet trotz methodischer Mängel eine hervorragende Übersicht über diese schwer zugängliche „Mikroliteratur“ (S. V); für Nordtirol gibt es nichts Vergleichbares.

10) *Harrasser* (Anm. 6), S. 39.

11) Kurzfristige Namensänderungen und eine Unterbrechung in der nationalsozialistischen Ära bleiben außer Betracht.

Seit 1922 bewahrt der Kalender das gleiche Titelblatt, auch sonst ist er sehr auf Kontinuität, über den Tod seines Begründers hinaus, bedacht. In der schon zitierten Rezension des Kalenders aus 1988, deren Verfasser mit dem Kalender seit vielen Jahren vertraut sein dürfte, heißt es in diesem Sinn: „Es ist ein Reimmichlkalender geworden, wie ihn Reimmichl kaum anders gestaltet hätte. Das vertraute Kalendarium, in Fraktur gesetzt und mit rot gedruckten Sonn- und Feiertagen", wird besonders hervorgehoben.[12]) Die Besprechung bestätigt so die Beobachtung der literarischen Kalenderforschung von der „Verselbständigung der Wirkung des Kalenders von der Persönlichkeit des Verfassers" und von der „traditionsbildenden Kraft, die in der Kalenderliteratur einer charakteristischen Figurengestaltung zukommt"[13]), wobei gerade diese durch das volkstümliche Pseudonym[14]) noch unterstrichen wird.

Von Einzelheiten des nach wie vor betont kirchlichen und stark auf bäuerliche und ländliche Leserinnen und Leser ausgerichteten Kalenders braucht hier nicht gesprochen zu werden. Im Mittelpunkt stehen nach wie vor die langen Erzählungen des Kalendergründers, die im Laufe der Jahre mehrfach abgedruckt[15]) und in Einzelfällen[16]) auch überarbeitet worden sind; die meisten davon sind auch selbständig erschienen, und für seine 66 Bücher sowie für die Kalender wurde 1972 eine Gesamtauflage von 3 Millionen Exemplaren angegeben.[17])

Die Grundhaltung des Autors dürfte sich in diesem großen Werk nur wenig geändert haben. Die im Kalender für 1954 erschienene Erzählung „Der verkaufte Herrgott"[18]) wirkt fast wie eine Illustration der Polemik gegen den Fremdenverkehr von 1898; so gelangt ein neuerer Interpret, der freilich den spezifischen politischen Zusammenhang der Erzählung wenig zu kennen scheint[19]), zu dem Ergebnis: „Das Fremde, das Draußen, gefährdet grundsätzlich die Welt des in sich ruhenden Tales und die Sittlichkeit der in ihm lebenden Menschen."[20]) Und er urteilt pauschal, aber richtig: *Reimmichls* „Vorstellung vom Volk richtet sich selbst: sie ist dogmatische, intolerante Forderung an das Volk, das in Unmündigkeit gehalten werden soll. Es hat nicht zu denken, sondern lediglich zu bestätigen, was ist und was Reimmichl für gut hält, und alles zu verteufeln, was es nicht kennenlernen soll."[21])

Ist das tirolerisch? Heute wohl doch nicht mehr, obgleich Kontinuität und kontinuierliche Popularität dieses Kalenders und der in ihm veröffentlichten Texte den Verdacht durchaus nahelegen, daß aus diesem Werk geschöpftes Gedankengut „einen gewichtigen Teil des Tiroler Schädels ausmacht".[22]) Immerhin hat noch 1953 der bekannte Prediger *P. Heinrich Suso Braun O. F. M. Cap.*, zeitweise Hochschulseelsor-

---

12) *Buzas* (Anm. 2).

13) *Heinz Härtl:* Zur Tradition eines Genres. Die Kalendergeschichte von Grimmelshausen über Hebel bis Brecht. In: Weimarer Beiträge 24. 1978. Heft 7. S. 58–95. Hier S. 62.

14) Dazu *Harrasser* (Anm. 6), S. 39.

15) Vgl. *Erlacher* (Anm. 3), S. 100; *Karl Weingartner:* Reimmichl brachte Freude und Trost. Erinnerungen zum 25. Todestag. In: Reimmichls Volkskalender 59. 1980. Innsbruck: Tyrolia 1979. S. 136–144. Hier S. 142.

16) So sind 1974 antisemitisch gefärbte Passagen aus einer Erzählung („Das Schwarzblattl") von 1924 getilgt worden; vgl. *Leopold Steurer:* „Undeutsch und jüdisch". Streiflichter zum Antisemitismus in Tirol. In: Sturzflüge (Bozen) Nr. 15/16 („Die Geschichte der Juden in Tirol"). 1986. S. 41–62. Hier S. 59.

17) Vgl. *Weingartner* (Anm. 15), S. 143.

18) Vgl. *Knopf*, wie Anm. 4.

19) So wenig wie den Vornamen *Riegers*, den er aus unerfindlichen Gründen „Julius" nennt (ebenda, S. 138 u. ö.).

20) *Knopf*, ebenda, S. 141.

21) Ebenda, S. 144.

22) *Erlacher* (Anm. 3), S. V.

ger für die Universität Innsbruck und gewiß ein Intellektueller, über *Reimmichl* geäußert:

> Für mich ist unser Reimmichl mit seinen volkstümlichen Geschichten der größere Wohltäter der Menschheit als jene Träger von allen möglichen Literaturpreisen, die immer nur in den dunkelsten Gefilden der menschlichen Seele und in allen Kloaken der Menschheit herumrühren. [. . .] Ich glaube nicht, daß Sartre und seine zünftigen Spießgesellen Wohltäter der Menschen sind – aber ich glaube das von Reimmichl![23])

Und 1978 fand anläßlich des 25. Todestags in Hall eine *Reimmichl*-Ausstellung statt[24]), die im Beisein des Kulturreferenten der Tiroler Landesregierung eröffnet worden ist[25]); bei der *Reimmichl*-Gedenkfeier des Tiroler Bauernbunds[26]), einer politisch in Tirol immer noch sehr maßgebenden Organisation, sprach niemand geringerer als der Landeshauptmann selbst.[27])

* * *

Im **Reimmichlkalender** findet neue Literatur selbstverständlich keine Heimstätte. Nicht kritische Ansätze „blasser Fortschrittler“, sondern „Güte und Menschenliebe“ sind für diesen Kalender bestimmend; „Herz und Gemüt“, „spannendes Geschehen“, „der Glaube an das Gute im Menschen“ machen für den „Kalendermann“ die Qualität von *Reimmichls* Erzählungen aus[28]); moderne Literatur entspricht so formulierten Kriterien bekanntlich eher selten.

Nicht wegen seiner Bedeutung für die Gegenwartsliteratur in Tirol ist also hier auf diesen Kalender so ausführlich einzugehen, sondern weil dieses verbreitete Buch, das über weite Strecken noch so tut, als ob sich nicht seit Jahrhundertbeginn in der sozialen Struktur wie im religiösen Verhalten der Tiroler Bevölkerung so gut wie alles geändert hätte, ohne das aber in Tirol bis vor wenigen Jahren fast nur Kinder aus protestantischen oder radikal antiklerikalen Familien aufgewachsen sind, weil dieses verbreitete Buch ein tirolisches Selbstverständnis repräsentiert, gegen das heute nicht wenige protestieren zu müssen glauben, ein tirolisches Selbstverständnis, das den Wunsch nach einem ‚anderen Tirol‘ provoziert hat.

Kultfigur des *Reimmichl*’schen Tirol ist der so habsburg- wie kirchentreue Rebell von 1809, *Andreas Hofer*. Ihm stellte und stellt man von der Seite des oppositionellen Tirol den lange Zeit hindurch aus dem Bewußtsein der Tiroler weitgehend verdrängten Revolutionär von 1525 *Michael Gaismair* gegenüber, einen weitblickenden Führer in den Bauernkriegen, der zur Identifikationsfigur in der Geschichte des Landes werden soll.

---

23) Diese Stelle aus einer Predigt *Brauns* ist zitiert bei *Hermann Lechner:* Reimmichl (Sebastian Rieger). In: Schöpferisches Tirol. 1. Folge: Dichtung. Innsbruck: Wagner 1953. S. 141–144. Hier S. 144. *Lechners* Hymnus auf den Schriftsteller, in dem die Berufung auf das „gesunde Volksempfinden“ (S. 142) nicht überrascht, ist überhaupt ein bemerkenswertes Zeugnis der *Reimmichl*-Rezeption.

24) Vgl. *Erlacher* (Anm. 3), Anhang 5.

25) Vgl. die Bilder bei *Weingartner* (Anm. 15), S. 139, 141.

26) Zu diesem Verband, an dessen Gründung im Jahre 1904 *Rieger* maßgeblichen Anteil hatte, vgl. *Benedikt Erhard:* Bauernstand und Politik. Zur Geschichte des Tiroler Bauernbundes. Wien: Jugend und Volk 1981 (= Schriftenreihe der Michael Gaismair Gesellschaft 1).

27) Vgl. das Bild bei *Weingartner* (Anm. 15), S. 143.

28) Kalendermann *[= Walter Winfried Sackl]:* Grüß Gott! In: Reimmichls Volkskalender 1980 (Anm. 15), S. 27–29, hier S. 28.

Dieses ‚andere Tirol', das den Heimatbegriff nicht den Konservativen vom Schlag *Reimmichls* überlassen will, artikuliert sich auch literarisch; außerhalb Tirols sind aus diesem Kreis zunächst vor allem *Hans Haid* und *Felix Mitterer* bekannt geworden. Über die Literatur dieses ‚anderen Tirol' will ich hier einige Informationen geben, weniger über die Autoren als über die Medien, die ihnen zur Verfügung stehen, die sie sich geschaffen haben.

Obwohl dieser Ansatz von den Medien her die Zuordnung von allem, was dort erschienen ist, zur Tiroler Literatur rechtfertigen würde und obwohl die hier vorzustellenden publizistischen Unternehmungen alle drei gesamttirolisch konzipiert sind, an ihnen also Autorinnen und Autoren aus Nord- und Südtirol mitarbeiten, kann ich im folgenden aus Gründen des auferlegten Umfanges Texte von Südtiroler Schriftstellerinnen und Schriftstellern nicht behandeln. Diese Beschränkung ist gewiß problematisch; sie läßt sich aber auch damit rechtfertigen, daß ich im weiteren ohnehin nicht einzelne Autorinnen und Autoren vorstelle, sondern drei publizistische Initiativen behandeln will, denen eine kritische Haltung gegenüber der offiziösen ‚Tirol-Ideologie' gemeinsam ist, die aber auch literarischen Ehrgeiz entwickeln oder entwickelt haben: **Gaismair-Kalender**, **Föhn** und **Thurntaler**.

Eine letzte Vorbemerkung: ich betrachte diese Veröffentlichungen nicht nur aus einer literaturwissenschaftlichen Perspektive, sondern kann von persönlichen Kontakten, vor allem mit dem **Gaismair-Kalender**, nicht abstrahieren und bin auch sonst ein wenig in das literarische Leben von Innsbruck, oder was sich eben dafür hält, verwickelt.[29]) So mag manches schließlich subjektiver klingen, als es eigentlich gemeint ist.

* * *

Zunächst also zum **„Gaismair-Kalender"**, herausgegeben von der Michael-Gaismair-Gesellschaft, die 1976 von einigen mit den Tiroler Verhältnissen unzufriedenen Tiroler Intellektuellen gegründet worden ist. Die Gründung wurde von *Herbert Salcher* gefördert, ist also im weiteren Umfeld der Sozialdemokratie anzusiedeln, ohne daß sie je von der Sozialdemokratischen Partei unmittelbar beeinflußt worden wäre. Der Gesellschaft gehören viele Akademiker an, darunter relativ zahlreich Universitätslehrer. Eine andere große Gruppe von Mitgliedern ist in Sozialberufen tätig. In einer Selbstdarstellung der Gesellschaft heißt es:

> Die [. . .] Michael-Gaismair-Gesellschaft [. . .] ist als eine Antwort auf bestehende gesellschaftliche Verhältnisse Tirols entstanden, die sich durch politische und soziale Intoleranz in ihren verschiedensten Formen äußern. Ungleiche Möglichkeiten in vielen Lebensbereichen [. . .] sind hier ebenso zu nennen wie parteiische, eigennützige, wenig menschenfreundliche Machtausübung. Die MGG zielt auf Bloßstellung und Abbau solcher Zustände. Dies durch Aufklärung, gelebte Teilnahme an Demokratie, politische Toleranz und Forderung nach uneingeschränkter Ausrichtung der Politik an den Bedürfnissen der Menschen. Einzuleiten ist eine Entwicklung vom „Unterthanen" zum mündigen Staatsbürger.[30])

---

[29]) Zum Zeitpunkt der Abfassung dieses Beitrags war ich Mitglied des Vorstands der Michael Gaismair-Gesellschaft. Außerdem war ich von 1984 bis 1987 Mitherausgeber der Literaturzeitschrift **„InN"** (Innsbruck), die ich aber nicht nur aus diesem persönlichen Grund hier nicht behandle, sondern auch wegen ihrer anderen, politisch neutralen, weniger stark an Tirol orientierten Position. Aus ähnlichen Gründen beziehe ich trotz ihrer Bedeutung auch die literarischen Beiträge in der offiziellen Kulturzeitschrift des Landes Tirol **Das Fenster**, herausgegeben von *Wolfgang Pfaundler*, nicht in diese Darstellung ein.

[30]) GK 1981, S. 39. Diese Formulierungen, die im wesentlichen von *Heinz Barta* stammen, finden sich noch im GK 1990, S. 12.

In den siebziger Jahren gab es in Tirol kaum Möglichkeiten, solche Positionen öffentlich zu artikulieren; Zeitungen, Zeitschriften und Verlage waren durchwegs konservativ geprägt. So hat die Gesellschaft von vornherein auch das Ziel verfolgt (und verfolgen müssen), Kritikern der damaligen Tiroler Situation ein Medium zum Ausdruck ihrer Kritik zur Verfügung zu stellen. Die Kalender-Idee wurde dabei vor allem von zwei Mitgliedern getragen, *Dr. Walter Hengl* (Beamter der Tiroler Gebietskrankenkasse, jetzt Mitglied der Tiroler Landesregierung) und *Dr. Heinz Barta* (damals Assistent, jetzt Professor am Institut für Zivilrecht der Universität Innsbruck, ein Oberösterreicher).[31]) Daß dabei die Form des Kalenders gewählt worden ist – entgegen Wünschen anderer Mitglieder, die Kritik eher wissenschaftlich zu artikulieren –, war selbstverständlich auch eine Antwort auf den allgegenwärtigen **Reimmichlkalender**, ein Versuch, dessen bewährte Form mit anderen Inhalten zu füllen und so auch eine gewisse Breitenwirkung zu erzielen, gerade bei von den neuen Inhalten noch nicht überzeugten Leserinnen und Lesern (weshalb der Kalender auch immer versucht hat, allzu radikale Positionen zu vermeiden).

Gegenüber dem negativen Vorbild des etablierten Kalenders gibt es gewichtige Unterschiede. Sie beginnen schon bei der grafischen Gestaltung. Das Titelblatt wechselt beim **Gaismair-Kalender** jährlich und ist eindeutig ‚modern', hat auch kein spezifisch volkstümliches Motiv (wie die Sternsinger auf dem **Reimmichlkalender**-Titelblatt). Die Titelblätter der ersten drei Kalender (für 1980 bis 1982) waren figürlich und hatten einen Bezug zur Intention des Kalenders, während seither die Abstraktion (in verschiedenen Graden) die Titelblätter beherrscht und der ästhetische Reiz des gewählten Bilds den Charakter des Titelblatts bestimmt. Ein Grund für die Entscheidung, das Umschlagbild jährlich zu verändern, war die Absicht, jüngeren Künstlern die Chance zu bieten, eine größere Öffentlichkeit zu erreichen.

Die für das Erscheinungsbild eines regelmäßig veröffentlichten Kalenders wichtige Kontinuität wird so nur durch ein wesentlich schwächeres Signal markiert, das ungewöhnliche Hochformat (29 x 13,5), das für den Kalender 1981 aus Gründen der Sparsamkeit gewählt und seither als ‚Markenzeichen' beibehalten worden ist.

Wie die Titelbilder wechseln auch die Kalendermacher. Während beim **Reimmichlkalender** der namengebende Gründer über 30 Jahre den Kalender betreute und auch seine Nachfolger durch Jahre und Jahrzehnte „Kalendermann" waren, gibt es beim **Gaismair-Kalender** überhaupt keinen alleinverantwortlichen Kalendermann, sondern mehr oder minder große Redaktionsgruppen, in denen sich die Namen rasch und oft ändern. Bis 1985 hat *Heinz Barta* für die Koordination der Kalendergruppen gesorgt[32]), der als einziger von Anfang an bis etwa 1988 am Kalender mitgearbeitet hat, allerdings seit 1985 weniger intensiv. ‚Literaten' sind in den Kalendergruppen deutlich in der Minderzahl.

Daß der **Gaismair-Kalender** keinen fest bestallten Kalendermann hat, daß in der Kalendergruppe immer einige völlige Neulinge sind, die auch die technischen Abläufe kaum kennen, daß es durch die Größe der Gruppe (für 1988: 20 Personen) immer auch Koordinationsschwierigkeiten gibt, daß der Kalender nur durch Selbstausbeutung der Angehörigen der Kalendergruppe überhaupt entstehen kann, das schafft selbstverständlich Probleme und führt zu einer eher sprunghaften als kontinuierlichen Ent-

---

31) Diese Information verdanke ich *Heinz Barta*, mit dem ich am 1988 02 18 ein ausführliches Gespräch über den **Gaismair-Kalender** geführt habe. Auch andere nicht weiter belegte Informationen über den **Gaismair-Kalender** gehen auf dieses Gespräch zurück, für das ich *Heinz Barta* danke.

32) Am Kalender für 1986 hat vor allem *Elisabeth Aufheimer* gearbeitet, an dem für 1987 eine Südtiroler Gruppe (u. a. *Karl Erlacher*), um den für 1988 hat sich vor allem *Walter Pfaller* bemüht.

wicklung. Hinter dieser Arbeitsweise stehen selbstverständlich auch wirtschaftliche Probleme: der Kalender trägt sich zwar selbst (mit einigen Subventionen), erwirtschaftet aber nur selten Überschüsse. Für 1989 ist der Kalender aus diesen Gründen nicht erschienen.

Da innerhalb der Gruppen verschiedene politische Positionen vertreten werden, kommt es auch häufig zu Konflikten bei der Kalenderplanung, etwa zwischen radikaleren und weniger radikalen Mitarbeiterinnen und Mitarbeitern, mit allen Konsequenzen für die Gruppendynamik und mit gelegentlich für alle enttäuschenden Kompromissen. In Hinblick auf die erhoffte Breitenwirkung wiegt vielleicht am schwersten, daß sich bei dieser Form der Arbeit die „traditionsbildende Kraft" einer durchgehenden „Kalenderfigur"[33]) nicht einstellen kann.

Das Kalendarium des **Gaismair-Kalenders** verzichtet von Anfang an weitgehend auf Kalendarisches im engeren Sinn, das im **Reimmichlkalender** breiten Raum einnimmt: weder Astronomisches[34]) noch Astrologisches, weder Bauernregeln noch mehr als das Minimum über kirchliche Feste werden angegeben. Hingegen stehen im kalendarischen Teil den Monatsdaten durchwegs politische und soziale Aussagen gegenüber, oft recht verknappt, manchmal in Form von Zitatmontagen oder von aussagekräftigen Fotos. Viel mehr als die Tage des Jahres finden sich sonst im Kalendarium nicht. Mit dem **Reimmichlkalender** vergleichbar bleibt allenfalls die besondere grafische Sorgfalt, die auf diesen Teil verwendet wird, allerdings nicht in der betont altmodischen Weise des Volkskalenders.

Wie im **Reimmichlkalender** steht auch am Ende des **Gaismair-Kalenders** ein praktischer Teil: dort eine Kubierungstafel für Blochholz und ein Viehmarktverzeichnis, hier das sogenannte „Register" mit zahlreichen Angaben zu kritischen, linken und alternativen Publikationen, mit Informationen zur Bewältigung des Alltagslebens; daß neben „Betriebsrat", „Bewährungshilfe" und „Akupunktur" auch „Abtreibung" und „Kirchenaustritt" erläutert werden, hat übrigens 1984 zur Streichung der Subvention des Landes Tirol für diese Publikation geführt. (Vgl. „Aber auch die Toleranz muß einmal ein Ende haben". GK 1985, S. 12 f.) Gerade um die Texte dieses Registers scheint es in den Redaktionsgruppen übrigens häufig Streit gegeben zu haben.

Das Register zeigt auch am deutlichsten, an welches Publikum sich der Kalender wendet: im wesentlichen an die kritisch-alternative Szene in Innsbruck, in Bozen und in einigen kleineren Orten, an Studentinnen und Studenten, kaum an Leserinnen und Leser, die nicht schon für politisches Denken im Sinne der Gaismair-Gesellschaft offen sind.

Anders ausgedrückt: der **Gaismair-Kalender** artikuliert sich unmißverständlich als politischer und nicht als Volkskalender. Hier ist noch einmal ein Vergleich mit dem **Reimmichlkalender** angebracht, der selbstverständlich auch politisch-ideologische Ziele verfolgt, wiewohl andere und auf andere Art. Bezeichnend ist der Protest des „Kalendermannes" *Sackl* im **Reimmichkalender** 1981 anläßlich eines ORF-Films mit dem Titel „Reimmichl – Dichter und Politiker im Priesterrock". *Sackl* dazu: „[. . .] daß die Bezeichnung ‚Politiker', wenn überhaupt, nur auf [Reimmichls] Zeit als Redakteur der ‚Brixner Chronik' bzw. des [‚Volksboten'] zutreffend ist".[35]) Gerade diese hier explizite Betonung der Politikferne *Reimmichls* und seines Kalenders, dieses Verbergen der politischen Absichten ermöglicht dem Kalender seine politische Wirkung. Der

---

[33]) *Härtl* (Anm. 13), S. 62.

[34]) Auch die Mondphasen, immerhin für die im potentiellen Publikum des **Gaismair-Kalenders** zu erwartenden Alternativen von Bedeutung, werden im Kalender erst seit 1983 deutlich angegeben.

[35]) Kalendermann *[= Walter Winfried Sackl]:* Grüß Gott! In: Reimmichls Volkskalender 60. 1981. Innsbruck: Tyrolia 1980. S. 27 f. Hier S. 28.

Gaismair-Kalender ist da weniger geschickt und zeigt durch sein „Register“ wie durch seine thematische Gliederung – beispielsweise 1986: „Heimat und Widerstand“, „Frauen“, „Arbeit & Wirtschaft“, „Spuren der Besiegten“, „Literaricum“, „Kirche“, „Umwelt“, „Ausgrenzung“, „Psychotherapie & Gesellschaft“ –, daß er sich an politisch und sozial engagierte Leserinnen und Leser wendet.

Die gesellschaftskritische Zielsetzung des **Gaismair-Kalenders** kommt auch in den Titeln der einzelnen Beiträge zum Ausdruck; die Beispiele sind erneut dem Kalender für 1986 entnommen: „Die Kärntner Slowenen – Eine Volksgruppe in Bedrängnis“, „Die antisemitische Einheit Tirols“, „Die Beziehungen Kirche – Staat in Nicaragua“, „Psychotherapie und ihre Alternativen“. Regelmäßig enthält dieser Kalender auch einen Beitrag über *Michael Gaismair* und die Bauernkriege als Beitrag zur Revision des offiziösen Tiroler Geschichtsbilds. So kommen im Lauf der Jahre im **Gaismair-Kalender** alle typischen Themen der Progressiven vor, zum Teil mit, zum Teil ohne Bezug auf die Situation in Tirol. Daß unterhaltende Beiträge in einem Kalender (oder einem vergleichbaren Medium) eine entlastende Funktion haben und doch zugleich der Ideologievermittlung dienen können, ist eine Einsicht, die im **Gaismair-Kalender** keine Berücksichtigung findet; dort dominiert der direkte Zugriff zu den großen Themen.

Dagegen der **Reimmichlkalender** (für 1980): neben Erzählungen wie „Der Schmied von Rumpelbach“ und „Das Kapuzinerbübl“ (beide von *Reimmichl*) finden sich da unter anderen: „S. Romedio, der ‚eigenartigste Wallfahrtsort Europas‘“; „Tiroler Klosteroriginale“; „Heiteres aus Kindermund“; „Laßt Blumen sprechen!“; „Unterinntaler Schneidglaslsprüche. Volkskundlicher Beitrag [. . .]“; „Der Missionär Anton Raich von Pians“; usw. Von diesen vermischten Beiträgen zu Unterhaltung und Wissen behandelt kein einziger explizit ein politisches oder soziales Problem, obwohl das Eintreten des Kalenders für traditionelles Tirolertum und Katholizismus außer Frage steht.

Nur in den ersten beiden Jahrgängen bemühte sich der **Gaismair-Kalender** durch einige Beiträge, zum Teil Nachdrucke aus der Zeitschrift **Die Bergbauern**, über landwirtschaftliche Themen auch um ein bäuerliches Publikum (z. B. GK 1980, S. 86–94; GK 1981, S. 85–94); dann wurde wohl die Hoffnung, solche Leserinnen und Leser zu erreichen, die schon angesichts der Vertriebsmöglichkeiten eine Illusion war, aufgegeben.

Über die politischen Artikel – politisch im weitesten Sinn verstanden – ist in diesem Zusammenhang im einzelnen nicht zu sprechen. Sie interessieren hier, weil sie den Rahmen bestimmen, in dem die literarischen Beiträge stehen, und damit auch über deren Rezeption entscheiden.

Der Anteil der Literatur am **Gaismair-Kalender** war stets relativ groß. Für Nord- wie für Südtiroler Autoren und Autorinnen ist er ein interessantes Publikationsorgan, obwohl er nur in Ausnahmefällen Honorare bezahlt; aber er erreicht dafür eine wesentlich höhere Auflage als die meisten literarischen Zeitschriften. Von bekannteren Autoren haben unter anderem *Qualtinger, Werner Kofler, Nöstlinger, Turrini, Brandstetter* und *Henisch* für diesen Kalender geschrieben oder ihm Nachdrucke gestattet; schon diese Namen umschreiben ein literarisches Programm. Von den lokalen Mitarbeiterinnen und Mitarbeitern nenne ich in zufälliger Auswahl *Gerald Graßl, Norbert Gstrein, Hans Haid, Barbara Hundegger, Walter Klier, Helga Leiseder-Moser, Felix Mitterer, Helmuth Schönauer* aus Nord-, *Josef Feichtinger, Sabine Gruber, Gerhard Kofler, Sepp Mall, Gerhard Mumelter, Anita Pichler, Matthias Schönweger, Hans Schwärzer, Josef Zoderer* aus Südtirol. Einige wenige Texte werden im weiteren noch etwas ausführlicher vorgestellt.

Angesichts der generellen Ausrichtung des Kalenders und angesichts dieser Mitarbeiter kann es nicht erstaunen, daß ein überwiegender Teil der literarischen Beiträge explizit gesellschaftskritisch sind. Im Formalen läßt sich dagegen eine Entwicklung feststellen. In den ersten Jahrgängen dominieren eher traditionelle Formen, die im großen und ganzen auch das *Reimmichl*-Publikum hätten ansprechen können; *Heinz Barta* suchte nach eigener Aussage ganz bewußt nach zeitgemäßen Kalendergeschichten. Parallel zum angedeuteten Aufgeben des Versuchs, in die Leserschichten des Volkskalenders einzudringen, vielleicht mit einer gewissen zeitlichen Verschiebung, wird dann im **Gaismair-Kalender** eine Tendenz zu komplexeren Texten spürbar, die spätestens in dem für 1984 sehr deutlich wird und in dem für 1986 einen Höhepunkt erreicht, in dem die literarischen Beiträge in einem eigenen, von den Germanisten *Peter Giacomuzzi* und *Martin Sturm* sowie der Germanistin *Renate Putz* zusammengestellten „Literaricum" (GK 1986, S. 93–134) vereint sind. Diese Lösung ist auch 1987 beibehalten worden.

Zwar ist auch dieses „Literaricum" vom Anspruch her durchaus keine Literaturzeitschrift, doch die relativ eindimensionalen, formal bewußt schlichten Texte der ersten Jahrgänge, wie sie bis 1983 vor allem von *Gerald Graßl* und *Helga Leiseder-Moser* – beide beispielsweise im Kalender für 1981 mit je zehn Beiträgen präsent – beigesteuert worden waren, finden sich hier nicht mehr. Von *Helga Leiseder-Moser* etwa ist nach 1983 im **Gaismair-Kalender** nichts mehr erschienen. 1988 ist der Kalender von der „Literaricum"-Lösung wieder abgegangen; der hohe literarische Anspruch ist aber geblieben, wenn nicht gestiegen, und ein Text wie „Der Berge Eiweiß" von dem Oberösterreicher *Walter Pilar* (GK 1988, S. 114–116) erweist sich allein schon durch die einmontierten Passagen in englischer Sprache als etwas dezidiert Anderes denn Gebrauchsliteratur.

Damit vollzieht sich bei den literarischen Beiträgen dieselbe Entwicklung wie bei den Titelbildern und bei den politischen Artikeln. Während der **Reimmichlkalender** sich bemüht, jedem etwas zu bieten, dadurch jeden zu erreichen (und jedem die ideologischen Prinzipien des Kalenders zu vermitteln), verzichtet der **Gaismair-Kalender** immer mehr auf ein politisch weniger interessiertes oder auf ein literarisch und künstlerisch nicht vorgebildetes Publikum, wird mehr und mehr zum Medium für Insider, die sich durch die (selbstverständlich oft ausgezeichneten) Beiträge in ihren Ansichten bestätigt fühlen. Er gerät damit, mutatis mutandis, in eine strukturelle Parallele zu den spätaufklärerischen Volkskalendern, denen „die nichtdidaktischen Texte und der astrologische Hokuspokus" zugunsten von „trockenen Belehrungen"[36]) ausgetrieben worden waren und deren Sterilität durch *Hebels* **Rheinländischen Hausfreund** wieder überwunden werden mußte.[37])

Daß die anfänglichen Versuche zur Öffnung nicht oder nur unzureichend fortgeführt worden sind, hat selbstverständlich auch wirtschaftliche Ursachen und Folgen. Die Kalender-Redaktion ist weitgehend auf Beiträge angewiesen, die ihr von engagierten Mitarbeiterinnen und Mitarbeitern umsonst zur Verfügung gestellt werden; umgekehrt schadet das auch dadurch bedingte Verbleiben des Kalenders im Ghetto der linken und liberalen Akademiker den Verkaufszahlen. Denn daß der **Gaismair-Kalender** nur um die 4.000 (und weniger) Exemplare verkauft – verglichen mit fast 70.000 des **Reimmichlkalenders** – hat seine Ursache auch im Charakter des ‚Produkts' und nicht nur darin, daß hinter dem Volkskalender ein lokal potenter Verlag (Tyrolia) mit angeschlossenen Buchhandlungen in ganz Tirol steht, während der **Gaismair-Kalender** nie einen effizienten Vertrieb aufzubauen vermochte.

Für das derzeitige Publikum des **Gaismair-Kalenders** ist *Pilar* zweifellos ein interessanterer Autor als *Leiseder-Moser*; dem Eindringen in andere Publikumsschichten steht die Literatur, die der Kalender derzeit bevorzugt, gewiß eher im Weg. (Auf das freilich

---

[36]) *Härtl* (Anm. 13), S. 64, 65.
[37]) Ebenda, S. 66 f.

nicht geringzuschätzende Problem, daß durch eine zu große Anpassung an vermeintliche Bedürfnisse des Publikums die politische ‚Botschaft' erst recht wieder neutralisiert werden könnte, möchte ich hier nicht eingehen.)

* * *

Das zweite Medium, das hier kurz vorzustellen ist, ist die Zeitschrift **„F ö h n"**[38]), wie der **Gaismair-Kalender** ein literarisches Unternehmen von Nord- und Südtiroler Autoren, zwar in Innsbruck veröffentlicht, aber mit Redaktionssitz in Innsbruck und Bruneck. Daß der **Föhn** ungefähr gleichzeitig (genau: ein knappes Jahr vorher) mit dem **Gaismair-Kalender** zu erscheinen begann, wird wohl kein Zufall sein; beide publizistische Unternehmungen entspringen wohl derselben Erfahrung: daß in den bis dahin bestehenden Tiroler Medien so gut wie keine Möglichkeit zur Artikulation kritischer Positionen bestand.

Die Zeitschrift erschien viermal jährlich, vom Herbst 1978 bis Ende 1981. Programmatischer Untertitel der ersten beiden Nummern war „Zeitschrift für's Tiroler Volk", und ganz in diesem Sinn wurden auch die Schwerpunkte dieser Hefte gesetzt: „Bergbauern" (1) und „Fremdenverkehr" (2). Das Prinzip der Schwerpunkthefte wurde beibehalten, wobei jeweils alle Beiträge eines Heftes dem Thema zugeordnet sind: „Arbeiten" (3), „Jugend" (4), „Religion" (5), „Option" (6/7) – ein ausgezeichnetes Heft zur Südtiroler Zeitgeschichte[39]) –, „Außenseiter" (8), „Heimat" (9), „Kultur" (10), „Sex" (11/12). Der Verkaufserfolg war zum Teil recht groß; einige Hefte waren bald vergriffen.[40])

Begründer der Zeitschrift waren *Hans Haid* und der eigenwillige, schon nach Heft 4 wieder ausgeschiedene Schriftsteller *Markus Wilhelm*, wie *Haid* ein Ötztaler, mit ihnen der Brunecker Student, Journalist und Fotografiehistoriker *Gunther Waibl*, der mit dem letzten Heft den Mitarbeiterkreis verließ. *Haid*, der schon ab Heft 2 nur noch als ‚Wiener Redaktion' im Impressum aufscheint, dürfte nie besonders viel für die Zeitschrift getan haben. Nach *Wilhelms* Ausscheiden wurden die redaktionellen Geschäfte von einer Gruppe besorgt, die hauptsächlich aus Studierenden bestand und recht instabil war.[41]) Die Parallele zur Redaktion des **Gaismair-Kalenders** ist augenfällig.

Im ersten Heft erschien ein Editorial, das sich in manchem mit den Intentionen der Gaismair-Gesellschaft berührt. Kernsätze sind:

> Dann legt der Föhn das Gerippe des wirklichen Tirolers frei, eines Tirolers, dem man Aufrichtigkeit, Treue zu Heimat und Vaterglauben, Liebe, ja geradezu blinde Anhänglichkeit an Kaiser, Landeshauptmann und Herrgott nachsagt.
> Wenn der Föhn einmal alle Scheinheiligkeit weggeblasen hat: Was bleibt dann übrig vom wackeren Tiroler?
>
> (F 1, 1978, S. 3)

Sepp Mall, ein ehemaliger Mitarbeiter der Innsbrucker **Föhn**-Redaktion, resümiert nach der Einstellung der Zeitschrift im **Gaismair-Kalender**, diese sei „ein Diskussi-

---

38) Vgl. zur Geschichte der Zeitschrift *Sepp Mall:* Föhn (1978–1981). In: GK 1983. S. 104 f.

39) Dieses Heft ist unabhängig von der Zeitschrift „Föhn" 1990 u. d. T.: Südtirol 1939–1945. Option. Umsiedlung. Widerstand. Bozen: Sturzflüge wiederaufgelegt worden.

40) Zum Zeitpunkt des Erscheinens von Heft 8 waren die Hefte 1–5 bereits vergriffen (vgl. F 8, 1980, 2. Umschlagseite).

41) Als für den Inhalt Verantwortliche bzw. als Redakteure werden angegeben: *Birgit Redl* (Hefte 5 und 6/7), *Gabriel Felder* und *Leopold Steurer* (6/7), *Johann Trojer* und *Gunther Waibl* (8), *Johann Juen* (9, 10), *Helmut Schiestl* (11/12).

onsorgan der Gegenöffentlichkeit" gewesen, „dem es gelungen ist, über das Akademikerghetto hinaus Anklang zu finden", und lobt sie als Beweis für die Möglichkeit einer „aufklärerischen Initiative" in Tirol.[42])

Die Parallele zu Gaismair-Gesellschaft und **Gaismair-Kalender** ergibt sich auch durch zahlreiche gemeinsame Mitarbeiter, wobei der **Föhn** durch eine vielleicht etwas weniger deutliche Akzentuierung der eigenen Position auch einige Beiträge von insgesamt eher als konservativ einzustufenden Persönlichkeiten veröffentlichen konnte, etwa von *Ignaz Zangerle* (1905–1987; F 2, 1979, S. 56–60) oder von der 1902 geborenen Landecker Mundartdichterin *Luise Henzinger* (F 1, 1978, S. 26).

Wie der **Gaismair-Kalender** bemühte sich auch der **Föhn** um das Aufgreifen von für Tirol aktuellen oder in Tirol tabuisierten Themen; der Tirolbezug ist in der Zeitschrift allerdings noch stärker ausgeprägt. Dem für die ersten Nummern gewählten Untertitel „Zeitschrift für's Tiroler Volk" entsprechen auch die von den meisten Beiträgen angewandten literarischen Verfahrensweisen; daß realistische Techniken überwiegen, hat gewiß nicht nur mit den vorgegebenen thematischen Schwerpunkten zu tun, sondern auch mit dem Versuch der Zeitschrift, das ‚Volk' zu erreichen, über das Akademikerghetto hinauszudringen. Diesem Teil seines Programms scheint mir der **Föhn** mit mehr Erfolg treu geblieben zu sein als der **Gaismair-Kalender**.

In *Sepp Malls* zitiertem Rückblick auf die Zeitschrift kommt ein weiteres Problem des **Föhn** zur Sprache, nämlich „daß einigermaßen ‚spezifische' Tiroler Themen sich mit der Zeit erschöpft hatten", daß sich die Redakteure aber mit Themen, „die eher allgemeinen als spezifisch alpenländischen Problemen Platz boten, immer weiter vom grundgelegten Anliegen des FÖHN entfernten".[43]) Das ist wohl ein Dilemma vieler Publikationen aus der Provinz für die Provinz, wenn sie nicht ganz provinziell bleiben wollen.

Von den Autorinnen und Autoren, die mit literarischen Beiträgen im **Föhn** aufscheinen, möchte ich die Nordtirolerinnen und Nordtiroler *Gerald Graßl, Hans Haid, Helga Leiseder-Moser, Winfried Werner Linde, Felix Mitterer, Helmut Schiestl, Helmuth Schönauer* und *Rosmarie Thüminger* nennen, die Südtirolerinnen und Südtiroler *Maria Brunner, Georg Engl, Siegfried Höllrigl, Roland Kristanell, Sepp Mall, Josef Oberhollenzer* (mit im Rahmen dieser Zeitschrift auffallend schwierigen Texten), *Matthias Schönweger* – bezeichnenderweise nicht mit einem der für ihn charakteristischen experimentellen Texte[44]), sondern mit einem formal ‚braven' kritischen Mundartgedicht (F 2, 1979, S. 27) und einem weiteren eher konventionellen satirischen Text (F 3, 1979, S. 33) –, *Erika Webhofer*. So gut wie alle Genannten haben auch im **Gaismair-Kalender** geschrieben.

Abschließend sei noch bemerkt, daß der Anteil der literarischen Beiträge am **Föhn** sehr hoch ist; es gibt zwar, auch außerhalb des Doppelheftes „Option", andere Artikel, doch sind sie stets in der Minderzahl.[45])

* * *

Das dritte Medium betont regionaler, kritischer, in der Form traditionsverbundener und daher zugänglicher Literatur, das ich hier vorstellen möchte, ist die Zeitschrift

---

[42]) *Mall* (Anm. 38), S. 105.

[43]) Ebenda.

[44]) Über *Schönweger* vgl. *Sigurd Paul Scheichl:* Verschwenden – verenden. Zur konkreten Poesie des Matthias Schönweger. In: Die Presse (Wien). 5./6. Dezember 1987. Spectrum. S. VI.

[45]) Die hier behandelte Zeitschrift ist nicht zu verwechseln mit der wiederum **„Foehn"** genannten kritischen Einmann-Zeitschrift (als solche kann sie trotz der wenigen Mitarbeiter gelten), die *Markus Wilhelm* seit 1984 herausgibt.

„Thurntaler", ein Einmannunternehmen, das in der Provinz der Provinz erschien, in Außervillgraten in Osttirol, begründet und herausgegeben vom Volksschuldirektor *Johannes E. Trojer.*[46])

Der **Thurntaler**, nach einem Osttiroler Berg benannt, ist das älteste der hier behandelten Unternehmen, bereits 1977 begründet, zunächst mit dem Untertitel „Tiroler Hochpustertal. Magazin für Information & Dokumentation". Bis 1981 erschien die Zeitschrift jährlich, bis Heft 4 (1980) als ein Magazin „zu Handen der Einheimischen und Gäste" (Th 4, 1980, S. 3), für das der Fremdenverkehrsverband Außervillgraten als Träger auftrat. Seit 1982 ist der **Thurntaler** eine Halbjahresschrift; 1983 wird der Untertitel „Hochpustertal" durch „Tiroler Halbjahresschrift" ersetzt (Heft 9), bei dem es bis zur Einstellung im Herbst 1987 (mit Heft 17) geblieben ist.

In dem schon zitierten Vorwort *Trojers* zu Heft 4 (1980) bekennt sich auch der **Thurntaler** zu kritischen Absichten, wenn auch in eher milder Form: „Er wird die vorherrschende ‚Monokultur' sicher nicht beeinträchtigen, aber vielleicht ist er so etwas wie der wildwachsende Bergschnittlauch, den man rupft, um die Suppe zu würzen." (Th 4, 1980, S. 3) Seit Heft 6 (1982) wird, dem Mediengesetz entsprechend, auf der 2. Umschlagseite die „Blattlinie" in folgender Form angegeben: „Der Thurntaler versteht sich als Tiroler Zeitschrift für Gegenwartskultur mit regionalen Aspekten." Diese Formulierung dürfte die Absichten der Zeitschrift und ihres Herausgebers recht genau erfaßt haben.

Sowohl der regionale als auch der kritische Aspekt werden von *Trojer* auch in einem „Editorial" zum zehnjährigen Bestand der Zeitschrift noch einmal betont:

> Nie gefehlt hat es an bestellten und unbestellten Beiträgen einer breiteren Konvenienz, als einem nur literarischen oder nur auf Jugend zugestutzten Periodikum zukommt. Es hat sich auch nicht in einen abseitigen Winkel von ideologischem Fundamentalismus drängen lassen. Gerade vom regionalen Standpunkt her ist dieser Zeitschrift so etwas wie eine Integrationsrolle für eine relevante Schicht selbständig denkender, nicht bloß immer ‚nachbetender' Menschen zugefallen, namentlich für Osttirol und das angrenzende südtirolische Pustertal.
>
> (Th 16, 1987, S. 4)

Trojer unterstreicht zu Recht, daß seine Zeitschrift kein nur-literarisches Periodikum ist. Die Literatur nimmt hier in der Tat eher noch weniger Raum ein als im **Gaismair-Kalender**. Und auch in den literarischen Beiträgen ist der Bezug auf die Region innerhalb der Region besonders ausgeprägt (obwohl es selbstverständlich auch nicht-osttirolische und nicht-tirolische Autorinnen und Autoren im **Thurntaler** gibt).

Besonders in den ersten Heften bzw. Jahrgängen kommt nur wenig Literatur vor. In ihnen gibt es auch kaum einen Beitrag ohne engen Bezug zum Regionalen, besonders auch zur Geschichte und da vor allem wieder zur jüngsten Geschichte der Heimat. Die Auseinandersetzung mit der nationalsozialistischen Ära in Tirol und wiederum besonders in Osttirol ist eines der Hauptthemen des **Thurntaler**. Schon in dieser Schwerpunktsetzung zeigt sich eine Parallele zu **Gaismair-Kalender** und **Föhn**. Die Darstellung dieser Zeit greift durchaus auch zur Polemik, wie sie etwa der Südtiroler Historiker *Leopold Steurer* gegen den Tiroler NS-Schriftsteller *Karl Springenschmid* führt (Th 7, 1982, S. 26–33).

---

[46]) *Trojer* (geb. 1935) ist am 24. September 1991 gestorben. Vgl. *Helmuth Schönauer:* Johannes E. Trojer – Ein Nachruf. In: INN Nr. 27. 1991. S. 34; ferner: Trauer um TT-Rezensent Johannes E. Trojer. In: Tiroler Tageszeitung. 1991 09 26. S. 16.

Hervorzuheben ist, daß auch ein ausgesprochener Heimatschriftsteller wie *Oswald Sint*[47]) im **Thurntaler** veröffentlicht hat, nämlich einen Bericht über Erfahrungen im Dritten Reich (Th 4, 1980, S. 52–54).

Obgleich *Troier* Autorinnen und Autoren aus Osttirol den Vorzug gibt, ist im **Thurntaler** doch auch die Innsbrucker Literaturszene vertreten: unter anderem durch *Michael Amerstorfer, Norbert Gstrein, Lina Hofstädter, Helmut Schiestl* und *Rosmarie Thüminger,* gelegentlich durch den wenig publizierenden *Markus Wilhelm*, vor allem aber durch zahlreiche Beiträge von *Walter Klier* und *Helmuth Schönauer*. Fast alle diese Namen begegnen auch in **Gaismair-Kalender** und **Föhn**; übrigens hat *Trojer* am **Föhn** mitgearbeitet – er erscheint als einer der beiden Redakteure von Heft 8, 1980. Für seine eigene Zeitschrift hat *Trojer* wenig geschrieben, und er scheint auch an anderen Orten kaum publiziert zu haben.

Was die literarischen Beiträge betrifft, fällt am **Thurntaler** die Bevorzugung von Prosaformen auf: Bericht, Polemik, Essay, Erzählung; Lyrik kommt in dieser Zeitschrift nur selten vor.

Trojer scheint es, wahrscheinlich durch die konsequente Wahrung des engen Regionalbezugs, der aber das Ausgreifen auf Probleme von anderswo nicht hinderte, am ehesten gelungen zu sein, eine ‚Zeitschrift für's Tiroler Volk' zu schaffen und ihr Erscheinen über zehn Jahre hinweg zu sichern. Die gelegentlich sehr scharfen Polemiken mögen auch einiges zum Erfolg beigetragen haben. Ein ganz entscheidender Faktor ist gewiß die Kontinuität in der Herausgeberarbeit gewesen. Andererseits ist wohl auch die überraschende Einstellung des **Thurntaler** Ende 1987 mit der Überlastung eines einzelnen durch diese Arbeit zu erklären.[48])

* * *

Auf eine Parallelerscheinung zum **Gaismair-Kalender** und die beiden Zeitschriften kann ich hier nur einen Hinweis geben: auf die bis 1983 in 15 Nummern in Innsbruck erschienene satirische Zeitschrift **„Der Luftballon"**, an der die schon mehrfach genannten *Walter Klier* und *Helmuth Schönauer*, neben ihnen auch *Alois Schöpf* mitgearbeitet haben.

Den drei bzw. vier Publikationen ist gemeinsam, daß in ihnen eine Reihe jüngerer Autoren versucht, einen vielfach als überholt angesehenen, ja in schlechten Ruf geratenen Heimatbezug der Literatur wieder aufzuwerten und durch den Verzicht auf manche Errungenschaften der literarischen Verfahrensweisen ein größeres Publikum anzusprechen, um diesem kritische und fortschrittliche Inhalte zu vermitteln. Dabei wird in den drei ausführlich gewürdigten Medien mindestens durch die Zusammenstellung der Beiträge, aber auch durch eine gewisse Aggressivität der Schreibweise vermieden, die gesellschaftskritischen Inhalte mit den Strategien der Unterhaltungsliteratur zu vermitteln, bei denen immer die Gefahr bestünde, daß das Verfahren der Vermittlung die Inhalte neutralisiert. Dieses Konzept wird allerdings nicht konsequent durchgehalten, am wenigsten dort, wo, wie zeitweise im **Gaismair-Kalender**, sich Studierende der Germanistik um die Literatur kümmern und dabei ihre Standards durchsetzen. Das Grundanliegen der drei Medien bleibt aber von solchen Sonderentwicklungen unberührt.

---

[47]) Von *Sint* ist auch im **Reimmichlkalender** 1980 (Anm. 15), S. 42, eine kleine Erzählung erschienen.

[48]) Zur Einstellung des **Thurntaler** vgl. „Auf die Dauer war der Humus zu dünn. Der ‚Thurntaler' wurde eingestellt." In: Tiroler Tageszeitung. 29. Februar 1988. S. 14.

Als Beispiele für solche Rückgriffe auf Gewohntes behandle ich drei von mehreren in Frage kommenden Formen: Mundartgedichte, satirische Gebrauchstexte, Kalendergeschichten. Es ist für die Entwicklung des **Gaismair-Kalenders** charakteristisch, daß in den Ausgaben für 1987 und 1988 keine der drei Formen mehr aufscheint; Mundartgedichte waren schon 1986 nicht mehr erschienen, ja sind schon seit 1983 selten geworden.

Mundartgedichte kommen in allen drei Organen vor, im überhaupt nicht sehr lyrikfreundlichen **Thurntaler** allerdings nur recht selten. Die Häufigkeit dieser Form auch in diesen Publikationen hängt mit der starken Stellung des Dialekts in Tirol und mit der großen Zahl von Autorinnen und Autoren im Land zusammen, die sich dieses Sprachmaterials bedienen.[49]) Es handelt sich allerdings in **Föhn**, **Thurntaler** und **Gaismair-Kalender** nicht um die gereimten und zumeist auch recht idyllischen Dialektgedichtlein früherer Zeiten, wie sie gelegentlich noch im **Reimmichlkalender** auftauchen:

> Ampass < ! > ist a schians Dörfl,
> < . . . >
> Die Glocken, sie klingen und singen,
> ja, sie ruaf'n uns zua:
> „Hier findet ihr Frieden und die ewige Ruah!“[50])

In **Gaismair-Kalender** und **Föhn** sind solche Gedichte so gut wie immer ungereimt; ihre Verfasser haben durchwegs die Wende der Mundartlyrik nach den Experimenten der Wiener Gruppe zur Kenntnis genommen[51]), wenn auch das Vorbild weniger *h. c. artmann* als *Hans Haid* heißt, der auch selbst in allen drei Publikationsorganen Gedichte veröffentlicht hat.

Ein typisches, von mir vor allem wegen seiner Kürze ausgewähltes Beispiel für solche kritischen Mundartverse stammt von *Gerald Graßl:*

aufd ondara seitn

kemmts kindar kemmts
gian mar aufd ondara seitn umma
weil der wos iatz do entgeignkimmt
isch a
souzi

(GK 1981, S. 49)

Zwar weist das Gedicht weder Reim noch festes Metrum noch sonst traditionell mit Lyrik verbundene Merkmale auf; doch trotz dem Verzicht auf manche Konventionen bleiben die Verse leicht zugänglich. Es ist gesprochene Sprache, wohl auch außerhalb Tirols verständlich, mit zwei besonderen Effekten: der Alliteration und der Wortwiederholung in der 1. Zeile; dem vom Autor isolierten Fremdwort mit abwertender Stilfärbung am Schluß. Diese grafische und lexikalische Isoliertheit von „souzi“ entspricht genau dem Thema des satirischen Gedichts.

Für derartige satirische Mundartlyrik ließen sich sehr viele, auch komplexere Beispiele beibringen. Auch *Graßls* Technik des fiktiven Zitats der Sprache des Gegners ist nicht selten. Über die Qualität der Texte (auch dieses Texts) läßt sich gewiß streiten;

49) Vgl. auch die Satire von *Helmuth Schönauer:* Mundrattendichtung. In: Th 15, 1986, S. 45 f.

50) *Antonia Fasching:* 's Ampasser Kirchl. In: Reimmichls Volkskalender 1980 (Anm. 15), S. 79.

51) Ausnahmen sind *Emma Sartori:* So schian kannt's sein (GK 1982, S. 154) und *Luise Henzinger* (F 1, 1978, S. 26).

für alle gilt, daß sie von der Volkstümlichkeit eines (übrigens auch durch den lokalen Rundfunk vielfach verbreiteten) Genres profitieren, dieses Genre aber in kritischem Sinn umfunktionieren.

Mit besonders vielen Gedichten dieser Art ist in **Gaismair-Kalender** und **Föhn** *Helga Leiseder-Moser* hervorgetreten, bei der vielfach der Dialekt das einzige Verfremdungsmittel ist. Etwa:

hauptsach schian

liaber / was derlogns
hauptsach / daß es schian is

statt / die nackte Wahrheit
weil dö / oft recht schiach is

statt echt / und klar

statt grad /und wahr

liaber derlogn
liaber verbogn
liaber betrogn aber schian!

(GK 1982, S. 90)

Diese naive Poetologie, der sich auch der Dialekt zum Teil verweigert, macht wie andere Gedichte dieser 1940 geborenen Autorin auch die Gefahren der Erneuerung alter Verfahrensweisen bewußt (vgl. z. B. die gänzlich mißlungene plakative Kontrafaktur des Kinderliedes „lirum larum löffelstiel" in GK 1981, S. 64). In vielen Fällen erweisen sich die Konzessionen an das Volkstümliche als riskant, die der ‚Literatur für's Tiroler Volk' zugrundeliegende Poetologie als Gratwanderung.

Die zweite, altmodische oder subliterarische, Textsorte in der alternativen Tiroler Literaturszene kann man als ‚satirische Gebrauchstexte' bezeichnen, Texte, die prinzipiell für das Kabarett (das es in Nordtirol kaum gibt) taugen, aber auch den Druck aushalten. Von der Form her sind diese mehr oder minder dem Journalismus zuzurechnenden Texte sehr verschiedenartig; ich habe einen Prosatext des 1953 geborenen *Helmuth Schönauer* als Beispiel ausgewählt, dessen Satiren sich in allen drei Zeitschriften finden, der aber besonders regelmäßig und intensiv am **Thurntaler** mitgearbeitet hat.

„Hausherren und Herrgötter" (F 5, 1980, S. 22) hat den sonntäglichen Kirchgang ländlicher Häuslbauer zum Motiv. Die Technik ist eine Montage von Fetzen innerer Monologe der Häuslbauer, die wenig mit der Messe, aber sehr viel mit dem Bauen zu tun haben, so viel, daß auch das Kirchengebäude in erster Linie unter bautechnischem Aspekt wahrgenommen wird. *Schönauer* arbeitet vor allem mit verschiedenen Kontrastierungen, setzt aber auch traditionelle Mittel der Satire ein, etwa gleich einleitend das Wortspiel: „Ein Haus h e r r hat offensichtlich auch einen H e r r n, wie könnte er sonst beim schönsten Wetter den Mörtel stehen lassen, [. . .] ins Haus rennen und sich umziehen [. . .]" oder alle möglichen Übertreibungen. Der Text wirft auch einen Blick auf die sozialen Spannungen im Dorf zwischen den Häuslbauern und den verachteten Pendlern, den „von der Stadt Verseuchten". Auf den Kontrast zwischen äußerlicher Religiosität und Sozialverhalten zielt auch die Schlußpointe ab:

> Am liebsten ist mir der erste Mai, denkt sich der Hausherr, ehe er den Garagenbau fortsetzt, das ist kein Feiertag sondern ein freier Tag. Irgendwo haben auch die Roten ihr Gutes an sich. Am ersten Mai herrscht in der Kirche die Gottesdienstordnung eines Werktages.

Solche satirischen, oft im Detail genau beobachteten Texte gibt es, den kritischen Intentionen von Kalender und Zeitschriften entsprechend, nicht wenige.[52]) Gerade hier ist nochmals auf den **Luftballon** hinzuweisen, in dem allerdings weniger fiktionale satirische Texte als direkte Angriffe auf die Größen der lokalen Politik erschienen sind.

Schönauer hat auch eine Reihe von Literatursatiren geschrieben, die sich allerdings zum Teil eher wieder an Insider richten. Die im folgenden zitierte Stelle aus einer solchen hat vielleicht eine gewisse Aussagekraft für die literarischen Grundsätze mancher dieser Kalenderautorinnen und -autoren. Diese Passage aus „Es muß nicht immer Trakl sein" (Th 16, 1987, S. 65–71) ist einerseits die Kontrafaktur eines *Thomas-Bernhard*-Dialogs, andererseits ein Angriff auf die *Trakl*-Pflege des Brenner-Archivs an der Universität Innsbruck[53]). In diesem Gespräch zweier *Trakl*-Kenner, deren Urbilder literarisch interessierten Tirolern wohlvertraut sind, heißt es:

> [. . .]
> die unmöglichsten Wortstellungen
> erhöhen den Reiz der Trakl-Dichtung
>
> (Th 16, 1987, S. 67)

Ohne daß ich eine Stelle aus einer Satire, die sich nicht primär gegen *Trakl* richtet, überbewerten möchte, scheint mir hier doch auch grundsätzliche Distanz gegenüber den Verfahrensweisen moderner Lyrik anzuklingen; die Stelle wäre dann ein weiterer Beleg für den Verzicht dieser Tiroler Literatengeneration auf manche sprachliche Möglichkeiten zugunsten der direkten politischen und gesellschaftlichen Wirkung.

Um dieser Wirkung willen erfolgt auch, im **Gaismair-Kalender** ganz bewußt, der Rückgriff auf das altehrwürdige Genre der Kalendergeschichte. *Hebel* und *Brecht* sind dabei die Vorbilder, *Reimmichl* das Gegenbild. Daß diese Gattung, die vor allem durch *Hebel* zum klassischen Bestand der Prosaformen der deutschen Literatur gehört, die aber seit dem Ende des 19. Jahrhunderts doch nur selten gepflegt worden ist[54]), in unseren Medien ‚für's Tiroler Volk' wieder aufblüht, scheint mir *Jan Knopfs* Bezeichnung der Kalendergeschichte als frühes Beispiel für „Medienliteratur"[55]) zu bestätigen. Die Wiederbelebung des Mediums Kalender – daß **Föhn** und **Thurntaler** mehr mit Kalendern als mit üblichen Literaturzeitschriften gemein haben, dürfte auch aus der kurzen Vorstellung klar geworden sein – bedingt auch die Wiederbelebung der für dieses Medium entwickelten Kalendergeschichte, und zwar hier als Mittel der Gesellschaftskritik, entsprechend der – trotz *Reimmichl* und anderen – „dem Genre von Anfang an wesenseigenen aufklärerischen und volksverbundenen Grundhaltung"[56]), die auch zu einer gewissen Renaissance der Gattung bei sozialistischen Autoren *(Graf, Weiskopf, Brecht)* und in der Deutschen Demokratischen Republik *(Strittmatter, Joa-*

---

52) Der Vollständigkeit halber zitiere ich einen (allerdings nicht in Tirol erschienenen) motivgleichen Text von *Helmuth Schönauer:* VSOP-Häuslbauer. In: Wiener Zeitung. 1988 09 30. S. 15.

53) Das Brenner-Archiv ist ein Forschungsinstitut der Universität Innsbruck, das als Literaturarchiv vor allem Materialien um die Zeitschrift **Der Brenner** verwahrt, darunter wichtige Teile des Nachlasses von *Trakl.*

54) Vgl. *Härtl* (Anm. 13), S. 82.

55) *Jan Knopf:* Die deutsche Kalendergeschichte. Ein Arbeitsbuch. Frankfurt 1983. S. 21. = suhrkamp taschenbuch 2030.

56) *Günter Jäckel:* Kalendergeschichte und kalendergeschichtliche Traditionen in der DDR-Literatur. In: Deutsch als Fremdsprache 10. 1973. Sonderheft. S. 18–22. Hier S. 19. *Jäckel* behandelt wie *Härtl* (Anm. 13) kaum die bei *Knopf* (Anm. 4) und *Rohner* (Anm. 3) durchaus analysierte konservative Kalendergeschichte.

chim Nowotny) geführt hat.[57]) Ein Zeichen für dieses Anknüpfen an die Tradition ist wohl die Veröffentlichung einer *Hebel*-Geschichte im **Gaismair-Kalender** (GK 1982, S. 70 f.), auch wenn der Abdruck vor allem wegen des Themas („Andreas Hofer") erfolgt sein dürfte.

Eine ganze Reihe von Texten entspricht *Knopfs* Definition von „Kalendergeschichte": „kurze, überschaubare Prosaerzählung, deren Gegenstand eine dem Leben des Volkes entnommene unterhaltende oder nachdenkliche Begebenheit ist."[58]) Auch die von *Härtl* postulierten Merkmale der „Wendung an viele Leser unterschiedlichsten ästhetischen Geschmacks" und der „Unterordnung traditioneller Genregrenzen unter den Primat von Gehalt und Gestaltung"[59]) lassen sich an den neueren Tiroler Kalendergeschichten feststellen. So wie *Hebel* lange Zeit im Deutschunterricht unvermeidlich gewesen ist, so würden sich wohl auch viele Geschichten aus **Gaismair-Kalender**, **Föhn** und **Thurntaler** für die Verwendung in der Schule eignen.

Drei der vorgestellten Beispiele versuchen übrigens sehr wohl, ihre Geschichte auf moderne Art zu erzählen, ohne deshalb die Qualität einer Kalendergeschichte zu verlieren. Das gilt etwa für „Flausen im Kopf" aus dem **Föhn**-Heft, „Jugend" (F 4, 1979, S. 37)[60]) von *Irene Bohrn* (geboren 1959), die jetzt unter dem Namen *Irene Prugger* veröffentlicht. Die Geschichte nimmt nur eine Spalte ein; sie ist scharf in zwei Absätze gegliedert. Im ersten „sagt der Vater zu seinem Sohn": „Ihr habt nichts als Flausen im Kopf", während er, der Vater, in seiner Jugend habe hart arbeiten müssen; im zweiten Absatz „sagt der Vater zu seinen Gästen": „Wir hatten damals nichts als Flausen im Kopf", während heute „die jungen Leute" nichts mehr mit ihrer Freizeit anzufangen wüßten. Zwei Stücke direkter Rede: aber dahinter steht sehr wohl eine ‚Geschichte', eine Lebensgeschichte und die Geschichte von einem alternden Mann, der seine Vergangenheit je nach Bedarf umzudeuten vermag. Von der traditionellen Kalendergeschichte weicht die Erzählung *Bohrns* gewiß durch den Verzicht auf eine auktoriale Stellungnahme und noch mehr durch das Offenlassen der Zusammenhänge ab, aber ihre Überschaubarkeit und ihr nachdenklich machender Inhalt passen sehr gut in diese Tradition.

Eine ganze Reihe von modernen Kalendergeschichten hat *Felix Mitterer* geschrieben, etwa „Da Einbrecha" im ersten **Gaismair-Kalender** (GK 1980, S. 70–72). In sechs (vermutlich fiktiven) Zeitungsnotizen aus verschiedenen (realen) Zeitungen wird von Einbrüchen eines 71jährigen Pensionisten berichtet; zwischen diesen Zitaten spricht der Einbrecher im (mundartlichen) Monolog über seine Einsamkeit nach dem Tod seiner Frau, über seine Freude darüber, daß sich die Menschen über die Einbrüche erregen: „Des gfollt ma. Weil, do how i s'Gfühl, i bin no nit tot." (S. 72) Der Schluß leidet allerdings unter einer doppelten Pointe: die erste richtet sich gegen die Kaufhäuser, auf die dann noch als zweite ein Pressezitat folgt: „Der Pensionist wurde in eine Sonderanstalt für geistig abnorme Rechtsbrecher eingewiesen", dessen Zuspitzung in der Quellenangabe liegt: „(Kronenzeitung)". Das Thema der Einsamkeit des Alten geht unter diesen satirischen Pointen ein wenig unter.

---

57) Vgl. *Härtl* (Anm. 13) und *Jäckel* (Anm. 56). Eine weitere einschlägige Veröffentlichung ist 1990 erschienen: *Peter Maiwald:* Das Gutenbergsche Völkchen. Kalendergeschichten. Frankfurt: S. Fischer 1990. In einer Rundfunksendung von *Hubert Matt* („Die wahre Kunst. Porträt der Schriftstellerin Ulrike Längle", Österreichischer Rundfunk, Ö 1, Studio Vorarlberg, 1991 12 29) hat sich auch die unter ähnlichen Verhältnissen wie Tiroler Autoren schreibende Vorarlberger Schriftstellerin *Ulrike Längle* explizit zur Wiederaufnahme des Genres ‚Kalendergeschichte' bekannt.

58) *Knopf* (Anm. 55), S. 11. Ausführlichere Bemühungen um eine Definition finden sich in diesem Buch auf S. 17–26.

59) *Härtl* (Anm. 13) S. 94, mit Bezug auf *Hebel* und *Brecht*.

60) Bezeichnenderweise ist die Geschichte im GK 1983, S. 69, nachgedruckt worden.

Insgesamt aber ist „Da Einbrecha“ doch eine gelungene Verbindung der traditionsreichen Gattung mit neueren nicht-sukzessiven Erzähltechniken und Montageelementen, die die Wirkung erhöhen, ohne dem Text die Überschaubarkeit zu nehmen, die er für seinen didaktischen Effekt benötigt. Ex negativo wirken die Zeitungs-‚Zitate‘ übrigens fast wie eine auktoriale Stellungnahme.

Rosmarie Thüminger hat sich ebenfalls in Erzählungen dieses Typs versucht; die Ergebnisse ihrer Arbeit sind allerdings etwas trivialer. Im **Föhn**-Heft „Außenseiter“ steht beispielsweise von ihr „Hilde – Eine unidyllische Dorfgeschichte“ (F 8, 1980, S. 30–32), bei der man die Gattungsbezeichnung „Dorfgeschichte“ durchaus beiseitelassen kann. Es ist eine im Detail schlampig durchgeführte und sprachlich unsichere Erzählung von einer Lehrerstochter, die einen Nebenerwerbsbauern heiratet, von ihm vernachlässigt wird, zum Alkohol greift, eine erfolgreiche Entwöhnungskur durchmacht, aber letztlich weiter verkümmert und ihr Leben auf das Kuchenbacken nach den Rezepten des Fernsehkochs reduziert. *Thüminger* erzählt zu breit und andererseits doch wieder zu reduziert, um eine so starke Wirkung wie *Mitterer* zu erzielen; ganz kann man sich aber dem Eindruck dieses traurigen Frauenschicksals und dem Engagement der Autorin für solche Frauen nicht entziehen.

Diese Kalendergeschichte ermöglicht zudem einen interessanten Vergleich, denn *Rosmarie Thüminger* ist, wiewohl engagiertes KP-Mitglied, auch im **Reimmichlkalender** vertreten, mit der Geschichte „Zwei Stunden in Pinzon“[61]), in der es ebenfalls um ein Frauenschicksal geht. Eine Frau macht noch einmal mit ihrem Mann, der sie wegen einer anderen verlassen will, eine kleine Bildungsreise. In der Kirche von Pinzon in Südtirol sehen die beiden den gotischen Altar, dessen Madonnenfigur durch einen Kirchendiebstahl des Jesuskindes beraubt ist.

> Anna barg ihr Gesicht in beiden Händen. Hatte man nicht auch ihr einen Schatz geraubt! Und es ist nicht leicht zu sagen, was eher zu erreichen wäre: eine geraubte Kostbarkeit zurückzubekommen oder das ungetreue Herz eines Mannes wiederzugewinnen.[62])

In der Geschichte erweist sich dieses als leichter; Anna schafft es, und die Ehestörerin Sylvia – der Kontrast der Vornamen paßt gut in den **Reimmichlkalender** – wird abgeschafft.

> [. . .] Von nun an würde der wohlklingende Namen Pinzon für Anna immer verbunden sein mit flirrender Sonne, kühlem Schatten, der einfach-strengen Fassade einer gotischen Kirche und dem Wiederfinden ihres Glücks.[63])

Gewiß paßt sich diese Geschichte allzusehr an die Konvention an, nicht zuletzt auch in der Diktion („das ungetreue Herz eines Mannes“). Interessanter als die offensichtlichen Mängel dieser Erzählung ist jedoch der Vergleich zwischen den beiden Geschichten, denn er zeigt, daß Kalendergeschichten sehr leicht für verschiedene Positionen instrumentalisiert werden können. Auch wenn in der Geschichte aus dem **Reimmichlkalender** nicht die Kirche, sondern nur eine Kirche, und zwar als Kunstwerk, in Erscheinung tritt, wird die Erzählung im Kontext dieses kirchlichen Kalenders zu einer Geschichte über die Unauflöslichkeit der Ehe und nicht zu einer Geschichte über die Unterdrückung der Frau in der Ehe. In „Hilde“, der **Föhn**-Geschichte, geht es auch um ein Frauenschicksal, aber dort ist die Erzählung schon durch das Medium völlig

---

61) *Rosmarie Thüminger:* Zwei Stunden in Pinzon. In: **Reimmichlkalender** 1981 (Anm. 35), S. 66–69.

62) Ebd., S. 68.

63) Ebd., S. 69.

entsakramentalisiert und hat deutlicher emanzipatorischen Charakter. Jede der beiden Kalendergeschichten wäre im Grunde auch am anderen Publikationsort denkbar; der beschriebene Unterschied in der Wirkung bliebe aber wohl, wenn auch auf die jeweils andere Geschichte übertragen und vielleicht etwas abgeschwächt, erhalten. Der Rückgriff auf ältere, mehr oder minder unterhaltende Formen erweist sich in diesem Fall jedenfalls als nicht unproblematisch.

Eine eindrucksvolle Kalendergeschichte von *Norbert Gstrein* (geboren 1961) möchte ich ans Ende dieser Ausführungen stellen, ohne sie weiter zu interpretieren. Sie scheint mir, im understatement freilich moderner, fast etwas von der Monumentalität *Hebel*scher Geschichten zu haben. In ihr geht es wie in vielen anderen dieser Kalendergeschichten um Geschichte[64]):

Ihre Tochter heißt Adolfine

Der Bürgermeister ist gekommen, all die Stufen hat er nicht gescheut, ihretwegen, ihren Geburtstag zu ehren hat er sich die Treppe heraufgemüht, den achtzigsten, vor ihrer Tür ist er gestanden, und sie hat geöffnet, mit Rosen, Rosen, Rosen, mein Gott Rosen, wie lange schon hat sie keine Rosen mehr gesehen, hat ihr je wer Rosen geschenkt, einen ganzen Strauß, und ein Photograph ist da gewesen, von der Zeitung, Photos zu machen von ihr und von ihr und dem Bürgermeister und von ihr und dem Bürgermeister und den Rosen. Im Radio sind Glückwünsche gekommen und ein Lied. Das ist schön gewesen, schöner noch als damals.

Damals, das ist 1941, das ist ein Brief, von welcher Stelle weiß sie nicht mehr und von wo aus Rußland, ihr Mann sei im Feld geblieben, hat es darin geheißen, er habe tapfer gekämpft und sein Leben gegeben für ... für ..., wofür ist ihr entfallen, aber schön sind sie gewesen, die Worte, geweint hat sie darüber, und den Brief aufbewahrt, lange, und gelesen, oft, und erst als die Russen schon vor der Stadt gestanden, verbrannt, aus Angst, sonst hinge er noch heute neben dem Kruzifix.

Ihre Tochter heißt Adolfine, geboren 1934. Dafür braucht sich niemand zu schämen.

(Th 14, 1986, S. 25)

Trotz der Qualität gerade dieses Textes darf man die Probleme dieses Rückgriffs auf ältere und auf teilweise subliterarische Formen nicht unterschätzen. Die Entwicklung der Verfahrensweisen in der Literatur rückgängig zu machen ist ein höchst heikles Unterfangen, selbst wenn der Verzicht auf Innovation im Dienst der besseren Verständlichkeit kritischer Inhalte, also einer guten Sache, erfolgt.

Das Bemühen um die Verbreitung solcher Inhalte, das zur parallelen Gründung der beschriebenen Medien und eben auch zum Rückgriff auf das Medium Kalender geführt hat, wird allerdings in Tirol von den Autorinnen und Autoren, die in den siebziger Jahren zu schreiben begonnen haben, als so vordringlich empfunden, daß sie durch die Wahl solcher Formen und durch eine spezifisch tirolische Thematik auf eine über Tirol hinausreichende Wirkung verzichten. Diese kalenderhafte Literatur fürs Tiroler Volk soll mit den Mitteln, mit denen *Reimmichls* **Volkskalender** ein im Grunde verlogenes Bild vom ‚heiligen Land' Tirol stabilisiert, eine engagierte Auseinandersetzung mit dem „unheilig gewordenen Land Tirol" (*Ignaz Zangerle*, F 2, 1979, S. 60) in Gang setzen. Neue Sichtweisen auf die Welt erscheinen weniger wichtig als unmittelbare Wirkung in der als geistig erstarrt empfundenen Heimat.

Die Ergebnisse dieser Bemühungen mögen ästhetisch nicht immer unseren Beifall finden; unseren Respekt verdient dieses Engagement allemal.[65])

---

64) Zum Zusammenhang von Kalendergeschichte und Historie vgl. *Knopf* (Anm. 4), u. a. S. 72 ff. (über *Hebel*).

65) In dem 1988 abgeschlossenen Aufsatz sind Anfang 1992 nur einige wichtige Informationen nachgetragen worden. Es war aber zum Beispiel nicht möglich, auf die seitherigen Erfolge von *Felix Mitterer*, der immerhin auch schon 1988 überregional Beachtung gefunden hatte, und vor allem von *Norbert Gstrein* einzugehen oder die Gründung der Zeitschrift **Gegenwart** (herausgegeben von *Walter Klier* und *Stefanie Holzer*) einzubeziehen.

Anhang:

Da die behandelten Texte nicht überall bequem zugänglich sein dürften, sie sich aber andererseits recht gut für den Deutschunterricht eignen, werden hier einige abgedruckt. Die Nachweise der Veröffentlichung finden sich im Aufsatz.

Da Einbrecha

Felix Mitterer

Gewitzter Alter ging auf Einbrechertour
(Tiroler Tageszeitung vom 13. Juli 1976)

Seit mei Frau nimma is, seit mei Frau nimma is, bin i nur mehr da hoiwe Mensch. A Trumm von mir is weggstorbn. Nojo, gstrittn homma a monchmol. Owa froh samma gwesn, daß ma uns kobt hom. Ma braucht a ob und zua jemand zum Streitn. Owa glocht homma a viel mitanond. Mensch-ärgere-dich-nicht homma oft gspielt. Sie hod dauand gschwindlt. How i mi scho monchmol gärgert. Jetzt wars ma wurscht. Jetzt how i niemand mehr zum Streitn und niemand mehr zum Lochn und niemand mehr zum Mensch-ärgere-dich-nicht-Spielen. Niemand mehr. Die Kinda hom mi a im Stich lossn. Für die Kinda bin i a lästiga Querulant. Oamol im Monat lossn sie sich onschaun. Wenns guatgeht.

»Opa« räumte mit Hammer Auslagen aus.
(Kurier vom 13. Juli 1976)

Auf d'Nocht sitz i vorm Fernseha und schau ma an jedn Bledsinn on. Österreichbild und Zeit im Bild und Sport und so a Ratespiel und wieda Sport und an Nochtkrimi. Und dazwischn die Werbung. Monchmol gibt's wos zum Lochn. Do drah i mi nocha auf d'Seit und will schaun, ob mei Olte des a lustig findet. Aus Gwohnheit. Owa da Polstasessl nebn mir is leer. Do vageht ma s'Lochn. Noch da Bundeshymne geh i ins Bett. S'Bett is a leer. Vierzg Johr wor ma verheirat. Fost vierzig Johr samma mitanond im Bett glegn. Außa de Kriagsjohre. Do derf ma si nit wundan, daß ma schlecht schloft. Auf mein Nochtkastl steht ihr Foto. Des schau i ma on. Un donn muaß i rean.

Den Reiz der Gefahr wollte ein Innsbrucker Pensionist auf seine alten Tage noch kennenlernen. Der 71jährige schlug während der vergangenen drei Monate mit einem Hammer zwölf Schaufensterscheiben im Innsbrucker Stadtteil Saggen ein und raubte Feuerzeuge, Zigaretten und Elektrogeräte. (Kurier)

S'Lebn miaßt so sein, wia s'Werbefernsehn. Do stirbt nia oana. Kronk is a nia oana. Do sein sie olle glücklich. Wenns an da Tankstell ihrn Benzin kriagn, sein sie glücklich und lochn, wenns ihre Zohnpasta kriagn, sein sie glücklich und lochn, und wenn die Wäsch gonz weiß is, sein sie a glücklich und lochn. Sonst homs koane Sorgn. So mecht i a lebn. Vielleicht gangs mir a bessa, wenn i olles hätt, wos dia im Werbefernsehen hom. Nojo, wer woaß.

Owa, olles is so schön, olles is so sauba und glänzt und schimmert. Des is wirklich ongenehm zum Onschaun. Jetzt homs a Rasierapparat-Werbung, do kommt da Rasierapparat ausn Weltraum und die Sonn geht auf und da Scherkopf von [!] Rasierapparat funklt wia a Diamant. So an Rasierapparat mecht i a hobn.

Eine besondere Vorliebe zeigte der bisher unbescholtene Pensionist für Rasierapparate – in seinem Beutegut fand die Polizei mehrere Stück davon. Das Diebsgut interessierte ihn nach dem Raub nicht mehr. Er bewahrte die Ware zu Hause auf, wo die Polizei fast die gesamte Beute sicherstellen konnte. (Kurier)

Heit wollt mi mei Sohn bsuachn, owa i hobn nit einalossn. I brauch di nit, how i gsogt. Schau, daß'd weidakommst. Scho unta da Tür hoda ma gsogt, er hod nur fünf Minutn Zeit. Auf deine fünf Minutn pfeif i, how i zu eam gsogt. Schau. daß'd weidakommst. Do isa beleidigt gwesn und is gongen. Pfiat di. I brauch di nit. I hob donn meine Sochn putzt. A mords Orweit. Die Rasierapparate wern so leicht staubig. Owa in da Verpockung will i's a nit lossn. I wills onschaun. Nur die Sonn fehlt ma. Daß' funkln wia Diamantn. Do funklt nix. Owa schön seins doch. Und die Feuazeug a. Olle Sortn gibts. Sogoar drei elektronische how i. Des mocht so komisch Klick, wenn man draufdruckt. Gonz leicht gehts. Des Geräusch gfollt ma. Und einstelln konn mas, bis a Flommenwerfer draus wird. Zwoa Kaffeemaschinen how i a. Owa mit da Bedienungsonleitung komm i no nit gonz z'recht. Mei Olte hätt sie gfreut. De hod gern an Kaffee trunkn. I nit. Mir wor a Rumtee imma liawa.

Er war fast ein Profieinbrecher, und wenn seine Tat entdeckt wurde, mischte er sich unter die Zuschauer, denn ihn hatte niemand in Verdacht: schließlich war er ein alter Mann, 71jährig, Pensionist, ein harmloser Typ. (Tiroler Tageszeitung)

Wenn i mei Zeig hoambrocht hob, geh i wieda zrugg und stell mi unta die Leit. A gonza Schippl steht imma do und schaut zua, wia die Polizei olles untasuacht und aufnimmt. Und do is ma, als ob des gor nit i gwesn war, der do vor a Viertlstund mitn Homma . . . Ols ob des gonz a ondara gwesn war. Owa irgenwie taugts ma. Do rührt si wos. Wegn mir. Der Auflauf is wegn mir. Des gfollt ma. Weil, do how i s'Gfühl, i bin no nit tot. Weil jo wos gschiecht wegn mir. Schlechts Gwissn how i koans. Komisch. Mei Lebtog how i nia sowos ton. Mei Muatta hod imma zu mir gsogt, wenn i di amol beim Stehln dawisch, nocha hock i da die Hond ob. Und trotzdem, i hob koa schlechts Gwissn dabei. Vor a poor Tog wor i in an Kaufhaus. Do hot a Stimm durchn Lautsprecha gsogt: Greifen Sie zu, greifen Sie zu! Jo, guat, i greif zua.

Der Pensionist wurde in eine Sonderanstalt für geistig abnorme Rechtsbrecher eingewiesen. (Kronenzeitung)

Flausen im Kopf

Irene Bohrn

„Ihr habt nichts als Flausen im Kopf", sagt der Vater zu seinem Sohn. „In Deinem Alter hab ich auf dem Feld buckeln müssen für einen Hungerlohn und sogar den hab ich noch daheim abliefern müssen. Aber für's Geldausgeben wär mir damals ja nicht einmal die Zeit geblieben. ‚Arbeiten' hat's geheißen, ‚arbeiten' – sonst nichts. – Keine Mopeds, keine abendlichen Vergnügungen, keine Mädchen. Aber schlecht hat es uns nicht getan. Es waren eben andere Zeiten damals. Heute – da studieren sie und flanieren herum und wissen nichts anzufangen mit ihrer Zeit. Sie möchten alles haben und nichts leisten dafür. Aber so geht das nicht – so nicht. Ihr seid jung und könntet Euch ohne weiteres etwas schaffen, aber Ihr habt nur Flausen im Kopf. – Na, ja, es waren eben andere Zeiten damals."

*

„Wir hatten damals nichts als Flausen im Kopf", sagt der Vater zu seinen Gästen, als er von seiner Jugend erzählt. „Freilich haben wir für einen Hungerlohn buckeln müssen und Geld haben wir fast nie eines gehabt. Aber für eine richtige Gaudi hat die Zeit immer gereicht und Mädchen war auch keines vor uns sicher. Es waren eben andere Zeiten damals. Heute wissen die jungen Leute nichts mehr mit ihrer Freizeit anzufangen – als ob sie das Jungsein erst lernen müßten. Aber das ist wohl die Folge von diesem Leistungsdruck – den hat es bei uns noch nicht so stark gegeben.

Es waren eben andere Zeiten damals und wir hatten wirklich nichts als Flausen im Kopf."

Hausherren und Herrgötter

Helmuth Schönauer

Ein Hausherr hat offensichtlich auch einen Herrn, wie könnte er sonst beim schönsten Wetter den Mörtel stehen lassen, den Eckziegel halb zurechtgehackt, die Kelle ungeputzt . . . ins Haus rennen und sich umziehen, zum Waschen bleibt keine Zeit mehr, sich schnell den Kalk aus den Zotteln frisieren, die schwarz-blauen Stoppeln stechen in den Krawattenknopf . . . unter dem dunklen Anzug stinkt er, der Hausherr, der Deospray kostete ja einen ganzen Ziegel.

Beim Zusammenläuten trifft man am Kirchplatz die Häuslbauer, „Schade um das gute Wetter", einer ist sogar mitten beim Deckenbetonieren, aber das Arbeiten während der Messe hat noch niemandem einen Segen gebracht. Dem Nocker Emil ist prompt die dritte Decke eingestürzt, weil er während der Messe betoniert hat. „Wenn du den Herrgott vergißt, vergißt er dich!" – „Die Feiertage sollten halt mehr im Winter sein, dann könnten wir noch heuer den ersten Stock draufbauen." – „Voriges Jahr ist mir fast der Keller zusammengeronnen, so hat es gewettert, aber zu Fronleichnam war es wieder schön." – „Wir sind überhaupt nicht mehr zum Vermieten gekommen, weil uns der Spengler im Stich gelassen hat." – „Mein Fliesenleger ist ein Gottloser, der pfuscht nur am Sonntag, ich habe ihm halt für zwei Stunden Malter hingestellt." – Man muß sie nehmen, wenn man sie braucht, auch die Gottlosen.

In der Kirche hocken die Häuslbauer bleich hinter dem Gemeinderat. Da hat sie der Pfarrer sofort im Blick, wenn er von den Talenten spricht, die sich vermehren müssen, will man nicht ausgespien werden wie die, die in Untermiete leben. An den stinkenden Socken kleben den Hausherren noch Mörtelteile, die Unterhosen sind angebrunzt von den Schiffereien an der Baustelle, aber der Nadelstreif macht sie würdig und sicher. O Herr ich bin nicht würdig, wie zahle ich den Dachstuhl, ich habe es zu einem Haus gebracht und zwei Wohnungsparteien drin, ich bin würdig nicht würdig. Der Thaler Andi verlangt für die Zweizimmerwohnung zweitausend, und dabei ist die Zentralheizung noch nicht angeschlossen. Der schlaue Hund, wirft immer nur vier Schilling in den Klingelbeutel, weil das am meisten Lärm macht; und beim Strein gibt er bei jedem Bier fünf Schilling drauf, wegen der Kellnerin. Sein Bub ministriert wieder eine Katastrophe zusammen. Der alte Pfarrer hat wenigstens noch gefotzt, dafür predigt der neue besser. Da glaubt man wieder an das Evangelium, und erst die schönen Ansprachen bei einer Hauseinweihung – „bauet Eure Häuser nicht in den Himmel, aber bauet sie. Seid dem Jesukind auch in Eurem neuen Zuhause ein guter Herbergsvater. Klopfet an . . ." nein, das hat er nicht mehr gesagt. Andere mögen den Götzen des Konsums frönen, für uns ist der Herrgottswinkel der Mittelpunkt . . . mein Haus voll Glorie schauet. Auch bei der Kommunion gibt es eine strenge Ordnung. Zuerst geht der

Gemeinderat, dann die Häuslbauer, Bauern und Veteranen, schließlich die Pendler, am Schluß die Frauen. „Das hat alles seinen Sinn“, hat der alte Pfarrer in der Ministrantenstunde noch erklärt, „Wenn einmal die Kommunion ausgehen sollte . . .“, aber das ist bis jetzt gottseidank noch nie vorgekommen.

Die Hände schwitzen unter dem dauernden Händefalten, die Bügelfalte leidet beim Knien, der Hemdkragen schneidet beim Herumschauen ins Halsfleisch, Nackenschmerzen, wenn man während der Predigt zur Kanzel hinüberschauen muß, der Krawattenknopf würgt beim Amensagen, das Kirchengestühl ist wie für Affen gebaut.

Die Wände sind feucht und über und über mit Schimmel bedeckt, „früher hat es keinen Ytong gegeben, nur Bachsteine, aber dafür hat man noch auf den Herrgott geschaut und nicht auf die Wände“, hat der neue Pfarrer seinen Aufruf um Spenden für die Kirche eingeleitet.

Es ist gespendet worden, freilich nicht so viel wie für die Glocken, denn die Wände hört man nicht in der Nachbargemeinde. Aber jeder, der in einem trockenen Haus wohnt, hat eingesehen, daß man das Jesukind nicht verschimmeln lassen darf im Kirchenstall. „Bei uns ist das Jesukind geborgen wie im Stall zu Betlehem“, sagte der alte Pfarrer noch. (Freilich, viel Eseleien und Ochsereien umhauchten es auch.) Nur die Proleten im Dorfe haben wieder ausgelassen. Ob es nun Bruder in Not ist, Familienfasttag oder Priestersamstag, ob Herz-Jesu-Freitag oder Adventsonntag, Maiandacht oder Oktoberrosenkranz: vorne rascheln die Geldscheine und hinten klimpern die Groschen. Die Pendler, die Untermieter, die, die nicht bei der freiwilligen Feuerwehr sind, sie hat der Einfluß der Stadt schon ganz geizig und kaltherzig gemacht. So schimmeln die Wände noch immer, was nur ein Häuslbauer sehen kann.

Gehet hin in Frieden, und das Gedränge beginnt. Der ungewaschene Menschenhaufen beginnt wieder zu stinken. Sich hinausdrängen, aber ja das Weihwasser nicht vergessen, die einzige Waschung des heutigen Tages, mitten in der Drängerei werden Kniebeugen gemacht, gegen Osten, gegen Norden, Gott ist oben, sich sehen lassen und niemanden anschauen, man ist wer, eine Virginia anzünden, den Hut vor dem Bürgermeister lüpfen, danke wegen der Baubewilligung – pscht, nicht so laut, lässig am Anzug zupfen, wenn die von der Stadt Verseuchten vorbeigehen, wenn es bei euch brennt, wird unsere Feuerwehr nicht löschen. Aber bei denen kann nichts brennen, denn sie haben nichts.

Man sitzt eine Anstandslänge lang im Strein und gibt noch eine Bierlänge zu. Der Bau ruft, der Malter wird zu Ende sein, man wird den gottlosen Pfuscher kontrollieren müssen, ehe er den Gulli im Bad vergißt, das Wasser falsch anschließt, irgendwo Heraklith vergißt.

Aus dem Anzug springen und endlich wieder frei stinken dürfen. Das Werkzeug ist doch noch nicht gestohlen worden, aus der Bierflasche kann man noch weitertrinken, wenn man etwas Wasser unterrührt, ist auch der Malter wieder frisch.

Am liebsten ist mir der erste Mai, denkt sich der Hausherr, ehe er den Garagenbau fortsetzt, das ist kein Feiertag sondern ein freier Tag. Irgendwo haben auch die Roten ihr Gutes an sich.

Am ersten Mai herrscht in der Kirche die Gottesdienstordnung eines Werktages.

Ulrike Längle

Im Westen viel Neues

Zur Literatur aus Vorarlberg

„Talenteexplosion"

Österreichische Gegenwartsliteratur kommt in den letzten Jahren zunehmend nicht mehr nur aus Wien, sondern immer mehr auch aus den Bundesländern: am bekanntesten ist die Entwicklung um das Forum Stadtpark Graz und die Zeitschrift „Manuskripte", die bereits vor fast fünfzehn Jahren in einem Sammelband dokumentiert wurde: „Wie die Grazer auszogen, die Literatur zu erobern."[1]) Jüngeren Datums ist die Entwicklung in Österreichs kleinstem und westlichstem Bundesland, in Vorarlberg, das mit ca. 330.000 Einwohnern nicht viel größer ist als die Stadt Graz und das wegen seiner hohen Industrialisierung eher mit wirtschaftlicher Tüchtigkeit in Verbindung gebracht wird als mit Literatur. An literarischen Traditionen hat Vorarlberg ebenfalls wenig aufzuweisen: Der einzige zu seinen Lebzeiten überregional bekannte und bedeutende Schriftsteller, der Bauer, Schriftsteller und Sozialreformer *Franz Michael Felder* (1839–1869), war bis zur Neuauflage seiner Autobiographie „Aus meinem Leben" 1985 im Residenz-Verlag im deutschen Sprachraum praktisch vergessen. So verwundert es nicht, daß 1970 in der inzwischen eingestellten Zeitschrift „Vorarlberg" ein Interview erscheinen konnte, das der Kritiker *Klaus Colberg* mit *Martin Walser* führte und dessen Titel „. . . daß in Vorarlberg Literatur existiert" unmißverständlich zum Ausdruck brachte, daß die Verbindung von „Vorarlberg" mit „Literatur" zumindest ungewöhnlich erschien.[2]) Im selben Jahr war in derselben Zeitschrift ein Gedicht von *Inge Morscher-Dapunt*, Verfasserin von experimentellen Gedichten auf Hochdeutsch und im Dialekt, abgedruckt, das den Titel trägt „Literatur IN Vorarlberg oder besser Literatur UND Vorarlberg". Im zweiten Teil dieses Gedichts wird die damalige Situation bündig zusammengefaßt: es gab vor allem in Blut-und-Boden-Traditionen wurzelnde Heimatliteratur, exemplarisch vertreten durch *Natalie Beer,* und Dialektdichtung. Gleichzeitig hebt *Morscher-Dapunt* den gängigen Literaturbegriff spielerisch auf und weitet ihn auf verschiedenste Textsorten aus:

> Literatur in Vorarlberg ist das Kochbuch der Fanny Amann.
> Literatur in Vorarlberg ist ein Roman von Natalie Beer.
> Literatur in Vorarlberg ist ein Gedicht von Cäcilie Theimer-Staggl.
> Literatur in Vorarlberg ist der Anzeiger der Stadt Bludenz.
> Aber nicht nur das
> Literatur in Vorarlberg: das ist auch ein Flurname im Montafon.
> Literatur in Vorarlberg: das ist ein Gespräch im Bregenzerwälder Dialekt.
> Literatur in Vorarlberg ist ein Grabspruch in einem Bergfriedhof im Großwalsertal.
> Wenn ein Chinese in Vorarlberg auf japanisch einen Brief schreibt: ist das nicht Literatur in Vorarlberg?
> Wenn ein Vorarlberger in Honolulu eine tschechische Zeitung liest: ist das nicht Vorarlberger Literatur?
> Vorarlberg ist Vorarlberg.
> Und Literatur ist Literatur."[3])

[1]) Wie die Grazer auszogen, die Literatur zu erobern. Hgg. von *Peter Laemmle* und *Jörg Drews*. München 1975.

[2]) „. . . daß in Vorarlberg Literatur existiert." In: **Vorarlberg**. 8. Jg., H. 3, Juli 1970, S. 41.

[3]) Ebenda, S. 42.

Ulrike Längle, Dr. et Mag. phil., Franz-Michael-Felder-Archiv, Bregenz.

Fast fünfzehn Jahre später berichtete der Literaturkritiker der „Arbeiter-Zeitung", *Hans Heinz Hahnl,* über eine Lesung von vier Autorinnen und Autoren aus Vorarlberg in Wien, *Monika Helfer, Ingrid Puganigg, Kundeyt Şurdum* und *Wolfgang Linder* unter dem Titel: „Die Literatur des Ländles im Bundesländerhaus: Vorarlberger Talenteexplosion." Seine Ausführungen begann er mit den Worten: „Die Wiener identifizieren Vorarlberg , fürchte ich, mit Käse, Schokolade und Textilien. Allenfalls noch mit Schipisten und der Operette am See. Gibt es im Ländle auch Literatur? Es gibt. Aber sie erscheint in München und Zürich." Er faßte seine Eindrücke über die Lesung so zusammen: „Die Vorarlberger Talenteexplosion in der Literatur ist unübersehbar [. . .] Von Provinzialismus keine Spur [. . .] Die Schwierigkeit der Vorarlberger, sich literarisch auch in Wien durchzusetzen, zeigte die Abwesenheit der Wiener Kulturkritik bei diesem ersten literarischen Auftritt Vorarlbergs in der Bundeshauptstadt."[4])

Der Eindruck, daß Vorarlberg in einer Randzone des literarischen Geschehens liegt, scheint nicht auf Wien beschränkt zu sein. Ähnliche Ansichten vertritt *Armin Ayren,* Autor und Kritiker aus dem Bodenseeraum, in einem unveröffentlichten Essay über die Literatur der Bodenseeregion:

> „Vorarlberg hat es schwer: sprachlich zählt das Land zum Alemannischen, politisch zu Österreich, literarisch bildet es eine Art Enklave, sodaß, wer dort schreibt, in Wien nicht recht wahrgenommen wird und auch sonst außerhalb des Blickfeldes liegt. Wohl auch deshalb ist Elisabeth Wäger-Häusle nach Wien gezogen, orientieren sich Autoren wie Eva Schmidt oder Ingrid Puganigg, wenn sie einen Verlag suchen, nach Salzburg oder Deutschland, sucht sich Kurt Bracharz mit Diogenes seinen Verlag in der Schweiz, muß Michael Köhlmeier froh sein, wenn der Hebel-Preis ihm mehr Bekanntheit verschafft, die ihm und seiner Frau Monika Helfer zuvor nur in begrenzterem Raum zuteil wurde. Und ein Autor wie Oscar Sandner, der sich als Bregenzer Kulturreferent in vielfacher Weise große Verdienste erworben hat, ist als Autor überregional so gut wie unbekannt geblieben."

Mittlerweile scheinen die Sterne jedoch günstiger zu stehen: die allseits etwas gönnerhaft zur Kenntnis genommen „Talente" aus dem Diminutiv-„Ländle" haben sich einen Platz in der österreichischen Gegenwartsliteratur erworben, der nicht mehr zu übersehen ist. So berichtete der „Standard" am 12. Oktober 1988 unter dem Titel „Literarischer Herbstkatalog" über eine „Sammellesung österreichischer Autoren in der Wiener Alten Schmiede": „Der erste österreichische Herbst-‚Katalog' der Alten Schmiede zeigt – in wohlausgewogener Zusammenstellung – drei Damen und drei Herren an. Weniger gleichmäßig sind die Bundesländer vertreten." Worauf die Überschrift folgt: „Vorarlberger Dominanz". Von den sechs lesenden Autoren, *Eva Schmidt, Ingrid Puganigg, Wolfgang Hermann, Erwin Einzinger, Christoph Ransmayr* und *Jutta Schutting,* kamen die ersten drei aus Vorarlberg. Ein weiteres Streiflicht: Bei einer Sammellesung anläßlich der Frankfurter Buchmesse 1988, als der Grazer Droschl-Verlag eine Gruppe österreichischer Schriftsteller vorstellte, fiel in der anschließenden Diskussion die Bemerkung, früher sei der mainstream österreichischer Literatur aus Graz gekommen, die jetzigen newcomer hießen *Ransmayr* und *Köhlmeier. Michael Köhlmeier,* bekanntester Vorarlberger Autor, wurde soeben, wie schon erwähnt, mit dem Johann-Peter-Hebel-Preis ausgezeichnet und auch in den Medien inzwischen unbestreitbar zur Prominenz erhoben: sein Roman „Spielplatz der Helden" wurde im ARD-Bücherreport im Anschluß an das neue Buch des Literaturnobelpreisträgers *Gabriel García Márques* vorgestellt.

Fassen wir zusammen: Aus Vorarlberg, das noch vor zehn oder fünfzehn Jahren mit tiefster literarischer Provinz assoziiert wurde, kommt mittlerweile eine Reihe von

---

[4]) *Hans Heinz Hahnl:* Die Literatur des Ländles im Bundesländerhaus: Vorarlberger Talenteexplosion. In: **Arbeiter-Zeitung**, 17. 11. 1984, S. 11.

Schriftstellerinnen und Schriftstellern, die sich durch Veröffentlichungen in renommierten Verlagen – Piper, Suhrkamp, Residenz, Hanser, Diogenes – einen Namen gemacht haben, deren Neuerscheinungen in den Feuilletons der bundesdeutschen, Schweizer und österreichischen Zeitungen besprochen werden und die auch immer wieder literarische Preise erhielten. Einige Beispiele aus den letzten Jahren mögen genügen: der Hebel-Preisträger *Michael Köhlmeier* erhielt 1974 den Rauriser Förderungspreis, 1982 den Rauriser Literaturpreis und 1985 die Hörspielprämie des ORF, *Eva Schmidt* 1981 den Forum-Stadtpark-Literaturpreis und 1986 den Förderpreis des Bremer Literaturpreises und den Rauriser Literaturpreis (gemeinsam mit *Christa Moog*), *Ingrid Puganigg* 1980 den Preis der Jury und 1986 den Preis des Landes Kärnten beim Ingeborg-Bachmann-Wettbewerb Klagenfurt und 1983 den Bodensee-Literaturpreis und *Wolfgang Hermann* 1988 den Förderpreis der bundesdeutschen Jürgen-Ponto-Stiftung.

Es ist unvermeidlich, daß bei der Vorstellung von Schriftstellern eines Bundeslandes, das noch dazu eine Randexistenz führt wie Vorarlberg, solche Aufzählungen leicht als kulturpolitisches Renommiergehabe der Außenseiter oder als lautstarkes Auf-sich-aufmerksam-Machen mißverstanden werden können. Der Grund für dieses kurze Streiflicht auf die Situation auf dem literarischen Markt und im Medienbetrieb liegt aber schlicht in einem Informationsdefizit der österreichischen Germanistik. Wie auch ein Blick auf die bei den St. Pöltener Tagungen behandelten Autoren und Autorinnen zeigt, ist der Kanon der österreichischen Gegenwartsliteratur in Richtung Westen durchaus erweiterungsbedürftig, obwohl *Christoph König* 1984 eine materialreiche Dissertation über die Vorarlberger Gegenwartsliteratur vorgelegt hat, deren Titel „Provinz-Literatur. Positionen der Prosa Vorarlbergs in synchroner Sicht“[5]) leider nicht sehr glücklich ebenfalls die Außenseiter-Perspektive betont.

Dieses Informationsdefizit aufzuholen, erscheint auch deshalb umso wichtiger, als sich einige Autoren aus Vorarlberg tatsächlich in bundesdeutschen oder Schweizer Medien eher einen Namen gemacht haben als in Österreich, etwa *Michael Köhlmeier, Norbert Loacker, Kurt Bracharz* oder *Wolfgang Hermann*. Das liegt auch an der spezifischen Verlagssituation: obwohl vergleichbare Regionalstudien für andere Bundesländer fehlen und obwohl die Situation der literarischen Verlage in Österreich bekanntlich allgemein problematisch ist, erscheint die Bindung an bundesdeutsche und Schweizer Verlage bei Autoren aus Vorarlberg besonders ausgeprägt: nachdem der fink's Verlag in Bregenz nach einigen vielversprechenden Anfängen keine literarischen Werke mehr verlegt, gibt es keinen einzigen literarischen Verlag in Vorarlberg. *Köhlmeier*, der mit seinem ersten Roman „Der Peverl Toni und seine abenteuerliche Reise durch meinen Kopf“ anfangs noch bei Hoffmann und Campe erschien, *Monika Helfer* und *Kundeyt Şurdum* sind Autoren des Piper-Verlages, wobei die Verlagskontakte *Helfers* und *Şurdums* durch die Vermittlung *Köhlmeiers* zustande kamen, *Loacker* und *Hermann* werden bei Hanser verlegt, *Bracharz* und *Linder* bei Diogenes, *Puganigg* bei List und Suhrkamp. Lediglich *Eva Schmidt* ist Autorin eines österreichischen, nämlich des Residenz-Verlages, dazu kommt noch der Avantgarde-Autor *Ingo Springenschmid* in der edition neue texte in Linz. Kurz vor seiner Auflösung brachte der Wiener Medusa-Verlag auch noch *Kurt Bracharz*' „Esaus Sehnsucht“ und *Ingrid Puganiggs* Krimi „La Habanera“ heraus.

Der Name der in Kärnten geborenen *Ingrid Puganigg*, die seit ihrer frühen Jugend in Vorarlberg lebt, verweist auf ein weiteres Problem bei der Behandlung eines solchen

---

[5]) *Christoph König:* Provinz-Literatur. Positionen der Prosa Vorarlbergs in synchroner Sicht. Innsbruck 1984 (= Innsbrucker Beiträge zur Kulturwissenschaft, Germanistische Reihe, Bd. 20). *König* enthält sorgfältige bibliographische Angaben zu den meisten der hier behandelten Autoren bis 1984.

Themas: Wer gilt als „Vorarlberger" Autor oder Autorin? *Eugen Thurnher* konnte in seiner Darstellung der Vorarlberger Literatur noch schlicht behaupten, Vorarlberger Dichtung sei Vorarlberger Einheit.[6]) Eine solche Zusammenspannung von einem angenommenen „Vorarlberger Wesen" mit der Literatur, die dieses Wesen angeblich widerspiegelt, erscheint heute nicht mehr haltbar. Zur Eingrenzung des Gegenstandsbereiches eines solchen Beitrages wird hier zu einem pragmatischen Kriterium gegriffen: Es geht hier nicht um „Vorarlberger Literatur", die etwa wie eine vergleichbare „Tiroler" oder „Kärntner" bestimmte Mentalitätscharakteristika widerspiegeln soll, sondern es geht um Autoren und Autorinnen, die mehr oder weniger eng mit dem literarischen Leben des westlichsten Bundeslandes verbunden sind.

1. Autor/Innen, die in Vorarlberg geboren sind und hier leben und schreiben: *Michael Köhlmeier, Monika Helfer, Eva Schmidt, Wolfgang Linder, Kurt Bracharz, Oscar Sandner* oder *Max Riccabona*.
2. Autor/Innen, die aus Vorarlberg kommen, aber inzwischen woanders leben: *Elisabeth Wäger-Häusle* in Wien, *Norbert Loacker* in Zürich oder *Wolfgang Hermann* in Berlin. Die Kontakte werden meist durch die Mitgliedschaft beim Vorarlberger Autorenverband und durch Mitarbeit an dessen Publikationen und durch Lesungen aufrecht erhalten.
3. Autor/Innen, die seit längerer Zeit in Vorarlberg leben, hier durch Lesungen an die Öffentlichkeit treten und z.T. ebenfalls im Autorenverband organisiert sind. In diesem Punkt sind die Autoren auch ein Spiegelbild der typischen Bevölkerungsstruktur Vorarlbergs als klassisches Zuwandererland: „Vorarlberger" ist, wer hier wohnt und lebt. Dazu zählen etwa die seit ihrem 14. Lebensjahr in Vorarlberg ansässige, aus Kärnten stammende *Ingrid Puganigg* oder der deutschschreibende türkische Lyriker *Kundeyt Şurdum*.

Kulturkampf „Anciens" gegen „Modernes"

Zu Ende des 17. Jahrhunderts bewegte die „Querelle des anciens et des modernes" die literarischen Gemüter in Frankreich. Es ging dabei um die Auseinandersetzung zwischen den Verfechtern der Anschauung, die antiken Autoren seien die unübertrefflichen Vorbilder, und den Verfechtern der Überlegenheit der zeitgenössischen Dichtung, der „Modernen". Die ersten Publikationen und öffentlichen Auftritte der neuen Autorengeneration in Vorarlberg – der Großteil ist in den späten vierziger Jahren geboren, gehört also zur sogenannten 68er Generation – lösten ebenfalls Kontroversen aus, die jedoch nicht auf dem Niveau einer literarischen Debatte, sondern eher eines publizistischen Raufhandels abliefen. Der Innsbrucker Germanist *Alfred Doppler* hat die Situation der Literatur in Vorarlberg in seiner Laudatio auf *Michael Köhlmeier* anläßlich der Verleihung des Johann-Peter-Hebel-Preises folgendermaßen beschrieben:

> „In Vorarlberg gibt es seit 1945 festgefügte politische Machtverhältnisse, die sich in all den Jahren nur unwesentlich verändert haben. Das führte nicht nur zu Ruhe und Wohlstand, sondern auch zu starker Autoritätsgläubigkeit und einer gewissen Erstarrung der öffentlichen und persönlichen Meinung. In einer solchen Situation erhält Literatur eine besondere Funktion, sie stimuliert den Blutkreislauf, regt an und regt auf, stellt Fragen ernst und respektlos, übermütig und traurig, und sie läßt – ich zitiere Robert Musil – ‚Geschehnisse hervortreten, die unsicht-

---

[6]) Ebenda, S. 11.

bar waren', sprengt ,das stumpfe, eingeschlagene Bild und die Formelhaftigkeit des Daseins'. Diesem nützlichen Geschäft widmen sich eine Reihe von Vorarlberger Schriftstellern ..."[7])

Zunächst jedoch regte die Tätigkeit der „modernen" Autoren eher auf, deren Schreiben auch ein literarischer und kulturpolitischer Aufbruch gegen die bodenständige, christlich-provinzielle und ideologisch belastete Literatur à la *Natalie Beer*, der eifrigen, aber von der offiziellen Landes-Kulturpolitik trotzdem mit Ehrungen bedachten Nationalsozialistin war. Die Bregenzer „Randspiele", als Gegenveranstaltung zu den Festspielen konzipiert und von der „Gruppe Vorarlberger Kulturproduzenten" organisiert, markieren seit den frühen siebziger Jahren dieses Klima des kulturellen Aufbruchs. 1977 nahm der Franz-Michael-Felder-Verein, der 1969 zur Herausgabe der Werke *Felders* gegründet wurde, aber sich auch anderen literaturpolitischen Aufgaben verpflichtet fühlte, die neuen Entwicklungen in der heimischen Literatur erstmals in sein Programm auf und publizierte einen Sammelband „Neue Texte aus Vorarlberg. Prosa I"[8]), der heftige Kontroversen auslöste. Die lokalen Rezensionen schwankten zwischen Lob für die neue Richtung und Klagen über den Verlust an Tradition; am schärfsten wurde der Mangel an traditioneller Heimatliebe beklagt: So schrieben die „Vorarlberger Nachrichten" über die Jahreshauptversammlung des Felder-Vereins, wo diese Texte diskutiert wurden:

„Es böte einen Ausdruck nicht nur der meist negierenden Skepsis in unserer Gegenwart, sondern auch subjektiver Unsicherheit und Planlosigkeit, und es sei zu fragen, ob sich der Felder-Verein mit derartigen Zweifelhaftigkeiten identifizieren könne, umso mehr als einige in den ‚Neuen Texten' vertretene Autorinnen und Autoren ansonsten weder mit dem Namen, noch mit der Gesinnungssubstanz Vorarlberg recht zimperlich umgehen."[9])

Im Dezember 1977 erreichte der Streit zwischen den „Alten" und den „Modernen" einen Höhepunkt: der Pfarrprovisor von Damüls, *Reinold Simma*, hatte einen Brief an verschiedene Persönlichkeiten des Landes verschickt, dem er ein Schreiben des Innsbrucker Universitätsgermanisten *Eugen Thurnher* angefügt hatte, in dem dieser seine Meinung über die zeitgenössische Vorarlberger Literatur kundtat. Dieser Brief *Thurnhers* erschien am 12. Dezember 1977 in der Neuen Vorarlberger Tageszeitung, gemeinsam mit einem Kommentar „Böses Pauschalurteil" von *Walter Fink*. *Simma* hatte unter anderem gegen einige Publikationen der „modernen" Autoren, *Oscar Sandners* „Strukturen in Molasse" und *Michael Köhlmeiers* „Like Bob Dylan". den Vorwurf der Pornographie erhoben und den fink's-Verlag beschimpft: „Das ist kein Fink-Verlag, sondern ein Schmierfinkverlag."[10]) *Thurnhers* Beschimpfungen gipfelten in den Sätzen:

„Mit Gestalten wie Blauhut und Sandner weiß ich ebensowenig anzufangen wie Sie. Das ist leeres Gerede, wie Sie sagen, nicht einmal gutes Deutsch, von der menschlichen Haltung gar nicht zu reden! [...] Immer wieder werden diese lächerlichen Figuren von der LR [= Landes-

7) *Alfred Doppler:* Geschichten erzählen als Annäherung an die Wahrheit. Laudatio auf den Hebelpreisträger Michael Köhlmeier. In: **Montfort**. Vierteljahresschrift für Geschichte und Gegenwart Vorarlbergs. 40. Jg., 1988, H. 2, S. 165.

8) NEUE TEXTE AUS VORARLBERG. Prosa I. Hgg. vom Franz-Michael-Felder-Verein. Bregenz: Fink's Verlag, 1977; weitere Folgen: NEUE TEXTE AUS VORARLBERG 2. Lyrik, Bregenz: Fink's Verlag 1979; NEUE TEXTE AUS VORARLBERG 3. Hörspiele. Bregenz: Fink's Verlag, 1983.

9) **Vorarlberger Nachrichten,** 13. 12. 1977. Zitiert nach *Garold N. Davis:* Die Idee „Heimat" und ihr Fortleben in der österreichische Literatur. In: Österreichische Gegenwart. Die moderne Literatur und ihr Verhältnis zur Tradition. Hgg. von *Wolfgang Paulsen*. Bern und München: Francke, 1979, S. 184.

10) Literaten-Streit (Leserbrief von *Reinold Simma,* Pfarrprovisor von Damüls). In: **Neue Vorarlberger Tageszeitung**, 2. 1. 1978, S. 13.

regierung] gefördert, erhalten Subventionen und Unterstützungen , weil sie ja die Kultur produzieren. [. . .] Sagen Sie Ihre Meinung einmal ganz offen dem Landeshauptmann, ich tue es auch, vielleicht können wir gemeinsam etwas erreichen. Es wäre zum Segen des Landes! Diese Kreaturen brauchen ja Subventionen, weil kein Mensch ihren Dreck liest, so daß er nur unter die Leute zu bringen ist, wenn andere die Unkosten übernehmen. Es tut wirklich not, daß da einmal etwas geschieht [. . .] Ja, es ist vieles wirklich traurig bestellt. Aber wir müssen versuchen, zu retten, was zu retten ist. Und lieber möchte ich untergehen, als mit diesen Brüdern gemeinsame Sache machen."[11])

Walter Finks Kommentar „Böses Pauschalurteil" bewegt sich in gemäßigten Bahnen, was die Vorwürfe gegen *Thurnhers* wüste Beschimpfungen betrifft: „Gibt aber einer der wenigen Vorarlberger Germanistikprofessoren ein solch – gelinde gesagt – unhaltbares Pauschalurteil ab, dann muß man sich wohl fragen, ob nicht sein Verhältnis zur zeitgenössischen Literatur im allgemeinen und zur Vorarlberger Literatur im besonderen gestört ist."[12]) Zwei Leserbriefe in der Neuen Vorarlberger Tageszeitung sprechen eine deutlichere Sprache: *Egon Goldner*, Bregenz, meint:

„Kinder, regt euch über den Professor Thurnher nicht allzusehr auf. Gefährlich wird es dann, wenn andere angeblich Informierte im privaten Gespräch Bemerkungen fallenlassen wie: ‚Die modernen Künstler gehören alle in die Anstalt, gehören euthanasiert usw.' Die Bedingungen unter denen die Künstler und Schriftsteller Vorarlbergs arbeiten, sind sicherlich nicht die optimalsten. Hierzulande muß man gegen Vourteile kämpfen, die anderswo schon vor 50 Jahren ad acta gelegt wurden."[13])

Elisabeth Wäger-Häusle, eine der angegriffenen Autorinnen, konterte schärfer:

„Viva la muerte! Sieh' da! Ein Brief aus dem Dritten Reich, geschrieben am 15. Jänner 1977, von einem noch lehrenden Universitätsprofessor, auf Universitätspapier, gegen die ‚entartete Kunst', inklusive faschistischer Todessehnsucht – viva la muerte! (. . . ‚und lieber möchte ich untergehen . . .')."[14])

Der Franz-Michael-Felder-Verein ließ sich durch diese Kampagne nicht beirren und brachte in der Folge noch zwei weitere Bände der „Neuen Texte" heraus: Band 2 ist der Lyrik gewidmet, Band 3 dem Hörspiel. In der Folge dieser öffentlichen Kontroversen kam es schließlich zur Gründung des Vorarlberger Autorenverbandes: anläßlich des 1. österreichischen Schriftstellerkongresses in Wien vom 6.–8. März 1981 entstand eine „Resolution von Vorarlberger Autoren", die auf diese Diffamierungen Bezug nimmt:

„Seit Ende der sechziger Jahre gibt es in Vorarlberg eine literarische Bewegung, die ein beachtliches Werksverzeichnis nachweisen kann. Die offizielle Kulturpolitik hat dies kaum registriert, und wenn doch, dann meistens in Form von pauschalen Diffamierungen. Die bevorzugten Vokabeln in diesem Zusammenhang waren ‚progressiv' und ‚pornographisch'. Solche Diffamierungen wiegen in Vorarlberg so schwer, daß man sich eigentlich gar nicht mehr dagegen wehren kann. Allein schon die VERWENDUNG des Wortes ‚pornographisch' wird als Beweis für seine Richtigkeit genommen. Es wird überflüssig, sich von seiner Richtigkeit oder

---

[11]) Univ.-Prof. *Thurnher* greift Literaten an: „Ich mache aus meiner Meinung auch kein Hehl." In: **Neue Vorarlberger Tageszeitung**, 12. 12. 1977, S. 17.

[12]) *wf (= Walter Fink):* Böses Pauschalurteil (Kommentar). In: **Neue Vorarlberger Tageszeitung**, 12. 12. 1977, S. 17.

[13]) Anstalt für Künstler. (Leserbrief von *Egon Goldner*, Bregenz). In: **Neue Vorarlberger Tageszeitung**, 14. 12. 1977, S. 20.

[14]) Viva la muerte! (Leserbrief von *Elisabeth Wäger-Häusle*), ebenda.

Unrichtigkeit zu überzeugen. Dabei liegen inzwischen zwei Bücher, Anthologien Vorarlberger Literaten vor, die die Bodenlosigkeit dieser diffamierenden Behauptung widerlegen."[15]

Angegriffen werden weiters der damalige Kulturreferent und Landeshauptmann *Dr. Herbert Keßler* (ÖVP), sowie die Mitglieder und die Tätigkeit der Kunstkommission, der Subventionsansuchen vorgelegt werden müssen:

„Wir fragen uns, was ist der wahre Grund, wenn ein wegen seiner Ämterüberhäufung inkompetenter Kulturreferent ein wegen seiner personellen Zusammensetzung inkompetentes Kollektiv zu seiner Beratung bestellt, dessen Beschlüsse, wie immer sie ausfallen, ohnehin in den Wind geschrieben sind, wenn sie zuletzt dem Kulturreferenten nicht behagen."

Am 27. Februar 1982 erfolgte die Gründungsversammlung des Vorarlberger Autorenverbandes. Der erste und noch immer amtierende Obmann wurde der Dornbirner Rechtsanwalt *Dr. Günther Hagen*, Stellvertreter der Journalist *Wise Köhlmeier*. Weitere Vorstandsmitglieder waren die Schriftsteller *Kurt Bracharz, Michael Köhlmeier, Oscar Sandner* und *Ingo Springenschmid*. Am 18. Mai 1981 erging die Gründungsanzeige des Vereins; die Proponenten waren *Monika Helfer-Friedrich, Michael Köhlmeier, Roland Jörg, Hubert Dragaschnig, Ingo Springenschmid* und *Kurt Bracharz*. Am 1. Juni 1981 erfolgte die Bildung des Vereins mit Sitz in Bregenz, am 26. Juni 1981 folgte der Nichtuntersagungsbescheid der Sicherheitsdirektion. Die Liste der Gründungsmitglieder umfaßte 31 Namen, darunter auch die später ausgetretene *Natalie Beer*, erhielt also breiten Konsens. Der Autorenverband brachte in der Folge auch eigene Publikationen heraus, und zwar eine Reihe von Anthologien mit zusätzlichen Bild- und Fotobeiträgen, die unter dem Reihentitel „Kataloge des Vorarlberger Autorenverbandes" erscheinen.[16]

Eine wichtige Rolle beim Aufbruch der „modernen" Autoren, der in Vorarlberg allerdings etwa zwanzig Jahre später als in Graz erfolgte, spielte auch die Literaturabteilung des ORF-Landesstudios unter *Dr. Leo Haffner*, die jahrelang eine höchst eigenständige Hörspielproduktion entwickelte und damit Autoren wie *Köhlmeier, Helfer, Şurdum, Schmidt, Puganigg, Dragaschnig* und anderen nicht zuletzt ein Einkommen verschaffte, das sie anders nicht gefunden hätten.[17]

Auch von offizieller Landesseite wurde dem Druck der literarischen Institutionen stattgegeben: 1981 erfolgte per Vertrag zwischen dem Franz-Michael-Felder-Verein und der Landesregierung die Gründung des „Franz-Michael-Felder-Archivs und Vorarlberger Literaturarchivs", zu dessen Aufgaben ausdrücklich auch die Dokumentation und Pflege der Gegenwartsliteratur gehört; die personelle Besetzung des Archivs und damit die Aufnahme der Arbeit erfolgte allerdings erst im Herbst 1984.

Anders als in Graz, wo die Zeitschrift „manuskripte" das Publikationsorgan und damit auch ein Zentrum der neuen Schriftstellerbewegung war, gibt es in Vorarlberg bis heute keine literarische Zeitschrift. Der „graugans", herausgegeben von *Roland Jörg*

---

15) Kopien im Franz-Michael-Felder-Archiv, Bregenz.

16) Bisher erschienen: ZEICHEN. 1. Katalog zur Vorarlberger Literatur. Hgg. Vorarlberger Autorenverband, Redaktion *Kurt Bracharz* und *Ingo Springenschmid*. Bregenz o. J. (1983). – FRAUENZIMMER. 2.Katalog des Vorarlberger Autorenverbandes. Redaktion *Maria Zech*, Bregenz 1984 – 33. – 3. Katalog des Vorarlberger Autorenverbandes. Hgg. vom Vorarlberger Autorenverband und dem Franz-Michael-Felder- und Vorarlberger Literaturarchiv, Redaktion *Ulrike Längle*, Hard: Hecht-Verlag, 1986. – KINDHEIT IM (NACH)KRIEG. 4. Katalog des Vorarlberger Autorenverbandes. Hgg. von *Ulrike Längle*, Hard: Hecht-Verlag 1988.

17) Dokumentiert in: NEUE TEXTE AUS VORARLBERG 3. Hörspiele (s. Fußnote 8). Zum Buch gehören auch 13 Kassetten.

und *Roger Vorderegger*, war nur ein kurzes Leben beschieden, eine geplante Zeitschrift „Landstriche" kam nie zustande. Seit 1986 bringt die Monatszeitschrift „Kultur" jedoch regelmäßig einen literarischen Beitrag sowie Rezensionen von Neuerscheinungen. Auch die Versuche zur Gründung eines literarischen Verlages verliefen bald im Sand, da das Publikum wohl zu klein war. Die Reihe „Zeitwörter", zuerst in der Vorarlberger Verlagsanstalt in Dornbirn, dann im fink's Verlag beheimatet, brachte Texte von *Springenschmid, Sandner, Köhlmeier* und *Bracharz*, wurde aber mit *Kurt Bracharz'* „Grassoden" eingestellt. Der fink's Verlag machte sich vor allem mit der Herausgabe der Mundartanthologie „O Hoamatle! – O Hoamatle? Gedichte in Vorarlberger Mundart 1955–1985" für die neuere Mundartdichtung verdient, auch diesmal mit Unterstützung des Felder-Vereins, der als Herausgeber fungierte, und spezialisierte sich eine Zeitlang auf zeitgenössische Dialektautoren wie *Adolf Vallaster* oder *Rudi Kurzemann.* Seit dem Verschwinden des fink's Verlages hat der Hecht-Verlag in Hard einige Werke Vorarlberger Gegenwartsautoren und Autorinnen herausgegeben und scheint sich auf diesem Gebiet weiter profilieren zu wollen; als Beispiele seien etwa Texte von *Kurt Bracharz* unter dem Titel „Wortfilme" genannt.[18])

Auf dem Veranstaltungssektor waren vor allem die Sankt Gerolder Literaturtage, veranstaltet von der Propstei Sankt Gerold im Großen Walsertal gemeinsam mit dem ORF, ein Forum für die neue Literatur.

„Im Westen viel Neues": die literarische Entwicklung in Vorarlberg in den letzten zehn bis fünfzehn Jahren trägt Merkmale eines Generationenbruchs und eines Traditionsbruchs. Die Moderne hat, wenn auch mit einiger Verspätung, auch in Vorarlberg Einzug gehalten.

Autorinnen und Autoren: von Helfer bis Bilgeri

Monika Helfer, 1947 in Au im Bregenzerwald geboren und in Bregenz und auf der Tschengla aufgewachsen, war die erste der neuen Schriftstellergeneration, von der ein Buch in einem Verlag außerhalb Vorarlbergs erschienen ist, der Erzählband „Eigentlich bin ich im Schnee geboren", der 1977 in der Edition Roetzer in Eisenstadt herauskam. Schon vorher hatte sich Helfer als Autorin von Hörspielen und Drehbüchern und verschiedener Zeitschriftenbeiträge einen Namen gemacht. Anläßlich dieser Neuerscheinung schrieb der Rezensent der „Volksstimme": „Man könnte im ersten Moment lustig finden, daß das erste Buch einer jungen Vorarlberger Schriftstellerin, die im Bregenzerwald wohnt, in einem burgenländischen Verlag erscheint. Es bedeutet aber einen gewissen Durchbruch aus der Ländle-Isolation."[19]) Im Mittelpunkt dieser kurzen Prosatexte stehen Frauen, deren Erlebnisse, Träume und Phantasien in einem assoziativen, knappen Stil geschildert werden. In „Eine wahre Geschichte" berichtet etwa eine alte Frau vom Tod ihres Mannes, der in einen Mercedes hineingefahren sein soll, was sie dem Polizisten nicht glaubt, weil ihr Mann ein ordentlicher Mensch und der Polizist ein Neureicher war. In „Einfach Anna" geht es um das freudlose Leben eines jungen Mädchens in einem Amt, in der Ehe geht die Eintönigkeit weiter. „Das Land auf dem Land", einer der faszinierendsten Texte, schildert den Bregenzerwald aus einer entfremdeten, manchmal komischen Perspektive:

> „Auf dem Land ist die Luft besser, im Dorf sind die Häuser ländlich, der Bauer hat immer schon eine geflickte Hose gehabt (alt aber sauber), die Bäurin sollte schon ordentliche Schenkel haben, es ist schön, wenn die Höfe nicht verändert werden, ich stimme für den Kinobau. [. . .] Die Frauen im Dorf müssen nicht unbedingt schwarze Kopftücher tragen, vielleicht im

---

18) *Kurt Bracharz:* Wortfilme. Texte 1977–1987. Hard. Hecht-Verlag 1987.

19) *rab:* Texte aus Vorarlberg. In: **Volksstimme**, 20. 1. 1978.

Winter (von der Rückseite betrachtet), oder karierte Schürzen mit einem Fettfleck und Nähnadeln an der Brust. Die Bauersfrau wohnt in dem Haus auf der 6. LESEBUCHseite, sie bäckt das Brot selber und hat einen Webstuhl, wenn die Sonne untergeht, kocht sie das Abendmahl, es muß viel Dampf aufsteigen, sie hat sieben Kinder oder neun (eine ungerade Zahl), mit der Kelle schöpft sie der Reihe nach in die Teller, vorgebeugt, man kann nicht sehen was, sie kratzt mit der Spachtel den Dreck von den Schuhsohlen und holt die Knopfbüchse und das Flickzeug; die Tiere seien versorgt."[20])

Die Kombination aus Naivität und Witz – mich erinnert sie etwas an *H. C. Artmann* –, die assoziative Aneinanderreihung von Einzelheiten, Sprüchen, Wünschen, dieses poetische Verfahren, das jedes geschlossene Weltbild mit sprachlichen Mitteln in Einzelteile zerfallen läßt, fügt Monika Helfers erste Texte auch in die Reihe der „kritischen" Dorfgeschichten ein. Es ist allerdings eine Kritik mit leichter Hand, nicht mit dem Holzhammer.

1977 erschien Monika Helfers erster Roman „Die wilden Kinder" bei Piper in München. Darin wird die Geschichte einer chaotischen Familie aus der Sicht der dreizehnjährigen Bella geschildert: in einer ungenannten österreichischen Prozinzstadt, für die Bregenz das Vorbild war, lebt die Familie bereits mit dem „Drittvater", einem gutmütigen, introvertierten Schriftsteller, der etwas Ruhe in die Verhältnisse bringt. Die Mutter, die eigentliche Hauptfigur des Romans, die aus der Sicht der Tochter Profil gewinnt, hat ihr bereits einen Zweitvater und mehrere Verhältnisse zugemutet, dazu gibt es einen Bruder und ein vom Zweitvater stammendes „übriggebliebenes" Kind; dazu kommen die Probleme mit der besten Freundin Angela, einem Lolitatyp, die in die Katastrophe schlittert. „Wild" sind in diesem Roman weniger die Kinder als die Erwachsenen: hinter Bellas Erzählungen flackert blitzlichtartig ein Milieu von Ausgeflippten, Trinkern und gescheiterten Existenzen auf. Die Kinder haben sich auf dem Scherbenhaufen der von den Eltern hinterlassenen gescheiterten Beziehungen häuslich eingerichtet. Einmal also zu lesen als Zustandsschilderung derzeitiger familiärer Verhältnisse, wobei die Spitzen gegen das besonders in Vorarlberg von offizieller Seite immer wieder hochgehaltene Idealbild der heilen heiligen Familie nicht zu übersehen sind – *Hans Haider* spricht in seiner Besprechung in der „Presse" vom „eruptiven Grundgestus" dieses Romans, der „auch als aufmüpfige Korrektur heimatlicher Standardsittenmalerei" zu verstehen ist[21]) –, steckt in dem Roman auch eine „Vorarlberger Frauensaga"[22]) über mehrere Generationen. In den Geschichten, die Bella von ihren weiblichen Vorfahrinnen erzählt, wird ein Stück weibliche Historie und ein Stück Geschichte der Nachkriegsgeneration sichtbar, gelingt es Monika Helfer, ohne Larmoyanz oder Anklage die Gewalt der Verhältnisse zu zeigen:

„Und die Geschichte von der Urgroßmutter geht so: Sie war eine übermütige Person und hat es nicht mit der Traurigkeit gehabt. Schön war sie anzuschauen. Das hat auch der Bauer bemerkt, bei dem sie als Magd für Stall und Haus eingestellt war. Er hat ihr ein Kind gemacht – meinen Großvater –, und dann hat er sie weggeschickt. Sie hat den Bub mit ihrer blinden Schwester zusammen in einem Getreidehaus, in dem eigentlich nur Futter aufbewahrt wurde und das nur ein Fenster hatte, großgezogen, und der Pfarrer hat die jungen Frauen gefördert, mit der Auflage, daß der Bub einmal Pfarrer wird. Das war meiner Urgroßmutter schon recht.

---

[20]) *Monika Helfer-Friedrich:* Eigentlich bin ich im Schnee geboren. Eisenstadt: Edition Roetzer 1977, S. 19–21. (*Monika Helfer-Friedrich* nannte sich nach ihrer Scheidung als Autorin nur mehr *Helfer*, ein Name, den sie auch nach ihrer Heirat mit *Michael Köhlmeier* beibehalten hat.)

[21]) *Hans Haider:* Buch der Woche: Dreizehnjährige sieht alles. (Über *Monika Helfer:* Die wilden Kinder. München und Zürich: Piper, 1984.) In: **Die Presse**, 28. 3. 1984.

[22]) Ebenda.

Sie hätte gerne einen Mann gehabt, wie es ordentlich war, und ihm die Wirtschaft gemacht, aber mit dem ledigen Kind war sie nicht mehr für das Sakrament geeignet. Weil sie aber die Männer gerngehabt hat, ist manchmal einer durch das einzige Fenster gekommen. Es hat dann geheißen, sie sei mannstoll."[23])

Erzählt ist der Roman in einer mit Dialektanklängen durchsetzten, erfrischend frechen Sprache, ohne Psychologismen und ohne „tiefere" Deutungen – Monika Helfer ist selbst Mutter von vier Kindern und mit dem Schriftsteller Michael Köhlmeier verheiratet, kennt also die Sprache der Jugendlichen. Daß diesem Buch trotz des kleinstädtischen Schauplatzes nichts Provinzielles anhaftet, hat der Rezensent der Neuen Zürcher Zeitung festgestellt: er nennt seine Besprechung „Eine österreichische Zazie", nach dem Vorbild von *Raymond Queneaus* Pariser Großstadtroman „Zazie dans le métro".[24])

„Es war einmal ein kleines Mädchen mit dünnen Armen und einem Pferdeschwanz, das wohnte mit der Tante und dem Onkel Rufus, zwei Nahverwandten, zwei Cousins, den Zwillingscousinen und zwei Schwestern in einer schäbigen Kartoffel in Vorkloster. Am Morgen gingen alle aus dem Haus, die Männer in eine Färberei nach Rorschach über die Grenze, die Zwillingscousinen in die Hauswirtschaftsschule, die Schwestern in Metzgerläden, die Würste hängen mir schon zum Hals heraus, die Tante in die Strumpffabrik zum Aussortieren 1. Wahl."[25])

So beginnt „Mulo. Eine Sage", der 1986 erschienene zweite Roman Monika Helfers. Die Hauptfigur nennt sich anfangs als Kind Soffi, später Sophie, dann Bethel und am Schluß Lola und lebt zunächst im Vorkloster, dem Arbeitervorort von Bregenz; im 2. Teil, nachdem sie mit siebzehn von ihrem verlassenen Liebhaber erschlagen wurde, durchwandert sie den Himmel, wo sie ihre Familienmitglieder als Sternzeichen wiederfindet. Im 3. Teil kehrt sie als Lola auf die Erde zurück und reist als Schwangere und mit einem Kind auf den Knien im Zug, auf der Suche nach einem Vater für die Kinder. Nach den Stationen des Kinderreimes „Kaiser, König, Edelmann, Bürger, Bauer, Bettelmann" wird sie von den verschiedensten Männern ausgenützt, bis sie schließlich der „Mulo", der Tod, die schwarze Gestalt ihrer Kindheit, einholt und sie stirbt. Auch hier schildert Monika Helfer die Realität aus der Sicht eines Mädchens/einer Frau, die einer Wirklichkeit gegenübersteht, die ihr Aufnahmevermögen überfordert und vor der sie sich in eine Welt aus Träumen und farbigen Phantasien flüchtet. So wird auf originelle Weise „mit Hilfe von spröden Wirklichkeits- und schillernden Phantasieelementen eine rauhe Welt abgebildet, in der Sophie sich zwischen Echtheit und Verblendung, Wahrheit und Lüge nicht mehr so genau zurechtfindet und ihre kecke Suche nach dem Granatapfel – nach materiellem Vorwärtskommen – mit dem Leben bezahlt."[26]) In formaler Hinsicht mischt diese Geschichte verschiedene Elemente: der Untertitel „Eine Sage" soll auf den Märchenton der Sprache verweisen, die Bezeichnung „Para-

---

23) *Monika Helfer:* Die wilden Kinder. München und Zürich: Piper, 1984, S. 88. Eine genauere Untersuchung dieses Romans sowie von *Michael Köhlmeiers* „Moderne Zeiten" und *Norbert Loackers* „Die Vertreibung der Dämonen" findet sich an anderer Stelle: *Ulrike Längle:* Auf der Suche nach Identität. Bemerkungen zu drei neuen Romanen von Autoren aus Vorarlberg: Monika Helfer, Die wilden Kinder; Michael Köhlmeier, Moderne Zeiten; Norbert Loacker, Die Vertreibung des Dämonen. In: **Montfort** 37 (1985), H. 4, S. 381–390.

24) *E. H.:* Eine österreichische Zazie. *Monika Helfers* Roman „Die wilden Kinder." In: **Neue Zürcher Zeitung.** Fernausgabe vom 1. 5. 1984, S. 19.

25) *Monika Helfer:* Mulo. Eine Sage. München und Zürich: Piper, 1986, S. 9.

26) *E. H.:* Eine unheimliche Sage. *Monika Helfer:* „Mulo". In: **Neue Zürcher Zeitung**, Fernausgabe Nr. 82 vom 11. 4. 1986, S. 48.

bel“ im Klappentext verweist auf das Exemplarische dieses weiblichen Lebenslaufes. Das Schwanken beim Benennen literarischer Muster deutet auf eine Schwachstelle: die Geschichte mit dem Sternzeichen-Teil „Am Himmel“ und den verschiedenen Stationen des dritten Teils „Im Zug“ als Symbol für die Lebensreise hat etwas gewollt Konstruiertes, dessen Notwendigkeit nicht unbedingt zwingend erscheint, zumal die Autorin im ersten Teil mit einer Sprache, die das Übergangslose von Wirklichem und Phantasien, von genau gesehener sozialer Realität und Poesie vermischt, eine überzeugende Lösung findet. Mit diesen Büchern hat sich Monika Helfer als Autorin erwiesen, die über Frauen schreibt, ohne in ein Dogma zu verfallen und die genaue Relitätsbeobachtung mit Phantasien und Träumen zu einer Sprache von höchst origineller Prägung vereint.

Michael Köhlmeier ist derzeit sicher der bekannteste, vielseitigste und produktivste Vorarlberger Autor; wenn man so will, der „integrierte Vorarlberger Gesamtdichter“, der die verschiedensten Genres, vom Hörspiel über Theaterstücke, Kabarett und Songs bis zu Essays, Erzählungen und Romanen beherrscht und der auch einer der Pioniere der neuen Mundartdichtung in Vorarlberg war. Dieser Rang innerhalb Vorarlbergs wird durch die Reihe von literarischen Auszeichnungen, die er erhalten hat, und durch die Erfolge vor allem seines letzten Romans „Spielplatz der Helden“ bestätigt. Köhlmeier wurde 1949 in Hard geboren, studierte Germanistik und Politologie in Marburg a. d. Lahn (BRD) und Mathematik und Philosophie in Gießen und lebt mit *Monika Helfer* als Schriftsteller, Journalist und Mitarbeiter beim ORF in Hohenems.

Obwohl Köhlmeier mit Hörspielen (inzwischen ca. 40) und Theaterarbeiten, etwa dem Einakter „Like Bob Dylan“, für den er 1974 den Rauriser Förderungspreis erhielt, begonnen hat, liegt der Schwerpunkt seiner literarischen Produktion auf dem Gebiet des Romans. Mit seinem Erstling „Der Peverl Toni und seine abenteuerliche Reise durch meinen Kopf“[27]) gibt er die Sozialkritik etwa seines Stücks „Like Bob Dylan“ auf und bekennt sich als Fabulierer mit unverkennbarer Nähe zu den Surrealisten oder zu *Lewis Carroll*. Köhlmeier nimmt das Genre des Abenteuerromans auf, verlegt aber die Schauplätze in seinen eigenen Kopf, wo der 17jährige Peverl Toni sieben Abenteuer an allen möglichen Schauplätzen, von Hohenems über einen Südtiroler Nachtclub bis in die Südsee, durchlebt. In seinem dezidiert formalistischen Erstlingsroman verzichtet der Autor auf die Illusion einer Fabel, spielt mit Text, Helden, Kulissen und Requisiten in einer scheinbar zwanglosen Abfolge, in die auch Volksmärchen, ein frivoler Sonettenkranz, kabbalistische Rechenexempel und eigene Zeichnungen eingestreut sind. *Alfred Doppler* sieht als zentrales Thema von Köhlmeiers Romanen die Frage, wie sich die Wirklichkeit wahrnehmen und verstehen läßt:

> „Köhlmeier gibt die Antwort nicht als Wissenschaftler, sondern als Schriftsteller, und sie lautet: eine Vorstellung von der Vielschichtigkeit der Realität läßt sich vermitteln, wenn man sie als Geschichte erzählt. Denn durch das Erzählen und die wechselweise Spiegelung von Erzählungen könnte es gelingen, sich tatsächlichen Lebensabläufen und -geschehnissen anzunähern.“

Im „Peverl Toni“ taucht der in der modernen Literatur vielfach totgesagte Erzähler als „Geschichtenerzähler“ wieder leibhaftig auf,

> „und er entwirft im sechsten Abenteuer des Peverl Toni eine Art Poetik des Romans: Er sagt: ‚Alles ist viel komplizierter, als man es erzählen kann‘, doch über das Erzählen wird einem

---

[27]) *Michael Köhlmeier:* Der Peverl Toni und seine abenteuerliche Reise durch meinen Kopf. Hamburg: Hoffmann und Campe, 1982.

diese Kompliziertheit bewußt [. . .] Aus den Begebenheiten, die sich tatsächlich ereignen, und aus den Erfindungen seines Kopfes muß der Geschichtenerzähler Geschichten herstellen, die nicht bloß Fiktion oder Phantasiegebilde sind, sondern eine Annäherung an die Wahrheit, oder wie Franz Kafka einmal gesagt hat, eine Expedition nach der Wahrheit."[28])

In Köhlmeiers zweitem Roman „Moderne Zeiten" wird der Schauplatz vom Kopf des Autors nach Vorarlberg verlegt, doch herrscht auch hier kein schlichter Realismus: es gibt weder eine chronologisch erzählte Handlung, unter die Figuren mischen sich die Landesheiligen Gebhard und Fidelis sowie eine Schweineherde, eine Romangestalt wird in einen Schrank verwandelt, eine der Hauptfiguren, Gaspard Poirier oder Kaspar Bierbommer, der „ewige Vorarlberger", lebt in verschiedenen Zeiten und ist sein eigener Vater: kurz, die Grenzen zwischen Fiktion und Wirklichkeit, Mythos und Realität, sind auch hier aufgehoben. *Karl Kraus* hat in der „Fackel" Österreich als „Versuchsstation des Weltuntergangs" bezeichnet, und Köhlmeier verwandelt Vorarlberg in seinem Roman in einen literarischen Ort, an dem sich exemplarisch die „Modernen Zeiten" abspielen, die ebenfalls unter eine apokalyptische Perspektive gestellt werden. Der Roman beginnt mit den Worten: „In unbenannter Zeit fuhr ein Bürgermeister mit seinem Moped über die Erde, als ihm eine Vision vom Untergang der Welt kam, so bilderreich, daß er am Trottoir anhielt."[29]) Es handelt sich dabei um einen Lichtbogen, den ein Selbstmörder in der Hochspannungsleitung am Bahnhof in Hohenems auslöst und der die Realität in einer grellen Momentaufnahme in eine „bilderreiche Vision" vom Weltuntergang verwandelt. Die Figur des Bürgermeisters tritt im letzten der dreizehn Kapitel wieder auf und bildet eine Klammer um eine höchst amüsant zu lesende Abfolge von ineinander verwobenen Geschichten mit zahlreichen Figuren, durch die sich als roter Faden die Abenteuer des Taxifahrers Oswald Oswald ziehen, der aus Berlin nach Vorarlberg zurückgekehrt ist. Die geplante Hochzeit mit Roswitha Rudigier scheitert, weil deren für tot erklärter Mann plötzlich wieder auftaucht. Eines Morgens verläßt Oswald seine Wohnung in Bregenz und wird zufällig Zeuge eines Unfalls, wodurch er in einen Strudel von Ereignissen hineingezogen wird. Schließlich löst er mit seinem Selbstmord jenen Lichtbogen aus, mit dem der Roman begonnen hat. In der Fülle der dazwischenliegenden Geschichten und Episoden wird nicht nur die Gegenwart der frühen achtziger Jahre als Schauplatz der „modernen Zeiten" evoziert, etwa der Stickereihandel mit Nigeria, es tauchen auch Episoden aus früheren Epochen auf, etwa aus dem Ständestaat, dem Nationalsozialismus und der französischen Besatzungszeit; es werden die Hinrichtung des Bauernführers *Tschofen* ebenso erzählt wie die gegenreformatorischen Aktivitäten des heiligen Fidelis. Der zeitliche Bogen spannt sich bis in prähistorische Zeiten, als Sagengestalten wie Fenggen, Doggis und Wuetas die Gegend bevölkerten. Die Lektüre dieses Romans stellt zwar gewisse Anforderungen, vergnügt aber durch eine Fülle witziger Alltagsgeschichten, die in eine komplexe erzählerische Struktur eingebaut sind und ein höchst differenziertes Bild der Realität entwerfen. Vergnüglich sind nicht zuletzt Köhlmeiers satirische Spitzen gegen einige Vorarlberger Eigenheiten, etwa die von Generation zu Generation fortgeführte Erweiterung der Einfamilienhäuser. Seine Kritik faßt Köhlmeier in einer Passage zusammen, wo der durch die Zeiten wandernde ewige Vorarlberger Kaspar Bierbommer sein Leiden an Vorarlberg nicht ohne Pathos auf den Begriff bringt:

„Nur, wenn er in dieses Land zurückkehrte und jedesmal erneut feststellen mußte, daß hier der Verstand seine ganze Kraft aufbrauchte im Bündnis mit dem Geschäft, kam Resignation in ihm hoch, und er spürte seine Einsamkeit schmerzlicher als anderswo. Sein Kopf verabscheute

---

28) *Doppler*, Geschichten erzählen (Anm. 7), S. 165.
29) *Michael Köhlmeier:* Moderne Zeiten. München und Zürich: Piper, 1984, S. 5.

das Land, indes sein Herz daran hing, und in seiner Person gelang ihm nicht zu vereinigen, was er in diesem Land vereint sah: Vernunft und Unvernunft – und nicht nur vereinigt, sondern sogar sich gegenseitig bedingend in einem Pakt, der vorsah, daß die allgemeine Unvernunft eine Voraussetzung für die geschäftliche Vernunft sei und umgekehrt. Nicht, daß die Vernunft sich im Merkantilen entfaltete, sondern daß sich der freie diesseitige Geist seinen geschäftlichen Profit heiligsprechen ließ und so tat, als sei er jenseitsgewollter Lohn."[30])

Sowohl von der formalen Beherrschung her als auch durch die Verbindung von Alltagsgeschichten mit historischen und mythischen Episoden und die stilistische Brillanz halte ich „Moderne Zeiten" für Köhlmeiers besten Roman, dem es gelingt, ein fulminantes Kino im Kopf des Lesers ablaufen zu lassen – nicht grundlos stammt der Titel von *Charlie Chaplins* berühmtem Stummfilm. „Der Heimat von der Welt und der Welt von der Heimat erzählen"[31]), das, was Köhlmeier in seiner Dankesrede zur Verleihung des Johann-Peter-Hebel-Preises als literarisches Progamm *Hebels* formuliert hat, ist ihm in diesem Roman geglückt.

In „Die Figur. Die Geschichte von Gaetano Bresci, Königsmörder"[32]) (1986) beginnt Köhlmeier seine Auseinandersetzung mit dem Mythos des Helden. Es ist dies die Spurensuche nach der historischen Gestalt des Anarchisten *Gaetano Bresci*, der 1900 in Monza ein Attentat auf den italienischen König *Umberto I.* verübt hat. Die Geschichte des Königsmörders erzählt Köhlmeier aus der Perspektive des mißtrauischen Rechercheurs, dem bald deutlich wird, wie verworren die Zeugenaussagen, wie unzuverlässig die Quellen, vor allem die Zeitungsberichte, und wie fragwürdig die Untersuchungsprotokolle sind. Reine Außenperspektive ohne psychologische Introspektion und ein Kaleidoskop aus miteinander verschränkten Details ergeben eine Geschichte mit vielen Facetten, ohne daß das Motiv des Täters eindeutig klar wird. Eines ist jedoch sicher: *Bresci* ist kein Held, er ist ein Opfer, die Kriminalgeschichte dieses Mörders liest sich wie eine Illustration zu dem Titel eines von Köhlmeier geplanten Romanprojektes: „Der europäische Niemand."

Im letzten Teil von Köhlmeiers jüngstem Roman „Spielplatz der Helden" (1988) sagt der Südtiroler Bergsteiger und Grönland-Expeditionsteilnehmer Michael Gratt zum Ich-Erzähler, der ihn interviewt:

„So, und du schreibst jetzt die Wahrheit über Minach, Degasperi und Gratt", sagte er. „Wenn ich ganz ehrlich bin, das kommt mir komisch vor" . . . "Wieso kommt dir das komisch vor", fragte ich. „Wenn ich da jetzt die Wahrheit schreiben müßte, da tät' ich mir schwer, das kannst du mir glauben", sagte er und schüttelte sich einen Zahnstocher aus dem Glas neben Pfeffer und Salz. „Ich schau halt, daß eine gute Geschichte daraus wird", sagte ich. „Ja, mach das", sagte er, „schau, daß eine gute Geschichte draus wird."[33])

„Wahrheit" versus „gute Geschichte" oder „gute Geschichte" als Annäherung an die „Wahrheit", dieses Verhältnis bestimmt auch den neuen Köhlmeier. Das klingt fast wie „der neue Simmel", ist aber nicht zufällig so formuliert. Köhlmeier heißt mit vollen Vornamen *Michael Johannes Maria,* und mit „Spielplatz der Helden" hat er ein Werk geschrieben, das das Zeug zum Erfolgsroman in sich hat, ein Wurf, in dem ein großes und interessantes Thema in einer für ein breites Publikum lesbaren Form dargestellt ist. Möglicherweise markiert „Spielplatz der Helden", das gegenüber den früheren Romanen die formale und sprachliche Gestaltung etwas in den Hintergrund rückt,

---

30) Ebenda, S. 28.

31) *Michael Köhlmeier:* Dankrede zum Hebelpreis 1988, In: **Montfort**, (Anm. 7), S. 167.

32) *Michael Köhlmeier:* Die Figur. Die Geschichte von Gaetano Bresci, Königsmörder. München und Zürich: Piper, 1986.

33) *Michael Köhlmeier:* Spielplatz der Helden. München und Zürich: Piper 1988, S. 280 f.

auch von den Produktionsmitteln her eine neue Etappe im Werk des Autors: „Spielplatz der Helden“ ist per Computer geschrieben, und wie weit sich dieses Medium auf die Gestaltung auswirkt, wird sich erst noch erweisen.

Den Stoff dafür hat eine Expedition geliefert, die die drei Südtiroler Bergsteiger *Peroni, Schrott* und *Thomasett* (im Roman Minach, Degasperi und Gratt genannt) ohne großes Medienecho 1983 unternommen haben. Sie durchquerten Grönland in Rekordzeit und unter extremen Bedingungen: ohne Lebensmitteldepots und Funkgeräte legten sie 1400 km zu Fuß mit Schlitten in 88 Tagen zurück. Ein Rundfunk-Feature über die Expedition regte Köhlmeier zu seinem Buch an. Der Roman besteht aus zwei ineinander verwobenen Handlungen: Ausgangspunkt bildet die Fahrt des mit autobiographischen Zügen des Autors Michael Köhlmeier ausgestatteten Ich-Erzählers nach Südtirol, um dort mit Minach, Degasperi und Gratt Interviews aufzunehmen. Bei dieser Fahrt erinnert er sich an die zehn Jahre zurückliegende Zeit, als er auf einem Ausflug mit Bekannten und seiner jetzigen Frau in Südtirol unterwegs war. „Die eine Geschichte“ handelt von der Liebesbeziehung zu der verheirateten Pia und den damit verbundenen Verwicklungen im Milieu der 68er Generation, „die andere Geschichte“ – wie es im Roman heißt –, rekonstruiert die Grönlandexpedition aus den Interviews, die der Erzähler mit den drei Teilnehmern führt. „Spielplatz der Helden“ ist über weite Strecken eine Männergeschichte: es geht um Höchstleistungen und Strapazen unter bis ins Absurde künstlich erschwerten Bedingungen, es geht um Profilierungskämpfe zwischen Männern in einer Extremsituation, um Haß als Antrieb, um „Männerfreundschaft“ und Männerriten. Die drei Grönlandfahrer erscheinen einmal psychologisch differenziert geschildert als drei unterschiedliche Männer in einer Extremsituation, zugleich aber auch als die Verkörperung klassischer heldischer Männertypen: Minach, „der Führer“, und Degasperi, „der Jäger“; Gratt, „der Mittelsmann“, bezieht seine Funktion aus dem Haß zwischen den beiden anderen, muß zwischen den beiden Helden durch seine Lügen vermitteln, damit das Überleben überhaupt gesichert ist. Die profilierteste und interessanteste Gestalt ist Reinold Minach *(Reinhold Messner?)*, ein Fanatiker, der Angst hat, ein kindisch wirkender Forscher, der bis zur Schuhsohle und den Handschuhen alles neu erfindet, aber mit seinen Berechnungen danebengreift. Der Mythos des Heldentums wird von Köhlmeier demontiert und ironisiert – schon dadurch, daß er die drei auch im privaten Rahmen zeigt, dennoch bleibt Respekt und Bewunderung für die Leistung. Schon der Titel läßt die Expedition von Anfang an in ironischem Licht erscheinen, und der Ich-Erzähler drückt die Ambivalenz der Männerpose schon auf der ersten Seite mit den Worten aus: „Ich bin ein Held und ein armer Hund, sagte ich mir, beide Wörter fangen mit ‚H‘ an und hören mit ‚d‘ auf und haben gleich viel Buchstaben.“[34]) Im Interview mit Minach wird diese Expedition auch mit Bedeutungen aufgeladen, die die Vielschichtigkeit des Romans konstituieren und diesen Expeditionsbericht zu einer „guten Geschichte“ machen: es ist nicht nur eine realistische Schilderung und psychologisch differenzierte Darstellung, dazu kommt so etwas wie eine existenzielle und mythische Dimension. Drei Helden ziehen nach Norden, zwischen ihnen entsteht ein atavistischer „abgrundtiefer Haß“. Minach geht es, nach einer gescheiterten Spitzbergenexpedition 1968 (!), um die „Begleichung einer alten Rache“. Der Norden steht für eine existentielle Situation:

> „Ich hatte den brennenden Wunsch, mich am Norden zu rächen – für das Entsetzen, die Angst, das Grauen, für alles, was er mir zugefügt hatte, mir und den andern [. . .] Nach Spitzbergen war ich der festen Überzeugung, daß der Mensch mit allem, was ihn umgibt, im Kriegszustand lebt. Daß es keinen Frieden gibt.“[35])

[34]) Ebenda, S. 9.
[35]) Ebenda, S. 35.

Köhlmeier gewinnt dem Stoff Dimensionen ab, die ihn tatsächlich zu einer „Parabel für unsere Zeit“ machen, wie es im Verlagsprospekt heißt. Parallel zu den „Männerabenteuern“ ist die „Liebeshandlung“ konstruiert, die im Künstler- und Intellektuellenmilieu der Randspiele in Vorarlberg angesiedelt ist. Neben den satirisch gezeichneten kriselnden Ehen erscheint in Köhlmeiers Darstellung die Liebe zu Pia als existentiell ebenso erschütternd wie die Grönlandexpedition, die Auseinandersetzung mit dem Ex-Mann Pias als ebenso atavistischer Männerkampf. „Arma“ und „amores“, Waffentaten und Liebesgeschichten, waren die Ingredienzien der alten Epen, und diesem Erzählmuster scheint sich der Autor hier anzunähern. Als Schwäche des Romans erscheint mir die bisweilen forcierte Verbindung der Liebesgeschichte mit den Ereignissen in der BRD im Herbst 1977, während der Schleyer-Entführung, etwa wenn sich der Erzähler zu Sätzen versteigt wie: „In Anwesenheit ihres Mannes sollte Pia hören, wie die Not meiner Liebe in der Tragödie eines Staates eine Parallele hatte.“ Oder: „Schau, Pia“, hätte ich vielleicht noch sagen können, „so wie Deutschland aufgewühlt ist, so ist mein Herz aufgewühlt.“ Wenn hier nicht Ironie im Spiel ist – und dafür spricht bei Köhlmeier einiges –, dann ist dies doch etwas zu dick aufgetragen. Für die Lesart des Romans als Parabel auch auf die „Helden“ der 68er-Bewegung, der Köhlmeier während seines Studiums nahestand, deutet auch hin, daß während der Erzählung der Spitzbergen-Expedition 1968 durch Minach im Hintergrund „Ein deutsches Requiem“ von Brahms spielt. Witz und Realismus bekommt der Roman nicht zuletzt durch die flüssige Sprache, die über weite Strecken dem Tonfall der legeren Alltagssprache der Südtiroler Bergsteiger folgt.

Nach seinem bisherigen Romanwerk scheint mir Michael Köhlmeier ein Autor, der von der Thematik, von der formalen Vielfalt und von seinem Witz her zur ersten Garnitur der österreichischen Gegenwartsautoren zu zählen ist. Wie schon gesagt: im ARD-Bücherreport wurde „Spielplatz der Helden“ als eine der interessantesten Neuerscheinungen des Frühjahrs 1988 vorgestellt, in bester Gesellschaft als zweiter Beitrag nach dem neuen Roman des Literaturnobelpreisträgers *Gabriel García Márques* . . .

Norbert Loacker, 1939 in Altach geboren und in Feldkirch aufgewachsen, studierte in Wien Medizin, Altphilologie und Philosophie und lebt seit 1965 in Zürich als Lehrer für Latein und Geschichte an einem Privatgymnasium. Loacker war als Herausgeber und Essayist tätig und schrieb mehrere Hörspiele und Lyrik, bevor er sich dem Roman zuwandte, und ist Mitglied des österreichischen PEN-Clubs. Für den Kindler-Verlag fungierte er als Herausgeber der geisteswissenschaftlichen Bände der zehnbändigen Enzyklopädie „Der Mensch“, die auch den für das Verständnis seiner Werke wichtigen Essay „Zivilisation als menschliche Leistung“ enthält.[36]) Loacker, seit seinem zweiten Roman „Die Vertreibung der Dämonen“ (Hanser) Verlagskollege von *Umberto Eco* und *Italo Calvino*, ist ein Intellektueller von europäischem Zuschnitt; seine Romanarbeiten sind an der Grenze von wissenschaftlicher Reflexion und Literatur angesiedelt. Loacker führt die Tradition der negativen Utopie fort, die seit dem beginnenden 20. Jahrhundert das Umschlagen des „Traums vom besten Staat“ in totalitäre Herrschaftsformen zum Thema hat, wie die bekannten Beispiele, *Samjatins* „Wir“, *Huxleys* „Brave New World“ und *Orwells* „1984“ zeigen. „Aipotu“, 1980 bei Kindler verlegt und 1984 in der Science-Fiction-Serie des Heyne-Verlages wiederaufgelegt, schildert ein soziales Experiment auf einer hochtechnisierten Fähre. Der Titel ist ein Anagramm des Wortes „Utopia“, und der Roman enthält zahlreiche Anspielungen an *Thomas*

---

[36]) *Norbert Loacker:* Zivilisation als menschliche Leistung. In: Kindlers Enzyklopädie „Der Mensch“. Hgg. von *Herbert Wendt* und *Norbert Loacker.* Zürich: Kindler, 1981, Bd. IV, S. 772–786.

Morus. Der Journalist Ander berichtet an Hand von tagebuchartigen Aufzeichnungen über die Erinnerungen eines gewissen Eugen Pflasterer, der eine Reise auf dieser Fähre mitgemacht und als einziger überlebt hat und nun in einer Irrenanstalt gelandet ist. Die Reise wird kontrastiert mit der aktuellen politischen Situation, dem 4. Nahostkrieg, und der privaten Situation des Journalisten. Das Experiment der „Aipotu", auf der vier Männer und vier Frauen mit dem Zweck der „Entwicklung einer möglichst angenehmen Art des Zusammenlebens" aufgebrochen sind, scheitert: an Bord macht sich ein System des Terrors der „totalen Vernunft" breit, als sich herausstellt, daß die Fähre im Kreis fährt, gegen das sich nur Pflasterer zur Wehr setzt. Trotz aller Einsicht in die Machtlosigkeit des Einzelnen gegenüber den Apparaten hält Loacker den Glauben an das Individuum und an seine Fähigkeit zum Widerstand aufrecht:

> „Widerstand – das ist unter günstigen Umständen die Sache dieser Einzelnen. Und dann einzusehen, daß man nichts getroffen, nichts wirklich beschädigt oder gar beseitigt, nur einen Funktionär erschlagen, nur einen Bestandteil zerstört hat, für den tausendfältiger Ersatz bereitsteht. Und doch – diese Einzelnen: sie haben den Menschen frohgemut bestehen lassen vor Gottes überwältigendem Gericht; sie haben ihm die Zügel seines Lebensgespanns in die Hände gelegt, um den Weg zu wählen und zu lenken zum Himmel oder in den Abgrund; sie haben auf dem Weg zum Galgen unvergeßliche Worte über den Optimismus und die Hoffnung gefunden. Aber haben sie auch genug getan – eingegriffen, zugeschlagen, geschossen?"[37])

Das Motiv entschlossenen Widerstandes gegen totalitären Terror nimmt Loacker in seinem zweiten Roman „Die Vertreibung der Dämonen" (1984) wieder auf, nun in einem erweiterten Verfahren: das Modell des totalitären Staates wird nach rückwärts verlegt, in das Florenz des 13. Jahrhunderts, in dem die Hauptfiguren des Romans, der Dichter *Dante Alighieri*, bei Loacker Durante genannt, unter welchem Namen er sein Jugendwerk „Il Fiore" verfaßte, und die 24jährige *Beatrice Bardi* agieren. Florenz wird als Stadt nicht genannt, das Geschehen spielt in „Città", gleichsam ein Modell für ein totalitäres Staatswesen. Erzählt wird von innen heraus, aus der Perspektive Beatrices, die in Ich-Form berichtet. In Città gibt es zwar Bezüge auf das alte Florenz, doch ist der Schauplatz nicht als historische Rekonstruktion gemeint, sondern als ein beliebiges Staatsgebilde, das sich aus der historischen Distanz auf unsere Gegenwart und Zukunft bezieht. So gibt es auch moderne technische Geräte und Kontrollmechanismen moderner Staaten wie die Psychiatrierung von Abweichlern. In Città herrscht eine Diktatur, in der jede Lebensäußerung der Kontrolle der lautlos überwachenden Behörden unterworfen ist, sei es durch direkte Unterdrückung wie Einkerkerung, sei es durch die Überversorgung mit materiellen Gütern oder durch scheinbar humanitäre Maßnahmen wie die perfekte medizinische und psychotherapeutische Betreuung von Kranken. Was in Città verboten ist, sind heftige Gefühle, Leidenschaften und auch das Leiden: „In Città sind Schreie nicht geduldet. Irgendjemand könnte sonst an der Ewigkeit unserer Mauern zweifeln."[38]) Die Architektur des alten Florenz, das System von Mauern und Türmen, fungiert als steingewordenes Symbol für die „Sucht nach Sicherheit" und für die Angst der Menschen, die das ganze System in Gang hält: „Wie die Burg ist auch die Mauer Architektur aus Angst, errichtet aus Angst, in der Hoffnung zu ängstigen", schreibt Loacker im Essay „Zivilisation als menschliche Leistung".[39]) Die Hauptfigur Beatrice erzählt in einer bilderreichen Sprache die Geschichte ihrer Auflehnung und ihrer allmählichen Befreiung, die durch eine tödliche Krankheit und durch die Liebe zu

---

[37]) *Norbert Loacker:* Aipotu. München: Kindler, 1980, S. 198 f.
[38]) *Norbert Loacker:* Die Vertreibung der Dämonen. München: Hanser, 1984, S. 18.
[39]) *Loacker:* Zivilisation (Anm. 36), S. 785.

Durante herbeigeführt wird. Die Mittel ihrer Bewußtwerdung und zugleich die erzählerischen Prinzipien, die den Roman strukturieren, sind zwei: Gehen und Erzählen. Gehen versteht Loacker als befreiende Aktion, die durch die Bewegung und die Überschreitung von Grenzen erst Erfahrungen möglich macht. In einem Gespräch hat der Autor dieses „Fußgängerprinzip" als Erfahrungsmodus auch als Parallele zur „Göttlichen Komödie" dargestellt, wo *Dante* den gesamten mittelalterlichen Kosmos zu Fuß durchschreitet und wo der Weg ins Paradies ebenfalls durch die Hölle führt. Das zweite Mittel zur Bewußtwerdung ist das Erzählen von Geschichten – und hier kann man eine Parallele zu *Köhlmeier* finden. Verboten in Città sind Geschichten aus dem alten, blutrünstigen Città, wo noch Mord und Totschlag herrschten und die Leidenschaften tobten. Im Klima der vernünftigen, gemäßigten, angstvollen Normalität dieses Staates soll niemand die latente Aggressivität und Emotionalität der Bürger wahrhaben. Reden ist somit für die Figuren eine Waffe, und im Erzählen von Geschichten konstituiert sich die verdrängte Geschichte neu, genauso wie die Zukunft entworfen wird. Besondere Kraft gewinnt der Roman aus der Bildhaftigkeit der Sprache, die meist symbolisch eingesetzt wird: Landschaften, wie die immer wieder evozierte Wüste, oder die Türme von Città stehen nicht für sich, sonden können gelesen werden als nach außen projizierte „Landschaften der Seele". Zugleich wird das Gegenständliche immer wieder mit philosophischer Reflexion belegt. So heißt es über die Kapseln, die Beatrice schluckt: „Die Überdosis enthält nicht die Wahrheit, Beatrice. Das Maß ist die Wahrheit. Das richtige Maß. Niemals die Überdosis. Das Gift – ist die Unwahrheit."[40]) Am Ende des Romans plant die Untergrundgruppe, der Durante und Beatrice angehören, einen Ausbruchsversuch, der Schluß ist offen, doch hat Loacker einen schwacher Schimmer des „Prinzips Hoffnung" aufgefangen. Die Kritik hat neben dem intellektuellen Gewicht vor allem auch die literarische Leistung Loackers hervorgehoben: „Übrigens, was für ein Erzähler! Seine Romanarchitektur ist renaissancehaft klar, ein dynamisch ausgewogener Erzählpalazzo in sechs Teilen, der Stil bildkräftig und konzis – mit hier und da weit schwingenden lyrisch-melodischen Bögen über dem episch sicher gefügten Fundament."[41])

Kurt Bracharz, 1947 in Bregenz geboren und Berufsschullehrer in Dornbirn, bewegt sich außerhalb ausgetretener Literaturpfade. Er leitet sein Literaturverständnis eher von der angelsächsischen als von der deutschen Literatur her, wo zwischen E- und U-Literatur, ernster und Unterhaltungsliteratur, nicht unterschieden wird. In einem 1982 erschienenen theoretischen Text „Kleine Fische. Ein Dialog"[42]) äußert er sich über sein Literaturverständnis. Einer der Dialogpartner, Proktophantasmist, der Steißdenker aus dem „Faust", beginnt:

> „In südamerikanischen Strömen lebt ein kleiner Fisch, der Badenden in den After oder in die Harnröhre schlüpft und dort einen Rückenstachel aufstellt, der die Entfernung des Tieres schwierig macht. So sollte Literatur wirken, denke ich."[43])

Epimenides, der Lügner aus dem griechischen Sophisma, entgegnet:

> „Sie zitieren da wohl aus meinem Traktat ‚Für eine subversive Literatur!'"[44])

---

[40]) *Loacker:* Vertreibung (Anm. 38), S. 15.

[41]) *Heiko Strech:* Utopie von Dante und Beatrice (ca. 1260–1984). In: **Tagesanzeiger**, 13. 10. 1984, S. 58.

[42]) *Kurt Bracharz:* Kleine Fische. Ein Dialog. In: **Allmende** 5 (1982), H. 2, S. 83–89.

[43]) Ebenda, S. 83.

[44]) Ebenda, S. 83.

Epimenides erläutert nun die Wirkungsweise von Literatur:

> „[. . .] ein Reisender kauft sich am Bahnhofskiosk ein Paperback, weil auf dem Titelbild in amerikanischer Manier ein Barbar eine Nackte gegen ein Monster verteidigt; er liest während der Fahrt eine Abfolge archetypischer Abenteuer in imaginären Landschaften, aber als er die letzte Seite umgeblättert hat und sich bestätigt fühlen möchte, bleibt eine Unstimmigkeit zurück, der Text hat seinen Stachel aufgerichtet. Die Erzählung erweist sich als hermetisch: blickt man sie an, schaut sie mit dem unschuldigen Augenaufschlag einer Abenteuergeschichte zurück. Aber ein Krebs nagt an den Realitätsmodellen im Zentralen Nervensystem, bis das Gehirn durch einen gleich großen Tumor ersetzt ist. Dann hat die Literatur ihre Schuldigkeit getan [. . .] Ich träume von einer subversiven Literatur. Ein Traum ist das und wird es lange bleiben, weil die Abwehrmechanismen des Geistes stärker sind als die schriftstellerischen Tricks.“[45])

Und etwas später über die Trivialliteratur:

> „Der Geist weht, wo er will, derzeit in der pervertierten Genre-Literatur: dort erfahren Leser, die konditioniert sind, kleinste Abweichungen von Paradigmen festzustellen, daß es heute anderswo langgeht als gestern. Falls dem nicht so ist, wünsche ich mir zumindest, es wäre so.“[46])

Bracharz bevorzugt demzufolge Genres, die üblicherweise der Trivialliteratur zugezählt werden, andererseits aber auch intellektuell anspruchsvolle Schreibweisen, immer jedoch durchzogen von einer starken satirischen Ader. Neben zahlreichen Kritiken, Katalog-, Zeitschriften- (v. a. in Manuskripte, Sterz, Litfass, Freibord) und Anthologiebeiträgen, v. a. Science-Fiction-Kurzgeschichten, verfaßte er ein Kinderbuch „Wie der Maulwurf beinahe in der Lotterie gewann“ (1981)[47]), das in mehrere Sprachen übersetzt wurde, mehrere Hörspiele und zahlreiche Sendungen für den ORF. „Esaus Sehnsucht. Ein gastrosophisches Tagebuch“, 1984 bei Medusa erschienen[48]), untersucht die Wechselbeziehungen zwischen Stoffwechsel und Macht an Hand einer lockeren Mischung von Tagebucheintragungen, Reflexionen über das Essen und die Ausscheidungsvorgänge, indianischen Märchen, assoziativen Exkursen usw. und entwickelt eine „Weisheit des Magens“, die ausgeht von *Salvador Dalis* Bemerkung: „Die Kiefer sind unsere besten Erkenntniswerkzeuge.“ „Grassoden“, ebenfalls 1984 in Bregenz erschienen, sind kurze Prosastücke, die in assoziativer Manier Eindrücke unter Drogeneinfluß schildern, der Band „Wortfilme. Texte 1977–1987“ vereint Prosatexte und Erzählungen, die in verschiedenen Zeitschriften und Anthologien erschienen waren und die Bracharz’ Vorliebe für das Skurrile, Archaische und Subversive dokumentieren, wie etwa eine Abhandlung über Tarotkarten. „Die Aufgabe der Phantasie kann nicht darin bestehen, die täglichen Wackelbildchen des TV-Geräts zu abgehalfterten Stories zusammenzusetzen, sondern betritt durch ein Gartentürchen die Welt jener unklaren Verhältnisse, in der Frauen mit aufgelöstem Haar und dem Schlachtmesser in der Hand unverständlichen Bedrohungen begegnen“, heißt es im Text „Verwirrung“.[49]) Auch von den Produktionsmitteln her zählt Bracharz zur Avantgarde: von der Schreibmaschine ist er zum Personal-Computer übergegangen, und der Band enthält auch eine Anleitung zum Anfertigen von Wortfilmen auf dem Bildschirm. „Ein

---

45) Ebenda, S. 84.

46) Ebenda, S. 84.

47) *Kurt Bracharz:* Wie der Maulwurf beinahe in der Lotterie gewann. Zürich: Diogenes, 1981.

48) *Kurt Bracharz:* Esaus Sehnsucht. Ein gastrosophisches Tagebuch. Wien und Berlin: Medusa, 1984.

49) *Kurt Bracharz:* Wortfilme. Texte 1977–1987. Hard: Hecht-Verlag, 1987, S. 9.

Abend-Essen zu Fuß. Notizen zu Lichtenberg", ebenfalls 1987 bei Diogenes erschienen, kontrastiert Aphorismen von *Lichtenberg* mit Kommentaren oder eigenen Überlegungen von Kurt Bracharz.[50]) Am vielversprechendsten scheint Bracharz als Krimi-Autor zu sein, wie der 1986 bei Diogenes erschienene Band „Pappkameraden" zeigt[51]), in dem er sich als Meister sarkastischer Prosa und drastischen Humors ausweist. Der verfettete Detektiv Adrian soll Katharina Künzl, der verschwundenen Tochter eines Baulöwen, nachspüren und gerät dabei in eine Serie von Verwicklungen, in der eine indische Sekte, eine Domina mit Folterbank und ein Politiker eine wichtige Rolle spielen. Der bisweilen zynische Humor, etwa wenn an einem gefangenen Verbrecher, um ihn zu einem Geständnis zu erpressen, mit einem Tauchsieder der „brasilianische Arschfick" angewandt werden soll, zu dem Adrian durch die Lektüre des Jahresberichts von Amnesty International angeregt wurde, die vulgären und obszönen Töne nähern sich amerikanischen Vorbildern und üben mit galligem Humor drastische Gesellschaftskritik, etwa an den Auswüchsen der in den letzten Jahren grassierenden Esoterik. – Innerhalb Vorarlbergs ist Bracharz seit dem Erscheinen der Zeitschrift „Kultur" ständig als Buchrezensent und Kommentator präsent.

Max Riccabona, genauer *Dr. Dr. Max von Riccabona*, ist der Nestor der neueren Vorarlberger Literatur. 1915, also noch vor Ende des Ersten Weltkrieges , sozusagen als Relikt der Kaiserzeit in einer großbürgerlichen Familie in Feldkirch geboren, verlebte er seine Jugend in Schweizer Sanatorien und Lyzeen, studierte Rechts- und Staatswissenschaften in Wien, Paris, Cambridge, Perugia und Salamanca, besuchte die Diplomatische Akademie (gemeinsam mit *Kurt Waldheim*), war (anders als *Kurt Waldheim*) vorgeschlagener Vizeaußenminister einer österreichischen Exilregierung und verbrachte die Jahre von 1942–1945 im KZ in Dachau. Riccabona war persönlich etwa mit *Joseph Roth* und *James Joyce* bekannt. 1967 ließ er sich als Folge gesundheitlicher Schäden durch die KZ-Jahre vorzeitig pensionieren und lebt seither in Lochau. Erst in den siebziger Jahren begann er regelmäßig in Literaturzeitschriften, v. a. in Freibord und Protokolle, zu publizieren. Teile seines bei Kennern schon lange als Geheimtip bekannten „Work in progress" wurden 1980 von *Vintila Ivanceanu* und *Josef Schweickhardt* zu einem Buch zusammengestellt, das den barocken Titel trägt: „Bauelemente zur Tragikomödie des x-fachen Dr. von Halbgreyffer oder Protokolle einer progressivsten Halbbildungsinfektion."[52]) Im heutigen Österreich und besonders im heutigen Vorarlberg erscheint Riccabona wie eine *Herzmanovsky-Orlando*'sche Figur, wie ein Relikt aus Kakanien in der Republik Österreich. Im Vorwort schreiben *Schweickhardt/Ivanceanu:* „So konnte der Eindruck von ‚Literatur' entstehen, während tatsächlich das Zeugnis eines gelebten Alpenland-Surrealismus vorliegt."[53]) In einer Art Parodie auf *Platons* „Symposion" geht es um die Diskussionen von vier bizarren und gelehrten Säufern, einem Chronisten, einem „studiosus", einem „scholaren" und dem 14-fachen Doktor von Halbgreyffer zu Etschpruntz und Dünnschitz. Im Seelensanatorium des Dr. Florian Fettglauben in Syndenprumpftstetten unter dem Schweinbutzbach kommentiert der Chronist die Dialoge und Ereignisse, die sich abspielen. Riccabona verwertet Kenntnisse aus den verschiedensten, mit Vorliebe abgelegenen Gebieten, historische, philosophische, natur-, rechts- und religionswissenschaftliche Überlegungen

---

50) *Kurt Bracharz:* Ein Abendessen zu Fuß. Notizen zu Lichtenberg. Zürich: Diogenes 1987.

51) *Kurt Bracharz:* Pappkameraden. Zürich: Diogenes, 1986 (= Diogenes Taschenbuch 21475).

52) *Max Riccabona:* Bauelemente zur Tragikomödie des x-fachen Dr. von Halbgreyffer oder Protokolle einer progressivsten Halbbildungsinfektion. Hgg. von *Vintila Ivanceanu* und *Josef Schweikhardt*, Wien: Rhombus-Verlag, 1980.

53) Ebenda, S. 7.

vor allem obskurer Natur und knüpft an verschiedene literarische Traditionen an: *Rabelais* mit seiner drastischen Komik und seiner Häufungstechnik ebenso wie surrealistische Schreibtechniken und die cut-up und fold-in Methoden von *Borroughs*. Alle vier Protagonisten sind von der grassierenden Halbbildungsinfektion angesteckt und versuchen, der überbordenden Informationslawine Herr zu werden, durch ein Zusammenstellen vorhandener Deutungen, die alle mißglückte Wegfindungen darstellen: „das, was in der folge zu lesen oder gar möglicherweise zu meditieren sein wird, gehört in den bereich der mißbildungskunde, der teratologie."[54]) Bizarr sind schon die Namen der Personen: neben Dr. Halbgreyffer ist dies Professor Gervasius Schmalzgeystwinkler, Buchhaltungslehrer an einer Kreuzelstickereifachschule für gefallene Mädchen, ferner Plazidus Speckerorschler, der über Radio Lhasa in den tibetanischen Buddhismus eindringen wollte, aber gescheitert ist, weil das von den Chinesen dort eingeführte Moped durch seinen Lärm jede Meditationsmöglichkeit abwürgt, sowie der Chronist. Die vier Saufgenossen treffen sich in einem Weinhaus einer voralpinen Kleinstadt und versuchen, durch Diskussion den „Schlüssel der Weltinterpretation schlechthin" zu finden. Die wenigsten Leser werden dieses Opus fortlaufend lesen, der groteske Humor, die Satire und die Sprachungetüme sowie die zahlreichen obszönen Anekdoten lassen den Advokaten aus Feldkirch wie eine Mischung aus *Bukowski* und *Karl Kraus* erscheinen. Am Beispiel des Gutachtens des NS-Universitätsprofessors Sigurd Kratzkacherl über die Bedeutung des „urgermanischen, rassisch einwandfreien Urschweines" zeigt sich auch eine direkt politische Dimension des Werkes, das ansonsten wohl als Kritik an der nicht mehr kritisch zu verdauenden Informationslawine zu verstehen ist, als „satirischer Spiegel der zunehmend chaotischen Wirklichkeit".[55])

Ingrid Puganigg, 1947 in Gassen in Kärnten geboren, lebt seit 1962 in Vorarlberg. Ihr literarisches Debüt machte sie mit dem Gedichtband „Es ist die Brombeerzeit die dunkle" (1978)[56]), Aufsehen erregte jedoch erst ihr Romandebüt „Fasnacht"(1981)[57]), aus dem sie 1980 beim Ingeborg-Bachmann-Wettbewerb gelesen und dafür den Preis der Jury erhalten hat. In diesem Werk wie in den folgenden, dem Krimi „La Habanera" (1984)[58]) und dem Prosawerk „Laila. Eine Zwiesprache" (1988)[59]), stehen jeweils exzentrische Paare im Mittelpunkt, geht es um grausame Liebesbeziehungen bzw. um die Unmöglichkeit einer Beziehung. Puganigg verweigert sich jeder psychologisierenden Schreibweise, projiziert vielmehr die Innenwelt in das Äußere der Figuren oder beschreibt ihre Sehnsüchte und Wünsche. In „Fasnacht" , das von dem Schweizer Regisseur *Beat Kuert* unter dem Titel „Martha Dubronski" mit Ingrid Puganigg selbst in der Hauptrolle 1984 verfilmt wurde, sind die Protagonisten die 24jährige Martha, deren Gesicht durch einen Doggenbiß entstellt ist, und der fünfzigjährige Zwerg Karl Dubronski, denen von der Umwelt nur Verachtung, Ablehnung oder höchstens Mitleid entgegengebracht wird. Die beiden heiraten, um gemeinsam Schutz gegen die feindliche Außenwelt zu finden, versinken aber immer tiefer in Isolation. Martha sorgt mit Heimarbeit, dem Färben von Spitzen, für den Lebensunterhalt, Dubronski hat sich in eine Welt aus Büchern und Musikinstrumenten zurückgezogen und trägt Zeitungen aus. Beide haben Begegnungen mit verschiedenen Gestalten, die an der Grenze zwi-

---

[54]) *Max Riccabona:* Skizzen zum Roman „Dr. von Halbgreyffer". Phasen 1 und 2 eines work in progress. In: **protokolle** 1978, H. 2, S. 152.

[55]) *Anton Einsle:* Max Riccabona: Satirischer Spiegel der zunehmend chaotischen Wirklichkeit. In: **Neue Vorarlberger Tageszeitung**, 5. 9. 1981, S. 18–19.

[56]) *Ingrid Puganigg:* Es ist die Brombeerzeit die dunkle. Baden bei Wien: Grasl, 1978.

[57]) *Ingrid Puganigg:* Fasnacht. München: List, 1981.

[58]) *Ingrid Puganigg:* La Habanera. Wien und Berlin: Medusa, 1984.

[59]) *Ingrid Puganigg:* Laila. Eine Zwiesprache. Frankfurt a. M.: Suhrkamp, 1988.

schen Realität und Fiktion angesiedelt sind, dem Leser wird nicht immer klar, was sich nur im Kopf abspielt. Marthas Ausbruchsversuche führen nie weit, auch nicht in der Fasnacht, dem Fasching, in dem ein Teil des Buches spielt und in dem sie und Dubronski durch die „Echtheit" ihrer Masken von der Umgebung abstechen. Kommunikation und Integration sind den beiden Monstren schon auf Grund ihres Aussehens verwehrt, Martha kann ihre Wunden nicht verstecken. Als eine Zufallsbekanntschaft mit ihr woanders hingehen will, antwortet sie:

> „Woanders hin? Wenn es draußen hell wird, sehen uns die Leute. Wenn uns die Leute sehen, denken sie nach. Wenn sie nachdenken, regt sich in ihnen Mitleid. Wenn sich in ihnen Mitleid regt, schenken sie uns einen Ort zum Bleiben. Wenn sie uns einen Ort zum Bleiben schenken, möchten sie, daß wir wie sie werden. Wenn wir wie sie werden, ist das Märchen aus."[60])

Am Ende des Buches trennen sich die beiden. Das Geschehen spielt sich in Höchst ab, Ingrid Puganiggs Wohnort an der österreichisch-schweizerischen Grenze, doch ist dies hier kein idyllisches Dorf, sondern eher ein Gruselkabinett oder ein surrealistisches Szenarium. Die existentielle Einsamkeit der Figuren, für die die Mißbildungen nur Chiffren sind, kann nicht aufgehoben werden. Am Schluß, als Dubronski Martha verlassen hat,

> „weiß sie, daß sie keine Wohnung mehr hat, keine Arbeit, keine Menschen. Sie geht hinunter zum Alten Rhein. Das Geld, das sie bei sich trägt, verschenkt sie. Sie setzt sich in einen Baum. Leute kommen. Sie fragen, was sie da treibt. Komm aus dem Baum, sagen sie. Dann gehen sie weiter."[61])

Faszinierend an dem Roman ist neben dem Thema vor allem die Sprache, die kurze, einfache Sequenzen aneinanderreiht, mit vielen Pausen dazwischen und mit abrupten Brüchen. Puganigg „dekonstruiert" ihre Werke beim Schreiben: nachdem „Fasnacht" auf ca. 400 Seiten angewachsen war, kürzte die Autorin das Manuskript radikal. – Diese Bruch- und Leerstellen sind in „La Habanera" noch deutlicher, wo es um die Liebes- und Mordgeschichte zwischen der Prostituierten Adele Kleboth und ihrem Schweizer Verehrer Cesare Roncatti geht. Es gibt keinen traditionellen Erzählfluß, die Geschichte wird aus knappen Dialogen, Impressionen und Reflexionen konstruiert. Adele will Roncatti ermorden, um ihrer Beziehung Dauer zu verleihen, Roncatti will sich ermorden lassen, was Adele wiederum hemmt, schließlich aber wird sie das Opfer. Undurchschaubare Figuren und ein grausames Spiel – etwas ähneln diese Puganigg'schen Gedankenexperimente *Sade*'schen Denkspielen, wenn nicht immer wieder ein skurriler Humor in ihnen aufblitzen würde. – In „Laila. Eine Zwiesprache" (1988), von der Darmstädter Jury im Oktober zum Buch des Monats gewählt, ist die Dekonstruktion des Textes so weit fortgeschritten, daß meist der Leerraum auf einer Seite größer ist als das Gedruckte. Es handelt sich um briefartige Anreden von Laila (Nacht), der Geliebten, an ihren Geliebten, einen „Sehr geehrten Herrn Präsidenten" oder „Sehr geehrten Herrn guten Menschen" und um aphoristische Überlegungen über die Liebe, die Macht und die Gesellschaft, mit einem Schuß Nonsens. Ein poetisches und zu gleich politisches Buch, das die Wahrnehmung durch das „Ver-rückte" der Darstellung schärft und das „Normale" außer Kraft setzt:

> „Die innere Läuterung nach einer zu Ende gegangenen Beziehung besteht für den einen in der Aufhebung eines Gerichtsurteils durch ein höheres Gerücht. Für den anderen besteht sie in der Weissagung der Stunde der Wahrheit. Hierzulande nach mitteleuropäischer Zeit. Der

[60]) *Puganigg*, Fasnacht (Anm. 57), S. 129 f.
[61]) Ebenda, S. 187.

Herbst, sagen die Leute, läßt dem Unterkunftslosen keinen Pelz wachsen. Den übrigen Leuten wäre damit geholfen. Die sich in der kalten Jahreszeit immer wieder zeigenden spärlich bekleideten Personen, sagen die Leute, sind für den auf Liebe umerzogenen Land- und Stadtbewohner eine nicht mehr weiter zu verkraftende visuelle Herausforderung. Schließlich kann sich jeder zudecken."[62])

Der tiefgründelnde Untertitel „Eine Zwiesprache" stammt übrigens vom Verlag und wurde gegen den Willen der Autorin hinzugefügt. An Hand von „Laila" hat *Thomas Rothschild* auch eine aufschlußreiche Glosse über den Profit von Autoren an ihren Büchern verfaßt:

„Notrufe: Unlängst erschien bei Suhrkamp ‚Laila' von Ingrid Puganigg. Die in Vorarlberg lebende Kärntnerin schrieb mir: ‚Das ‚Mädchen' sieht grün aus, besitzt schon ein vollständiges Gebiß und wiegt 400 Gramm und schreit. Ich hätte Ihnen ‚Laila' gern per Post geschickt, leider bin ich, die Mutter, unbemittelt, so daß ich nicht einmal den Transport bezahlen kann.' Ich habe nachgerechnet. Wenn man, was realistisch erscheint, von achthundert verkauften Exemplaren und den üblichen Autorenhonoraren ausgeht, so bekommt Ingrid Puganigg für ihr Neugeborenes gerade 1794 DM. Ich weiß, daß sie zwei Jahre an diesem Buch gearbeitet hat. Jeder Verlagsangestellte, jeder Buchhändler, jeder Journalist, der über Frau Puganigg schreibt, der Unterzeichnete eingeschlossen, verdient ein Vielfaches von dem Hungerlohn, den diese Schriftstellerin erhält."[63])

Eine Prognose zum Schluß: Möglicherweise entwickelt sich Ingrid Puganigg noch zu einer humoristischen Schriftstellerin par excellence. In „Fasnacht" finden sich immerhin bereits folgende Sätze: „Ich habe Schuldgefühle, wenn ich lache. Vielleicht wird es eines Tages verboten sein, öffentlich zu lachen. Dann wird man Lachanstalten bauen, wie man öffentliche Bedürfnisanstalten gebaut hat. Getrennt nach Geschlecht. Es wird Lachraumpflegepersonal geben."[64])

Eva Schmidt, die 1952 in Lustenau geboren wurde und heute als freie Schriftstellerin in Bregenz lebt, begann mit Zeitschriftenpublikationen in den „Manuskripten", im „Wespennest" und in der „Neuen Rundschau" und schrieb Hörspiele für den ORF und den Schweizer Rundfunk. Für ihre erste Veröffentlichung erhielt sie 1980 das Staatsstipendium des Bundesministeriums für Unterricht und Kunst, ein Jahr später folgte der Literaturpreis des Grazer „Forum Stadtpark", für „Ein Vergleich mit dem Leben" erhielt sie 1986 den Förderpreis des Bremer Literaturpreises und den Rauriser Literaturpreis. Als literarische Vorlieben nennt sie *Ludwig Hohl*, die Essays von *Montaigne*, zu deren Selbstreflexion eine innere Beziehung besteht, auch *Adalbert Stifter* und *Peter Handke* und nicht zuletzt *Robert Walser*, dem sie ihre Dankesrede zum Bremer Literaturpreis gewidmet hat. Der Band „Ein Vergleich mit dem Leben", 1985 bei Residenz erschienen, enthält 23 Prosastücke, manche knappe Skizzen von kaum einer Seite Umfang, manche längere Erzählungen. Eva Schmidt hat ihnen ein Motto von *Marieluise Fleißer* vorangestellt: „Lebenmüssen ist eine einzige Blamage" und damit ein Grundthema angegeben. Was bei den Frauengestalten *Fleißers* allerdings kraftvoll und lakonisch ausgedrückt wird, darüber schreibt Eva Schmidt in einer leisen, unaufdringlichen Sprache. Die Texte handeln von der Spannung zwischen dem Wunsch der Figuren nach Berührung, nach Beziehungen und nach Liebe und der Unmöglichkeit, diese Sehnsucht zu verwirklichen. In ihrer Bremer Rede hat die Autorin über *Robert Walser* gesagt – und man kann das auch auf sie anwenden:

---

62) *Puganigg*, Laila, (Anm. 59), S. 28.
63) *Thomas Rothschild:* Notrufe. In: **Frankfurter Rundschau**, 20. 9. 1988.
64) *Puganigg*, Fasnacht (Anm. 57), S. 149.

„Einer, der schreibt, lebt über seine Verhältnisse. Er erfindet Menschen, Schauplätze und Situationen – eine Ersatzwelt, die sein Risiko ist, und gleichzeitig seine Freiheit. Seine Biografie ist unwichtig, sofern es ihm gelingt, glaubhafte Sätze zu schreiben – denn sein Werk wird zu seiner Lebensgeschichte, was man sich sonst über ihn erzählt – zur Anekdote.“[65])

„Ersatzwelt verstehe ich hier nicht als Kompensation, sondern als Ausdruck für ein Reservat, in dem der Schriftsteller gerade im Akt des Schreibens etwas sichtbar macht: nicht das Leben, wie es ist, sondern wie es sein könnte“ – dies hat Eva Schmidt in einem ORF-Interview gesagt. Ausgangspunkt ist der Standort des Außenseiters, eines Menschen, der die Distanz zu seiner Umwelt wahrnimmt, der daran leidet, dem aber gerade diese Distanz den Blick schärft. Dieses Verfahren könnte man als „doppelten Blick“ bezeichnen, einen Blick, der einmal die äußere Realität, oft scheinbar ganz einfache Dinge wie einen Weg, ein Tal, den Nebel wahrnimmt, der aber zugleich diese Realität unvertraut macht und in Frage stellt. Dies geschieht, indem eine 2. Dimension dazukommt, die Gedanken, Vorstellungen und Wünsche der Erzählerin. Deshalb auch häufig die sprachlichen Wendungen „denkt sie sich“, „hat sie sich vorgestellt“, „in Gedanken“, deshalb auch das häufige Schwanken zwischen Indikativ und Konjunktiv, der Möglichkeitsform. Dahinter steht die Berührungsangst, über die es in der Erzählung „Der Wille zur Lust“ heißt: „Und eine Angst soll überhaupt bleiben: die Angst vor den Menschen“[66]), und weiter unten im selben Text über die Selbstdarstellung: „Eine Künstlichkeit, um sich selbst besser ertragen zu können.“ Die Figuren sind sich ihrer Zurückgezogenheit und Einsamkeit bewußt, etwa die Ich-Erzählerin in „Eine Reise“, wo es heißt: „Es beschämte mich sehr, daß ich dem Leben nicht nahestand.“[67]) Eva Schmidt schreibt keine Rückzugsprosa, sondern eine Prosa, die die Spannung zwischen dem Wunsch nach Nähe und der Unfähigkeit dazu spürbar macht. Es sind stille Texte, bisweilen mit einer *Robert-Walser*'schen Komik, etwa in „Eine Reise“, wo die naive Erzählerin statt des erwarteten Glücks Ratlosigkeit und Angst erlebt und schließlich in eine Familie einheiratet. Der Text schließt mit den Worten:

„Ein Kind, das auf der Straße weinte, nahm ich an der Hand, und obwohl seine Angaben ganz ungenau waren, gelang es mir, sein Elternhaus zu finden, wo ich herzlich aufgenommen wurde und im Verlauf einer Woche sämtliche Freunde und Angehörigen der Familie kennenlernte. Einen Cousin der Hausfrau, dem ich gefiel, heiratete ich. Seither bin ich damit beschäftigt, keine Person aus dem weitverzweigten Familienkreis mit meinen Besuchen zu vernachlässigen.“[68])

Die gleiche zurückhaltende Schreibmanier verfolgt Eva Schmidt in der Erzählung „Reigen“, 1988 bei Residenz erschienen und im Großdruck 31 Seiten lang.[69]) – Daß die Autorin auch über einen längeren erzählerischen Atem verfügt, hat sie in dem eindrucksvollen Beginn einer bisher unabgeschlossenen Prosaarbeit gezeigt, die im 3. Katalog des Vorarlberger Autorenverbandes abgedruckt ist und in der die Ich-Erzählerin die Geschichte eines Georg Keller als Geschichte eines Menschen erzählt, der – nach einem Zitat von *Vincent van Gogh* – den Weg fortsetzt, selbst wenn er fühlt, es ist unmöglich:

---

65) *Eva Schmidt:* Dankesrede der Förderpreisträgerin des Bremer Literaturpreises 1986 am 27. 1. 1986 im Bremer Rathaus. In: Verleihung der Bremer Literaturpreise 1986 an Volker Braun, Eva Schmidt. Laudationes und Dankesworte. Hgg. von der Rudolf-Alexander-Schröder-Stiftung Bremen 1986, S. 25.

66) *Eva Schmidt:* Ein Vergleich mit dem Leben. Erzählungen. Salzburg: Residenz, 1985, S. 15.

67) Ebenda, S. 21.

68) Ebenda.

69) *Eva Schmidt:* Reigen. Eine Erzählung. Salzburg: Residenz, 1988 (= Liber Libertas).

„Ich werde die Geschichte von Georg Keller erzählen, ich, weil er sie selber nicht erzählen kann. Zwar würden ihm nicht die Worte dafür fehlen, doch er sähe darin keinen Sinn. Ich werde die Geschichte von Georg Keller erzählen, aber seine Geschichte wird die aller Kellers sein, aller, die auf eine andere Weise mutig sind und auf eine andere Weise verloren. Aller, die in einer Zeit leben, in der sie glauben, nicht leben zu können, und nicht begreifen: es ist die richtige Zeit – ihre".[70])

(Einschub: Auch Verfasser von Sekundärliteratur sind nur Menschen mit begrenzten Energien. Schon in den altbabylonischen Epen war es so, daß nach ausführlichen Schilderungen die Texte oft plötzlich rasch zu Ende geführt werden, weil die Kraft der Schreiber erlahmte. Die folgenden knapperen Ausführungen sind also nicht durch geringere Wichtigkeit der Autoren und Autorinnen bedingt, sondern folgen den Strukturgesetzen altbabylonischer Epen . . .)

Elisabeth Wäger-Häusle, gebürtige Rankweilerin, Jahrgang 1942, lebt derzeit in Wien und gehörte in den siebziger Jahren mit zu jenen, die zur Zeit der Randspiele und der Gründung des Autorenverbandes das kulturelle und literarische Gesicht Vorarlbergs entscheidend verändert haben. Sie begann ihr Schreiben im Dialekt und befreite etwa mit ihrem Bruder *Herbert Häusle* oder *Inge Morscher-Dapunt* den Dialekt vom Odium des Volkstümelnden und Anti-Modernen. Sie verfaßte Hörspiele, den Autorenfilm „Die Fenster der Lilly Bohatty" (ORF 1979) und Theaterstücke. 1982 erhielt sie den Theodor-Körner-Preis, 1983 den Friedrich-Torberg-Hörspielpreis, 1985 den Förderungspreis der Stadt Wien für Literatur. Ihr Hörspiel „Cassette an Ella", in dem eine Mutter versucht, ihren rauschgiftsüchtigen Sohn zu verstehen, wurde 1988 mit dem Hörspiel-Preis der Villacher Gruppe 508 ausgezeichnet. Elisabeth Wäger-Häusles Prosaarbeiten „Anna's Häuser" (1978)[71]) und „Verhärtung der Puppenhaut" (1983)[72]) stellen die Auseinandersetzung mit der Rolle der Frau in den Mittelpunkt. In „Anna's Häuser", einer Auseinandersetzung mit der Nachkriegsgeneration in Vorarlberg, kratzt sie am Verputz dieser Häuser als Staffage für ein enges Leben:

„Der Roman, verschlüsselt in zwei Parallelgeschichten, bringt Faschistisches und Pharisäerisches ans Licht. In seinen Widersprüchen und im abgekarteten Spiel des stillen Einvernehmens. Die Darstellung ist kein scharfer Aufriß, vielmehr wird waghalsig über die Gefahren der Details gestolpert. Es gibt das sprachlose Einvernehmen der Frauen, die ihr Unbehagen beim Einkaufsklatsch wirkungs- und bewußtlos formulieren; das törichte Streben danach, nur alles andere als ein Prolet zu sein."[73])

„Verhärtung der Puppenhaut" versammelt vorher verstreut publizierte kleine Prosa aus zehn Jahren, die *Hans Haider* als „kurze, glockenreine Prosatexte" bezeichnet, die Rechenschaft geben über „zehn Jahre Selbstbeschränkung auf weniges, über Qualitätsbewußtsein".[74])

---

[70]) *Eva Schmidt* (ohne Titel), in: 33 – 3. Katalog des Vorarlberger Autorenverbandes (Anm. 16), S. 84–87.

[71]) *Elisabeth Wäger-Häusle:* Anna's Häuser. Wien: Schürer, 1979 (= freibord-Sonderreihe, Bd. 6).

[72]) *Elisabeth Wäger-Häusle:* Verhärtung der Puppenhaut. Kleine Prosa aus 10 Jahren. Wien: **freibord** Nr. 31/32, 1983.

[73]) *Marga Swoboda-Mark:* Die Sätze mit Anna. Keine Demut und keine Wehmut mehr empfinden. In: **Neue Vorarlberger Tageszeitung**, 3. 2. 1979.

[74]) *Hans Haider:* Puppenhaut. In: **Die Presse**, 15./16. 10. 1983, Beilage S. 6.

Kundeyt Şurdum, 1937 in Konya in der Türkei geboren und in Istanbul aufgewachsen, besuchte die Schule am österreichischen Sankt-Georgs-Kolleg und studierte deutsche Philologie und Kunstgeschichte in Istanbul. Seit 1971 lebt er als Lehrer für türkische Kinder und als Übersetzer in Vorarlberg, wo er auch die türkischen Sendungen beim ORF betreut. Nach Hörspielen und Zeitschriftenbeiträgen (Freibord, Protokolle, Litfass usw.) erschien 1988 sein erster Gedichtband bei Piper, „Unter einem geliehenen Himmel", mit einem Nachwort von *Michael Köhlmeier*, für den er auch eine Ehrengabe des Landes Vorarlberg erhielt. *Ernst Jandl* hatte bereits in den siebziger Jahren auf den in Vorarlberg lebenden türkischen Autor aufmerksam gemacht, der in deutscher Sprache schreibt, mit kraftvollen Bildern und dem Ausdruck einer stillen Trauer, einer immer nur angedeuteten Sehnsucht. *Köhlmeier* sagt in seinem Nachwort, daß diese Gedichte voll von Pathos, aber niemals pathetisch seien. Die lyrischen Bilder beziehen ihre Kraft aus der Spannung zwischen den archetypischen Situationen von Şurdums türkischer Heimat und dem Leben als „Gastarbeiter" in einem fremden Land, viele Gedichte handeln aber einfach von existentiellen Themen wie Liebe, Krieg, Trauer, Trennung oder Verfolgung. Kundeyt Şurdum ist ein Dichter in der grundlegendsten Bedeutung des Wortes, der die Wirklichkeit poetisch verwandelt:

Der alte Dichter
Ein endlos trüber Federhalter
hält hoch den Mond überm Meer
Manchmal wacht er mit Beamten auf
geht durch die Gassen
sucht Reime für verliebte Mädchen
rät einer Hausfrau die Tugend der Armut
lobt die schönen Tage, die kommen werden
verherrlicht die guten alten Zeiten
Findet gemein, daß man so brutal ist
daß man streikt, daß es Kriege gibt
daß die gesunden Menschen faulenzen
in den Cafés
und obwohl sein Herz so weich ist
wie Samt, wünscht er von der Regierung
daß sie härtere Maßnahmen treffe
Da er aber nichts anderes vermag
übt er seine alte Tätigkeit aus
und beschreibt
einen Mond überm Meer[75])

Ingo Springenschmid, 1942 in Salzburg geboren, ist vor allem als bildender Künstler tätig. Er studierte an der Kunstschule der Stadt Linz und an der Akademie der Bildenden Künste in Wien und ist seit 1970 Lehrer in Bludenz. Springenschmid ist der profilierteste Verfasser avantgardistischer, experimenteller Texte in Vorarlberg: 1973 erschien „Tische", 1981 „Handschreiben", 1988 „pattstellung" in der edition neue texte in Linz.[76]) Auch Springenschmid wurde mehrfach mit Preisen ausgezeichnet, etwa 1984 mit dem Rauriser Förderungspreis.

Wolfgang Linder, einer der jüngsten der hier behandelten Autoren, wurde 1961 in

---

[75]) *Kundeyt Şurdum:* Unter einem geliehenen Himmel. Gedichte. Mit einem Nachwort von *Michael Köhlmeier*. München und Zürich: Piper, 1988, S. 9 (= Serie Piper 817).

[76]) *Ingo Springenschmid:* Tische – Maximen und Ausreden. Dornbirn: Vorarlberger Verlagsanstalt, 1973 (= Zeitwörter, Bd. 2); handschreiben. St. Gallen: Galerie Buchmann, 1981; pattstellung. Linz: edition neue texte, 1987.

Rankweil geboren und studierte in Innsbruck. Er begann mit Kabarettbeiträgen und Hörspielen und erhielt 1983 ein Stipendium beim Ingeborg-Bachmann-Wettbewerb mit einem Prosatext, der 1983 in dem Band „Steinschlag auf Schlag" bei Diogenes erschien[77]), Kurzgeschichten nach dem Motto des Autors: „Sprache ist wie Steinschlag; sie kann erschlagen." Zielgebiet dieser Texte ist vor allem der Übermut verschiedener Ämter, doch entgeht Linder nicht den Gefahren der Redundanz, wie der Rezensent der Neuen Zürcher Zeitung schrieb: „Nichts ist sprachlich und sinngemäß legitimer als Absurdes auf absurde Weise ad absurdum zu führen. Was jedoch nicht nur irritiert, sondern auch ermüdet, ist die platte Evidenz, die allzugroße Leichtigkeit auch Leichtfertigkeit –, die nicht mehr zu provozieren vermag."[78])

Wolfgang Hermann, ebenfalls 1961 in Bregenz geboren und in Dornbirn aufgewachsen, studierte Philosophie in Wien und promovierte mit einer Arbeit über *Hölderlin*, derzeit lebt Hermann in Berlin. Das Manuskript seiner im Sommer 1988 bei Carl Hanser erschienen Prosasammlung „Das schöne Leben"[79]) erhielt den Förderpreis der Jürgen-Ponto-Stiftung. Das Buch hat zwei Teile: „Die minimale Welt" und „Das schöne Leben"; *Golo Mann* charakterisiert Hermanns Prosa auf dem Klappentext so: „Wie sollen wir diese Lesestücke benennen, wie charakterisieren? Poetische Prosa? Magischer Realismus? Verfremdende Beobachtungen? Träume, die Wirklichkeit vortäuschen? Sinn, sogar Schönheit sucht der Sprechende zumal dort, wo keine Menschen sind, bei Tieren oder Bäumen. Dennoch schließt er auch menschliche Wesen in seine scharfsichtig geträumte Natur mit ein. – Und die Sprache zeigt beispielhafte Disziplin, wohltuendes Können." Hermanns Texte handeln von kleinen Dingen, tragen Titel wie „Bäume 1", „Bäume 2", „Das Schloß", „Bahnsteig", „Wache", „Vollmond". Unter Hermanns Blick wird die genaue Beschreibung des Alltäglichen, scheinbar Bekannten zu Unbekanntem, Verborgenem, eröffnet sich das geheime Leben der Dinge. Das Eigentliche ist das Unscheinbare, die Vorliebe für das Kleine Ausdruck des Mißtrauens gegen Macht. Hermanns Prosaminiaturen sind Utopien der Wahrnehmung, geben der Welt ihren Zauber wieder, indem sie Dinge beschreiben, als wären sie noch nie beschrieben worden.

Oscar Sandner, geboren 1927 in Bregenz, begann nach dem Militär 1945 Germanistik, Geschichte, Psychologie, Kunstgeschichte und Archäologie in Innsbruck zu studieren, Dr. phil. Seit 1955 Kulturreferent der Landeshauptstadt Bregenz und Mitbegründer der Gruppe Vorarlberger Kulturproduzenten, prägte er die Phase des kulturellen und literarischen Aufbruchs in Vorarlberg ebenfalls entscheidend mit. Sandner verfaßte zahlreiche Hörspiele („Götter im Exil", „Private Ermittlungen" usw.), kunsthistorische Publikationen, Essays und Kataloge. Sein Theaterstück „Sulla gegen Sulla", zuerst als Hörspiel produziert, erregte in Vorarlberg Kontroversen bis in die Tageszeitungen hinein. An literarischen Produktionen veröffentlichte Sandner außerdem einen Lyrikband „Strukturen in Molasse" (1973)[80]);

---

77) *Wolfgang Linder:* Steinschlag auf Schlag. Keine Liebesgeschichten. Zürich: Diogenes, 1983.

78) *E. H.:* Kraftakt Sprache. *Wolfgang Linders* „Steinschlag auf Schlag." In: **Neue Zürcher Zeitung**, 22. 7. 1983, S. 26.

79) *Wolfgang Hermann:* Das schöne Leben. München: Hanser, 1988.

80) *Oscar Sandner:* Strukturen in Molasse. Mit einem Nachwort von *Otto Breicha.* Dornbirn: Vorarlberger Verlagsanstalt, 1973 (= Zeitwörter, Bd. 1).

die Arbeit an einem Roman mit dem Titel „Das Leben ist hart in den Bergen“ ist noch nicht abgeschlossen.[81])

Christian Mähr, 1952 in Feldkirch geboren, Doktor der Chemie und Wissenschaftsredakteur beim ORF, verfaßte neben mehreren Hörspielen den philosophischen Science-fiction-Roman „Magister Dorn“ (1987)[82]) und bildet mit Bracharz und Loacker den dritten Vertreter der Science-fiction-Gruppe in Vorarlberg.

Werner Grabher, 1948 in Warth geboren, lebt als Mittelschulprofessor in Lustenau und war während des Germanistikstudiums in Innsbruck Schauspieler am „Theater 107“ und Aktionist. Nach einem Lyrikband „Gefangene Freiheit“ (1975)[83]) verfaßte er ein experimentelles Stück „Säuberungen“ (1984)[84]), das mit großem Erfolg am Theater für Vorarlberg aufgeführt wurde.

Jutta Rinner, 1957 in Gaißau geboren und nach einem Studium der Germanistik und Anglistik ebenfalls Mittelschullehrerin, schrieb Hörspiele und Kurzgeschichten und war 1985 3. Preisträgerin beim Harder Literaturwettbewerb. Ihr Theaterstück „Wechselspiel“, ein Ehedrama, wurde 1988 ebenfalls am Theater für Vorarlberg uraufgeführt.[85])

Ricarda Bilgeri, 1929 in Schnepfau geboren und Diplomkrankenschwester, wurde bisher durch Kurzprosa[86]) und das Hörspiel „Der Schriftsteller“ bekannt. 1988 erhielt sie den 2. Preis beim Max-von-der-Grün-Wettbewerb für Literatur der Arbeitswelt. Ihr Romanmanuskript „Kinderlandverschickung“, eine zeit- und sozialkritische Dorfgeschichte aus dem Bregenzerwald der dreißiger Jahre , steht vor dem Abschluß und wird in den nächsten Jahren (vermutlich 1990) vom Franz-Michael-Felder-Verein herausgegeben werden.

Einen Artikel für sich würde die **neue Vorarlberger Mundartdichtung** beanspruchen, die parallel zur Entwicklung moderner Schreibweisen in der hochsprachlichen Literatur entstand und an deren Herausbildung Autoren wie *Elisabeth Wäger-Häusle, Herbert Häusle, Inge Morscher-Dapunt, Michael Köhlmeier, Adolf Vallaster, Christa Hutter* oder *Ulrich Gabriel* maßgeblich beteiligt waren. Eine gründliche und übersichtliche Darstellung dieser Entwicklung geben die Herausgeber *Klaus* und *Edith Lutz* in der Einleitung der Mundartanthologie „O Hoamatle! – O Hoamatle? Gedichte in

[81]) *Oscar Sandner:* Anfänge. (Teil des unvollendeten Romans mit dem Arbeitstitel „Das Leben ist hart in den Bergen“). In: **protokolle** 1974, H. 2, S. 1–11, sowie *O. Sandner:* Das Leben ist hart in den Bergen (Der Eisenbahntest). Life ist Hard in the Mountains (The Train Test). (Translated by *Don C. Travis*). In: **Dimension**. Contemporary German Arts and Letters 8 (1975), H. 1/2, S. 322–329.

[82]) *Christian Mähr:* Magister Dorn. München: Heyne, 1987 (= Heyne Science-fiction, Bd. o6 = 4365).

[83]) *Werner Grabher:* Gefangene Freiheit. Gedichte. Darmstadt: Bläschke 1975.

[84]) *Werner Grabher:* Säuberungen. Mit einer Auswahl an Kurzprosa. Bregenz: Fink's Verlag, 1984 (= Zeitwörter, Bd. 8).

[85]) Vgl. dazu *Christa Dietrich:* TfV-Uraufführung: „Wechselspiel“ von *Jutta Rinner-Blum*. Haß als das einzig ehrliche Gefühl. In: **Vorarlberger Nachrichten** Nr. 108, 9. 5. 1988, S. 27 und *Brigitte Berkmann:* Direkt am Nerv. „Wechselspiel“ von *Jutta Rinner-Blum* in Bregenz uraufgeführt. In: **Neue Vorarlberger Tageszeitung** Nr. 108, 9. 5. 1988, S. 14.

[86]) Etwa *Ricarda Bilgeri:* Tante Rosas Widerstand. In: Kindheit im (Nach)Krieg, S. 9–21.

Vorarlberger Mundart 1955–1985“, die einen guten Überblick über das Panorama der neuen Mundartlyrik bildet.[87])

„Im Westen viel Neues“: Kürzlich erzählte mir ein Bekannter, daß statistisch auf 2000 km^2 bewohnter Erdoberfläche ein bekannter Autor käme. Daraus lassen sich zwei Folgerungen ziehen: Erstens: Hätte ich mich an die Statistik gehalten, wäre diese ganze Arbeit überflüssig. *Michael Köhlmeier* etwa hätte genügt. Zweitens: Vorarlberg mit einer Fläche von ca. 2000 km^2 liegt als österreichisches Musterländle auch in dieser Hinsicht weit über dem Durchschnitt . . .

Das Manuskript des vorliegenden Vortrags bezog die Bucherscheinungen bis Herbst 1988 ein. Ergänzungen zur Bibliographie werden hier nachgetragen:

Bilgeri, Ricarda: Kinderlandverschickung. Hgg. vom Franz-Michael-Felder-Verein. Bregenz: Lingenhöle 1990.
Bracharz, Kurt: Höllenengel. Ein Wien-Thriller. Mit einem Nachwort von *Robert D. Vito*. Bergisch-Gladbach (Bastei-Lübbe) 1990 (= Bastei-Lübbe TB; Schwarze Serie Bd. 19142).
ders.: Die Trüffelreise (Kinderbuch): Hard: Hecht-Verlag 1990.
Fremdsein in der Heimat. 5. Katalog des Vorarlberger Autorenverbandes. Redaktion: *Ricarda Bilgeri.* Hard: Hecht-Verlag 1990.
Gabriel, Ulrich: Flugberichte. Dornbirn: Unart-Produktion 1990. (Gabriel hat in der Unart-Produktion auch mehrere Kinderliederkassetten herausgegeben).
Helfer, Monika: Ich lieb dich überhaupt nicht mehr. Roman. München und Zürich: Piper 1989 und dass. 1991 in der Serie Piper Frauen Nr. 1343.
dies.: Der Neffe. Erzählung. München und Zürich: Piper 1991.
*Hermann, Wolfgang:*Die Namen die Schatten die Tage. Berlin: Verlag Matthias Gatza 1991.
ders.: Mein Dornbirn. Hard: Hecht-Verlag 1991.
Hofstädter, Lina: Der Finder. Hard: Hecht-Verlag 1988.
dies.: Kopfzirkus. Hard: Hecht-Verlag 1991.
Köhlmeier, Michael: Die Musterschüler. Roman. München und Zürich: Piper 1989.
ders.: Im Süden der Vernunft (Essays). Hard: Hecht-Verlag 1991.
ders.: Wie das Schwein zu Tanze ging. Eine Fabel. München und Zürich: Piper 1991.
Mähr, Christian: Fatous Staub. München: Heyne 1991 (= Heyne Science Fiction & Fantasy 06/4853):
Puganigg, Ingrid: Hochzeit. Ein Fall. Frankfurt a. M.: Suhrkamp 1992.
Rinner-Blum, Jutta: Grenzland. Wien: Internationaler Literatur- und Lyrikverlag 1991.
Sandner, Oscar: Rom liegt mir näher als Bregenz. Aus dem Roman: Das Leben ist hart in den Bergen. In: protokolle, Jg. 1991, Bd. 2, S. 67–84.
Şurdum, Kundeyt und *Nikolaus Walter* (Fotos): Landlos. Türken in Vorarlberg. Salzburg: Otto Müller Verlag 1991 (= Edition Fotohof Bd. 6).
Wäger, Elisabeth: Blick durch den Spiegel. Wien: Edition Splitter 1991.

[87]) O Hoamatle! O Hoamatle? Gedichte in Vorarlberger Mundart. 1955–1985. Hgg. von *Edith* und *Klaus Lutz.* Bregenz: Fink's Verlag 1985 (= Mundart in Vorarlberg. Hgg. vom Franz-Michael-Felder-Verein Bd. 1).

Robert Saxer

Zur Erweiterung des Literaturbegriffs in der gegenwärtigen Landschaft der Massenkommunikation

1. Literaturbegriff und Literaturkritik

Der Begriff davon, was Literatur ist, manifestiert sich im öffentlichen Bewußtsein vor allem in der Kritik an literarischen Werken und am Literaturbetrieb generell, in dem also, was von den Medien regelmäßig verbreitet wird. Stärkere Wirkung erzielen dabei vor allem die ideologischen Kampfpositionen. Auf der einen Seite sind es jene konservativen Meinungsmacher, die sich mit einem erhöhten Aggressionspotential gegen Autoren richten, die den erhabenen Tempel reiner Literatur verlassen, deren Darstellungen auf die gesellschaftspolitische Realität zielen, die also mit ihrer Sprache politische Wirkung erzielen wollen und die in diesem Zusammenhang immer auch sogenannte „Tabus", Themen also, über die „man nicht spricht" oder zumindest nicht „so" redet, aufgreifen. Die Aggressionen äußern sich in der Sprache beispielsweise als Beschimpfungen und Bedrohungen einschließlich der Forderung nach politischen Handlungskonsequenzen, bei den Vorsichtigeren von ihnen, die ein intellektuelles Image zu wahren haben, als z. T. hinterhältige argumentative Herabsetzung von Autoren und Werken, bis hin zur Diffamierung. Ihnen gegenüber stehen die ideologiekritischen Analytiker, die dann immer wieder vor allem mit den Beschimpfern öffentlich Abrechnung halten und mit den scharfen Instrumentarien der kritischen Sach- und Meinungsanalyse und des Sarkasmus deren Sprach- und Methodeninventar unter die Lupe nehmen.

Zuletzt konnte dieser Schaukampf an der Auseinandersetzung um *Thomas Bernhards* „Heldenplatz" beobachtet werden.[1]) Diese Schaukämpfe haben schon Tradition; und so nahm zum Beispiel die Zeitschrift „profil"[2]) die „Heldenplatz"-Diskussion zum Anlaß, eine kleine „Chronik der Kulturblamagen" in der Zeit von 1978 bis 1988 aufzulisten. Die Beispiele zeigen, daß es immer wieder um die gleichen Themenkreise geht: Religion, Sexualität, politische und gesellschaftliche Gewalt in legitimierter Form oder als selbstverständlich geübte und akzeptierte Praxis; und es zeigen sich die immer gleichen Verhaltensweisen: Verurteilungen von Werken, die man nicht kennt; Herausgreifen einzelner Textstellen, die zur Erregung öffentlicher Empörung eingesetzt werden; Urteile vor Veröffentlichung von Werken mit dem Ziel, diese zu verhindern.

Betrachtet man diesen kulturpolitischen Schaukampftypus über die Jahre hinweg, gewinnt man durch die Wiederholung immer derselben Posen anläßlich jeweils neuer Anlässe den Eindruck, daß diese Auseinandersetzungen langfristig weitgehend folgenlos bleiben, wenngleich im Lauf der Zeit immerhin eine gewisse Liberalisierung festzustellen ist. Tatsächlich stellen sie die lediglich kulissenhafte Medienoberfläche einer politischen, psychosozialen und massenmedialen Landschaft dar, in der eine kleine Gruppe von Menschen auf Grund ihrer gesellschaftspolitischen Rolle – Funktionäre politischer, kirchlicher, wirtschaftlicher, kultureller, standes- und weltanschauungsorientierter Gruppierungen, oft auch Einzelpersonen, die mit dem bedeutungsschweren Image des wissenden und denkenden Intellektuellen versehen sind – meinungsbil-

---

[1]) Vgl. **Heldenplatz**. Eine Dokumentation. Hgg. vom Burgtheater Wien. Wien 1989.
[2]) **profil** Nr. 42/1988 vom 17. Oktober 1988, S. 115.

Robert Saxer, Dr. et Mag. phil., AHS-Prof., Oberrat am Institut für Germanistik der Universität Klagenfurt.

dende Macht ausübt und die Emotionen und Haltungen breiter Schichten durch publizistische Lenkungsmanöver aller Art zu beeinflussen versucht.

Dies aber weist wiederum auf die Tatsache hin, daß breite Schichten nicht nur im Umgang mit Literatur, aber eben auch dort, in ihrer Meinungsbildung und in ihren Reaktionen auf öffentliche kulturelle Ereignisse von professionellen Interpretatoren abhängig sind, die ihre dominierende Stellung durch ihren Informationsvorsprung und oft auch durch ihr Informationsmonopol gefestigt sehen. Diese Abhängigkeit geht Hand in Hand mit spezifischen Defiziten im Bereich der sozialen Interaktion: mangelnde Fähigkeit in der Bearbeitung von Problemen, keine reflexionsorientierte Vorbereitung auf die Konfrontation mit dem Ungewohnten, Unvermögen in der sachgemäßen Austragung von Interessenkonflikten – alles das bildet einen fruchtbaren Boden für die schnelle Bereitschaft zur Aggression dem nicht Vertrauten gegenüber und für das tiefsitzende Bedürfnis, sich reflexionslos an das Gewohnte zu klammern, so defizitär das auch sein mag. Und die Literatur und jene, die sie produzieren, bekommen dies zu spüren. – Wenn aber die Schule der Ort ist, wo Literatur als Prozeß in angemessener Form stattfinden soll, wo ein offener Umgang mit Literatur gelernt und praktiziert werden soll, muß diese öffentliche Praxis und müssen die damit zusammenhängenden Vorstellungen von Literatur, insbesondere auch jene, die an der Universität vermittelt werden, kritisch beleuchtet werden.

Die Kritik hat anzusetzen bei bestimmten Praktiken kritischer und fortschrittlicher Literaturkritiker, insbesondere bei der häufig angewandten effektvollen Pose, sich über die „Ewiggestrigen" zynisch lustig zu machen. Sie hat auch anzusetzen beim ebenso langjährigen wie unreflektierten Topos fortschrittlicher Pädagogik, man müsse die Schüler/Menschen verunsichern, um die trügerische Scheinsicherheit ideologisch erstarrter und politisch verhängnisvoller Haltungen, Argumente etc. aufzubrechen. Diese Verunsicherung ist natürlich eine wesentliche Voraussetzung zur Erweiterung der Erkenntnis und Reflexionsfähigkeit, aber sie kann nur der erste Schritt sein. Läßt man es, wie es zumeist der Fall ist, bei diesem Schritt bewenden, tritt der entgegengesetzte Effekt ein: Die Verunsicherten, denen der Boden unter den Füßen weggezogen worden ist, ohne daß ihnen bereits eine neue Basis geboten worden wäre, machen den „Rückschritt", den „Rückfall" in das vertraute und daher scheinbar gesicherte Terrain der Ideologen des Bestehenden, um ihren festen Stand wiederzugewinnen. Das Gegenteil von dem wird erreicht, was intendiert ist.

Wenn Abhängigkeit abgebaut und Aufklärung und selbständiges Denken, Reagieren und Handeln aufgebaut werden sollen, muß auch der zweite Schritt vollzogen werden; dieser Schritt muß aus den elitären Höhen kritischer Argumentation zur literarischen Realität der breiten Schichten führen, und dies in zweierlei Hinsicht: einerseits in subjektiver Orientierung hin zur Einsicht, daß die vielen Individuen dieser Schichten potentiell dieselben Fähigkeiten zu kritischem Urteil haben wie die wenigen Professionellen der Urteilsbildung, wenn man ihnen nur die dazu nötigen Voraussetzungen gewähren würde – etwa in Form ausreichender Information und Ausbildung; andererseits in objektgerichteter Orientierung als Erkenntnis und Eingeständnis, daß das literarische Umfeld, in dem sie tatsächlich leben und rezipieren, sich zum allergrößten Teil nicht mit der Literatur deckt, die im engeren Sinn Gegenstand der Literaturwissenschaft ist. Von daher gesehen müssen die Begriffe „literarisch" und „Literatur" grundlegend auf ihren Inhalt hin reflektiert werden.

2. Was lesen die Leute?

Konkret sieht die Situation so aus, daß die meisten Menschen nicht das lesen, womit sich die Literaturwissenschaftler beschäftigen, und daß sich die Literaturwissenschaftler bestenfalls in Ansätzen damit beschäftigen, was die Leute eigentlich lesen. Zugespitzt wird die Situation dadurch, daß das Lesen von Büchern durch andere Formen der Medienrezeption, insbesondere durch das Fernsehen, dominiert wird. *Werner Faulstich* gibt dementsprechend folgenden Befund der Medienrezeption in der BRD[3]):

> Stellen wir den Büchern weiterhin allein das Fernsehen gegenüber, so zeigt sich: An einem Durchschnittswerktag werden vom Fernsehen 73% aller Bundesbürger über 14 Jahren erreicht, von Büchern dagegen nur 12% (*Media Perspektiven* 1977, 17). An eben diesem Durchschnittswerktag verwendet jeder im Durchschnitt 112 Minuten aufs Fernsehen, dagegen nur 11 Minuten auf Bücher. Sowohl die Reichweite als auch der durchschnittliche Zeitaufwand für die Medien Buch und Fernsehen unterscheiden sich noch deutlicher an den Wochenenden (ebd.). *Das Fernsehen ist den Menschen heute subjektiv* (Burrichter 1970, 86ff) *und objektiv das „wichtigste" Medium.*
> 80% aller Personen über 14 Jahren verfügen über mindestens ein Fernsehgerät in ihren Haushalten (*Media Perspektiven* 1977, 16). Dagegen haben fast 70% aller Haushalte weniger als 100 Bücher, wohlgemerkt Bibel, Schul- und Kochbücher mitgerechnet (Schmidtchen 1974, 774). Wenn man einbezieht, daß Buchbesitz vor allem mit dem Schulabschluß Abitur und mit hohem Einkommen verbunden ist und vor allem im Berufskreis der freien Berufe dominiert (ebd., 775f), so zeigt sich unzweideutig, daß es sich *erstens* generell beim Buch um ein Elitemedium handelt – die Daten zur Buchlektüre, zur Einschätzung der Belesenheit, zur Wertinstrumentalität des Buchs usw. zeigen das ebenso deutlich auf wie die Tendenz zunehmender Hinwendung zu elektronischen Massenmedien: „Das Fernsehen verdrängt das Buch" (ebd., 771). Zum *zweiten* muß gelten, daß es sich bei der Lektüre von Büchern insgesamt überwiegend um *nicht*-literarische Texte handelt. Schon 1968 dominierte das Sachbuch deutlich vor allen anderen Sachgruppen, Fachbücher, Hobbybücher usw. gar nicht mitgerechnet (z. B. Schmidtchen 1968, 2007ff). Nur 19% aller 1975 produzierten Buchtitel sind der Belletristik zuzuordnen (*Media Perspektiven* 9/1976, 432), und wenn man die hier dominanten „trivialen" Texte ausklammert, so bleiben nur noch verschwindend wenige Prozent an Büchern („Dichtung") und an Lesern. Damit soll keineswegs etwa der vielzitierte Tod des Buches angedeutet werden, wohl aber ein in der heutigen Gesellschaft genereller Wandel: *Dem Buch als Medium kommen neue Funktionen zu,* während seine ursprünglichen Funktionen – so die „ literarischen" – seit Jahren in zunehmendem Maße und heute unübersehbar von anderen Medien wahrgenommen werden.

Diese auf älteren Untersuchungen basierenden Ergebnisse werden durch neuere bestätigt. So ergab eine umfangreiche Mikrozensusuntersuchung über das Rezeptionsverhalten in Österreich[4]), daß über 50% der Befragten im Jahr zuvor kein einziges Buch gekauft haben: Die bevorzugten Lesestoffe sind Unterhaltungsliteratur und Sachliteratur (zu je einem Drittel) sowie Tageszeitungen, Illustrierte und Fachzeitschriften; weniger als 10% der Befragten lesen Gegenwartsliteratur. Der kurze Befund zeigt, wie sehr die Leserealität und der literaturwissenschaftliche Forschungsbereich auseinanderklaffen.

Das ist jedoch zunächst nur der dürre quantitative Befund. Innerhalb der Unterhaltungsliteratur dominieren wiederum leicht rezipierbare Lesestoffe, wie etwa in der Heftchenliteratur, oder solche, in denen existenzielle und politische Botschaften in reißerischer Verpackung dargeboten werden. Der Klassiker im letzteren Bereich sind die Romane von *Heinz Konsalik*, die derzeit überall die Regale der Supermärkte beherrschen und die etwa den Büchereileitern Kopfzerbrechen bereiten, weil sie von den Besuchern der Leihbüchereien ständig verlangt werden. Allein dies zeigt die Not-

---

[3]) *Werner Faulstich:* Thesen zum Verhältnis von Literaturwissenschaft und Medienwissenschaft. In: Kritische Stichwörter zur Medienwissenschaft. Hgg. von *Werner Faulstich.* München (Fink Verlag 1979), S. 20 f.

[4]) Noch nicht veröffentlicht. Kurz angesprochen bei *Alfred Pfoser:* Treffpunkt Bücherei. Jugendliche als Objekte der Kulturverwaltung und Literaturvermittlung. In: Büchereiperspektiven. Mitteilungen des Büchereiverbands Österreich 4/1988, S. 12–27.

wendigkeit, sich mit diesem Phänomen auseinanderzusetzen, vor allem auch deshalb, weil *Konsalik* einen aggressiven, militanten Antikommunismus mit rassistischer Diffamierung und offenen faschistischen Zügen predigt und durch die Dämonisierung der gegnerischen (russischen) Soldaten im Nachhinein den Krieg *Hitlers* zu rechtfertigen sucht – und das alles natürlich im Namen des Friedens. Die gleiche Technik findet sich in zahlreichen amerikanischen Kriegs- und Durchhaltefilmen bis hin zu „Rambo". Es steht dafür, auf *Konsaliks* Vorgangsweise kurz einzugehen.

Seeßlen/Kling zitieren in ihrem *Konsalik*-Artikel im „Lexikon zur populären Kultur" eine einschlägige Stelle aus einem Konsalik-Kriegsroman[5]):

> „Pjoß" hörte er (Hund!). Eine helle, fast kindliche Stimme. Sie kam aus dem gelben Gesicht wie ein dünner Schrei. Leskau hob die Hand. Er sah keinen anderen Weg. In das breite asiatische Gesicht hinein schoß er mit seiner 08. Ein dunkler Fleck entstand über der Nasenwurzel ... die geschlitzten Augen sahen ihn fast erstaunt an, der rechte Arm zuckte empor und warf noch im Niederfallen das Messer auf Leskau.
> „Durch die Nacht gellte der Schrei der Sowjets. (sic!) ‚Germanskij! Urrä!' In den russischen Linien wurde es lebendig. Leuchtkugeln zischten empor und tauchten das ganze Vorfeld in übergrelles, gleißendes Licht. Der Gefreite Lönne robbte auf den Rand der Bodenschwelle und bestrich mit seinem MG 42 den Grabenrand der sowjetischen Linie. Leskau duckte sich, als einer der Russen ihn ansprang. Er sah ein Messer in der Hand, ein verzerrtes, mongolisches (!) Gesicht schnellte auf ihn zu ...

Und das wird vom Autor und seinem Verlag im Namen eines verantwortungsvollen Sendungsbewußtseins verbreitet. *Konsalik* selbst beantwortet etwa im Rahmen einer Fragestunde am Telefon die Frage, warum er schreibt: „Also mit Geld hat das nichts zu tun, nein. Das ist innere Berufung."[6]) Und sein Verlag liefert die mythischen Bilder:

Zum einen ist es der emphatische Anspruch der Geschichtsbewältigung durch die Darstellung von Gewalt und Grausamkeit[7]):

> Diese Wahrheit kann, soll und *muß* STALINGRAD heißen. Diese Stadt an der Wolga war der Wendepunkt des Zweiten Weltkrieges. Nicht die Toten und Verwundeten, nicht die grauenhafte Schlacht allein waren entscheidend – es hat auch andere blutige Entscheidungen gegeben, wie die unerhörte Materialschlacht am Monte Cassino – nein, dieser Untergang der 6. Armee ging unter die Haut, ging tief ins Herz, zerstörte die Seele. Der deutsche Rattenfängerglaube, im Kriege unbesiegbar zu sein, brach unter der Feuerwand an der Wolga zusammen. Deutschland wachte auf und erkannte plötzlich, was es wirklich war.
> Und heute? Schläft es wieder?
> Dieses Buch soll verhindern, daß Deutschland, daß die deutsche Jugend vor allem wieder einmal der Hypnose seiner Politiker, Militärs und Historiker verfallen könnte.

Zum anderen ist es das Bild der gläubigen Menge – einschließlich jener, die man in ihr gar nie erwarten würde –, die mangels anderer Möglichkeiten zeitgeschichtlicher Information zum Propheten pilgert[8]):

> Im Forum-Kaufhaus in Linz drängen sich die Leser. Konsalik blickt immer wieder auf. Er wundert und freut sich: Mehr und mehr bekennen sich junge Leute zu ihm, Jungen und Mädchen, die man auf den ersten Blick vielleicht gar nicht für Konsalik-Leser halten möchte. Konsalik lehnt sich für Sekunden zurück und überlegt. Er denkt an ein Erlebnis, das er anläßlich seiner Schweiztournee in Zürich hatte. Auch dort schrieb er nonstop Autogramme in

---

5) *Georg Seeßlen, Bernt Kling:* Unterhaltung. Lexikon zur populären Kultur. Reinbek (Rowohlt 1977), Bd. 1, S. 265.
6) *Heinz G. Konsalik:* Leben und Werk eines Bestseller-Autors. München (Heyne 1981), S. 182.
7) Ebd., S. 95.
8) Ebd., S. 163.

einer Buchhandlung. Da plötzlich ertönte Motorenlärm. Vor dem Gebäude hielten Rocker mit ihren schweren Maschinen. Sie nahmen die Helme ab und kamen mit ihren Mädchen in die Buchhandlung. Den Anwesenden stockte der Atem. Sie alle glaubten, daß die Rocker den Laden nun kurz und klein schlagen würden.
Doch es kam ganz anders.
Die Jungens staksten mit schwerfälligen Schritten in ihren Ledermonturen heran, zückten die Geldbörse und kauften Konsalik-Romane, um sich dann vom Autor ein Autogramm in die Bücher geben zu lassen.
Erstaunt blickte Konsalik auf und fragt: „Ich muß euch etwas fragen. Ihr in eurem Alter habt doch sicher andere Interessen und gebt trotzdem Geld für meine Bücher aus? Was findet ihr an meinen Romanen?"
Da bekannte einer der Jugendlichen: „Wir haben so wenig über die jüngste Geschichte nach dem Krieg von unseren Eltern und Lehrern erfahren. Sie vermitteln uns in leicht lesbarer, unterhaltender Art mit Ihren Romanen Informationen über diese Zeit, darüber, wie es damals wirklich war . . . !"
Heinz G. Konsalik muß an diese Szene aus der Schweiz auch jetzt in Salzburg denken, wo er von Jugendlichen bestürmt und mit Sympathiebezeugungen überhäuft wird. Das führt ihm vor Augen, welch ungeheure Verantwortung er beim Schreiben der modernen Jugend gegenüber trägt.

3. *Wie reagiert die Literaturwissenschaft?*

Konsalik ist nur ein Beispiel für all das, was im Bereich der modernen Massenkommunikation Tag für Tag verbreitet wird. Aber es zeigt sehr deutlich, wie notwendig es ist, daß die Literaturwissenschaft durch Forschung und Aufklärung darauf reagiert. Und sie hat es zum Teil getan. Einerseits entwickelte sich der literatursoziologische Ansatz, der die Anwendung sozialempirischer Methoden und die gesellschaftskritische Durchleuchtung literarischer Werke, d. h. ihre Betrachtung als kulturelle Phänomene mit sozialer und politischer Funktion, einbrachte. Auf der anderen Seite war es die Rezeptionstheorie, die auf eine umfassende Reflexion von Textproduktion und Textrezeption zielte, die aber über abstrakte Begriffsbildungen wie „der Leser", „Produktion", „Rezeption" etc. bestenfalls in Ansätzen hinauskam und daher eine adäquate Erfassung und Erforschung des – im umfassenden Sinn – literarischen Marktes bis heute eher behinderte als förderte.

Dementsprechend richtet sich gerade gegen letztere bzw. gegen ihre Vertreter die Kritik der ideologiekritischen Semiotik, die die Realitätsleere rezeptionsästhetischer Theorie aufzeigt, wie z. B. *Peter V. Zima* in seiner Kritik an *Roman Ingarden*[9]):

> Hier zeigt sich, daß dem Hiatus zwischen Subjekt und Objekt, zwischen Psyche und Erscheinung eine diskursive Trennung der phänomenologischen von der psychologischen Rede entspricht. (Das Werk ist ein Zusammenwirken von Möglichkeiten, die der Leser realisiert.) Die Trennung erklärt sich aus der Tatsache, daß Ingarden die der Schreibweise und Lektüre gemeinsame sozio-historische und semiotische Basis aus seiner Darstellung ausblendet: In seinen Augen ist der Text als Gegenstand *gegeben*, d. h. er geht nicht aus einer historisch bedingten kollektiven Problematik (aus gesellschaftlichen Interessen) hervor, und der Leser ist als „reine Psyche" ein ahistorisches und asoziales Wesen. Der semiotische Prozeß, in dem Text und Leser als zwei einander bedingende *gesellschaftliche Subjekte* erscheinen, deren produktive zeichensetzende Praxis von spezifisch historischen Interessen gesteuert wird, fällt einer Betrachtungsweise zum Opfer, die das literarische Werk als reine Erscheinung (phainomenon) vergegenständlicht und den Leser als reine Psyche isoliert.

---

[9]) *Peter V. Zima:* „Rezeption" und „Produktion" als ideologische Begriffe. In: Textsemiotik als Ideologiekritik. Hgg. von *Peter V. Zima*. Frankfurt/Main (Suhrkamp 1977), S. 282.

In die gleiche Richtung zielt seine kritische Stellungnahme zur Theorie des „Erwartungshorizonts“ von *H. R. Jauß*[10]):

> Theoretiker des *sozialistischen Realismus* haben mit Recht darauf hingewiesen, daß der zentrale Begriff der Jaußschen Rezeptionstheorie, der des *Erwartungshorizonts* (den er bezeichnenderweise der Wissenssoziologie Mannheims entlehnt), einen historisch undifferenzierten, rein formalen Charakter hat. Zwar hebt Jauß die gesellschaftskritische Bedeutung eines von der literarischen Erfahrung bedingten Horizontwandels hervor, vermag aber im Rahmen seiner individualistischen Theorie *die historische Affinität zwischen den sprachlichen Strukturen literarischer Texte und den Wertsystemen gesellschaftlicher Gruppen*)* nicht darzustellen, geschweige denn zu erklären. Über den Leser (ganz allgemein) schreibt er: „Die Erfahrung der Lektüre vermag ihn aus Adaptationen, Vorurteilen und Zwangslagen seiner Lebenspraxis freizusetzen, indem sie ihn zu neuer Wahrnehmung der Dinge nötigt.“ Eine solche Beschreibung des Lesevorgangs läßt unberücksichtigt, daß in der zeitgenössischen Gesellschaft lediglich Randgruppen („des îlots de la vie humaine“, Goldmann) von ganz bestimmten Textsorten zu neuem Sehen angeregt werden und daß die Einbildungskraft der meisten, an kommerzialisierten Stereotypen geschulten Leser längst von dem Kulturbetrieb der herrschenden Konzerne beschlagnahmt wurde.

Aus der Kritik von *Peter V. Zima* wird deutlich, daß die Rezeptionstheorie, die sich weitgehend abgehoben von der literarischen Realität und vom herrschenden Literaturbetrieb entwickelt hat, eben deshalb kein ausreichendes Instrumentarium zur kritischen Erforschung dieser Realität und zur einsichtigen Darstellung ihrer sozialen und politischen Komplikationen und Konsequenzen zur Verfügung stellen kann. Daher ist es auch nicht verwunderlich, daß sich in den letzten Jahrzehnten außerhalb und neben der Literaturwissenschaft neue Theorie- und Analyseansätze entwickelt haben, die man schließlich mit dem Begriff „Medienwissenschaft“ umschrieben hat. Und es ist nur eine logische Folge, daß auch innerhalb der Literaturwissenschaft der Wunsch nach Annäherung der eigenen Forschung an die literarische Realität im Feld der Massenkommunikation auftritt. Sehr deutlich formuliert dies *Werner Faulstich*, der die Erweiterung der Literaturwissenschaft zu einer Medienwissenschaft vorschlägt, die den Literaturbegriff zu einem umfassenden Medienbegriff ausdehnt, um auf diese Weise das gesamte Feld literarischer Produktion und Rezeption im Rahmen der Massenmedien und die daraus entwickelten Theorieansätze und Analysemethoden zu erfassen[11]):

> Die Ablösung der Literaturwissenschaft durch die Medienwissenschaft kann also nur als eine logische Konsequenz dieser Veränderungen begriffen werden. Das aber bedeutet auch: Der zunehmenden Relevanz der elektronischen Medien entspricht eine zunehmende Notwendigkeit einer ihnen sich widmenden Medienwissenschaft – und zwar mit allen Konsequenzen nicht nur innerhalb des Hochschulbereichs als dem Ort der Ausbildung zukünftiger Lehrer und innerhalb des Schulbereichs (apparative Ausstattung, Schulfachabgrenzung etc.), sondern gemäß den Gegenständen selber auch außerhalb: in der Gesellschaft bis über die nationalen Grenzen hinaus. Das heißt exemplarisch etwa: Was der deutschen Literaturwissenschaft als deutsches „Gedicht“ ins Gesichtsfeld geriet, ist der interdisziplinären und internationalen Medienwissenschaft heute der in Amerika produzierte, supranational vermarktete und (auch) in der Bundesrepublik rezipierte Popsong mit ganz spezifischen medialen Eigenheiten und gesellschaftlichen Funktionen, die im Ausbildungssektor und der Gesamtgesellschaft vermittelt werden müssen (siehe Faulstich 1978). *Der Paradigmawechsel hat damit unversehens auch Sprach- und Fach-Barrieren als Scheuklappen entlarvt*)*, die man vor nur wenigen Jahren weder durchdringen konnte noch durchdringen wollte.

---

[10]) Ebd., S. 288. *) Hervorhebung vom Verf. ds.

[11]) *Faulstich* (wie Anm. 3), S. 21 und S. 18 f. *) Hervorhebung vom Verf. ds.

Zunächst sei allerdings noch ein Moment erwähnt, das in der geschichtlichen Entwicklung ebenfalls eine nicht unbedeutende Rolle gespielt hat. In den vergangenen fünf bis acht Jahren vollzog sich die Entwicklung zur Medienwissenschaft *primär* erstaunlicherweise nicht im Bereich universitärer Forschung und Lehre, sondern diese sah sich plötzlich „von außen" überflügelt. Gemeint ist weniger die von der Werbewirtschaft schon früh initiierte und strukturierte Medienforschung mit ihren weniger emanzipativen als kommerziellen Interessen (und hier liegen gleichermaßen Versuchung wie Chance der Medienwissenschaft); gemeint ist vielmehr die *Didaktik* im Schul- und dort insbesondere im Sekundarbereich (vgl. auch Stahl 1976, 176f). Im Zuge der Rahmenrichtliniendiskussionen wurden hier plötzlich etwa für den Deutschunterricht Lernziel- und Stoffkataloge vorgelegt, die bereits interdisziplinär und explizit medienbezogen realisierten, was sich im Umkreis literaturwissenschaftlicher Lehrstühle nur erst als Ahnung bzw. nur sehr vereinzelt durchzusetzen begann. Die ersten Bände beispielsweise der Reihe „Projekt Deutschunterricht" (seit 1971) entsprachen unzweifelhaft einem rapide steigenden Bedarf an der „Basis", sprich: der Praxis eines ihre Funktionen und Erziehungsziele seit Jahrzehnten reflektierenden Unterrichts. Das handelte den Versuchen wissenschaftlicher Medienforschung an der Hochschule bis heute nicht nur den Vorwurf einer „Didaktisierung" (gemeint: Verflachung) ein, sondern zugleich verstärkte es den ohnehin schon in ihrer Gesellschaftsbezogenheit und ihren ersten Verfechtern angelegten pauschalen Verdacht politischer Linkslastigkeit.

Dementsprechend soll im folgenden auch kurz auf diese Ansätze eingegangen werden. Zuvor aber muß noch darauf hingewiesen werden, daß die Gegenwartsliteratur schon seit geraumer Zeit auf die gegenwärtige Situation, d. h. auf die Rezeptions-, Kritik- und Produktionsverhältnisse, reagiert hat.

4. Die Reaktion der Gegenwartsliteratur

In der den gesellschaftlichen Verhältnissen zugewandten engagierten Gegenwartsliteratur, insbesondere auch in der österreichischen, finden sich zahlreiche Darstellungen und kritische Spiegelungen dieser Verhältnisse. Das Bewußtsein von der Abhängigkeit literarischer Produktion, Rezeption und Kritik von den Machtverhältnissen im Medienmarkt ist bei manchen Autoren – so etwa bei *Peter Turrini* oder *Elfriede Jelinek* – so stark ausgeprägt, daß sie auch außerhalb ihrer im engeren Sinn literarischen Produktion durch engagierte Stellungnahmen in Diskussionen, Aufsätzen, Lesungen etc. versuchen, den Menschen die herrschenden Machtmechanismen und auch direkt ihre eigene Rezeptionssituation vor Augen zu führen. Insbesondere *Turrini* wendet sich immer wieder gegen die beliebte Attitüde der Gebildeten, die die Verantwortung für die unbefriedigende Rezeptionssituation der „Masse" und ihrer Beschränktheit, Dummheit und Bequemlichkeit zuschieben will, und weist auf die wahren Ursachen, die durch diese Attitüde verdeckt werden und oft wohl auch verdeckt werden sollen[12]):

> Vergleicht man jedoch Goethe mit Coca-Cola, Handke mit Margarine und beispielsweise Walser mit Groschenheften, so sieht das Bild schon wieder ganz anders aus. In Österreich essen 4,312.000 Menschen Margarine, und nur etwa ein Tausendstel von ihnen kennt Handke. Im deutschen Sprachraum werden jährlich 215 Millionen Groschenhefte gelesen, wie viele dieser Leser kennen ein Stück von Walser? Warum die Coca-Cola-Trinker so viel Margarine fressen und so wenig Handke lesen, kann man nur ergründen, wenn man sich fragt, für wen die Margarine und für wen Handke gemacht wird.
> Margarine wird für die Margarinefresser gemacht. Sie soll wohlschmeckend sein, streichfähig und gut verdaulich. Ebenso die Groschenhefte, die Weißwurst, die Unterhaltungssendungen, die bunten Illustrierten und so weiter. Weil die Mehrheit der Menschen diese Waren konsumiert, spricht man von Massenkonsum und Massenkultur.

---

[12]) *Peter Turrini:* Es ist ein gutes Land. Texte zu Anlässen. Hgg. von *Christa Binder.* Wien (Europa Verlag 1966), S. 29–31.

Dann gibt es ein paar Menschen, die möchten mit dieser Masse nichts zu tun haben. Sie fressen weniger Margarine, lesen kaum Groschenhefte, und über bunte Illustrierte machen sie sich lustig. Diese, wie man sieht, schon etwas reineren Menschen lesen Handke oder konsumieren, ganz allgemein gesagt, Theaterstücke. In Österreich sind das ungefähr 5 Prozent der Menschen, in der Bundesrepublik wird es wohl so ähnlich sein. Welche Theaterstücke diese 5 Prozent konsumieren sollen, bestimmen nicht sie, sondern ihr Vorbeter, der Kritiker. Er ist der Zerberus des Marktes, er bestimmt, was gut und was schlecht ist, was auf den Markt kommt und was nicht.
Fazit: der Margarinefresser ist ein Banause und wird es wohl auch bleiben.
Nicht so der Kritiker. Er hat in den meisten Fällen ein germanistisches Studium hinter sich, wo man zwar alles über die Kunst, aber nichts über die Margarinefresser lernt. Mit solchem Rüstzeug betritt der Kritiker die Kulturredaktion. Da er nichts von den Margarinefressern weiß, kann er sich auch nicht um sie kümmern. Als unabhängiger Mensch hat er immer genug Zeit, um mit seinem Rüstzeug zu spielen.

Wenn *Peter Turrini* hier in kritischer Außensicht schreibt, so wird die individuelle Rezeptionssituation in literarischen Werken in unterschiedlicher Form aus der Innensicht der Personen dargestellt; in *Elfriede Jelineks* „Michael. Ein Jugendbuch für die Infantilgesellschaft“ etwa in Form des distanziert erzählten inneren Monologs[13]):

wirklich wirklichkeit

gerda wünscht sich oft dass einer sie sein letztes eisen im feuer nennt. dass einer hoppauf gerda schreit. dass sie von fernsehkameras erfasst wird. so wie sie es von den schiübertragungen im tv kennt. ihr stil wäre ähnlich dem der französinnen jedoch kraftvoller dünamischer. unglaublich was in diesem zierlichen mädchen alles drinsteckt.
gerda glaubt manchmal sie ist im falschen film. der richtige film muss doch so gehen: BESTZEIT! die reporter umdrängen gerda dass man nichts mehr von ihr sieht. filmkameras surren. riesenaufregung. wer ist der elegante herr mit den grauen schläfen im zielraum? keiner kennt ihn. gerda eilt zu ihm und wirft sich ihm in die arme. einer aus der meute der lästigen reporter sagt das ist doch koester. koester der reiche fabrikant. jaja stimmt. er ist es! hoch koester hoch gerda! sie soll einmal seine angestellte gewesen sein. jetzt ist sie berühmt. jetzt ist er ihr freund und ständiger begleiter. bravo koester bravo gerda! der hochgewachsene industrielle setzt eine sonnenbrille auf und schirmt das mädchen gegen die neugierigen reporter ab. bitte um ein interview. bitte bitte.

Bei *Gernot Wolfgruber* werden ähnliche Situationen in episch-narrativer Darstellung der individuellen Lesebefindlichkeit wiedergegeben[14]):

Ich lese einen der Liebesromane, die meine Tante auf dem Nachtkästchen aufgestapelt hat. Es geht um ein Paar, das sich auf einem Ball kennengelernt und *unsterblich* ineinander verliebt hat. Plötzlich stellt sich heraus, daß sie Bruder und Schwester sind. In den Kriegs- und Nachkriegswirren haben sie einander als Kinder verloren und nun als Erwachsene wiedergefunden. (Das Mädchen versteht nicht, wie es die *Stimme des Blutes mit der Stimme der Liebe* verwechseln konnte.) Obwohl ich unbedingt wissen möchte, *wie die Geschichte ausgeht*, muß ich zu lesen aufhören, weil es schon ziemlich spät ist; ich kann sonst morgen überhaupt nicht aus dem Bett. Ich schlafe schlecht in dieser Nacht. Das *Schicksal* des Paares beschäftigt mich. Auch den ganzen folgenden Vormittag muß ich dran denken: Ich überlege, was passieren müßte, damit die beiden sich doch noch bekommen. Aber ich sehe keinen *Ausweg*. Immer wieder versuche ich, mir doch noch ein *Happy End* zu konstruieren. Aber für Bruder und Schwester gibt es nur eins: *Entsagung*. Ich würde mich aufhängen, denke ich, an dem seiner Stelle würde ich mich

---

13) *Elfriede Jelinek:* Michael. Ein Jugendbuch für die Infantilgesellschaft. Reinbek (Rowohlt 1972), S. 27.

14) *Gernot Wolfgruber:* Auf freiem Fuß. München (Deutscher Taschenbuch Verlag 1975), S. 53 f.

aufhängen. Oder in ein anderes Land gehen, um zu vergessen. Franky fragt, warum ich heute so dreinschaue. Heute sage ich, freut michs Leben nicht. Aber ich sage ihm nicht warum. (Natürlich waren sie dann gar nicht Bruder und Schwester. Sie war bloß adoptiert. Ich war sehr enttäuscht.)

In Form des Schauspiels stellt etwa *F. X. Kroetz* unter anderem dar, wie der Bedürfnishaushalt der Menschen durch Fernsehen und Lektüre von Zeitschriften, Prospekten etc. ständig beschäftigt und veräußerlicht wird. Ein Motiv im Stück „Oberösterreich" ist etwa das Wachrufen unerfüllbarer Wünsche als Ersatzerlebnis bis hin zum Selbstvergessen, wie etwa folgender Gesprächsausschnitt nach der Samstagabend-Sendung „Wünsch dir was" zeigt[15]):

ANNI: Ich möchert schon einmal nach Wien!
HEINZ: Gfallt er dir der Schönherr?
ANNI: So mein ich es ned, bloß anders.
HEINZ: Weils etwas ham die zwei was einem imponiert und mitreißt. Man vergißt sich selber ganz. Das ist das Schöne daran, was Mut macht.
ANNI: (lächelt): Genau.

Gemeinsam ist allen diesen Autoren, daß sie sich nicht über die Schwachen lustig machen. Die Ironie der Darstellung ist, wo sie auftritt, von ungeheurer Ernsthaftigkeit und richtet sich eben dadurch gegen jene Machtstrukturen, von denen diese Menschen abhängig sind. Sie zeigen, wie über die Medien und ihre Botschaften ständig Identität systematisch und gewissermaßen auf freundliche und angenehme Weise und daher unbemerkt und verdeckt zerstört wird. In der Kritik gegen solche Zerstörungsprozesse liegen diese Autoren auf einer Linie mit den Versuchen kritischer und sozialempirisch fundierter Medientheorie, diese Prozesse zu formulieren und damit bewußt zu machen, wie z. B. bei Negt/Kluge[16]):

. . . die Zerstörung der Identität der während des Lebensprozesses erworbenen Erfahrung. Diese Erfahrung ist eingeteilt in die von Kindern, von Heranwachsenden, die die Schule besuchen, und von Erwachsenen, die im Produktionsprozeß stehen. Jeder dieser Erfahrungszyklen ist gegen den anderen abgetrennt. In gewissem Sinne negiert die Schulerfahrung jene Erfahrungen, die das Kind in der Familie gemacht hat, und löst sie aus ihrer Verankerung; für den Erwachsenen ist wiederum die Schule ein Trauma, der Rückfall in kindliches Verhalten dagegen verboten. Die tatsächlich während des gesamten Lebensprozesses sich akkumulierende Erfahrung kann so in ihrer Kontinuität nicht aufgegriffen werden.

Was man als realistischer Mensch empfinden, ausdrücken, mitteilen darf, wird über die Verkehrsformen des Produktionsbetriebs, des Alltagsverhaltens und vor allen Dingen über die Massenmedien erlernt oder geprägt. Was von diesem Überbau der Erfahrung negiert wird, müßte eine unerhört starke Natur oder ein kindliches Selbstbewußtsein haben, um sich gegen den gesellschaftlichen Druck aufrechtzuerhalten, in welchem dem Arbeiter die von ihm selbst unbewußt-kollektiv mitproduzierte Öffentlichkeit gegenübertritt.

Damit ist zugleich der Bezug zur Schulrealität hergestellt, die auch heute noch vielfach von der Ausblendung täglicher Erfahrung gekennzeichnet ist, womit der genannte Identitätsverlust institutionell vorbereitet wird. Um dies zu verhindern, muß die auf „Lerngegenstände" gebündelte schulische Weltsicht – oder besser gesagt „Weltnicht-

---

15) *Franz Xaver Kroetz:* Oberösterreich. Frankfurt/Main (Suhrkamp 1972), S. 11.
16) *Oskar Negt, Alexander Kluge:* Öffentlichkeit und Erfahrung. Zur Organisationsanalyse von bürgerlicher und proletarischer Öffentlichkeit. Frankfurt/Main (Suhrkamp 1977), S. 63 f.

sicht" – aufgebrochen werden, im Sinn einer Erweiterung des Blickes. Im Deutschunterricht ist es die Erweiterung des literarischen Blickes und damit des Literaturbegriffs: Die Schüler müssen begreifen, daß das, was immer sie lesen, Literatur ist, und sie sollen begreifen lernen, was diese Literatur für ihr Bewußtsein, für ihre Wünsche, Gedanken und Haltungen bedeuten kann. Die Voraussetzung dafür ist eine Erweiterung des literarischen Blickes beim Lehrer, von dessen Bewußtsein die Schüler in hohem Maß abhängig sind. Diese Erweiterung soll daher Thema der restlichen Abschnitte sein, und zwar auf drei Ebenen: Erweiterung im Bereich des Thematischen, des Analytischen und des Verhaltens im Umgang mit Literatur.

5. Erweiterung im Bereich des Thematischen

Das umfassende Thema ist das Feld der Massenkommunikation. Und es geht um umfassende und grundlegende Informationen über die Verhältnisse und Vorgänge in dieser Produktions- und Rezeptionslandschaft, in die die Existenz des einzelnen eingebettet ist. Hier gibt es in der Ausbildung der Germanisten und zukünftigen Deutschlehrer gravierende Mängel; es ist zuwenig, wenn gelegentlich Lehrveranstaltungen im Freifächer-Zusatzprogramm stattfinden oder wenn das eine oder andere Mal etwas über Medienerziehung in der Schule angeboten wird. Der Bereich der Massenmedien ist längst von so fundamentaler Bedeutung für die Menschen, für ihren Informations- und Meinungsstand, für ihre private und öffentliche Handlungsfähigkeit geworden, daß er zu einem grundlegenden Bestandteil universitärer Ausbildung gemacht werden müßte. Dabei geht es nicht einfach um pragmatische Sachinformation, um abprüfbaren „Stoff" also, sondern um Information als Grundlage für die Bewußtmachung gesellschaftlicher Interessen und Vorgänge, um Aufklärung über die Situation des Individuums in diesem Interessennetz als Voraussetzung für die Erkenntnis und Einschätzung der eigenen Lebensinteressen und für daraus resultierendes bewußtes gesellschaftliches Verhalten und Handeln.

Wesentlich ist zunächst die umfassende Information über den Markt der Massenmedien, über die Eigentums-, Macht- und Herrschaftsverhältnisse in den marktbeherrschenden und marktlenkenden Institutionen, über die Produktionsbedingungen und ihre Auswirkungen auf Inhalt und Formen der Produkte. Wie massiv diese Herrschaftsverhältnisse vorhanden sind und wirken, wird z. B. von *Dieter Prokop* deutlich herausgearbeitet[17]):

1. Das Problem monopolistischer Medienproduktion (und Konsumation) liegt a) in der damit verbundenen Verstärkung der bürokratischen Kontrolle des technischen, künstlerischen und journalistischen Personals, b) in der damit gegebenen Verminderung der sozialen, politischen und ästhetischen Qualität der Produkte und c) in der daraus resultierenden selektiven Art der Aufnahme von Publikumsbedürfnissen.
2. Monopolistische Produktion bedeutet die Unterordnung des journalistischen, künstlerischen und technischen Personals unter die Befehlsgewalt des nach ökonomischen Gesichtspunkten – worunter auch politische Rücksichtnahme fällt – kalkulierenden Managements. Die Erstellung von nach Vorschriften vorausbestimmbaren Leistungen wird mittels spezifischer Zwangsmittel (hohe Bezahlung, spezifische Vertragsverhältnisse, schwarze Listen) und durch hierdurch bewirkte selbstselektive Tendenzen garantiert.
3. Monopolistische Produktion bedeutet die Ausschaltung kleinerer Anbieter, die für begrenzte Rezipientengruppen produzieren. Was die Bedürfnisse, Interessen und Erfahrungen des Publikums betrifft, so hat dies die Ausrichtung und Standardisierung der Produkte auf die beim breiten, kaufkräftigen Teil des Publikums vermuteten Präferenzen und in diesem Publi-

[17]) *Dieter Prokop:* Anmerkungen zur Produktanalyse. In: Massenkommunikationsforschung. Band 3: Produktanalysen. Hgg. von *Dieter Prokop*. Frankfurt/Main (Fischer Taschenbuch Verlag 1977), S. 20 f.

kum auf klar umrissene, invariante, starr angesprochene Zielgruppen (Publikumstypen, gebildet nach Schicht-, Alters- und Präferenzmerkmalen) zur Folge. Durch vielfältige Mittel schaffen die Konzerne bei diesen Gruppen eine allgemeine, entspezifizierte „Rezeptivität", wobei sie auf bestimmten, regressiven Strukturen im Publikumsbewußtsein aufbauen.

Diese Institutionen und Mechanismen sind für den Rezipienten in ihrer Auswirkung auf das, was ihm zur Rezeption angeboten wird, zunehmend undurchschaubarer geworden, da mit der zunehmenden Differenzierung der Gesellschaft und der technischen Kommunikationsmittel zu den ursprünglichen direkten Formen der Vermittlung von Literatur (Theater, Sängervortrag etc.) mehr und mehr indirekte Formen traten; und mit ihnen entstanden und differenzierten sich die verschiedenen Vermittlerinstitutionen (Verlage, Medienkonzerne, private und öffentlich-rechtliche Medienanstalten mit Gremien, Verflechtungen, finanziellen Abhängigkeiten, institutionell abgesicherten ideologischen und kapitalistischen Einflußmöglichkeiten etc.).

Von diesen Machtverhältnissen werden die Gestaltungs- und Wirkungsmechanismen der Medien in ihrem Verhältnis zur sozialpsychologischen Situation der Rezipienten wesentlich geprägt, d. h. sie dienen weitgehend den medien-, wirtschafts- und gesellschaftspolitischen Zielen der Institutionen und Medienmacher. *Dieter Prokop* skizziert dies folgendermaßen[18]):

6. Die institutionellen Muster sind nicht Spiegel der Bedürfnisse, auch nicht des „verzerrten Bewußtseins" der Rezipienten. Sie sind fetischartig verselbständigtes Gesamtergebnis a) der Kalkulation auf die universalsten Merkmale der Konsumenten, b) der strukturellen Lage der Konsumenten: ihrer relativen Isolation in Familiengruppen, *peer groups*, etc., ihrer relativen Deprivation, fehlender Artikulationschancen in der Öffentlichkeit und c) der Koordinationsfunktion, die die Oligopolisten und Monopolisten in diesen Strukturen besitzen.
7. Die Chancen fortgeschrittener Bedürfnisbefriedigung, die Großorganisationen mit entwickelter Technik, mit der Akkumulation technischen, künstlerischen und journalistischen Potentials, mit überregionaler Distribution bieten, werden bei oligopolistischer bzw. monopolistischer Marktform wenig genutzt. Die Produkte entstehen nach den „Sachzwängen" der bürokratischen Organisationsstruktur und der Wirkung.

Auf diesem Hintergrund üben die gesellschaftlichen Supersysteme wie Staat, Parteien, Kirche, Wirtschaft einen permanenten Einfluß auf die literarische bzw. mediale Vermittlung und damit auf das Bewußtsein der Rezipienten aus, so etwa im Bereich grundlegender existenzieller Werturteile (z. B. was im Bereich zwischenmenschlicher Beziehungen erlaubt bzw. erwünscht ist und was nicht, wer rechtmäßig Gewalt ausüben darf und wer nicht etc.). Dergestalt kann nicht nur vermittels gelenkter Sachinformation, sondern auch über Unterhaltungsliteratur – wie das Beispiel *Konsalik* gezeigt hat – gezielte politische Meinungslenkung betrieben werden. Darüber hinaus dient die Phantasiewelt der Unterhaltungsliteratur auch zur Ablenkung der Menschen von den unbefriedigenden Lebensumständen und kann so zur Verhinderung von Kritik an herrschenden Machtverhältnissen eingesetzt werden.

Betrachtet man die massenmediale Landschaft aus der Perspektive dieses erweiterten Literaturbegriffs, so wird die Funktion der Gegenwartsliteratur im engeren Sinn für den Rezipienten faßbar, besonders dort, wo sie sich mit dieser Landschaft kritisch auseinandersetzt, sich ihr widersetzt, ihr Widerstand leistet. Denn dann bedeutet „Literatur lesen" für den Rezipienten nicht, sich in einen erhabenen geistigen Raum absetzen, der von der niederen Realität abgehoben ist, sondern im Gegenteil sich dieser Realität von einem Standpunkt geistiger Distanz aus stellen, sie durchschauen lernen, sich selbst als Individuum mit vitalen Interessen begreifen, das Konflikte und Probleme

---

[18]) Ebd., S 22 f.

bearbeiten und bewältigen soll. So gesehen erweist sich ein enger Literaturbegriff, der etwa Texte unter dem Namen „Schöne Literatur“ von der Realität in einen autonomen Ideen- und Idealraum abdrängt, als entpolitisierend und den individuellen Interessen der Menschen zuwiderlaufend.

Dieser enge Literaturbegriff ist durch ein jahrhundertealtes Denk- und Erziehungssystem längst allgemein internalisiert und daher sehr schwer aufzubrechen. Er wird darüber hinaus durch gezielte gesellschaftliche Machtmechanismen weiter am Leben gehalten. Dementsprechend müssen Theaterregisseure, die bestimmte Stücke aufführen wollen, oder Lehrer, die bestimmte literarische Werke im Unterricht präsentieren, auf heftige, zumeist institutionell ausgelöste oder geschürte Reaktionen und Angriffe gefaßt sein. Der grundlegende emotionale Ausdruck dieser Reaktionen ist immer wieder die Empörung ohne rationale Kontrolle, die daher gezielt ausgelöst, gefördert und gerichtet werden kann, die allein schon dadurch zur Existenz gebracht werden kann, daß ihr Vorhandensein behauptet wird.

Demgegenüber ist fundierte Information über Literatur und Literaturbetrieb, über Medien und Medienbetrieb eine wesentliche Voraussetzung für einen freieren Umgang mit Literatur und damit für einen umfassenderen Literaturbegriff, in dessen Rahmen vieles, und vielleicht auch alles möglich ist, weil man dann auf literarische Äußerungen und Erscheinungen nicht mit blinder Empörung reagieren muß, weil man sich nicht ausschließlich von anderen sagen lassen muß, wie man sie zu beurteilen und zu behandeln hat, sondern weil die Rezipienten in einem solchen Denk- und Handlungsfreiraum den Akt der Beurteilung und Einordnung selbst in Bezug auf ihre eigenen individuellen und gesellschaftlichen Interessen rational leisten könnten. Auf dieses Bild hin – das freilich auf Grund der herrschenden gesellschaftlichen Verhältnisse derzeit ein Wunschbild ist – schreiben die in diesem Beitrag schon genannten Gegenwartsautoren.

6. Erweiterung im Bereich des Analytischen

Fundierte Sachinformation ist der erste Schritt auf diesem Weg. Der nächste Schritt muß – das ergibt sich schon aus der Wunschvorstellung des letzten Absatzes – das Hinführen der Rezipienten zur selbständigen Auseinandersetzung mit der Art ihrer eigenen Rezeption und mit den Inhalten und Formen der Rezeptionstexte sein. Die herkömmlichen literaturwissenschaftlichen Analysemethoden und poetologischen Begrifflichkeiten helfen ihnen dabei wenig, ebenso die sozialempirischen Untersuchungsmethoden. *Dieter Prokop* macht dies deutlich[19]):

> Machen wir uns einmal die Perspektive des Verbrauchers, des „Normalverbrauchers“ zu eigen: Diesen interessiert nicht so sehr, wieviel Polizisten in den Filmen der letzten zwei Jahrzehnte vorkamen und ob sie als gute oder böse Menschen dargestellt waren. Ihn interessiert auch nur am Rande die beliebte Auszählung von berufstätigen und nichtberufstätigen Frauen und deren Vergleich mit der realen Häufigkeitsverteilung. Den Konsumenten interessiert aber auch nicht jene Kritik, die „Ideologie entlarvt“ und die gern Unterhaltung zugunsten von Information und Lernkultur, von Politökonomie und Schautafel eliminieren möchte. Für die Mehrzahl der Rezipienten, in deren Medienrezeption ja nicht ein wissenschaftliches Interesse dominiert, sondern die (vom System der Arbeit, der Struktur und regenerativen Funktion der Freizeit, der bestehenden repräsentativen Struktur der Öffentlichkeit etc. beeinflußt) „naiv“ fernsehen, Filme betrachten, Comics lesen, Radio hören, Zeitung lesen, müssen die Produkte „interessant“ sein. Sie dürfen nicht langweilig sein – obwohl die Rezipienten auch in hohem Ausmaß bereit sind, sich zu langweilen und zu dösen. Die Produkte müssen faszinieren. Es muß Sensationen geben, sportliche Kämpfe, Witz, Zotiges, Frivoles, häufig auch Autoritäres. Diese Bedürfnisse verraten regressive Fixierung, häufig auch ein Desinteresse an Qualität, an Auseinandersetzung. Aber es gibt in den beliebtesten und am häufigsten konsumierten Massenpro-

---

[19]) Ebd., S. 9 f.

dukten eine inhaltliche und formale Substanz, der weder formale Auszählung noch Ideologiekritik gerecht wird. Sie hat produktive, lebendige, aufregende Aspekte: In ihnen werden gelegentlich künstlerische und journalistische Fähigkeiten und Techniken entwickelt, Werte in Frage gestellt. Und sie hat zu einem beträchtlichen Teil unproduktive, schematische, ewig sich wiederholende, von Kontrolle geprägte Momente. Diese „Substanz" der Medienprodukte herauszuarbeiten, Material hierfür zu präsentieren, ist die Absicht dieses Readers.

Natürlich muß die Literaturwissenschaft über den begrenzten Horizont des „naiven" Rezipienten hinaus blicken. Wenn sie es aber im Hinblick auf die Interessen der Rezipienten tun will, dann muß sie ihr eigenes Analyseinstrumentarium durch Übernahme analytischer Methoden ergänzen, die im Bereich der Massenkommunikation, insbesondere auch auf dem Boden der kritischen Theorie entstanden sind, als Werkzeug für die permanente Analyse von Produktionsbedingungen und -strategien, Veröffentlichungs- und Verteilungsmechanismen, als Werkzeug auch der Darstellung des Zusammenhangs zwischen sozialer Situation und Bedürfnisstruktur der Rezipienten, zwischen Rezeptionsgewohnheiten, Wirkungsmechanismen und der daraus resultierenden inhaltlichen und formalen Gestaltung von Medienprodukten. Zusammengefaßt heißt das: Sie muß sich mit den Methoden der Produktions-, Rezeptions- und Produktanalyse, bezogen auf die jeweils gegenwärtige Medienproduktion und -distribution, beschäftigen. Der Begriff „Gegenwartsliteratur" bekommt vor diesem Hintergrund eine neue, umfassende Dimension und sollte auch in diese Richtung genauer reflektiert und definiert werden. Aufgabe der Didaktik wäre es dann, die Verbindung der wissenschaftlichen Fassung des Begriffs und der wissenschaftlichen Analysemethoden mit der Rezeptionswirklichkeit herzustellen, wobei der Informations- und Erkenntnisfluß keineswegs nur in eine Richtung fließen muß.

Im Zusammenhang damit muß man sich auch Gedanken über eine neue Poetologie für die massenmedialen Produkte machen, die über die traditionellen Einteilungs- und Klassifizierungskriterien der Literaturwissenschaft hinausgeht und die vielfältigen Erscheinungs- und Präsentationsformen von Literatur adäquat erfaßt. Dabei spielen inhaltliche Gesichtspunkte, Erzählmotive etc. eine besondere Rolle[20]), aber auch Formen der Medienpräsentation, ein Kriteriensystem, das *Werner Faulstich* etwa als Grundlage für die „Kritischen Stichwörter Medienwissenschaft" nimmt.[21]) Durch die integrative Anwendung verschiedener Kriteriensysteme, die vor allem auch die tatsächlichen Bedürfnisse, die der Rezeption zugrunde liegen, und die tatsächlichen Produktions- und Distributionsformen berücksichtigen, kann man zu einer differenzierteren, situationsadäquaten und rezipientennahen Einschätzung literarischer/medialer Produkte und ihres sozialen und literarisch-sprachlichen Stellenwertes gelangen.

Auf dieser Grundlage muß auch auf eine Befreiung der Analyseprozesse von präformierten Wertungssystemen zugunsten einer sachzugewandten und interessenorientierten Beurteilung literarischer Produkte hingearbeitet werden. Im besonderen geht es dabei um die Überwindung des fest verwurzelten dualistischen Denk- und Beurteilsmodells, in dem Literatur in die sogenannte „hohe", „schöne", „ernste" Literatur

---

[20]) Bei *Georg Seeßlen, Bernt Kling* (wie Anm. 5) dienen inhaltliche Genres als lexikalische Gliederungsstruktur: Western, Science Fiction, Horror, Crime, Abenteuer, Komik, Romanze, Heimat und Familie, Sport und Spiel, Sex. Die einzelnen Artikel innerhalb der Genre-Gruppen sind nach medienimmanenten Gesichtspunkten ausgewählt. – Und *Rudolf Schenda* (Volk ohne Buch. Studien zur Sozialgeschichte der populären Lesestoffe 1770–1910. München: Deutscher Taschenbuch Verlag 1970) verwendet zur Klassifizierung literarischer Produkte neben konkreten Formen populärer Lesestoffe allgemeine Themen, Erzähltypen und Erzählmotive, Stereotypen und Requisiten sowie auch sprachliche Formeln und Schemata.

[21]) *Faulstich* (wie Anm. 3): Brief, Buch, Fernsehen, Film, Heftchen, Hörfunk, Medium, Plakate, Schallplatte/Tonband, Theater, Zeitschrift, Zeitung.

(E-Literatur) und die „oberflächliche", „seichte", „angepaßte" Unterhaltungsliteratur (U-Literatur) geteilt wird. Diese Teilung ist keine sachliche, sie ist eine extrem unsachliche, da z. B. alle angeführten adjektivischen Merkmalbegriffe austauschbar sind und jedenfalls nichts zu einer sachgemäßen Beschreibung der einen oder der anderen Literatur„welt" beitragen. Diese Teilung ist vielmehr eine extrem wertende, die von vornherein den Wert oder Unwert literarischer Produkte behauptet, ohne sie auf ihren Sachgehalt hin untersucht zu haben. Sie produziert und erhält dementsprechend Vorurteile und ihre fatalen Auswirkungen: Ablehnung der Lektüre von Produkten bzw. Produktgruppen, ohne sie zu kennen, schlechtes Gewissen bei der Rezeption von Produkten, die man gerne liest, hört und sieht, und vor allem eine fundamentale Entfremdung der meisten Rezipienten von jener Gegenwartsliteratur im engeren Sinn, die ihnen ihre Situation darstellen und bewußt machen könnte, vor der sie aber als „hoher" Literatur eine unüberwindliche Schwellenangst haben und gegen die sie notfalls mit Leichtigkeit auch in Empörung versetzt werden können, weil sie ihnen unbekannt ist und weil sie keinen Bezug dazu haben. Hier erweist sich der herkömmliche enge Literaturbegriff vielleicht am deutlichsten als Hindernis der Aufklärung und des befreienden Umgangs mit Literatur.

An die Stelle dieses dualistischen Wertungsmodells müßte also eine sachlich orientierte und funktional definierte Systematik treten, die von den Produktionsvoraussetzungen, den Distributionsformen und den Rezeptionsweisen ausgeht. Auf dieser Grundlage könnte ein literarisches Schichtenmodell aufgebaut werden, das die Werke nach ihrer sprachlichen Eigenart, ihrer gesellschaftspolitischen Ausrichtung und ihrer Lesewirkung in der Verflechtung von Erkenntnis und Unterhaltung klassifiziert. Die Aufgabe des dualistischen Modells bedeutet also nicht Verzicht auf Wertung, sondern im Gegenteil die Vertiefung von Wertungsprozessen als Ergebnis sach- und interessenorientierter Untersuchung. Oder polemisch zugespitzt formuliert: Man ist nicht zuerst über ein Medienprodukt empört oder begeistert; und man wartet nicht darauf, was der oder jener Kritiker, Wissenschaftler, Meinungspapst etc. dazu sagt, sondern man liest es zuerst oder sieht es sich an und redet dann darüber.

7. Erweiterung des Verhaltens im Umgang mit Literatur

Und damit ist der dritte notwendige Schritt angesprochen, der wesentlich zu einer weiten Auffassung des Literaturbegriffs gehört bzw. ohne den ein erweiterter Literaturbegriff nicht das richtige Fundament findet. Wenn Literatur nicht einfach der im literarischen Produkt festgelegte Text, sondern lebendige Kommunikation zwischen Autor und Rezipienten ist, ist die Aufnahme, Beurteilung und Interpretation durch den Rezipienten ein wesentlicher Bestandteil des literarischen Prozesses. Damit sich dies jedoch auch äußern kann, bedarf es entsprechender Gesprächssituationen. Dem stehen jedoch die herrschenden Interpretationspraktiken entgegen, die von einer hierarchischen Ordnung der Aussagen von den Literaturwissenschaftlern und professionellen Literatur- und Medienkritikern abwärts geprägt ist, einer Ordnung, der die meisten Rezipienten mit gläubiger Bereitschaft oder aber mit Desinteresse begegnen. Der individuelle Mensch mit seiner, und sei es noch so fehlerhaften, Auffassung und Reaktion wird als Teilhaber an Literatur als Prozeß zu wenig beachtet und weitgehend unterschätzt. Dies äußert sich in der universitären und schulischen Praxis zum Beispiel darin, daß individuelle Deutungs- und Interpretationsversuche nicht beachtet oder auch als willkürlich oder als Ausdruck von Bequemlichkeit abgewertet werden, daß Studenten und Schülern bereits festgelegte Interpretationen vorgelegt werden, ohne daß sie ausreichend Gelegenheit haben, sich selbst ein Bild von einem literarischen Produkt zu machen. In der öffentlichen Literaturkritik äußert sich dies – wie schon erwähnt – darin, daß sich Kritiker über Publikumsreaktionen lustig machen – eine defizitäre Kommunikationsform auch dann, wenn sie recht haben. Im Zusammenhang mit diesen Praktiken herrschen vielfach Redeweisen vor – von terminologischer Unverständlichkeit bis zum Zynismus –, die die freie Verständigung erschweren und oft endgültig abtöten, die also die Nichtprofessionellen zum Schweigen bringen.

Wenn man aber an Literatur als lebendigem Prozeß interessiert ist, dann muß man gerade im Gegenteil jene, die bereit sind, sich daran zu beteiligen, zur Sprache bringen. Was sie über ihre Rezeption, über Gelesenes, Gehörtes, Gesehenes, über ihre Rezeptionswünsche sagen, ist ein wesentlicher Bestandteil von Literatur; erst wenn dies zugelassen wird, erhält auch die fachliche Kompetenz der professionellen Wissenschaftler und Kritiker die ihr zukommende Substanz und Qualität und damit auch ihre Wirkung. Daher müssen jene, die professionell Werturteile abgeben oder die zu diesem Zweck Gesprächs-, Diskurs-, Interpretationsprozesse organisieren, ständig ihr eigenes Handeln auf die Frage hin reflektieren, wieweit jene, denen sie etwas vermitteln wollen, in diesem Vermittlungsprozeß überhaupt vorkommen bzw. vorgesehen sind. Dies gilt gleichermaßen für Universität, Schule und Fortbildungsveranstaltungen. Grundlegende Gesichtspunkte dafür sind:

- Alles ist interessant, was Rezipienten interessiert.
- Wichtig ist, wie die einzelnen Menschen literarische Produkte rezipieren, wie sie auf Texte reagieren.
- Wenn jemand in seiner Rezeption über den Horizont bestimmter Produktgruppen nicht hinauskommt, dann ist dies nicht unbedingt von ihm selbst verursacht.
- Ein wichtiger Faktor ist die Lesefähigkeit, im besonderen die Unzulänglichkeiten, die sich dabei feststellen lassen.
- In der Regel ist jeder gerne bereit, Gespräche über Lektüre und andere Formen der Rezeption zu führen und Anregungen aufzunehmen, wenn er merkt, daß man ihn, so wie er ist, ernstnimmt.

Auf dieser Basis kann es gelingen, Interesse und Gesprächsbereitschaft auch für Bereiche der literarischen Rezeption zu wecken, zu denen die Beteiligten bisher keine Beziehung hatten oder die ihnen überhaupt unbekannt waren.

Erweiterung des Literaturbegriffs heißt also vor allem auch Erweiterung literarischer Vermittlungsprozesse zum freien Gespräch über Literatur, bedeutet Hindurchgehen durch alles, was gelesen, was überhaupt über Medien aufgenommen wird. Gelingt dies, ist allein schon die Form des Diskurses ein Akt der Aufklärung und des Widerstandes gegen jene Formen öffentlicher, halböffentlicher und privater Strategien, die zur mehr oder weniger gewaltsamen Durchsetzung von Interpretationen und zur Lenkung von Meinungen eingesetzt werden. Die Organisation freier Gesprächsprozesse darf daher nicht ein methodischer Trick sein, mit dessen Hilfe der Vermittelnde etwas noch effektiver erreichen will – dies wäre ein Rückfall in machtbestimmte Diskursformen; solche Interpretationsprozesse werden von den Schülern auch abgelehnt –, sondern grundlegende Haltung, aus der heraus der Vermittelnde seine Fachkompetenz dazu nutzt, um jene Freiheit zu schaffen, in der Literatur gedeihen kann; eine Freiheit, in der nicht schon Interpretationen von vornherein festgelegt sind; in der alle Beteiligten am Zustandekommen von Interpretation mitwirken können; in der nach Möglichkeit sich alle frei – d. h. ohne Angst, wegen ihrer Äußerungen verletzt zu werden, und ohne steife Abwehrhaltungen – äußern können; in der gemeinsame Strategien zur Lösung von Konflikten eingesetzt werden; in der jeder Standpunkt akzeptiert wird und jedes Engagement Interesse findet. Auch dies ist noch immer Wunschdenken – aber es wäre ein Weg zu einem weiten Feld des Interesses an Literatur.

Johann Holzner

Traditionsketten und Traditionsbrüche im Literaturbetrieb der Provinz

Entwurf einer Unterrichtssequenz

Mit einer Analyse des Theaterstückes „Kein schöner Land“ von Felix Mitterer und Bemerkungen zur Umgestaltung des Kanons im Literaturunterricht

Da der alte Kanon aufgelöst, jedenfalls längst nicht mehr obligatorisch ist und angesichts der gegenwärtigen kulturpolitischen Situation die Verordnung eines neuen verbindlichen Kanons nicht erwartet werden darf, ergibt sich derzeit die Gelegenheit, die verschiedenartigsten Unterrichtssequenzen zu arrangieren. Man kann das begrüßen, wird doch dadurch der Freiraum der Lehrenden und Studierenden beträchtlich größer denn je zuvor. Man kann das bedenklich finden, denn wo alle Götter gleich verehrt werden, dort wird in Wahrheit kein Gott ernst genommen, wo alles gleich gültig ist, dort wird leicht alles gleichgültig. Man ist in jedem Fall verpflichtet, alle Literaturunterrichtssequenzen, welche auch immer man erstellt, umständlich zu begründen.

Als Ausgangspunkt des folgenden Entwurfs einer Unterrichtssequenz über Traditionsketten und Traditionsbrüche im Literaturbetrieb der Provinz bietet sich ein Auszug aus *Thomas Bernhards* „Theatermacher“ an.

> Österreich
> Verkommen
> ist das richtige Wort
> Verludert
> ist der richtige Ausdruck
> [. . .]
> Ein Tirolisches
> in meinem Wesen
> auch etwas Perverses
> Österreich
> grotesk
> minderbemittelt
> ist das richtige Wort
> unzurechnungsfähig
> ist der richtige Ausdruck
> [. . .]
> Ein durch und durch stumpfsinniger Staat
> von durch und durch stumpfsinnigen Menschen
> bevölkert
> Gleich mit wem wir reden
> es stellt sich heraus
> es ist ein Dummkopf
> gleich wem wir zuhören
> es stellt sich heraus

Johann Holzner, Dr. et Mag. phil., Univ.-Doz. für Neuere deutsche Sprache und Literatur und Oberrat am Institut für Germanistik der Universität Innsbruck.

es ist ein Analphabet
sie seien sozialistisch
sagen sie
und sind doch nur nationalsozialistisch
sie seien katholisch
sagen sie
und sind doch nur nationalsozialistisch
sie seien Menschen sagen sie
und sind nur Idioten

Der Theatermacher, der so und mehr oder weniger ununterbrochen so räsonniert, ist selbst nur ein Idiot, ein Narr, unmißverständlich als solcher auch gezeichnet.[1]) Es läßt sich also, was er in seiner ungeheueren Suada behauptet, von vornherein keineswegs für bare Münze nehmen. Mehr noch: In einem anderen Zusammenhang, als wäre die Struktur des Stückes nicht hinreichend verständlich, wird die Figur des Theatermachers von *Bernhard* bzw. einem seiner Erzähler ausdrücklich beschimpft, ja bloßgestellt. „Der Österreicher ist der geniale Vormacher, der genialste Theatermacher überhaupt", keppelt Reger, die Hauptfigur in dem Roman „Alte Meister", nicht ohne hinzuzufügen: „er macht alles vor, ohne es jemals in Wahrheit zu sein, das ist das Allercharakteristischste an ihm".[2]) Allerdings ist Reger, wenn man so will, ebenfalls ein Narr; und vielfach denkt er oder äußert er sich ganz ähnlich wie der Theatermacher:

> „Der Österreicher ist mit großer Wahrscheinlichkeit der gefährlichste Mensch überhaupt, gefährlicher als der deutsche, gefährlicher als alle anderen Europäer, der Österreicher ist unbedingt der allergefährlichste politische Mensch, das hat die Geschichte bewiesen und das hat ja auch immer wieder das größte Unglück in Europa und tatsächlich sehr oft in die ganze Welt gebracht. Einen Österreicher, der immer ein gemeiner Nazi oder ein stupider Katholik ist, dürfen wir als noch so interessant und einzigartig empfinden, an das politische Ruder dürfen wir ihn nicht lassen [. . .] denn ein Österreicher am Ruder steuert unweigerlich immer alles in den totalen Abgrund."[3])

Mancher Leser wird es dabei bewenden lassen festzuhalten, daß diese Narren nichts anderes als Wahnvorstellungen artikulieren. Es gibt indessen ein altes Sprichwort: Kinder und Narren reden die Wahrheit. Von da her kommt als einzig adäquate wohl nur eine kreative Rezeption in Frage, die den Sermon der *Bernhard*schen Figuren zunächst ernst nimmt, kritisch prüft und schließlich nachfragen sollte, warum der Autor hartnäckig immer wieder die gleichen Wendungen unterstreicht.

Nachforschung: Das bedeutet, die Grenzen der werkimmanenten Interpretation zu überschreiten und gleichzeitig der Tendenz zu Fluchtversuchen zu begegnen; allzu oft werden Ansätze zum Nachdenken über konkrete historische oder politische Konstellationen abgebogen, indem der Blick unverzüglich auf globale Probleme gerichtet wird.

In diesem Zusammenhang könnte die Auseinandersetzung mit einem Theaterstück weiterführen, das gegenständlich macht, was das zuletzt zitierte Regersche Statement nur sehr allgemein konstatiert: **Kein schöner Land** von *Felix Mitterer.*

„Kein schöner Land" erschien 1987; noch im selben Jahr fand in Innsbruck die Uraufführung statt.[4]) Schauplatz dieses Stückes ist ein überschaubares soziales Gebilde, ein zunächst nicht näher bezeichnetes Dorf. Weil Abstraktion ein erster

---

1) *Thomas Bernhard:* Der Theatermacher. Frankfurt a. M. 1984 (= Bibliothek Suhrkamp 870), S. 39 f. und S. 60.

2) *Thomas Bernhard:* Alte Meister. Komödie. Frankfurt a. M. 1985, S. 244 f.

3) Ebda, S. 245.

4) *Felix Mitterer:* Kein schöner Land. Ein Theaterstück und sein historischer Hintergrund. Innsbruck 1987.

Schritt zur Verbrämung des Dargestellten wäre, der Autor jedoch Genauigkeit im Detail über alles stellt, wird sehr schnell deutlich, schon auf Grund des Dialekts, obgleich er ziemlich geglättet ist, daß dieses Dorf in Tirol, im sogenannten „Heiligen Land“ (S. 33), liegt; in einem schönen Land also. Der Viehhändler Stefan Adler, der Held des Stückes, kennt kein „schöner's“ (S. 72). Er kann sich deshalb nicht entschließen, die Heimat zu verlassen, obwohl fast alles, was sich da zuträgt, ganz und gar nicht anheimelnd, vielmehr widerwärtig wirkt.

Die dargestellte Zeit erstreckt sich von 1933 bis 1945. 13 Bilder. Die erste Szene spielt im Herbst 1933; im Hintergrund, auf einem Berghang, wird aus Fackeln ein Hakenkreuz gesteckt. Die siebente Szene, das Mittelstück, findet im September 1939 statt, unmittelbar nach dem Beginn des Zweiten Weltkriegs. Die letzte Szene spielt wieder in Österreich, wenige Tage nach dem Zusammenbruch der NS-Herrschaft, nach der Befreiung.

Der Handlungsablauf ist bald erzählt (sofern man ihn verkürzt auf die Geschichte des Viehhändlers Stefan Adler, die im Mittelpunkt der Handlung steht): Adler, ein allseits angesehenes Mitglied der Dorfgemeinschaft, schließt sich 1933 der „Bewegung“ (S. 14), der die wichtigsten Repräsentanten des Ortes schon länger mehr oder weniger heimlich angehören oder nahestehen, an und sichert sich somit, wie es scheint, einen der ersten Plätze unter allen, die Rang und Namen haben. Seine Tochter ist mit dem Sohn des Bürgermeisters liiert, sein Sohn und der Schwiegersohn in spe sind eng befreundet; beide profilieren sich als Vorkämpfer der „Bewegung“ und demgemäß für höhere Ämter. Der Bürgermeister, nur auf seinen Posten bedacht, im übrigen offensichtlich minderbemittelt, sorgt zwar für einige Aufregung in der Idylle, doch Adler stellt sich taub, obwohl er hört, was vorgeht, und blind, obwohl er sieht, was auf ihn zukommt. Denn Adler ist Jude. Als das bekannt wird, nach dem ‚Anschluß‘, verliert der früher oft beschworene Gemeingeist des Dorfes endgültig seine Maske; prompt läuft die nationalsozialistische Ausgrenzungsmaschinerie eben dort, wo alles offiziell gerade noch „kohlschwarz“ (S. 14) gewesen ist, auf Hochtouren. Adler wird, weil er sich weigert zu emigrieren, isoliert, von allen Seiten verfolgt, endlich von der Gestapo abgeholt und in ein Konzentrationslager geschleppt. Dort trifft er seinen Sohn wieder, der inzwischen unter Irreführung der Behörden einen ‚arischen‘ Erzeuger gefunden und als SS-Mann Karriere gemacht hat; jetzt allerdings umarmt der Sohn den Vater, schließlich erschießt er ihn und ebenso tötet er sich selbst.

Eine melodramatische Geschichte?[5]) Die Geschichte verweist auf einen konkreten historischen Hintergrund, den Fall des Fremdenverkehrspioniers *Rudolf Gomperz* aus St. Anton am Arlberg.[6]) Vieles, was zur Folgerung verleiten könnte, es sei schlecht erfunden, ist schlicht authentisch. Das Stück ist trotzdem kein Dokumentarstück, sondern ein Volksstück, das einerseits die von *Kranewitter* und *Schönherr* geprägte Traditionslinie weiterführt und andererseits im Umfeld des kritischen Volksstücks etwa von *Kroetz* oder *Sperr* anzusiedeln ist.

Wichtiger als der Verlauf des Haupthandlungsstranges, der ohne weiteres später einsetzen und auch schon früher enden könnte, tatsächlich schockierend wirkt die lange Reihe von Momentaufnahmen, die erst sichtbar macht, daß die Geschichte des Juden Adler sich in einem arg verwickelten Beziehungsgeflecht abspielt. Auf diesen Bildern

---

[5]) Vgl. die Besprechung von *Bernhard Natter* in: InN 4 (1987), Nr. 11, S. 46.

[6]) Der Fall ist in der unter Anm. 4 zitierten Ausgabe ausführlich dokumentiert. In einen noch größeren Familienzusammenhang eingeordnet wird das Schicksal von *Rudolf Gomperz* durch *Harry Sichrovsky:* Mein Urahn – der Bahnbrecher, Wien (Braumüller) 1988, der dem österreichischen Eisenbahnpionier *Heinrich von Sichrovsky* und seiner Familie ein Denkmal setzt; *Rudolf Gomperz* war ein Enkel *Sichrovskys*; vgl. auch die Rez. in: Österr. in Geschichte und Literatur (mit Geographie), 33. Jg. 1989, Heft 3–4, S. 281 ff.

erscheint eine Gesellschaft, in der ausschließlich „Vormacher" (um noch einmal *Bernhard* zu zitieren) und Mitmacher den Ton angeben: Rudolf Holzknecht, der Bürgermeister und mächtigste Gegenspieler Adlers, beherrscht die Technik, anders zu scheinen als zu sein, sogar derart perfekt, daß er anstandslos jeden Wechsel der Verhältnisse von der Ersten bis zur Zweiten Republik auf seinem Posten überlebt. Ähnlich verstehen es die Heimwehrmänner und die Kripobeamten, die 1933 noch ihre Pflicht erfüllen, indem sie die ‚Illegalen' jagen und verhaften, auch nach 1938 wieder das politische Ruder zu ergreifen. In einer stummen Szene läßt *Mitterer* schließlich einen Schützen, „in seiner schönen Tracht" (S. 36), eine „riesige Hakenkreuzfahne" über die Bühne tragen. – Ein Kommentar erübrigt sich.

Es sind freilich keineswegs nur die Herrschenden und ihre Helfershelfer, die als „Vormacher" agieren; die Figurenkonstellation ist nicht an ein Schwarz-Weiß-Schema gebunden. Auch Adler hält die längste Zeit seinen Kaftan gut versteckt. Zwei weitere Opfer, die am Ende mit ihm gemeinsam abgeführt und ermordet werden, der Pfarrer, der wiederholt gegen die Juden gepredigt hat, und der behinderte Sohn des NS-Ortsgruppenleiters, der seine Identität mit einer SA-Uniform verhüllt, beide sind zugleich Täter. Allein die Frauen sind als Lichtgestalten charakterisiert. Sie haben jedoch in der patriarchalisch geordneten Welt des Dorfes nichts zu sagen.

Die das Sagen haben, die können nicht miteinander reden: Dummköpfe. Wenn sie reden müßten, verfallen sie in peinliches Schweigen, oder dem Alkohol, oder auf Phrasen, die sie dann allerdings, sobald sie dazu eine Gelegenheit erhalten, in Aktionen umsetzen. Aggressive Reden provozieren aggressive Handlungen: das wird vorgeführt. Was die letzte Rede bedeutet, die der Bürgermeister im Schlußbild, schon vor dem Vorhang, im „Trachtenanzug mit rot-weiß-roter Binde" (S. 85) hält, um seine Mitbürger aufzufordern, die Vergangenheit auszulöschen und mit vereinten Kräften den Wiederaufbau zu befördern: darauf kann sich der Zuschauer seinen Reim selber machen.

Das zentrale Anliegen, das alle Arbeiten *Mitterers* bestimmt, seit seinem ersten Volksstück „Kein Platz für Idioten" (Uraufführung: 1977), nämlich in guter alter Manier Furcht und Mitleid zu erregen, Mitleid insbesondere mit den Ausgestoßenen, dieses Anliegen wird in „Kein schöner Land" erstmals überlagert, fast verdrängt von einem neuen: abzurechnen mit dem Mitläufer, der in dem dargestellten Milieu „immer ein gemeiner Nazi oder ein stupider Katholik ist". *Mitterer* ist in seinem Verständnis alles andere als ein „Nestflüchter".[7]) In diesem Stück markiert er gleichwohl den Abstand, der ihn auch von der Unterschicht der beinah Sprachlosen deutlich trennt. Das Verlangen nach Zugehörigkeit (so ließe sich der Subtext des Dramas zusammenfassen) ist nicht um jeden Preis zu stillen.

Mit dieser Position festigt *Mitterer* seinen Platz im Kontext der kritischen Heimatdichtung. Mittelbar und doch demonstrativ wird hier zugleich eine Tradition desavouiert, die den tirolischen Literaturbetrieb von 1918 bis 1945 und weiter darüber hinaus beherrscht hat und noch immer nicht erledigt ist.

Wenn im folgenden von dieser Tradition die Rede ist, die Analyse des Stücks „Kein schöner Land" also verknüpft wird mit der Frage nach jenen kulturellen Überlieferungen, die *Mitterer* als obsolet zurückweist, indem er deren Schienenwege resolut verläßt, dann ist damit eine doppelte Zielsetzung anvisiert. Zum einen geht es darum, den von *Bernhard* und auch von *Mitterer* behaupteten Konnex zwischen Katholizismus und Nationalsozialismus in einem größeren historischen Zusammenhang zu erörtern. Zum andern sollte wenigstens exemplarisch sichtbar werden, daß die Beschäftigung mit vornehmlich regional bedeutsamen Stützen der Literaturgesellschaft auch im Unterricht durchaus spannend und jedenfalls sinnvoll sein kann.

---

[7]) Darauf hat er in zahlreichen Rundfunk-Interviews ausdrücklich hingewiesen.

Angesichts des riesigen Warenangebots, das dem Literaturunterricht zur Verfügung steht, ist ja zu fragen, ob und zu welchem Ende es überhaupt verantwortet werden kann, mehr oder weniger ausschließlich landschaftlich gebundene und wirksame Literatur in Unterrichtssequenzen zu berücksichtigen. Was beispielsweise in den österreichischen Schulliteraturgeschichten unter dem Titel „Die österreichische Heimatkunst“ versammelt wird[8]), kann sicherlich in der Schule nicht in extenso behandelt, noch weniger so affirmativ betrachtet werden wie dort. Es dürfte dagegen praktikabel und vor allen Dingen auch nützlich sein, vor Ort über spezifische Themen zu diskutieren: in Salzburg über *Waggerl*, in Oberösterreich über *Billinger*, in der Steiermark über *Nabl*, um wenigstens drei Beispiele zu nennen; im Burgenland wäre wohl auch an die bodenständige kroatische, in Kärnten auch an die slowenische Literatur zu denken. – In Tirol ist in diesem Sinne an ein Erbe zu erinnern, das sowohl im sogenannten Ständestaat wie auch unterm Hakenkeuz eine zentrale Rolle gespielt hat, nichtsdestotrotz aber weiterlebt bis herauf zur Gegenwart; um zu verstehen, nachvollziehen zu können, aus welchen Komponenten dieses Erbe sich gebildet hat, muß man zurückblenden bis ins Jahr 1918.

Es gibt eine Fülle von Dokumenten, die bezeugen, daß in Tirol schon während des Ersten Weltkriegs und dann vor allem gleich nach dem Krieg die beiden großen Lager, Alt-Tirol und Jung-Tirol, mit anderen Worten die Exponenten der konservativen und der deutschnationalen Weltanschauung, die einander noch um die Jahrhundertwende heftig bekämpft hatten, enger und enger zusammenrückten. Ähnliches spielte sich auch in anderen österreichischen Ländern ab; in Tirol aber wurde dieser Prozeß noch gefördert durch den Umstand, daß Nord- und Südtirol getrennt wurden und so ab 1919 die Sorge um die kulturelle Einheit des Landes alle Anstrengungen zur Eingemeindung grundsätzlich kaum vereinbarer Positionen begünstigt hat. Man hatte die gleichen Feindbilder: die Italiener, darüber hinaus die Wiener, die Sozialdemokraten, die Juden. „Uns scheint“, schrieben die konservativen „Tiroler Stimmen“ im November 1918, „daß um unsere neuen Regierungsmänner zuviel Juden herum sind“, und die Vorstellung, überhaupt mit Österreich in einem Verbund zu bleiben, in und mit diesem Staat leben zu müssen, wollte man die längste Zeit ernsthaft nicht weiterspinnen, da man befürchtete, in einer solchen Konstellation von Tirol aus zahllose Anstrengungen unternehmen zu müssen: den Einfluß der Sozialdemokratie einzudämmen, dem „Terrorismus ihres Anhangs“ entgegenzutreten, vor allen Dingen „die Juden zur Seite [zu] schaffen“.[9])

Wie es scheint, war der Einigungsprozeß zwischen Alt- und Jung-Tirol schon 1920 weitgehend abgeschlossen. Das umfangreiche „Fackel“-Heft „Innsbruck und Anderes“ (1920) vermittelt gewiß keine differenzierte Information über das damalige kulturelle Leben in Tirol, es zeigt aber doch einprägsam, wie sich einem außenstehenden Kritiker, nämlich *Karl Kraus*, die zu dieser Zeit im Lande dominierenden Tendenzen darstellten.[10]) *Kraus*, der von *Ludwig v. Ficker* wiederholt eingeladen worden war, in Innsbruck zu lesen, sollte dort auch 1920 zwei Vorlesungen halten. Weil jedoch schon anläßlich der ersten Vorlesung die deutschnationale Studentenschaft für Demonstrationen und Störaktionen sorgte, entschloß sich der nationalliberale Bürgermeister

---

[8]) Vgl. etwa *Herbert Pochlatko – Karl Koweindl – Walter Thaler:* Abriß der Literatur des deutschen Sprachraumes von ihren Anfängen bis zur Gegenwart, II. Teil. 3. Aufl. Wien 1987, S. 109–120.

[9]) **Neue Tiroler Stimmen** 18. 11. 1918 (Mittagsblatt und Abendausgabe) sowie 19. 11. 1918 (Abendausgabe); vgl. ferner: **Bozner Nachrichten** 27. 11. 1918.

[10]) **Die Fackel** XXII (1920), Nr. 531–543. Vgl. dazu *Sigurd Paul Scheichl:* Zur Struktur Kraus'scher Polemiken – am Beispiel „Innsbruck und Anderes“ (1920). In: Literatur und Kritik H. 213/214 (1987), S. 131–140.

Greil, die zweite Vorlesung zu untersagen: Grund genug für *Kraus*, die Tiroler Literaturszene zu durchleuchten und mit deren Regisseuren abzurechnen. – Wo immer *Kraus* Nachforschungen anstellt, begegnet er letzten Endes demselben Phänomen: dem „christlich-germanischen Schönheitsideal". Zum einen, so führt er aus, sind die Autoren diesem Ideal verpflichtet; allen voran *Karl Emerich Hirt*, nach *Kraus*, in Anspielung auf dessen Stellung im Bankfach, der „Vorstand der Innsbrucker Filiale der deutsch-christlichen Weltanschauung", sowie *Bruder Willram*, den der „Fackel"-Herausgeber im übrigen als „gräßlichen Kriegslyriker" charakterisiert. Zum andern sind seiner Ansicht nach auch die Instanzen der Literaturkritik demselben Ideal verfallen; namentlich die tirolische Presse, der es, wie *Kraus* berichtet, gerade damals unter anderem gelungen ist, den Plan des Theaterdirektors *Exl*, in Innsbruck *Frank Wedekinds* „Frühlings Erwachen" aufzuführen, zu durchkreuzen. Überall arbeiten also, resümiert *Kraus*, die „christlich-sozialen" und die „deutsch-arischen" Wortführer Hand in Hand.[11])

Nach der endgültigen Abtrennung Südtirols von Österreich, vor allem dann unter dem Druck des italienischen Faschismus, der die deutsche Sprache aus dem öffentlichen Leben Südtirols verbannte und dementsprechend auch die Literatur systematisch unterdrückte, ergab sich, im gesamten Tiroler Raum, eine kulturpolitische Situation, in der alle restaurativen Kräfte Auftrieb erhielten; galt es doch, die Grenzregion als Vorposten des gefährdeten Deutschtums zu verbarrikadieren. So wurden die liberalen Traditionsstränge abgeschnitten, und der Sozialismus, der im ‚Bauernland' Tirol ohnehin nie viel Anklang gefunden hatte, wurde mit schärfstem Nachdruck nun bekämpft (martialisch zum Beispiel im *Reimmichl*-Kalender). In einer solchen Atmosphäre konnten sich Anti-Modernismus und Anti-Intellektualismus frei und ungezwungen entfalten; die Biographien und Werkverzeichnisse der damals nicht nur im Land selbst hoch geschätzten Heimatschriftsteller verraten durchwegs, wie leicht konservative und radikal-nationale Ideologeme auf einen Nenner zu bringen waren.

Hier nur zwei markante Beispiele: Der Dramatiker *Josef Wenter* (1880–1947), der sein 1932 vollendetes „Spiel um den Staat" 1933 zu einem „Agitationsroman für den Nationalsozialimus" umgearbeitet hatte und im selben Jahr Mitglied der NSDAP geworden war, konnte dennoch ohne weiteres mit seinem „Kanzler von Tirol" 1934 zum Burgtheaterautor avancieren; das Stück blieb acht Jahre am Spielplan. 1935 erhielt *Wenter* den *Grillparzer*-Preis, 1936 folgte, trotz eines Polizeiberichtes, der das Bundesministerium für Unterricht über die nationalsozialistische Einstellung des Autors informierte, der „Große Staatspreis für Literatur".[12]) Auch *Joseph Georg Oberkofler* (1889–1962) bekannte sich zum Katholizismus und zum „Ständestaat". 1936 wurde er als Vertreter Tirols zu einem Dichtertreffen des VF-Werkes „Neues Leben" nach Klosterneuburg eingeladen und dort mit dem Verdienstkreuz für Kunst und Wissenschaft Erster Klasse dekoriert; er zählte damit zu den Spitzen der „katho-

---

[11]) Vgl. **Die Fackel** XXII (1920), Nr. 531–543, S. 141, 60, 68 (Reihenfolge der Zitate).

[12]) Vgl. v. a *Friedbert Aspetsberger:* Übergänge. Zur Kulturpolitik des Ständestaates am Beispiel des Dichters Josef Wenter. In: *Franz Kadrnoska* (Hg.): Aufbruch und Untergang. Österreichische Kultur zwischen 1918 und 1938. Wien – München – Zürich 1981, S. 561–577; Zit. S. 568 f.

lisch-vaterländischen Dichtergesellschaft".[13]) Diese Position hätte eigentlich ebenso wie seine Tätigkeit als Lektor in der Tyrolia als Vorzeichen für eine explizit antinazistische Gesinnung gelten können: *Oberkofler* geriet jedoch keineswegs in einen Gegensatz zum NS-Staat. Seine Bauernromane („Das Stierhorn", „Der Bannwald", „Die Flachsbraut"), die in der NS-Zeit erschienen, wurden vielmehr als Musterbilder des Genres betrachtet (das ja vor allen Dingen der Mythisierung und Heroisierung der bäuerlichen Welt dienen sollte), und für das Mittelstück der Trilogie erhielt der Autor sogar den „Volkspreis für Deutsche Dichtung".

Daß diese beiden Beispiele repräsentativ sind, bezeugt die Sammlung „Lebendiges Tirol" aus dem Jahr 1940, in der (abgesehen von *Franz Kranewitter*) alle Tiroler Schriftsteller vertreten sind, die schon vor 1938 im Scheinwerferlicht gearbeitet haben: *Schönherr, Wenter* und *Oberkofler, Mumelter* und *Leitgeb, Springenschmid* und viele andere, darunter schließlich auch zwei Autoren, die beide dem Jahrgang 1912 angehören: *Franz Tumler* und *Gertrud Fussenegger.*[14]) Sicherlich waren nicht alle von ihnen völlig überzeugt von dem, was sie mitproduziert und mitpropagiert haben. Geniale Vormacher waren sie allemal. – Die einschlägigen Tiraden der *Bernhard*schen Figuren sind nicht einfach aus der Luft gegriffen, auch wenn sie nur eine Seite einer gewiß sehr komplexen Realität akzentuieren.

Wo ein offiziöser Kanon fehlt, ist jede Rückbesinnung auf die kulturelle Tradition, die Lehrer und Schüler leisten müssen, mit einer Unmenge von Auswahlentscheidungen verbunden, mit der Aufgabe, einen individuellen Kanon zu entwickeln, unter Umständen in jedem Klassenzimmer neu. Diese permanente Umgestaltung des Kanons aber kann unabsehbare Folgen zeitigen. So liegt den neuen Lehrplänen ein Pluralismuskonzept zugrunde, das letztlich nichts mehr festschreibt, was dazu führen kann, daß der Literaturunterricht wie ein kultureller Gemischtwarenhandel funktioniert, ein schwungvoller Handel mit unverbindlichen Angeboten. Was immer auch gewählt wird, wie immer es aufbereitet wird, alles scheint machbar. Daraus kann resultieren, gewiß nicht zwingend, aber potentiell, daß die überlieferten Werke möglichst aller Schattierungen im Grunde nur mehr addiert und nicht nach einem begründeten normativen Verfahren ausgelesen werden. So ist jeder Ideologieverdacht von vornherein leicht abzuwehren, so wird jedoch die Dimension der Betroffenheit eliminiert. Das didaktische Prinzip, die widersprüchlichsten Kulturgüter gleichzeitig zu respektieren und hochzuachten, zieht am Ende als Konsequenz nach sich, daß der einzelne, um *Günther Anders* zu zitieren, „weil er an vielen, an zu vielen Welten gleichzeitig, teilnimmt, keine bestimmte, und damit auch keine, Welt hat."[15]) Der „Mensch ohne Welt", der in einer Flut von Kulturerscheinungen untergeht, die objektiv zwar nennenswert, für ihn persönlich aber oft nicht von Belang sind: das Ergebnis einer um jeden Preis pluralistischen Bildungspolitik?

Daß im Literaturunterricht gerade solchen Tendenzen entgegengearbeitet werden müßte, darüber sollte es wohl einen Konsens geben. Streiten kann man höchstens über

---

13) Vgl. *Ulrich Weinzierl:* Die Kultur der „Reichspost". In: *Franz Kadrnoska* (Hg.): Aufbruch und Untergang (Anm. 12), S. 325–344; Zit. S. 340. – Vgl. weiters *Eugen Thurnher:* Dichtung in Südtirol. Innsbruck – Wien – München 1966, S. 93–98; *Peter Zimmermann:* Der Bauernroman. Antifeudalismus – Konservativismus – Faschismus. Stuttgart 1975, S. 147 ff. und das Vorwort des Herausgebers *Erich Kofler* zu dem Auswahlband: *Joseph Georg Oberkofler:* Gedichte und Prosa. Bozen 1983. Eine kritische *Oberkofler*-Monographie steht noch aus; die Darstellung von *Elmar Oberkofler:* Joseph Georg Oberkofler. Leben und Werk. Brixen 1987, gehört in den Bereich der Hagiographie.

14) *Kurt Pichler* (Hg.): Lebendiges Tirol. Innsbruck 1940.

15) *Günther Anders:* Mensch ohne Welt. München 1984, S. XV.

die Frage, welche Wege am ehesten zum Ziel führen, den Zug zur „kulturellen Promiskuität" aufzuhalten und auf die Gegenfahrbahn umzuleiten. Viele Wege dürften in Betracht kommen.

In der hier skizzierten Unterrichtssequenz sollte wenigstens auf einen Weg verwiesen werden: Traditionsketten und Traditionsbrüche in einem begrenzten, im heimischen Raum nicht nur zu ermitteln, sondern auch zu bewerten, ohne Rücksicht auf die Aura, die gewöhnlich die Götter der Provinz umgibt, um somit einen fest umrissenen Standort zu gewinnen.

Werner Wintersteiner

Der fremde Blick als didaktische Chance

oder: Die Heimat aus der Sicht von schwarzen Spinnen, blutenden Kälbern und alten Wörterbüchern*)

I. Der fremde Blick

In der Schule lernen wir fürs Leben, heißt es, und die meisten Lehrer sind so pflichtbewußt, diese Drohung wahrzumachen. Als erstes lernen wir einmal, uns richtig und vernünftig zu verhalten, einer gewissen Ordnung nicht mehr bloß zu folgen, sondern sie so weit zu verinnerlichen, daß wir sie gar nicht mehr als solche wahrnehmen. (Nicht nur) in der Schule lernen wir eine bestimmte, „vernünftige" Sicht von der Welt, die für alle von der Struktur her die gleiche sein muß. Die vielbeklagte Verkümmerung der Phantasie der Kinder durch die Schule ist nicht die Folge mangelnden Einsatzes kreativer Methoden der Lehrer, sondern notwendiges Ziel einer Sozialisation, der es um eine Art von Gerechtigkeit geht, die alle Menschen über den gleichen Kamm schert. Das ist das A und das O der Schule, und zwischen A und O gibts auch noch den Lernstoff, der von Fach zu Fach variiert. Freilich hat die Sache einen Haken. An dem können, wenn wir Glück haben, diese uniformierenden Sozialisationsziele hängen bleiben. Dieser Haken ist die Widersetzlichkeit der zu unterrichtenden Gegenstände selbst. In unserem Fall, im Literatur-Unterricht, ist der Haken ziemlich groß. Deshalb unterrichten viele Lehrer auch lieber Literaturgeschichte oder literarische Formen oder Biographien von Dichtern oder vorgekaute Interpretationen als Literatur. Literatur ist, wenn sie überhaupt eine ist, Widerstand an sich. Nicht dadurch, daß jeder Text mit einer politischen Intention geschrieben oder eine politische Botschaft zum Ausdruck bringen würde, sondern dadurch, daß ein literarischer Text, der seinen Namen verdient, unsere Seh- oder unsere Sprechgewohnheiten irritiert, durcheinanderbringt; daß der Autor genauer auf ein Wort, eine Redewendung, eine Denkgewohnheit, ein Gedankenbild eingeht, als wir es gewohnt sind, und daß er dadurch die uns vertraute Wahrnehmung zerstört. Daß er uns bereichert, indem er unsere Scheuklappen nimmt. Es war der russische Wissenschaftler und Literat *Viktor Šklovskij*, der darauf hingewiesen hat, daß wir unseren Umgang mit der Welt so weit automatisieren, daß wir die Dinge unserer Umgebung nicht mehr wahrnehmen, sondern nur mehr „wiedererkennen": „Wir sehen die Wände unserer Zimmer nicht; es ist für uns so schwer, einen Druckfehler auf einer Korrekturfahne zu entdecken – besonders bei einer Sprache, die uns ganz geläufig ist, weil wir uns nicht zwingen können, das vertraute Wort lesend zu betrachten, statt es ‚wiederzuerkennen'."[1]) Dieser Verlust durch Gewöhnung, der besonders auch für unsere Sprache gilt, verhindert, daß wir neue Erfahrungen machen

---

*) **Koreferat** zu *Johann Strutz:* Freud und Leid in der Kultur. Komparatistische Bemerkungen zu Texten von Handke, Lipuš und Winkler, Hier S. 98 ff.
Peter Handke: Die Wiederholung. Frankfurt 1986.
Florjan Lipuš: Der Zögling Tjaž. Frankfurt 1984 (Suhrkamp-Taschenbuchausgabe).
Josef Winkler: Der Leibeigene. Frankfurt 1987.

[1]) *Viktor Šklovskij:* Die Auferweckung des Wortes. In: *W. D. Stempel* (Hg.): Texte der russischen Formalisten. Bd. II, München 1973, S. 3.

Werner Wintersteiner, Mag. phil., Deutschlehrer, dem Institut für Germanistik der Universität Klagenfurt zur Dienstleistung zugeteilt.

und falsche Ansichten korrigieren. Und *Šklovskij* sieht in der Kunst die wirksame Kraft, die uns hilft, wieder wahrnehmen zu lernen. „Und gerade, um das Empfinden des Lebens wieder herzustellen, um die Dinge zu fühlen, um den Stein steinern zu machen, existiert das, was man Kunst nennt."[2]) Derselbe Gedanke klingt etwa auch bei *Milan Kundera* an, wenn er in Anlehnung an *Hermann Broch* meint, daß die einzige Existenzberechtigung eines Romans darin bestehe, einen unbekannten Aspekt des Lebens zu entdecken. „Und nicht nur das allein, sondern einen Aspekt, den überhaupt nur der Roman entdecken kann."

Diese Überlegung, die den roten Faden meiner Ausführungen darstellt, ist inzwischen zur Mode geworden und findet sich in den literarischen Modejournalen unter dem Markennamen „Der fremde Blick". Es ist ein fremder Blick, den *Florjan Lipuš* auf Dorf und Schule wirft und der die vertraute Idylle zerstört; es ist die Sichtweise von der fremden, der slowenischen Sprache aus, mit der *Peter Handke* sich eine Neubelebung der eigenen Kultur erhofft; und es ist schließlich eine rücksichtlose, brutale Außenseiterperspektive, mit der *Josef Winkler* uns zwingt, uns den Schattenseiten unseres Lebens zu stellen . . .

II. Zwischen Text und Leser

Für die Literaturdidaktik ist dieser fremde Blick in doppelter Weise von Bedeutung: Einmal in der schon beschriebenen Weise. Sie muß dafür sorgen, daß die jugendlichen Leser die Irritationen des fremden Blicks aushalten und fruchtbar verarbeiten können. Die Literaturdidaktik hat hier die Aufgabe, behutsam die Begegnung zwischen Leser und Text zu arrangieren. Sie steht irgendwie in der Mitte zwischen dem Text und dem Leser, und sie muß daher aufpassen, daß sie dabei nicht im Weg herumsteht. Ihre Impulse gehen jedoch auch in die andere Richtung, in Richtung Literaturwissenschaft. Für diese ist die spontane naive Rezeption der Texte durch Jugendliche ein fremder Blick, der die zur Routine gewordene wissenschaftliche Interpretation neu beleben kann.

Der Literaturlehrer steht also vor der Aufgabe, Methoden zu entwickeln, „daß die Alltagserfahrung den literarischen Text interpretieren hilft, aber auch die ästhetische Erfahrung die Alltagserfahrung ergänzt, erweitert, vertieft".[3]) Das wird ihm gelingen, wenn er drei Punkte beachtet:

1. Er muß die Wirkung der zu besprechenden Werke in der Öffentlichkeit berücksichtigen.
2. Er muß die alltäglichen Verarbeitungsmuster literarischer Texte untersuchen, die einem tieferen Verständnis oft entgegenstehen.
3. Er muß Unterrichtsformen finden, die es den Schülern ermöglichen, in Auseinandersetzung mit den Texten zu treten.

Der erste Punkt ist leicht verständlich: Will Literaturdidaktik keine Plastikdidaktik sein, die zum literarischen fast-food ihren steril verpackten Senf hinzufügt, muß sie die konkreten Umstände und z. B. auch das psychosoziale Klima in Betracht ziehen, in dem die Texte gelesen und rezipiert werden. Es ist, um nur ein Beispiel zu nennen, schließlich gerade ein Waldheim-geschädigtes Österreich, das von keinem „Heldenplatz" mehr hören will, und das mit einem Theaterstück auch alle Erinnerungen an das hartnäckige Nichterinnern bannen möchte.

---

[2]) *Viktor Šklovskij:* Die Kunst als Verfahren. In: *J. Striedter* (Hg.): Russischer Formalismus, München 1971, S. 15.

[3]) *Harro Müller-Michaels:* Literatur im Alltag und Unterricht. Ansätze zu einer Rezeptionspragmatik. Kronberg 1978, S. 22.

III. Fremd(e) in der Heimat

Das Klima ist natürlich ein besonders wichtiger Faktor für eine Literatur wie die vorliegende. Die äußerlichen Gemeinsamkeiten der drei Romane sind ja

* der leicht verdeckte bis offen autobiografische Charakter,
* der leicht verdeckte bis offene Bezug auf bestimmte geografische Regionen bzw. einen bestimmten Ort,
* die unverhüllte scharfe Abrechnung mit der Heimat und der Heimat-Ideologie, die natürlich in Kärnten, wo die Heimat sozusagen ihre Heimat hat und von speziellen Heimat-Dienstleuten verehrt wird, auf besondere Reaktionen stoßen muß.

Dieser literarische Ausgangspunkt hat freilich den Vorteil, Menschen in literarische Debatten hineinzureißen, die der Literatur sonst gleichgültig gegenüberstehen. Andrerseits haben solche Autoren, v. a. *Josef Winkler,* Anstoß erregt und Empörung ausgelöst. Die positive Aufnahme ihrer Bücher durch die Kritik steht in deutlichem Widerspruch zu dem, wie – sozusagen an Ort und Stelle – über sie geredet wird. *Josef Winkler* z. B. hat mehrere staatliche Förderungspreise erhalten, wird aber in Leserbriefen scharf angegriffen nach dem Motto: „Es sagt ja alles über Winkler, wie er sich in aller Öffentlichkeit vor der Fernsehkamera zur Homosexualität bekannte."[4]) Im **Leibeigenen** beschreibt er, wie Studenten, die über ihn arbeiten wollen, aus seinem Dorf verjagt werden und wie ihm die Angst vor tätlicher Verfolgung im Nacken sitzt.

Diese Auseinandersetzungen zu kennen ist wichtig für die Rezeption der Literatur in der Schule. Nicht nur muß ein Lehrer mit Interventionen der Eltern rechnen, wenn er bestimmte Texte auswählt, es kann einem sogar die Ehre widerfahren, auf der Titelseite einer Tageszeitung aufzutauchen wie jene Klagenfurter Lehrerin, die vom Organ der Regierungspartei heftig angegriffen wurde, weil sie es gewagt hatte, *Thomas Pluchs* Film „Dorf an der Grenze" im Unterricht zu diskutieren. – Die schulische Literaturrezeption ist also schon in gewisser Weise vorstrukturiert oder vorbelastet durch die öffentliche, wenn auch meist sehr einseitige und oberflächliche Diskussion.

IV. Ästhetische und alltägliche Erfahrung

Was ist die Basis, das Grundmuster dieser Alltagsrezeption, das zugleich häufig der spontanen Reaktion der Schüler entspricht?

Mir scheint, daß drei Grundzüge diese Art von Rezeption bestimmen[5]):

- Es ist eine Art zu lesen, die die literarische Darstellung unmittelbar als Schilderung der Wirklichkeit nimmt, wie etwa einen Zeitungsbericht, von dem man ja auch – und oft vergeblich – eine Wiedergabe des tatsächlich Geschehenen erwartet. Deshalb wird der Inhalt des literarischen Textes am eigenen Bild der Realität gemessen, und dort, wo er nicht mit diesem Bild übereinstimmt, als falsch, verzerrt bzw. – wie eine beliebte Formulierung lautet – als „zu extrem" abgeurteilt. Diese Vorgangsweise erscheint umso richtiger und natürlicher, als ja von Inhalt und Thematik her der Realitätsbezug der betreffenden Werke eindeutig zu sein scheint; so kann jede(r) mitreden.
- Ein zweites Kennzeichen dieser Art zu lesen besteht darin, daß der Autor mit dem Protagonisten seines Textes gleichgesetzt wird. Auch dazu „verführen" oft Inhalt und Struktur eines Werkes. Der Ich-Stil des Erzählers legt zunächst die Vermutung nahe, daß es sich dabei um die Person des Autors handelt. Es bleibt völlig unbeach-

---

[4]) Leserbrief an die Kleine Zeitung (Klagenfurt), 1. 12. 1979 (mit Bezug auf **Menschenkind**).

[5]) Ich folge dabei *Eggert, Berg, Rutschky* u. a.: Schüler im Literaturunterricht, Köln 1975, sowie eigenen Beobachtungen.

tet, daß Literatur die Chance bietet, Möglichkeiten durchzuspielen, „sinnliche Experimente“ zu veranstalten, die zwar von der Wirklichkeit ausgehen und auch Vorstellungen und wohl auch Wünsche des Autors ausdrücken, daß sich aber ein Text nicht auf die Meinung des Autors reduzieren läßt und nicht in der platten Wiedergabe der Wirklichkeit erschöpfen muß – kurz gesagt, es wird übersehen, daß sich zwar Werther mit 20 Jahren erschossen hat, *Goethe* jedoch über 80 Jahre alt geworden ist.

- Eine weitere im Unterricht zu beobachtende Tendenz ist das Bestreben der Schüler, einen vielschichtigen Text möglichst schnell eindeutig zu machen. Das Faszinierende an literarischen Produkten ist für mich ihre Vieldeutigkeit, ihr Facettenreichtum, der ja nicht nur die Voraussetzung ist, daß sich Metiers wie Literaturwissenschaft oder Literaturdidaktik etablieren konnten, sondern der auch dem Alltagsleser immer neue Zugänge und Begegnungen mit einem Werk eröffnet. In der schulischen Rezeption scheint aber die Haltung vorzuherrschen, die „Bedrohung“, die der Text für die eigene Weltsicht darstellt, möglichst schnell zu bannen. Das kann durchaus auch vom Deutschlehrer mitverursacht sein, der den Schülern ein historisierendes oder psychologisierendes Interpretationsinventar anbietet. Denn eine Rückführung von provokanten Aussagen und Darstellungen z. B. auf biografische Ursachen relativiert die Brisanz jedes Textes und erspart eine echte Auseinandersetzung mit ihm.
- Die Grundtendenz dieser Lesarten besteht also darin, den fiktionalen Charakter der Literatur zu umgehen, den Unterschied von ästhetischer und alltäglicher Erfahrung einzuebnen. Und das umso mehr, je „realer“ die Literatur auf den ersten Blick wirkt.

Literatur, und scheinbar oder tatsächlich regionalbezogene Literatur besonders, steht also ständig vor der Gefahr, „vereinnahmt“ zu werden, den fremden Blick zu verlieren. Sie schützt sich vor dieser Gefahr durch Verfremdung, durch das, was *Hans Robert Jauß* unter Berufung auf *Adorno* „Negativität“ nennt.[6])

Bei den zur Diskussion stehenden Texten wird diese Verfremdung mit verschiedenen, vordergründigen und subtileren Verfahren bewirkt:

– Ein Mittel ist der übergangslose Perspektivwechsel, der zum Ziel hat, eine Person sozusagen von innen her zu beschreiben, eine Zeitlang die Welt in ungewohnter Weise mit ihren Augen zu betrachten: Das wird deutlich bei *Josef Winkler,* der die Figuren des Knechts, der Tante, der Mutter zwar immer mit seinen Obsessionen besetzt, sie aber in der Ich-Form sprechen läßt. Während *Winklers* Ich-Erzähler aber letztlich die Oberhand behält und den Bezugspunkt des ganzen Romans bildet, geht *Florjan Lipuš* einen Schritt weiter. Wie in einem Theaterstück stellt er verschiedene, gleichberechtigte Ichs einander gegenüber. Das „Ich“ ist einmal der mysteriöse Berichterstatter, der für seinen Chef einen Report über den Tjaž zusammenstellen soll, und der sehr willkürlich mit den Fakten verfährt, ein andermal scheint es ein Schulkollege des „Kratzers“ zu sein, dann wieder spricht die Freundin Nini, oder es folgt das „Wir“ der Heimleitung, die wortreich erklärt, daß sie an Tjažens Tod keine Schuld habe; am seltensten ist mit „Ich“ Tjaž selbst gemeint, der meist in der Du-Form oder in der 3. Person geschildert wird. Diese ungewohnte Sichtweise beleuchtet den „Fall Tjaž“ von verschiedenen Seiten und erschwert eine eindeutige Beurteilung.

– Eine andere Methode der Verfremdung besteht in der Übersteigerung des Realen ins Phantastische und Surrealistische: *Winkler* malt reale Empfindungen zu brutalen, oft sadistischen Schreckensvisionen und Träumen aus. Bei *Lipuš* sind es Bilder und

---

[6]) *Hans Robert Jauß:* Negativität und Identifikation. Versuch zur Theorie der ästhetischen Erfahrung. In: *Harald Weinrich* (Hg.): Positionen der Negativität, München 1975.

Symbole, die kafkaesk unmittelbar und selbstverständlich in die Wirklichkeit hereinreichen, wie etwa die schwarze Spinne, die angeblich seinen Selbstmord auslöst, die Raben, die den Internatling verfolgen, oder der Grundeinfall der „story“, das Kratzen.

All diese „Unmöglichkeiten“ verbieten, sollte man meinen, eine naive Gleichsetzung dieser Geschichte mit der Wirklichkeit. Umso erstaunter war ich, in einer Schulklasse nach der Lektüre der ersten paar Seiten des **Tjaž** folgende Reaktion zu hören:

(An dieser Stelle geht es um die Beziehung des Internatlings zu den Dorfbewohnern.) „Der *Lipuš* sieht das alles viel zu extrem. So wie er unser Dorf hier beschreibt, ist es ja gar nicht. Und niemand ist so gemein zu ihm, wie er behauptet. Aber er ist eben ein Außenseiter, das schwarze Schaf in seiner Familie. Und außerdem ist er bekanntlich Kommunist.“

Das „Du“ des Textes wurde also – obwohl manches dagegensteht – als „Ich“ des Tjaž betrachtet, der Tjaž wurde als *Lipuš* „entlarvt“, aus dem ungenannten Ort wurde „logischerweise“ Eisenkappel/Železna Kapla, und der Zug in die größere Stadt fährt zweifelsfrei nach Klagenfurt!

Diese Interpretation ist ein Musterbeispiel für die oben dargestellte Alltagsrezeption. Die Schülerin, selbst Slowenin, ist durch die Diskussion im Elternhaus und im Dorf schon vorgeprägt und kann daher viele Aspekte im Roman (im Sinne *Šklovskijs*) „wiedererkennen“. Natürlich ist ihre Interpretation nicht „falsch“, sondern eine bestimmte Lesart, die vom Lehrer ernstgenommen werden muß. Die Position einer Schülerin mit einem derartigen Informationsvorsprung kann sogar sehr wertvoll für die weitere Diskussion sein. Trotzdem, so meine ich, sollte der Deutschlehrer aber darauf hinweisen, wieviele Aspekte durch diese eindeutige Interpretation ausgeschaltet werden, und er sollte die Schüler dazu hinführen, auch bisher unbeachtete Ebenen zu berücksichtigen.

– Eine weitere, sehr subtile Methode verwendet *Peter Handke*, um Vertrautes und Alltägliches neu sichtbar zu machen. Der Blick auf das übersehene Detail, die Verlangsamung unserer Wahrnehmung ist sein literarisches Programm, das er in der **Wiederholung** mit dem Begriff der Erinnerung beschreibt:

> „... und deshalb ist mir die Erinnerung kein beliebiges Zurückdenken, sondern ein Am-Werk-Sein, und das Werk der Erinnerung schreibt dem Erlebten seinen Platz zu, in der es am Leben haltenden Folge, der Erzählung, die immer wieder übergehen kann ins offene Erzählen, in die Erfindung.“ (*Handke*, S. 101 f.)

Erinnern ermöglicht an sich schon zwei Perspektiven: die gegenwärtige des Erzählers und die, die er zum Zeitpunkt des beschriebenen Ereignisses einnahm. In der „Wieder-Holung“ wird noch eine dritte Perspektive hereingeholt: die des unbekannten Bruders, die sich aus seinem Werkheft und dem Wörterbuch erschließen läßt. So wächst aus dem historischen Rückblick nicht bloß eine kritische Betrachtung der Gegenwart, sondern auch eine utopische Zukunft – die Vision von einer Gesellschaft, in der ein friedlicher Kulturaustausch zwischen Slowenen und Deutschsprachigen selbstverständlich ist, das, was *Johann Strutz* die „Polyphonie der Kulturen“ nennt.

Die Kritiker *Peter Handkes* werfen ihm bekanntlich seine Wendung ins Idyllische vor und konstatieren auch in der **Wiederholung** einen modischen Hang zum „Heimatlichen“. *Handke* wird als „Narziß auf Abwegen“ charakterisiert, der der Welt ein größenwahnsinniges Heilsprogramm vorschreiben möchte.[7]) Bei aller Kritik an einem harmonisierenden Trend in diesem Roman, vor allem im dritten Abschnitt (worauf ich hier nicht näher eingehen möchte), muß man doch zugeben, daß gerade *Handkes*

---

[7]) z. B. *Manfred Durzak:* Peter Handke und die deutsche Gegenwartsliteratur. Narziß auf Abwegen. Stuttgart 1982.

Auseinandersetzung mit der slowenischen Kultur in Kärnten einigen Sprengstoff enthält. Und es ist etwas anderes, ob der Heimatbegriff von progressiven Literaten, die in städtischen Traditionen leben, diskutiert wird oder von Schülerinnen und Schülern, die bei allem Ärger über die selbsterlebte dörfliche Enge und die Zwänge, denen Jugendliche dort noch immer ausgesetzt sind, noch ganz und gar einem naiven Heimatgefühl verbunden sind. Für sie kann *Handkes* Text tatsächlich eine Eröffnung sein, ein fremder Blick, der ihnen ein neues Bild ihrer Heimat zeichnet.

V. Gegen die Abstumpfung durch Bildungszuchthäuser

Ich fasse zusammen: Literaturunterricht muß der Literatur zu ihrem Recht verhelfen und den Lesern Widerstand leisten, wenn diese das Widerborstige, Schwierige an der Literatur glätten und umgehen wollen. Er muß umgekehrt den Lesern zu ihrem Recht gegenüber dem Text verhelfen und ermöglichen, daß sie ihre Assoziationen und Interpretationen ohne Angst vor einem „falschen" (d. h. nicht lehrerkonformen) Verständnis äußern. Entscheidend dafür ist, so banal das klingt, daß Literatur als Angebot zur Verfügung steht und nicht zum Zwang wird, damit offen Zustimmung, aber auch Ablehnung und Kritik laut werden können. Je tiefer die Literatur unter die Haut geht, desto schwieriger ist dieser Vermittlungsprozeß, aber desto wichtiger.

Die vorhin kritisierte Haltung des „wiedererkennenden" Lesens, so sehr sie als unzureichend hingestellt werden muß, hat aber auch eine andere Seite und drückt eine sehr erfreuliche Einstellung aus. Sie zeigt, daß die Texte berühren. Und Texte berühren und treffen Menschen, deren Lesegewohnheiten noch keine déformation professionelle erlitten haben, oft ungleich stärker und tiefer als berufsmäßige Leser. Textpassagen, die im germanistischen Betrieb als normal und selbstverständlich empfunden werden, sind schulisch bereits auffällig. Wenn *Lipuš* über die Ordnungskriterien der Ortsbewohner sinniert, die die Menschen danach einteilen, ob sie Arsch oder Hintern sagen, so trifft das auf die Tatsache, daß diese Worte im Unterricht normalerweise nicht ausgesprochen werden. Viel krasser stellt sich dasselbe Problem natürlich bei *Josef Winkler.* Seine Texte sind ein Ärgernis und fügen auch dem erwachsenen Leser Schmerz zu. Ich habe auch noch keinen Deutschlehrer getroffen, der seine Romane (mit Ausnahme der **Verschleppung**) im Unterricht behandelt hätte. In der Literaturkritik und in germanistischen Abhandlungen – also in Arbeiten von Menschen, die laut *Winkler* in „Bildungszuchthäusern" werken – ist aber die Tendenz zu bemerken, durch Strukturanalyse, distanzierte Textbeschreibung und durch Verwendung allgemeiner Begriffe das Provokatorische an *Winklers* Texten verschwinden zu lassen. Man kann zum Beispiel natürlich schreiben:

> „Josef Winkler arbeitet an der Bewältigung des Verdrängten und seiner unterdrückten sexuellen Entwicklung, indem er den heilenden Weg der Literatur geht."[8])

Aber wie leer klingt diese Darstellung, die sogar seine Homosexualität unterschlägt, im Vergleich etwa zu folgender Stelle aus dem **Leibeigenen**:

> „Im Strohkorb sitzend, die Beine aneinandergepreßt, stellte ich mir vor, wie ich mich, in der Dunkelheit des Stalls, an die Hinterbacken einer Kuh presse und meine Rute in ihre Scheide drücke, während ich mit meinen vorgestreckten Händen ihre ein wenig hervorstehenden Brustkorbrippen abtaste und Koitusbewegungen mache. Ob ich den Tieren, bevor ich sie mißbrauche, ins Gesicht blicken und sie nach ihren Gesichtszügen auswählen würde?" (S. 133)

---

[8]) *S. Kastner* in der Kleinen Zeitung, 18. 11. 1979. Mir ist natürlich bewußt, daß ein Kulturjournalist gewisse Rücksichten nehmen muß, und ich unterstelle dem Autor nur die besten Absichten. Aber dieses Verschweigen bzw. Verstecken ist symptomatisch für den mainstream der Literaturwissenschaft.

Die Ausweichmöglichkeit ins Allgemeine, die die Literaturwissenschaft eventuell in Anspruch nehmen kann, diese Abstumpfung gegenüber dem literarischen Werk, bleibt dem Literaturunterricht Gott sei Dank verwehrt. Die spontane Reaktion der Schülerinnen und Schüler auf Texte, ihr Verletzt-Werden durch Texte, der Kampf mit den Texten, das ist auch eine sehr wohltuende Belebung papierener Literaturdebatten. Das ist kein Plädoyer für eine Schock-Pädagogik, die ihr Heil in der Provokation der Jugendlichen sucht. Ich möchte vielmehr die Erwachsenen dafür sensibilisieren, wie ernst junge Menschen ein Werk oft nehmen. Das verlangt große Behutsamkeit vom Literaturlehrer, gibt ihm aber auch die Genugtuung, daß Literatur im massenmedialen Zeitalter noch immer „die Axt ist für das gefrorene Meer in uns" *(Kafka)* sein kann.

VI. Böhmen liegt am Meer

Die besondere Bedeutung der hier besprochenen Werke für den Literaturunterricht ergibt sich nicht bloß aus ihrer literarischen Qualität, die das erste Auswahlkriterium sein sollte, sondern auch aus der Tatsache, daß sie wichtige Fragen der „Polyphonie der Kulturen" anschneidet, die im vorherrschenden (früher expliziten, jetzt stillschweigenden) Literaturkanon keinen Platz finden.

Lipuš ist ein österreichischer Autor mit slowenischer Muttersprache. *Peter Handke* behandelt die Existenz zweier Kulturen in Kärnten. Er spricht damit praktisch als einziger deutschsprachiger Autor ein Problem an, das oft als „Frage der nationalen Minderheiten" abgetan wird. Schon der Ausdruck „nationale Minderheiten" ist ein begriffliches Gefängnis. Als ob die Zweisprachigkeit des Landes nur die Minderheit etwas angehen würde! Man will die Tatsache verdrängen, daß auch nördlich der Karawanken jahrhundertelang Slawen wohnten, teilweise im Einklang mit der nach Süden vordringenden deutschsprachigen Bevölkerung, schließlich immer systematischer von dieser verdrängt und aufgesogen. Aber dieses Zusammen- und Ineinanderleben hat Kärnten zu einem Land gemacht, daß unleugbar von beiden Kulturkreisen geprägt ist, auch wenn der eine Faktor durch geistige Trennungsmodelle ständig verdrängt und nun auch durch schulische Trennungsmodelle beseitigt werden sollte.

Und was für Kärnten gilt, gilt in gewissem Sinn für ganz Österreich. Sofern wir nicht der Vorstellung von Österreich als dem zweiten deutschen Staat nachhängen oder verschiedene „Mißgeburtsphantasien" ausspinnen, stellt sich für uns die Frage nach der österreichischen Identität. Und diese besteht meiner Meinung nach eben nicht einfach in der deutschen Tradition, sondern in dieser eigenartigen Mischung aus deutschen, romanischen, slawischen, jüdischen und ungarischen Elementen.

Die „klassische" Aufgabe des Literaturunterrichts war die Förderung der nationalen Identität. Identität und Bewußtseinsbildung sind auch nach Abdankung der nationalen Idee wesentliche Bildungsziele des Literaturunterrichts. Und deshalb ist es auffällig, daß unsere Lehrpläne, Literaturgeschichten und Lesebücher großteils immer noch so tun, als stünde die österreichische Gegenwart ausschließlich in der Tradition der deutschen Literatur und hätte ihre Quellen und Impulse ausschließlich der deutschen Entwicklung zu verdanken. Daß ein *Ivan Cankar* in Wien wirkte, daß *Anastasius Grün* slowenischer Herkunft war, um nur zwei Beispiele zu nennen, das alles wird ein Schüler im Deutschunterricht normalerweise nicht erfahren. Ich finde, es ist hoch an der Zeit – und vielleicht bietet ein Gedenkjahr wie 1988 dazu den passenden Anlaß –, darüber nachzudenken, wie diese interkulturellen Bezüge, die jetzt allmählich von den Literaten aufgearbeitet und dargestellt werden, als Teil der österreichischen Identität zu begreifen sind. Dann müßten sie aber auch ihren Platz im Literaturunterricht finden; dann müßte ein regionaler Ansatz, der über die Staatsgrenzen hinausdenkt, ebenso für den Unterricht an Bedeutung gewinnen wie eine grundsätzliche Besinnung auf unser nicht-germanisches Erbe. Das gilt natürlich nicht nur für den hier exemplarisch behandelten Alpen-Adria-Raum, sondern auch für andere Grenzregionen Österreichs.

Dabei geht es nicht um abstrakte edle Werte oder um altösterreichische Reminiszenzen. Sondern gerade in der heutigen Zeit, in der uns der europäische Einheitsstaat mit standardisierten Nahrungsmitteln, Abgasnormen, Bauvorschriften und Gedanken droht, ist die Utopie von der Vielfalt besonders nötig. Ein wesentlicher Aspekt dieser Vielfalt sind bunte, multiethnische Regionen, die auf Grund ihrer komplexen Struktur „Heimat"-verbunden und weltoffen gleichzeitig sind. Dieser Utopie hat *Ingeborg Bachmann* mit ihrem Gedicht **Böhmen liegt am Meer** einen faszinierenden Ausdruck verliehen. Ich will mit einigen Zeilen dieses Gedichts schließen:

Grenzt hier ein Wort an mich, so laß ich's grenzen.
Liegt Böhmen noch am Meer, glaub ich den Meeren wieder.
Und glaub ich noch ans Meer, so hoffe ich auf Land.

Bin ich's, so ist's ein jeder, der ist soviel wie ich.
Ich will nichts mehr für mich. Ich will zugrunde gehn.

Zugrund – das heißt zum Meer, dort find ich Böhmen wieder.
Zugrund gerichtet, wach ich ruhig auf.
Von Grund auf weiß ich jetzt, und ich bin unverloren.[9])

(Manuskript fertiggestellt im Frühjahr 1989)

---

[9]) *Ingeborg Bachmann:* Werke (Hgg. v. *Christine Koschel, Inge v. Weidenbaum, Clemens Münster.)* Band I, „Gedichte", München (Piper) 1978.

Dietmar Pickl / Manfred Moser

Literatur für eine Szene: Bernhard, Peymann, ...

Das Szenario

Der wissenschaftliche Vortrag und das Koreferat (Didaktische Möglichkeiten des Themas) gliedern sich nach szenischen Gesichtspunkten folgendermaßen auf:

1.) Rezitation: Lesung eines vorliegenden Thesenblatts **„Literatur für eine Szene“** (ca. 15 Min.)
2.) Demonstration: Veranschaulichung der wichtigsten Thesen an Hand von Schnitten aus „Dene, Ritter, Voss“ und *Bernhard*-Interview im Fernsehen (ca. 40 Min.)
3.) Deliberation: Podiumsgespräch zwischen Wissenschaft und Didaktik zu den ebenfalls vorliegenden Thesen **„Theater der Didaktik – Schule der Inszenierung“** (ca. 15 Min.)

Rezitation und Deliberation sind gleichermaßen auf den demonstrativen Mittelteil angewiesen. Daher dessen starke Gewichtung. Begriffsklärungen können, falls dies gewünscht wird, nachträglich in der Diskussion folgen.

ad 1) Die Thesen 1 bis 20 beziehen sich auf die allgemeine Struktur einer „Szene“ heute, die rückseitig aufgeführten Thesen 20 – 1 auf den szenischen Charakter der Literatur im besonderen. Die Namen *Peymann* und *Bernhard* stehen jeweils zentral. Vorderseite und Rückseite sind so gefaßt, daß sie sich gegenläufig lesen lassen und wechselseitig erläutern. (Fugentechnik)

ad 2) Der Ausschnitt „Brandteigkrapfen“ führt insbesondere die schauspielerische Leistung von *Kirsten Dene, Ilse Ritter* und *Gert Voss* vor Augen, der Ausschnitt „Ihr habt euch malen lassen“ führt darüber hinausgehend in ein Thema der Ästhetik ein, der Ausschnitt „Wir gehen in Bücher wie in Gasthäuser“ stellt die Verbindung zur Problematik der Rezeption von Theorie her. Die Interviewausschnitte liefern Belege für die Seite der Produktion. Speziell der Kommentar zum „Stierkampf“ gemahnt an die Grenzen der Übertragbarkeit des Szenenbegriffs.

ad 3) In einem vorbereiteten Dialog zieht der Theoretiker die Behauptungen des Praktikers, die auf eine Analogie der Inszenierungen in der Schule und im Theaterraum hinauslaufen, in Zweifel. Wahrscheinlich werden die anwesenden Lehrer dem Theoretiker nicht glauben. Wahrscheinlich werden sie auch die Angebote des Praktikers verwerfen. Wahrscheinlich werden sie das Thema aneignen und noch lange diskutieren.

Manfred Moser

Literatur für eine Szene

1. Was ist eine Szene? Zum Zweck einer ersten Verständigung schlage ich vor: eine Szene ist das **denkbar Unbeherrschte** (Logik I) – oder das **unbeherrschbar Gedachte** (Logik II).

Manfred Moser, Dr. phil., Univ.-Doz. für Sprachphilosophie und Rhetorik an der Universität Klagenfurt.

Dietmar Pickl, Mag. phil., Univ.-Lektor am Institut für Philosophie der Universität Klagenfurt.

2. Aber was ist das? Ich gebe die Frage weiter, indem ich die Antwort aufteile nach Gesichtspunkten der **Zeit**, des **Raums**, des **Mediums** (incl. Regie, Dramaturgie) und des **Personals** (incl. Schauspieler, Musiker, Techniker usw.).

3. Das Publikum und die Kritik sind nur **anwesend**, sie gehören nicht zur Szene, obwohl sie möchten. Gesteht man ihnen trotzdem eine Rolle zu, kommt eine miese ‚mise en scène' heraus, Legitimationstheater und Festspielerei.

4. Die Szene **hat** ihre Zeit. Unsinn zu sagen: man **gibt** Zeit. Man **nimmt** vielleicht gewisse Passagen langsamer oder schneller. Was jeweils genaue Absprachen mit dem Personal erfordert. Training.

5. Die „Dauer" der Szene ist eingegrenzt durch ein **Vorher** und ein **Nachher**.

6. Die Szene **ist**, solange sie dauert. Vorher sagt man, sie kommt erst, mal sehen, wart ab. Es gibt keine Wiederkehr des Gleichen, sondern immer nur **einmal**: was anderes. Und keine Diskussion. Eine gute Szene bleibt gut, eine schlechte Szene schlecht. Nachher sagt man, sie ist gelaufen, gestorben, aus. Deshalb das Bauchweh und das Erbleichen, das Fürchten und Zittern der Leute, aber auch das Redenmüssen und Erröten, die Hoffnung und das Glück, solange die Szene dauert.

7. Sämtliche Erwartungen und vorbereitenden Arrangements sind der Szene **unterworfen**, da nur diese gelingen soll. Ziemlich egal, was man sich denkt, und wie gescheit. Das noch Unerreichte übernimmt die Gedankenführung, koste es, was es wolle. Finanzielle Rücksichten? Lächerlich. Das Prinzip der Verausgabung ist dem der Sparsamkeit überlegen, wie bei primitiven Völkern. Gewerkschaftliche Bindungen? Falsch. Ein rückhaltloser Syndikalismus wäre den Vorbereitungen viel eher dienlich. Proben? Reichen niemals aus. Es geht um den Verschleiß aller Energien, wohin sonst mit dem Überschuß. Und dem Adrenalin.

8. Für die Dauer der Szene selbst genügen **Atemtechnik, Lebensmut** und **Todesmut**. Atemtechnik ist vorausgesetzt, der unentbehrliche Triebanteil nur leider schwer zu bekommen. Er muß erworben, immer neu auf- und abgebaut werden. (Man verzeihe das vitalistisch bzw. nekrophil überdrehte Getue auch außerhalb der Szene, es gehört dazu.)

9. Nachher Jubel- oder Begräbnisstimmung. Das **Schlimmste**: ein Gefühl sowohl als auch. Weh dem, der dann nicht weinen, nicht lachen kann. Auch das gehört zur Arbeit. Wie das Sexuelle und die Trinkerei. (Aber es geht eigentlich niemanden etwas an, der nicht involviert ist.)

10. Der Platz ist **heilig**. Denn die Szene geschieht hier und nirgends sonst. Man kann sie nicht verschieben, anderswo stattfinden lassen. Daher die Mythenbildung um das aufgeopferte Ganze, den abgewetzten Boden (des Ateliers unterm Dach, wo der Künstler wohnt, des Sitzmöbels oder der Hose des Dichters, der Bühne, der „Bretter" usw.), das Geburts- oder Todeshaus, die Absteige, die Zelle, den Stein, den Baum, den Spazierweg, die Quelle, das Grab. Unangenehm: Touristen, Journalisten und Dissertanten. Empfehlenswert (sofern in der Szene noch Lebende enthalten sind): Öffnungszeiten, Eintrittskarten, Portier. Oder Warntafeln, Stacheldraht, Hund.

11. Der Platz ist **verflucht**. Es gibt Länder, Städte, Häuser, in denen die Szene immer danebengeht, das Opfer nicht angenommen wird. Hier lohnt es sich nicht, einzulenken, Kompromisse vorzuschlagen und die Menschheit etwa aufzuklären. Worüber denn? Aufklärende Wirkung hätte bestenfalls ein Nachspielen der Szene von Kain und Abel: High noon, Sonne am höchsten Punkt, schattenloses Ambiente.

12. Der Platz ist **gesegnet**. Es gibt Länder, Städte, Häuser, in denen die Szene immer gutgeht, das Opfer gnädig angenommen wird. Hier lohnt es sich, die heimischen Geister zu beschwören, daß die Schwalben hoch oben fliegen, gebratene Tauben ins Maul bitteschön, und alles andere wohltemperiert.

13. Der Platz ist verflucht **oder** gesegnet.

14. Das Medium ist das **Nomen** oder Subjekt, es **regiert.** Das Wort ist das regierte **Verb** oder Prädikat, es hat **fast** nichts zu sagen. Die gewöhnliche Grammatik läßt sich also hier nicht anwenden. Wie der Fernsehapparat schon im Kopf eingebaut ist und nur suggeriert, man könne die Wahrnehmung eigenmächtig steuern, so verblüfft das Burgtheater in Wien immer wieder durch die Tatsache, daß jedes Wort zuviel ist. *Peymann* hat das wohl zu spät bemerkt. (Moralist, der er ist! Die Verblüffung könnte aber auch perfekt gespielt gewesen sein.) Tatsächlich ist ein Szenenmacher nur Agent eines Unterdrückungszusammenhangs. Er bringt ihn zur Darstellung, so gut er kann.

15. Der Szenenmacher **ist** der Gewalttäter. Eine absolute Sau und ein Tyrann erster Güte, das hat *Peymann* früh genug bemerkt. Er macht sich kaputt, schlägt sich herum mit Geldgebern, Publikumssprechern, Gewerkschaftlern und auch noch echten Schauspielern. An diesen scheitert die von *Hegel* so genannte Herr-Knecht-Dialektik. Um etwas auszurichten, muß er selber Medium werden.

16. Der Szenenmacher als Medium zerteilt sich in Stücke. Seltsamer **Deal.** Aber die Mitglieder der Produktion sind unfähig, einen Finger zu rühren, geschweige, ein Wort herauszubringen, wenn er nicht ein bißchen zaubert wie der Schamane. Das Paradoxon der Heilung durch Krankheit und der Normalisierung durch Verrücktheit löst sich auf, weil die Szene ja gleichermaßen krank und verrückt ist.

17. Der Gewalttäter **ist** das Opfer.

18. Dasselbe gilt **umgekehrt** für das Personal.

19. Die Szene ist im Teufelskreis der Opferhandlungen eingeschlossen. Denn es geht stets um die Tilgung der Einheit, eine Zerreißung oder Verdopplung. Nichts anderes bedeutet **Mimesis.**

20. Die Szene kennt nur das Maß der Mimesis, Genauigkeit, Dosierung, Sinn für Proportionen, Gerüche und Gerüchte. **Woher? Wohin? Warum? Wozu?** Das wird an Ort und Stelle entschieden.

* * *

20. **Woher? Wohin? Warum? Wozu?** Das entscheiden die Wissenschaftler in ihren Türmen. Der Literat kennt nur das Maß der Poiesis, Genauigkeit, Dosierung, Sinn für Proportionen, das jeweils Richtige. Was hinhaut.

19. Die Literatur erschöpft sich in Selbstopfern. Denn es geht stets um die Einheit von Welt und Sprache, mehr Wahrheit, weniger Wahrheit als zuvor. **Wiedergeburt**, nichts anderes bedeutet **Poiesis.**

18. Die Gewalt ereignet sich in der Welt **wie** in der Sprache, das ist die **Gemeinheit.** Man kann darüber endlos reden und schreiben, sich opfern. Was keiner Erklärung bedarf.

17. Der Mann ohne Eigenschaften hat schon alles erklärt. Bis zum Krieg. Seither ist der Literat weder durch ein Ichideal noch durch ein Weltbild gezwungen, sich mit beliebigen Gegenwarten zufrieden zu geben. Er könnte sich **Schöneres** vorstellen. Aber die Begriffe halten es nicht fest, sie sind kaputt und stumpf geworden vom vielen Ausschlachten, sind selber Schrott. Wenn man irgendwo damit ankommt, steigt ein Geruch von Keller und Verwesung auf. Die Vergangenheit, die Historie, die Tradition. Die **Scheiße.**

16. Jetzt hat der Literat kein Haus, keine Heimat mehr. Und keinen Fluchtweg. Dafür darf er sich austoben, wie er will und muß. Eingesperrt im **Universum** der Sprache, verbindet er die Gewalttat und das Opfer im hermetischen **Text,** läßt es darin zergehen.

15. Der Text wird zur **Tirade.** Je länger der Atem hält, desto schmerzlicher empfinden wir die Worte. Was steckt zutiefst? Was kommt zum Vorschein? Dinge, die es nie gegeben hat, ein außer Rand und Band geratenes Sein, das **wirklich** kein Ende nimmt.

14. **Fiktion** und **Realität**, diese letzte Unterscheidung der Ästhetik ist außer Kraft. Unmöglich, sich auf eine der beiden Seiten zu schlagen!

13. Der Ästhet sagt das Desaster voraus, das er gut genug kennt, er braucht nichts zu erfinden. Es ist der **Wahnsinn**, fehlt nur die Beglaubigung. Daran arbeitet er unablässig.

12. Der Zeuge des Wahnsinns bezichtigt sich selbst der Mittäterschaft, seine **Selbstzucht** schließt den Unsinn aus. So bleibt er frei davon, eine bessere Praxis erdenken zu müssen. Welcher Trick wäre empfehlenswert? Sollte er sich zu den älteren Zauberformeln des Nichthandelns flüchten? *Goethe* als Therapie? Meditieren? Oder sollte er die neueren Wunder der Simulation auf sich wirken lassen? Turing als Doping? Predigen? Es wäre ihm zu billig und zu riskant, eins wie das andere. Idiotisch. Sein Name steht auf dem Spiel.

11. Die Schrift ist das Medium oder **Subjekt**, es wird regiert. Das regierende **Prädikat** ist der **Name.** Dinge und Menschen tragen ihre Gütezeichen, sie heißen so und nicht anders, damit ist **fast** alles gesagt. Die Grammatik, Allerweltsgrammatik, gibt denen den Rest, die nicht hören wollen. Wer nicht hören will, muß fühlen, Deutsch für Inländer. Damit heben die Zweifel an. Wie die Leute sich namentlich mißbraucht fühlen und zum Richter laufen, weil sie **glauben**, daß *Bernhard* sie gemeint haben könnte, so beschweren sich die Stützen der Gesellschaft und des Staates beim Volk, weil sie **glauben**, daß *Bernhard* überhaupt nichts meint. Sie alle merken immer zu spät, daß sie etwas glauben. (Aufklärer, die sie sind! Ihr Ehrgefühl verleitet sie, ihre Dummheit in Schauprozessen zu offenbaren.) Sie **müssen** daran glauben, ob sie wollen oder nicht. Jeder spielt mit.

10. Wie im **Mittelalter.**

9. Der Schreiber, der Kleriker vermeidet es, sich von der Welt ein Bild zu machen. Er bildet nicht, sondern schreibt ab, macht einen **Sermon.** Die Abschreiberei ist ihm Lust und Qual zugleich. Daher die vielen Auslassungen und Übertreibungen.

8. Man kann unmöglich etwas auslassen, ohne **sich** darüber auszulassen. Die Ausgelassenheit deutet auf Abstammung und Herkunft hin, **natura naturans.** Jemand lebt in Ohlsdorf/Oberösterreich und Wien, das genügt.

7. Man kann unmöglich eine Sache **übertreiben**, von der man nicht selbst **durchtrieben** ist. Katholizismus, Faschismus, Musik.

6. Die Texte sind geschützt durch das Ritual der **Austreibung.** Die Wiederholung, die Verdopplung, die Verlarvung drücken ein Verbot aus, **forma formans.** Man darf nicht sehen wollen, was vor der Geburt und nach dem Tode ist. Hingegen gilt die Erlaubnis, die Schwalben hoch oben in der Luft zu betrachten, sich wiederzubeleben an Brandteigkrapfen und Brandenburgischen Konzerten, sich zu erfrischen an Stierkämpfen und allem, was immer gleich ist in der Welt.

5. Die Texte **sind** an der Zeit. Unsinn zu sagen: sie kommen von einem Anfang her und heben auf ein Ende ab. Sie **drehen** sich. Vielleicht drehen sie sich langsamer oder schneller oder bleiben mitunter stehen. Was beim Lesen zu beachten ist, die **Torsion**, links- oder rechtsdrehende Säure, sorgfältiges **Timing.**

4. Die Texte sind durch kein **Vorher** und **Nachher** eingegrenzt. Sie sterben, verfallen im gleichen Moment, da sie entstehen.

3. *Bernhard*, sofern er redet, spricht durch eine **Maske.** Unbewegt. Nicht? Total verlogen, muß man doch sagen.

2. Aber wie kann so einer leben? Ich gebe die Frage weiter an die **Schauspieler**. Sie müssen wissen, wie man jeden Moment sterben und trotzdem leben kann. Und wie man es macht. Intelligente Schauspieler sind gefragt.

1. Was ist Literatur für eine Szene? Zum Zweck einer ersten Verständigung schlage ich vor: Literatur ist immer das **unerdenklich Beherrschte** (Logik I) – oder das **beherrscht Ungedachte** (Logik II). So daß sie **einmal** da ist und sofort verschwindet. So daß sie alles auslöscht, indem sie selbst mit einem Schlag erlischt.

Dietmar Pickl

Die Inszenierung der Schule – Die Didaktik des Theaters – Das Theater der Didaktik – Die Schule der Inszenierung

1. Die Schule kennt viele Szenen. Die Schule lebt von der Wiederholung der Szenen. Die täglichen Szenen geben der Schule Sicherheit. Die Schule **ist** Szene.
2. Die Schule ist öffentlich. Sie eröffnet Möglichkeiten. Unmöglichkeiten sind eingeschlossen. Unmögliches wird eingeschlossen. Das Unmögliche ist ausgeschlossen. Die Unmöglichen werden ausgeschlossen.
3. Die Szenen sind ritualisiert, nur für Eingeweihte bestimmt, daher nicht öffentlich. Unbewußter Geheimdienst.
4. Die Szenen sind langweilig, sie sind verflucht langweilig.
5. Nur keine Szene machen! Denn – die Schule **ist** Szene.

***

I – Welche Personen kommen in den Szenen vor? Wer weist wem die Rollen zu? Wo sind die begründeten, wo die beliebigen Rollenträger? Die Eleven müssen noch viel lernen, sie haben noch kein Repertoire. Die pragmatisierten Kammerschauspieler waren wohl schon immer Kammerschauspieler. Es gibt so viele Statisten, wo kommen die nur laufend her? Einmal noch im Chor singen können, wo man die falschen Töne nicht hört!

II – Wer führt Regie? Außer Raum und Zeit. Wer hat die Fäden in der Hand, vor allem hinter den Kulissen? Wer spinnt die Fäden? Wer spinnt?

III – Es gibt kein Publikum. Die Rollenträger schauen sich selbst zu, sie können die Kalauer nicht mehr hören. Am Tag der offenen Tür wird nicht gespielt – da wird gefeiert.

IV – Die Kritiker sind unter sich und schonen sich. Ehrenkodex. Lehrkörper. Wie war ich heute? Einmalig! Na, na, na!

V – Der Ruf der Schule verpflichtet. Wir müssen den Standard halten. Wir wollen ihn anheben. Ensembleleistung geht vor Starkult. Dramaturgische Paradiesphantasie: Klassenzielerreichen, Lehrplanerfüllen – ein Programm, das unspielbar ist.

a) Die Schule kann vom Theater lernen.
b) Szenen müssen stimmen. Sie stimmen, wenn sie funktionieren.
c) Szenen müssen gemacht werden.
d) Der Skandal belebt die Schule, bringt sie ins Gespräch.
e) Didaktik ist eine Kunst.

Podiumsgespräch

Moser (**M**) – *Pickl* (**P**)

P – Das war ein Kampf! Gemein, aber phantastisch. Das Wichtigste war der Stier. Eine saubere Lösung. Ich möchte fragen, gibt es derart saubere Lösungen in der Schule? Was haben wir uns abgekämpft, was wurde ich gepiesakt! Diese Finten! Was habe ich aber auch schon gestichelt! Alles ist so gereizt. Und keine Entscheidung. Einerseits sind die Waffen ungleich verteilt, andererseits hat der Stier zwei Hörner. Und erst eine ganze Rinderherde . . .

M – Ja, um noch eine Weile in dem Bild zu bleiben: Du hast in deinem Kommentar allerdings die Rollen vertauscht. Jetzt stehen die Schüler auf der Seite des Stiers – weil du sagst: eine ganze Rinderherde. Auf welcher Seite stehst du?

P – In der Schularena wechseln wir ständig die Rollen. Natürlich bin ich lieber Torero, klar. Trotzdem bin ich nie sicher davor, auch zum Stier gemacht zu werden. Und wie das ausgeht, haben wir wohl gesehen. Es ist ein Spiel auf Leben und Tod.

M – Stier und Torero gehören zusammen. In der gleichen Opferlogik. Normalerweise geht der Stier drauf, was ja die Absicht ist, aber der Torero kann auch draufgehen.

P – Klar, das Leben des einen hängt mit dem Tod des andern zusammen. Will ich überleben, muß geopfert werden. Werde ich geopfert, überlebt der Stier.

M – Inzwischen erscheint mir der Vergleich doch ein wenig übertrieben. Es geht in der Schule nicht eigentlich um Leben und Tod, sondern um gewisse Bußen und Einschränkungen, die man in Kauf nimmt und für die man als Lehrer auch ganz gut bezahlt wird. Du bist nicht Torero und nicht Stier. Du mußt nur auf einige Dinge verzichten . . .

P – Einige Dinge, du redest wie von Bagatellen. Überleg mal, wenn ich in die Schule gehe, die Szene betrete, lege ich mit meiner Garderobe sozusagen auch mein Geschlecht ab. Das ist nur eines von einigen Dingen. Dann sollte ich mich im Sinne der Partnerschaft möglichst amikal benehmen, als wäre ich unter Gleichaltrigen. Wer aber als Älterer gleichaltrig erscheinen will, sieht besonders alt aus. Überleg auch, welche Einschränkungen der Phantasie auferlegt werden. Ich gehe in die Schule, bringe mich also mit, wie ich lebe, einschließlich meiner noch naiven Phantasie, und plötzlich darf ich viele Dinge nicht mehr tun.

M – Welche?

P – Um es kurz zu sagen, ich erbringe jeden Tag meine Phantasieopfer. Möglicherweise sind die Opfer auch nur phantasiert. Aber das ändert nichts an der Sache. Tagtäglich verbleibt meine Phantasie auf dem Altar der Schule. Was ich alles nicht denken, tun, sagen darf, sammelt sich da an.

M – Mir gefällt der Begriff „Phantasieopfer", weil er im Unklaren läßt, ob das Opfer ein phantasiertes Opfer ist, wovon die Lehrer träumen, um sich als Menschen zu fühlen, die sich der Jugend, dem Staate hingeben, weiß der Teufel – oder ob die Phantasie wahrhaftig geopfert wird, sofern sie dem Alltag, den Lehrplänen, den bekannten Rahmenbedingungen weichen muß. Vielleicht ist beides der Fall. – Du schreibst in deinem dritten Thesenpunkt, die Szenen sind ritualisiert, nur für Eingeweihte bestimmt, und redest von einem unbewußten Geheimdienst. Steckt darin nicht wieder eine Übertreibung oder sogar eine Anstiftung zur Paranoia? Wer zwingt dich zum Ritual? Wer überwacht es?

P – Du hast es selbst gesagt, unsere phantasierten Ängste, unsere Phantasieopfer zwingen uns. Deshalb brauchen wir niemanden wirklich, der uns überwacht. Das Ritual ist stark. Und wir sind stark. Wir überwachen uns durch uns. Natürlich geheim, was jeder weiß. Als fachlich ausgebildete Kustoden, Fachkustoden, wachen wir über uns und unsere Fächer. Little brother watches you, I watch little brother.

M – Das ließe sich gleich anwenden auf das spezielle Problem des Umgangs mit Literatur. Die Literatur soll unter die Menschen gebracht werden. Oder ins Volk, wie die Pädagogen sagen. Komischerweise geht das nicht mehr so leicht. Wegen des Fernsehens und ähnlichem. Deshalb sind immer raffiniertere Vorkehrungen nötig, um das Lesen schmackhaft zu machen. Die Lehrer sollen das richtige Lesen beibringen, bevor jemand falsch liest oder gar nicht liest. Ist dies nicht schon die Erklärung dafür, daß die Szenen so langweilig geworden sind, wie du in deiner vierten These behauptest, so verflucht langweilig?

P – Wir haben sicher an allen möglichen Lernorten erlebt, wie und wann sich die Langeweile einstellt. Bis der Referent, der Experte, der Fachmann sich durchringt, Geschichten über Geschichten zu erzählen. Was andere auch schon erzählt haben. Wir warten, daß er fertig wird und meinen, er wird nie fertig. Wie aufregend kann es aber sein, wenn Geschichten nur vorgelesen werden! Die Faszination des Geschichtenerzählens und Geschichtenvorlesens ist uralt. Dem entspricht ein gespanntes und nicht langweiliges, ein kurzweiliges Zuhören. In der Schule reden und referieren wir über Dinge und veranstalten sogar Redeübungen, damit wir noch sagen können: es stimmt etwas. Die Form, die Konzeption, die Stilistik, das mag stimmen, der Inhalt stimmt nicht. Er geht verloren.

M – Inhalt hieße dann nichts anderes, als die Lust des Lesens wiederzuerwecken. Entgegen dem Ritual, dem Zwang zur Einteilung, dem vorschriftsmäßigem Aufstehen und Niederknien, dem Gebimmel der Glocken, der laufenden Korrektur. So verstehe ich deine fünfte These: Nur keine Szene machen, denn die Schule ist Szene. Zweierlei Szenen, die eine überflüssig, die andere wie Tausendundeine Nacht ... Was würde passieren, wenn man jeden Tag so unterrichtete, als wäre es der letzte?

P – Ein Lehrer könnte wirklich öfters seine Stunde mal so halten, als wäre es die letzte. Im allgemeinen reduziert er die Andacht auf den letzten Tag vor dem Fest, Ostern und Weihnachten. Worauf kommt es sonst an? Auf das Zitat, das Zitat des Zitates, das Zitieren, aber richtig, das Afterzitieren, aber richtig, das Wegreden und Weghören.

M – Ein großes Ereignis neben Weihnachten und Ostern hast du ausgelassen, das jüngste Gericht.

P – Was eine große Rolle spielt. Der Lehrer ist aufgerufen, der Gerechte zu sein, die Schafe von den Böcken zu trennen, Genügendes und Nichtgenügendes abzuwägen. Ich frage nur zurück: Wie können wir der Literatur, den literarischen Interessen der Schüler gerecht werden? Wie geeignet sind die Kriterien der Überprüfbarkeit? Welche Instanz schützt die Kriterien? Das Lehrbuch für den Unterricht? Die Ausbildung an der Universität? Der Lehrer selbst? Die Schüler? Die Gerechtigkeit bringt uns noch um. Vielleicht tun sich die Statisten am leichtesten. Statisten müssen nur pünktlich auftreten und abtreten. Jeder Schritt ist geregelt.

M – Beim jüngsten Gericht sehe ich ein Doppelbild, das des Aufstiegs und das des Abstiegs. Man müßte fragen: Wie sind die Richter seinerzeit aufgestiegen? Wie haben sie die Kompetenz erworben, Urteile zu fällen, womit sie eben die nächste Generation belasten und belästigen?

P – Die Aufstiegsleiter ist in den diversen Studienplänen und -ordnungen der Universitäten schon eingebaut. Wenn man von Sprosse zu Sprosse klettert, muß man nur den Schritt ins Leere vermeiden. Und macht man in der Schule so weiter, kann eigentlich nichts schief gehen. – Man sollte aber einige Randmotive beachten. Wenn zuviele abstürzen, stürzen auch die Richter ab.

M – Man könnte von Engeln sprechen, die mit einem Fuß in der Hölle stehen.

P – Die Personalfrage hätten wir hiermit geklärt.

M – Du hast angemerkt, daß nicht nur Personen, sondern auch räumliche und zeitliche Bedingungen den Genuß an Literatur verderben. Welche Bedingungen gibt es noch?

P – Abgesehen von den räumlichen und zeitlichen Bedingungen, die zu kritisieren ja aussichtslos und unsinnig ist, denke ich an den instanten Geruch der Schule. Jeder Lernort hat seinen Geruch. Der Schulmief, das ist ein Konglomerat von tausenden abgelagerten individuellen Gerüchen. Irgendwann können wir nichts und niemanden mehr riechen. Weshalb wir sagen, es stinkt uns. Dazu kommen Gerüchte – was dann ineinandergeht: Gerichte, Gerüche und Gerüchte. Nichts für feine Nasen.

M – Fällt dir ein Gewürz, eine Zutat nach eigenem Gusto ein?

P – Dazu meine ich, jeder soll die Suppe essen, die er sich gekocht hat. Leider ist der Koch der Lehrer, und der muß immer nach dem gleichen Rezept kochen. Sicher zieht es manche Lehrer zu anderen Düften. Die Schule befriedigt solche Neigungen, indem sie kleine Öffnungen zuläßt. – Aber wie sind die Öffnungen konstruiert? Man kommt nicht hinaus.

M – Vom Gesetz her sind die Orte draußen vor der Tür als gefährliche Orte definiert. Nicht in der Schule sein bedeutet für Lehrer und Schüler, sich in Gefahr begeben. Da wundert sich die Schule, daß die Gesellschaft, abgesehen von den guten und schlechten Noten, eigentlich nicht wissen will, was drinnen passiert.

P – Die Türen sind dicht. Die Schule kommt mit den vorhandenen Plätzen aus und will nicht in die Gesellschaft. Nur am Tag der offenen Tür strömt Leben hinein. An diesem Tag aber wird nicht gespielt, sondern gefeiert.

M – Die Feier verdeutlicht lediglich den Ernst der Lage zu anderen Zeiten.

P – Die Feier ist nicht echt. Innerhalb der Schule gilt die Regel, daß sich die Lehrer gegenseitig schonen, nichts nach außen tragen. Nestbeschmutzer sind unerwünscht. Die Amtsverschwiegenheit ergänzt die Menschlichkeit. Und die Gehässigkeit ergänzt die Liebenswürdigkeit. Das Ensemble bevorzugt gleichmäßige, durchschnittliche Mitspieler.

M – Dein Rollenbild vom Lehrer ist der Schauspielerei stark angenähert. Auch der Schauspieler ist Mensch, was seine Verletzlichkeit ausmacht: deswegen lohnt es sich ja, ihn zu ärgern oder zu erfreuen. Ein Lehrer, der auf sein Image Wert legt, ist in erster Linie Beamter. Er spielt auf einer anderen Bühne. Aber der Konflikt dürfte ähnlich liegen.

P – Das stimmt, unser Stück ist ein anderes. Und wir leiden nicht einmal unter dem Spielplan. Daß wir ihn nicht vollhalten können. Daß wir uns ununterbrochen abhetzen. Im Gegenteil, mit jedem Tag kommt mehr vom didaktischen Supermarkt hinzu. Der Jahresplan, der Stundenplan wird immer neu gefüllt. Unmöglich! Während im Theater ein Dramaturg zuständig ist, zu sichten und zu lichten, die Stücke anzumessen, häufen wir die Probleme an: Welche neuen Formen, welche Tricks, welche Inhalte, welche Literatur dürfen wir jetzt wieder berücksichtigen? Es ist nie genug. Irgendwann müssen wir bemerken, daß dieses Programm nicht mehr spielbar ist.

M – Der Literaturunterricht geht noch von der Vorstellung aus, daß man die Geschichte von Anfang bis Ende durchnehmen muß. Als gäbe es eine Entwicklung und einen Fortschritt vom Hildebrantslied über *Grillparzer* bis zur Postmoderne. Dem Theater ist diese Vorstellung fremd. Es führt nicht Theatergeschichte auf, sondern macht sie.

P – Davon könnte die Schule lernen. Die Lehrer laufen einer Vollständigkeit nach, die es nicht gibt. Sie kommen deshalb auch nicht an. Sie brauchen eigentlich nur irgendwo anfangen und irgendwo aufhören. Was eine gewisse Willkür verlangt.

M – Du meinst die Szene? Daß diese richtig anfängt und aufhört?

P – Der Anfang muß stimmen, das Ende muß stimmen. Die Szene darf nicht beherrscht werden durch einen Lehrplan, der aus dem Stoff der Jahrtausende zusammengestückelt ist. Jeder Lehrer muß selbst eine Szene machen. Sichtbar für alle. Wäre das nicht ein großartiger Skandal? Jahrtausende einzutauschen gegen ein paar Stunden? Den dauernd faden Nachgeschmack gegen ein bißchen Wohlgeruch? In diesem Sinne habe ich auch behauptet, das Inszenieren in der Schule ist eine Kunst.

M – Zugegeben, Didaktik ist eine Kunst. Wer in der Schule möchte aber von sich behaupten, daß er Künstler ist?

P – Ein Beamter sicher nicht.

M – Was soll ich dazu sagen? Du bist Beamter und stellst die horrendesten Forderungen! Damit fange ich nichts an.

P – Dann hör eben auf.

Namensregister

Das Register umfaßt auch die in den Anmerkungen und Literaturverzeichnissen auftretenden Personennamen.

ÖSTERREICHISCHE LITERATUR SEIT DEN ZWANZIGER JAHREN
– Beiträge zu ihrer historisch-politischen Lokalisierung –
1979, 155 Seiten, ISBN 3-215-04064-6 **(Nr. 35) – vergriffen!**
Friedbert Aspetsberger (Hg.): Vorwort – *Friedbert Aspetsberger:* Literatur und Politik in den dreißiger Jahren. Josef Wenter und Karl H. Waggerl – *Klaus Zelewitz:* Vom Ende der Humanität zum inhumanen Ende. Literatur und politisches Verhalten Stefan Zweigs in der faschistischen Periode – *Elisabeth Castex:* Anarchie und totale Organisation. Zur Historizität utopischer Strukturen in den Werken Franz Kafkas und Robert Musils – *Meinrad Pichler:* Von Aufsteigern und Deklassierten. Ödon von Horváths literarische Analyse des Kleinbürgertums und ihr Verhältnis zu den Aussagen der historischen Sozialwissenschaften – *Albert Berger:* Die austriakische Restauration. Gerhard Fritschs Verhältnis zu Österreich – *Silvana de Lugnani:* Politische und poetologische Aspekte in der Lyrik Paul Celans: zwei Momente einer einheitlichen Haltung – *Hubert Lengauer:* Dichterische Sprache und Technokratie: Zur Konkreten Lyrik – *Karl Wagner:* Peter Handkes Rückzug in den geschichtslosen Augenblick – *Anton Reininger:* Dem Ende des experimentellen Romans entgegen? Zur Entwicklung der Grazer Gruppe – *Klaus Amann:* Verklärte Erklärer. Zu einigen literarischen Beispielen historischer Mythenbildung

ÖSTERREICHS SOZIALSTRUKTUREN IN HISTORISCHER SICHT
1980, 172 Seiten, ISBN 3-215-04063-8 **(Nr. 36)**
Erich Zöllner (Hg.): Vorwort – *Michael Mitterauer:* Soziale Strukturen im mittelalterlichen Österreich – *Heinz Dopsch:* Der österreichische Adel – *Isnard W. Frank:* Der Klerus – *Alois Brusatti:* Der Unternehmer in Industrie und Handel – *Herbert Knittler:* Handwerk und Gewerbe in Österreich (bis ins 19. Jahrhundert) – *Alfred Hoffmann:* Die Beamten – *Ernst Bruckmüller:* Die Bauern – *Hannes Stekl:* Das Gesinde – *Gustav Otruba:* Entstehung und soziale Entwicklung der Arbeiterschaft und der Angestellten bis zum Ersten Weltkrieg – *Erich Bodzenta:* Änderungen der österreichischen Sozialstruktur in der Ersten und Zweiten Republik

TRADITIONEN IN DER NEUEREN ÖSTERREICHISCHEN LITERATUR
– Zehn Vorträge – 1980, 162 Seiten, ISBN 3-215-02766-6 **(Nr. 37)**
Friedbert Aspetsberger (Hg.): Vorwort – *Sigurd Paul Scheichl:* Die Stellung der österreichischen Literatur des 19. Jahrhunderts im literarischen Leben der Gegenwart – *Karlheinz Rossbacher:* Die Tradition und ihre kritische Erinnerung. Zur Rezeption Adalbert Stifters bei Jutta Schutting – *Adalbert Schmidt:* Literarische Traditionen in Rilkes frühen Dichtungen – *Josef Donnenberg:* Das Thema Heimat in der Gegenwartsliteratur und Anzengruber als Schlüsselfigur der Tradition der Heimatliteratur – *Klaus Heydemann:* Jugend auf dem Lande. Zur Tradition des Heimatromans in Österreich – *Wendelin Schmidt-Dengler:* „Schluß mit dem Erzählen". Die Polemik gegen das Prinzip des Erzählens in der österreichischen Literatur der Gegenwart – – *Sigrid Schmid-Bortenschlager:* Europa – kulturelles Erbe und politische Landkarte. Ein Beitrag zur literarischen Situation der fünfziger Jahre in Österreich an Hand einer vergleichenden Interpretation der drei Gedichte: *G. Fritsch:* Europa – *I. Bachmann:* Große Landschaft bei Wien – *G. Rühm:* europa – – *Silvia Anner-Aentres:* Die Umformung antiker Stoffe bei Felix Braun – *Dagmar Buchmann:* Die Antike als Hilfestellung für die Moderne (mit besonderer Berücksichtigung der Werke von Franz Theodor Csokor) – *Kurt Bartsch:* „Tradition" als Problem der Literaturwissenschaft

REVOLUTIONÄRE BEWEGUNGEN IN ÖSTERREICH
1981,175 Seiten, ISBN 3-215-04105-7 **(Nr. 38)**
Erich Zöllner (Hg.): Vorwort – *Gerhard Botz:* Der Revolutionsbegriff in der Geschichte – *Peter Feldbauer:* Sozialrevolutionäre Bewegungen im mittelalterlichen Österreich – *Richard G. Plaschka:* Zweimal Rebellion in Böhmen: Hussiten und Weißer Berg – *Johann Rainer:* Die bäuerlichen Erhebungen 1525–1627 im österreichischen Raum – *Moritz Csáky:* Die ungarischen „Malcontenten" und „Kuruzen" – soziale und ökonomische Aspekte ihrer Erhebungen – – *Helmut Reinalter:* Die Jakobiner in der Habsburgermonarchie – *Wolfgang Häusler:* Zur sozialen und nationalen Problematik der Revolution von 1848/49 in der Donaumonarchie – *Rudolf Neck:* Österreich in der revolutionären Epoche von 1917–1920 – *Gerhard Jagschitz:* Illegale Bewegungen während der Ständischen Ära 1933–1938 – *Erika Weinzierl:* Der österreichische Widerstand gegen den Nationalsozialismus 1938–1945

FORMEN DER LYRIK IN DER ÖSTERREICHISCHEN GEGENWARTSLITERATUR
1981, 143 Seiten, ISBN 3-215-04107-3 **(Nr. 39)**
Wendelin Schmidt-Dengler (Hg.): Vorwort – *Albert Berger:* Moderne Lyrik als Rezeptionsproblem. Theoretische Gesichtspunkte zum Umgang mit modernen Gedichten im Unterricht – *Wendelin Schmidt-Dengler:* Gedicht und Veränderung. Zur österreichischen Lyrik der Zwischenkriegszeit – *Michael Klein:* Bertolt Brecht: „Schlechte Zeit für Lyrik". Überlegungen zur Brauchbarkeit eines gattungspoetischen Terminus – *Johann Holzner:* Gegennachrichten. Zu den Gedichten von Erich Fried (1966–1974) – *Wolfram Mauser:* Ingeborg Bachmann. Flucht-Linien ihrer Lyrik – *Fritz Weilandt:* Das lyrische Werk von Christine Busta – *Viktor Suchy:* Poesie und

Poiesis. Dargestellt am Werke Friederike Mayröckers – *Ernst Jandl:* Notizen zur eigenen poetischen Arbeit – *Ulrich Schulz-Buschhaus:* Erfahrung, Erinnerung und Selbstreflexion in literarischer Erziehung

DIE QUELLEN DER GESCHICHTE ÖSTERREICHS
1982, 232 Seiten, ISBN 3-215-04527-3 **(Nr. 40)**
Erich Zöllner (Hg.): Vorwort – *Herwig Friesinger:* Die Quellen der Ur- und Frühgeschichte des österreichischen Raumes – *Hermann Vetters:* Austria Romana – *Siegfried Haider:* Die schriftlichen Quellen zur Geschichte des österreichischen Raumes im frühen und hohen Mittelalter – *Paul Uiblein:* Die Quellen des Spätmittelalters – *Gernot Heiß:* Reformation und Gegenreformation (1519–1618). Probleme und ihre Quellen – *Anna H. Benna:* Aufstieg zur Großmacht. Vom Weißen Berg zur Pragmatischen Sanktion – *Hans Wagner:* Von der Reform zur Restauration. Quellen zur österreichischen Geschichte 1740-1848 – *Helmut Rumpler:* Die franzisko-josephinische Epoche – *Karl Haas:* Quellenkundliche Bemerkungen zur Geschichte der Republik Österreich – – Register

GEGENWARTSLITERATUR ALS BILDUNGSWERT
1982,116 Seiten, ISBN 3-215-04106-5 **(Nr. 41)**
Alois Brandstetter (Hg.): Vorwort – *Norbert Griesmayer:* Lyrik und „reflektierende Sprachbetrachtung" – *Heinz Hillmann:* Der Bildungswert der Literatur, I. Literaturtheoretische Überlegungen: Literatur als Problemlösungsspiel; II. Überlegungen zu einem Literaturunterricht als Problemlösungsspiel – *Franz Kuna:* Kontextforschung als Methode und Aufgabe der Literaturwissenschaft – *Zdenko Škreb:* Das Rätsel der Wirklichkeit (Werke von Christa Wolf, Thomas Bernhard, Heinrich Böll) – *Wendelin Schmidt-Dengler:* Von der Schwierigkeit, Thomas Bernhard zu lesen. Zu Thomas Bernhards „Gehen" – *Hubert Lengauer:* Zerstörte Hoffnung. Zur Kritik bürgerlicher Bildung im realistischen Gegenwartsroman – *Alois Brandstetter:* Probleme der Textkonstitution in der Kurzprosa – *Meinrad Pichler:* Kinder- und Jugendliteratur: literatursoziologische Anmerkungen

ÖSTERREICH IM ZEITALTER DES AUFGEKLÄRTEN ABSOLUTISMUS
1983, 212 Seiten, ISBN 3-215-05094-3 **(Nr. 42)**
Erich Zöllner (Hg.): Vorwort – *Robert A. Kann:* Die Staatsauffassung des maria-theresianischen Reformabsolutismus – *Hans Wagner:* Die Herrscher und ihre Staatsmänner – *Elisabeth Kovács:* Beziehungen von Staat und Kirche im 18. Jh. – *Gernot Kocher:* Rechtsverständnis und Rechtsreformen im aufgeklärten Absolutismus Österreichs – *Johann Chr. Allmayer-Beck:* Die Armee Maria Theresias und Josephs II. – *Helmuth Feigl:* Landwirtschaft und Grundherrschaft unter dem Einfluß des Physiokratismus – *Gustav Otruba:* Verwaltung, Finanzen, Manufakturen, Gewerbe, Handel und Verkehr, technisch-gewerbliche Bildung und Bevölkerungsentwicklung – *Günther Hamann:* Zur Wissenschaftspflege des aufgeklärten Absolutismus: Naturforschung, Sammlungswesen und Landesaufnahme – *Hubert Lengauer:* Aufklärung und österreichische Literatur. Zur Anwendung historischer Kategorien in der Literaturwissenschaft – *Günther Heinz:* Die bildende Kunst der Epoche Maria Theresias und Josephs II.

VOLK, LAND UND STAAT
– Landesbewußtsein, Staatsidee und nationale Fragen in der Geschichte Österreichs –
1984, 184 Seiten, ISBN 3-215-05450-7 **(Nr. 43)**
Erich Zöllner (Hg.): Vorwort – **I. Von den Anfängen bis ins 19. Jh.** – *Erich Zöllner:* Österreichbegriff und Österreichbewußtsein im Mittelalter – *Reinhard R. Heinisch:* Patriotismus und Nationalismus in den österreichischen Ländern im konfessionellen Zeitalter und im Hochbarock (1521–1713) – *Manfried Rauchensteiner:* Österreichbewußtsein und österreichische Staatsidee im Zeitalter des aufgeklärten Absolutismus und im Vormärz – **II. Das Nationalitätenproblem der späten Habsburgermonarchie: Nationalismus und Patriotismus im Widerstreit (1815–1918)** – *Anna M. Drabek:* Tschechen und Deutsche in den böhmischen Ländern. Vom nationalen Erwachen der Tschechen bis zum Vorabend des Ersten Weltkrieges – *Walter Leitsch:* Polen und Ruthenen in der Habsburgermonarchie – *Adam Wandruszka:* Die Italiener in der Habsburgermonarchie – *Ferdinand Hauptmann:* Die Stellung der Südslawen in der Habsburgermonarchie – *Horst Haselsteiner:* Das Nationalitätenproblem in den Ländern der ungarischen Krone – **III. Probleme der Republik** – *Arnold Suppan:* Die Volksgruppen in Österreich im 20. Jh. – Ihre demographische und gesellschaftliche Entwicklung zwischen nationaler Integration und Assimilation – – *Anton Staudinger:* Die nationale Frage im Österreich der Ersten und Zweiten Republik

LITERATUR DER NACHKRIEGSZEIT UND DER FÜNFZIGER JAHRE IN ÖSTERREICH
1984, 384 Seiten, ISBN 3-215-05537-6 **(Nr. 44/45 – Doppelband)**
Friedbert Aspetsberger, Norbert Frei, Hubert Lengauer (Hg.): Vorwort – **I. Die kulturpolitische Situation** – *Georg Schmid:* Die „Falschen" Fuffziger. Kulturpolitische Tendenzen der 50er Jahre

– *Heinz Lunzer:* Der literarische Markt 1945 bis 1955 – *Klaus Amann:* Vorgeschichten. Kontinuitäten in der österreichischen Literatur von den 30er zu den 50er Jahren – *Norbert Frei:* Die 50er Jahre im Spiegel von Schriftsteller-Autobiografien – *Norbert Griesmayer:* Die Zeitschrift „Tagebuch". Ergänzende Beobachtungen zur kulturpolitischen Situation in den 50er Jahren – *Klaus Amann:* Wiederaufbau. Der österreichische PEN 1945 bis 1955 – *Kurt Palm:* Brecht und Österreich. Anmerkungen zu einigen Auseinandersetzungen um Brecht in den 50er Jahren – *Johann Strutz:* . . . die Dichter dichten, die Maler malen und die Komponisten komponieren. Über die Kulturpolitik der Steiermark in den 50er Jahren – *Sigurd P. Scheichl:* Die Tiroler Kulturpolitik und die Literatur 1950 bis 1959 – *Elisabeth Wiesmayr:* Das Bild einer „österreichischen Literatur" im Spiegel der (bundesdeutschen) Kritik – **II. Artikulationsformen in der Literatur** – *Albert Berger:* Schwieriges Erwachen. Zur Lyrik der jungen Generation in den ersten Nachkriegsjahren (1945–1948) – *Johann Strutz:* Die Trägheit der Metaphernsprache. Zur traditionalistischen Lyrik der 50er Jahre – *Wolfgang Greisenegger:* Das Theaterleben nach 1945 – *Friedbert Aspetsberger:* Versuchte Korrekturen. Ideologie und Politik im Drama um 1945 – *Karl Müller:* Muß Odysseus wieder reisen? Zur weltanschaulichen Unbehaustheit und Häuslichkeit (Heimatlosigkeit und Heimat) – *Wendelin Schmidt-Dengler:* Im Niemandsland. Zum Roman in Österreich um 1950 – *Konstanze Fliedl, Karl Wagner:* Tote Zeit. Zum Problem der Darstellung von Geschichtserfahrung in den Romanen Erich Frieds und Hans Leberts – *Josef Donnenberg:* Der literarische Herr. Alexander Lernet-Holenia – *Wendelin Schmidt-Dengler:* Die unheiligen Experimente. Anpassung der Konvention an die Moderne? – *Rüdiger Wischenbart:* Zur Auseinandersetzung um die Moderne. Literarischer „Nachholbedarf" – Auflösung der Literatur – – Register

ÖSTERREICHS STÄDTE UND MÄRKTE IN IHRER GESCHICHTE
1985, 152 Seiten, ISBN 3-215-05740-9 **(Nr. 46)**
Erich Zöllner (Hg.): Vorwort – *Gerhard Langmann:* Die Städte im römischen Österreich – *Ferdinand Opll:* Stadtgründung und Stadtwerdung. Bemerkungen zu den Anfängen des Städtewesens in Österreich – *Klaus Lohrmann:* Die spätmittelalterlichen Städte Österreichs als konkurrierende Zentralorte – *Herbert Knittler:* Österreichs Städte in der frühen Neuzeit – *Franz Mathis:* Städte und Märkte zur Zeit der Frühindustrialisierung (von Maria Theresia zum Vormärz) – *Ernő Deák:* Die städtische Entwicklung in der franzisko-josephinischen Epoche. Eine quantitative Untersuchung – *Wilhelm Rausch:* Städte Österreichs von der Ersten zur Zweiten Republik – *Harry Kühnel:* Sanierung, Revitalisierung und Denkmalschutz in Österreichs Städten – *Renate Banik-Schweitzer:* Gegenwartsaufgaben der Stadtplanung in Österreich – – Ortsregister

ÖSTERREICHS ERSTE UND ZWEITE REPUBLIK
– Kontinuität und Wandel ihrer Strukturen und Probleme –
1985, 200 Seiten, ISBN 3-215-06101-5 **(Nr. 47)**
Erich Zöllner (Hg.): Vorwort – *Erika Weinzierl:* Aufgaben und Methoden der österreichischen Zeitgeschichte – *Stefan Karner:* Grenzziehungsfragen der Republik Österreich nach den beiden Weltkriegen in ihrer ökonomisch-politischen Relevanz – *Karl R. Stadler:* Die österreichische Linke. Vom Austromarxismus zum Austrosozialismus – *Alfred Ableitinger:* Das konservative und christdemokratische Lager. Christlichsoziale und Österreichische Volkspartei – *Viktor Reimann:* Das nationale und liberale Lager in Österreich – *Richard Olechowski:* Schul- und Bildungspolitik während der Ersten und der Zweiten Republik – *Fritz Weber:* Wirtschaft und Wirtschaftspolitik in der Ersten und Zweiten Republik – *Manfried Rauchensteiner:* Die Stellung des Bundesheeres in der Innen- und Außenpolitik der Republik Österreich – *Hans Bisanz:* Tendenzen der bildenden Künste in der Ersten und in der Zweiten Republik – *Wendelin Schmidt-Dengler:* Die Zeitgeschichte im Spiegel der Literatur der Ersten und Zweiten Republik – – Register

WELLEN DER VERFOLGUNG IN DER ÖSTERREICHISCHEN GESCHICHTE
1986, 200 Seiten, ISBN 3-215-06294-1 **(Nr. 48)**
Erich Zöllner (Hg.): Vorwort – *Renate Pillinger:* Christenverfolgung und „Tempelsturm" in der Austria Romana – *Werner Maleczek:* Die Ketzerverfolgung im österreichischen Hoch- und Spätmittelalter – *Klaus Lohrmann:* Die Judenverfolgungen zwischen 1290 und 1420 als theologisches und soziales Problem – *Gustav Reingrabner:* Die Verfolgung der österreichischen Protestanten während der Gegenreformation – *Heide Dienst:* Magische Vorstellungen und Hexenverfolgungen in den österreichischen Ländern (15. bis 18. Jh.) – *Ernst Bruckmüller:* Die Strafmaßnahmen nach den bäuerlichen Erhebungen des 15. bis 17. Jhs.) – *Edith Saurer:* Verfolgungen von Revolutionären und „Demagogen" im Vormärz und während des Neoabsolutismus – *Isabella Ackerl:* Unterdrückungsmaßnahmen des autoritären Regimes in Österreich von 1933 bis 1938 – *Karl Stuhlpfarrer:* Nationalsozialistische Verfolgungspolitik 1938 bis 1945 – *Brunhilde Scheuringer:* Das Schicksal der Volksdeutschen in den Nachfolgestaaten der Habsburgermonarchie nach dem Zweiten Weltkrieg – *Helmut Kramer:* Probleme und Gefahren der Gegenwart – – Register

ZEIT OHNE MANIFESTE?
– Zur Literatur der siebziger Jahre in Österreich –
1987, 280 Seiten, ISBN 3-215-06464-2 **(Nr. 49/50 – Doppelband)**
Friedbert Aspetsberger, Hubert Lengauer (Hg.): Vorwort – **I. RÜCK-SICHTEN** – *Josef Haslinger:* Auf der Suche nach der österreichischen Literatur des letzten Jahrzehnts – *Franz Schuh:* Beschreibung eines Wunsches. Die Grazer Autoren-Versammlung als Paradigma eines Schriftstellervereins der siebziger Jahre – *Rolf Schwendter:* „Des Dichters Selbstverständnis organisiert sich und gerät in Schwierigkeiten". Notate zur Grazer Autoren-Versammlung – **II. REALITÄTEN UND MOBILIEN – Realitäten – *1. Geld und Geist*** – *Gerhard Renner:* Der Förderungseingriff der Kunstverwaltung am Beispiel der Zeitschriftenförderung – *Murray G. Hall:* Die österreichische Verlagslandschaft der 70er Jahre – *Brigitta Bayer:* Schreiben (und Verlegen) als Angriff auf das Patriarchat. Produktion und Rezeption von Frauenliteratur in den siebziger Jahren – ***2. Das Neueste aus der Provinz*** – *Klaus Ratschiller:* The Show Must Go On. Zum Ingeborg-Bachmann-Wettbewerb – *Sigurd Paul Scheichl:* „Wer schreibt heute einen guten Bergroman?" Die Rauriser Literaturtage – *Roland Innerhofer:* „Dichterherbste". Zur Literatur rund um Graz – **Mobilien: Mensch, Mythen und Motive – *Peter Handkes „Wende"?*** – *Walter Weiss:* Neueste Tendenzen am Beispiel Handkes – *Adolf Haslinger:* Peter Handkes, „Der Chinese des Schmerzes" – – *Wendelin Schmidt-Dengler:* Drei Naturen: Bernhard, Jandl, Handke – Destruktion, Reduktion, Restauration. Anmerkungen zum Naturbegriff der drei Autoren – – *Karl Wagner:* Über die literarischen Dörfer. Zur Ästhetik des Einfachen – *Heinz F. Schafroth:* Mythos und großer Raum in der österreichischen Gegenwartsliteratur: Über Marianne Fritz und Klaus Hoffer – *Alois Brandstetter:* Prosaische Annäherung an die Väter. Zu einem Motivboom in der österreichischen Gegenwartsliteratur – *Norbert Frei:* Der Tod. Das Wiederaufleben eines Motivs – **III. ZUM STAND DER POETISCHEN NATURFORMEN** – *Albert Berger:* So ein Gedicht! Österreichische Lyrik der siebziger Jahre – *Herbert Gamper:* „Das Lachen des zu Tode gekitzelten Bauern". Die Tragikomödie des Autors als einer lächerlichen Figur – *Franz Rind:* Unter dem Bürgersteig. Zur Situation der Kellertheater – *Gerhard Melzer:* Die Konsolidierung der Gattungen in den neuen Medien: Hörspiel und Fernsehspiel – – Register.

ÖSTERREICH UND DIE OSMANEN – PRINZ EUGEN UND SEINE ZEIT
1988, 312 Seiten, ISBN 3-215-06793-5 **(Nr. 51/52 – Doppelband)**
Erich Zöllner, Karl Gutkas (Hg.): Vorwort – *Markus Köhbach:* Das Osmanische Reich im 16. und 17.Jh. – *Karl Vocelka:* Das Türkenbild des christlichen Abendlandes in der frühen Neuzeit – *Johann Christoph Allmayer-Beck:* Bedrohung und Befreiung Wiens 1683. Eine weltgeschichtliche Einführung – *Walter Hummelberger:* Wien in der Verteidigung gegen die Türken – *Peter Broucek:* Der Feldzug von 1683 und der Entsatz Wiens in der Schlacht am Kahlenberg – *Leopold Auer:* Das europäische Staatensystem im Zeitalter Prinz Eugens – *Ernst Bruckmüller:* Die habsburgische Monarchie im Zeitalter des Prinzen Eugen zwischen 1683 und 1740 – *Georg Heilingsetzer:* Prinz Eugen und die Führungsschicht der österreichischen Großmacht 1683–1740 – *Peter Broucek:* Die Feldzüge des Prinzen Eugen in Ungarn, Italien und Westeuropa – *Roman Sandgruber:* „Österreich über alles". Programmatik und Realität der Wirtschaft zur Zeit Prinz Eugens – *Karl Gutkas:* Die habsburgischen Länder zur Zeit des Prinzen Eugen – *Franz-Heinz Hye:* Tirol und Vorderösterreich zur Zeit des Prinzen Eugen – *Harald Heppner:* Die Entwicklungsmöglichkeiten für die südosteuropäische Gesellschaft infolge der habsburgisch-osmanischen Auseinandersetzung des 16. bis 18. Jhs. – *Andreas Moritsch:* Polen, Rußland und die Türkei im 17. und 18. Jh. – *Wilhelm Georg Rizzi:* Prinz Eugen als Bauherr – *Thomas Karl:* Die Malerei in Österreich im Zeitalter des Hochbarock – *Ernst Dieter Petritsch:* Vom Zweikampf zur Koexistenz. Österreich und die Türkei vom Ende des 18. Jhs. bis zur Ersten Republik – *Johann Christoph Allmayer-Beck:* Prinz Eugen: Historisches Erbe und Nachleben – – Register

VERKEHRSWEGE UND EISENBAHNEN – Beiträge zur Verkehrsgeschichte Österreichs aus Anlaß des Jubiläums „150 Jahre Dampfeisenbahn in Österreich" –
1989, 256 Seiten + 3 Faltkarten, ISBN 3-215-07047-2 **(Nr. 53)**
Karl Gutkas, Ernst Bruckmüller (Hg.): Vorwort – *Ekkehard Weber:* Die Straßen der Römerzeit in Österreich und die Tabula Peutingeriana – *Peter Csendes:* Mittelalterliche Straßen in Österreich – *Gustav Otruba:* Das Verkehrswesen Österreichs in der Neuzeit (16–18. Jh.) – *Paul Mechtler:* Von Straße und Kanal zur Schiene in Europa – *Susanne Dressler:* Der österreichische Eisenbahnbau von den Anfängen bis zur Wirtschaftskrise des Jahres 1873 – *Alfred Niel (†):* Die österreichischen Eisenbahnen von der zweiten Staatsbahnperiode bis zum Ersten Weltkrieg – *Harald Praschinger:* Die österreichischen Eisenbahnen als wirtschaftlicher Faktor – *Peter Broucek:* Die Eisenbahn als militärischer Faktor – *Heinrich Warmuth:* Eisenbahn, Automobil und Flugzeug als Konkurrenten in der Ersten Republik – – *Hermann Möcker:* Schienengebundener Nah- und Lokalverkehr in Österreich – am Beispiel Wiens – – *Peter Großkopf:* Die Zukunftsplanung der Österreichischen Bundesbahnen (Stand: April 1987) – – Register

MARGINALISIERUNG
– Die Literatur und die neuen Medien –
1990, 104 Seiten, ISBN 3-215-07292-0 **(Nr. 54)**
Friedberg Aspetsberger, Hubert Lengauer, Rolf Schwendter (Hg.): Vorwort – **Vom Rande her** – *Franz Schuh:* Über Literatur am Rande. Ein „statement" zum Thema: „Die marginalisierte Literatur in der nicht-literarischen Öffentlichkeit" – *Marc Adrian:* filmrealität und textrealität, versuch einer synopsis des artistischen prozesses – *Klaus Ratschiller:* Lesehaltung & Schaulust – **Mitten im Leben** – *Raoul F. Kneucker:* Verwaltung als Vorläufer und Nachvollzug medialer Wirklichkeit – *Burghart Schmidt:* „Wirklichkeit" unter den Bedingungen ihrer medialen Produktion – *Heinz Hengst:* Medienensemble und Medienalltag – **Wechselseitige Erhellung und Verdunklung** – *Gabriele Jutz, Georg Schmidt:* Schreiben, filmen. Zur Semiologie von Literaturverfilmungen – *Konrad Zobel:* Schreiben, daß einem das Hören kommt. Allgemeines über die Auswahl von Gegenwartsliteratur fürs Radio – *Manfred Mixner:* Literatur im Hörfunk – **Zum Rande hin** – *Rolf Schwendter:* Zur Struktur der Zukunft – **Anhang** – *Hubert Sielecky:* Der neue österreichische Animationsfilm aus dem Studio an der Hochschule für angewandte Kunst In Wien – – Register

IN FREMDEN SCHUHEN
– Jugendliche Leser, Jugendliteratur, Gegenwartsliteratur –
1990, 132 Seiten, ISBN 3-215-07310-2 **(Nr. 55)**
Friedbert Aspetsberger, Norbert Griesmayer (Hg.): Vorbemerkung – **I. Autorenperspektiven** – *Norbert Griesmayer:* Zusammenfassung einer Autor/inn/endiskussion über „Jugend und Literatur heute" – *Josef Haslinger:* Der Jugendliche in der zeitgenössischen österreichischen Literatur – *Renate Welsh:* Rechtfertigungsversuche – **II. Die Literatur** – *Meinrad Pichler:* Eine bemühte Annäherung. Nationalsozialismus und Zweiter Weltkrieg in der österreichischen Jugendliteratur seit 1945 – *Hans Höller, Michaela Heberling:* Jugend und Literatur. Affinitäten zwischen jugendlicher und literarischer Infragestellung des herrschenden Realitätsprinzips – *Josef Donnenberg:* Junge Protagonisten in der österreichischen Gegenwartsliteratur (bei Aichinger und Jelinek, Bernhard und Wolfgruber, Artmann und Zenker, Winkler und Wallner) – **III. Die Pädagogen** – *Peter Gstettner:* Held und Superman. Über Kontinuität und Wandel von Identifikationsfiguren in der Kinder- und Jugendliteratur – *Dietmar Larcher:* Leserbiographie und Identitätsentwicklung – **IV. Die Vermittler** – *Alfred Pfoser:* Treffpunkt Bücherei. Jugendliche als Objekte der Kulturverwaltung und Literaturvermittlung – *Wolfdieter Zupfer:* Zwischen Jugend und Literatur. Erfahrungen aus der staatlichen Vermittlerzone – *Rainer Rosenberg:* Unterschobene Literatur? Literaturpolitik in Jugend- und Familiensendungen – **V. Historisches** – *Ernst Seibert:* Literarhistorische Aspekte zur österreichischen Kinder- und Jugendliteratur – – Register

NEUE BÄRTE FüR DIE DICHTER?
– Studien zur österreichischen Gegenwartsliteratur –
1993, 304 Seiten, ISBN 3-215-11147-0 **(Nr. 56/57 – Doppelband)**
Friedbert Aspetsberger (Hg.): Vorwort – **Achtung Zeitgeist! Wie er in Erscheinung tritt** – *Helmut Lethen:* Die Vorherrschaft der Kategoie des Raumes und der Wiederholung. Wissenschaft und Literatur in den achtziger Jahren – *Rudolf Burger:* Geist, Zeitgeist, Spiritus Austriae – *Klaus Ratschiller:* Humanistische Gemeinplätze. Politische Erziehung und Gegenwartsliteratur – *Ludwig Laher:* Die Medienöffentlichkeit für Gegenwartsliteratur als Voraussetzung des Literaturunterrichts – *Bernhard Doppler:* Schriftsteller-Werden. Fallstudie über zwei Versuche der Professionalisierung – **Vom Inland, vom Ausland, vom Alten zum Neuen vom Ich** – *Wendelin Schmidt-Dengler:* 25 Jahre Verstörung. Zu Thomas Bernhard – *Gerald Stieg:* Le Handke Nouveau est arrivé – *Johann Strutz:* Freud und Leid in der Kultur. Komparatistische Bemerkungen zu Texten von Handke, Lipus und Winkler – *Primus-Heinz Kucher:* Narzißtische Lust am Biographischen? Selbst- und Wirklichkeitserfahrung in der österreichischen Gegenwartsliteratur nach I. Bachmann und J. Améry – **Rückblick, Rundblick** – *Hubert Lengauer:* Wo sind die Realisten hin – wo sind sie geblieben? – – *Lutz Holzinger:* Bewußtseinsverengung oder -erweiterung? Neue Tendenzen, neue Moden in der gegenwärtigen Literaturproduktion – *Kurt Palm:* Gegen Geschichtsverdrängung und Wirklichkeitsferne. Einige Anmerkungen zum zeitgenössischen Drama in Österreich – **Scharfe Rasur – Kein Damenbart?** – *Christa Gürtler:* Neue Bärte auch für Frauen? Tendenzen der zeitgenössischen Literatur von Frauen – *Konstanze Fliedl:* Sinister-Sujets. Zur Rekonstruktion von Gewalt in den Texten Elfriede Jelineks – *Irmgard Egger:* Vom zerstörten Selbst und den Ideologemen. Zu den psychosozialen Konstellationen im Werk Elfriede Jelineks – **Im Westen nichts Neues? La querelle des anciens et des modernes** – *Sigurd P. Scheichl:* Literatur fürs Tiroler Volk. Kalender und Verwandtes – *Ulrike Längle:* Im Westen viel Neues. Zur Literatur aus Vorarlberg – **Nachrasur. Ein didaktischer Blick auf die „Szene"** – *Robert Saxer:* Zur Erweiterung des Literaturbegriffs in der gegenwärtigen Landschaft der Massenkommunikation – *Johann Holzner:* Traditionsketten und Traditionsbrüche im Literaturbetrieb der Provinz – *Werner Wintersteiner:* Der fremde Blick als didaktische Chance. Oder: Die Heimat aus der Sicht von schwarzen Spinnen, blutenden Kälbern und alten Wörterbüchern – *Dietmar Pickl, Manfred Moser:* Literatur für eine Szene: Bernhard, Peymann, . . . – – Register